国家"十二五"规划重点出版项目

吕振羽全集

【第九卷】

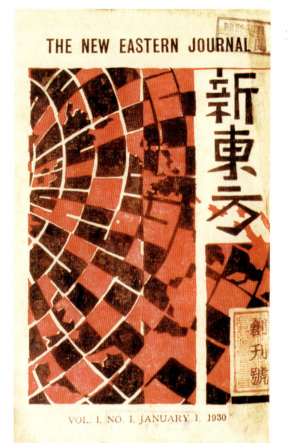

1930 年，吕振羽创办的《新东方》杂志创刊号封面

1986 年，周谷城为吕振羽藏书纪念室题诗手迹

吕振羽先生，学术界先锋。治学以致用，教学为人民。著作既丰富，说理更精深。方兴云未艾，长期大寿剧。启超幸有秀友，乃楷班人。先生之功绩，发展书志穷。奉此旧西引，俚语献衷心。
一九八六年，春
吉林大学题吕振羽藏书宫以留纪念。
周谷城

戰時的湖南和湖南人

呂振羽

抗战时期吕振羽在湖南发表抗战评论

保衞武漢與鞏固湖南

呂振羽

解放日報

今日出版一大張　第八〇八號　中華民國三十二年八月七日

本期零售一元　每月三十三元　三月八十三元　半年一五〇元　全年二九〇元　社址：延安

紅軍擴展攻勢

鉗擊布利安斯克

哈爾科夫受嚴重威脅

國共兩黨和中國之命運

（駁蔣著「中國之命運」）

呂振羽

1943年，吕振羽在《解放日报》上撰文驳蒋介石《中国之命运》

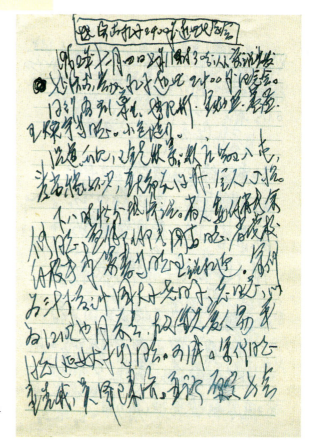

1960 年，中央高级党校聘请吕振羽为中国历史兼职教授

中共中央高级党校

　　吕振羽同志：

　　　兹聘请你兼任我校中国历史教授。

　　　　此致

　　敬礼！

　　　　　　中共中央高级党校党委会

　　　　　　　　1960 年 3 月 23 日

吕振羽 1962 年出席孔子学术讨论会日记手迹

目　次

政　论

编 印 说 明

　　本卷收入著者政论文章计 63 篇（含译文 4 篇）。时间为 1929 年至 1951 年（有部分政论因著者已编入论文集见第六卷，故未收入）。主要内容涉及村治问题、殖民地问题、国际关系及世界经济、抗日宣传、中苏关系、抗美援朝等方面。反映了著者自 1929 年以来在茫茫尘海中探索救国之道，在确立马克思主义世界观前后不同时期的思想演变，真实再现了著者由一度向往改良主义到坚定走马克思主义革命道路的长期社会实践。

　　全集编辑，以各文刊发时间先后编排，除更正出版时个别错讹，内容与观点均保持原貌。

戴开柱

目　录

北方自治考察记

一、考察缘起

北伐告成，训政伊始，各省次第树立村治，巩固民主基础，而北方为村治之发源地，尤以河北翟城村及山西全省，实行村治有年，成绩昭著，羽素好实地研究，亦以革命成功之利赖，端在合乎实际之要求，总理对一班空想的社会主义者，如欧文（Robert Owen 1771—1858），傅立叶（Tancois Narie Fourier 1772—1837），圣西门（Saint Simon 1760—1825），统称之曰"乌托邦派"，足证总理之学说，亦一皆采集实际的材料，而溶之于其伟大的革命头脑之中，然后成立，所以总理的学说，才具有实现的光明，才能于一切主义中，博得全民众的坚强的信仰，产生空前的伟大力量，要而言之，一切不征求实际，不出之于实际的理想的主张，将始终只能实现之于"乌托邦"也。

17年①10月26日，湘省政府特派羽为北方自治考察委员，正与素志相

---

① 编者注：是为民国纪年，以下同，不注。

符，于是有此次专赴翟城村与山西省考察各地自治的事实，惟奉委时，羽适在病中，延至11月19日始自平出发，在出发半月前，承阎总司令及王鸿一米迪刚诸先生周密指导，并先电通知该各地招待，故此次所得，虽不得谓为周详，亦皆实地所记，末并附以客观的浅评。读者，对于北方村治，颇可得着一般的概念，而热心者，更足供给以研究的材料也。

二、河北定县翟城村概况

翟城村为至友米迪刚先生父子数十余年来经营而成，为北方村治实行最早之区，今日已有模范村之荣誉，该村离定县县城约30华里，与平汉线接近，交通可称利便，前米先生自日本留学回国，即在直议会任副议长职，因慨于军阀专横民意不伸遂毅然退出议席而从事于村民自治之实际运动，于是苦心竭力，费尽艰难，而组织此北方首创之翟城村。

11月19日羽偕从者，由平起程，搭平汉车南下，于纷乱拥挤的车中，饱尝了一番北风滋味，历约十余小时，始获车抵定县，下车后，即雇骡车至翟城村，仅费四元，价颇贱，到村后，因事先迪刚先生已缄知该村嘱为招待，故在该村，颇蒙招待之雅意，在村留六日，承该村派员引导，学校公所及一切组织，均得参观，该村树木丛郁，道路宽宏，景况与他村迥异，闻夏秋之交，尤饶天然风景，身入其境者，几疑为闯入绿树林中矣。据云处村前此亦多树木，自举行村治后，逐年增植，始成此景。该村共分仁义礼智信五街，仁义礼各划为两区，智信各为一区，共330户，人口统计为1,654［人］，男女比例相等，屋宇建筑颇整齐，村公所在村之中点，为新式建筑，参合中西两式，颇壮观瞻，学校图书馆等，设在村庄之外，建造均颇得法，图书馆内备有各种通俗书籍，并报纸数份，学校有男校女校，男学校附设有校园一处，男女学校均分高初两等，男校有学生200人，女校学生近100人（村中现有专门及大学学生六人，中等学生12人），每校校长一人，教员则男校六人，女校三人，全年经费共约3000余元。学生待遇，视其家境，而定收费等级，极贫者免费，且由校供给其课本纸墨，此外前此有半日学校，为成年不识字者之补助教育，今因北平平教促进会在该村设有平民补习学校共 16 所，故该校刻已停办，全村教育事宜，前为村教育会及村学董委员主持，今改为教育董事会，现全村村民程度，大概 30 岁以下者，无论男女皆能识字，此外具有教育知识者 10 人，有政治知识者六人，有军事知识者二人，现均在国内从事于教育政治军事等事业，村民除以农耕为主业外，以织布织袜养蜂为副业（按每户至少有织布机——木机价约 10 元——织袜机——价自七八元至二十元不等——各一架，操其业者，十之九为妇女，故该村妇女亦皆为生产者），出品除供全村应用外，布品销售绥远，袜子销售保定一带，该村农产品，以粟为大宗，并产稻粱麦稷及棉花等，村中设有农事试验场一所，故交换种子改良土壤避除虫害，均已采用，农产品较前约增 1/3，水利一项，年来全力凿井，已成三百余眼（凿法仿日本凿地约四丈深后下以木管），能灌溉全区耕地，天虽全旱，亦可丰收（前此情形，不雨则无收，雨迟晚种亦成歉收），该村贫富情形，在不动产方面，有六顷地者一家，一顷地者三家，数十亩地者甚多，无土地者没有，因之也没有一失业之民，而大多数且衣食余裕，稍感不足者，亦借副业之补助，无足感生活之困难，人民性质，有朴厚之风，蓄发裹足鸦片赌博诸弊，已完全戒除，迷信方面，该村于民国 3 年即将所有庙宇完全拆毁，早去其根矣，卫生事业，前此已特别讲求，村内十分清洁，全村村民，每年放种牛痘一次，今拟更进一步，有设立村医院之准备，村民自卫，县公安局虽有派出所驻村，实际上之警戒缉查巡更等务，仍全赖保卫团之力量，年来邻村均受兵匪骚扰，该村独免者，保卫团之力也（组织与山西同，详后），合作事业，前此除学款贷用纳税组合业有实行成效，因利协社，亦为一极良美之组织，今则更进一步，有设立平民银行之准备矣（由村民集资举办）。

该村组织甚为完备，俨然一小国家社会也，惟内容繁复，不胜毕述，兹仅能举其崖略，用图表示于下（见图一）：

此外劝农，凿井，查禁赌博，看守禾稼，保护森林，平治道路，均无不有其一贯之条理，惟村会，组织内容，似欠缺民主精神，羽回平后，曾以此意商询［米］迪刚先生，渠亦甚以为然，且即另示一表，谓该表系拟定明年改组实行，特附述以备全国农村之仿效，兹并示之于下（见图二）：

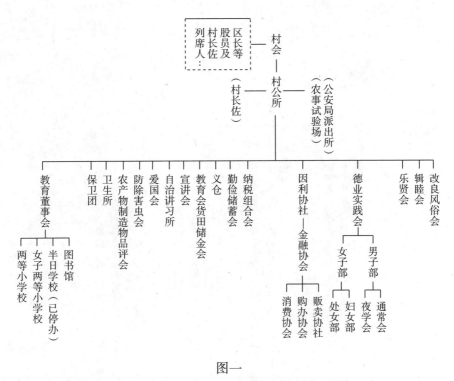

图一

（注）图中只能见其大纲，欲得其详者，可参看米迪刚先生所著之《翟城村》一书。

三、赴晋途中所见及到晋后之接洽情形

从翟城村参观以后，即仍沿平汉线至石家庄，是日在车中，有两美人与羽同座，该美人一男一女，待与交谈后，始悉其为夫妇，男者名赫尔（Hall），渠夫妇叨叨对语，谓苏俄革命后之情况，虽云极其紊乱，然以京汉道之情形较之，实尚未如此之甚也，说后频以目顾余，探其意，似恐羽能解渠所云者。羽此时虽亦甚不以京汉车之紊乱为然，然为国体颜面，有不得不为之解说者，因语之曰，革命后之现象，无论何国，实应尔尔，继渠因询知羽赴太原及任务，即极道正太路之种种良好处，并云该路虽权操法人，实际仍得之山西政治力量，与社会良好状况之扶助，该路开车时刻，一分不爽，亦殊得阎氏守时待信

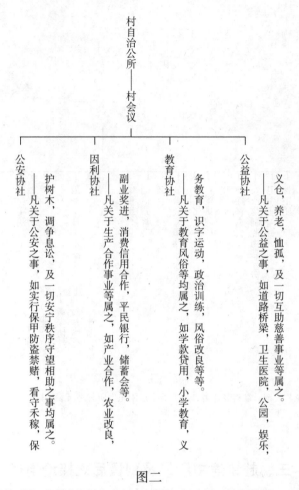

图二

（注）羽以为此表较适用，但村会议似应改为村民会议，且应置于村公所之上，所设各种协社，亦应改为协会，其内容宜加以斟酌充实。

之所成，故除阎氏外，尚不多见能守时刻之贵国人士也。羽因为之解曰，诚如君言，正太路良好状况，并非法人之力所能致，实山西政治所助成，然该路本年8月25日期满，应即收回，苟能全凭敝国自由处理，当更有所改良，君等外国人士，侨居敝国者，当更感安适也，至敝国人士能守时刻者多矣，特君等未之见耳，敝国交通事业多受不平等条约之束缚，我虽欲整理，亦势不可得，故不守时刻之弊，即此一端，亦应归咎侵略中国之列强帝国主义，安得转责中国人士，赫尔君闻言始大笑无语。

入石门站后，即见其井井秩序，仿佛另一天地，车厢坐位，除一二等外，均男女分设，其坐位之多少，则常以顾客为标准，持票乘车，不能丝毫越份，车中军警盘诘甚为详尽，但礼貌极恭，故无论何人，一入晋境，政府立即能知一切细情，奸宄无从逃匿，此点颇足与日本之便衣警察相颉颃，沿路禁止贩卖零星食品，概由车中供给，极 500 里长途，实未见一乞丐，此亦特殊之点也。羽抵太原站时，即有总部代表，在此迎逆，相携至招待处，坐约一小时，则不仅城内各机关，均悉羽已抵此，附近县区公署，亦连来电话致问，其组织上之活体周转，消息灵通，于此可见一斑矣。翌日，羽走访总部留守处辜参谋长仁发，杨代主席兆泰等，面订先参观晋北及省会附近之县，然后便道参观晋南寿阳等处，请其通知，杨主席等谓先生之来，早已周知，无用通告矣。

四、未举行村治前之山西

山西政治，自民国以来，大概可作两个时期，民［国］6［年］阎百川氏兼省长前为一时期，民［国］6［年］至今为一时期，民［国］6［年］以前之山西政治状况，既难索得实证，询之晋人，又皆二三其说，其众口同称者，厥为山西民性，本极纯朴，农耕而外，晋南之人，又善营商，故过去晋人心理，功名显达者，并不见重于社会，业商致富者，则群相称许，教育事业，则沿其数千年中国历史文化之中心区域，故虽当政治漫乱之际，亦尚不少各种学校之设置，惟小学教育不无缺憾耳，实业方面，晋地本富煤铁，然除人民自由以旧式手工法采挖外，迄无人注意此宝藏者矣，至农业，则晋南地肥，兼产大麦，晋北地瘠产粱粟山果，汾河流域，亦产稻棉，但量甚小，水利方面，以未讲求，时虞旱灾，汾河水利势陷坐弃，人民生计，以人口 10,161,009 与面积 1,797,914 方里比较，即得人口八与面积二方里之比（民国六七年情形），而荒山荒地与熟田（森林在内）又为 67 与 5 之比较，故丰年适能自给，民性习惯，大概晋南偏儒，晋北偏禅，晋北之民强悍而尚豪侠，晋南之民温文而尚儒雅，人民喜食金丹，当时几传遍全省，同时，赌博之风亦甚，此民国六七年以前山西之大概情形也。

五、山西村治制度之沿革

山西政治，自民国6年阎氏兼省长后，即不啻开一新纪元，考其设施，条绪至繁，要而言之，不外六政三事与村政诸大端而矣，阎氏绾民政后，即欲将纵的政治之重心，变为横的结构，由官治倡导民治，深体民性，因势利导，先人情而后法律，于6年9月颁布村治通行简章，将全省105县划成44,402主附村，设置村长副办理村务，同时颁布六政标准，所谓六政者，水利，种树，蚕桑，禁烟，天足，剪发是也，并成立政治研究所及考核禁烟成绩办公处，10月又将办公处扩为六政考核处，司考核六政成绩之高下，研究所改为政治实察所，并委任实察员40人，赴各县实地调查，以免知事搪塞之弊，行之半年，六政均渐著成效，惟禁烟稍次耳，又益以种棉造林畜牧三事，设立经济植棉试验场，大小林区畜牧场，以示提倡，成效亦著（植棉尤著效），7年10月，将村制通行简章重行修订公布，于村长副下，增设间长，冀成为下层政治之活体组织，又以知事督促难周，复将全省划成470余区于村之上，每区设区行政长，按每县之习惯户口，分别划区，视县之大小，划成三区至六区，每区行政长兼任警务，嗣又于间之下，通令设邻，办法五家一邻，邻设邻长，村制之粗基始立，11年又以感化主义，提倡公道，鼓励作人，训练民众，宣布实行将政治放于民间，村事由村民自决，并先后召集各县县长会议两次，探讨原理，规划程序，标明村本政治，并成立村政处专司其事，并派委员赴各县指导，兼考察其办理成绩，12年春取消六政考核处，以禁烟天足剪发归并村政处办理，水利种树蚕桑归实业科接办，三事由原设各机关进行，成绩均甚著，自12年迄今因战事关系，未有何种变更，只随规进行而已，兹将村政内容组织，以图表示如下（见图三）：

1. 区民会议，每年举行一次（临时会不在此限），各村长副间邻长等为列席人员，会议关系全区事宜，由区行政长召集之。

2. 村民会议，全村村民均得列席（每户至少一人），选举村长副监察委员及息讼会公判员等，议订村禁约及全村应兴应革之一切事宜，并检举及处理村

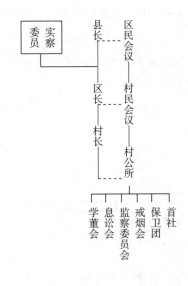

图三

执事人员之违法行为。

（附注）村禁约之效力，直等于村宪法，全村人民均须严格遵行。

3. 学董会为全村教育机关，负筹设及维持村学校（每主附村各设初级小学一所，全村童年男女，除因废疾及赤贫不能就学者外，均须强迫入校，校中设备，概归全村负责，学生只备书籍纸笔），并成年识字运动之责。

4. 息讼会负村民讼事公判之责，但无强迫制止上控之权，上控时县长并须视察其公判人之是否公平，以救济强凌弱之流弊。

5. 监察委员会，直等于民选的监察院，司一切弹劾监察之责。

6. 保卫团即为村民之自卫武力，设团长一人，团副数人，自团长至团丁，均为绝对义务，村民自 18 岁至 35 岁，均为普通团丁，每日四人，常年轮派，负全村警备巡查之责，农暇时，全村村民均须演习，由在乡陆军军人及善拳操者司训练之责（按此次北伐，山西未易帜之前军队力量，实际不过四旅，易帜后立即扩充，兵丁由各村长代募，数十万人立集，实得力于山西在野陆军军人条例之实行，与此项保卫团训练之力也）。

7. 戒烟会承政府之命，以感化手段，限期禁绝吸食贩卖为原则。

8. 首社为村财政管理机关。

此外并有整理村范一项，由省而县而区而村，层层推递，以感化为主，法律为辅，为去恶育良之政策，此外村经费由全村人民负担之（视各村情形，以贫富地亩丁口三种办法，着量施行，以求得其至平），区公费由县款拨给之，平均每村经费（学校用费在内），大约年在 200 元至 260 元左右（因村执事人员，均为绝对义务，办理尽职者，由政府奖以荣誉而已，省县下乡人员，即饭食亦严禁招待）。

六、山西之现状

山西自创办村制（治）以来，由官府力量，督促进行，各种事业，亦切实从事振兴，迄今社会状态，已趋妥固，其安宁秩序之严密，几与日本无异，奸宄匿迹盗匪绝踪，游民日已减少，乞丐亦不多见，赌博之风业已禁绝，贩卖金丹者，亦十去其九矣。良由晋人作事，自阎赵两氏而下，均尚实行而不事空谈有以致之，兹将其各种进步情形，分述如下：

（一）① 政治状况，借村本有机活体之组织，由省府以至民众，上下贯通一气，形式上已去尽间隔之弊，而组织之周严灵敏，已使官吏无贪婪苟且之余地，奸宄无潜纵踪匿迹之可能，人民之社会团体生活，亦渐粗具端倪矣。

（二）风俗改良之成绩，鸦片金丹，由政府设立戒烟医院收纳烟民限期戒绝（不收费），并制造戒烟丸丹，分发各县转散各村，由村戒烟会切实执行，每年详密调查考察成绩，相次责成，今全省烟民已十减八九（7 年戒除 30,000 余人，10 年万余人，13 年数千人，16 年数百人），贩卖者先以人情感化，继以法律严绳，今亦渐绝踪矣，次如剪发天足，已收全效，三晋已无一蓄发男子并无一裹足之少年妇女，好赌之风，亦已全息，他如迎神诵佛等恶习，无不积极革除。

（三）救济贫民，除改良各种事业奖励生产外，特由省会设立平民工厂，救济全省失业平民（内分鞋靴，缝纫，染织诸厂，并附设工人学校工人医

---

① 编者注：以下此类标题层级顺序号为编者所编排和统一。

院），故失业民众日渐减少，据其统计处调查，全省贫民在 10 年为 43,128 人，11 年为 39,930 人，12 年递减至 35,873 人，此盖连残废老弱共计者也，至职业缺乏者，10 年为 4,297 人，11 年为 3,768 人，12 年为 2,958 人，13 年至今因战事关系，无多变更，然其因政治之改良，生产之增加，贫民递减之数，即此可想见矣。

（四）农林业发达概况，山西地近高原，加之满目童山，易成旱灾，耕地仅占全面积 5/67，森林仅占全面积 1/335，民 6 以来，对于水利植林育蚕种棉畜牧，以及制造肥料改良种子，无不极力提倡，至今无不具有莫大之进步，农业耕地，共 876,000 余顷，内漏粮者 500,000 顷，近因凿井开渠，提倡水利，食粮产额，年达 4,800 余万石，以每人每年食粮三石六斗计，可养 1300 余万人，而山西现有人口仅 11,654,285 人，实年可余百余万人之食粮也，但从人口增加率之比例计算（7 年为 1,016,009 人，9 年间即增至 11,447,257 人）平均每年可增 60 余万人，则两年后若不从科学方法增加生产，即将感食粮之不足矣（按换种之法，尚未实行，机器耕种，方由政府购置试验，肥料方面，省农专校会附设骨粉肥料厂，但价值太昂，人民不能使用，今已倒闭）；棉花产地，今已大辟（约一万顷），产额年可值 30,000,000 金（按晋省前此并不产棉），但仍不足供全省人民之用，其种棉计划，初取国内种子，因花甚劣，后改用美国种，产花之佳可抗洋纱。

（五）森林发达情形，山西森林，面积甚小，气候亦非常枯燥，重山层峦，尚须用科学方法化石为土，始能植株，此固非二三百年不为功也。除此而外，亦因土质甚松，故植树须用人工输水，但雨后土去，树根即露出，以故植活一树，甚为不资，且极困难，但该省政府年来积极进行，初由政府提倡开辟苗田，继则通令人民责令栽植，今则成绩大著矣，季夏之期，行走正太道上，及省属各汽车道上，恍惚如入绿叶丛中矣，兹将其 9、10 两年，政府及各县造林株数面积比较之，即可知其梗概矣。

（1）省属林区 9 年总面积 15,934 亩，造林株数为 2,355,095，10 年总面积为 25,223 亩，造林株数为 8,107,519。

（2）各县林区合计，9 年总面积为 134,509 亩，造林株数为 24,328,030，10 年总面积为 68,458 亩，造林株数为 7,359,980（10 年因旱灾故造林较少）。

自 11 年后，则不仅省县造林机关继续进行，即全省各村村民，亦须每人每年植树一株（按自省长以至村民，均视植树为一大天责）。

（六）蚕桑状况：（1）7 年省农桑总局实生桑总数为 2,000,000 株，湖桑总数为 100,000 株，养蚕总数为 280,000，缫丝 22 斤，10 年实生桑总数为 7,346,390 株，湖桑总数为 870,625 株，养蚕数为 1,559,000，缫丝 129 斤，16 年实生桑总数 18,600,000 株，湖桑总数为 3,000,000 株，缫丝 860 斤，（2）各县分局及民间 7 年实生桑总数为 38,085,735 株，湖桑总数为 36,100 株，养蚕总数为 1,921,904,000 头，缫丝 141,830 斤，10 年实生桑总数为 19,655,313 株，湖桑总数为 183,938 株，养蚕总数为 1,926,044,260 头，缫丝 130,299 斤，16 年实生桑总数为 24,000,000 株，湖桑总数为 260,000 株，养蚕总数为 3,020,000 头［?］，缫丝总数 200,100 斤。

（七）畜牧无足多述。

（八）教育状况，国立山西大学不计外，10 年度有省立专门学校四所，共学生 1,372 人，公私立中等学校，男女学生共 10,320 人，男女小学生共 46,822 人，17 年有公私立大学三所，共学生 1,175 人，省立专门学校四所，共学生 1,096 人，公私立职业学校共 10 所，学生 579 人，男女师范学校共 13 所，学生 3,109 人，中学校共 39 所，学生共 6,206 人，省立男女小学校（按为贫民而设）共 17 所，学生共 1,360 人，属各县者，高等小学校共 450 所，学生 36,490 人，女高小 108 所，学生 4,339 人，初小校数为 22,030 所，学生 824,074 人，女初小 4,546 所，学生 138,630 人，各县师范讲习所共 22 所，学生 659 人，女师范讲习所共 15 所，学生 223 人，总计全省每年教育费为 3,866,447 元，至贫民识字运动，虽在继续进行，但无从查询，不过，在山西全省，人民在 25 岁以下而全不识字者，已罕见矣。

（九）关于建设方面者：（1）关于水利者，年来共成渠 2,000 余道，可灌田 50 余万亩，凿井 30,000 余眼，可灌田 70,000 余亩，蓄水池亦开设甚多，（2）关于交通者，正太道长约 500 华里，由石庄直达太原，汽车道已成者，第一干道由太原北至大同，长 600 里，并有支线二，一经阳明达繁峙，一经忻县达五台，共长约 280 里，第二干道由太原西南经临汾达河东，长约 900 里，一由太原南达榆次，由榆次一则经白圭镇转达临汾，一则由白圭镇南达晋城，长 1,100 里，第三干道由太原东南达阳泉，由阳泉南达潞城，长约 400 里，共计已成者 3,000 余里，又有一种公路，开在村中及村与村联络之道，宽度约一丈，为村民出入及村与村来往之公道，此项计划，惜尚未完成将事也，他如电讯交通则除太原有无线电台一座外，电报电话已设遍全省，各县及重要市镇，已成为密连之网状，由省会发一命令，约 18 小时内，可以达到各县，约 24 小时内，可遍达各村，36 小时内，周达全省民众。

（十）关于工矿业方面者：（1）山西矿藏之富闻名世界，煤铁尤多，今欲详细叙述，势非短期间所可能，要而言之，则煤藏之厚，全省皆是，据西人调查，可供全世界 2000 年之用，质亦甚佳，中部及西南东北两部，产半烟煤，西北西南两部产烟煤，东南及西南两部产无烟煤，无烟煤质料之坚，据歧阳属人民云，火力可延 10 小时，全省煤藏，揭土即见，前清末，英人游晋，见人民用锄器采煤，大以为异，旋即由该英人与民间立约，开设福公司，旋由烈士殉争，始集巨资赎回，后阎氏以政府力量，改设保晋公司，历年改进，今日资本已约达 5,000,000 矣，总公司设于阳泉，并附设机械冶铁各厂（机械厂可制简单机件，冶铁厂每日可出铁 20 吨），又于大同等处，设立分所，平均每日可共产煤约 500 吨，其销路由正太平汉转平津出口，铁矿区域，为晋城，泽属，闻喜，虞乡，解县，交城，隰阳，孝义，太原，大同，宁武，临县，中阳，赵城，安泽，辽县，和顺，保德，阳曲，虞（灵）石，长治，壶关，陵川等县，晋城平定长沿一带藏尤厚，质亦最佳，可以制针，惟现在仍无大规模之冶铁采挖冶铸，凭人民自由，多用土法，前此汉冶萍铁厂未开创前，除山西本省用铁外，陕甘新三省，亦多赖其供给；（2）煤铁为工业根本，山西富于煤铁，然工业实甚幼稚，近来力图进行，始稍具端倪，惟太原兵工厂规模之宏大，足令人惊讶，除兵工本厂尚较汉厂大过约 1/4 外，并附设有无焰药厂，机械厂，炼钢厂等，规模均称宏壮，闻该厂原初规模甚小，名曰军械修理所，逐年扩充，至 15 年方易名兵工厂，今北伐完成，军事告终，阎总司令已将该厂改组为军人习艺工厂矣，他如省垣有官立平民工厂，为救济失业民众而设，军人家庭习艺工厂，为军人家庭生活工业之练习而设，规模虽不甚大，亦殊合实际之需要也，此外有商办电灯公司一所，供商民住户之用，各机关用电，除大学及工专两校各由其学生实习工厂供给外，均由兵工厂之电力厂供给，又有商办染织公司一所，工人约千余，布品甚佳，畅销省外。此外各县则晋城有大德制针公司一所（系官商合办性质），闻每日可出针 200,000 枚，数年前，阎氏见晋城铁质可以制针，即派工业学生赴日学习，该生等回国后即创此厂，榆次有晋华纱纺厂一所（按即省垣染织厂之分所），经费原约有 200,000，今拟扩成 400,000，出品甚佳，可抗洋纱，平定阳城一带产瓷，出品稍次景德，足供全省之用。此就羽所知山西矿工业之大概情形，惟人地生疏，兼为期不久，必不免遗误耳。

七、山西今后之各项进行计划

1. 关于村制（治）方面者，最近阎氏又决定两个施政方针：（一）村村无讼，（二）家家有余，其施行这两方针的计划，关于村村无讼者四点，曰，提倡村仁化，维持村公道，整顿息讼会，消除讼多原因，关于家家有余者九点；曰，提倡农业副产，提倡家庭工业，提倡村水利，提倡村林业，提倡合作社，提倡储蓄，尚勤俭，取缔游民，奖励走上坡的人家，扶导走下坡的人家使之向上坡走。

2. 关于建设方面者：（一）交通方面，铁道拟将正太线北接至大同，西南至河东（此项计划尚在拟议中），省路已颁布计划，重新规定路线并扩张之，合原有已成者外，扩至 6418 里，使全省各县，成一互相连接之密网，并同时颁布县路及乡路计划，由各县至各区公所之道路为县路，各县重要镇乡互通之路为乡路，关于筑法经费勘修管理皆已规定，并无论省县乡里均限期二年完成。（二）水利计划，（甲）关于灌溉者，（1）奖励凿井，（2）提倡水车汲水，（3）调查水源计划开渠，（4）规复贷款开渠办法，（5）改良坝堰，（6）试验机器浇地，（7）筑堰蓄水，（8）调查导黄入汾以资灌溉而利运输。（乙）关于水力者，（1）调查瀑布，（2）改良水车，（3）提倡水力面粉厂。（丙）关于水运者，调查河道，改用汽船。（丁）关于水患者，（1）组织沿河各村河防团，（2）筑堰蓄水，提倡造林，此外并已令各县长随时报告雨量，委员从汾河上游设站量水，水利应用，亦已规定办法，而免争讼。

3. 关于教育方面者，山西教育，年来力图推广，学生逐年加多，已如上述，然而专门人才，仍感不足，小学教师，尤觉缺乏，义务教育，宜再为推广，失学者仍不少，成年识字运动，效果亦较微，该省教厅，为更进一步之计划，对成年识字运动，改取积极方针，初等教育，力求整实之普及，并训练其职业上之识能，更改良其制度，高小教育，限地添设，以济贫苦就学之便利，充实高级教育之内容，兹将其计划分述于次：（1）平民教育，先调查失学者之人数，广设补习学校，在城市者令中等以下各校附设，乡村者令各村初小附设，（2）设立公共体育场，设立省县图书馆，（3）义务教育，前此男童因赤贫失学者约占10%，女童因习惯之束缚，教育亦逊于男子，今拟免除贫寒子弟之学费，供给其课本，并多设半日学校或附设冬春班于各校，对女童则于各乡村多设女子小学，并利用男女同学，俾能与男童受同一之督促，务使男女义务教育之整实普及，（4）励行补习教育以训练初小卒业生职业之常识，（5）高小校之增设，各乡村之经济力可能者，单设高小，不可能者，于初小附高级班，以免家境清寒者出村求学之困难，（6）联合校长制改进以免人浮于事而济指挥管理与师资缺乏之穷，（7）童子军之改组及扩充，凡高小学生均为童子军施行军事训练政治训练，（8）小学教员一律检定，（9）增加小学教员薪俸，（10）增设各县师范学校，培养师范人才，以免小学教师缺乏之困难，（11）扩充小学教育周刊，以补助小学校小学教师之识能，（12）中等教育，拟即扩充中学，增设师范学校之班数，充实职业学校之内容，务造就其专门之技能，此等教育均励行军事教育，政治训练，（13）高等教育，拟于各专门大学，增设科门，以培育现在缺乏之各项人才。

4. 关于农业方面者：（1）改良耕种办法，（一）提倡凿井以防旱灾，并规定其办法，（二）交换种子并规定其办法，（三）改良土壤，（四）预防病虫害，（五）劝励贮粮，指示冬种以备荒年，（2）扩充林区苗田，奖励人民植树，并研究栽植方法之改良，（3）改良棉花种子，促进产棉并研究种植方法之改进，（4）提倡家庭副业，（5）拟筹办农田及农产之统计。

5. 关于矿业工业商业及卫生事业者，尚无何种具体计划之拟定。

八、山西人民生活状况及其生产情形

山西山多田少，农产状况，已如上述，然全省之人率皆业农，人民有地300亩者，大概即为最富，最贫者大概有地二亩（晋北），或四亩（晋南），均自耕农，贫农近城市者，于耕作外兼鬻劳力，乡居者于耕作外自操手工业，以补其终岁之不足，佃农雇农，均系来自河北山东河南陕西等省（按山西人户最稀，故富农力难自耕，及因营商等业务而不能自耕者，本省各地卒皆无雇农可雇，无佃农可托，加之陕豫鲁北等省人民农耕技术亦较晋者为高），故晋省既无田连阡陌之地主，亦无全无土地之赤贫，人民习惯最讲礼让，迷信亦甚深（迎神诵佛，每年习以为常），蓄发裹足之习，尤不可破，自村本政治施行后，不良习惯，如蓄发裹足完全革除，迎神诵佛，亦将破除，昔日礼让之风俗，今渐移为互助之精神矣（如食粮一节，在收获后，以全村人口每人三石六斗计算，如无剩余，即不贩卖出村），人民住居，犹有穴居者，但散处甚少，率皆聚村而居，大者三四百户，小者亦四五十户不等，食粮生产情形，晋北多粟果，晋南多大麦，已如上述，汾河流域有产米者，他如葡萄产量亦多，但未能贩出，又未能利用制造，愚民无知，多坐视腐朽，殊可惜也，河东一带产棉亦已于上节述及矣。

九、省会各工厂学校概况

12月2日，复至省府及总司令部，与杨代主席兆泰，辜参谋长仁发接洽参观省会各工厂学校，请其通知，旋即赴各厂参观，与建设厅长王佑宸，教育厅长陈受中，农矿厅长耿步蟾，工商厅长李尚仁，村政处长陈敬棠，统计处长高洪诸先生晤谈，询以各该厅管辖事业之过去情况及今后计划，谈话颇详尽款洽，并各以印刷物相赠。其中王、耿均留英伦敦大学学者，从事于山西教育实业甚久，山西大学自开办以来，即由王主持，陈、李均留东学者，亦从事教育多年，惟工商厅才成立数日，无从询悉其工商业情形，4、5、6 三日参观各工厂学校，兹分述如下：

（一）国立山西大学，该校分设一二两部，一部设文、政、法三科，二部设冶金、地质、电汽机械三科，学生共约千余人，教员百四十余人，设备尚佳，惟二部仪器似太少，冶金科成绩较佳，该校原名中西大学，分中西两部，中部归中国管理，西部归英人管理，今日之一部，即前此之中部，二部即前此之西部也，现山西执政人员，除阎赵两氏外，大概出身该校者为多，西部为清末晋人杀毙英教士之赔款而设，后英人李摩提特主该部，殉晋人之请奉还主权，始改今名，每年经费，除临时费外共 160,000 元。

（二）省立工业专门学校，该校分机械，应用化学，特别化学三科，特别化学科，系奉命添设，开办仅一年，此外并附设甲种染织科，实习工厂设备颇完全，有锅炉一座式较旧（70% eff，20 H. P.），直流电机一座，电力为 17KW，除备学生实习外，并供给该校及该校附属机关用电，内燃发动机一座（5H. P.），直流电机一座尚未配用，应用化学科分制革瓷业造纸化妆品诸部，学生实习出品成绩甚佳（药品设备完全，皮革厂及瓷窑，亦均能应学生之实习，惟甲种染织厂均用人摇机力，颇逊一筹耳），该校现有学生 800 余人，教员 50 余人，每年经费除临时费外为 60,000 元。

（三）省立农业专门学校，分农，林，畜牧三科，共学生 400 余人，教员 40 余人，学生实习之农场、林场，规模不大，前附设学生实习之骨粉肥料公司，今已停止。

（四）省立国民师范学校，该校校址宏厂，分中等高等两部，中等部分前后两期，后期分（1）文史地，（2）自然科学，（3）艺术三组，艺术组雕刊成绩颇佳，高师部分国文数理两系，图书馆设备，科学书籍甚少，羽观其学生论文成绩，似对于社会问题，甚为注意也，该校创办历史，云为数年前，阎氏拟新添陆军一旅，经赵戴文氏劝以此项费用为贫寒子弟创设师范学校一所较为有益，阎氏从其议遂创该校，故该校学生至今犹多系贫寒子弟也，学生共 1,200 余人，教员九十余人，每年经费除临时费外，共 170,000 元。

（附注）省会学校尚多，以时间仓卒未及遍历。

（五）省立平民工厂，该厂内分鞋工缝纫染织各厂，共工人 600 余（平时每至 1,000 人），纯为男工，每年出品可赢 2,000 余元，厂内并设有工人半日学校及工人医院，学校授以公民识字等课，医院设备甚劣，工资以出品计，但初入厂之工人，不谙工作者，由厂给养，今正添设房屋，第一步拟扩至能容 3,000 工人为止，工人入厂手续，由全省各县公安局长介绍或保送。该厂原为省府救济失业平民而设立者，初仅拨资 1,000 元，逐年扩充，闻今日已有资本 50,000 余元矣。

（六）兵工厂，该厂规模宏大，并附有无焰药厂，机械厂，炼钢厂等，内容组织甚为复杂，平时不易入内参观，羽承其优待，得未飨以闭门羹，但询以每日出品数目，则均言无切实之统计，按此为其内容情形，羽亦未敢琐述也，不过其手榴弹制造甚精，步枪尚不及汉厂，则可得而言矣。

（附注）其他电灯公司，晋华染织厂，军人家庭职业工厂，亦因时间关系，均未往参观。

十、晋北崞县概况

（一）崞县距太原 400 余里，有汽车路经太盂原平两镇及忻县直达县城约四小时，该县为晋北较富之区，农产以粟粱为大宗，果子豆子次之，全县共分六区，220 个主村，236 个附村，1,757 闾，6,225 邻，人民贩卖及吸食金丹者甚多，今虽严厉禁止犹未去尽，全县人口男约 1,300,000，女约 1,000,000，人民业农者约 1/2，业工者约 1/10，业矿者约 1/200，业商者约 1/4，劳动者约 1/10，无职业者约 2,000 人（残废老弱在内），县属学校，有县立中学一处，学生 150 人，女师范讲习所一处，学生二十余人，县高小一处，学生约百余人，计全县共有高小七处，共约学生 700 人，女高小四处，共约学生 120 人，男初小 458 处，共约学生 20,000 人，女初小四十余处，共约学生 1,500 人，成年识字者，约 10%，全县教育用费，每年共约 60,000 余元。

（二）县属默都村，该村为一个主村一个附村联合而成，共分七闾 35 邻，人口约 1,000，男多女少，息讼会，保卫团，戒烟会，监察委员会均设于村公所内，主附村各有初小一所，男女学生共约五十余人，因赤贫失学者不及十人，无故失学者甚少，成年不识字者，约占 7/10，天足剪发已完全收效，贩卖及吸食金丹者虽未除尽，但较前已十去其九矣，讼事多由息讼会处理了事，生产以粟粱为主，足供全村人民之需而有余，村中赤贫无地者，不过二三家，有地 200 亩者三四家，雇农（年资约 50 元），佃农均来自省外，收获田主得三分佃户得七分（分纳银纳谷两种，但均在三与七之比例），全村自治经费年约 230 元。

十一、首邑阳曲概况

余颇承阳曲县长厚意，数蒙过访，并蒙派第一区行政长任引导招待，7 日即偕同赴县属古城敦化等村，兹分述如下：

（一）古城村离县城约 15 里，该村为主附三村联合而成，共 170 户，分八闾 41 邻，共男丁 274，妇女 178 人，组织与他村同（按山西村治由政府命令办理，故各村组织完全一致，不同者禁约而已），有普通团丁 32 名，每日四名轮流负全村警戒自卫及缉查之责（羽询之该村长云，此 32 人并非常年固定，尚须更翻转换也），团丁饭食均归自备，羽等至村时，见灰衣者 16 人排队致礼，颇疑为正式军队，因其颇似受过正式军事训练者也（农暇时全村村民均须操练），军差由村民轮流充之，如有单独供需者，由村偿以半价，村民业农者十之七，劳力者十之二，营商者十之一，生产以粟粱果子为主，全村计之足自给，丰年略有余，贫富情形，有田百六十亩者三家，十余亩至 50 亩者最多，三数亩者十余家，赤贫者无，故有余裕者约占 3/10，不足者 8%，本村农人多系自耕，佃农雇农（工资年约 50 元至 60 元），均来自外省，雇用零工日资二角，植林事业，每年每人至少栽植一株，畜牧亦颇发达，该村为水地，有渠一（水源汾河），年设渠长四人，司修筑管理之责，主附三村，共有初小两所，男女学生共 44 人，失业儿童十余人，两校共校长一人，每校教员一人，经费每年共约 160 元，学生待遇除纸笔课本外，概归校备（按各村小学均系同一情形），成年不识字者约 1/2（妇女除外），识字运动，全赖露天学校（所谓露天学校者，即于村公所前，置黑板一块，每日写数字于其上，使不识字者询问之，默识之），政治训练，则仗村民会议及闾邻长遇事之晓谕，县实察委员之讲演，息讼会成绩颇佳，烟民未戒绝者十余人，赌风亦未禁绝，村公所经费年约100元（适用贫富丁口地亩三种标准配捐）。

（二）敦化村，该村亦为三主附村联合而成，全村共220户，人口1,155，男多女少，共分九闾40邻，全村初级小学共三所，男女学生合七十余人，全村童年男女赤贫失学者，约1/10，无故失学者约2%，教员每校一人（均由县劝学所检定分派者），三校共在村学董会指导之下，每年经费合约百五十元，学生待遇，与古城无异，保卫团有普通团丁30名（组织及团丁服务与古城同），全村经费年约百余元（村费采用丁口地亩两种附捐），村民均业农，生产品以粟粱为主，果豆次之，小麦较少，该村为旱地，故以全村农产收获计，丰年仅能自给，收获稍歉，即仰给他村，村户有余裕者甚少，自足者1/2，不足者1/3，均自耕农，无佃农及雇农，不足之户，于耕余往城中劳力以补之（闻他村离城远者，多赖家庭手艺以为补助），村民会议，每年约二三次，有特别事故时不在此限，成年识字运动，较古城为进步，利用余暇或夜间，集全村不识字者，至各小学受课，并有与古城同样之露天学校，故全村人民不识字者，现只2/10矣，政治训练与古城同，亦不过消极之办法耳，村禁约与古城因习惯环境之不同而略有出入也。

十二、晋南寿阳概况

寿阳亦晋南富庶之县，略次于太谷榆次而已，距太原约200里，正太路经过其间（县城距站约五六里），羽10日离太原赴寿阳，道经马首村，即下车赴村公所投刺，会其村长，该村离县城约30里，羽翌晨即乘骡车赴县，兹将其情形分述如下：

（一）关于全县者，全县人口共200,000，男女数目为十与七之比，全县共分四区，135村，1,398闾，6,690邻，人民业农者约2/3，业商者约1/6，业工者约1/120，劳力者约1/30，无职业者，全县不过百人，生产以豆粟为大宗，兼产麦粱果子等，全年收入与全县人口计算，足有余裕，该县教育，初级小学校发达，全县共约400所，学生共万数千人，女初小十余所，学生共约

300 人，男高小六所，女高小一所，县立高小有学生八十余人，女［初］小有学生四十余人，其他各乡立者，平均每校为 30 人，中等以上就学者，须入太原各校，成年识字运动，与晋北崞县略同，全县自治经费，区款由丁粮附加，村款由各村自行分别情形，按照指定标准（丁口，地亩，贫富）配纳，水利计划，逐年进行，培林较著成效。

（二）关于马首村者，该村为四个主附村联合而成，丁口共 1,200 余人，户籍约 200，共八闾四十邻，全村有初小二所，共男女学生五十余人，四校共设校长一人，每校设教员一人，经费年约百四十元，学龄男女失学者二十余人，成年识字运动，办法与古城略同，全不识字者，约占丁口 3/20，政治训练，亦采同样之消极办法，村民除少数营商佃耕者外，均自耕农，劳力者，亦均有少数土地，自耕村户自足者，约 2/5，略有余裕者，占 1/4，并有寄外营商，有资数万元者两三家，自给不足者除劳力外无特种副业，保卫团有普通团丁 36 人，人民思想均尚守旧，故迎神等迷信，犹未十分破除，但天足剪发，完全收效，烟赌之风，可谓百中已去其九十九矣，穴居遗迹，于该村犹可睹见。

十三、总　结

山西村政实开吾国下层政治重心之先河，年来该省人士，全力推行，事实理想业已半收其效，虽瑕瑜不掩，吾人取法不能生吞活咽，然特殊之处，可备训政之楷模，而为宪政之基础者，亦殊不少也，惟羽此次考察，亲临之地，不过数县，记事又多凭口述，遗漏疏误，势必不免，实深惭愧，兹将其施行之原则，现在之成绩与夫应行去取增益之处，聊凭腹见，分述如下：

（一）集散漫之民众，为政治活体之组织，我国行政区域，一县之大，小则百里，大则数百里，勿谓中央及地方省政府与民众疏隔，即县政府亦除例行政事外，事实上等于与人民毫无关联，而民众方面，各个散漫，无集体之力量，匪特无从谋共同之利益，除共同之患害，而且无从图民意之发展，舒各个之本领，今于县与各个人民之间，添此一层小社会之活体组织，不仅使各级政治机关与全民众构成一严密的灵活的社会，而且可以由互助合作的精神，去解决过渡的民生经济，由小范围的活体政治之组织，能完成平民教育，提高民智程度，去解决民权政治，由居处地段之组合，能增长密切之团体生活关系，去恢复民族精神，有此数点，即足以由强固之安宁秩序的组织，而进于大同社会。

（二）由政治力量提倡民治，值此人民程度幼稚，而且参差不齐的情形之下，吾人欲建设良好的理想社会，除无政府主义者外，均认政治力运用之必要，换言之，由政治力之运用，指导民众自治并养成其能力，俟其政治能力之成熟，即为民主之精神，简括言之，自治之开始，政府为推行之原动力，民众为被动之学徒，自治之完成，民众为政治之原动力，政府为被动之机关。

（三）置人情于法律之上，法律应为群众心理共认之条文，亦即人情发作之公理的主张，但际此人群理性未完全恢复，兽性未彻底去尽之际，情感冲动，即越常轨，事后而思，必萌悔念者，人类心理之必然状态无可否认者也，值其悔念之际，施以人情感化，实为人群之当然义务，吾人于青年共党分子，为感情所冲动者，主张用感化主义，即此意也。为全社会之维持，感化无效，济以法律，即所谓以人情先法律之用，以法律济人情之穷，否则不教而杀是民贼也。

（四）全省各村组织制度，均由政府制定颁布，独于村禁约一项，由全村村民，按其各个习惯之环境情形，自行议决，前者为应用政治力提倡民治之本能，后者为村民自决之精神，亦即小社会人民创造法律之权衡，村民会议选举村长副，并得检举村长副之过失，此即小社会全民之精神，而行使选举官吏罢免官吏之权也。

（五）村经费，村民贫富均等，则照丁口摊派，贫富不均者，照贫富摊派，土地所有不等者，照地亩摊派，此亦比较上负担平均之办法也。

以上即为原则之特点，兹特略举其事实上之成效如下：

（一）村治之活体组织，村村相责，户户相成，上下一贯，运用周转，指挥灵活，因此，（1）盗匪绝踪，奸宄匿迹，而获安宁之社会，良好之秩序，（2）天足剪发已收全效，（3）烟民减少，（4）迷信渐除，（5）小学教育渐行普及，人民程度较前增高，（6）村民自卫渐有保障，（7）村民讼事渐行息止，（8）农产因有提倡之可能，失业游民大为减少。

（二）社会良好秩序，得之村本政治之施行，建设事业（交通水利工业）教育事业之发展，农林业之进步，生产之增加，由于社会良好秩序之基础。

（三）村本政治制度下之保卫团，使全省民众均受军事训练，不仅防务更为充实，亦即养成民族自强之精神与实力也。

然而吾人犹以为未足者，其原则上在指导民众使民自治，事实上，只获得民众为政治之用，而乏民众自用政治之精神，组织上仍须仰政治力之维系，民众自身仍无维持其组织之绝对自觉的信仰，此种流弊，不仅难得健全的民主精神之表现，且恐不免有人存政举，人亡政息之隐虑，因之其施政宗旨，洵为善意的企求民生政治之实现，而施政结果，只获得人民乐意为政治之用，细思其故，似在方法上缺少积极的精神，理论上缺少科学的系统，试观其施行上的重点，偏在教民为善，养成人民为各个之社会的善良分子，而未能使人民为造成良好社会主动分子，而良好社会之维系的力量，未能建筑在人民自觉的信力之上，社会组织之基础，无坚实的保证，凡此之点，吾人不能不认为圆满中之缺憾耳。虽然，吾观其此后教育计划，似欲进一步为提起民众之自觉，农村的经济，似欲施行合作互助的原则，为过渡民生经济之解决，三民主义的乡村，此后其庶可渐，吾人将厚望之，树全国训政之楷模，为人类大同社会之先声明也。

（附志）按山西下级村治人才缺乏，尤为一大困难问题，其补救之法，自去冬起，于各村长副选出之后，由省宣讲院，派往各县向村民宣讲之宣讲员会同县长区长，召集全县村长副训练三月，此虽为补救之一法，但羽以为积极方面，似更宜于各县设立村治人才养成所（教程注重公德人格之修养，乡村组织，与国民常识），省设村政学院，并宜将村治理论，编辑成书，全省各级学校，添设该项功课较普及耳。（完）

〔民国〕17.12.15. 于北平村治月刊社

（原载《村治月刊》第1卷第1期，1929年3月15日发表）

农业社会之本质与前途

作者原初计划一篇较有系统的作品，题目为《村治与民治》，内容分十二大篇，本篇即其中之一，兹为读者便利起见，以十二篇各为一文，作者附识。

农业社会之本质——农业社会与工业社会——农业社会与土地制度——农业社会的前途

一、农业社会之本质

在人类进化的过程中，从时间上来说，一个时代有一个时代的特征，亦即某时代有某时代社会的某几种特质，拿人类进化的事实来看，自游猎时代，畜牧时代，农业时代而至于工业时代，各时代有各时代不同的特质，从空间上来说，同一性质的各社会，各民族生活状况之不同，又各有其特殊之习性，譬如甲民族在农业时期的社会状况与乙民族在农业时期的社会状况，事实上就各有其特殊不同之点，又因各民族进化程度之不齐，故虽在同一时期，有些达到了文明极高程度，有些则还在原始的野蛮状态，拿今日世界各民族的情况来说，白种各民族已经过进化的几个重要阶段，到了机器工业时代，且有再进于一个更新的时代之趋势，黄种各民族，有些已到了机器工业时代，有些则还在畜牧时代，大多数都在农业时代，其他黑种棕种红种各民族，除少数到了农业时代，大多数都还在原始的自然状况之下，但是因为世界交通的频繁，各民族相互接触的机会，和种种复杂原因，故在同一时期之各种社会的状况，一方面加多了共同的性质，一方面使各种情形都由单纯而入于复杂，如农业社会而常夹入一部分工业社会之色彩，即其例证，使研究社会人事诸问题者，益感觉麻烦。

农业时期为人类进化过程中一个最重要的时期，人类的文明发端于家族制度形成之后，结胎于部落社会，至农业时期，人类之一切精神的物质的文明事业，始完成其形式，故农业时期又为人类进化史上一个最长的时期，在这个时期的社会情形，如从其文化政治经济种种的结构以及其一切因果关系来研究，就非在这个短篇作品里所能胜任，并且本文的目的，也只在解释农业社会本质上的几个特点，究竟是怎样。

在农业社会里面，社会上的阶级制度并不像工业社会的那样明显，自然在欧洲封建社会里面，大地主和农奴之间，有很明显的阶级存在，但是也并没有充分的阶级意识，普通的农业社会，一方面为地主，或土地的所有者，一方面为佃农与雇农，在土地所有者方面，大地主又是占绝对的少数，大多数都为土地所有者而兼耕作者的自耕农，就中国和苏俄土地分配的情形来说，有如下表：

（一）中国

所有地面积	户　数
10 亩以下	17, 914, 231
10 亩以上 30 亩以下	2, 303, 570
100 亩以上	2, 273, 355

上表根据〔民国〕12 年农商部统计，年来因战事等关系，当然多少有变动。

（二）俄国

所有地面积	农民百分数	
	1922 年	1926 年
无土地者	41%	45%
至 4 公顷者	81%	67%
至 8 公顷者	13%	23%
8 公顷以上者	1.4%	5. 2%

所有地面积	农民百分数	
	1922 年	1926 年
8 公顷至 13 公顷者	1.4%	5.2%
13 公顷以上者	0.2%	0.8%

上表根据苏俄中央统计局调查。

照上（二）表来看，自耕农或小地主占农民全额之绝对多数，可以得到一个证明，在这个情形之下，自耕农和佃农雇农是没有固定性的，自耕农随时可以降为佃农或雇农，佃农和雇农也随时都可以变为自耕农或佃农，工业社会里面的资本者和劳动者，就没有这样容易的变动，其次农业社会里面的地主佃农和雇农，多为同一地方的土著，最少也都有较长的时间关系，所以一方面虽然有主从之别，实际上都有一种休戚相关的情谊存在，地主对于佃户和雇农常施行种种扶助救济急难爱护等行为，佃户和雇农对于地主就常抱一种敬爱与报恩的观念，所以于不知不觉之中，都忘去了阶级的意识，同时对于土地，在生产上地主与佃户有同样的密切关系，也并不像劳动者纯粹替资本家去生产那样枯燥，因此在农业社会中，通常并没有显明的固定的阶级，而且我们也没有方法把它分析成某种某种的阶级，但是一些和公众福利相违悖的人民，也只能叫作特殊的或坏的分子，而不能把他们划作一个阶级，因为根本上就没有完成阶级的制度。

其次在农业社会中，人民的性质都富于自然的保守性和迟钝性，组织力和创造力等都非常薄弱，常表现松懈，涣散，无系统，不灵活的种种特征，这也不外由于以下的几个原因：

1. 农业社会中的人民，因为交通的限制，和外界接触的机会非常稀少，中国古书上有一句说得最过火的话，就是"老死不相往来"，这句话虽未免形容过火，但是也可以看出交通关系之稀少了，人民在这样闭塞状况之下，除开以"乐岁终身饱"和"凶年免于死亡"为其终生的惟一希望外，自然便未有更远大的目的了，保守的特性，就在这个环境中形成的。

2. 在自然环境里面，一般事务，半皆听诸自然，不知拿人力去创造，一切所作的事务，又多没有什么特别的时间关系，譬如拿生产事业来说，一方面并没有什么有组织的生产计划和步骤，同时也并无超出日常生活以外的其他欲望，一方面农业上的生产手段，是比较的简单，效果亦比较的迟缓，拿"春耕，夏耘，秋收，冬藏"的话来看，时间上长至三个月为一时间单位，在这样长的时间单位里面，工作上就比较可以随便去伸缩推移，并不像工业社会里面以秒，分，时，为单位那样紧张和迅速，农业社会之所以表现迟钝的特性，都由于这些关系所构成的。

3. 农业社会中的人民，在文化上除因应自然所形成的生活状况外，就更无所谓根本上的积极精神，并且他们对于这种自然的生活状况，也并不去研究其所以，只晓得承着传统的习性去保守罢了，在政治上就只能充分的表现"放任"和"迷信"这两个特性，至于政治的本身和他们的需要以及他们对于政治应持的态度，不仅是没有这个意识，而且根本上就不知道终身由之的纳税供役守法等义务，是一种什么意义。

4. 农业社会的经济力量，一方面固然是非常薄弱而缺少组织，但在他方面就比较有不可摇动的基础，而没有工业社会中因生产过剩等原因而引起之经济恐慌和大量的失业问题之发生，现在各国农业经济基础的摇动，并不是农业社会本身具备这个可能的弱点，而是工业资本主义所加于农业社会的影响之结果。

5. 农业社会中的人民，因为欲望的低廉，所以好利或夺取的性能，就没有工业社会那样利害，因之就有比较淳厚朴素的习惯和性情，人类本来的同情心，也比较的发达，如所谓"出入相友，守望相助，疾病相扶持"等情状，在工业社会里面就绝对看不见这样和乐的互助精神。

这都是农业社会本质上所表现的几个特点，拿来和工业社会比较，就各有其长短互见的地方，此后农业社会的改良，事实上就不能不采取工业社会之组织上创造上的精神，以充实其内容之一部。

二、农业社会与工业社会

农业社会的特质，前面已约略说过，但是自欧洲工业革命以还，农业社会的基础，无论在农业国家或工业国家里面，根本上都受了动摇，而在另一方面，无论某种社会，都污上一点工业的色彩，或者也正在酝酿，因之社会的内部，都起了一个无常的变化，农业社会的内部也不能不因应环境的趋势和需要而有所改张，但是究竟怎样才能适应这个需要和怎样去改张，已经成了一个最大的问题，尤其是殖民地和半殖民地的国家，对于这个问题的争论更多，结果都未有一定的决计。拿我们中国来说吧，自鸦片战争以后，清政府以为欧洲各国的富强，都由于其制造的精巧和海陆军的强大，纷纷废科举兴学校，制造兵舰，改变军制，提倡国民重商的心理和尚武的精神，这样昧于本而求其末的办法，不久又宣告失望了，但是国人还都是蒙昧的不知其所以，因之就发生许多疑问而形成两大极端的思想，第一派人的怀疑，以为中国民族的本能，始终恐不会有学上欧洲的可能，第二（三）派人的怀疑，以为中国是没有学法欧洲之必要，第一派人的思想，纵然举不出一个整个的人物来代表，但在辛亥革命以前，曾经在一个时候为国民大多数之一般的疑惧，第二派人的思想，就可拿章士钊那一班主张农国的人们来代表，还有间于这两派思想之间的一班人们，他们只晓得羡慕工业社会的繁荣，拼命的去学法，但是也不去研究工业社会之所以成立和发展的本质，这三派的思想，除第一派以外，到现在都还有部分的力量，我们现在要解决这个问题，就先要研究以下的这段理由。

农业社会本是自给的社会，自手工业被机器工业消灭以后，农业社会的性质，在生产和消费两方面，都和工业社会发生密切的相需关系，从生产方面说，农业上的生产为原料，工业上的生产为将原料制成熟货或商品，从消费方面说，农业社会的缺乏是工业制造品，工业上的原料，惟一靠农业来供给，同时工业发达，则原料之价格高，农业必愈为畅盛，农业畅盛，原料之来源丰裕而不感缺乏，工业必愈为发达，而在另一方面，因工业用机器生产，工作较为简便，工资亦较昂贵，故乡村劳动者，均离开农村，而群趋于都会，因之农村中遂不免感受劳力缺乏与昂贵之现象，此项结果，必影响农业之衰落，同时因农业之衰落，生产程度必为减低，农村对于工业出品之购买力亦必减少，直接影响于工业上原料之供给，间接影响于工业出品之停滞，再次农业社会在本质上为自给的保守的，故农业上虽断绝工业品之来源，尚能勉强独立，其弊病在影响于物质方面之诸种进步，工业社会在本质上即为进取的，以掠夺农业社会之收益为其生存之手段，故一旦农业产品之来源断绝，即不能独立生存，因之工业国家的本身，都不能根本的离开农业，此殆属显而易见的事实。譬如拿美国来说，其国家富力之优越，正因其己国原料之供给与制造互相平衡，亦即其国家农业与工业有同等之发达程度，因之农业和工业在一个国家里面，并不是不可兼顾的东西，其次拿纯粹工业国的英国来说，其本土三岛，固然已完全脱离农业社会的意味，但是其所以兴盛和所赖以存在的理由，亦全在其殖民地农业之发达，她之所以把印度看作惟一的命脉而不肯丝毫放松，就是这个缘故，再拿日本来说吧，其本土虽然为天然力所限制，但是年来也积极从农业上改良，汲汲进行而不肯让步的满蒙政策，其首要目的即在满足其农业产品之缺乏，以达到由自国制造自国出产原料的目的，使国家有独立的生产能力，而避免种种危险，其他现代各工业资本国，也无不有这个同样的趋势。

但是我们所说的，还只算一个国家里面的农业和工业之相需和相妨的关系，在一个国家里面，无论是农业上或工业上的损益，究竟还蓄积在一个国家之内流通，和国家整个的财富前途，尚无更大的妨害，但是从半殖民地国家和资本工业国家的这些相互关系来说，半殖民地国家所感受的，就只有财富的输出而不能流入，把原料的价格，压住得非常低廉，工业品以脱拉斯的组织而可以居奇操纵，同时半殖民地的国家因为其原有手工业的破产，又不能离开这个居奇操纵的旋涡，因之无论偏远的农村中的生活程度，都继长增高起来，农村里面都发生失业游民问题，适与工业国农村劳力缺乏为相反之结果，所以国家一方面农业经济基础既已崩坏，他方面工商业上的国民经济也不能建设起来，因此我们对于前面所说的那三派思想的错误，就可以印证出来，同时并可以得到以下的一个结论：

以农业为国家基本生产事业，救济国家的财富，是可以的，但是先要树立农村经济的基础，农业才可以发达，这个基础的要义，就是国家对于农业上的需要和供给，先要脱离外国工业的羁绊，才可以去研究其他的办法，一切已发生未发生的矛盾点，才可以设法去补救。

以工业代替农业为国家增加财富的基本产业，也是可以的，但是先要巩固国家的经济基础，这个基础的要义，就是要脱离外国经济力的羁绊，同时要顾虑到农业之繁荣和发展，不可因噎而废食。

三、农业社会与土地制度

农业社会的第一个问题就是土地，离开土地问题来讨论农业社会问题，就无异全无意义，并且许多有名的经济学者，不仅认土地问题是农业经济的本体，而且有认土地是一切经济的源泉，但是惟其是这个问题的重要，所以经过自农业作业之发生直至现在几千年的长久时间，都没有一个彻底的解决和一致的主张，现在虽然为全世界关心社会问题的人们所特别注意，仍还在讼议纷纭的时间，我现在也只能就土地制度的意义来说一下，至怎样才是解决土地问题的彻底办法，当俟之于异日。

讲到土地制度的意义，实包括土地之地权，分配，使用，税制各项问题在内，中国历朝对于土地问题的处置，向伯翔先生把它分为七个时期，以自夏禹行授田制至商鞅废井田为第一期，为井田制，自西汉至晋宋为第二期，为限民名田制，自后魏至唐为第三期，为均田制，自宋开国至南宋为第四期，为方田制，蒙古入主施行社田制及限田法为第五期，明代施行量田法及均地策为第六期，清代之垦田法为第七期，每个时期当然有许多变迁出入的地方，并且每个时期的制度都没有确切实行的效果，所以这种分析从概括方面来说，我个人在原则上非常同意（请参看向先生《土地政策》），但是井田制度在殷周两代，原则上是一致的，而配置土地的分量上则略有出入，殷以六百三十亩划为九区，分给八家各七十亩，其中为公田，由八家合力助耕以供国家赋税，所谓"殷人七十而助"，就是这个意思，周制甚为复杂，学者纷辩甚多，但原则上不外"方田而井，井九百亩，其中为公田"，赋税上畿内用贡法①，邦国用助法，是谓之彻，孟子说，"周人百亩而彻，其实皆什一也"，朱熹说"周制公田百亩，中以二十亩为房舍，一夫所耕公田，实计十亩，通私田百亩为十一分取其一，盖又轻于什一矣"，因此井田制就是今日所谓"国有民用"的土地制度，限田制其实并没见诸实行，不过董仲舒，师丹，何武等的一种提倡罢了，

---

① 注：夏之贡法，一夫授田五十亩，以其中五亩的收获贡于政府，是谓之贡，故曰什一之征。

其办法为通上下限田不得过三十顷，犯者由国家没收，其意义在限制民有，赋制上初采什五税一，后采三十税一，这个限田的原则，至晋代始成为事实，定官民占田之法，惜未免等级悬殊，王莽恢复井田，废除私有制，名天下田为王田，又以每户人口数目而定授田之差量，占地多者没收，无田者由政府给田，均田制的原则，由国家按全国人民男女丁口至相当年龄，由国家授田，身殁则还田，人民对于所受之田在政府一定限制之下，不绝对禁止买卖，这个制度一方面似为国有民用，而在另一方面，人民有相当限度的买卖田地之权，又似为国有而兼民有，赋制上有田租、户调、身庸等税。方田制就是国家把没收和垦辟的土地，照税租办法招人民耕种，人民为佃户，政府为地主，结果官租重而私租轻，弊窦丛生，经正界之说，亦不过采仿方田之遗意而已。但在宋代施行方田制的当中，王安石的青苗法，其意义就是政府供给农民资金的贷用，原则上即与今日所谓国营的农业金融机关，为同样之性质，吾人今日犹不能不深佩王氏之卓见也，社田制的原则与今日农业上的各种互助组合无所出入。元代的限田制亦为承袭汉晋限田之遗意，赋制上分丁地两者，与唐代无甚差异，量田制的意义，在综核名实，使小民无虚粮，免除无谓之负担，其实此项手段在土地私有制度之下所必具，不得谓为一代之制度也，均田策的首要意义，在授给无田耕者或有田过少者以农田，限制无力耕者之过量占领，奖励垦殖者土地之所有，相当的限制私自典卖，并限制勋臣皇室领田之限度，垦田法的用意，不外在奖励开垦和化兵为农的两个意义，与国家土地制度无关重要。这就是中国历朝处决土地问题的一个大概，详细研究，当另用专篇。

现在把各国处决土地问题的现况和各家社会主义者对于土地问题的意见及现代各国土地社会化运动之趋势来分述一下。

（一）各国现行的土地政策

1. 英国：英国土地的所有权均属之国王，人民对于土地的权利为所谓自由保有权（Free hold estate），包括世袭地权（Estate for Simfle）限嗣地权（Estate in tail）终身地权（Estate for life）三种，国家对于土地使用等处置，原初仅能从消极上注视田佃之关系，而佃田之处置办法，在三岛又各不同，至1870年颁布地主及佃农法73条，从事助成佃耕农为自耕农之设施，1885年制定爱尔兰土地购置法，1887年颁布分贷地条令，嗣后继续发布小农地法，分贷地法，土地购置法，1894 年周密地方局法，1901 年又新布土地购置法，1908 年将分贷地法与小农地法合并，1909 年施行追放佃户法，并将土地购买法加以改正，在英兰本岛设立小农地法，其目的在使国家自耕农成数之增加，其办法设参事会于府县，从事于小农地之设定并分贷地设定之事业，参事会于府县内外置小农地与分贷地之候补地等之购入或租贷部，由人民之请求而加以审查，以定其承买或租贷之资格，与自耕农以小农地之供给，其法分下列各项：（1）土地之取得：府县参事会对于土地购买者与赁贷者并自耕农者，为小农地之供给，其于府县内之土地，或府县外之土地，必得双方之同意，始得购买或租借之。若对于小农地之赁借无适当之土地，得自由缔结契约时，则由 50 英亩以上之土地所有者，强制赁借之；（2）小农地设定费：府县参事会关于小农地设定时，所需之费用由基金或岁收入支付之，又府县参事会之对于小农地或分贷关系之共同协作社，有须补助及贷付等，得借入资金；（3）小农地之卖郤及设定：小农地之购定者，须支付现金代金 1/5 以上，其 1/4 以下相当之金额，由府县参事会认为适当时，以永久地代，由其土地保担云。尚有余额未付时，府县参事会，则对于其款以其地担保，于 50 年内偿还之，又购买者若有请求，由规定之利息及年限与每半年之赋金以同额定期年金偿还之，小农地之佃农，对于佃约期满后，其所施之改良，得受其赔偿，又府县参事会，对于小农地之设定为强制的土地赁贷时，于佃约终了前一年以上二年以内通告地主时，在 14 年以上 35 年期间得更新其佃约；（4）佃农对于资金之贷入：小农地之佃农，关于小农地之购买，与地主合意时，府县参事会对于购买金额 4/5 以内，得提前贷借；（5）佃农拘束之条件：1）小农地未经府县参事会承诺时，不得分割让渡贷借转贷之，2）小农地为其所有者或占有者耕作时，且于农业以外之目的不得使用之，3）小农地不得筑造一所以上之住宅，4）小农地之住宅或建筑，不得充用可醉性饮料之贩卖，5）小农地在制限期内，所有者一旦死亡，因之须将其地再分时，参事会则于其死亡之后十二个月内，以其小农地得卖于一人，否则亦得由参事会自由卖去之。此为英国现行制造小耕农政策上的几点规定，推行之今，小农地面积，大为扩充矣。

2. 德国：普鲁士于 1890 年发布地代农法，1891 年发布地代农奖励法，以地代农场（Rentengute）与地代银行（Renten bank）相辅而行，其目的在使贫者得享有土地之所有权而为自耕农，换言之即在奖励国家小农地自耕农之增加，其意义即为国家筹备资本依法定范围收买地主土地，作为地代农场，转卖与需要者，按年收取一定地租至相当年度使之偿还买价，但实际上，普鲁士地代农地之贩卖者为地代银行或公益的移民公司（由政府保证之），此项地代银行为介于地主与买者之间的一种机关，买者以银行债券偿还地价，地主随时可以将债券转售现金，买者按年纳定额地租于银行，以偿债券利息及母金，其手续可分为（1）现金支付：购买者于缔结买卖契约时，交代金现金1/4，但限于以自家劳力所能经营地代农地为限（15黑格特），得贷付其土地评价之格9/10。（2）地代债券支付：现金支付余额，用地代银行所发行之地代券支付之。（3）余额地代：以（1）（2）两方法不能偿还土地代金全部时，与贩卖者协议，得支付其余额。（4）抵当支付：如（3）对于余额不能缔结地代契约时，用地代农地为担保品抵借支付，此外购买者如无费建筑住宅农舍时，国家以地代债券贷与资金，以为地代农地取得上之保护，大战后，德国土地制度又为进一步之改革，宪法上明白规定防止滥用，取有余者以补不足，以臻使用上的平均，限制不劳而食的地主坐享利益，以土地因社会改良之增价归之公有，政府在公益上得征收私人土地等项，比较的更为积极矣。

3. 苏俄：苏俄于1917年革命成功后，即宣布废除土地私有制度，将领域内一切土地均收归国家所有，土地使用权则平均分配于农人，对原地主并无低限权利之保留与赔偿，土地中埋藏物，水域，森林等之私有权，亦同时宣布永远废止，土地之耕作经营，则颁布办法，由农民共同生产组合去实行，或者由个人以及村落团体去经营利用亦可，但须适应地方状况，对于劳动人口行均等分配之原则，后来因为发生许多困难，尤其是自耕农，因土地之被人分割剥夺，而发为积极的或消极的抵抗，致食粮问题陷于缺乏之穷境，至1921年苏俄政府宣布施行新经济政策，许农民以农耕及农作物处分的自由，实际上又无异确立为自耕农主义了。

其他意大利、丹麦、法兰西、波兰、捷克、斯拉夫诸国对于土地政策之改革，均趋向小农地自耕农之设施，或趋于农业的组合协作，均足值吾人之研究也，兹暂从略，读者举一以概其余罢了。

（二）各派社会主义者对于土地问题的意见

1. 马克思主义派：马克思于其所著《资本论》第三卷对于土地问题之意

见，其要点根据李嘉图（David Ricardo，1772—1823）之意见，在分析地租为绝对地租及差额地租，所谓绝对地租者，在地质硗沃不等的土地上，同量的生产收益额，必不能由于同量的劳力资本生产，反之投同量的劳力资本于硗沃不等的两种土地上面，必不能得到相等的生产收益额，这个相差的劳力资本，由农产物价格与市场价格之差额而成立，不是由于各地间生产价格之相差发生，这种现象称为绝对地租。而上田、中田、下田天然收益额之差益，谓之差额地租，马氏谓差额地租与土地私有制虽无关系，绝对地租与土地私有制相随而生，故只须私有制一旦废除，绝对地租即可消灭，因差额地租发生于土地之固有原因，无论私有制存在与否，依然存在，使归国有，即可涓滴归公，得用以增进社会之公益，至绝对地租，实发生于需给关系，质言之，即发生于社会原因，而私有制乃为社会原因之堤防，若实行土地国有，绝对地租可一举而消灭之，其消灭额数几何，即可减轻谷价几何也。

德国社会民主党与农民宣言书为根据马克思之学说者，"土地与其中所含一切物质，皆为天之恩赐，宜为全人类之共有财产，古代强有力者，以刀剑创土地私有之制，实为赃物，藏之虽久，不能变为正当所有物，亦不能因赠与或买卖而变为他人之正当所有物。购买土地者，为土地掠夺者诈取其卖价，因之对于社会复行其新诈取，在古代以暴力支配土地者，在近代以资本之阴险力同样支配土地……惟社会共同体可为凡土地之正当所有者，亦惟社会共同体可为资本及凡资本价值之正当所有者，资本家以不由正当而得来之购买手段，取得由不正当而来的土地，以此两重原因，故不能主张正当所有权，凡土地既为社会共有财产，决不可以分割之，又不可以其他方法处分之，惟可作为借地，为全社会之利益，委托于耕作组合而已"（这段多因取向伯翔先生《土地政策》，即此声明感谢）。

2. 无政府主义派：无政府主义以克鲁泡特金（Peter Kropotkin）为集其大成，故现在也以泡氏的主张来包括该派的意见，泡氏主张土地公有的理由，谓土地之改良及一切物质上之利用，皆为社会全体与人类祖先所集积之力量，非少数人所能占有，故社会多数穷人无有土地为不合理，劳力耕种者须向地主及政府供纳产物为更不合理，且以为土地若归社会公有，一方面则多数不劳而食者不能坐食利益，而不得不从事生产，一方面则不致遍使少数人劳力而负担供养多数人的责任，故直接可以使社会的生产增加，各人对于土地的作业，顶好应用人类固有的互助精神去协力经营。

3. 地租课税主义的土地制度改良派：穆勒（T. S. Mill）可为此派思想的代表，他的意思，以为土地私有制没有资本私有制的理由之正当，所以土地除却以人力所行的各种改良外，决不是人类劳动的生产物，所以所有权的根本理由，不能适用于土地，土地的所有者和土地的改良者，应该同属于一人，其同派佐理享治，则以为土地问题的解决，也不必收归国有，政府用课税的手段将土地本身所生的利益，收归社会国家所有，使私有制度名存实亡。

4. 农业社会主义的土地制度改革派：华勒司（Alfred Russer, Wallace）可为这派思想的代表，他的主要意思，以为地租归私人所得，是经济上的一切祸害之源，贫富悬殊的原因，乃是由于土地私有制而发生的，所以每人要得到一块土地的权利，才能从奴隶状态中解放出来，实现这种权利的手段，就是土地国有，但是国家对于土地，只握上级所有权，仍以佃耕的方法租与佃农耕种，所以他承认人民对于土地，有占有权，但是这个占有权不是所有权。

5. 社会主义的土地制度改革派：士宾士（Thomas Spence）和涡卜林（Lams Branterge Obrien）可为这派思想的代表，士氏的主要意思，以为一国的土地及土地的内部和外部所含的一切物质，都是平等的属于生存在该国的住民，因为每人都是靠土地及生产物而生存的，所以他们都应该有同样的所有权，私有制度是违反平等的权利，但是他主张土地的使用和分配的方法，以地方团体没有经营耕种之必要，谁肯多纳地租，就佃给谁耕，这种地租，除地方公用费外，如有剩余，就平等分配与全体住民。涡氏的主要意思，以为土地私有制，应该首先废除，因为社会一切弊害，都是由产生地租的土地私有制和产生利息的资本所有制而产生的，所以他说，无论何人，如果没有为社会生产一镑的富或供给等于一镑的劳动，就不应该得一镑的金钱，他的改革土地的主张，政府当尽其财力购买土地，使劳动者移入，并不断的以地租的收入购买新的土地，一直到欲得土地的人，都能够占有利用的时候止，由这种购买，国家并渐次所有全体的土地矿山和渔场，并为国民保存。

6. 国际劳动协会派：这个协会本为蒲鲁东（Proubh on）派社会主义者和马克思主义者所组成，前者主张维持小农地所有制以为保障个人自由之基础，后者主张无论大农地小农地的私有制都不能存在，应该为彻底的公有，结果后者的主张得到多数的决议，在这个共有制度下的农业经营，则以农业生产组合为最适当之形式，其所持理由，以生产组合的大经营，可以得到廉价的，多量的生产，而发挥较多的价值，且合于社会一般的利益，而增进公共的幸福，并可以避免小经营所不能避免的一切困难，但是他们这个计划，终久都没成为事实就失败了。

考茨基的意思就不主张立刻去没收农民所有的土地，他以为土地没收不特和无产阶级的利害不一致，并且还有些相反，因为没收农民土地，食粮生产必形混乱而陷全社会于困顿，所以无产者纵令完成自己的要求，亦不可不扶助农民，改良生产方法，谋生产之增加，充分发挥其生产能（效）率，使农民采取新经营的方法，而进于新经济的组织，等到农民抛弃其小经营而欢迎大经营的时候，土地私有制就不得不归于消灭了。他又以为应该将都市的大工业分布于乡村，以调剂农村的劳力，而使之尽量的发挥。

现在把各国处决土地问题的态度和各派社会主义者对于土地问题的意见，择别作了一个最简单的说明，但是也仅限于说明，并没有加上半点批评，因为我的意思只求说出土地问题对于农业社会的重要，并且我们对于土地问题之最目前的办法，总理已经替我们定下由"平均地权"而实现"耕者有其田"的原则，足够应用，抑且各国现行小农地自耕农之设施，都包括在耕者有其田的原则之下，马克思主义者之土地国有论，无政府主义者之土地公有论，耕者有其田的原则，实包括这两方面的意思，而由应用平均地权的办法来实施，一方面可避免自耕农的误会和反对（马克思土地国有办法不可避免的危险），二方面便不致如无政府主义那样落空，但是耕者有其田的原则，究竟怎样能包括这两方面的意思呢？因为耕者有其田的办法，土地的最高所有权，仍然是属于民主集权的政府，同时人民于其劳力范围内所能经营的土地有充分的使用权，且对于此项使用权含有永久保存的性质，可是并不能把土地因自己有经营的权利，就能视为私产，仍须把土地本体视为全社会的公产，这是一方面为国有农用，他方面又附带农有农用的性质，地租课税主义派的主张，和平均地权的意义，并没有什么出入，农业社会主义派主张每人要得到一块土地的权利，并不能超出耕者有其田的原则之外，他们主张人民对于土地有占有权而非所有权，就是人民于其劳力范围内之土地有永久保存其使用权之意义，社会主义土地制度改革派主张每人对于土地都有平等之所有权，并主张由国家出价渐次将全国土地收为国有，政府得随时收买人民所有之土地，不过为平均地权的原则之内的一个办法，人民平等享受土地的所有权之意义，也是耕者有其田的范围内的事情，矿山渔场等为全国所有，更能与平均地权的原则符合，国际劳动协会派的主张，并没有脱离马克思主义的衣钵，无庸再来比较了。

四、农业社会的前途

由前述各节的证明，农业在人类的生存史上，为生产事业上一种不能破废的主要作业，但是农业社会的精神，能否不为工业社会或其他某种社会精神所冲破无遗，实为今日所急需讨论之问题，不过农业的本体既为人类社会生存的基本业务，则农业社会在事实上又自有不可破废的基础存在，现在关心社会问题的世界学者，无论从经济观点上的土地问题着眼，都转变眼光而群集于农村问题之研究，发表其理想中的农业社会之意见，不过我们认识社会是一进化不已的机体，已经无须证明，人类的生活上之需要，无论在物质方面或精神方面，一日日都是向最高的方面发达，而希求其满足，然而如果要从农村社会里面来满足这个要求，就应该对于已往的农业社会之本质上的弱点，有急切充实补救之必要。譬如从农业社会的性质上来说，从前那一种消极的保守的性质，现在就应该设法去变易，使能为积极的进取的精神，从前那一种涣散的迟钝的性质，现在也应该去变易，使能为机体的灵活的紧张形式，那样无组织的无计划的生产事业及其手段，应该使能为有组织有计划的大规模生产，变更其生产手段，使趋于便易，而增高其生产能（效）率。换言之，就是应该把工业社会所表现的几个优点，都充实到农业社会里面去，然而怎样去达到这个目的呢，就是由农业社会化运动创造工业化的农业社会。

什么叫作农业社会化呢，简单地说来，就是变更农业作业的个人的小经营而为团体的大经营，或农业的组合和协作，这个农业社会化运动，在现在，事实上已成了簇新而普遍的主张了，试举一二如下：

1. 威尔勃兰（Robert Wilbrandt）的农业社会化论：威氏以为小经营常不免发生农业资金缺乏等困难，使农业不能伸张和农人常困于负债等穷困境遇，补救的办法，只有农业社会化而注入丰富的资金，由此所得的利益为社会一般的利益，而不能为地主所有者的利益，为达这个目的之根本办法，关于土地的利用经营，须归社会公共，土地占有者不应像从前那样成为他人资本的奴隶，应当为国家公众去工作，他并且说，自耕农创定政策或小农的自耕主义，都不能适应时势的要求，大规模经营才是不可缺少的事体，大农经营施行集约的经营，且能节省劳力，同时亦可以充分发挥其劳动能（效）率，但是不可成为大地主制的大农经营，而养成阶级的对立，要避免这些才能发挥由大规模经营所生的技术上及经济上的利益，这是要由于实行国营才可以办得到。对于从事农业的人员，施行农业科学与近代技术，把他们充分地教育训练，同时并改良农业学校和农事试业场，阶级的对立可从此解除，而能增进劳动能（效）率，复兴生产，新时代的人们，均须入农业高等及工业高等学校，充分受科学和技术的教育，如此作去，生产和运搬等费都可以节省，生产的能力可以增高农产物的价格，则可以不压迫劳动者的生计为度而把它决定，并且因此可以免除地主佃户劳动者间发生的一切社会的轧轹，他又引出德国东部一位地主所立的一个农业社会化的计划，兹并引如下：（一）先把一定大小的经营实行社会化；（二）小经营的农业如有请求，亦当把它社会化；（三）社会化的范围，宜及于用为农业林业的一切土地及其附属的建筑物；（四）土地的赔偿价格，宜顾虑其最后三年间的平均收益额及其得到登记的土地总簿上负债额底中庸的利率而把它规定，如果地主一时不须现款赔偿，则当以半年通知的期间对于赔偿价格依上述中庸的利率而支付利子；（五）土地利用经营宜移归国营，从来的农场职员及劳动者均归为国家的用人，关于这等人的工资及利润分配率，当另立规程；（六）收用了的土地的原来占有者，如其地实地经营上的指挥依然在其手中不移归公的人员，则这等土地所有者，可保持其经营指挥者的地位，领受适当的薪水；（七）经营一事，若非操于土地占有者之手，如其自己或他的最亲近者具备一定的智能时，就可以要求作该地的经营指挥者，这种请求权，可由其男系子孙去继承，遇其经营不宜时，则又可以把它取消；（八）设农事评议会于乡村，由农业劳动者及经营指挥者各三人，充经营指挥者一人为议长组成之；（九）乡村农事评议会的任务，在务必把生产手段弄成完全以整兴农业生产和整顿配给生产物于消费者的方法，因此所需资金当由国家筹备；（十）县农事评议会，其评议会依照国家选举法的规定由全县选出，由劳动者与经营指挥者同等人数去组成之，而其议长则自经营指挥者中另行选任；（十一）县农事评议会的任务和乡村参议会同样，但此宜就各乡村间的利害而加以特别的顾虑；（十二）中央农事参议会由劳动者及经营者各选出半数共 24 人组织之，其议长则以德国中央农务部次长充任。

2. 意大利的农业社会化运动：意大利的农业社会化运动，发生于 18 世纪之末，到现在已有广大的发展，但其性质上则有由工团社会主义者（Syndicalisme）所指导，依着纯社会主义的计划去经营，采取纯粹的共同经营的，有由加多力党（Cathalic Party）或僧侣党的指导，依着产业组合主义而附带共同主义，采取各别的经营组织的，法西斯蒂党（Fascisti）所领导的农业组合运动，可以说是国家主义的，无十分明确的情态，纯粹的共同经营，由组合共同去租得土地或组合自己有一部分土地，并由组合实行共同经营的（Affittanze Collective a Condizione Unita）各别的经营组合，是组合办理某种共同事务，土地归组合员自由耕作经营的（Affittanze Collective a Condizion Divisa）或共同租得土地，然后把土地分给组合员去经营的，组合的任务除为整顿对地主的交涉及其他对地主的关系外，并办理对第三者的交涉事务，计算共同的去购买及利用农用机械，共同购买种子肥料，共同贩卖农产物，这两种组合的意义和目的，不单是经济的关系，而且含有政治和宗教的最大目的和希望，国家主义的农业组合，墨索里尼（Mussolini）主张以经济的运动为度，而不能戴上政治运动和宗教的意义，上述纯粹共同经营的组合，多行于埃米里亚（Emilia）及波罗拉（Bologna）等地方，总机关为全国农业共同组合联合会，各别的经营组合多行于威林司（Venetia），中部宁模巴的（Central Lomburdy），西西里（Sicily）等地方，总机关为农业组合全国联合会（纯加多力党者）及意大利农业供给共同组合联合会（比较近于中立的），据 1923 年国际劳动时报（The International Labour Directory）属第一类的已有 1,161 个组合，有 72,656 个组员，属于第二类者，有 1,112 个组合（纯加力多的）及 350,000 人分属的 939 个组合，属于法西斯蒂的，以该党设立的 Sindicato Italiano delle Cooperative 为其组合的大本营，据 1923 年 7 月该党大会所发表，有 1,846 个组合，348,270 个组合员，42,750,000 奈阿（Lire 意币）基本金，处理的款子有 6,500,000,000 奈阿，已成立的联合会有 43 个，正在建设中的有 12 个，但这三派冲突情形，很是利害，此后能否达到纯社会化的目的，则尚有待于未来之事实。

3. 此外英国劳动党发表之农政方针，德奥社会民主党发表的农政纲领，都是趋向于社会化的农业，他们对于促进生产和农村教育的方针，都能特别注意，此尤为吾人不可忽略之点也。

现在要来说什么叫作工业化的农业社会了。从农业社会的现况来说，手工业既已破产而再无回复的可能与必要，从改良农业的生产来说，就应该有应用工业上的一切生产手段之必要，但是要使农业社会的基础坚实，就不能不设法使之脱离工业社会的羁绊而能独立，所以第一着农业社会所需要的一切工业品，不能不仰仗农业社会自己来制造供给，所以应该在农业社会里面由农业合作团体去设立各种工厂，即使这些工厂须设于城市，最低限度，工厂的主权，应属于农业合作团体或农民全体，农业的生产手段，应该应用科学的方法，去增高土地和人工的生产率并避免无谓的劳力及一切无谓的事务上之消耗，顶好农村间农业上的一切作业，都能应用电力。农民的生活状况和农村教育事业，应使之达到最高的文明福祉，把农村社会制成集体化的文明社会，交通事业，尤其是先决的重要问题，各农村及城市间都应使有严密的汽车道和电车道去联络，要达到这些目的，使不致成为理想上的空谈，一半的责任要仰仗国家，余一半的责任，则只有农村组合，才有实施的力量，单拿中国的情形来说，要实现这个理想的农业社会，农村组合又应该与城市民众的组合，互相连贯与呼应，因为中国的农业社会受外国工业资本主义的攻撼，单单靠农村合作事业去抵抗，目前的力量上还来不及，所以又必须要城市民众的组合，负担并供给过渡的工业上的产品，为农业社会之自身的整顿及抵抗工业资本的第一道防线，这一个意思，我当另用专篇来详细发挥，因为本文现在已未免扯的太长了，暂此结束罢。

1929. 6. 1

（原载《村治月刊》第 1 卷第 4 期，1929 年 6 月 15 日发表）

由现代民主政治之一般的
矛盾说到人民自治

引言——政治与社会——现代民主政治之一般的矛盾——人民自治的基本
理论——人民自治的基本精神

一、引 言

今日以前的中国，不仅政府对于人民没有政治，而且人民的心理上也并没有国家的意识，专制时代的政府，并不是对于国家和人民的共同事务与福利而施行政治，一切政教制度，都不过是为制御人民而消灭反抗的一种统治行为，也可以说不是政治，国家的成素（Elements）——土地，人民，政治，也当然有所缺陷，而且人民在一种自然支配之下，心理上并没有发生过国民的意识和深刻的国家观念，所以说中国前此是没有国家和政治都是可以的。不过自我们把君主专制推翻，确立了民主政体以后，国家的政治，总算是换上了一个较高的原则，但是为什么依旧不能发生国家的政治的力量，甚至依然寻不出政治的出路呢，自然外国的政治力之压迫和国内的军阀之割据，都是障碍国家政治力之发展的两个明显事实。然而按事实说，国外的强力和国内的军阀，都是随着国家的政治力而消长的，如果内政没有出路，不仅外国的政治压迫力无法解脱，而且国内的军阀必然会继续生长，另一方面，国外的强力和国内的军阀不永绝根株，国家的政治也就没有修明的机会，但是事实断没有这样简单，我们进一步看，就可以了然于外国政治压迫力之继续，国内的军阀之生长，都还是政治没有出路的果，国家的政治没有出路，才是内忧外患的因，所以对外解除帝国主义的压迫，对内防止军阀之生长，自然是我们急需而迫切的要求，但是根本的解决，尤在开辟国家政治上的出路和一切内政上的建设。

然而，总理的民权主义，就是我们今后政治的出路，并且现在中央已经遵照五权分立的原则，提前成立了五院，人民的四权行使之训练，此次的中全会，又确定了一个训政时期——六年——去完成权能分立的制度，故今后政治的出路或制度上的原则，当然是确定了的，所当研究的，就是在如何去建设，才能实现这个最高的政治理想，而发展国家的政治力量，这个问题的范围，最低限度也有以下两点应该严重注意的地方。

应该顾虑到国家的社会的及人民的实况和我们政治的理想之距离程度，使能实际的追求而能使理想成为事实，不致再成为那样敷衍式的虚伪的结果，因为我们在过去的历史的事实上，已经过多次的失望了的，有时候，虽然有了政治的最高原则，而执政者的心理他每每只把这个原则当个幌子，并不希望它成为事实，有时候，政治的制度虽然是变了，但是制度还不过是政治的用，并不是政治的体。换句话说，不过是政治的表，而不是政治的里，如果只变其用而袭其体，则新制度施行的结果，断然和旧制度没有分别，或者比旧制度还要恶劣，譬如袁世凯洪宪以前的共和，事实上和宣统的专制就没有分别，所分别的不过是民主和专制两种名义上的不同。如果人民的政治思想极其幼稚，社会的本体极其涣散迟钝，人民对于国家的政治理想，自然一时还不能了解，因之也当然没有督促政府去追求这个理想的政治之实现的能力和觉悟，在这种情况之下，很容易使政府或政治当局堕落到特殊的统治阶级的地步，撇开一般所渴望的理想的政治于不顾，最低限度也每每使他们只去制作一种虚伪的表面的铺张，譬如明明知道人民并没有直接选举的能力，他并不去切实扶助人民养成选举的能力，偏偏要指定一些私党去作人民的代表，叫人民划一个诺，实际上所谓代表人民的就是统治人民甚至是宰割人民的分子，这可算一个普遍的例子，关于这些矛盾的结果，就是本来是公正的执政者，也每每不能避免，但是也并不是他们都居心想造成这样的结果，这完全因为多量的民众不了解政治而没有监督的能力，一些了解政治的少数者，他们或者一时为个人利益的诱惑，而不感觉政治的利害，或者处于国家政治力的笼罩之下，而没有发挥其监督的机会，这犹之乎我们的革命，如果群众都有了觉悟，不革命的也可以由群众的督促向革命的程途猛进且无以变易，如果群众没有觉悟，就是伟大而热心的革命者，也都有退落到反革命队伍中的可能。

其次我们已然是决定了国家的政治的出路，自然便要一个详密的设施的计划和方针，因为没有一个固定的计划和步骤，则理想终久还是理想，事实上就必无结果，但是这个实施的方针，第一要适应社会的实况（我们自然在改革旧社会的不良状况，而在创造一个新的社会），第二要适合人民的心理和知识程度（自然在改变其习惯的迷信，建造其必要的正当意识），不可把理想就提得太高，使知识浅薄的民众都无法追求，因为在一种新的政治制度还没有发生力量之先，民众的心理还和它距离的很远，甚至还没有这个印象，那自然对于新的制度就不能发生信仰，没有信仰就不能发生力量，事实上就自然更无结果之可言了。所以第一步当建设民众的心理，使新的意识一步步代替一切旧的迷信和幻想根本的建立起来，改善政治的社会的环境使一切旧的不良的习惯和制度随着民众心理的改变而崩溃下去，但是这都不是可以突然从事的，因为旧的制度和不良习惯，对于民众的心理，已经有了长时的支配，而有深固的基础，民众的错误的心理，也不是随便就可以转变的，而且民众之信任我们的公正，还不如信任其自然环境之厉害，尤其是农业社会的人民，对外缺少接触的缘故，遇事都不免有一种怀疑的心理，这更是心理建设的一个困难，所以心理建设，除非先改善其政治的社会的环境，再加以普遍的教育，一种印版式的宣讲和告谕是没有用处的，第二政治的实施方针，要绝对避免不致离开一定的政治立场，因为这是很容易发生的流弊，譬如我们明明要建设民生主义的社会经济和民权主义的民权政治，设使实行的事实上发生一点困难，或者由于某种事实的关系，就很容易使我们走入资产主义的经济和虚伪的民主政治而不自觉。

现在把我前面所说的政治之体来作个结语，国家政治的基础，要建筑在社会的实体和民众的心理上面才能稳固，国家政治的背景，是他代表的民众和社会，这个背景或基础，也就是政治的本体，所以没有本体或者是本体不坚实的政治，它必然是无所适从，或者也断然找不出政治的成绩和秩序来，但是中国社会的基础，此刻当然还是农村，不过我们把中国农村的实况去检查一下，他确乎还只有社会的形态，而没有构成社会的体积。我这话是怎样说呢，譬如一个农村里面的农民全体分子，他们的相互间，除开一些自然的情谊关系外，根本就缺乏正当的共同观念或社会关系，有的也是点家族社会遗留下来的族会祭会庙会等东西，这种族会祭会庙会等东西，又不能支配农民全部生活的共同关系，并且每每也不能统括一村的全体村民，因为这种会大体都限于一个姓氏的人民，同一个村落中的他姓者常不能一致的参加的一种畸形的组织，这就是一个例子。其次拿人民来说，他们脑海中还只有一种习惯上的迷信和一些自然界的幻象，为其生活的归宿，并没有一点国民的意识和人类生趣的觉悟，因之一个偌大的民族，虽然有四万万的数量而没有少数的质量，偌大的一个国家，事实上就等于包括几百千万个不相关的无机体的社会，国家的精神无法贯彻，政治的力量，就无从发展，这也是今日国家政治建设上的一个困难，比较要煞费气力的一个问题。

二、政治与社会

从进化的事实来说，人类最初就都有一种生存的欲望，但是要维持其生存，又不能单独生活，必须和同类发生一种共同的相需关系，由这种相需关系之演进，而生出一种相互的共同体，就构成社会，后来这个社会的群体中的野心家，在一个地域的团体之内支配其同类，因之造成国家的形式，又因为其要维护其驾驭人民的支配权，遂发生政治。照这样来说，一方面只有社会关系才是原始的人类的共同需要，国家在最初并不是因人类的共同需要而形成的，政治也并不是因人类的共同要求而产生的，人民乃是被动的而指为国家的国民和政治的支配者，另一方面是先有社会然后才产生国家，有国家才发生政治的，因之在国家未产生以前的社会，也当然就有一种原始的社会制度，政治上的制度也就是在国家产生以后才构成的，同时社会制度是由于人类生活的过程中自然形成的，政治制度是由于国家施行强制权的行为而形成的，但是这种强制形成的制度，也是基于社会的原因和事实而产生出来的，所以政治制度之消极方面的作用，在当社会发生缺陷时候的一种补救，积极方面的作用，在适应社会的事实和需要而助其发展。

但是政治之所以发生，原初就是为少数人所施行驾驭多数人的一种手段，所以在已往的政治发展的过程中，也都是根据这个原来的方向而发展的，都为少数阶级统治多数阶级的利器，因之由一切政治力制成的制度，对于特权阶级赋予无限之方便的，同时对于人民就不免为一种所谓国家法律的束缚，一般的特权阶级，都惯用一种愚民的政策，把人民常常束入在一个夹道里面，塞住其一切发作的机能，这就是间接阻止人类的进化，而造成社会的畸形发展，几乎成了历来统治者普遍的罪恶。

然而现在世界政治的潮流，已过渡到民权时代，文明人的心理，无不努力在追求彻底的民权政治之实现，故一切政治上的制度，也当然由寡头的阶级的立场而转到以全民为立场，求适合于社会的整个原因和全部需要，不过原则上无论在农业社会或工商业社会的国家，自然都没有二致的要向着这个民权政治的方向进行，并且也不得不向着这个方向进行的，但是制度上在工商业国家适合的就未必能适合于农业国家，更未必能适合而欲由农业以入于工商业的国家，因为社会的内容不同，就不能不变更其运用的方式以求切合于实际。譬如农业社会的社会制度和工业社会的社会制度，不仅是不可同而且是不能同，如果国家的法令和社会的制度互为矛盾，其流弊不是使社会不安，便会使人民对于国家的政治失去信仰，而影响其根本，但是我这里之所谓社会制度，是适合于某种社会之需要的社会制度，并不是说要国家的法令去迎合某种社会的一切旧有制度，因为旧有的许多不合时宜的社会制度，尤其是有些和国家的政治立场相抵触的或者为国家政治前途上之障碍的，还都要根本改革，这是应当注意的。

三、现代民主政治之一般的矛盾

现在从各种政治制度的本身上来说，不惟君主专制的政治，是一个人制御多数人的勾当，就是君主立宪的政治，也不过是比较和缓些的专制政治，完全是因为人类知识的进化事势，不容许那样绝对专制的政治存在，所以执政者，就变换一个花样，拿出立宪的招牌来消灭民众的反抗心理，这是他们运用虚伪和狡诈，以维持其统治者地位的一种阴谋，这已然都要成为过去的事实，可以不必讨论。现在只就民主政治的内容来说，他到底又是怎样，严格的说来，依然和君主立宪没有两样的分别，不过把国家的政权由君主立宪的形式而变为民主立宪的形式，把政权由君主个人的手里而转移到少数特权阶级的手里，由这些少数阶级来专政去统治多数民众的一种勾当罢了。

从其性质上来说，他们也窃用民主的幌子，但是即使其国家政治的立场和一切法律制度，含有真实性的民主精神，而在经济不平等的贫富悬殊的社会情况之下，多量的贫苦民众，一方面缺乏受教育的机会去养成政治的意识，二方面他们停止一刻不工作，便要发生面包问题的恐慌，即不能枵腹去参与政治。所以即使在国家立法的原则上赋予他们一部分的政治利益，也没有时间去参预，一方面因富者操纵社会经济的关系，贫者为生活的要求，便不得不屈服于富者之前而忍受其支配，把自己政治上的利益，拱手都让给富者去处决，何况他们国家的文法上，仅仅一部分容纳人民来参加的选举权，也都是充满了资本色彩，甚至对于选民还有其经济条件等种种限制（制限选举），实际上选举权也限于有产的富者才能享受，所以国家的立法权，根本上已经把大多数的人民撇开在一边，他们之所谓公民代表的代议士，即便就是被贫者选举出来的（以实行普选制的国家来说），也多数是资产阶级占取当选的便宜，他们所代表的当然不能离开资产阶级利益的立场，而他们有时之所谓民意也不过是资产阶级的意见或是制造出来的民意，假使是政党对立的国家，所谓人民的代表又多数带有政党的色彩，他们在立法的议院中，除非以政党的意见为其前题外，每每连什么都不去介意的，其次他们又确定内阁制为国家行政权的中枢，以下议院去操纵内阁的生命，因此把国家的行政权也轻轻就拿到手里，这样一来，国家政治的重心，就完全建筑在少数阶级的资产者身上，多数的民众，不仅不是政治的原动，而且是绝对受政治支配的被动者，所谓民主，就不过是这样一回实际罢了。

国家的政治权利既然为特权阶级所单独操纵，他们自然也和君主之对待人民一样，一方面要保持其阶级的特权，他方面就不得不对于被统治者的多数民众施行种种防御，但是目下因为多数民众一天天的觉悟，再不能像从前那样的驯服，于是就不得不呕些少的利益，去软化民众，消灭他们反抗的心理，以维持其阶级统治的生命，所谓工厂法，劳动法，佃租条例等……都是为适应这个原因而产生的，犹之君主专制到了不能继续的时候，马上就改进到君主立宪，完全是一个公式。

上述即是欧美各国目下政治上一般的情形，他们这种政治，也都是根据于孟德斯鸠（Montesguien 1680—1755）的三权分立和卢梭（Rousseean 1712—1779）的天赋人权的原则，原初的理想也当然在要求多数的政治之实现，而实际的结果之所以完全变成少数特权者的虚伪的民主政治的原故，就不外由于社会本体内的三个主要原因所构成的。（1）经济不平等的原因，（2）人民知识程度相差太远的原因，资产阶级的人们即使只赋有中下的资质，也因为有充分接受教育的机会和经济能力，都可以养成普通的社会和政治的知识，贫苦的人民，即使赋有中下以上的资质，就因为不能接受教育的缘故，连普通的常识都不能开发，（3）政治的组织太偏重上层而忽略了下层的原因，所以要根本补救，应该消灭这三个主要的原因，如果这三个原因不消灭，即使立法上能够充满了完备的民主精神，民众依然没有享受的能力，即使政府是真正能够代表民意而肯忠诚为民众谋福利的政府，人民没有监督的能力和智力，也必然会离开民众而反动起来，因为人类都有一种应因环境而生长的支配欲的成素性存在，况且忠实的政府，就是还肯给人民一种监督的权力，人民没有这种监督的能力和智力，也便等于空设，就是人民有了智力和能力，像现在这样偏上上层的组织的政治重心，也没有实地参加的机会或运用的机体，这不免是一个根本的缺陷，但是有许多学者，他们以为构成虚伪的民主政治之结果是由于以下的几个原因，（a）经济不平等，（b）没有身体和生命的自由，（c）没有营业和劳动的自由，（d）没有言论出版的自由，（e）没有参政的自由。补救的方法，也就在（1）造成社会经济的平等，由国家制定法律，（2）规定人民有身体和生命的自由，（3）营业和劳动的自由，（4）言论出版的自由，（5）参政的自由，不过照现在各国人民的知识程度来看（尤其是中国），有充分运用这些自由的能力的，仍不过是少数者，所以对于多数人民，仍不免等于定设，其结果这些少数者，或者又不免有造成特权阶级之可能，所以这仍然不过是消极的办法，而没有积极的精神。

四、人民自治的基本理论

政治本来是应着社会全体的需要而存在的，如果社会全体不需要政治，政治就失其存在的基础，如果社会全体得不到某种政治的完全利益，某种政治就会丧失其继续的性命，他虽然可以仗着国家的强力去撑持，但是就不是人民所信赖的政治了，然而怎样能够使政治为社会全体的完全利益，而不致发生半点的矛盾与危害，则完全由人民付托的执政者去办理，一方面人民的意思，执政者究竟不能完全代表，他方面执政者本身，到底能否根本忠实，究竟还没有绝对的保障，所以把政治权力交付执政者去组织国家政治的总发动机关，仅仅靠一些宪法上所规定的监察机关和法律上的条文去限制他们，究竟还不免带点"投机"的心理，并且就是还给人民一点监察的权利，但是人民没有这种能力，就是有这种能力也没有发作的机关，仍不免等于空洞的具文，因之如果要求政治问题的彻底解决，就只有把国家的政权完全奉还到全体人民手里，实行民权政治，让人民去自治，一切由他们自己去处决，国家就不过当他们自治的能力没有完全成熟以前，负一种指导的责任，执政者代行其过渡期间的必要事务，至人民自治能力完全成熟，执政者就将其代行的责任交还给真正人民的代表所组成的政府。

但是人民自治并不仅在取缔上层的专制和反动的一种消极作用，而在其有全民政治的积极精神，一方面因为人民是社会的基础，地方的自然区域（农村）或职业团体，是社会团体的基础。人民自治，就是把国家政治的重心，放在这个社会的基础上面，使全社会的人民为国家政治的原动力，政府为被动的执行机关，换言之，国家的政治机关，为一种由下而上的组织，而国家执行治权虽然是一种由上而下的方式，但是仍不能丝毫违悖人民的意志，人民执行一种由下而上的政权，就可以绝对不受政府的约束，只受由他们共同的意志所制成的国家宪法之限制，有了这个限制，就可以保障不致流为暴民的政治，同时政府是真正由他们选出的代表所组织的，当然就能够忠实去代表他们，所以政府的能力比由他种方式组成的政府也自然要大得多，另一方面，地方自治团体，是一种有机的政治的活体，社会的问题要从根本上去解决，不从社会的基础上面着手，无论如何，断然是没有实际的，所以地方的有机的政治活体，实为惟一的需要，尤其是中国的迟钝涣散的农村社会，几乎舍去这种基层的政治组织，目前还没有其他的办法可以收拾，这种活体的作用，除开上述的根本上把政治的重心由上层移到下层外，还有以下几点的功用，（1）人民的知识问题，在这个情况之下才能解决，因为这种自治体不仅有容易举办普及教育的功用（比之由国家或慈善团体去办理平民教育，必然事半百倍），而且给人民以许多实地见习的机会，（2）经济问题，从这个基础上来解决，才不致落空（包括土地问题，合作问题，生产问题，消费问题或分配问题等，都当另用专篇讨论），一些社会主义者所喊的经济平等的主张，如果人民的知识问题不解决，即使予以平等的机会，也没有享受平等的国民程度，如果社会没有有秩序的巩固的基础，即使予以经济平等的机会，也不然限（陷）于混乱而不能为公平的合理的处置之困难，其次所谓国民经济的建设，当然要从全体国民的经济着眼，而不是为阶级的或少数者的经济建设，然而非依赖这个基础的政治组织，国家的力量就断然不能普及到全体民众，社会上的弱者依然享不到扶助的实利，社会经济的发展，就不能不陷于迟缓的状态，这都是由事实上可以看得见的。

但是这里还有一个根本困难的问题，就是自治实行之始，人民一般当然没有自治的能力，不得不需要少数人去领导，代负创办训练的责任，而这些少数者能否都是忠诚公正，实心去完成自治的目的，确是一个问题。如果他们缺乏忠诚公正的精神或者就只是带点敷衍，就不免徒然要增加人民的痛苦，并且还不免养成此少数者为地方的特殊阶级，尤其是落到土豪劣绅的手里的危险就更大了，这是不能不注意的一个先决问题。

五、人民自治的基本精神

人民自治在政治上的原则及其作用，已于上节约略述及，再从其基本的精神来说，积极方面：

（1）由涣散的无秩序的社会而为有秩序的机体的结构，国家的政治精神，得以周转贯彻，全体国民都由于其国民意识之得以养成，都能为国家的或社会的有力之成员，而了解人类生存之正确观念，与相互的关系。

（2）提高人民的知识程度，以促进社会之文明，发达公益的生产事业，满足人民的生活要求，以巩固社会的基础。

（3）社会成为灵活的严密的有机体，自身能维持良好的安宁秩序，顺适的向高处发展。

(4) 社会的国家的亦即自治体的成员,都能了解个人对于社会群体的关系,而能抵抗他人的侵扰与危害,尤能了解大众的公益和秩序,个人能够制裁自己,不侵害他人或危害社会公众,且都肯尽心去维护社会的公益和秩序,而能制止他人的不当行为。

(5) 社会的国家的亦即自治体的成员,都能维护其政治的组织,而抵抗一切的反动和扰害。

(6) 社会的成员在共同的意志之下,能享受社会之一切自由,得充分发展其个性能力。

消极方面:

(1) 在公众的意志之下,得绝对限制个人的一切不当行为。

(2) 在共同的信约范围,可以防止社会的一切阴谋,使危害社会公众的分子失其活动。

(3) 上层的专制和反动,根本上不致发生。

这不过就最重要的几点来说罢了,如果全世界人类都达到这个程度,现在人类间所发生的一切纷争和虚伪,都可以根本避免,而这些小社会,也就成了大同社会的基础了。

1929. 7. 3. 于北平

(原载《村治月刊》第 1 卷第 5 期,1929 年 7 月 15
日发表)

乡村自治问题（上）

乡村自治的性质——施行乡村自治的困难——怎样去实施乡村自治——乡村自治与全国交通计划——乡村自治与农村经济——乡村自治与民众教育——我们理想中的自治村之组织

一、乡村自治的性质

乡村自治和民权政治的连接关系，我在《由现代民主政治之一般的矛盾说到人民自治》拙作中，已约略说过，但从其性质上说，乡村自治，究应为民众自动的一种社会的组织，抑应为国家一种正式的行政组织，换言之，究竟应定为公法人抑私法人的性质，乡村自治区域，究竟应否定为国家行政的基本区域，这都是应当首先研究的，兹析论如下：

（一）乡村自治应否为民众自动的一种社会组织：乡村自治为基于人民自决的一种自治精神，原则上应彻底为人民自动的与国家政治有同样力量的一种社会组织，不应该处于被动的地位，而绝对为政府力量所支配的一种官治行为，因为官治在直接上是剥夺人民的自治权利，间接上是防止人民的自治精神之发展，结果很容易养成虚伪的自治，和虚伪的民主政治走同样的覆辙，但是在国家大多数的人民都没有养成自治的能力和觉悟以前，突然要他们去自治，则不惟不感觉自治的兴趣和需要，而且或者还要引起他们的怀疑，换言之，他们对于自治，不仅是"不知"，而且是"不能"，其次我们不能像"乌托邦"

的理想，在单独一个村落，去创设一个"桃花源"的世外世界，我们为解决国家的政治和社会的整个问题，在使全国乡村臻同一改良与发展之实效，所以就应该从全局来计划，而与以同样之设施，这是不能不有所借于国家政治力的地方，即使一个村的自治，想单独达到理想上的成功而它邻近的各村都没有同样的自治之设施与效果，则这个自治的村，必发生许多进行上的障碍和事实上之困难。譬如拿农业改良上的防虫害一点来说，单独一个村在其范围之内施行防虫害的种种工作，而邻村没有同样的施行，则其所设施的工作就等于没有，像这类相同的事件，正复不少哩。

（二）乡村自治应否为国家一种正式的行政组织：自治施行之始，人民一方面不知自治，二方面不能自治，所以他们对于自治，就不惟无浓厚的兴趣与同情，而且不免为一种漠视的态度，事实上就会使自治无法推行，这是不能不借国家的政治力之提携与促进的地方，譬如有些知识未开的顽皮的幼童，当他还没有开始入学以前，不仅不感觉入学的兴趣，或者还要顽皮的反抗，但是为他父母的威力所迫，也不得不勉强服从入学，直至他对于学问发生兴趣的时候，就不待他父母担心，自己也晓得作学业的打算了，国家运用政治力去督促人民自治，就和作父母的督促子弟入学是一样的意思。其次乡村自治体的组织，如果不赋予公法人的资格，就容易受外力的摧残而无所保障，足以妨害其种种之发展，设使国家政治的组织和政治的方针，与乡村自治体相左的时候，或者就只是不能和自治体的组织周转贯彻的时候，就不仅要失去自治的本来目的（养成人民为政治的原动力，把国家政治的重心，移到自治体上面），而且就要发生许多的扦隔纠纷。所以乡村自治，应为国家一种正式的行政组织或公法人，国，省，县，村各级的政治机关，应该层层的连贯，由上而下，则为一层一层的互相提携，由下而上则为一层一层的迭相推进，如国之基础则在省，省之基础则在县，县之基础则在村，村之基础则在于全村之村民，集全村村民之意志为村之意志，集全县各村之意志构成县民之意志，集全省各县之意志构成省民之意志，集全国各省之意志，构成国民之意志，国家的立法应该适应这个原则去创设各种制度，譬如村公职人员由村民选举罢免，村事由村民自决，县公职人员由县民选举罢免，县事由县民自决……中央公职人员由国民选举罢免，国事由国民自决，事实上均以村为基础或起点，则国家政治之重心，自然就归到全体人民的身上了。所以乡村自治区域应该为国家行政区域的单位之基础，乡村自治不能完成，就是国家的政治失其基础，但是在另一方面，乡村的自治完全靠国家的力量去设施，乡村自治机关完全受国家政治力所支配，最容易使人民为国家政治力所束缚，而不去发挥其自治的精神，其结果，依然不是村民的自治，而是村自治机关代表国家治村的行为，如果国家的执政者，没有诚意去追求人民自治的实现，他不过借着自治的组织去敷衍民众，或巩固国家的统治，则上述尤为必然不可避免的结果。

从上述（一）（二）两点来看，乡村自治为人民自动的一种社会组织或国家正式的一种行政组织，都有其长短利害的地方，既不可偏取又不可偏废，我们为取其两者之利而避其害，实在还没有一个很有保障的完全办法，不过在原则上，一方面乡村自治应确定为国家一种正式的行政组织，一方面要真正能为人民自治的组织，不要为一种事实上的治民机关，办法上为适应上述两方面的理论，似乎可以把它划作两个步骤，像本党的训政时期和宪政时期一样，第一步，政府为推行自治，扶助人民作种种自治上的设施与训练，犹之乎保姆之于婴孩，人民为被动的学徒，在政府的指导之下，犹之学童之于其师傅，渐养成其兴趣与能力，但是假使政府推行不力，又不免发生困难，要减少这个困难，顶好同时又由国家奖励社会人士（觉悟分子），自动去乡村筹办自治，由这种人得到国家政治力的扶助去办理比单独由国家去推行，要实际得多，但是这又未免使全国各村失去平等发展的机会，不过此善于彼罢了，第二步，人民自治的能力技术均有相当的训练，而能为自治的健全组织，则人民为完全的自治成员，亦即为国家政治的主动者，而国家各级政治的组织，则退为迭相推转的被动机关。

附国家政治组织系统表（见图一）：

二、施行乡村自治的困难

施行乡村自治，并不是由国家制定一些自治的条例，根据这类条例去设施种种的组织，把人民指为自治体的成员（被动的Pasitivity）就算了事，而在适应进化的事实和国家环境的需要，去辟开社会的政治的经济的出路，换言之，

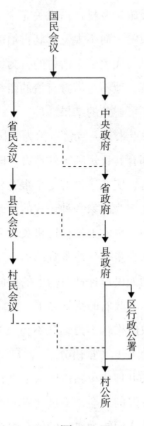

图一

附注①：特别市或特别行政区域与省同，普通市与县同。

附注②：特种职业团体如海员工会铁路工会等之全体会员会议依人数为标准分别认其效力与省民会议或县民会议之效力相等，普通职业团体或社会团体如教职员工会学生会，妇女协会等之全体会员会议，依其人数为标准，分别认其效力与县民会议或村民会议之效力相等。

附注③：参看本刊第1卷第5期《国民政府县组织法》。

即在使畸形的散漫的社会，构成健全的灵活的发展，少数者操纵的矛盾的政治，而为多数者共同处决的平等发展，无组织无秩序而破产了的农村经济，从人民协作的平等发展的原则上，去建设国民经济或社会经济的基础，这都要在健全的乡村自治的基础上，才能成功，所以要使自治为一种完善的健全的自治，施行上的困难，简直可以使我们意想不了，概括地说，不外由社会弊病所发生的矛盾事实，和社会事实所发生的穷困现象，分析的说，一为社会矛盾事实所表现的社会的祸害和政治的祸害，一为社会穷困所表现的人才缺乏和经济穷困，如果这几个眼前的困难问题无法解决，未发生的困难问题无法避免，就可以使我们无从下手去办，即使勉强去办，也必至全无结果。现在把这些困难问题，撮要来说一下罢。

1. 社会的祸患：这个问题所包括的事实非常之多，譬如拿人民精神上所表现的现象来说，人民那一种深根固蒂的迷信和不良的习惯，就不是可以容易的便能转变过来，也要算无形的社会祸害，拿有形的社会祸患的现象来说，最显著的遍地的匪祸和继续不断的兵灾，使人民居处都不能安宁，乡村固有的社会基础，都濒于崩溃，但是前者还可以运用人力由自治体本身去设法改革，后者就不是一村一县或一省的问题，而是一个全国的问题，事实上要国家的力量才能解决，然而这两者只要认真去办理，都还是容易解决的，而社会种种复杂事实的反映所引起之人民心理上的变态和种种隐伏的危机，就更不是偶然的问题，而是缘于整个社会的矛盾事实和环境所造成的问题，其焦点乃在于社会的经济问题，因为农村经济以至于城市经济的破产，人民的生活失所附著，生活困难的失业游民，一天一天的有增无减，饥寒迫着他们去走入社会的歧途而阴蓄祸乱的根源，因之社会的矛盾事实，继续不断的一天一天加多。要解决这个问题，抽象的说，除非固定社会经济的基础，使人民的生活都有所附著，便不能改变社会的环境，因为经济关系是社会事实的原因呵，我常说，社会的本质和其环境的事实是互为因果的，良好的社会环境，自然使社会群众都能为爱惜公益的善良分子，而产生善良的社会，杂乱的社会，也自然使社会群众都感受不良的反映，而构成恶劣的环境，因此我们要解除社会的困难，就首当追求社会的原因。

2. 政治的矛盾：由政治的关系所发生的困难问题，最明显的有两个方面，（一）人民感受政治不良的影响，已然是发生一种不肯信任政治的反感，所以他们对于自治之施行，也不免仍认作一种恶意的设施，而国家所设置的地方行政人员，即使不是贪污的公正人员，从现状说，也大多不了解政治的意义，尤其不懂得自治的作用和设施，就不免和人民的意志背道而驰，若是贪污的人员，他们运用政治的力量，无论在间接上或直接上，都可为自治进行的障碍。（二）土豪劣绅的存在和生长，直接可以侵害人民自治的权利而妨害自治的发展和进行，其他一切政治的秘密团体的阴谋分子，乘机混入自治团体，为不能避免的必然事实，此等分子的混入，尤能直接危害自治体的本身，丧失自治的本来意义，间接影响国家社会的安宁。补救这两个问题的办法，政府现在采的方针，都是偏于消极的方面，譬如发觉官吏的贪污，才加以惩戒（实际对于大贪大污的，并无人去举发），应用严刑峻法为消灭共产党的原则（实际上共产党员，愈杀而愈增），并不从根本上去研究贪官污吏之所以贪污，国家经济的穷乏和国民生活之无所保障，即使清廉的人员，大多也不免贪污起来，预备其失职后的所谓生活保险金（我所认识的两个作官的朋友是这样和我说的），就造成几致无吏不污无官不贪的局面。党内派别纷歧，纠纷丛生，引起青年的烦闷而无出路，人民生活上困难日甚一日，失业人数一天天的加多，社会的秩序一天天的摇动，国家没有一个整个救济办法。因之这两个问题的原因，也在于社会的经济或人民的生活问题上面，假使社会的经济有固定的基础，人民的生活有相当的解决，官吏也自然便减低其贪污的心理，因为国家的法律，断没人有肯居心去尝试的道理。至于根本消灭贪官污吏的办法，则惟有训练民众，使其觉悟，才可以使贪污根本绝灭。我曾说，官吏之贪污与民众之觉悟，适为一反比例，故不求民众之觉悟而欲贪污之绝灭，不过为事实上不可能之理想罢了。

3. 人才的缺乏：施行上之人的困难问题，（一）就是指导或实施人材的缺乏，当自治施行之始，每个村里的人民，未必就有一二能懂得的，即便有懂得的，不一定就是好人，是好人未必肯去作，尤其未必肯真心去作，况且照近几年的情形去看，凡是有能力一点的人，大概都跑到都市里去了，若是由他处派人去作，未免太不方便，换转来说，负这种实施责任的，第一要是本村的人，第二要是明白懂得的人，第三要是肯牺牲自己而能真正诚意去干的人，第四要村民能相信他是公正无私的人。这四点是缺少一点也不可的，如果没有这样相当的人，即使勉强去作，也一定作不出什么结果来的，假使误用的土豪劣绅，或者作的人没有那种能力去识别他们防止他们，使他们得居中操纵，则不惟无结果，还要给村民造些痛苦出来；（二）即使有了相当的热心去作的人，民众不感觉同情的兴趣，而不肯踊跃去参加，或者仅仅是为着敷衍去作的人的面子和政府的命令而去参加，还是显不出自治的精神来，作不出好的成绩来。尤其是杂有土豪劣绅的村里，他们利用村民的愚懦，或者开始就来破坏，或者当他操纵不遂的时候，也一定来破坏，更是很大的障碍，这样一方面很容易使作的人灰心，二方面更加要失去人民心理上的信仰。

4. 经济的穷乏：经济的问题，也就是钱的问题，或叫作物的困难问题，第一是怎样去筹措开办的费用，第二是怎样维持经常的费用，我们跑到乡村里在在都看见是穷困的情形，乡村中有点土地的人家，负担国家的赋税和种种额外的捐款，力量上已经还来不及，如果再要他们负担自治的费用，仅能自给和自给还不足的人家，就未免加重他们痛苦，徒然生出种种不好的反感，如果仅靠几个有余的人家去负担，第一也恐怕他们的力量上来不及（少数大地主除外），第二也恐怕更加要引起很大的反感，拿有些地方来说，甚至一个村里都是穷人，连一二有余的人家也没有，这未免更要困难了。有人主张拿村里所有的公产充作自治的费用，这虽然是一个比较好的办法，但是也有困难，有些村里虽然有点公产（大概为不动产），在自治开办之始还没有经过整理以前，事实上很难得充分利用，并且在有些连一点公产都没有的村里又怎么办呢，然而靠国家来负担吗，第一恐怕国家也没有这个力量，第二像中国国库的收入，大宗还是直接出之于土地的赋税，其他的一点收入，也都是间接取之于农民的，所以要国家负担，国家就加多赋税，事实上仍是加重农民的负担，现在再说有些村里，连一个公所地方都没有的，开办之初便要建设公用的房屋，就更要麻烦了。

总括起来，如果这些难点不得解决，事实上，第一就不能施行，第二就不可施行，但是怎样又是不能施行呢，就是匪灾兵灾等之障碍，贪官污吏之障碍，土豪劣绅以及一切反动分子之障碍，人和钱的缺乏之障碍，前面已经说过，兹不赘述。怎样又是不可施行呢，贪官污吏不得铲除，他们不去反抗自治的进行，便会去利用自治的组织，以行使其蒙上欺下的种种勾当，土豪劣绅不得铲除，则他们不去反抗自治的进行，便是设法去操纵自治，直接造就其乡村特殊阶级的地位而妨害民权之发达，增加人民之痛苦，使社会益趋于黑暗，其他反动的分子若混在自治体里，危险就更大，在前面已经说过了。

上述四点，完全为叙述的方便，所以把他分开，但是我自己就觉得界限不明，对于那四点的意见，也只是择要的一个例子，事实他并不能包括，譬如乡村失业游民的职业问题，就是应当首先解决而不易解决的问题，全国的交通和乡村交通上的道路等问题，也都是自治问题中的先决问题，我上面都没有述及。

三、怎样去实施乡村自治

施行乡村自治，除开许多纯粹关于乡村范围之内而可稍缓的问题，留待别处讨论外，关于施行上先决的问题，可分为（1）地方安宁问题，（2）如何去开导人民的问题，（3）人才之选择与预备的问题，（4）村经费问题，（5）村区之划分编制户口之调查统计的问题，（6）村民自卫问题，（7）村民教育问题，（8）村民职业问题，（9）村生产事业之改良问题，（10）村交通问题等，——1、2、3、4、5各点，为属于开办前或开办时必须同时举行之问题，6、7、8、9、10各点为开办后立须次第施行之问题，兹分述于次：

1. 肃清土匪：未施行村治之先，应由政府统筹全局分区剿灭全国土匪，并宜严令剿匪部队，限期肃清，其方法顶好剿抚兼施，其抚匪的原则，一方面在开其自新之途，如分别主从，谕其来归，一方面为其安置求生的地方，来归者即予以职业，如修路凿河或其他相当职业等，总求其感而知化，畏而知返。否则，诚所谓诛之不胜其诛了。同时国家当分区开设生产机关，集收无业游民，以杜绝匪类之来源。

2. 开导人民：当自治未实行之先，中央党部与中央政府宜特别慎重其事，切实向民众施行广大普遍的宣传，使民众能感觉自治的重要，而不为有形无形的抵抗，同时宜严令全国各党政机关也切实扶助，一以转变国人心理，一以便利进行。

3. 储备人才：中央宜设立一个村政学院（全国各专门大学亦宜添设村政一科），储备施行村治之设计人才，各省无大学者宜设立一个村政学校，储备全省各县施行村治之指导人才，各县宜设立一个村政训练所，限令每村选送学生入所训练，为各村之实施人员，其次全国各大学宜添设农科，各省宜设立农业专门学校，全省各区（如旧之府道区域）宜设立中等农业学校，应该把村政列为农业学生必修科目，这些学校学生毕业后，由政府慎重举行考试，考学之外尤重考行（或绩），无行可考者则多方测验，然后选用，务必以宁缺毋滥为原则。但举办之初，人民程度幼稚，无监督之能力，事实上坏人自然不能向好处作，好人也容易向坏处作，所以政府宜严为督促，多方考察，遇有不好的就施行惩戒以警其余，还有好的就施行奖励以劝其余，这样，或者可以补救于万一，而达到自治之目的。

4. 筹措村经费：当自治施行之先，政府对于自治经费，宜斟酌各村公私财产之贫富情形，统筹兼顾，总以不扰民，不增加人民负担，不使贫苦之村偏枯为惟一原则，对于富商之动产与大地主之不动产，顶好用国家力量征收累进税，对于普通人民则行免税收捐之办法，如免除国家及地方一切杂税，另征一种普通之自治捐，对于奢侈品加重征税，全数充作自治费金，根据这三个原则，由政府与人民共组征收机关（此项征收，最易发生中饱私囊之流弊宜特别慎重），将征收款项平均分配各村补其不足，并于此宗收入下，提拨一部分津补贫苦或公产缺少之村，如此既为比较平均，人民亦不感重负之苦，但此不过为各村自治费之一种补助金以资鼓励而已，其主要用费应归各村自筹者，如有公产之村，则令其移用公产（须规定，并限制其用途，严防滥用及私饱等弊），如无公产之村，则山西现在所行之地亩，贫富，丁口三种分别捐收，尚属比较平均（请参看本刊创刊号，拙作《北方自治考察记》），根本办法，俟自治完成村合作事业发达，就没有什么困难了，至于全县之土地山林矿产水利及地方公共事业之收入等，本来可以充作自治经费，但是地方自治未完成以前，除非由国家代替去办是很难的，并且这些公产，大都须要经过整理以后才有收入的，所以依旧不能靠作开办自治的费用。

5. 划定村区，编制户口，调查公私财产及人民职业，分别统计：为什么要划定村区呢，如果乡村人民都是聚居的，划定村区就最是容易，但是乡村人民总有好些散居居的，尤其是南方散居的更多，对于这些散居的，应该切实酌量。第一要就其地理上的方便，第二不要违反其与邻近各村历史上的关系，不然就会发生许多事实上不方便的地方，有些散居户口离大村太远，连附近散居户口亦最少的地方，实在还没有办法把它编制，即使勉强编起来，也是收不到实效的，村区划定以后，就当由负实施责任的人们，将每村的户口切实调查，划分间邻施行编制手续，编制手续完竣以后，就当着手调查人民的职业男女，分别统计起来，同时调查村民财产数量及其性质并其生产情形，分别统计以为职业改良之张本，调查全村公产数量及其性质，分别统计以为公款整理之张本，俟这些都办理完竣，然后测量土地，计划交通。

6. 办理村民自卫：一方面适用联甲办法，鼓励好人，防止不好的人（先以人情感化，继以公约制裁），二方面组织保卫团，编制全村男丁，分常备预备两种，村民年自 18 岁至 40 岁或 46 岁者皆为常备团丁，施以军事训练，每日轮流数人值全村巡查警戒之责，村民自 40 岁或 46 岁至 60 岁者为预备团丁，于农暇时施行军事训练，于必要时，其负防御警卫之责，此项保卫团办法，仿山西现行办法，最为妥当，三方面也是利用联甲办理，严防其他反动分子之混入，四方面救济失业村民使各安其业（留待下面讨论）。

附：如一村之枪械过少，其力量不足御匪者，则可适用联村办法。

7. 村民教育之如何普及，村民职业应当如何解决，村公产事业之应当如何改良，村交通事业之应当如何计划，均为办理村自治之首要问题，留到后节去讨论罢。

此外，于开办村治之初，每县顶好由政府或奖励私人用全力创办一二模范村，为各村实地仿效之楷模，亦是必要的问题，至于县区村间邻自治系统之厘定，也都是开办之始应该决定的问题，但是这个问题，并没有困难，所以我暂不说及。

四、乡村自治与全国交通计划

国家的交通事业，关系国民经济之繁荣和文明之开发的根本问题（交通本来对于国家的军事上政治上也都有很大的关系，但是这都只能算作经济问题和国民文化问题的枝叶，所以我不说及），从国家的经济发展上来说，交通上没有充分的设备，国家的财富便失其流通调剂的功用，产业上即无从发展。拿几个最要的例子说吧，有好些区域，天然就富于森林，但是为交通所限制，眼睁睁望着都不能利用来救济国家的财富，更不能说什么振兴了，有些地方藏着很厚的矿产，虽然国家没有充分的资本去开发，但是交通不便，尤其是天然的障碍，再拿国家的耕地来说，有些省区已表现人口过剩耕地缺乏的现象，人口过剩，失业人数便天天加多，失业人数加多，就无异是不绝的制造土匪的来源和社会的祸患与穷困，而有些省区则膏腴万里，没有人去耕种，如东三省内蒙青海新疆西藏等处是。但是交通上没有设备以前，纵然想把内地过剩的人口移到这些地方去，以事调剂，事实上就办不到，又如农业上的生产品不能便利的运出，一面就降到最廉的价格，一面又不能充分利用为制造上的原料，而农村人民的需要品的价格便高得不能和农产品价格相称，又加上昂贵的人工的运费，以致农村的经济几乎只有输出而没有输入，因之造成农村的穷乏和困顿的现象，农业作业就限于不能改良。从国家的文化来说，一方面内地和边疆各区交通扞隔，内地民族的文化和边疆民族的文化，不仅不能去调剂融化，而且彼此的情况一天天都隔阂起来，内地各省，亦有好些省与省之间都没有什么交通，彼此情形的隔阂，俨然同异国一样，乡村的人民限于天然的环境里面，所谓行百里者等于上天，连外间什么情形都不知道，城市里所表现的一天天变化的时代的精神，他们连作梦都没有想到，因之他们的心理上除开一些自然的幻象和习惯遗传的迷信外，事实上就不能发生什么变动，自然就不知有什么国家和社会，更无从产生时代的意识了。另一方面文化之进步，在民族与民族间，由于各民族文化之互相接触，在一个民族之间，由于团体与团体之互相接触，各地生活习惯之互相调剂，而所赖以传递接触的媒介，就是交通，所以中国的交通事业如果没有办法去急谋广大的设施，一方面农村经济和城市经济（即国民经济或社会经济）都没有发展的希望，一方面农村人民的文化程度，或农民的知识问题，便没有提高的希望，农村社会的环境，也万难去改善，这都是最简单而容易看见的道理。

　　但是国家的交通计划，应该怎样去设施，交通上最重要的，当然是道路。关于全国道路设施步骤，我以为宜分为中央的和地方的两个方面，属于中央者，第一步当遵照总理的铁道计划定期完成，属于各省者，第一步当计划建筑全省汽车马路，使全省各县互相联络，并由各县负责建筑，将所属重要市镇联成支线，村与村之间，由政府协助地方自治机关敷设乡道，使各村互相联络，乡道宽度自一丈六尺至二丈为准，以便能通拖物汽车，并便于改进时敷设电车轨道。第二步就汽车马路择要敷设铁道，不敷设铁道者，则加设长途电车，建筑此项道路之资本，非数语能尽，当另用专篇讨论。

五、乡村自治与农村经济

今日要改良农村，第一个问题，就是农村经济问题，如果这个问题不得相当解决，无论乡村自治或其他一切理想上的建设和农村社会之改造等问题，均将束手而无办法，而今日中国农村的实况，经济基础根本摇动，无业游民一天天加多，地主和自耕农也都是一天天走入穷乏之途，而游民与地主及自耕农之间，渐渐到了生活冲突的混乱状况之中，而日趋于复杂，所以今日要救济农村经济而有所改善，先决的第一个问题，要固定农村本身的经济基础，第二要建设农民之共同的经济关系，第三要救济贫乏，但是这三个问题，如果完全靠国家的力量去办，或者定要使我们失望，所以顶可靠的，还只能从农村本身上去设想，才有所保证。兹分述如次：

（a）固定农村经济的基础：土地是农村经济问题的主体，和我对于土地问题的意见，在本刊第 1 卷第 4 期《农村社会之本质与前途》一文中已简单的说过，兹不词费。但是什么是农村经济的基础呢，除开土地外，也不外是包括生产消费分配等条件，生产额价格和消费额价格不相平衡，农村经济就呈现衰落，分配的比例不得其平，就引起内部的冲突，因为农村经济本是富于保守性的一种经济组织，所以只要生产额价格和消费额价格相平衡，便不致动摇基础。不过农村经济之所以衰落，原初并不是生产量和消费量之不相平衡，乃是生产品价值的低廉，消费品价值的昂贵，换句话说，就是受外国资本主义的压迫，农村的手工业被外国机器工业所消灭了，于是农村的需要品不得不仰外国的制造品来供给，而外国资本家便把洋货抬得非常昂贵，把农产品压得非常低廉，农产物价格，遂不能与洋货制造品价格相称，农业经济就是这样破产了的。现在要使农产品价格和洋货制造品价格相称，第一就只有抬高农产品的价格，然而一因交通障碍运输不便的关系，二因不平等条约的束缚，事实上非不平等条约完全取消交通上完全便利以后，就万难做到，第二就只有靠农村自己制造来供给农村自己的需要（机器工具除外），才能渡过难关。我这话似乎违悖经济的原理，读者定要误会以为由农村自己制造的土货，价格必更要比洋货高，如果像这样去制造土货能够维持，手工业就可以不消灭了，并以为农村中必没有这样制造的力量。但是我的意思，是主张农村为一切生产事业都是协作的农村，由协作的力量去生产，由共同的力量去置办生产上的机器工具，如缝衣机器，织布机器，织袜机器等，这个意见，留在下边去说。

（b）建设农民共同的经济关系：我们所主张的乡村自治，仅不过为村民建设政治的共同关系，但政治的基础是离不开经济的，如果没有经济的共同关系为其基础，则政治的关系不但不能发生坚固的力量，而且便不能维系的。然而怎样去建设农民共同的经济关系呢？我曾说过，由农业社会化运动，造成工业化的农业社会，所谓工业化的农业社会，简单说，就是农业上一切作业均利用电力去代替人工，详细的意见，当另用专篇，现在只把什么是农业社会化的意见来说一下罢。

我的农业社会化的意见，和各家社会主义者的意见都有点出入的地方，我主张把一个农村全村的土地资本劳力均集中起来，共同去施行生产的手段，其生产品总额，除划出一部分为全村公益事业及公司储备外，其余则依所投入土地面积之多寡地质之等级，劳力之分量，资金之多寡，为分配标准，分给村民全体分子，无土地无资本又不投入劳力者，则不得享分配之利益，老弱残废或不能工作，而无土地无资本者，由全村养育之。详言之，其分配标准，如甲投入上田百亩，不投入资本及劳力，则仅能享上田百亩分配之比例，乙投入中田百亩，并投入一人之劳力，则除享中田百亩分配之比例外，兼享劳力一人之分配比例，丙投入下田百亩并资金百元，则除享下田百亩之分配比例外，兼享资本百元之分配比例，丁仅投劳力一人，则仅享劳力一人之分配比例，余类推，如此则生产完全为共同的关系，村民中无业者，亦皆为生产组织中之正式成员，这种生产的组织，利用分工制度，精神劳动者由村民公举并得参加部分之肉体劳动，肉体劳动者则依各人所长，分任耕种，造林，织布，缝衣，织袜，铁工，木工，理发工……等，警卫事宜照前面所说的办理。

我主张这种办法的理由，第一在建设村民共同的经济关系，第二在使无业的村民同为生产的成员，无意中便解决游民的职业问题，第三在根据事实上，农业之改良，非村民全力协作，必不免许多困难，譬如拿利用机器耕种来说，中产之家即无力购置机器，且无单独购置机器之必要，比中产还下的人家更不待说了，拿购置织布等机器来说，村民多数都无力置办，能置办的或者又没有人力去运用，并且也未免使村民在经济的利益上，太不得其平了，其他变换种子，改良地质，驱除害虫，制造肥料，均须合全村之力，才能容易举办呵。

照这样办法下去，全村人民自然便感到共同祸福的关系，养成社会生活之兴趣，不啻为共劳共享的大同社会之初步。换言之，吾人最终目的之大同社会，只须再将分配标准稍为改变，便完全实现了。

六、乡村自治与民众教育

普及民众教育，提高人民程度，为自治前途之生死关键，但是民众教育这个问题，最不容易，实施平民教育的口号，国人已唱的很久了，我们切实去考查一下，还没有看见大点的成绩和普遍点的设施，这也并不是从事平教运动的人欠缺能力和不热心的缘故，乃是客观事实的困难。第一个困难问题，就是政府并没有切实把它当作一回事作，仅仅靠一些社会人士私人自动的去办，即使没有推行上的障碍，最低限度就要感受财力的不足和人力的不足，以最少数的人才和最薄弱的财力，去负担这个比什么问题还大的全国平民教育之实施的责任，真所谓谈何容易了。第二个困难问题，就是乡村人民能识字的太少，和没有充分的时间来学习识字的太多，换言之，就是村民的成素，一方面有成年和童年的分别，二方面有识得些字的和全不识字的分别，三方面有有时间的人和没有时间的人或者时间互相冲突的关系，四方面农村人民终日劳苦，每日即使还有二三点钟的空余时间，也不一定还有受教育的兴趣。第三个困难问题，就是甲地的人，蓦然跑到乙地去办平民教育，生活习惯和情谊上便自然不免有许多扞隔，如果当地的乡村原先并没有什么有组织的共同机关，就更不容易下手了。所以实施民众教育，实在是一个最困难的问题，但是民众教育如果办不通或者不得普及的效果，乡村的自治便没有出路，民权便不能发达，只要民众教育能够普及，人民的［受教育］程度自然便渐渐的增高，社会的文明也自然随着就增进了，乡村的自治或民权运动的问题，便容易解决。所以民众教育，事实上又是不能不急须解决的一个问题，如果无法解决或有办法而不去解决，我们的革命便等于空谈。

然而民众教育究竟要怎样才可避免困难而能实施呢，我想历来从事平民教育的先进学者，必定有不少的意见，据我个人的意思，单独在一个乡村或一个区域内去施行平教，应当别论，如果向全国乡村一致的去实行，除开要政府切实把它当作一回事作外，原则上必要适合乡村村民特殊的情况去设施，才有力量。所谓适应乡村特殊的情况，就是由政府督促并扶助本村的人自己去倡办，他们一方面有深切的情谊关系，一方面对于村民的情形，便更要明白，但是本村的人第一恐怕没有这个能力，尤恐没有这个觉悟，更是一个困难的问题。因之我的意见，只有把乡村实施民众教育的责任，责成乡村自治机关去办理（山西现在就是这样办的），由全国公私平民教育机关去辅助进行，这样一方面有全村村民经济的政治的共同关系去互相推进，一方面又得着人力的便宜（即以村自治办事人员为主办村民教育之人员），至对于成年童年与识字不识字者当斟酌各别情形以及时间的关系，去分别设施。其次关于教材的问题，顶好各省都设立一个民众教育教材编审委员会，斟酌人民程度等情况，编制教材，其标准宜注意识字及政治训练国民常识国民道德等项，以养成其国民的意识和人格，施行上第一宜改善其环境，第二宜设法增加其实地的见闻，前者固非有乡村自治的组织不为功，后者则非国家交通事业之发达不可也。因为城市的民众，除民众教育外，可以借职业团体社会团体运动之训练，并且耳闻目见，便可以得到不少的社会常识，乡村民众，就除开村民会议和一点教育外，就绝对缺少接受社会常识的机会，故交通事业固不可不急谋发达，吾人对于全国民众教育，尤不可不特别注意于乡村，使乡村人民与城市人民并进于文明之大同社会，实为一万难漠视之问题。

七、我们理想中的自治村之组织

我所谓乡村自治的组织，也比较和世人所说的稍微有点不同。我所说的自治村凡关于全村之一切事业，都是要村民全体协力合作的，组织上以村民大会为全村最高权力机关，下设村自治公所，自治公所之下，分设村理事会，经济合作委员会，教育董事会等。组织系统如下（见图二）：

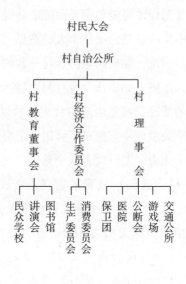

图二

村民大会由全村村民组织之，（1）为全村最高之立法机关，议订村公约，（2）选举村公所任职人员，（3）选举区民会议县民会议省民会议国民会议等代表，（4）有议决联合全县过半数之村请求召集县民会议之权，（5）能免村公所任职人员并议处其他惩戒，（6）在国家宪法范围内复决法律，（7）接受村自治公所之报告，（8）议决全村之决算预算，（9）决定全村应兴应革之事项等。

村自治公所：设村政委员会，由村民选出之若干人员（此项人员，分任村理事会理事，村经济合作委员会委员，村教育董事会董事）及村长组织之，以村长为主席，承村民大会之意旨统筹并办理全村事务，并承接上级政府之命令及办理所嘱事件（但如有与全村村民之利益相反时，则以村民大会之意志为依归），村长由村民大会选举之，呈由政府委任。

村理事会：由理事数人组织之，承村民大会之意旨，村政委员会之指导，负办理村保卫团，筹设并管理村医院，执行村公约公断村讼事（不服者，则提交村政委员会公断，再不服者留交村民会议公断，再不服者，则强制执行，或准其上控），设备并管理村游戏娱乐场所，计划改良或建筑村道路，设置村邮信机关等事宜。

村经济合作社：由委员数人组织之，承村民大会之意旨，村政委员会之指导，分设生产委员会，消费委员会，生产委员会，依据前述生产社会化之原则，经理筹划并统计全村生产事宜，如统计土地资本劳力及一切山林川泽矿产渔场等，计划施行各种生产手段，购置机器，制造或购买肥料及其他生产上之必需品，并统计生产品之额量，消费委员会，依据前述消费分配社会化之原则办理，照一定标准分配生产品，并经理剩余生产品之贩卖，购买必要的需要品转分于村民，办理养老育幼及救济穷乏，扶助贫苦聪颖子弟之学业等事宜，此外如一省或至少邻近数县之乡村均一样办理，著有成效，则合力筹划利用水力造电，生产手段均可利用电力，乡村间并可敷设电车、电话，及设置电灯等物质上之建设。

村教育董事会：由董事数人组织之，承村民大会之意旨，村政委员会之指导，计划并筹设全村教育文化等事宜，如创办并管理民众学校半日学校夜学校，并设法使教育普及于全体村民，组织讲演会，并负担或派请讲演人定期（每星期一次或二次）讲演之责任，购置书报设置并经管村民图书馆阅报室等。

此外当注意之点者，（一）各项职事人员，因村治开办之始，人才缺少的关系，均得兼职分工，（二）村以下设间，间以下设邻，其办法与国民政府所颁布之县组法中关于间邻之办法相同，（三）村民大会召集条例，以及村自治公所，村理事会，村经济合作委员会，村教育董事会等及其所属机关之组织条例细则，应根据各地方情形而有所出入，本文仅示其崖略而已。

作者此文注重在发挥个人意见，能否适合国家现状，其望国内先进明达，赐以指正，是幸。

作者附识，1929.8.1

（原载《村治月刊》第 1 卷第 6 期，1929 年 8 月 15 日发表）

乡村自治问题（下）

一、乡村自治在政治学上的地位

按政治进化的程序来说，由神权政治进化到君权政治，由君权政治进化到立宪政治，由立宪政治进化到今日的民权政治，这样一级一级的进化，使虚伪的政治，一步一步的渐入于实际，少数者玩弄的政治一步一步的成为多数者的政治——由寡头的政治而成为阶级专政的政治再成为群众的政治，这都是随着人类历史进化的趋势而演进的。所以每一个时期的政治本体都是受着每个时期的社会事实之暗示，每个时期的政治制度和社会制度也不能不成为不可分离的一体的两面，今日社会的重心，已经不在上层的特殊分子，而移到下层的广大的群众，社会制度也成了群众化的社会制度，所以国家的政治也不能不求其与这个事实相适应，政治的基础，也不能不把上层的组织的重心而移到下层。因此我们可以说，政治的演进，到民权政治而为一最大的变迁之关键，民权政治以前的各种政体，政治的重心建筑在上层的政府，政府和人民构成治者和被治者的关系，民权时代的政治，其重心建筑在国民群众，政府不过为群众共同嘱托的被动机关，政治不过为群众意志的共同表现。孙总理说，人民好比是管理机器的工程师，政府好比是一部机器。阎总司令说，"实行将政治放在民间"，都是民权政治的真实意义之表现，也就是说把政治的重心由上层的建筑移到下层的建筑之意思。

但是把政治的重心放到下层——全体国民群众所构成的阶层，这不过是我们所企望的理论上的原则，究竟怎样才不致落空，使这个理论成为事实，换句话说，就是如何才能使全体国民群众能够实实在在来运用这部政治的机器，政治如何才能成为真正的民意的表现呢？由人民举出的代表代替他们去处决全国的政治，即使是真正民意所选举出来的，也不免于滑稽，而且在已往的事实上已经给了我们不少的教训。采取国民全体会议的方式吧，一国的国民，常有几百万到几万万的数量，就中国来说，每个县单位里面的人口，大概都是二三十万，要几十万人或几百万至几万万人聚集在一个会场里去会议，在我们现在看起来，也不过是一句滑稽的笑话。所以除非依照乡村的天然区域，确定乡村为国家政治的基本组织——每个基本组织对于国家的关系，好像分子（Moleculars）对于结晶的集体一样，每个组织里面的全体人民，对于其组织体内的一切事务，便很容易用会议来表现共同的意志，无须用什么代表，有时需要代表的时候，也很容易给代表人遵守的一个共同的意志，不致让代表人拿个人的意志去冒替群众的意志，因此全县全省全国的意志，虽然仍不能不拿代表的方式来表现，但是每个代表都不过是其所代表的人们的共同意志的一个传达机器，因此多数代表所表决的意志，便是真正国民多数的意志之表现，不过这仍不免把少数者的意见牺牲，要他们服从多数，在人类理智的进化程度没有完全长成以前，事实上还没有补救的办法。

然而村与村之间之横的关系，和由村而县而省而国之间之纵的关系又是怎样呢？我现在把它简单的说一下，凡事务限于一村之性质者，由一村单独处决之，有全县各村之共同性者，由全县人民共同议决交县政府执行，全县共同遵守之，限于一县之性质者，由县民处决之，有全省共同性者，由全省人民共同议决，交省政府执行，全省共同遵守之，限于一省之性质者，由省民处决之，有全国共通性者，由全国人民共同议决交中央政府执行，全国共同遵守之。因此村之于县，县之于省，省之于国，并非对立的组织，所以和多元的政治学说不同，国之于省，省之于县，县之于村，虽然可以行使最高的权力，下级对于上级遵守服从的义务，但是上级所行使的权力，并不是上级政府任意制造的权力，乃是所属人民共同意志所委托的一定的范畴，人民服从政府的政令，乃是服从人民自己共同的意志和决议，并不是服从执政的人们，执政的人们或政府不过是人民意志所推动的机器，所以和一元的政治学说不同。

二、乡村自治与三民主义

我们要研究乡村自治和三民主义的关系，乡村自治究竟是不是三民主义原则之内的一个问题，要解释这个答案，便须把三民主义的整个精神先作个简单的说明。三民主义的真实精神，总括的说，是要打破人类社会国家间的一切的不平而使之"平"，把人类社会国家里面一切不适的问题和事实而使之"适"。分析的说，从来世界上不平的问题和事实，一方面强大的国家压迫弱小的国家或强大的民族压迫弱小的民族，乃造成国与国或民族与民族之间的国际间的不平，二方面豪强的人们宰割懦弱的人们，豪强者制造政治的特殊地位和经济的特殊力量，把持在自己手中，去统治或支配多数者的懦弱的人们，乃造成人与人之间的政治的经济的不平，民族民权民生主义之总合的作用和目的，在求人类社会的"平"，各别的作用和目的，民族主义在打破国与国或民族与民族间的不平，而求其平（民族力量是我们今日求解放的总力量或基本力量），民权主义在打破人与人之间的政治的或精神人格的不平而求其平，民生主义在打破人与人之间的经济的或物质生活的不平而求其平。

然而村治的作用，一方面就是为解决人与人之间政治关系的平等的具体办法，主要的理论在前节已经说过了，所以村治便是实现民权主义的一个具体办法。现在再拿村治和民生主义民权主义的关系简单的说一下。

国与国或民族与民族间之不平等，乃是缘于文化程度的悬殊，而国家或民族的文化程度的判定，不是凭其少数先知先觉者所发表的知识和城市里所表现的文明色彩，而在其全国人民的平均的文明程度上。所以国家的或民族的文化的基础，乃建筑在全国的乡村里面，城市里所表现的文明，乃是由于乡村文化的稳实基础所表现出来的枝叶的繁荣。换言之乡村人民的文化程度是国家文化的根苗，城市里的文化程度，是国家文化的果实。但是乡村文化的程度，若任其自然去生长，永远也赶不上先进国的文化程度，仅仅从城市里去创造，就未免舍本求末。但是照中国农村社会的情形去看，大致还没有脱离原始的自然状况，人民脑子里的意识，离文明人的心理还是非常之远（绝对的缺少国家的民族的意识，所以有四万万的数量而没有少数的质量，当然便不能发生民族的力量）。所以提高农村的文化程度，最首要的，第一便不能不赶快把农村社会去改造，使适合于时代的一切需要，其次便不能不改造农村人民的心理，灌入时代的精神和意识，因此乡村自治二方面的作用，便在解决这两个问题的具体办法，所以乡村自治又是提高民族文化的一个具体办法。

有些经济学者说，工业不过是改变财的形态，商业不过是变动财的位置，农业才是财的生产作业。我们虽则不肯随便承认他们这种说法，但是原料是生产的重要条件，农业乃是原料的惟一生产者，抑且在国家的工商业没有发达而且在不易发达的情势之下，事实上也不能不利用农业的生产去抵偿国家经济的损失，储备发达工商业的富力。然而国家农村经济破产的情形，其原因自然非常复杂，不过振兴农业的办法，在上篇说过，可以运用村治的组织，施行农村人民经济的协作，舍此而外，我觉得还没有更便易的办法，而且这个办法，他方面又是使村民在经济上为平等的发展，解决全村人民生活，避免贫富悬殊的一个具体办法，所以，乡村自治又是实行民生主义范围内的一点具体办法。

因此我们说，现在所说的乡村自治，是三民主义的乡村自治，乡村自治从三民主义的原则之下产生出来，乡村自治的原则，包含民族民权民生各自的实施上的一点具体办法。乡村自治的作用，在创造民族的文化，实现民权的政治，发达农村的经济。

三、三民主义的村治与中国古代乡治之比较

中国古代乡治之制，以周代最为完备，《周礼·地官》："五家为比，比有

长，五比为间，间有胥，四间为族，族有师，五族为党，党有正，五党为州，州有长，五州为乡，乡有大夫"。此外并有乡师，乡老，鄙师，酂长，里宰等官，皆为乡官。照这个组织系统来看，五家为比，比适与今日之邻相似，五比为间，四间为族。是族为20家所组成，适与今日之间相似，五族为党，五党为州，是州为100家所组成，尚小于今日村之范围，系统上略与村相等。五州为乡，是乡为500家所组成，尚小于今日之区镇范围，系统上略与区镇相等。是周代之乡制系统与今日之村制系统，可算大同小异，无多出入，又"使民兴贤，出使长之，使民兴能，入使治之"，所谓使民兴贤使民兴能，就是说使人民自己去选举乡官之谓，所谓出使长之入使治之，就是说人民自己选举出来的人，由政府给以长之治之之使命，和今日区村间邻长人选，由人民共同选举，由政府任命之原则，意义上大抵相似，不过乡官虽然由人民选举，选出来的人如果不能称职或不公正的时候，人民就没有直接过问的权力了，这是和现在人民并有罢免复决创制各权不同的地方，因此周代乡官，虽然一方面为人民所选出的公职人，一方面为政府任命治乡的官吏，结果便不免偏于为政府的官吏，而失去为地方自治的公职人的性质，不过代官以治乡而不是乡的自治，人民自身，除开一点选举权外，对于国家的政治便未有主动的权力，所以周代乡制是一种治民的而非民治的制度，现代的村治是一种民治的而非治民的制度，然时代不同，虽不可准古以式今，亦不可准今而非古也。

《管子·立政》：分国以为五乡，乡为之师，分乡以为五州，州为之长，分州以为十里，里为之尉，分里以为十游，游为之宗，十家为什，五家为伍，什伍皆有长。是与周之乡制系统虽名称稍异，而意实相同，至当时所谓国之区域，不过与今日之县相等耳。

秦废诸侯，置郡县，于乡里设乡老亭长之制，更远逊于周代矣，宋置里正户长，则不过为政府供督课赋税徭役而已。

四、三民主义的村治与近代地方自治之比较

亡清末叶，始有地方自治章程之颁布，今全国各县办理自治，成立城镇乡

议事会董事会，董事会为城镇乡自治权力执行机关，议事会议员，既非由人民实际选举，又无地方的立法权力，实际便等于虚设，董事会董事，几乎完全为官府所委派，虽经议事会照例举行选举，也不过为地方绅士阶级之私相授受，绝对和人民没有关系，结果自治机关便成为地方诉讼的衙署，自治董事便成为握有生杀予夺之权的官吏，所以名义上虽号自治，实际上便是于州县衙署之下，增设一层统治宰制的机关，连官督绅治的意义都失去了，没有自治机关以前，乡镇里的绅士们，还不能利用国家的权力，不敢肆无忌惮的去压迫乡民，所谓王法重重，犹有所顾忌也。自治机关成立以后，豪绅便官僚化起来，利用自治机关假借国家的权威，对于乡民生杀予夺，一无顾忌，因此便造成乡村的特殊阶级——土豪劣神（绅），流弊至今，乡村中绅民隔阂的鸿沟，犹没有完全化除，然而这都还只算事实上的恶果。再拿这种制度的原则来看，城镇乡自治章程规定，最重要的一点，便是："地方自治，以专办地方公益事宜，辅佐官治为主"，这明明也标明由地方绅士阶级组织自治机关，帮助政府去统治人民，换句话说，就是恐怕地方绅士和州县衙门作难，设置这些自治机关去安置他们，叫他们作州县衙门的爪牙，帮同去宰制人民罢了，所以原则上便不是叫人民自治，而是叫绅士帮助州县去治民，去防御民权的发达。现在的村治，原则上便是在实现彻底的民治，去代替那滑稽的官治，打破治者和被治者对立的矛盾形势，所以今日的村治和清代的地方自治，只就政治的意义上来说，原则上也是根本不能相容。

五、三民主义的村治与原始共产体

上古日耳曼民族的马克（Mark）公会，印度村落共同体，和直至现在还存留的奥斯大利亚种族中的图腾（Totem）群团，形式上都和我们所说的自治村有些相似，兹略述其组织如下。

古代日耳曼人，关于土地，不知道那块土地是自己的，那块土地是他人的，由一个民族占领一定地域，组织所谓马克公会，共同经营所属全地域，并且是管理，分割，耕耘的，个人依抽签法，受领分配地，仅在一定的时间内，委任工作，这个时候，大家都恪守土地分配的严密平等，但是林地，河道，及其他不使用的场所，就不分配，由公会去处理，其收益先充作公益，才分配剩余的，马克公会，同时于许多地方又组织有武装能力的男子百人组，公会之经济的法律的和一般的事务，一切都由公会员自身集会，而马克公会职员，首长和其他公会职员，也由公会选出的，由多数——多的时候数百——这样马克公会所总合的种族，主要的工作，仅作最高司法和军事的单位体的动作，又土地虽经抽签分配以后，公会员的劳动依然置在团体严格的规律之下，共同处理的，每个公会员除自己住在马克内以外，还不得不耕种自己分得的土地，若久不耕种，就失去领有权，公会便把这分配地转给他人耕作。至播种顺序，收获时期，休耕交替年度，大家都照一般规定来行事，分划的各圃均置圃头管理，圃头就是公吏的资格，司守法规的一个监督，马克长（Markmeister）或（Dorfgraf）又名首长，司理村务，为公会员所选出的上司，这选举对于选举人说，不但是个名誉而且是个义务，并不准拒绝选举，否即科罚，他虽然司理村务，也不过为执行马克全体的意志，凡一切共同的事件与决讼课罚，都由公会全体会议所规定，农业上的事务，道路及建筑，农圃，警察，村落警察，等一切规定，由总会大多数决议实行，又检查马克经济所载在的"马克员出纳薄"也是总会的职务，马克内的仲裁与裁判，是在马克首长议长之下，由列席的公会员以发现判例者的资格，口头宣告在大众之前施行的，只有公会员准临法庭，其他外部的人，一概禁止，公会员因为互相的利害，有作证人或宣誓为保护人的义务，同时在一般火灾，敌人袭击以及其他一切危急的时候，负有忠实相助的义务，一旦发生战争，则公会员各成部队，协力攻战，不论何人不得坐视其同群毙于敌手，凡在马克内，如有犯罪灾害的时候，或公会员中的一人对于公会外部有犯罪行为的时候，马克全体应负连带的责任，公会员有留宿旅客及保护穷困人的义务（见陈寿僧译，罗撒，卢森堡"Rosa Luxemburg"《新经济学》，161 页）。

在原始各民族的共产体中，以这种马克公会最为完密，彼此虽然有点出入的地方，但是大致是不谋而同的，恕我捐略罢，墺地利亚的各种图腾群团，还没有发达到农业的经济关系，也从略罢。

照上述的事实，这种马克公会，公会员相互间的关系和公会本体的组织，的确和我们所讲的村自治体有好些相似，不过村自治体在今日的经济组织，不能和它相同，其次马克公会是没有进化到政治活动的组织，村自治体则到了人类政治活动的最高发展的阶段，马克公会虽然由民族所总合的种族作最高司法和军事的单位体的动作，也不过等于一种联村的共同事务之意义，实际上每个马克公会仍系超然独立的个体，村自治体则各为国家个体内的一个分子，共同在国家之内活动，不能离开国家去活动，这也是和马克公会根本不同的地方。

六、三民主义的村治与傅立叶欧文之理想村

现在把傅立叶（Francois Maris Charles Fourier）和欧文（Robert Owen）他们的理想村的组织来叙述一下，然后再拿来和三民主义的村治去比较，兹分述于次：

傅立叶的理想村，是"腓冷球"（Phelange）的共产团体，"腓冷球"的组织，是由 1500 人至 2000 人的组成为原则，"腓冷球"之下分为部，部之下又分为组，由七人至九人趣味相同时集合成一组，又由趣味相同的组集合成部，由许多部集合成"腓冷球"，这样一个"腓冷球"当中，是包含贯彻农工业一切方面分担各种事情的许多部的，譬如有一部是担任果树园的事务，部中的某组是专营栽培林木，换言之，各部都有专管的业务，又将部中的业务照性质分开，给各组去分担责任，"腓冷球"里面的人是在称为"腓冷斯退尔"这一个大建筑之下营共同生活的，各家族虽然住在各别的房子，但是烧饭等事，都是共同经营的，所以非常经济，以"腓冷斯退尔"的房屋为中心，有一定面积的正方形的土地归其管理，经营农业及工业等事情，一切团员于生活必要品的供给，都有保证，不过全体产物之中，除去应该分配于一切团员的必要品之后，余下的就分配于劳力，资本，技能这三者，其分配比例，劳动是 5/12，资本是 4/12，技能是 3/12，在这个新社会中，军队及警官都是不要的，没有罪人，裁判官也用不着，为管理一般事业的便利，设几个职员，一切都是共和制，"腓冷球"的首领是依选举而定的，三个或四个"腓冷球"联合起来，又选出全体的首领，如此逐渐扩张，组织一大联合体，就造成一个世界全体"腓冷球"的联盟，联盟的首领，就是世界最高的官吏，驻在君士坦丁堡

（Constantinople），以这个都会为世界首府（见河上肇著《社会主义的进化》）。

欧文的理想村，叫作协力合作村，又有译为合作共产村，他于1820年在美洲印第安纳（Indiana）华伯士（Wabash）河畔，新友谊（New Harmony）地方，用自己的资本，买三万英亩的地，创立了一个合作共产村去实验他的理想，当地人民大概为德国的移民，知识很缺乏，他相信他们能够和他来实现他的理想村，所以不久便失败了，组织的原则，主张凡土地机器全归人民公有，使人民共同生活，共同劳动，共同享受，据他自己的计划，"把一国分为若干一千英亩，每一千英亩为一区域，内居人民约千二百人，建筑一个中央机关，里面包括公共厨房，膳厅，校舍，图书馆，和讲演堂，共产社里的社员，像一家人一样，人人熙熙攘攘，互相敬爱，不事纷争，每个社员从事相等的工作，同受相等盈余的分配"，其组织的内容，原则上和傅立叶的"腓冷球"大同小异，现在暂且略去罢。

这两种理想村和三民主义的村治根本不同的地方，他们以理想村为人群组合的超然的主体，三民主义的村治，以村为人群组合的国家的社会基址，他们是想以绝对的经济关系去避免人类政治意识的发达和活动，而为绝对经济关系的组织，三民主义的村治，以人类政治意识之最高发展为出发点，使人类在政治上得到平等发展的手段去解决政治，用政治平等的机会去扶助经济的发展，而达到经济上之最高目的，本来政治问题的基址是建筑在经济问题之上，但是离开政治去谈经济，便是不可能的空想，如傅氏所说，除非人类都有同等的知识和公德心，是绝对不可实现的，但是我这里只是扼要的比较，以证明傅欧两氏的理想，在原则上便是空想，原则既误，内容自无评论之必要了。

七、结　论

三民主义的村治，从各方来比较和证明，是以人类平等为立场，以经济平等为目的，政治平等为办法，从政治平等方面来说，和中国近代地方自治那一类进步的官治行为，是立在相对的地位，从人类进化方面来说，是和古代的共产体与傅立叶欧文的理想，是立在相对的地位，古代共产体是人类政治思想尚未发达时候的组织，而没有促进人类政治意识之发展的机能。傅立叶欧文的理想村，不惟是不能实现而且是不可实现的，他们生于人类政治思想已发达的时候，而忽略了政治的事实和必要，所以不能实现。即使实现，也必然会防止人类政治意识之发展，结果便是消灭进化的机能，所以不可实现。因此总结一句，像中国近代的地方自治，是防止进化的，古代的共产社会是没进化的，傅立叶欧文的理想村，是退化的，虽然含有一部分人类最高目的的理想，然而机能上可以使社会退化。三民主义的村治，无论在政治上经济上都是跟着进化的事实而产生的，所以方方面面都是适应进化的原则而求缩短其过程。它的政治原理是群众政治的原理，它的经济目的，是社会经济的目的，它的精神，在使人类平等地向高处发展。

〔民国〕18.9.10

（原载《村治月刊》第 1 卷第 7 期，1929 年 9 月 15 日发表）

从青年心理之病态研究青年出路

青年的情感较之壮年和老年，是特别的热烈而奋发，因之青年的心理，也分外容易受社会环境之感应与刺激，继续不断的发生变态，所以一个良好的社会，青年便可以感受一切良好的印象而获取美果，社会也随着益益的发展，反之一个混乱纷沓的社会，自然会养成青年心理之麻木偏激而无所归宿，社会乃益益感觉不安而促其破碎；所以青年心理继续不断的为社会一般的状态所转移，社会状态又受青年心理一般的趋向所支配，因此我们不要只看见今日中国青年心理之麻木偏激的现象，还应该去追求社会的历史的原因，更不要只是凭空去希望社会的改革与进步，尤应该如何去转变青年之病态的心理，我常说，中国社会之纷乱而无进步，我们不仅毫不足怪，而且毫不足忧，我们青年心理之病症，如无法医治，才是社会的国家的民族的危机，这个危机，不仅足以亡国，而且足以灭种。

现在青年心理之一般的病态，抽象言之，几乎可以说全是社会退化的现象，具体言之，不外是由历史的遗传和社会的环境所给予之压迫，烦闷，引诱……而构成偏激，麻木，投机，迷惑……之种种心理的病态，这种种心理之形成，本来就可以说都由偏激的心理所造端，一种走上极端的偏激心理，如果他是绝对以利他观念为前提的，不是对于社会发生极端的失望，而流为麻木的厌世主义者，便要对于社会发生极端的热望，而成为盲目的牺牲主义者，反之如果他绝对以利己观念为前提的，不是由于极端的奢望而成为取巧的投机主义者，便要由于极端的失望而流为放荡的祸世主义者（名利观念热烈的人们，如果所求不遂而使他极端失望的时候，他每每居心不顾一切，去蹂躏他人，贻害社会，抱这种思想的人，我称他为放荡的祸世主义者）……我们看，现在全国的青年，一部分成为麻木的状态，无论他们是个人的乐观主义者或个人的悲观主义者，他们和现实社会是一步一步的隔离，甚至连对于社会的观念和人类在群体中应有的责任也完全消灭了，一部分则徬徨歧路，无论他们是和平主义者或过激主义者，他们对于现实社会的一切是持的盲目的反对态度——自然现社会几乎全部令我们失望，但是都应该根据理论的解剖——对于政党的意见，大多是一种党同伐异的主观上的从违，而不从客观的分析，一部分则成为拜官和拜金的投机分子，无论他们是社会主义者或个人主义者，无论他们是怎样矫柔造作，他们葫芦里总离不开一个"贵"字和一个"富"字，并没有半点社会国家和民族的观念，因此也并没有一个确定的思想和信仰，今日投入甲党（或派）为甲的拥护者，明日忽变了乙党（或派）而成为乙的拥护者了，一出一人，无从捉摸，这种情形一经扩充起来，连父子兄弟夫妇朋友都不敢互信，甚至两人对坐，而面笑如痴，各怀鬼态（胎），便造成今日之梦乱的党务状况社会状况。这三种青年的心理，便都是我所谓病态心理，这种病态的心理，不仅是青年的自杀，而且是消灭社会的生机，换句话说，社会造成这种青年，无异是社会残杀青年而自灭生机，因为大多数青年的心理都成了这样偏激的现象，所以其余虽然是好的自信力强的青年，社会也无暇去择别。结果社会对于全体青年都不免失去信仰，甚且引起社会一部分的仇视（作者自己也还是一个青年，每念至此，不寒而栗），另一方面这些走入歧途的青年朋友，他们的心理，不是以为社会不必要什么高深学理来解决（没有高深的学理，便不能创造良好的社会），便是以为富贵名利都可以由投机而取得，或者以为求得高深的学问，也不能得到社会的容纳，结果大家都不肯从学问上去用功，或自甘堕落，或者只习的几句皮毛的口号，这样相习成风，致国家的学术文化，不仅无分厘进步，从二十年来的成绩去考察，反只看见一步一步的退后，学风一天一天的浮躁，这可是民族前途莫大的危险。

但是青年的心理本来是纯洁的热烈的，为什么会造成今日这样的结果呢，要解答这个问题，我们便要归到历史的遗传和社会的事实方面来了，请择要分析如次：

1. 由历史的遗传上去研究民族之拜官的心理：王鸿一先生常说，"欧美人犯了一个富字的病，中国人犯了一个贵字的病"，中国人作父母的，总是以"养子望成名"为其惟一的心理，作儿子的便以"扬名声，显父母"为其惟一的心理（扬名声，显父母，本不是坏的心理，中国人以贵为名，便是错误）。从这两句社会上流行的话来体会，便可以看出中国民族"贵"字病的程度来了，作父母的以这种心理去期望儿子，作儿子的自己也是这样的期望去报达父母，在中国社会上无论那一种人家，只要能送儿子读书，便希望他成名去享受国家的禄位，一旦如愿以偿，不仅一个家庭都居为荣显，社会上复从而夸耀之羡慕之，因此便竞习成风，蔚为固然，天下学子即相尚惟贵是求，其极也，丧失人格，奔走谄谀于权贵势力之途，亦觍然不以为怪。至前清末叶，废科举兴学校，学校中也流入西洋贱官的风气，但是实质上父兄送子弟入学校读书的目的毫未转变，即耳濡目染学校风气的青年学生，正以为计程卒业，较之前此穷年累月而不得腾发者，今不啻为求贵之捷径耳。其极也，便有些人的心理原初便不是打算到学校里去求学，只是去博取卒业资格，尤其是一班留学生，只要从外国走过一次回来，便可以青腾直上（国家派学生留学的目的，在希望他们去介绍西洋的学术给祖国）。因此学生一入学校，便希望达到留学的目的（这恐怕每个学生都有这样的心理），其结果有些留学生回国来，除开学得些外国人的生活习惯以外，甚至连外国话都说不好，可是只要取得留学的招牌，已够去博取禄位了（造得高深学问回国的学生，又不免有些完全想把他在外国学得的全套，拿到祖国来如法泡制，结果因为社会的状况和民族的习性不同，也只是一个失败，国家也不能享受他的利益）。近年来学生因为参加政治运动而获取社会的地位，桀点者一出学校便可以变成政治上的要人，于是大家都趋之若狂，一些都自愿放弃书本，几乎把学生运动看成了专门的职业（有些人自己常说，他们是革命的职业家），把高尚纯洁的青年运动，看作达到政治欲望的捷径（自然不能一概而论，抱这种心理的当是少数不肖分子，大多数必是由于纯洁的信仰和热烈的情感）。这些学生一到社会，既然无高深的学理之造诣和健全的心理之修养，即使他们有迫切的改造社会国家的心理，也不过是盲人瞎马徒呼负负罢了。然而社会上给这种学生活动的机会又比较给那些以求学为前提的学生特别的多些，因此那些优良的学生，反不能现身社会，这便是今日中国社会内部之一个重大的矛盾。

2. 由于社会现象的矛盾激起青年的偏激心理：我常说，我们作中国的学生，实在太可怜了吧，一方面在读书，一方面还要抽出一部分的时间来参加国家的政治运动，如果国家的政治很有办法，社会的内部很有生机，学生自然不须来作什么运动了，他们全副的精神自然会集中到学问上去了。可是在中国，自亡清末叶以迄民国，国家的地位不仅日趋衰弱，而且亡国灭种的声浪，时时震入国民的耳鼓，国家的政治当局，反都是麻木般的而没有什么感觉似的，形成了麻木无觉的政府，一代一代都是继续不断的惯作些卖国——丧权辱国——的勾当，自然青年学生感觉国家政治的得失和世界的情势，要比较的敏锐，希望的心理，也比较纯洁而真切，他们对于政府和政治当局既感觉根本失望，在极端的愤激之下，自然便激起他们的直接行动，空前的"五四"运动就在这个情形之下产生出来的。这次的运动，便是第一次揭开中国民众运动的帷幕，动机也非常纯洁，内容也比较健全——精神上的健全，而不是组织上的健全——自此以往，学生之参加政治运动，便随着国家政治的退后和社会内部的衰落一天一天扩大起来，学生运动的势力，也一天一天的占住了社会的一个重要地位，但是也正因学生运动在社会上获取重要的地位而能够发生伟大的势力，因此一班投机的无聊政客、学校教授等都争先恐后的来利用学生，去作他们个人的工具，遂其一己的目的，于是政治上的风潮，学校内的风潮……只要有学生参加的一切运动，背后几乎全离不了有人在那里发纵指使，可怜的纯洁无私的学生们，大多数几乎替人家作了工具，自己还不知道呵。说到这里，我自己还有一段故事，民8年我入某大学念书，翌年校中便发生驱逐校长的风潮，我也是运动中的一个重要分子。当风潮正激烈的时候，政府派来调整风潮的H先生，有一天召集我们几个同学对我们说："这回的风潮，只要你们能够坚持，一定是胜利的，政府对于你们非常同情，你们在此次运动中努力的几个同学，新校长来时，定有办法。如果是某先生来作校长，他和我说，打算送几个学生出洋，还打算免收贫寒学生的学费。"我当时便说："这恐怕对同学不住吧，某先生我们也似乎不便提出"，H先生以后便不再来找我了，我想学校里的风潮，多半是有这套把戏的吧。

在另一方面，学生运动的范围只管扩大，任凭你们声嘶力竭的去狂呼革新的口号和要求，政府的昏庸麻木，反一天甚似一天，对于学生运动反采取一种愚拙的压迫手段，因此学生和政府便一日一日的拒（距）离的很远，终至便成了互相敌视的形势，在这个情势之下，共产党国家主义者，便拼命去投合学生的心理，于是比较急进而血性强烈的青年，一群一群的不入于共产党便入于国家主义，尤其是共产党。至［民］13年本党改组，特别注意到青年方面，但这时共产党在青年里面已有很好的基础了，急进的优秀的分子，大多数都入了共产党籍了，国民党所收入的，不是这些跨党分子，便占少数，一般不知这个原因，到现在还只管说共产党青年要比国民党青年厉害呵。

根据上述的情形，学生的校外运动，自然一天一天的扩大，校内的风潮，也自然一天一天的加多，在这个情形之下，即使想努力读书的学生，也几乎有多数的时间，使他们无书可读，比较读书兴趣不浓厚的学生，就不过鬼混卒业了事而已，或者所读的也并非所学的，这也是使学生一天天离开书本而趋于浮躁的一个原因。关于这点，我自己还有不少亲身经历的例子，譬如我在 P 校，有一年因为校中的风潮，整整一学期没有入过自修室，但是也胡乱算作一学期的成绩；又如我有一个同学，他本行是学的采矿冶金，在起初的两年，他的成绩算最好，后来他便完全和他本行所学的书本离开，除开校外活动，就只看一些马克思主义的小册子，我当时还不知道他入了共产党。有次我麻着面皮很说他的不是——我在学校里算是第一流懒鬼，原初是他常常说我的——他便对我说："那些呆版的学问有什么用处呀，这些（指着那些小册子）才是我们应该研究的咧。"后来他居然成了共产党的二三流人物，我想在学生时代就牺牲一切时间去革命的朋友们，恐怕都差不远吧。但是也有许多虽然离开本行，对于革命理论有大的成就的也不少，然而究竟还是绝对的少数，尤其是本党的同志，大家几乎只注意到党的组织和活动方面——这是从健全的分子来说的，自然还有不少的分子，连这些都不注意，只在取得党籍的——根本明白理论的人，到现在几乎全党也没有几个，大家差不多都成了盲目的党员。所谓信仰，并不是从客观的事实上而发生之主观的信仰（我常说，无论什么学说，在我们没有根本认识以前，须拿绝对的主观态度去研究，至我们根本认识以后，须拿绝对的主观态度去保持这个认识，我们从客观态度去研究三民主义，更可以加深我们对于三民主义的信仰），而是一般盲目的投合的信仰，像这样薄弱的信仰，一方面便容易摇动，二方面便容易误会便容易认贼作父认亲作仇，只晓得随着人家胡乱的去叫喊。第一个例子，譬如觉得甲说有理了，不久又可以觉得乙说有理……有许多人今日是这一派，明日又成了那一派，今日是这一党，明日又成了那一党（投机主义者还算这个例外），一出一人，令人不可捉摸，今日的党内纠纷，这就是第一个主要原因。第二个例子，譬如人家说的明明是马克思主义国家主义或无政府主义，只须冠上一个三民主义的帽子，便奉以为是，人家走的明明是三民主义的路，只要有人——无论是党内的或党外的——怀着作用的说他不是，大家便随声呼和地去反对，又如有人明明是反动的，反要盲目去拥护，明明是好人，也要盲目去攻击，总之对于甚何一个问题，都不从客观上去考察事实的真相，只凭主观的武断去批评，今日党内派别之纷歧，这便是第二个主要原因——自然还有其他的许多原因存在，所以国民党的同志，如果大家不转过头来，平生静气的从理论上去辟条出路，纠粉（纷）是永远解决不了的，革命的使命也是永远负荷不了的，但是理论也断不是几本小册子和仅仅把总理的遗著去翻阅几篇就算了事的，而是要从各种学问上去努力追求才能入门的，革命的一切建设或革命的方案之推行，尤非有高深的学问不可，因为，总理所指示我们的，仅仅是一些原则呵，如果我们在破坏之后还要建设，则革命之外就还要读书呵。

3. 由于社会现象之矛盾引起青年的投机心理：由于国家财政的困难，各种事业都不能举办，同时穷乏的社会，民间事业也不易着手，而政府之有限的范围，用人行政复不能取公开平正的态度，所谓一人成仙，鸡犬升天，国家所引用的人，不出于当局者的亲戚故旧，便是私门夤缘，不解政治者可以任行政官吏，不解经济常识者也可以任财政要员，而一般穷年累月从事各种专门研究的青年，卒业以后反被国家社会所排斥——最低限度也是政府的漠不关心，无从用其所学，因之学生在学校中读书的时候，还时时要虑及卒业后的职业问题，幸而得着一个职业的，也不免时时有失业的顾虑。换言之，全国青年从学校卒业后，职业问题，国家没有给他们以相当的出路和保障，使他们时时怀着一种恐慌和怀疑的心理，而社会之一般的心理——尤其是学生的家庭——对于学生出校以后，只看他们能否得到工作，月薪几何，以定其程度高下，程度好的因不能得到工作的，反为社会所奚落，此种情形，已足以使学生完全把学问丢开，拿全副精神只注意到校外的活动，预备卒业后之职业上的出路。其次我们上面所说的野心家无聊政客等之利用学生，当然要利用学生对于职业恐慌的弱点，才可以为其所为，学生为自己的职业便不得不去受他们的利用，自己又去利用其同学，浸渐大家看见那些直接被人利用的学生，卒业后便可以得到较好的职业，于是都争先跑到那些野心家无聊政客的口袋里去，什么什么私门的派别就是这样形成的。但是有些取巧而投机的分子，他们以为仅仅投到一个人的门下，还不能使其职业地位之迅速的腾进与永久的保障，因此便有好些人以一身而加入几个"派"的,这是我们见惯了的事实,同时一些没有派别的青年,便不能不受这些封建集团——派——所排挤,又或者因为社会的或历史的地域的特殊情形所限制,自己又不能加入这些已成的封建集团,因此情形相同的分子,又互相结合起来——自然有些结合,原初是基于共同主张和共同事业的良好动机,但是结果不夹入个人利害的封建的团体性的,十个中恐怕就没有九个——派别之复杂是在这个基础上建筑起来的,派别既多,社会内部的暗潮,自然便一天一天的剧烈起来。所以青年的心理本来有一种良好的向上的动机,由于上述的原因,第一步便迫着他们不能注意学业而去注意职业,第二步便迫着他们完全忽视学业而去作些投机的勾当,第三步便养成一般的人们——无论青年与否——之投机的心理,这种现象,我认为是民族前途目前的第一个危险问题。

4. 由于社会的麻木养成青年的麻木心理:国家的政治,一天一天的只是混乱,尤其是外交,一天一天的只是增加些丧权辱国的记录,负有国家政治责任的人们,对于国家民族的生存问题,好像毫不关心而全没有什么感觉似的,继续不断的只去作私人的斗争,把国家的前途和人民的渴望,好像都丢到太平洋以外去了,社会的内部,农民阶级则因为知识的幼稚和感觉的迟钝,生机反是一天一天的减退,商人阶级大多数惯于为私利,常作些卖国媚外的勾当,好像国家的存亡,和他们并不相干似的。新旧的官僚政客和一般政客式的青年,一天一天的只自蝇营狗窦(苟),投机取巧,国家民族的生存,也并不在他们的心头挂得住的。民国 18 年来,便完全是这个情形,一些感觉敏锐而担忧过火的青年,他们觉的国家社会之一切的一切,无不令他们根本失望,民族的前途是非常黯淡的,但是他们自己又没有挺身来作改革的力量和勇气,自然便只有无聊的悲观之一途,他们对于其自身的人生,也限(陷)入无穷的悲观,离开现实的问题,便一天远似一天,终久便成了一种麻木的废物,其次未成熟的青年,在其特殊环境之下,自然便养成一种特殊的心理,譬之商人和官僚的子弟,习见其父兄卖国投机媚外种种勾当,他们成人以后,便觉得卖国投机媚外等等都算不了什么,对于国家民族社会的一切问题,他们不仅是没有感觉而且是觉得可笑的,这便是一个例子,其他有不少麻木而没有感觉的人们,因为他们的脑筋,还是自然人的脑筋或者离自然人的脑筋也不很远的,我这里暂时不说了。

上述四点仅就青年心理的"病态"一方面而说，病态心理自然是相对于健全的心理而说的，但是对于健全心理方面，非本篇的范围，就没有说及，这是要请青年朋友原谅的，而对于我所谓病态的心理，上述也不过只是几个例子，实际还不止这些范围，可是我们已然指出青年的病态心理的几个要点了。现在就应该研究一个补救的办法，换句话说，应该再来研究青年的出路，下面我所说的，暂分为被动的和自动的两个方面。什么叫作被动呢，就是国家替青年辟开一条出路；什么叫作自动的呢，就是青年们自己替自己去撞开一条出路。被动的方面，又分作以下的三个要点：

A. 从政治方面替青年辟开一条出路。

B. 从社会方面替青年辟开一条出路。

C. 从思想方面替青年辟开一条出路。

自动方面，也分作以下的两个要点：

D. 学业方面的出路。

E. 革命方面的出路。

A. 从政治方面替青年辟开一条出路：根据我们前面所说的来看，第一，今日要想使学生回到课堂里去，专心去研究学问，第一个问题，在政治方面能尽的办法，便先要使政治的本身能够振作起来——最低限度也要使政治有一种令人满意的生机，同时要振起青年之麻木的心理，也先要从政治本身的健全着手，以改善青年之社会的政治的环境，才有实际，但是政治的本身应当如何去振作，原则上一方面自然不能再来作复古的政治，也不能去作模仿的政治，二方面自然反对领袖制的政治，也要反对甚何素性的阶级制的政治，换言之是要建设一种适于国情民性的平民制的政治（具体的理论，我正在计划写一本《平民的政治学》，本篇暂不讨论罢）；第二，今日要想转变青年投机的心理，不是课程上那几点钟的修身和几篇宣传式的文章可以收效的，在国家政治方面能尽的办法，除开政治本身要具有一种公开的人格以外，便要严重而明白的制定一种政务人员和技术人员的出途，相当——相当于各种专门学识的程度——给青年一种职业问题的保障，使他们在学生时代不致顾虑未来的职业问题之恐慌，在要求职业的时代不致受弃置排挤的委曲，而能因才施用的各得其所，扫除一切私门夤缘故旧嘘引之积习，这样一来，青年的投机心理自然便随着减少而至于消灭，青年的精神也不得不集中到课堂里面去了。那末野心家纵然还想来利用，也便失所凭借了。到了野心家不能去利用，政治的社会的秘密组织和暗斗，在无形中便可以合理化的缓和起来。但是怎样去施行青年职业问题之一种保障的标准呢，我觉得目前还应该采一种考试的制度，不过这种考试的内容，应该要特别健全，考试的标准，至少也应该分为（1）兼重专门的学识和任事的成绩，（2）还未曾任过事的人员则专重其专门的学识，（3）已任事而无专门之学识者则重其任事的成绩，这样一方面便容〔易〕转变青年的心理，二方面又容易鼓励国家学术思想的发展，三方面更可以促进各种事业的发达和政治的修明，社会内部的矛盾也自然随着减少，第三照上面的办法，还不能根本消灭青年那一种一步升天的投机的心理，所以又应该定出一个循序渐进的标准和限制来。譬如应考县长的必定要作过区长，应考区长的必定要作村长，这种人员应该以任事的成绩为主，而以学术为附，鼓励大家都肯去注意下层的实际工作，由这样出身的政务人员，经历种种的实际情形，便不怕他们没有健全的身心了，也不致滋生种种的隔膜了。

B. 从社会方面替青年辟开一条出路：中国社会民众的心理，根本上便是一种拜官主义的心理，因此我们看中国社会上所发生的种种投机事业，也多半是属于政治的投机，青年人尤其只注重政治的投机，所以大家的心理，几乎把社会事业都非常卑视，只注意在政治上求出路，每一个中国人如果他不得到政治的权力或政治力的扶助，自己便不想办法去发展他的能力——我常说无论是先知先觉的或后知后觉的人们，有参加政治的机会便从政治上去发展，没有参加政治的机会，便应该从社会上去发展，无论在政治上社会上所创造的原是一件东西——今日要转变青年这种投机的拜官主义或崇拜政治势力的心理，国家对于各种社会事业，不仅要特别注重和提倡，而且应该要特别扶助，使全国人民都能感觉社会事业的价值和兴趣，转移其以政治势力为特殊可贵的心理于社会事业方面，而且国家的人才完全从政治上去找出途，事实上也是不可能的。一些剩余的人才，只要国家对于各种社会事业能切实的提倡与扶助，在今日知识阶级正是闹着失业而没有出路的情形之下，又分外的能够引起他们对于社会事业的兴趣，讲到目前中国应提倡的社会事业，无论那方面都是需要而可能的。至于工程特别重大而急要的，就莫如边疆问题和乡村问题——这两个问题我主张应以社会的力量和政治的力量平等的互相提携，才能解决。我这个主张之事实的根据，当另文发挥——这两种社会事业之成就，客观上便是比甚何政治上的成就还要伟大，只要国家分别去提倡，不仅青年的心理可以立刻转变过去，而且城市和乡村方面边疆方面的人才便可以得到调剂，这样青年的出路既广，社会的生机也可以随着恢复起来，青年之种种偏渐的心理，便可以随着消灭的，所以国家提倡社会事业，直接是替青年开辟一条光明的出路，间接便是救济青年之种种偏渐的心理，而消灭社会本体上的危机。

C. 从思想方面替青年辟开一条出路：我们在上述（A）（B）两点里面，从政治本身之改善与社会事业之发展，青年的职业问题有所保障，他们那一种偏激的病态的心理，无可疑的会随着社会的政治的环境之改善而渐次消灭，健全的心理自然就渐次的回复起来了，思想随着意识观念之正确的发展，便成了必然之结果的。不过我们还得注意的，猛然想从这样思想界已成的畸形而混乱的情况之下，迅速的去转变过来，就要完全归到正当发展的途径，我们就是不说积重难返的话，也应该要顾虑到青年心理之客观的诸条件——自然政治环境社会环境职业问题，都算是青年心理的客观条件——去达到他们所期望的相当程度，青年的思想才能从这些客观环境之正面去发展，不致和前此一样从反面去发展，思想在随着进化的演进过程中，如果客观的社会环境和它相反时，便发生对立的矛盾冲突，会至于背道而驰，这便成一种反面的发展，反之两者互相迎合，便得到正面的发展。所以新的政治和新的社会的途径又应该迎合青年心理之正当的向上的发展方向，他方面从新的政治和新的社会之本体上去追求人类思维的动机而指示青年思想之一个中心标准。但是人类思想在一个思维的动机当中而有许多方面的发展，中国今日青年的思想，就因为方面太多，而没有一个适当的结果，所以今日应领导青年到一个适当的新的方面上去。至于怎样才算是适当的方面，这个问题留待专门研究哲学的朋友去讨论。但是怎样去领导，照中国今日说，我觉得首先便应该改变教育制度的组织和内容，把他一切都放到真实的上面去。根本办法，也留待教育专家去讨论吧。

上述把被动的方面，已约略说过，现在再来讨〔论〕自动的方面。

D. 从学业方面去求出路：去年我到南京，朋友们告诉我，在首都一隅青年知识分子失业的只照公安局登记的，就有十六万多人。我问他们为什么，有几个朋友说，大概因为军事告终了，这些失业的同志，原初多是任的党务工作和政治工作，现在政治工作结束了，军队里的党部也多半改了组，撤销下来的人，有专门学识的，还容易求工作，其他大多数就只好赋闲。我当时便想起，原来只要有学问就不怕饿死了吧，除非政治上能够替我们辟条途径。但是没有学问的人也确实是更危险的，不过设使国家和社会方面给我们辟条出路，就自然以我们的学问为条件的。有学问的便可以有出路了，然而没有学问的人自然还没有出路的呵。因此没有学问的人，到了建设的时候，危险还要更大的啊。而且我们如果还希望中国有建设的时候，无论为国家想为个人想，便不能不准备我们的学问，喊口号呀，投机呀……这不过都是暂时的，靠喊口号和投机讨生活的人，终久要被社会淘汰的。其次现代的竞争，简单的说来便是学术的竞争，国家的生存条件几乎完全建筑在学术的基础上。拿事实来说，中国各种事业都不能举办，人才缺乏的原因，实在比其他原因更要重大的。譬如从出版界来说，除开译了人家的几部著作外，本国人的创作，几等于凤毛麟角，故除经济的穷乏以外，还加上一层思想的饥饿，这不是人才缺乏的明证吧，负拯救这个饥饿责任的，当身在青年学生的身上了。所以我们今日为国家生存为民族生存为个人自存，都不能不努力来提高国家的学术。但是要提高国家的学术便先要提高个人的学术，换言之，我们从学问上努力，便是为国家生存民族生存个人生存的一种努力。

E. 从革命方面去求出路：革命和进化本来是相辅而来的，不革命便没有进化，不进化尤其要革命，这已成了历史的常轨。负有领导社会国家民族和本身的出路的青年们，不仅是读书而要不忘革命，而且要努力去革命的，不过我们不要忘记革命是历史的环境的产物。譬如在我们今日这个革命的阶段里，就不要忘记我们是中国人在中国革命，又不要忘记革命的意义，是助长进化的，是改造社会的，不是阻止进化与社会发达的。更不要忘记革命是要基于高深的学理的，不是盲从的和撞动的，自己要有高深的学问和客观的要求，才能去革命。还不要忘记革命的方式是多元的方式，客观环境需要某种革命才能作某种革命，每一种类的革命，都是有段落的，不是接连不已的。尤不要忘记，革命是一种积极的建设，我们今日要继续迎合进化的达径，便不得不努力去研究革命建设的学问。不然，把旧的破坏了，新的又建设不起，那就全无意义了。

本文就此结束吧，但是还要声明一句，我近日正在病中，同志们因本期月刊稿子急在付印，催促甚急，强病执笔，说得很无系统，发挥也不完全，文字上亦不免有欠明了的地方，均请阅者原谅，特别请青年朋友原谅。

〔民国〕18. 12. 4. 于北平
（原载《村治月刊》第 1 卷第 10 期，署名震宇，
1929 年 12 月 15 日发表）

中国农业经济的前途

一、绪　论

在先进资本主义的国度里去谈农业问题，是相对于工商业的农业救济问题。我们在中国来谈农业问题，就不只限于农业的救济，而是关系国家整个产业兴衰的问题；因为在外国农业受工商业的压迫而致于衰落，但是其国家经济的重心，不过由农业移到工商业方面，国家仍不失有独立的产业资格，并且其农业经资本主义化以后，比较的也有不少进步，不过在工商业的支配之下，比工商业的进步特别迟缓罢了。中国的农业，因为是受的外国资本主义的摧残，农业在本体上便崩溃下去，本国的工商业也不能抬头，国家便失去独立的产业资格。所以我们研究中国的农业问题，除开和外国农业所感受的一般的原因外，还有其他特殊复杂的原因存在。一般人只看见国家农业的衰落和外国产业发达的结果，并不去追求一般的和特殊的复杂原因，各人都只凭主观的信念，像官僚资产阶级只看见外国交通机关的发达，和军械的精良，便主张采取一种由强兵而富国的军国主义，换句话说，便是梦想步帝国主义的后尘。但是他们昧于帝国主义成立的因缘，所谓画虎不成反类狗了，商业资本阶级只看见外国大规模的商品生产，便主张采取一种重商主义，民国初年的时候，在城市里的茶楼酒馆中，都标满了商战的口号，他们的梦想便是想学法商业资本主义，但是也昧于商业资本主义成立的因缘，结果就只有由失败而不得不屈服于外国资本主义之下了，保守主义者只看见工商业提高国民物质的生活，便主张把中国永远保全一个农业的国家。换句话说，想要使中国根本和工商业绝缘，但是他们并不知道中国和各国已发生的现代经济的纽带，结果也不过是一个梦想，时髦学者只看见外国的经济组织，便想把中国也造成一个资本主义的欧洲式的工业国家，但是不了解本国经济组织的特质，结果也只是徒劳无功，然而如果他们的理想和事实能够一致，就无论农业也好，工商业也好，我们就不须再有讨论，但是理由并不是这样的简单，他们的主张和事实终久还是两样，我们便应该再去追求事实的因果关系。

但是我们究竟应该从农业还是从工商业来救济国家的产业呢？中国的人民以 8/10 的绝对多数从事农业生产，国家的产业资本阶级，虽在开始蠕蠕的颤动，力量总还是过于薄弱，所以中国目前只能从农业上去救济垂亡的产业，不过农业太富于保守，又应该同时去发达工商业，然而问题又来了，不是我们已经证明农业的发达可以促进工商业的发达，工商业的发达，就要促成农业的衰落吗？农业和工商业是不能平衡发展的吗？不过我们知道，这是资本主义经济制度之下，农业和工商业分离所发生的结果，因此在反资本主义的经济组织之下，农业和工商业统合一体，就没有这个不能平衡发展的结果了。因为在资本主义的生产行程（Progress of the Production）中，虽然是社会化的生产，而生产的全力量，受资本者个人的利用和指挥，反之在反资本主义的生产行程中，社会的生产全力量是受全社会的利用和指挥的，在全社会的指挥之下，现在被分离的各种专门产业，是相互的密切连贯统合的，可以保持永久之平衡发展的。

不过我们还有一个问题，假设中国的经济建设，硬要拿上资本主义的道路，即使不平等条约能够解除，工商业经济是否有发展的可能，又是否可以脱离农业经济去单独发展，如果一定要凭借农业经济的发展才能发展，中国的农业经济又是否可以在资本主义的制度之下有发展的可能，这都是我们应该研究的地方。

二、中国产业衰落的主因

中国农业的衰落，自有其内因和外因存在，兹分述如下。

1. 外因

A. 生产品交换关系：手工业随着资本主义经济势力的侵入而归于消灭，这便毁坏了中国农村自足经济的组织，农村里便不能不和外国资本家发生密切的交换关系，前此自操手工生产的农民，一变而为洋货的消费者，在这个交换的场合，农产品价格被压迫得非常低廉，甚至农民只得到35%或45%的价格（河田《农业经济学》第8页42页），工业商品价格便抬的非常昂贵，农产品输出所得的金额不能抵偿消费品的金额，因此农民的财富几乎只有流出而没有流入，农村的生产资本便一天一天的感受非常的枯竭，农村的财富愈穷困，农民愈不得不拿自己的农产品贱价卖出换取货币去购买农业上的必需品——器具，肥料……日常用品——因此农民无形中便作了外国资本家的原料生产者或间接的劳动者。农民因为生产资本的穷困，生产程度便只有一天减低一天，逼着自耕农渐渐变成佃农和雇农，佃农和雇农渐渐变成游民，为构成兵匪的元素，直接间接又危害农村，更促成农村的衰落（我常说，农民一天一天的继续失业，兵匪的后备军便一天一天的扩大，农村经济就只有一条永无止境的崩溃之路）。

B. 过剩劳力关系：在外国城市的工厂吸收农村里强壮而大量的劳动者，农村里便感受劳力的缺乏，在中国适和这个事实相反，农民继续的失业，第一因交通的闭塞，失业者不易去到城市，第二城市里工厂太少，不能吸收多量的劳动者，因此农村里反呈现失业人数的过多，这种多量的失业人数，一方面促进劳力工资的低贱，构成农业耕作技术不进步的一个原因，二方面失业者无生可求，便流为兵匪，又直接构成军阀之产生的一个主因，间接便影响到农民担税的加重。

C. 租税关系：中国国家的财政，从来便以田赋为税收正宗，农民的担税，较之商人，已属特别繁重，由于上述军阀随失业游民之逐增而继续生长，分疆割据，所赖以持续的经济基础，全靠从农民身上去剥削，农民担税之繁重，更10倍于往昔，如湖南田赋有已预征至［民国］21年至27年者，闻四川则有已预征至［民国］29年者，同时税率方面合以种种附捐杂征，亦增至数倍，譬如前此则科粮红银一两，上下两忙约银币一元五角，今则须六七元（湖南宝属地方，即如此情形），此项担税，地主则转嫁于佃农，佃农只得破产，自耕农无力负担，只得出卖土地，沦为佃农或雇农，雇农和佃农便只有失业而沦为游民。

D. 田租及借贷关系：佃户欲耕种地主之田，对于地主所提出之条件，无论如何苛刻，亦只得承认，近来因军阀割据，地主担税过重，地主为要将担税转嫁于佃户，田佃契约乃更为苛刻，佃户能出多量之进庄钱者，情形还较好，否则佃户除纳田租外，还须供给地主以劳役，实无异成为地主之奴隶矣，按中国各地一般情形说，田租比例，有所谓对开者，即佃户地主各得其半，有所谓四六开者，地主得 4/10，有所谓三七开者，地主得 7/10，佃户每年付出人力种子工具牛力肥料等经营耕种，收获物品之大部分均送入地主手中，自己所得还不能抵偿所施行之生产资本，因之大量的佃农，迅速都无产化了。同时，小地主每年所得田租，除供给一家用度和繁重的租税外，就没有什么剩余，大地主每年剩余之钱，因许多农人无物可作抵押，便不肯借出，因此有些地主宁肯用作无谓消耗，而不肯借给农民，因有抵押品而借出者，则科以重利，不过二三年后，农民无力偿还者，抵押品便成为地主之所有矣。近城市的地主，则以投资于他种事业利益较厚，根本便不与农民发生借贷关系，其次前此城市里的商业资本，因附于外国资本之下而成了专营贩卖洋货的寄生资本，以贩卖洋货利益较厚，而不肯再接济农民的借贷，所以农民一损失生产资本，即无法救济，便只有失业。

2. 内因

A. 土地问题的关系：土地所有权的性质，古今中外都不外以下的几个方式（一）公有公用，（二）国有农用，（三）农有农用，（四）私有私用或私有农用，中国现在土地所有权的性质正合于第四个方式，在这个方式之下，有自己耕种自己土地的自耕农，有自己全无土地而佃耕他人土地的佃农，有自己土地面积过少而兼佃他人土地的半自耕农，有自己全无土地而出卖劳力的雇农，佃农和半佃农，大概都非常穷困，没有宽裕的经济去改良农业，同时因为土地所有权是属于他人的，也不愿去改良，自耕农耕种自己的土地，自然愿意去改良，但是因为土地经过无数次的分割，裂成小片，不能应用较高的技术器具，其次因为自耕农所有土地面积大概都不外 10 亩左右，无论其资本缺乏，即有资本亦不能利用较高的技术器具，拭揭 12 年农商部的统计表来看。

所有地面积	农户数目	百分率
10 亩以下	17, 914, 231	42.3
10 亩以上	11, 303, 570	26.6
30 亩以上	6, 712, 366	15.8
50 亩以上	4, 137, 136	9.7
100 亩以上	2, 273, 355	5.6
合计	42, 345, 658	100

照上表全国农户耕地在 10 亩以下者，几占全数 1/2 稍弱，10 亩以上者占全数 1/4 而强，30 亩以上者仅占 1/6 而弱，百亩以上者则不过 1/18 而已，农民耕田 10 亩，设每亩年收 2 石，则总收获不过 20 石，每户 5 口计，则每人每年仅占 4 石，食粮且感不足，安有余力，其他养蚕秋种各项收入当不能抵偿农服房屋子女教育交际婚丧什物赋税等费，佃农半佃农更无论矣，因此施用肥料改良农耕器具技术等，客观上即无经济力量，就利用机器一项来说，碎片的土地即不能利用，每户所有耕地过少亦无单独置用之必要与可能（除非数村联合购置，而农民又无此种协作精神与勇气），据布哈林说，马犁在 30 公顷，条播机割草机和打禾机在 70 公顷，蒸汽打禾机在 250 公顷，蒸汽犁在 1,000 公顷的地积，才能适当地使用，那么在中国现在的土地情况之下，不能把土地面积扩大，更是梦想不到的了，但是农民，自己就没有力量去扩大土地面积，也没有力量去购置机器。

B. 劳动力消耗的关系：由于土地的细片分割，大农经营因为耕地的星散，事实便不许可去监督劳动者的工作，其次无论大农经营者，中小农经营者，过（还是）小农经营者，都因耕地的星散，农人一日转返数处耕地，便消耗了大部分的劳动时间，不能抽出余暇用之于其他的有益工作上面，这算是一种无谓的最大牺牲，其次因为农村多数劳动力常在闲散，所以工资特别低廉，劳动力过剩的原故，大农也不感觉去采用新技术的必要，这是技术不能发达的一个原因。

总结上述外内各因，便构成今日农业生产资本的缺乏，农产品价格的低廉，农民负担租税的繁重，农村剩余劳动者的失业，农民耕地的不足——这也是生产资本内的一部——为农村衰落的总因，因此以全国最大数量的人民，从事农业上的经营，农产品不仅没有大规模的输出，反不能供给全国的需要，如棉花，米，麦，每年还要从外国大量的输入，最近三年间，照海关报告表，有下列的记载。

棉花输入量

年　次	1925	1926	1927
美棉	235,010 担	731,888 担	1,282,146 担
印度棉	1,463,760 担	1,947,984 担	1,111,793 担
日本棉	80,063 担	44,890 担	5,719 担
其他	26,617 担	20,255 担	15,824 担
合计	1,807,450 担	2,745,017 担	2,415,482 担

米麦输入量

年　次	1925	1926	1927
米及糙米	12,634,624 担	18,700,797 担	21,091,586 担
面粉	2,811,500 担	4,285,124 担	3,824,674 担

上表，尤其是米麦的输入，有逐年增加之势，这便是明显的表示中国农业之衰落的实况。

其次我们看工商业为什么也衰落不振呢，我国工业资本，从来就没有什么基础，城市里原来所蓄积的一点商业资本，应该可以转作工业生产资本，但是因为不平等条约的束缚，国内工业的主要部分都在外国资本阶级的手里，本国的工商业因为在这种束缚之下，又加以（一）生产资本的微弱，不能经营大规模的生产，（二）生产技术的幼稚，（三）土货比外货担税的繁重，所以和外国资本相遇，便无抵抗的能力而自甘屈服，融合于外国资本之下而变成洋货的贩卖资本，反把前此与本国农业和手工业的经济纽带——对农民供给借贷和行使农业和手工业生产品之转运贩卖诸关系——都割断了，这样一来，国家的财富，由农村不断的流到洋货贩卖商的手里，由洋货贩卖商人又不断的转入外国资本家的手里，国家的产业资本——无论农业工业商业方面——便只有一天一天的减低，生产的组织，也不得不一天一天的缩小，试就机器的输入来看。

年次	1916	1917	1918	1919	1920	1921	1922	1923
百万海关两	7.25	6.5	8.3	15.5	24.6	58.8	51.5	28.6

照上表，自1921年后，逐年递减，这一方面表示外国资本势力之重来，本国资本无力抵抗而致于衰落，二方面表示本国资本之递减的事实，再就生丝的输出，和人造丝的输入量来看。

中国生丝输出量

年　次	1925	1926	1927
各种白丝	106,240 担	111,141 担	107,815 担
各种黄丝	25,562 担	24,395 担	24,841 担
柞蚕丝	34,614 担	31,096 担	24,892 担

人造丝及其所制品输入量

年　次	1925	1926	1927
人造丝及屑丝	27,333 担	42,781 担	82,169 担
人造丝及棉混合织物	2,191,090 码	3,663,698 码	5,130,123 码
人造丝及羊毛混合织物	183,442 码	368,781 码	221,473 码
人造丝织物	1,114,229 码	1,151,304 码	869,193 码

上表更明显的表示本国生产量的递减，外货输入量的逐增。

像上述的丝业，本是我国特殊的产业，应该可以适应特殊的关系，在原有的基址上面发达起来的，然而反见退步，这是一方面又是由于劳动力工资的低廉，一方面由于采用外国新式机器的昂贵，应用机器生产较人工生产并不能减低生产的成本，所以劳动力工资的低廉反成了国家产业技术不能发达的一个附因。

总结起来，中国工商业之不能发达，其外因是由于受外国资本势力的压迫，不平等条约的束缚，其内因是由于生产资本的微薄，土货担税的过重，劳动力工资的低廉。

三、中国工商业不能离开农业去单独发展的理由

大战后代英国而执世界资本主义牛耳的北美合众国，其工业的发达，也不能离开其本国的农业，绝对以工业国著称的英国，还不能不依赖印度的农业，日本因为本国不能生产大量的原料和食粮，对外亦没有广大的农业殖民地，致其本国工商业的前途，时时感受险恶，年来急急向我国满蒙进攻，就是这个原因，其他法意各工业资本国家年来无不急急于其本国农业上求发展，中国工业发展的前途，不能离开本国农业，尤属有重大的原因，在 1929 年 1 月 1 日国民政府所宣布的关税自主的原则之下，再进一步，中国工商业在表面上已具备比较有发展之可能的客观条件，但是在今日世界经济的场合，工商业之可能的发展的必具条件，除开国家能行使充分的保护政策外，第一须具备雄厚的资本，而能经营大规模的生产，第二须能扩拓广大的国外市场和国内市场，能销大量的商品——金融资本主义需要国外的市场，不仅在求商品的雇主，且在求承借资本的债务者，此处则仅指商品而言，第三在能有精良的生产技术和多量的社会劳动力，第四在交通机关的发达与设备的完全，这四个条件，尤以销纳商品的市场为绝对重要。因为资本主义的经济基础，便建筑在市场上面，但是中国目前的产生资本和生产技术，都不配拿到国际市场上去竞争，国外的市场，此时绝对没有中国商品插足的余地，那么便只有从国内市场去发展的一条路，可是本国市场因为农业经济的枯竭——在中国便可说是社会经济的枯竭——社会消费力一天一天的降低，市扬上能销纳的商品也就一天一天的减少，所以市场不仅不能扩充，反而内部里渐呈萎缩的现象，乃是经济上的必然结果，今日这种现象还不十分明显的原故，是完全为官僚资产阶级消费的部分所掩护，但是靠他们那种不能生产的死资本继续作高度的消费，就不过是暂时的而非永久的，——他们资产的来源，完全靠从农民身上去剥削，至不能继续剥削的时候，便断了来源——也正是市场临灭的一个征兆，然而现在要扩充国内的市场，把因果倒置起来，便在去恢复或增高社会的消费力，中国的商品消费者又几乎完全都是农民——农民占全人口 8/10——因为我们所谓商品，是

指社会一般的需要品，不是专去投合富人消费的奢侈品，所以问题的结论，便在发达农村的经济，扶植农民的消费力，便是增高社会的消费力，因此我们说，要发达中国工商业，首先在发达国内的市场，国内市场之发达，又以本国农业经济之发达为先决条件。

但是我们已经说过，在任由私人资本主义自由发展的经济组织之下，工商业是促成农业经济的衰落的，不能保持其平衡发展的，换句话说，在有工商业势力的社会里面，农业是只有衰落而没有发展的。这个理由，最主要的就是一般所说的工商业资本阶级操纵市场左右物价，摧残农业生产资本，吸收农村的生产劳力，在农业和工商业对立的一个社会里面，这种情形便没有消灭或减少的可能，因此农业经济也便没有发展的可能，所以今日要消灭工商业侵蚀农业的原因，而发达中国的农业，除非我们根本上就消灭资本主义，把我们前面所说的工商业，也脱离资本主义之工商业的性质，不许私人资本家去集中社会的财富，操纵物价，把工业和农业的生产全权，都集中到社会的指挥之下，农村的城市的劳力互相调节而不致偏枯——由社会去指挥生产，社会本身便有为这个调节的可能——农产品因工业的发达而需要增多，工业制造品因农业的发达和社会的进步，而更有趋于高度的发展之可能。换言之，在由资本主义经济到社会主义经济的过渡期间，农业的发达，工业上可以得到廉价而丰富的原料供给，与多量的商品销纳。工业之发达，农村里可以得到廉价的商品去消费，农产品也可以得到较高的价格，终结一句，是要农业和工商业在统合连贯的原则之下，才能避免相互的矛盾，才有平衡发展与相互的提携促进之可能。

四、农业的单独发展不能满足国家经济的要求

农业经济本质上原是一种自足的保守的经济，但是在资本主义经济势力支配了全世界的今日，先前随着农业而存在的城市手工业和农业手工副业，已经消灭而不能再图恢复，农业社会和机器工业的生产品已结不解之缘，本国不能供给工业生产品，事实上不仅不能阻止外国来供给，而且会要迫切的去要求，这样一来，本国的需要品全赖外国货来供给，国家的经济便不得不受外国的

支配。

其次人类的文明，是建筑在进化的生产技术上面，生产技术不断的进步，人类文化才随着发展，近代工业对于人类文明之物质的生产技术的一切贡献，是不可否认的。譬如就农业上所利用现代的新式农具而说，农业本身便不能去制造，便不能不仰赖工业去制造，我们万不能说，还要死守着人工的劳动，连这些有利的农耕的机器都不去采用，而这些机器，如果能普遍的应用到本国农业上面，便不能不要本国能够制造。

再次今日的工业所给与人类生活之物质上的一切供给，我们便不能禁止人民不作这种要求，因为人类之精神的物质的生活欲望，是继续不断向高处去求发展的，对于已有的一切享与只有感觉不足，不能叫他们连已有的都不去享受，今日工业上所提供于人类的物质生活，农业上所不能提供的，便不能阻止人民对于工业生产的要求。

有些人并不留意经济进化的事实和现代国际间经济组织的关系，主张把中国造成一个自足经济的农业国家，保守农业社会的本来面目，根本上便反对工商业的生产，但是他们并不明白，在今日专靠农业生产来满足一个国家的经济要求——仅仅自足的要求——已经是不够了，一个国家的经济，在闭关时代，还可以单靠农业去持续自足的状态（然而也是进化的而不是静止的，也能由铜器时代进到铁器时代，到了铁器时代便不能再转去用铜器），到了世界经济时代，国民经济也便成了过去，一个国家的经济，都不能离开世界经济的场合，在这个场合里面，只有不进则退的两条出路。具象点说，我们已然再不能把大沽口崇明口珠江口封锁，便不能禁止外货的侵入，我们如果不能应用现代的生产组织从事大规模的生产去抵制外货，便不能限制外国商品的推销。

因此，即使国家的农业发达到高度的生产程度，如果本国的工业没有相当的发展，不能满足本国的需要，拿本国的农产品和外国工业商品发生对立的需给关系，结果，就是工商业国促进农业国经济的崩溃，过去百年来的中国农业，就是这个事实的表现。

所以在目前我们虽然主张从发展农业着手来救济国家的穷困，但是还要同时去发达国家的工商业，本国的农业经济在今日必须在本国工商业——是和农业统合的——的掩护之下才能发展起来，国家经济的基础才能固定而不致动摇。

五、振兴中国农业的几个先决问题

中国人民 8/10 为农民，照 4 万万人计，农民占实数 32,000 万，以 32,000 万人从事农业的生产，则农业有发展的必要，而且较其他产业有发达之可能，是无可疑的，换句话说，在中国目前从发达农业去救济国家的穷困，较之工商业是容易为力，有必然的事半功倍之效，但是中国农业之衰落的原因和状况，在前面已大略说过，所以今日来振兴中国农业，从其本体上说，生产资本，农民担税，农产品价格之保障，是必须首先解决的问题，生产资本方面包含不变资本的土地住屋耕种器具肥料种子和可变资本的劳力等，农民担税方面包括田赋杂税田租贪官污吏土豪劣绅之额外剥削等，农产品价格方面包含农产品之奖励保护和运输，照目下的情形，这三个条件，几乎完全非靠国家的力量和社会的力量去扶助，农民本身是没有办法的，现在分别讨论如次。

1. 生产资本问题

A. 土地问题：关于解决土地问题的理论和陈述以及土地制度之已往的变迁事实，本文为篇幅所限，暂把它割弃。现在所讨论的，第一，就是要解决中国现有耕地够不够的问题，第二，应该怎样去分配经营的问题，第三，土地所有权问题。

（甲）解决耕地够不够的问题：照前面的表，全国自耕农户数为 42,345,658，佃农和雇农尚不在内，平均每户以 5 口计，约 22,000 万人，由 32,000 万减去 22,000 万所余之 10,000 万人即佃农和雇农人数，平均每户亦以 5 口计，则为 2,000 万户，合计自耕农佃农雇农约为 6,000 余万户，再看全国现有耕地，据民国 3 年农商部统计为 15 亿 7,000 万亩，以全国农户平均分配，每户约可占 26 亩，但照现在情形，佃农雇农寸土无有，自耕农除少数大地主外，年均每户不过 10 亩左右（照前表约数），则此处所指全耕地面积数字当然不确，或系包括内地未垦之可耕地在内，否则虽年来荒地逐增，亦不致相差如此之巨，兹举荒地面积表如下：

年　次	荒地面积
1914	358,235,867
1915	404,369,948
1916	390,363,021
1917	924,583,899

根据日本伊滕武雄《现代中国社会研究》。单位以亩记。

自 1917 年至今，因连年兵荒水旱，必年有增加，故内地现有耕地不够实为无可讳言之事实，然而中国耕地将无法解决乎，试以现有耕地面积（姑依前数）15 亿 7,000 万亩与全国总面积 103 亿 1,140 余万亩（蒙藏除外）比，尚不过 1/10，与世界各国耕地面积与全面积比较（比 73%，英 72%，荷 66%，德 64%，法 69%，奥 61%，日 30%），尽有扩充之余地，故中国今日土地之不够，乃是由荒地的增加和边隅广大的耕地之弃置（边隅地方每方里人口密度东三省 61 人，内蒙 2 人，外蒙 2 人，青海 14 人，新疆 2 人，西藏 14 人）（见《东方杂志》22 卷第 6 号《中国边地之状况与移民》），所以今日要解决耕地不够的问题，只须向边隅移殖及恢复可耕荒地，绝不成为问题，并且除开移殖以外，也没有第二个办法可以解决这个问题，移殖事宜当然要由政府的力量去负责办理（移殖计划拟另用专篇讨论），非人民自己所办得了的。

（乙）应该怎样去分配经营的问题：这个问题算是目前的第一个难题，在现在这种土地私有制度之下，一方面有些则为自己不去经营的地主，有些则为没有土地的佃农和雇农，二方面土地经过无数次的分割碎裂，在这种情形之下，应该把未垦的边地和内部已有的耕地分别来说。就内地来说，分配上应该政府先举行全盘的统计，纵然暂时还承认地主的所有，也得与以相当的限制，政府一方面当设立农民银行，与农民以贷金，使农民有权向地主购置相当限度的土地，一方面由政府收买地主自己不能经营的土地转贷与农民耕种，务使每个农户均得相当限度的土地，剩余之农户则移殖边隅。其次的办法，由政府设立的农民银行，发行一种土地债券，估定地价，将债券照地价偿还地主，政府将土地收回分给少有土地和无有土地之农户，务达到能耕者有充量的耕地面积，不耕者不能坐食田租，经营上在内地应该采用新式技术，分别地质去施行集约经营或粗放经营。但是采用新式技术的经营，只有两种方式，不是由农业资本家便只有由小农的协作经营，我们是坚决不能让资本家去经营，就只有农民协作的一条路，可是农民协作，如果让各人耕种各人的土地，第一便要发生应用机械器具之时间的冲突，第二碎片的土地非连成大的面积便有好些机械不能应用。因此我主张令每个村里的农民把土地和器具及一切生产资本都集中起来，行共同的经营，生产物照每户投入的一切不变资本和可变资本的比例，为分配标准，新垦的边隅荒地比较容易处决，按移民每户的人口为标准，分配垦地，便没有什么困难。经营上在初垦的几年应宜于粗放经营，并且也照内地一样，令每村或数户，集中生产手段行共同的经营，分配生产物比例，也采与内地同样的标准。

（丙）土地所有权问题：土地所有权的性质，前面已说过，现在还不外以下的四个公式：

（1）公有公用

（2）公有农用

（3）农有农用

（4）私有农用

私有制度的流弊和罪恶，除开资本家自己和资本家所豢养的一班经济学者外，谁也再不能替他去掩饰了，但是照我们上面所说的分配办法，如果任农民自由买卖耕地，则不久以后又会产生地主和无地的农民的结果，因此第一步由私有农用的母胎内走入农有农用（耕者有其田）的时候，只能承认农民有绝对的使用权，不可承认农民有绝对的所有权（无买卖转让的自由），所以农有农用，便含有一点国有农用的性质，也便是先公有公用时期的必有阶段。

B. 生产器具问题：我们此处所说的生产器具，是单指农耕的机器而说的，现在要全国农民都采用外国的新式机器，不惟农民自己没有这个力量，连国家也没有这个力量，若是大量的贩运外国机器，从国家经济上打算，也未免太不便宜，如果不能采用新式器具，农业还是不能发达的，应用中国的旧式农具去耕种和应用新式器具耕种的比较，略如在美国一英亩小麦的耕种只要两天（小时），在中国竟要每日工作 10 小时之（至）20 日之多，中国的稻田——如芜湖地方——一人可耕二英亩半，麦地——如盐山地方——一人可耕四英亩六，反之在美国，一人可耕 10 倍到 16 倍大的田地（东大农学部 11 年次年报 16 页），可见要发达中国农业，无论国家怎样穷困也有采用新式器具之必要。

我个人的意思，农耕新器具之供给，应该由国家开办一处或数处农耕机器制造工厂，由各地农民银行经手转贷于农民，逐年收还代价，于政府和农民两方面均有利益。

C. 农民住屋问题：这个问题在内地还不重要，现在无住宅的佃农和雇农转为自耕农时，也只须由农民银行贷与相当限度之住宅建筑费，即可解决，惟新辟之地，较为困难，农民即能取得贷金，亦不易建筑，所以顶好也由当地农民银行于一定地点，代为建筑一定房屋，分给农民作为贷金，此亦移民边隅与制造内地自耕农的不同点也。

D. 流动资本问题：（1）劳力：照中国目前情况说，尚不至感劳力之缺乏，惟在指导农民如何利用劳力去改进生产技术，毋使之无益的消耗为已足。（2）肥料：农民前此所用为肥料者，不外人畜屎尿及矿植物灰烬，今当提倡采用化学肥料，所以国家应该于各地广设化学肥料制造厂，以廉价贷与农民，每年收获后收还代价。（3）种子：农业种子方面，在中国农民不仅无选择交换能力，而且无购买能力，所以政府应该于各地遍设农事试业场，与农民以实地之指导与扶助，实为必要。

总上A、B、C、D各点，政府创设农民银行，农耕机器制造厂，化学肥料制造厂，农事试验场，均非有巨额的资本不可，照现在国库一贫如洗的情形，当然为一困难问题，因此有人主张拿用关余，但是目下政费的开支，关余已算在额内，现在把关余拿出，又须另筹相当抵数来作政费，所以关余是没有希望的，又有些人主张借外债来开发实业，这本是孙中山先生各大主张之一，但是我以为最可靠而不带危险性，还莫如指定数种特种的物品，由国家经营专卖，于种种方面都较为有利。

2. 农民担税问题：（1）田赋：国家现在的征税，几乎完全取之农民，商人在比较上几等于没有负担，加之农民的财产大部分都是不动产，没有隐瞒的余地，商人则大部分都是动产，他们又会使些市侩的狡猾手段，为避免征税，把大部分的财富都隐瞒起来，而政府及各种机关又大体都设在城市，所以政府和各种机关的消费，完全被商人享受利益，农民一点也不能沾取，所以担税力大的受利益多的商人，反仅负担至为微薄而几等于没有的税款，农民反比较负担繁重，资本主义的学者，反有主张征税完全直接取之农民，以为加重商人的担税，商人便知道把担税加到商品价格上面，转嫁于消费者，实际还是归农民负担，在商业资本支配社会经济的时候，确是这个情形，不过我们根本上便不许私人资本去支配社会经济的呵，所以国家征税，第一应该采取以财产之多寡为比例的累进税，第二应该以所得多少为比例的累进税，第三应该以担税职业的劳逸为标准，第四应该以个人所得财产的性质为标准（如遗产税应特别提高），（2）杂税：军阀向农民征取的牲畜税，本没有正当征税的根据，他们向农民所发行的债票和损款，尤属额外的剥削，应该根本免除，他如块税，也应该有根本的改良与整理，（3）田租：佃农向地主负担的田租，最低限度也应即根据国民党减租的决议去实行，（4）贪官污吏土豪劣绅对于农民之剥削，国家宜有一种切实而严厉之制裁与取缔。（3）（4）两点，因为也关于农民的负担，故亦列入担税之内。

这四点剥削农民的造源，如不一一解决，农民的经济能力永久也培植不起来，农业生产就永久也不能提高的。

3. 农产品价格问题：现在农产品之所以低廉，主要的原因不外是运输的不便，和外国货物的压迫与国内商人的操纵，今日要解〔决〕这一个问题，第一便是刻不容缓的由国家从事交通道路的建筑，河道的开凿，使农产品得以便利的运出，第二便是提倡从事消费贩卖生产种种合作组织，以抵制商人的操纵和外国资本的压迫，第三政府应设法奖励农业的生产，如农业劝业之设置，农产品运费之减免，其他国家利用关税来保护，更是必然的要求，抑且为国家应尽的责任。

上述1、2、3三点，都是就现在事实之可能限度而说的，至于根本解决的意见，请参看拙作《三民主义的科学演绎》第五篇《民生主义的造产时期——集产时期——共产时期》（此刻书在整理付印中）。

六、中国农业发展的方向

根据上述理由，中国农业之单独发展，不能满足国家经济的要求，工商业又不能离开本国农业而有发展之可能，但是在资本主义经济组织之下，农业和工商业又不能平衡发展的，所以我们从国家产业现况说，感觉农业有发展之可能，从国家经济上的要求说，工业也有发展之必要。因此我们第一个结论，中国的产业前途，必须农业和工业为平衡之发展，为使其有平衡发展可能，便不能走私人资本主义的道路，必须由社会国家来指挥生产，使农业和工业在一个统合的组织之下，才有可能。

从农业的本身说，为要行现代化的农业生产，照目下的生产资本和土地状态，除非每个村落的农民，集中一切生产手段行共同的经营，是不能施行现代化的农业生产的，所以我们第二个结论，中国农业必须在社会化的经营之下，才有发展的可能性。

（原载《三民半月刊》第 3 卷第 9、10 期合刊，
1930 年 1 月 16 日发表）

障碍问题（上）

一、绪　论

　　社会在纵的方面继续不断的延长，横的方面继续不断的扩大，在这个继续进行的过程中，不断的遇着障碍而引起社会内部的变化，这个递变的法则，自然是历史的必然事实，可是，历史上每一次在进化过程中遇着障碍而发生波动的时候，无论是何种何样的障碍，人类总是自己和自己的同类分作两个互相对立的壁垒，这一方面要迎着进化的道路前进，另一方面便是拼命的保守来障碍进化。在这样对立的矛盾局势中，结果后者被前者牺牲，社会便得到一个新的进展，或者后者和前者同被牺牲，社会也得到一个新的进展，可是代起的新的势力，不久也同样成为新的障碍，社会内部又同样生出新的反对面来，历史就是这样继续不断的随着这个法则前进的。古代的奴隶社会一成了进化的障碍，便由其社会内部孕育反对面的封建势力，中古封建社会一成了进化的障碍，便由其内部孕育反对面的资产阶级革命，到现在资本主义社会又成了进化的障碍，其内部也正在孕育着反资本主义的社会革命，社会是这样继续不断的发生各种各样的障碍，便继续随着发生各种各样的革命。另一方面障碍面是一次一次的形势扩大，反对面的形势也随着一次一次的扩大。在封建时代，军事上邻封互相侵略的形势，到君权发达时候，这种相互侵略便扩大成为军国主义，内政上农民领主国王的阶级从属的关系，便扩大成为专制的统治，经济上的劳役和赋税，便扩大到城市经济的商业榨取。到资本主义时代，便由三者结为一体，而扩大成为帝国主义。三方面，在封建时代，政治经济的力量并不显明，都从属于军事的威权，到了专制时代，经济的力量在表面上还是不十分显明，便和军事一同从属于政治的威权，直到资本主义时代，军事和政治便都成了经济的从属品了。实际上在每个时代，无论其统治力量之表现为军事的或政治的，其基础则统是建筑在经济的掠夺上面，不过到了资本主义时代，握有经济实权的资本阶级才亲身露出头来，坐着统治阶级的宝座。四方面，在封建时代，只有军事能显明的冲出国界——国际的经济关系，还不过是一种军事的掠夺行为——政治的威权，还只能表现在领地的统治上面，到了君主专制时代，政治也随着军事而冲出国界，政治的威权也常常随着表现到被征服国的统治上面了，但是经济上虽有国际的商品交易，却还没有发生资本的威权。到了资本主义时代，军事政治都从属于经济而结为一体，便变成了国际的整个威权者了，这都是其内部的演进递变的事实。

然而当较多数者的资产阶级受封建势力的剥削而起来推翻代表较少数者的利益之封建制度以后，他们自己马上又造成其阶级的统治而承继封建时代的威权，因此在这个事实上，我们就可以找出历史的两点轨迹来：（1）在进化过程中每一次的革命，总是较多数者对较少数者的革命，总是较多数者从较少数者的羁绊中解放出来。（2）在进化过程中，每革命一次，少数者手中的威权，在质的方面，总是向多数者的手中转移（就是由封建而进于集权国家那个变动里，也没有逃出这个历史的例外，封建时代的奴隶，到集权国家时代，也解放而成了自由民），历史在这个轨迹上运行，除非到了多数者能够成了全数，人类的威权归之人类全体。人类的群中，没有什么压迫者和统治者，也没有什么被压迫者和被统治者的时候，是没有止境的。人类自己也还在替自己建筑进化的障碍，这种人类自己制造出来的障碍——当然是相当的为进化推演的事实——我把它给上一个具象的名词，叫作"人为的障碍"（相对于后面所说的"天然的障碍"而言）。

这些人为的障碍，照我们在上面所指摘的统括起来就是（1）威权的军事（或军事的威权者），（2）威权的政治（或政治的威权者），（3）威权的经济（或经济的威权者），不过到今日这三者又严密化为一体的帝国主义了（前此已有人说过帝国主义是由军国主义，资本主义，官僚政治或寡头政治这三者结合而成的，不过他们的立场和我们的立场恰恰是相反的）。这三种人为的障碍，自然都是发生在私有财产制度成立以后，所以他们的基址也自然建筑在私有财产之上的。但是从人类已往的事实来说，军事的威权，大抵成就于民族的军国主义，政治的威权，大抵成就于知识的超越者——我始终相信，因为不平的社会，才发生相对的不平的知识。下篇还要详细讨论——资本的威权，大抵都成就于个人的道德的反动——我之所谓道德，并不如唯心论者所说的天赋的性能，而是说环境的感应——因此世界民族的界限，人类知识的悬殊和道德反动，事实上都不能不算是人类大同前途的障碍。这三者我给它叫作"天然的障碍"。天然（Nature）一字本有点不妥，因为知识和道德本不全是天然力所支配的。读者诸君，勿以词害意可也。

天然的障碍和人为的障碍这两个问题，在我的脑海里已蕴蓄了两年，终久也没敢发表，直至去年春间在 M 大学的社会主义讲座上才正式用口头说过一次，直至今日才正式用文字来发表，我发表的动机是非常简单的，在提出几个新的问题给大家来讨论，也许讨论的结果，可以解决我的疑问。

二、三个人为的障碍

人类社会的关系，表面上好像非常复杂，其实简单的说来，不外是国家与国家间所构成的国际关系和人与人间所构成的社会关系，自私有财产制度发生和国家成立以后，在国际间便看见有国家压迫国家的事实，在人与人间便看见有统治者压迫平民阶级富者压迫贫者的事实，而发生各种不平等的现象，然而构成种种不平的因子，就是私有制度下的"威权的军事""威权的政治"和"威权的经济"，所以这三种可耻的怪物，在历史的早期已同时发生而存在着，并不是近代才发生的东西，不过在他的早期，这三种威权者，表面还是极其微小罢了。在封建社会时代，封建君主是军事的威权者兼政治的威权者，同时也就是代表社会经济的威权者，不过表面上只现出军事的威权罢了。到专制国家时代，国王是政治的军事的威权者，代表社会经济的地主和城市商人手工行业则结合在统治阶级里面，不过是为其从属，所以表面只现出政治的威权来。到现在的资本家，其本身就直接代表经济的威权，同时又握住军事的政治的威权，因此无论在军事上或政治上都是代表经济的威权，所以这三种可耻的怪物，自发生以至现在，总是结合一体的——统是结合在一个统治阶级的队伍里——不过在封建时代，政治和经济为从属于军事，在专制国家时代，军事和经济为从属于政治，在资本主义时代，军事和政治为从属于经济。这是我们在上节已经指摘过了，因此我们可以摘住，在封建时代，以军事为掠夺经济的手段，在专制国家时代以政治为掠取经济的手段，到资本主义时代才由资本的本身为掠夺经济的手段。换言之，封建时代的掠夺阶级是以封建领主（军事的威权者）为中心，专制时代的掠夺阶级，是以君主和官僚（政治的威权者）为中心，资本主义时代的掠夺阶级，是以资本家（经济的威权者）为中心的。这个关系，用几何的图式表示如下：

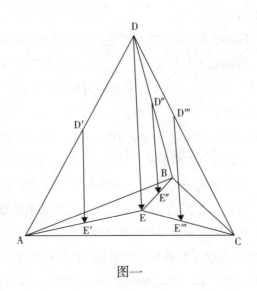

图一

△ABCD 为三棱体，△ABC 为三棱体之底，△ADB = △ADC = △BDC，线 DE⊥△ABC，D′E′⊥△ABC，D‴E″⊥△ABC，D″E‴⊥△ABC，设以 ABCD 三棱体表示私有制度下的社会的结构，则底面△ABC 即为社会的基层，发动社会进化的全力量，也就是社会劳动力量和劳动技术的总结构（经济的结构），E 为结构面的重心点（人类物质的生活），

　　DE 为表示统治的威权，

　　任以 DB 为表示经济的威权面，

　　DA 为表示军事的威权面，

DC 为表示政治的威权面，

如果 D 点在 DC 线上运行，统治的威权由 DE 变成 D′″E′″，即表示统治者在政治的立场上，以政治的威权者为经济的掠夺者。

同样 DE 变为 D′E′的时候，统治者便移到军事的立场上，以军事的威权者为经济的掠夺者，DB 变成 D″E″的时候统治者在经济的立场，以经济的威权者为经济的掠夺者。

D′″由 C 点出发，一步步向 D 点移动，D′由 A 点出发，一步步向 D 点移动，D″由 B 点出发，一步步向 D 点移动，D′D″D′″与 D 重合时，E′、E″、E′″向 E 点重合，而达到社会基层面的经济结构面的重心点，DE 就支配了全社会经济的全结构（握住全社会的生存机能），所以 DE（统治的威权）的立场，便完全归到经济的上面。

然而这三种可耻的怪物，在一方面产生国家与国家之间的军事压迫者，而造成国际的不平（资本主义发生以后，造成国际不平的主力，便急剧的复杂化了），又产生人与人之间的政治压迫者和经济压迫者，而造成人与人之间的精神的物质的关系之不平，但是他方面人类基于物质的生存上面，随着压迫的力量就发生一种和它方向相反的反抗力出来。在国际的不平的关系里面，就发生民族的革命，在政治权力不平的关系里面，就发生政治的革命，在经济权力不平的关系里面，就发生经济的革命（对私有财产制度的模型内的经济革命而说，如中世的农民暴动之类□□之在社会主义之立场上的经济革命，便联括民族革命和政治革命，民族革命和政治革命的关系，也完全建筑在经济革命上面），那三种反动势力继续不断的在人类社会的历史中发生，这三种革命势力也继续的发生出来，到了那三种反动势力的联结而扩大的时候，譬如在图 D′D″D′″和 D 点重合的时候，这三种革命势力也就随着联结扩大而构成一体了，这三种关系也用前图来表示如下（见图二）：

在这里，ED 表示革命的总力量（进化的动力），E_1D_1 为表示反军事威权者（军国主义）的民族革命，

E_2D_2 为表示反经济威权者的经济革命，

E_3D_3 为表示反政治威权者的政治革命，

箭头↓表示压迫，↑表示反抗，

（1）因此，一方发生以军事为手段的威权压迫（用 D′E′来表示），他方便

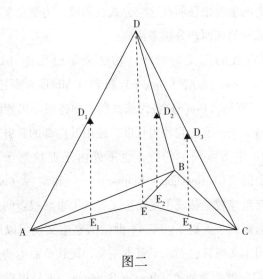

图二

要发生反军国主义的民族革命（E_1D_1 表示），直至 E_1D_1 的酝酿成熟或 DE 的内部崩溃，至 $E_1D_1 = D'E'$ 或 $E_1D_1 > D'E'$ 的时候，军事的威权者便崩溃下来（或完全由于其内部的崩溃和同类的兼并）。

同样，一方发生以政治为手段的威权压迫（用 $D'''E'''$ 来表示），他方便要发生反政治威权的政治革命（用 E_3D_3 来表示），直至 E_3D_3 由酝酿成熟（或 $D'''E'''$ 内部崩溃），至 $E_3D_3 = D'''E'''$ 或 $E_3D_3 > D'''E'''$ 的时候，政治的威权者便崩溃下来。

一方发生以经济为手段为威权压迫（用 $D''E''$ 来表示），他方便发生反经济威权的经济革命（用 E_2D_2 来表示），直至 E_2D_2 酝酿成熟（或 $D''E''$ 内部崩溃）至 $E_2D_2 = D''E''$ 或 $E_2D_2 > D''E''$ 的时候，经济的威权者便崩溃下来，每一次 $D'E'$、$D''E''$ 或 $D'''E'''$ 的崩溃，便完成历史的一段使命。

（2）因为 $D'D''D'''$ 向 D 点移动，所以 D_1、D_2、D_3 也随着向 D 点移动。至 $D'E'$、$D''E''$、$D'''E'''$ 与 DE 重合以后，E_1D_1、E_2D_2、E_3D_3 也向着 ED 重合，至 ED = DE 或 ED > DE 的时候，帝国主义便要崩溃下来。

照这个图解来看，D'、D''、D''' 都发到 D 点以后，私有财产制度下的那三种威权的发达便算到了绝顶，至 D_1、D_2、D_3 都进展到 D 点以后，两 D 点为反面的重叠，帝国主义在这个重叠点上崩溃下来以后，私有财产制度的社会，便宣告终止，也就像 D 点再不能向前运行的一样。

现在先拿历史的事实来证明我这个公式的前段，为避免复杂而易于叙述的缘故，把那三种威权的东西，分别来指摘：

（A）在欧洲古代的历史的骨干，几乎全是巴比伦（Babylonia）亚述（Assgria）波斯（Persia）希腊（Greece）雅典（Athens）斯巴达（Spata）马其顿（Macedonia）罗马（Rome）各民族的侵略和各弱小民族的抵抗所结成的历史，他们的侵略主义一发达到相当程度，便由其内部的瓦解或加以外部的反抗而至于崩溃的，中古欧洲的纷扰，也不外由于亚拉塞帝国（The Aracen Empire）沙立曼帝国（Charlemagna's Empire）……和蒙古（mongols）的侵略主义所构成的，甚至连教皇都成了侵略主义者和军事威权者的工具，并且他们也同一历史的命运而归于灭亡了。至14世纪国家主义发生以后，侵略主义更成了有计划的军国主义而且已夹入了资本主义，民族革命运动也显明的发生而复杂化了。14世纪的波希米战争（War of Bohemia）本是提克人抵抗德意志的一种民族革命运动，而同时又含着贫者反抗富者的经济革命的意义。16世纪尼德兰（Netherlanck）（即今荷兰）的革命，虽然是资产阶级的革命，但是平民阶级也尽量参加，便表示是一种反西班牙侵略的民族革命。18世纪之末至19世纪之初，西欧的民族解放运动，在"民族解放"和"民族国家"两个口号之下蓬勃起来，这虽然是资产阶级所领导的革命运动，然而资产阶级能够发动革命，便更可以证明是神圣同盟和拿破仑的侵略主义之反响。他如14世纪之有名的英法百年战争与其他国际间的一切战争，无非是侵略主义的互相激荡。现在再回头来看看亚洲的历史，中国之汉武的远征西域36国，蒙古民族和满洲民族之两次征服中国和中华民族的两次复国运动，太平天国的民族复国运动，义和团的暴动，以及中国和日本在高丽的几次冲突，无不是强大民族施行军国主义的侵略或侵略民族的侵略和被侵略民族的反抗，所引起的国际战争。因此我们说（1）在前资本主义的人类历史，一切国际间的战争和纠纷，乃是单纯的开疆辟地的军国主义为其原动，资本主义发生以后，这个原因便开始的复杂化了，（2）军国主义的结果，不是由其自身的内部崩溃，便终久要被受侵略民族的反抗力量所驱除。

（B）在古代罗马，平民感受经济的政治的压迫，因之终罗马之世，国内的纠纷，几乎完全发生在平民和贵族的冲突上面，罗马便在这个平民和贵族两党对抗的原因上崩溃下来的。再看欧美近数百年来的历史，如1789年之法国革命继续至 1830 年之七月革命，1848 年之二月革命，1776 年的美国独立运动，1642 年之英国革命，1848 年之法国革命……这些历史上的国内革命的事实，一方面虽然是资产阶级的革命运动，然而他方面却是资产阶级反对威权政治的民主运动。再把中国和印度国家政权每一朝代转移的历史来回顾一下，每一朝代之新兴的统治者，也都在旧有的统治者的政治威权被民众绝弃的时候才能崛起的。因此我们说，在人类历史中，无论那一个国家之国内的任何方式的政治革命，无不在统治者政治威权之压迫平民的原因上发生出来的。换言之，在一个国家之内，一方面有握有政治威权的统治者或统治阶级，他方〔面〕便有丧失政治的权利和自由的被统治阶级，这两个阶级的存在，便是国家纠纷的存在，政治革命的种子就在这个阶级的鸿沟里隐伏着，在这个递变法则之下，前者总是继续不断的被后者推翻，几乎成了历史的一定的轨迹。

　　（C）在上述 17 世纪的英国革命，18 世纪的美国独立运动和法国二次革命，以及 19 世纪之德国革命，一方面自然都是资产阶级反威权政治的民主运动，然而他们革命之能够崛起，都是由于有广大的平民参加，这些平民间接受威权政治的压迫，还不如其直接所感受的经济的威权者——贵族僧侣地主——对他们所施的剥削和压迫那样敏锐和急切，所以他们之参加革命，乃是一种反抗经济压迫的革命。再拿纯粹农民因经济的压迫而暴动的事实来说，1358 年之法国伊德佛兰西（He—de—France）的农民暴动，就是为反对封〔建〕主的剥削。1381 年之英国农民暴动——包含城市手工业者和贫穷僧侣——就是为国家繁苛的赋税和地主集中土地的地租剥削的反响（当暴动发作之后，农民不久便聚众 50,000 人，以农具为武器，就近攻打地主及教士，夺其财产牲畜，凡丁口税册及封建租税清册，以致关于一切佃奴制和所有压迫农民的文件，尽行焚毁）。16 世纪德国的农民战争，表面上虽然像是起因于宗教的改革，然而事实上却是农民和城市下层民众反对罗马教皇剥削的一种经济的斗争。再拿中国来说，秦代有陈胜吴广的暴动，西汉末有"赤眉"的暴动，东汉末有"黄巾"的暴动，这两次暴动的结果，东西两汉的政府和其代表的阶级——大地主——便都归于灭亡。唐代有黄巢的大暴动，元代有朱元璋领导之安徽江苏的农民暴动，明代有李自成张献忠的暴动……这些次数的暴动，翻开中国的历史来看，都是纯粹农民反抗大地主的暴动。因此我们说，在人类社会历史中，自私有制度发生，社会内部出现有握住经济威权的压迫阶级和失去经济权利的被压迫阶级存在以后，被压迫者的反抗和暴动，便是继续不断的发生着了。换言之，社会一方面有经济的威权者，他方面便有被剥削的贫者，这两个阶级的存在，便是经济利益冲突的存在，贫穷者暴动的种子也就是继续不断的在这个阶级的鸿沟里滋生着的。同时根据上述的事实，我们又可以说，在前资本主义的各时代，社会经济的威权者是地主阶级，所以反经济威权者便是农民阶级，资本主义的初期，社会经济的威权者是商人阶级和地主阶级两者的结合——自然他们之间常发生经济利益的冲突，所以反经济威权者，除开农民以外，还有城市下层民众或手工业者的参加。

在历史上各次的农民暴动，结果无论统治阶级之被推翻与否，农民的革命，本身没有一次的完全成功，便是事实。这个原因我们从历史上去研究各次农民暴动的内容，便可以明显的发觉，参加暴动的农民都只想获得经济境遇的改良和土地的获得，并不一定想推翻代表地主阶级的政府——纵然农民的领袖有代握统治权的欲望，但是农民心理便不尽是这样——所以结果不是受统治阶级的欺骗和软化，便是由自己内部的分化而归于消灭了。

从以上（A）（B）（C）三点事实来看，公式的前段已经得着历史的证明了，因此总结一句说，在这个段落里面的事实，国际上一切的纠纷和战争，是军事压迫国家和被压迫国家或侵略民族和被侵略民族之国权等级的存在，而产生之国际的不平关系上面发生出来的。国内的一切纠纷和战争，是在政治的统治者或统治阶级和被统治阶级之阶级的存在，而产生之人与人间政治权利不平等的关系上面发生出来的。社会的一切纠纷和暴动，是在经济的威权阶级和贫穷阶级之存在，而产生之人与人间经济享与不平等的关系上面发生出来的。而且这三种威权阶级常常是一体的不可分离，所以人类社会之不平的关系和纠纷，就更为复杂化，而演成多种多样的互相残杀的事实，消灭这些人类互相残杀的可能，便在消灭这三种阶级等级的存在。不过从进化的事实来说，这三种在人类社会中对立的冲突的东西之存在，诚然，也都负了人类历史的相当使命，可是到现在他们已经完成了应负的历史的使命，所以便失其存在之客观的可能了。

三、三种人为的障碍和现代革命

现在再拿出上节所指示的公式的后段来和资本主义的社会对证一下：

资本主义之发达到今日的帝国主义，事实的指示，在任何方面都已经证明政治和军事都完全成了他的从属品，这三种历史遗传下来的可耻的怪物，到现在不仅在质的方面而且在量的方面都结为一体了，恰恰和我们的图解 D'、D''、D''' 与 D 点重合完全是一样的形势与实质。

因此这三种人为的障碍，发展到资本主义时代，已经由结晶而具体化了，所以社会的内部又起了一种形体的变化——只是形体的变化而不是质体的变化，只是位置的变动，而不是单位的变动，——在这个变动的局内，显然的形成两个对立的阶级，一个是国际帝国主义所构成的压迫阶级，一个是资本主义国内的被压迫阶级和国际弱小民族之反压迫阶级的被压迫阶级（我所以不说被压迫民族，而说弱小民族之反压迫阶级的被压迫阶级，因为整个被压迫民族的内部，也有相对的压迫阶级和被压迫阶级的存在）。然而帝国主义所构成的压迫阶级，虽然常发生阶级的矛盾，但是他们还有一致的阶级的意识，被压迫阶级就因为质的复杂，到现在还没有一致的共同的阶级意识——这里所谓共同的阶级意识，是说被压迫阶级中之各阶级（如农民阶级工人阶级等）利益的相互的认识和谅解——现在先把被压迫阶级中各阶级革命的意识来分析一下：

帝国主义国内的工人和农民，他们所感觉的革命的意识也不是全然一样，工人直接只感受工银劳动的剥削和政治威权的压迫，农民直接只感受地主的地租和国家赋税的剥削。他们基于这个表面的事实，把资本主义从整个帝国主义的个体内抽象出来，而且他们反资本主义的意识，也不完全一样，工人则注重工业资本阶级，农民则注重地主阶级。其实就只从地租和劳动剥削来说，也不过是资本主义的一体的两面，并不是两面的两体。他们反抗资本主义御用的威权政治的立场，也不一样，农民则基于反抗担税的原因上面，工人则基于革命的障碍之认识上面，他们对于帝国主义构成之原子的军国主义之具体的忽视，更是一种较大的错误。这个错误的事实，在前次大战里面更可显明的看出来，当时在一方面，一班人声嘶力竭的狂呼着"反对战争""不替资本阶级服兵役"，"无产阶级无祖国"等等的口号。然而另一方面，农民和工人终久还自替资本家到战场上作积极的牺牲去了，可是只从军国主义下之扩充军备的负担来说，国内的农民和工人阶级不惟像弱小民族一样作了间接的负担者，而且作了直接的负担者，——战时担税，劳动供役等等——因此资本主义自然是帝国主义的主体。我们一方面反对资本主义，他方面又忽视军国主义的活动，这不能不算是他们自己的一个矛盾。再拿其城市的小市民来说，他们物质的境况比较农民和工人稍为好点，但是和压迫阶级比较起来，便非常低下，所以拿他们和压迫阶级来说，他们自身也是相对的被压迫阶级，但是因为他们的阶级性是复杂的，游离的，所以他们一方面又常常附着于压迫阶级的利益之下，所以拿他们和被压迫阶级来说，他们自身便又成了相对的压迫阶级，犹之他们国家的军队中的兵士一样，他们本身原是被压迫阶级，但是当他们作了资本阶级的压迫工具的时候，便又成了相对的压迫阶级了。所以他们一方面在被压迫阶级的立场上，可以加入反压迫阶级的队内，在压迫阶级的立场上，又成了革命的附从对象，因此我们说，帝国主义国内的农工阶级是一种绝对的被压迫阶级，阶级的对象，是整个压迫阶级所构成的帝国主义，而不仅是从帝国主义内部抽象出来的资本主义，他们阶级的利害，并不是像表面上所表现的一样，实质是完全一致的，他们阶级的意识还正是在这个同是绝对的被压迫阶级的意识上面向一致的方面发展着。城市的小市民和士兵群众，随着其物质境遇的转变，一方面是相对的被压迫阶级，他方面又是相对的压迫阶级。

现在再回头说到被压迫民族，这个问题便更复杂了，一方面有殖民地和半殖民地的不同，二方面被压迫民族内部又有阶级的复杂性之存在，不过在前提上可以决定的，无论殖民地或半殖民地都是整个民族受帝国主义的压迫，民族内部的各阶级都有一种解放的要求，则是事实。各阶级间的利害不尽同，也是事实，因此如果忽略了前者，未免分散民族解放的力量，忽略了后者，又必然的会成为所谓"民族资产阶级的革命"，这都是我们应当注意的，要解决这个问题，则不可不对于民族内部之阶级的成份，稍加分析。

就半殖民地来说，因为阶级性的复杂，所以阶级的存在也并不显明，譬如就农民说，除开大地主外，内部便包含雇农佃农半佃农和自耕农几种不完全相同的成份，就工人来说，也包含产业工人、雇佣手工业者、自营手工业者……几种不同的成份。我们为叙述的便利，只好从职业的性质部门去概括，可是他们所感受的压迫，也确实有相同的利害，农民阶级所感受的直接是地主的剥削赋税的负担和官吏的压迫（国家的威权政治的压迫），则完全一样——自耕农虽然直接上没有地租的负担，但是要受土豪劣绅的剥削，劣绅是从属于土豪的——间接上所感受的。同是帝国主义的压迫和国内商业资本阶级的剥削，工人阶级如产业工人所受本国资本家的压迫还不如外国资本家的压迫利害，因为本国资本家的资本无论已成熟的没成熟的，都是外国资本的附庸，自己还没有独立的人格，但是本国资本家之剥削工人，则是事实，手工业者之受国外工业资本的排挤而至于被淘汰，则更属显明，同时工人之感受政治的压迫，也是事实。所以农民和工人所受经济的政治的压迫，则有共同的意识，因为他们同是经济压迫和政治压迫下的绝对被压迫阶级。其次大地主和城市工商业资本阶级，相对于农民和工人说，他们是一种相对的压迫阶级，相对于国内统治阶级和国际帝国主义说，他们又成了相对的被压迫阶级（因为他们还没有抓着政治的工具，所以还不能不受政治威权的支配）。再次国家的统治阶级，相对于全国的民众说，他们是一种压迫阶级，相对于国际帝国主义说——他们常去作帝国主义的工具，是一种事实，他们又感受帝国主义的压迫，也是一种事实——他们也成了相对的被压迫阶级（城市的小商人，他们在相对压迫者和被压迫者两方面都是从属，所以不能把他们划成一个阶级），因此从整个民族的立场上说，各阶级都有反抗帝国主义的意识和要求——民族的解放，是革命的惟一先决的前提——不过统治阶级资本阶级在革命的队伍里，始终也不肯为民族而牺牲其阶级的地位和利益的。在阶级各自的立场上说，半殖民地的农民和工人所感受的是多重压迫，所以民族革命的结果，如果还有阶级的存在，便是阶级冲突的存在，因此半殖民地民族革命的初步意义，一方面是民族的革命，消灭国际的不平，二方面是政治的革命，消灭人与人间之政治权力的不平，三方面是经济的革命，消灭人与人间之经济地位的不平（经济革命的手段，则有一个目的的两个方面，一个是革命政权握在革命民众的手中，强迫资产阶级在共同革命的原则之下牺牲其阶级的利益，或为阶级的让步，一个是革命的斗争）。换言之就是不仅不使世界上有强国和弱国的存在，而且不使社会内有贫者和富者的阶级统治者和被统治者的阶级之存在，然而这三种压迫势力都是以经济为其基础，所以这三种革命也是以经济为立场的，因此三种革命的同时举行，是社会革命之事实的三方面，而不是三方面所合成的革命，但是这三方面之任何一方面，都是不能以妥协的方法去解决，则是事实。

其次殖民地也完全和半殖民地一样，半殖民地国家的政治的统治阶级依旧附着在统治国的统治阶级里面而存在着，他们之不肯为民族而牺牲其依随的统治地位，正和半殖民地国家的统治阶级一样。此次印度的独立运动，印度人作议员的不愿退还爵位，宁肯退出革命的团体——国民（大）党——便是一个事实的证明。其次殖民地民族资产阶级革命的要求，虽然比较半殖民地的民族资产阶级有程度上的分别，但是不肯为民族而牺牲其阶级的地位和利益，则是一致的，只有殖民［地］的民族觉悟分子和农工阶级，就比较的更要迫切而忠实。朝鲜农民学生的陆续暴动，便是事实的证明，所以他们的革命，也不仅在民族的独立——自然以民族的独立为革命的先决条件——也有其民族内部之阶级的存在，因此他们和半殖民地的革命是处在同样的命运和同样的事实的内面，自然便有同样之革命的意识和觉悟。

根据上述的意思，来总结一下，（一）帝国主义国内的农工无产阶级（以下简称无产阶级）的革命的对象是资本主义及其从属的威权政治和军国主义所合成的帝国主义为其对象，弱小民族被压迫阶级（以下简称被压迫阶级）的革命，则除开这个共同的对象以外，还有其国内之政治的经济的两种压迫阶级的问题——问题的存在，是由于他们一方面是反帝国主义的同盟势力，他方面又有阶级的利益冲突。（二）无产阶级革命的第一步以消灭国内的压迫阶级为主，国际的帝国主义为附，被压迫阶级革命的第一步，以民族解放为前提，解决国内的压迫阶级为附从。换言之，第一步的对象前者为本国的帝国主义，后者为国际的帝国主义，第二步的对象则前者为国际帝国主义，后者为国内之存在的阶级的消灭。（三）无产阶级只有一层本国压迫阶级的压迫，被压迫阶级则有国内和国际两层压迫阶级的压迫。（四）无产阶级的革命意识还没有发达到对于帝国主义的整个认识（忽略了军国主义），被压迫阶级革命的意识，还没有十分成熟。（五）被压迫阶级中的各阶级和无产阶级中的各阶级还都是偏于单一阶级的革命的认识，而没有发达到共同的阶级的意识。（六）同为被压迫阶级的革命，以消灭社会阶级之存在和国际的不平现象为其相同的最低目的。

因此我们看出世界帝国主义所构成的压迫势力，一方面 D′、D″、D‴和 D 点起了重合，二方面各帝国主义者相互间也有了共同的阶级意识，——他们自然常发生利益的冲突和竞争，但是在反革命的立场上，便有一致的意识——由这两方面而形成一个平面的结合，反帝国主义的势力，虽然我们看到 D₁、D₂、D₃，也到了和 D 点重合之点，但是世界被压迫阶级的各阶级还没达到各阶级共同的革命的意识与相互的阶级利益和各别的革命事实之了解，所以还没有形成一个具体的平面的结合，不过由共同的阶级的地位和共同革命的目的上面，正是向着共同的意识和相互的了解方面发展着，到这个共同意识发展成熟的那日，便是世界帝国主义根本灭亡的时候，也就是新社会的纪元了。

然而被压迫阶级和无产阶级的革命，究竟还有什么分别呢，这确是一个有趣的问题，不免为许多革命的朋友所怀疑的，我们要解答这个问题，除开上面那些比较的事实不必重复的提述外，第一便先要从帝国主义国家和弱小民族国家的经济情况来考虑一下，第二便要问一问实施马克思主义，——姑就马克思主义说，因为他是无产阶级革命的思想的总结晶——应该以怎样的经济条件为条件，显明的，马克思主义是必须在"产业发达"到"资本集中"这个经济的条件为其实施的条件，这不惟是我们研究过社会主义的同志所公认，而且也是一种无可否认的事实，就是马克思当时也想到的，弱小民族国家离这个经济的条件，还是很远，也是事实。所以还不能不经过一段民主的造产期间——完全是社会主义民主造产，不是所谓民族资产阶级的造产——回头看帝国主义国家经济发达的情形，他确是已经替社会主义预备下了这个经济的条件了，所以无产阶级的革命，只须把帝国主义推倒，马上便可以拿马克思替他们预备下的办法去如法炮制。但是马克思当时并没有替我们弱小民族预备前社会主义的过渡办法，所以被压迫阶级和无产阶级的革命，内部的原因是经济背景的不同，也正是因经济背景的不同，革命的阶级在事实上还不能发生完全一致的阶级意识，他们的外部的不同的原因，我们在上面已指摘过了，基于这个内部和外部不同的原因上面，便是革命的程序的不同。所以我们一方面承认无产阶级和被压迫阶级尽事实之可能的去发展共同的革命意识，他方面我们又不能忽略经济的条件，所以又希望共同了解相互的阶级利益和各别的革命事实，因此弱小民族革命和无产阶级革命，不惟没有冲突，而且是一致的，不惟不是分离革命的势力，而且是减少内部的纠纷，相互的共同进展，促进帝国主义的灭亡，这个相互的关系，并不是两种个体的并立，而是一体的两面。

（原载《新东方》第 1 卷第 2 期，署名：晨光，
1930 年 2 月 1 日发表）

障碍问题（下）

一、三个天然的障碍

我们在上篇已经说过：军事政治经济那三种成为威权的东西，是造成人类社会一切不平的总因，也就是私有财产制度社会成立的核心。但是我们进一步去追究：一方面政治的经济的威权，为什么在已往历史的过程中，它都落到少数人的手中，不落到人类全体的手中来？换句话说，人类全体为什么不把它们抓到手中，反让少数人成功特殊阶级来制驭他们呢？一方面假定这三种威权的东西，凭我们革命的努力把它消灭，跟着建设一个社会主义的大同共产社会出来，我们能否绝对的保证那三种威权的东西或某种新的不平等的矛盾的形势不致再从新社会中发生出来？这个未来的问题，在今日的社会事实之下，谁也不能找出一个充分根据的答案来。不过在我们今日能够看见的世界各民族各有不同的血统语言生活习惯……构成民族间的天然界限，这便是在实现大同共产社会的过程上最初要遇着的民族间的障碍。其次，在社会个人与个人之间，一方面知识的悬殊，乃是一个事实。有知识不平等的这个因子，便可以产生社会的某种不平的结果出来。二方面公共的道德观念，大家已经不在一条水平线上，也是一种事实。社会各分子间有一种不同的公共道德观念这个因子，便可以产生不同的结果出来。自然，社会个人与个人间之知识的悬殊和公共道德观念的不同，在我们唯物论者看来，当然都是由于各个的不同的物质环境关系所产生的结果。但是成为问题的：他们已经过历史的长期——自私有制度发展到资本主义社会——的制造和遗传，到今日已经成功了很深的裂痕——所谓智愚贤不肖之先天的等级和个性的歧异，所以我们自然不承认在人类的原始，就有所谓先天的等级和个性的歧异；但是由于各种不同的物质环境所给予人类在历史过程中所受的影响，现在已成了这种结果，则是事实。这便是在实现大同共产社会的程途中必然要遇着的两个障碍。如果这三种障碍不能彻底除去，即使那三种威权的东西不再从新社会中发生出来；然而或种新的不平等的矛盾的事实，便不能保证它不产生出来。换言之，设使在大同共产社会里面，民族间的自然界限不能融化或统合；社会分子与分子间知识不能相当的平等；对于公共道德没有一致的观念，仍不能避免矛盾局势的成立。因为人类不能离开环境的支配。民族间自然界限那个鸿沟，事实上便是把一个整个的世界社会，裂成无数部分；部分的分裂，便是相互的对立局势的形成。社会分子与分子间之知识的悬殊和公共道德观念之不一致，知识的超越者很容易如原始共产社会那一种组织者一样，渐渐离开大众而成为某种特殊阶级或分子；公共道德观念薄弱者，很容易离开公众的利益而趋向各（个）人。

这确是一些困难问题，一方面我们所遇着的：人类不能脱离社会环境的支配，是我们所确认的；但是这些障碍的东西在现社会里而横互（亘）着。二方面我们所遇着的：现在各民族经济的进展并不在一个同样的阶段，因此各民族文化的程度，有些到了高级的发展，有些则还在原始的状态。在一个世界大同的新共产社会里面，要社会全分子都有同等的文明的程度，这自然先要以各民族文化程度之是否同等为其决定的前提。然而现在要各民族文化程度的平等，便先要造成同样的经济社会。换言之，便要使畜牧社会经过农业社会进化到高度发展的工业社会，农业社会也进化到高度发展的工业社会；但是事实上低级社会向高级社会进展的时候，而高级社会便不能静止的不动，依旧要向高级发展的。三方面我们所遇着的：各民族不能共同演进得同样模型的经济社会——相当的同样的物质环境——便不能发生同样的生活习惯和一致的社会意识。那三种天然的障碍，即使在一个民族之内或同等民族之间得到解决；在全人类之间，还是根本存在着。

各家社会主义者对于这些问题都没有十分的注意。注意的也未免缺少具体的意见，譬如有些社会主义者主张养成全人类之同等的习惯的道德，但是怎样去养成呢？他们就没有拿科〔学〕来解释了；又有些社会主义者主张打破民族的界限，不信任知识阶级或分子。但是关于前者，民族的界限是怎样形成的？怎样才可以打破而使之平等融化统合呢？关于后者，社会的进化，就是人类的知识进化，设使因为不信任现在知识阶级的缘故，反使社会的知识程度退化下去，便是违反进化的原则。

二、三个天然的障碍之产生及其解决方向

我们根据上述的指示，这三个天然的障碍问题，和上篇所述的那三个人为的障碍问题，同是大同共产社会之实［现］的程途上必须解决的问题。不过后者已经为各家社会主义者共同所指摘，并且都提示了具体的意见；前者虽为他们所顾虑过，但是都没有明白而具体的申述。所以我们今日对于这三个问题的解决的意见，便须更费考虑。可是问题之成为问题，乃是一种事实的果；问题的解决，必须先寻出问题之所以成立的因来。所以只要我们能握住这三个问题之发生的原因过程，我们便可决定解决的方向。因此现在应该把这三个问题之成立的过程有分别指述之必要。

先拿民族的"界限"来研究：历史上每一个民族的产生，原初是在同一血统的人们共同处在一个天然地域的环境之内自然形成的一种集团，而产生一种共同的语言文字生活习惯社会关系宗教信仰……所结合的一种所谓文化。更由这种样的相邻的各集团彼此相遇而引起一种并合（或化合），又合为同一的民族，这便是所谓民族的融化（因为人类社会中的各种形态的文化，其本身都有"内延"Intention 和"外展"Extention 的两种作用。所以当其不同他民族文化相遇的时候，其文化的本体也是不断的向前作纵的开展；一和他民族文化相遇，便由彼此互相吸引而起一种横的融化作用）。是这样在历史上每经民族一度的融化，世界民族的单位便随之递减。所以在原始为无数单位的不同的民族，随着这个法则的进行，递演至现在而为这有数的民族单位。因此现在之所谓汉民族，蒙古民族，大和民族，雅利安民族，日耳曼民族，斯拉夫民族，拉丁民族……等等现存的世界民族，并不是原始的汉，蒙古，大和，雅利安，日耳曼，斯拉夫，拉丁……的纯粹血统，而是经过许多次由许多民族混合了的

血统。然而根据这个民族之演进递变的规则，则现有的各民族也将随着这个规则的运行，终至融化为一个大世界民族，以完成演进的使命（但是愈在历史的早期，世界民族的单位愈多，各种民族本身的量愈小，所以演进融化的速度大；愈到历史的后期，世界民族的单位愈少，各民族本身的量愈大，所以演进的速度小。适和物质进化的阶段为相反的事实——物质的进化，愈向前演进，每个阶段所经过的期间愈缩短）。不过在前此民族演进的事实是一种并合的融化，所以有许多民族在演进融化的过程中，就被淘汰灭亡了。这种根本违反人类共存的原则，是我们社会主义者所极端反对而要避免的。

因此我们可以决定两个前提：（一）民族界限是在所谓民族文化——血统语言生活习惯……诸关系所形成的民族文化——的掩护之下而存在的；所以民族界限的消灭要在各民族文化的融合和共同的世界新文化的成立之下而消灭的。（二）民族的并合是要避免的，应该由各民族平等的共同去演进成一世界民族——或者到了这个时候，就不再用民族这个名词，而换上一个新的像"人类"或"同胞"这样的名词。

但是文化，是以物质为基础的上层的结构。所以世界文化的成立，必须以各民族有全似的下层的经济的结构或物质的基础为其条件的。因此我们要消灭民族间的界限，第一步便不能不努力这个条件的成立。又有些人很怀疑血统和语言不同的问题没法解决，我便觉得这个问题，还不是根本不能解决的问题，仅仅只要从一个"人种混合"的问题上去进行就够了。

再拿前面第二个决定［性］的前提来考虑一下：要避民族的并合，诚然，目前还不能不使我们去注意民族的独立。如果民族不得到独立，不是被并合，便是被淘汰。一个民族若是在他民族的制驭之下，就是不被淘汰与并合，则其物质的文化的创造也是要束缚在一个"停滞"或"退后"的刑台上，终至也不免要受人为的和天然的淘汰，即或其民族能够存在，和其他民族比较，文化程度的相差太远，——如果有些到了最高的文明，有些还其（是）塞野的状态——也是大同共产社会之实现程途上的障碍。因此世界各民族的独立，乃是一种事实和必要。但不可为民族的独立而要求独立；乃是要以消灭民族界限为目的［的］一种独立；是要和世界革命民众在一个共同的意识之下去要求独立。

其次拿社会分子与分子间"知识悬殊"的问题来研究：人类知识的生长，

原始由于人类为生活的活动施行的各种劳动而得到的经验，由于劳动经验的渐积渐多，便成立"知识"这个东西。到了社会的组织渐形复杂的时候，各地方的人们施行劳动而得到的经验，在纵的方面不断的集积着开展着，在横的方面不断的沟通着吸收着。但是在原始的人们，他们劳动活动的方式纵然也有时发现不同，然而都还在一个共同的活动范围里面。所以他们由经验而得到的知识都是等量的，后来组织者固定为一个人而演为父子传袭的时候——这个时候，私有制度已经由结胎而怀孕了——组织者便渐集多人的经验于其个人，而成为团体内的特殊知识者，知识的等级就萌芽了，到私有财产制度产生以后，社会的组织更为复杂，知识的集积愈多。贫者为生活的束缚，不能去探讨这个较高度的知识问题；只有富者才有这个机会，除非他们自己堕落，他们总可得着比贫人多一点的知识。这便是人类知识裂成等级的一个物质的原因。贫者的身体也要受种种物质的摧残和限制，不能尽量的开展去满足天然的发育。最少也是各人的身体有发育部分的不同：精神劳动者偏于脑部的发育，肉体劳动者偏于肢体的发育，有些富豪阶级自己摧残自己的身体，乃是一个例外。这便是所谓人类资性裂成等级的一个物质的原因，再次因地理的物质环境的不同，而影响为各地文明程度的等级和先后，因此我们可决定一个前提：同一地理的物质环境的人类集团，人们知识的悬殊，发端于社会组织者的固定和传袭，成立于私有财产制度的发生和贫富阶级的成立。

然而我们现在便只须把私有制度的社会推翻，另建设一个大同的共产社会，这个问题便要算解决了吗？提到这个假设，问题便更复杂了。我们在前面已经指摘过：三个天然的障碍不得解决，便不能保证大同共产社会的圆满成立，现在为叙述的便利，只得暂时把复杂的部分割弃，只就我们的假设来研究一下。照这个假设的指示，根据前面的推论：摧翻私有制度，消灭贫富阶级，自然是解决人类知识问题的一个先决条件；但是还不能说得到解决。一方面多数的贫者，他们的身体在历史上受过长期的物质的摧残和限制，没有得到完全的发育；更由于发育不完全的遗传，到现在已经成就一种人为所谓天赋悬殊的结果，则是事实。二方面人类所处地理的物质的环境的不同，而影响之文明程度高下的结果。这两个事实，我们只能说在人类经济绝对平等的先决条件之下就能解决。因为前者已经由物质的原因里面产生之后而分离出来成了非物质的一种结果；后者则是一种特殊的物质关系，而不是一种普通的物质关系。所以前者的解决，要在"回复身体的发育"的原则之下。换句话说，就是要人们的身体都能得到同样的发育。后者的解决，则是比较一个更困难的一个问题。我们目前能够想到的，除离开应用物理学上的"辐射"和"传导"那个原则，还没有旁的办法。再回顾各种社会组织者的固定和传袭所能产生的结果。在大同的新共产社会面里，不仅要避免各种组织者的传袭；而且不是固定的某种人或某个人，是全员各人之互相流动转移的。因此已发生过的结果，便不致再发生了。

再次拿社会人们"公共道德观念的歧异"的问题来研究：人类在原始[时代]，基于物质的共同生活关系或同类的共同生存关系之上，本来是互相亲爱的，并且也正如墨子所谓"爱无差等"的。自家族的成立，一个家族的人们，基于物质生活的共同关系，也是互相亲爱的。至私有制度社会的完全成立，人类的共同生活的关系便分裂了。因之对于某种对象而发生的意识观念也可以不同了：富者发生富者的意识，贫者发生贫者的意识，统治阶级有统治阶级的意识，被统治阶级有被统治级的意识，压迫阶级有压迫阶级的意识，被压迫阶级有被压迫阶级的意识。但是富者想消灭贫者和他相反的意识，统治阶级想消灭被统治阶级和他相反的意识……就制出种种人为的道德和法律来。这种人为的道德和法律，久而久之，在人们的脑子里就成为一种习惯和自然——最少也有部分的成为习惯和自然——然而一代一代的富者和治者总是继续不断的适应其物质环境的利益去制造，便成就各种各样的人为的道德和法律，同样去制造人们的意识。但是人们基于生存的要求，也各适应其物质的生存的环境，对于人为的道德和法律发生驯服和反动各种不同的结果。基于这两个原因，又附以历史的遗传——成为习惯和自然之后，别能遗传——和每个时代经济的关系，就成立了人类之各种各样的道德观念。不过对于人为的道德法律最反动者，也便是物质生活的最低下者或最低下的同情者。譬如在现社会里面，大家都认盗匪是一种最不道德的犯人，其实盗匪的本人并不就是盗匪，乃是在私有制度之下一种变态的生存的努力。假使社会能够保证他们的生活，他们便不是盗匪了。我们假设令一个盗匪去坐上一个统治者的交椅，他马上便是一个冠冕堂皇的贵人；令一个统治者去处盗匪的境遇，也不由他不变作盗匪。这不过是一个例子。因此我们可以得到一个结论：人类道德观念，是依存于其物质的境遇而决定的；人类道德观念的歧异，是私有制度社会的结构里一种必然的结果，也就是私有制度社会的一个特征。

然而私有制度社会推翻以后，这个问题就得解决了吗？不！人们这种等量不齐的道德观念，经过私有制度社会的长期薰染，已经由制造而成了自然。所以推翻私有制度的社会，自然是解决本问题的先决条件；人们在私有制度社会中染上的习性，必须要经过一个相当期间的民主集产的社会之洗涤，才能养成；公共道德观念，也须经过一个民主集产的社会涵育，才能回复一致。

三、结　论

总括上述各节的意思，我们便可以得着一个结论：社会主义的大同共产社会之实现的手段，自然在由三个人为的障碍所结成的帝国主义之消灭；社会主义的大同共产社会之成立的保障，便不能不在三个天然的障碍解除。可是这三个天然的障碍和三个人为的障碍，除开民族的界限以外，都是随着私有制度的社会之产生而产生出来的。因此随着私有制度社会之产生而产生的各种革命：在它的前期有民族的革命，政治的革命，经济的革命；在它的后期的今日，这三种革命便构成一种世界的社会革命——虽然这三种革命在世界的各部分各适应其社会的事实而有程序上之运用的分别；但都是在一个世界的社会革命的原则之下，则无所歧异的。私有制度的社会，将在这个世界的社会革命发生之后，而趋于死亡；新社会就在这个场合里产生出来。所以三个人为的障碍和私有制度的社会是相与终始的。三个天然的障碍，在大同共产社会之过渡的黎明时期，必然的会发生民族融合，知识革命，道德革命那三个标题出来；而且在私有制度社会临终的前夜，它们已开始蠕蠕的嬗动了——"人类同胞"，国家主义到处受强烈的攻击，男女教育平等，打破阶级的教育制度；由个人道德观念向社会公德方面转动……便是嬗动的征兆——所以大同共产社会将在私有制度社会的灭亡而产生出来，又必须经过世界民族融合，道德革命，知识革命的三个场合才能发育成熟。

为要避免以三个天然的障碍为革命的对象之剧烈化，在经济发育成熟的国度里，还要经过前大同共产社会的民主集产社会的一个阶段；在产业落后的国度里，还须经过前大同共产社会之"民主造产"和"民主集产"的两个阶段，因为群众在私有制度社会里面遗留下来的一切恶习，必须要在一个像这样有伸缩性的过渡的社会里面，才能洗涤。（请参看拙作《物观的三民主义民生主义的三个时期》——此书正在印刷中）

末了还应该补足的：我所谓世界民族的融合，是各民族先有独立然后才有融合的；并不是要各族绝对牺牲其民族的存在而送给人家去并合。这是失去民族独立资格的东方民族应该要注意的——当然不能限于东方的民族；不过东方民族是弱小民族的集团，所以我说东方民族——失去独立资格的东方民族，自然不可不以消灭民族界限为目的；但是民族的独立是达到这个目的的必经的过程，或者就说是实现这个目的一种必要的手段。所以东方民族革命是在消灭民族界限实现大同社会为目的的统合的意识之下的一种民族革命。其次我前面所提出"民主造产"那个阶段，也是东方民族的社会革命和在资本主义国的社会革命不同的地方；也就是东方民族的社会革命比资本［主义］国的社会革命必须多经过的一个阶段。

1930.2.14. 于中国北平

（原载《新东方》第 1 卷第 3 期，署名：晨光，

1930 年 3 月 1 日发表）

殖民地与半殖民地

    自前次（1914—1918）世界大战以后，资本帝国主义统治的世界所包含的矛盾事势，急剧的锐化，促成资本主义本身之没落的时机。在目前，他们虽然还由于所谓资本主义合理化稳定着；但是并没有减少资本主义本身的危机，而且更是促成矛盾局势的开展。所以前次大战所付予资本主义的报酬，就只有：一方面扩大劳动者失业的数目和范围，加紧阶级斗争的形势之严重；一方面惊醒世界弱小民族的酣梦，普遍了殖民地半殖民地民族革命之急剧的锐化。形成集体的反帝国主义之世界革命势力的两翼——自然有其不可分离的连锁关系之存在——现在这两种革命势力，正在急剧的开展着，向着社会主义的世界而前进。在他的开展的进程中，不仅我们社会主义者对于这个严重的问题，应该作集体的分析和研究，促速世界革命之完成；就是世界资产阶级和资产阶级的学者，也开始认识了这两个问题的严重性，而予以特别的注意了。不过本文的范围，是限于后者的——殖民地半殖民地革命问题——对于前者——无产阶级革命问题——是不得不相对的把它搁浅起来。

    但是殖民地半殖民地问题，是资本主义产生以后的产物，所以我们要想拿这个问题来具象的把握着，对于资本主义发展的过程，便应该有指述的必要；为避免问题的复杂起见，也暂时不作具象的追述。我这里讨论的主要目的，是特别注重在殖民地和半殖民地的革命问题；对于殖民地半殖民地怎样受资本主义的宰割，也不去作史的分析。所以我们在这里便只就以下几点略为讨论：

    1. 殖民地半殖民地之由来及其解释；

    2. 世界殖民地半殖民地人口面积与世界帝国主义人口面积之比较；

    3. 世界殖民地半殖民地与帝国主义之经济的连锁关系；

4. 殖民地半殖民地社会和殖民地半殖民地革命的前路。

在这里还该向读者声明一句：我写这篇东西，是临时受朋友们指派的，一时实在没有找着令我自己满意的材料来供献读者。况且在中国今日出版界里，对于这个问题，本来就没有多少可供参考的材料。

一

资本主义的学者，他们把古代民族的迁徙和英雄主义征服异族的历史，拿去和资本主义的殖民政策混为一谈，这算是一种非常的错误。自然资本主义对于现代文化和古代民族迁徙与民族斗争，同样在无意中尽了一些相当的介绍责任。但是古代民族迁徙，是无计划的随着自然环境之变化的一种移动；异族的征服，是单纯的基于统治者之英雄主义的发展。我们所谓殖民地和半殖民地，是资本主义产生以后的一种产物，是资本主义发展程途上一种必然的结果，和资本主义本身有一种相因而至的不可分的关系。因此，我们要理解殖民地半殖民地之真确的意义，不可不先去追求殖民地半殖民地之产生的由来。

欧洲殖民历史的记录，和殖民欲之发展，是开始于新大陆的发现。新大陆是意大利人哥伦布在 15 世纪之末才发现的。15 世纪之末，意大利已经过 300 年商业资本主义发达的长期历史了（意大利的封建制度在 12 世纪就灭亡了，自 12 世纪至 13 世纪的时候，已经成为商业资本主义的国家了——参看高峰译《西方革命史》60 页）。同时历史上还有这样的一段记载：

"商人的空闲资本，不能不设法去寻求出路，因此促醒商人去找求可以投资的为海外商业的新道路。于是他们就去找求避去近东而直达远东（印度中国）的道路。

"想寻找到印度的新道路，结果却发现了新大陆。"（同上书 64—65 页）

这又明显的指出，是商人为着空闲资本寻求海外的投资的出路，才发现新大陆的。因为有新大陆的发现，于是葡萄牙人，西班牙人，法兰西人和继起的荷兰人英吉利人才相继探求欧洲以外的新地，纷纷占取富裕的地带，作为自己的殖民地，满足其略取利益的目的。因此便开始商业资本主义者为占取殖民地之彼此的斗争，露出资本主义本身的破绽，促成相互竞争的矛盾之开展。

然而一方面矛盾的开展，是一种无可避忌的事实；他方面由于多量的财富之取得和广大的商品市场之获得，构成资本主义发展的客观条件，因此产生18世纪的工业革命，形成现代资本主义的社会。由于工业革命的结果，机器之不断的发明和利用，商品的产量愈大，不得不更求广大的市场和原料供给地。市场竞争的形式，因此便急剧的开展，促成市场独占的企图。因此如果某处的原料生产地或商品市场，达到一个资本主义国家所支配的程度，便凌（沦）为某个资本主义国家的殖民地（如英之于印度）或半殖民地（如英之于埃及）；如果为多个资本主义国家所支配的时候，便凌（沦）为半殖民地或次殖民地（如各国之于中国）。但是资本主义者之相互间的竞争和冲突，原是随着资本主义的发展而发展的。各个所领有的殖民地半殖民地的星牙错综，更引起各个的怀疑和恐惧。因此为保持其原有殖民地半殖民地之联络与利益，和对于世界的竞争，便又发生不以市场为目的之军事殖民地或交通殖民地。

殖民地半殖民地的由来，我们已经握住了一个大略。现在应该再进而指述其意义和性质。马克思在他的《资本论》第一卷上说：

"殖民地制度是以发财为人类的最后的和惟一的目的。"

但是资本主义国家对于其各种殖民地，虽然同是以发财为目的，然而便演出各种各样的形式和性质。这各种各样的形式和性质，有些学者从形式上去观察的：便把资本主义国家本土以外所属的领土，谓之单纯殖民地；把资本主义国家所扶植的势力范围如殖民的保护地租借地委任统治地之类，谓之准殖民地或半殖民地。有从性质上去观察的：便以资本主义国家移入其本国的势力或资本，以开发殖民地的富源为目的的，如移住殖民地放资殖民地之类，谓之原始生产殖民地；以资本主义国家据有某种地带为交通或军事的根据，如商业殖民地军事殖民地之类，谓之根据殖民地。这一类的解释，大体上是没有什么错误的；不过他们没有从资本主义经济的结构上去体（联）系，不容易使我们得到一个具象的概念和理解出来。我们在前面已经指述过；殖民地是商业资本主义发达以后才产生的，到工业革命以后，形势才扩大的。在商业资本主义时代，对于原始的殖民地，是基于掠取富源的意识上面而产生的；对于东方国家的市场之发现，是基于商品质量的意识上面的。工业革命以后，这两种意识又重新扩充，无论对于殖民地或半殖民地，都同时一方面为原料的需求和劳力的略取，一方面为商品的销场，不问其手段的表现为何种何样的形式，总是同时以这种意识合成的目的为其特征。所以殖民地和半殖民地与资本主义国家之经济的连锁关系，本质上并没有什么分别；所分别的，不过是一种形式。因此，我们的分类是：

1. 资本主义国家握住一个区域或国家的经济命脉而任意处分，以略取其财富与劳力，并将其地的统治权，也拿到自己的直接掌握管理之下，希图消灭原有土人之文化与人种。受这种侵略的区域或国家，谓之殖民地。

2. 与对于殖民地为同一侵略之目的与方式；但为利益和事实的必要，仍保留其地原有的统治者，委任其代行统治，自处于间接指挥之地位。受这种侵略的区域或国家，谓之半殖民地。

3. 与半殖民地为同一之形式与实质；但施行侵略者，非只一个国家，而为数个国家所共同争持。受这种侵略之区域或国家，谓之次殖民地——拿他来别于半殖民地而说的话——（我们在以后的叙述里，仍把他归到半殖民地一类）。

4. 对于一个区域，不能直接行使经济侵略，而据为侵略其他殖民地半殖民地之军事势力的根据地和交通的联络点；并借以增持其优越势力和对于世界的竞争，受这种侵略的区域，谓之军事殖民地或交通殖民地，亦可简称之为殖民地。

二

资本主义者消灭殖民地民族的手段，不只是经济的政治的文化的，还常常适用一种野蛮的残杀政策。像美洲的印第安人和非洲黑人所遭受的残杀的命运，所谓文明的欧洲人所加于他们的那一种惨酷毒辣的手段，连我们现在想象起来，都要战栗的。然而现在对付亚洲民族的炮舰政策，比较起来，又何尝有所分别？这一些野蛮的事实，要追究起来，实在不胜叙述，所以只附带的提及。

资本主义适用种种野蛮残毒的手段，美洲和澳洲的土人，很快的就被他们消灭了——残存的已经没有多少——非洲的土人也被他们消灭一大半了。亚洲的民族也正在这个命运的程途上挣扎着。到今日全世界的种族，无论黄种白种黑种棕种红种，除开一些资本主义的白人国家的民族和黄人国家的日本民族外，无不作了资本主义铁蹄下面的奴隶；全世界的地图，除开几个资本主义国家的本土以外，无不成了资本主义国家的殖民地或半殖民地。拿下面的统计来看：

国　别	殖民地面积方里	倍于本国面积（倍）	殖民地人口	倍于本国人口（倍）
英　国	13,415,000	100	412,000,000	9
法　国	5,698,000	21	60,731,000	1.5
葡　国	802,000	2.5	9,000,000	1.5
比　国	909,000	8	15,000,000	2
荷　兰	795,000	63	47,500,000	7
意　国	580,000	5	1,740,000	0.6
西班牙	80,000	0.5	291,000	0.1
美　国（除阿拉斯加）	860,000	0.2	8,644,000	0.7
日　本	86,758（台湾琉球不在内）	0.5倍	18,095,000（琉球不在内）	0.3
合　计	23,225,758		573,001,000	

上表所指示，如比利时、荷兰那样小国，都领有数倍于其本国之殖民地土地面积与人口。其他论面积，有大于其本土百倍的，论人口亦有多至九倍于其本国的。但是半殖民地国家还不在内，再拿几个主要的半殖民地国家的面积人口来看：

国　别	面积（方里）	人　口
中　国	4,283,170	448,483,800
暹　罗	195,000	8,500,000
波　斯	630,000	10,000,000
亚拉伯	1,200,000	——

续表

国　别	面积（方里）	人　口
阿富汗	246,000	6,000,000
墨西哥	785,881	16,000,000
中美诸国	218,000	5,700,000
南美诸国	7,000,000	60,000,000
埃　及	12,000	——
合　计	14,570,051	554,683,800

现在试拿几个主要资本主义国本土的面积人口来看：

国　别	面　积	人　口
日　本	174,738 方里	68,000,000
英　国	121,391 方里	47,000,000
法　国	213,000 方里	40,500,000
美　国	3,743,000 方里	116,000,000
荷　兰	12,468 方里	6,725,000
意　国	118,000 方里	36,000,000
比利时	11,500 方里	8,000,000
西班牙	194,797 方里	21,114,512
葡　国	35,490 方里	6,000,000
合　计	4,624,384 方里	349,339,512

注：上列各表，均系根据 Geography of the World—R. D. Wolcott. 所造

现在再拿上列各表所指示的数字来作个总结的比较：

	面积（方里）	人　口
主要资本主义各国合计	4,624,384	349,339,512
殖民地及主要半殖民地各国合计	37,795,809	1,127,684,800

上列各表指示：世界资本主义者以绝对少数者，统治多数者之绝对的数字；并且其绝对少数的数字还有被压迫的多数者的无产阶级的数目在内。资本

主义的威力，要算是到了登峰造极的地步。

三

资本主义者在近世纪来，统治这样广大的殖民地半殖民地和世界绝大多数的民众。资本主义便由于这些殖民地半殖民地之获得而发达起来，然而，无疑的，亦将由于殖民地半殖民地之脱离而没落下去。理由是由于资本主义和殖民地半殖民地所建立的经济的连锁关系上面所决定的。所以要判断资本主义的命运，便不可不把资本主义者和殖民地半殖民地之经济的连锁关系，稍加分析。

资本主义和殖民地半殖民地之经济的连锁关系，大抵是建筑在下面这四个基础之上的：

1. 市场的调剂（以殖民地半殖民地的市场，调剂本国市场的枯竭）；

2. 原料的出产；

3. 剥削殖民地半殖民地的劳动和缓本国的劳动问题；

4. 肥大资本的排泄。

但是我们一般通常都是这样说：资本主义对殖民地半殖民地的剥削，一方面是贱价劳力的掠夺，二方面是商品贸易的掠夺，三方面是贱价原料的掠夺，四方面是肥大资本的排泄，以及对于殖民地之土地的强占和赋税的苛索。也有是这样说的：

"这般在殖民地的饕餮贪婪的商人，在他们的殖民地上并未遇着任何的法律，任何的障碍和禁止，一切都是使他们满意的。每个商人都是殖民地土人的大王和上帝。殖民地剥削的方法和手段，是有各种形式的。并且有时因各当地条件不同，而使变更各种形式。不过我们还可以将他分为以下四种特点：

第一种，直接强劫，常常将当地的居民杀剥殆尽，特别是富有贵重的金属和宝石的国家。在这样的地方，只要有一次的胜利，就能使那些参加人都变为富者。

第二种，除强劫之外，还有强迫土人的交换。这种交换所具有的性质，很难与直接强劫区别。他们将自己完全不需要的货物去分配于土人，而借此去向他们取得非常多而珍奇的代价，金子和贵重物品。

第三种，要土人交纳租税，贡物，赔款等。

第四种，直接把他们推进田园，矿山，与奴隶经济事业内去作工。"（《西方革命史》66—67 页）

诚然，这是资本主义掠夺殖民地半殖民地之一般的形式。但是这些说法，并不能圆满。我们的意见是：资本主义发展到今日这个情势，离开对于殖民地半殖民地的剥削，资本主义的本身，是否还可以存在？要解答这个问题，便须从我们确定的那四个前提去考察。不过市场，原料，资本，劳力，本来是资本主义成立的四大干柱，事实上是不能分离的。为叙述的便利而避免问题的复杂起见，分别提出来研究。

1. 原料的出产：先就重工业的主要原料煤铁来说：

世界煤油储藏额　　　　　　　　（以百万吨为单位）

全世界	太平洋西岸各国
6,323	4,194

他种统计则为：（截至 1922 年止）

地　名	吨数（单位百万）	与世界总额百分比
苏　联	2,874	35.1
南　美	1,390	16.8
美　国	1,030	12.5
太平洋西岸亚洲诸国	1,617	19.8
日　本	181	2.2
西　欧	167	2.0
加拿大	146	1.8
非　洲	136	1.7
总　计	7541	91.9

又据美国狄比脱华脱测量表：

地　名	储蓄量	百分比
美　国	7,000,000	100
墨西哥	4,525,000	65
加拿大	955,000	14
北部南美	5,730,000	82
南部南美	3,550,000	51
亚尔宰利亚及埃及	925,000	13
俄　国	5,830,000	83
美索不丹米亚及波斯	5,820,000	83
罗马尼亚及希腊	1,135,000	16
俄属库页岛	925,000	13
日　本	1,235,000	18
中　国	1,357,000	20
印　度	995,000	14
东印度	3,015,000	43
总　计	42,997,000	615

再拿煤油生产额来看：

国　别	1922 年以千派来尔为单位	1927 年百万桶为单位	1928 年百万桶为单位
美　国	551,179	438.0	434.0
东印度	16,000	——	——
印　度	7,890	——	——
墨西哥	185,057	33.9	27.9
加拿大	179	——	——
俄　国	25,091	38.8	42.7
意大利	31	——	——
秘　鲁	5,312	——	——
罗马尼亚	9,817	13.2	15.5
日　本	2,004	——	——
委内瑞拉	——	27.8	46.6
哥伦比亚	——	3.2	5.0
其　他	38,870	——	——
总　计	851,430	555.0	571.7

照上列各表的数字来看：各主要资本帝国主义国家的本土，除美国外，煤油的产量和储蓄，都是比较的穷乏。除开依赖殖民地半殖民地外，便无法救济。再拿煤炭来看：据德国中央矿局所发表，世界煤炭的生产额和消费额如下表（单位百万米突吨）：

世界生产额

地 名	1913 年	1925 年	1926 年	1927 年
欧 洲	689.5	653.3	577.5	739.0
美 洲	532.0	540.4	612.2	560.7
亚 洲	54.7	71.7	74.9	74.4
非 洲	8.7	17.3	13.4	12.1
澳 洲	14.7	19.1	19.9	17.6
总 计	1299.6	1301.8	1297.9	1403.8

世界消费额

地 名	1913 年	1925 年	1926 年	1927 年
欧 洲	621.0	536.3	485.1	628.8
美 洲	523.6	543.2	598.9	565.5
亚 洲	62.6	76.4	78.3	78.6
非 洲	16.6	17.8	18.3	18.5
总 计	1223.8	1173.7	1180.6	1291.4

世界煤的储量　　　　　　（单位：百万吨）

地 名	白煤	石煤	褐煤	合计
北 美	31,842	2,239,683	2,811,406	5,082,931
亚 洲	407,637	760,098	111,851	1,279,586
欧 洲	54,346	693,162	36,682	784,190
海洋洲	659	133,481	36,270	170,410
非 洲	11,662	45,123	1,024	57,809
南 美	700	31,397	——	32,097
共 计	506,846	3,902,944	2,997,233	7,407,023

单从亚洲来说，有如下表（单位：十万万吨）：

中 国	印 度	西比（伯）利亚	安 南	日 本
995	79	67	20	8

照上列各表来看：欧洲煤的储量，不过占世界储量 1/9；消费量竟占世界 1/2，所以各主要资本主义国家的本土，除美国外，比较上，煤炭亦有穷乏的倾向，非依赖殖民地半殖民地之供给不可。再拿铁来看：

世界铁的储藏量　　　　　　（单位：百万吨）

全世界	太平洋各国
32,555.5	21,898

他种统计则为：

	北 美	南 美	欧 洲	亚 洲	非 洲	澳 洲
铁矿	15,000	8,000	12,000	260	136	125
纯铁	6,455	5,000	4,735	156	74	75

就世界各地说：各主要资本主义国家，美国现在的情形，可以支持 678 年，英国可以支持 81 年（刘穆编《世界经济地理概要》），其他各国，均不能依赖其本土的生产去供给需要。

次拿轻工业的主要原料棉，毛，生丝，橡胶来说：1924 年，世界各地棉毛生产情形，如下表：

	美国	印度	埃及	俄国	巴西	波斯	秘鲁	澳洲	阿根廷	南非	英国	新西兰
棉花	14,000 包	4,000 包	2,500 包	1,000 包	500 包	300 包	200 包	——				
绵羊	50,000 头	23,000 头	——	75,000 头				22,000 头	43,000 头	32,000 头	27,000 头	23,000 头

又据地（他）种统计，棉花生产则为（单位：一千坚他尔）

地　名	1919—1924	1924—1925
欧　洲	33.0	41.1
美　国	22,840.0	29,487.8
美洲别国	1,823.1	2,576.6
印　度	8,752.2	10,991.5
亚洲别国	408.2	1,777.4
埃　及	2,624.4	3,189.9
非洲别国	106.4	22.2
总　计	36,587.3	48,086.5

世界棉花消费额如下表（单位：千包）：

国　别	美　棉		印　棉		其他合计	
	1927年8月至1928年1月	1927年2月至7月	1927年8月至1928年1月	1927年2月至7月	1927年8月至1928年1月	1927年2月至7月
英　国	1,027	1,137	47	34	1,531	1,594
德　国	677	647	95	78	824	776
法　国	407	406	78	68	575	557
俄　国	376	123	——	——	897	916
意　国	342	338	81	78	455	448
捷　克	237	236	39	34	294	286
比　国	113	116	64	54	200	184
西班牙	151	151	34	26	205	200
波　兰	173	125	12	13	195	145
其　他	3,791.3	57	489	414	5,525	5,437
亚　洲						
印　度	117	290	1,000	1,018	1,148	1,123.9
中　国	151	161	108	201	769	920
日　本	572	619	678	716	1,322	1,408
美　洲						
合众国	3,456	3,597	15	15	3,590	4,028
其他共计	3,559	3,702	15	15	3,732	4,178
其他共计	8,220	8,357	3,303	2,378	12,978	13,412

从上列各表来看：各主要资本主义国家，棉花的消费，大宗仰给于美国和印度。羊毛产额，再看下表（单位：镑）：

国　别	1925 年	1926 年	1926 年百分比
世　界	2, 892, 416	3, 000, 050	10%
欧　洲	685, 369	722, 485	24%
英　国	96, 080	115, 000	3.8%
德　国	53, 000	41, 830	1.4%
法　国	44, 312	44, 970	1.5%
意　国	57, 000	55, 100	1.8%
欧　俄	150, 000	173, 100	5.8%
西班牙	81, 400	98, 730	3.3%
美　洲	776, 367	826, 180	27.9%
北　美	319, 834	338, 180	11.3%
阿根廷	275, 000	344, 000	11.5%
乌拉圭	110, 000	124, 000	4.1%
非　洲	257, 680	288, 820	9.6%
英属南洋	185, 000	248, 000	8.3%
亚　洲	268, 000	174, 565	5.8%
海洋洲	905, 000	978, 000	32.6%
澳　洲	735, 000	830, 460	27.7%
新西兰	270, 000	147, 540	4.9%

世界新丝供给百分比

国　别	1926 年	1927 年
中　国	27.7	21.0
日　本	51.9	66.0
西　欧	15.8	9.0
中亚及地中海	4.0	4.0

世界橡胶生产表

（单位：千吨）

地　名	1923 年	1925 年	1927 年	1927 年生产之地方之百分比
马来群岛	165	190	237	30%
锡　兰	34	44	57	$7\frac{2}{4}$
荷属东印度	131	193	227	$28\frac{3}{4}$
其他各国	46.5	56	76	$9\frac{3}{4}$

世界橡胶消费估计表

国　别	1927 年	1927 年消费之地方之百分比
美　国	561	$72\frac{1}{4}$
英　国	45	6
德　国	40	5
法　国	36	4
其他各国	96	13

　　照上列各表所指示：美国羊毛产额居世界第三位，英德法意产额甚微，日本没有数字列入。生丝日本产额最大，西欧各国合计，仅占世界产额9%。橡胶则英美德法日意各国本土，均无所产。

　　更次拿食物来说：英国每年输入额，有如下表（单位：千镑）：

1913 年	1922 年	1924 年	1926 年
295,149	472,000	571,128	260,841

　　日本每年产米，仅能供全国九个月粮食，而且近年生产又呈递减之势。法国每年食物的出口和入口如下表（单位：一百启罗格兰姆）：

	1913 年	1920 年	1922 年	1924 年
输入	550	616	509	476
输出	145	126	94	127

上表指示法国的食物，是入超最大的。再拿美国的主要农产物额量与世界总产额百分比来看，如下表：

玉蜀黍	75%	小麦	35%
谷类	30%	棉	55%
木材	53%	烟草	33%

上表指示：美国的米麦，也占了世界产额的 1/3。

上面各种统计，虽然未必完全正确，但是大体上我们也可以得出一个结论来，证明各主要资本主义国家——也就是最大的殖民地国家——本土的原料生产除美国外——自然美国也有不能生产的原料的缺乏，英日德意各国，无论重工业或轻工业的原料品和食物，都呈危急窘乏的现象，几乎完全要仰给殖民地和半殖民地。

2. 商品市场的调剂：先拿最近两年来，世界主要各国贸易总额来看，有如下表（单位千计）：

国别（单位）	输　出		输　入	
	1928 年	1927 年	1928 年	1927 年
美国（弗）	1,962,485	1,961,616	1,755,009	1,737,892
英国（镑）	295,759	286,359	449,940	462,518
德国（马克）	4,644,112	4,026,168	6,094,160	5,540,056
法国（法郎）	21,035,339	22,535,068	21,626,023	22,560,397
日本（元）	772,818	735,803	970,235	1,023,889
意国（里尼）	5,573,285	6,551,445	8,980,323	9,919,913
英领印度（卢比）	1,433,596	1,364,026	1,064,217	1,029,031
澳洲（镑）	59,168	62,651	54,974	66,682

现在再拿各国主要输出地来看：

（一）日本输出到各地的商品数量表（千日元为单位）

	1925 年	1926 年
亚洲	1, 000, 560	903, 416
欧洲	152, 602	129, 421
美国	1, 032, 693	890, 102
南美	17, 705	16, 831
非洲	42, 951	43, 155
总计	2, 246, 511	1, 982, 925

从上表可以看出：日本输出到各地的商品，在 1925、1926 两年，亚洲各地占有全数 1/2 弱；南美和非洲占全数 1/4；1926 年、1925 年，输出到美国和欧洲的，都有惊人的退缩。

（二）美国输出到各地商品数量表（单位：百万金元）

	1925 年	1924 年
英属各地	222. 5	186
	1927 年	1926 年
中国（单位千）	109, 069, 000	129, 488, 000

美国输出到拉丁美洲的数量，事实上也是非常之大的，可惜我这里没有相当的材料来证明。再拿 1924、1925 两年，美国对全世界总贸易输出额的百分比来看：

1924 年	1925 年
18. 3%	17. 4%

她独占世界比例 1/6。证明美国之需要商品市场是更迫切的。

（三）英国对外贸易输出百分数

地　域	1927 年	1928 年（第一季）
至属地	42.50	41.70
至欧洲	29.50	29.80
至他地	28.00	28.50

上表指示：英国输出到其所属殖民地的商品，占全输出额 2/5 强。其余 3/5 的输出额，1928 年输出到中国的为 61,458,109 海关两；输出到拉丁美洲的为 5,000 百万金镑。

（四）对于法意两国商品输出的分配情形，我这里没有可靠的统计材料来证明。但是基于上述英美日的一般的情形，大体上是可以推断的。

上表中的统计，替我们明白指出的：各资本主义国家的商品，到今日，几乎完全靠殖民地半殖民地承销的，各资本主义国内的几个大的商品市场，对内贸易，是无限地退缩下去了；商品的销路，已完全转移到殖民地半殖民地的场面上来了。如果没有殖民地半殖民地的市场替她们缓冲，她们国内的市场，便要呈现更不调和的状态。

3. 剥削殖民地半殖民地的劳动，缓和本国劳动问题：资本帝国主义者，对于殖民地半殖民地劳动的剥削，是有两个方式的：（一）夺取贱价原料，是间接剥削农业劳动的方式；（二）促成殖民地半殖民地农民的贫穷化，使他们一群群的离开农场，然后以最低工资把他们驱入矿山或工场，从事直接的剥削。第一个方式，是将殖民地半殖民地的贱价原料，运回本国，制成熟货商品，再输入殖民地半殖民地市场；第二个方式，是以殖民地半殖民地所生产之贱价原料，利用其地之贱价劳动，直接在其地制成熟货商品输入市场，这样一方面可多得剩余价值，一方面又可以减损往返的运费，较之第一方式，是比较有利的。

在第一个方式的场合里：基于殖民地半殖民地市场的广大，能够销售最大额量的商品；因此便为无限制的生产，容纳多量的劳动力，调剂本国劳动的失业。这正是资本主义者认为一举两得的勾当。又因在殖民地半殖民地获取利益甚多且最便宜，便常常呕出些少剩余，和缓劳动者的阶级斗争。然而理由断没有这样简单，资本主义本身带来的无规则的生产秩序，依旧免不了周期的经济恐慌。所以劳动者的失业问题，在资本主义有意缓冲的场合里面，反随着资本主义的发展而日形扩大。自然，这个问题的内幕，还是完全靠殖民地和半殖民地替她稳定着。不过破绽究竟是不能弥缝的。近年来，所谓资本主义合理化以后，益见其严重性了。拿各国失业的数目来看，有如下表：

国　别	1925 年	1926 年	1927 年
德　国	384,000	1,672,000	885,000
法　国	143,000	109,000	225,000

上表明显的指示：德意两国失业者逐年递增的情况。再拿英，比，荷，丹，瑞，美各国从 1927 年 4 月到 1928 年 12 月几个月内，有组织的工人失业人数百分比来看：

年　份	英国（有保险的）	比　国	荷　兰	丹　麦	瑞　典	美国（在职工人百分数）
1927 年 4 月	9.4	1.8	7.5	22.9	12.3	93.2
1928 年 1 月	10.7	2.2	16.1	29.6	14.5	87.9
1928 年 2 月	10.4	1.2	9.0	25.9	13.4	49.4
1928 年 3 月	9.6	0.8	5.4	22.5	13.1	89.9
1928 年 4 月	9.6	——	——	17.6	——	89.6
1928 年 5 月	9.9					
1928 年 6 月	10.8	0.6	4.7	13.7	7.7	89.6
1928 年 7 月	11.7	0.7	——	13.5	7.2	88.5
1928 年 8 月	11.7			13.1		90.0
1928 年 9 月	11.5					
1928 年 10 月	11.8	0.6	5.1	14.8	9.1	91.5
1928 年 11 月	12.2	——	6.2	17.6	10.8	91.7
1928 年 12 月	11.2					

日本的失业情况，就重要都市说，如下表（大正 14 年 10 月所统计）：

市　名	有劳动能力的人口总数	失业总数	失业率
东　京	403,360	18,017	4.47%
京　都	111,967	2,463	2.20%

市　名	有劳动能力的人口总数	失业总数	失业率
大　阪	501,270	18,194	3.63%
横　滨	76,206	17,814	10.25%
神　户	144,630	7,664	5.30%
长　崎	35,595	2,450	5.88%
名古屋	149,571	4,713	3.15%
仙　台	20,073	4,003	5.00%
冈　山	22,634	1,208	5.34%
门　司	21,156	1,379	6.52%
八　幡	31,782	1,631	5.13%

　　只有法国的失业情况，我这里不能找出一个可靠的数目来。但照上列各表的指示，各资本主义国家对于劳动问题之无力解决，则是一般的情况，然而现在还有殖民地半殖民地在这里替它们稳定着，减少了这个问题之不少的严重成分；假使它们丧失这个凭借，便立刻要感受原料缺乏和商品堆积之空前的恐慌状态。这个恐慌的结果，无疑的是失业群众的广大化和阶级斗争之普遍尖锐化，促成资本主义之自体的崩溃。

　　现在再回顾资本主义直接剥削殖民地半殖民的贱价劳动这个问题。资本主义对于殖民地半殖民地劳动之加倍剥削，是我们亲身所感受的事实。日本资本家对于在台湾的日本工人的工银，每二倍于同一类部门同一精炼程度之台湾工人，便是一个例子。这里不必详细的提述。我们在这里要研究的，资本家基于个人利益的意识上面，在农业国的殖民地半殖民地，组织各种部门的产业的结果，便孕育殖民地半殖民地民族资产阶级的颤动，构成殖民地半殖民地工业化的动机。本来在产业资本的立场上，是不许殖民地半殖民地发生新的工业的，对于殖民地半殖民地民族资本的抬头，尤其是他们所讳忌的。然而大战以后，殖民地半殖民地工业化，和民族资产阶级抬头的趋势，益为显明，与资本家利益相反的倾向，更露骨的呈献出来。

　　前次大战，所造于殖民地半殖民地民族资产阶级抬头的机会是这样的：各资本主义国家，在战时迫于一时利害的见地，迅速的扶助殖民地半殖民地工业的组织，作战时军用品的供给，并使殖民地半殖民地自能为军事防御上的需要品之供给；在战时，殖民地半殖民地都感受商品供给的缺乏和商品价格的昂贵，便促进本国直接生产的倾向。殖民地半殖民地的民族资产阶级，在这两个动因上面便抬起头来了；保护关税见地，也渐渐确立起来了。他们工业化的趋向，下列各表便可以替我们指示出来。先拿机器的使用来说：

国 别	以时价百万马克为单位		对世界使用表的百分率	
	1913 年（战前）	1925 年（战后）	1913 年	1925 年
拉丁美洲	358	505	2.6%	2.3%
中 国	20	54	0.2%	0.2%
英领印度	139	225	1.0%	1.0%
（日本除外）其他亚洲诸国	75	76	0.5%	0.4%
澳 洲	125	292	1.1%	1.3%
南美联邦	64	99	0.5%	0.4%
其他美洲诸国	34	68	0.3%	0.3%

据上表，战后比战前，机器的使用，比例上虽无大变动，数量上是有很大增加的。再看基础产业的铁，钢，石油，石炭的生产额，较之战前，均有显著的增加。

（一）石炭生产额（单位：千吨）

国 别	1913 年	1920 年	1925 年	1927 年
英领印度	16,468	18,250	21,240	21,320
中 国	13,376	20,669	20,500	——
南美联邦	7,984	10,409	11,793	
澳 洲	12,617	13,183	14,739	

（二）石油采掘额（单位：千吨）

国 别	1913 年	1920 年	1925 年	1927 年
罗马尼亚	1,848	1,109	2,317	3,976
凡纳爱纳	——	1,070	2,885	8,520

续表

国　别	1913 年	1920 年	1925 年	1927 年
巴　西	1,248	1,669	4,621	5,538
荷领印度	1,526	2,365	3,066	2,840

（三）铁的生产额（单位：千吨）

国　别	1913 年	1920 年	1924 年	1926 年
匈牙利	190	——	116	188
罗马尼亚	——	19	426	85
巨哥斯拉夫	——	6	15	——
加拿大	1,031	1,015	629	749
英领印度	207	316	891	927
澳　洲	48	350	423	457

（四）钢生产额（单位：千吨）

国　别	1913 年	1920 年	1924 年	1926 年
罗马尼亚	140	35	87	——
加拿大	1,059	1,128	670	789
英领印度	32	159	340	457
澳　洲	14	170	311	366

再拿纤维工业棉丝纺锤数来看，如下表（单位：千斤）：

国　别	1913 年	1921 年	1924 年	1926 年
中　国	——	1,800	3,300	12,426
印　度	6,084	6,763	7,928	8,510
巴　西	1,200	1,511	1,700	2,463
加拿大	855	1,100	1,167	1,167
墨西哥	700	720	802	830

续表

国　别	1913 年	1921 年	1924 年	1926 年
芬　兰	222	240	251	255
匈牙利	——	22	——	101

注：上表系根据巴克《战后世界资本主义研究》。

上列各表，明显的指示殖民地半殖民地工业化的倾向。资本主义者虽然还想把他们压退下去，不让他们抬头；然而殖民地半殖民地的革命所给予资本主义的恐骇，迫着资本主义者不得不对于殖民地半殖民地民族资产阶级之相当的让步。

4. 肥大资本的排泄：资本主义发展到金融资本主义这个阶段，其本国的资源，像欧洲各国已开发殆尽，就是资源最富的美国，也不能容纳本国如许肥大的资本。所以资本的输出，成了资本主义本身的一个难题，这个难题的来临，肥大的美国资本主义者，尤感受分外的迫切。战前，英国居世界资本输出国的第一位。战后，美国资本的输出，突增至惊人的数目——美国在战前 1914 年，输出为 50 万万弗，战后 1928 年突增至 148 亿；英国在战前 1913 年为 16,700 万镑，战后为 1482 百万镑（包含属地的输出在内）；法意在战后则输入反超过输出——但是世界的空闲地带，被各先进资本主义国家占据殆尽，因此美国资本家一面便急急的把拉丁美洲完全拿到自己的口袋里，一面又企图把世界殖民地半殖民地之重新分割。吹着国际的风云，一天一天的紧迫。这种风云前途的预断，我们留到别处去讨论。现在拿这个肥大的资本主义国对外投资的分配来把握一下：

美国战前对外投资分配表　　　　　　（单位：百万弗）

加拿大	墨西哥	南部中部美洲	中国	日本	古巴	欧洲
750	1000	180	100	100	100	350

美国战后对外投资分配表　　　　　　（单位：百万弗）

国　别	1913 年		1923 年		1924 年		1925 年	
加拿大及纽夫维也杜兰	750	29%	2450	30%	2460	27%	2825	27%
南中美	1330	51%	3760	45%	4040	44%	4410	61%
欧　洲	350	13%	1500	16%	1900	21%	2500	24%
亚细亚及澳洲	175	7%	595	8%	690	8%	570g	8%

注：g 表示"及其他领域"。

上表指示：美国对外投资的分配，以拉丁美洲为最大；对于资源最富的亚洲，其比例反见其小。近年来，急剧的向亚洲发展，所以构成太平洋上日美斗争的严重形势。

总结上述 1、2、3、4 各点：美国原料的生产，大体上可不必依赖殖民地半殖民地之供给，所以即使其遭受国外原料供给的断绝，美国的资本主义还可以存在；但是这并不能减少美国资本主义的危机——只就生产原料一点来说的话——实际美国资本主义之依赖殖民地半殖民地的程度和其他资本主义国家并没有两样。据上面那些统计所指示：美国资本主义之需要国外市场和投资地，其程度远在其他资本主义国家之上。因此我们可以确定：资本主义发展到今日这个段落，其存在的可能，是完全依随在世界殖民地半殖民地之存在上面的；只须殖民地半殖民地断绝资本主义者资本商品的输入和原料的供给，资本主义便丧失存在的依据；所以资本主义的没落，将为殖民地半殖民地民族解放所决定。因此资本主义和殖民地半殖民地之现存的经济连锁关系，便是资本主义的生命所依随的关系。换言之，资本主义经济成熟的程度，久已达到没落的交点，到现在还能勉强的支持延续，就是因为还有殖民地和半殖民地在那里浸润着。

四

根据上节的论断，殖民地半殖民地革命运动能够开展，资本主义国家劳动者的阶级斗争，就会随着剧烈，乃是必然的结果。殖民地半殖民地和资本主义经济纽带的破裂，随着便是商品无条件的堆积，恐慌无限制的延长，劳动者失业范围无限制的扩大，这是资本主义体系中的根本特质——所以殖民地半殖民地的革命，不是单纯的基于自身解放的意义，而是根本关连世界革命的命运。因此，殖民地半殖民地的革命之能否开展，便成了当前的惟一问题。不过我们要想握住这个问题的真际，认识殖民地半殖民地革命的前路，实为必要。换言之，便是殖民地半殖民地的革命，究竟适应何种样的革命？革命的主力，应该建筑在那一个基础上面，才有实际？全世界的殖民地半殖民地，究竟有没有建立一个共同的斗争营垒的客观的可能？在最近的已往，许许多多继续不断的民族革命，在无数的重大牺牲之下还不能具体开展的原故，其错误，完全在对于这些问题之具体的忽略——忽略的事实，在殖民地半殖民地的过去和现在民族运动的内容里面，可以证明出来的。关于这些事实的探讨，本刊的朋友们，有许多专作发表过，我这里暂把它割弃——但是要对于这些问题之真实的了解，殖民地半殖民地的社会内部的构造，便有考察的必要。不过殖民地半殖民地社会的研究，这个问题的范围非常广泛。为珍重篇幅起见，只从一般的情况来简单概括一下。其次移入白人化了的殖民地和还在最低状态的土人社会，是被置在考察范围以外的。

殖民地半殖民地社会，在没有和资本主义接触以前，都是一种封建式的农业社会；自欧洲资本主义势力的侵入以后，又污上一点资本社会的色彩。这个色彩，到今日更为显明，不过一部分虽然表现资本社会的色彩，农业经济便迅速的崩溃着；但是这些国家之经济的本位，依然是建筑在农业经济的残基上面，社会的本质上也并没有脱离农业社会的原形。像这种样的社会，倘若我们拿欧洲社会所演过的各种典型去体系：说它是封建社会，又杂有一部分很浓厚的资本社会的色彩；说它是资本主义社会，本体上又完全没有改变封建式的农业社会的面目；说它是半封建社会，又未免过于抽象。但是欧洲由封建社会演进到资本社会，是由其社会内部的发展所演出的典型；殖民地半殖民地社会之一点资本社会的色彩，不是由于其社会自体的发展所演进的，而是他动的污上的一点颜色。因此，殖民地半殖民地的社会，它确是封建社会的一种变态，所以我常说它是一种变态的封建社会。

在这种样的社会自身的内部，我们从一方面去看：在农村社会里，是代表封建势力的大小地主支配着，上层的统治阶级——在殖民地，也有寄生于外国统治权下面的这种阶级之存在——是建筑在这个封建势力上面的；在通商城市里，是依附于外国资本主义的洋货贩卖资本家和寄生的买办阶级的势力支配着。这种洋货贩卖商人和买办阶级，自欧洲大战以后，在中国，在印度，又有形成为民族资产阶级的倾向——这是从印度、中国近年产业资本的抬头可以证明的。但是有些主观的唯心论者还在那里否认，我当另用专篇替他们解释——不过现在还没离开商业资本的场合，这两种殖民地半殖民地社会内部之自在的支配势力，在相互矛盾的场合里，反互相结合而构成一个连锁的依附于国际帝国主义势力之下的一层剥削阶级。这两者在绝对冲突的性质上面，为什么能够连结起来？这个有趣的问题，并不是唯心论者之所谓有意无意的结合，而是基于一个经济的共同利害上面的。理由是这样：在殖民地半殖民地的微弱的资本者，大半部兼是土地所有者，所以他们对于土地，是主张保持原来状态的。同时，因为他们力量的微弱，还不够建立其自己阶级统治的壁垒——在帝国主义统治下的统治阶级的壁垒——因此还不能不依附于封建势力之下。

我们再从另一方面去看：被剥削的是一种什么阶级？又是那种样的剥削形式？殖民地半殖民［地］人口的数量，都是农民占绝对的多数，例如中国农民占人口全数71%至80%，印度农民占人口数73%，朝鲜农民占人口数80%。其次拿工人来说，据一般的统计，产业工人在中国不过200万左右，印度为250万左右，朝鲜为8万左右，菲岛为20万左右。拿去和人口全数比较，是占绝对的少数。因此在殖民地半殖民地的社会里面，农民是被剥削的绝大的对象，也就是构成被压迫阶级的主干；工人当然也是外国资本家或本国资本家和统治阶级剥削的主要对象，但是因为数量的微小，便只能说是从属的被剥削阶级。剥削农民的形式是这样的：统治阶级榨取农民，在半殖民地是以赋税兵役苛捐和担税的形式表现出来；在殖民地，是从外国统治阶级的残涎里面，去享此润余；地主榨取农民，是从地租和劳力的形式表现出来。这种种形式的内幕，与封建时代农奴所担任的赋税劳役，完全没有分别，不过比较的繁重些吧。商业资本阶级，充当外国资本阶级的前阵，也自然以农民为惟一剥削的对象，剥削的手段，是以商品贸易的形式去表现出来的。

但是封建势力虽然没有被本国的商业资本所捣毁，却是没有逃脱外国资本主义的摧残。商业资本阶级在企图转化为民族资本主义而不能出世的场合里，便感受帝国主义的束缚。

在这种样的畸形而复杂的社会里面便形成很复杂的阶级意识的倾向，若是我们去把它详详细细的分析起来，实在是不胜其烦。不过归纳起来，大体上是可以分为下面这三种形态：（一）这种社会的本体，因为还是一种封建式的农业社会；所以大部分是基于农业社会的经济结构的反映和典型封建社会思想的遗袭，便形成一种保守的思想或反科学的倾向。代表这种思想的，便是挣扎在封建残基上面的统治阶级——殖民地也有这种阶级的存在不过是依附在帝国主义统治的下面——和统治阶级所豢养的知识阶级——在印度为僧侣阶级，在中国是历史上留遗下来的士大夫本色的知识阶级。（二）基于社会的一部分污有一点资本主义的色彩和各国资本社会的反映，为其客观为条件，因此一部分便形成一种资本主义思想的体系。代表这种思想的，是商业资本阶级和资本主义所抚育的知识阶级。（三）基于农民和工人之反抗压迫的要求和资本主义罪恶的反响上面，便形成一种科学的思想的体系。代表这种思想的，是具备科学的理解力的社会觉悟分子和他们所领导的农民和工人全体。这三种样的思想倾向，本质上是互相冲突的；不过反科学的保守的思想和资本主义那个思想的体系，在同一反科学的立场上便同时和科学思想体系，成立相对的形势。

现在对于殖民地半殖民地社会内部的结构，便可以得着一个相当的概念了。但是这样一个繁复的问题，像我这样简单的叙述，自己就承认有两点有意的忽略：第一没有从历史上去分析，第二没有拿材料来证明现状。

五

了解这种样的社会的内容，殖民地半殖民地革命的前路便可以决定。殖民地半殖民地革命的真际意义，便不致落空。因此我们的结语是：殖民地半殖民地的革命，不仅是一个共同的利害，而且有一个相同的社会的背景；革命的主力是农民阶级——自然，农民阶级的本身，便有复杂的阶级性之存在——工人数量是处于附从的地位；革命的主要对象，是国际资本帝国主义和依附于外国统治之下的本国统治阶级。

〔民国〕19.6.6

（原载《新东方》第 1 卷第 5、6、7 期合刊《殖民问题专号》，署名：晨光，1930 年 7 月 1 日发表）

东方社会与东方革命

一、我发表这篇论文的动机

我从来就是要作一个革命的实践者，自始便打算对革命理论要作一个系统的贡献——自然，正确的理论，都要从实践行动上发生出来，才合于客观事实的真际——然而由于实践行动上所得到的暗示，使我不能不回头将社会的实体来重新把握一下，把我们所奉行的革命的实践的理论，拿来和社会的事实对证一下，求得到理论上的一个真际的体系。

而且，当我们正在从事中国国民革命的实践的程途上——在民族革命的程途上——在西方便揭开了世界革命的帷幕。在这里，一方面，我们国民革命的性质，不得不一变从来的态度和面目，由单纯的民族革命的意义，而并冶政治革命、经济革命于一炉——实际上，原是一体的三面——他方面，世界革命的潮流之普遍的兴起，发动了东方社会和西方社会的社会自体之检讨的问题。这个问题所指示的焦点是东方社会和西方社会内部的构造，在横的观点上，是否有同样的经济的组织？在纵的观点上，是否在进化行程上的同一阶段当中？东方革命和西方革命是否可以为同一的原则和性质？都要在这个问题的客观事实上才能决定的。我们自然不能和皮相论者一样，把"资本社会"和"产业落后"那八个大字来当作圆满的答案；但在现阶段当中，东方社会和西方社会——殖民地半殖民地社会和资本主义社会——内部构造的不同，便是一个事实。

但是，无论是东方的革命或西方的革命，终究都不是可能保持其部分的孤立的运动。国际资本帝国主义之反革命的联合战线，虽然在相互冲突的矛盾的场合里，都有一种利害共同的行动，这是我们明明白白看见的事实。在这个观点上，也不得不使我们严重考虑的。因此，中国的国民革命或东方的民族革命，客观上的确充满了严重的性质：一方面，不能关起门来作孤立的革命运动；二方面，东方的民族革命不仅比西方的阶级革命复杂得多，而且也不是全同的性质。这个问题的严重性，经过在中国印度朝鲜……继续不断的革命流产的教训，到现在，形势的恶化，乃益益深刻，益益尖锐。

因此，摆在我们面前的一个急剧的问题是：中国的革命应该是一种怎样性质的革命？中国革命和世界革命应该有一种怎样的相互的关连？当——［民国］16 年我在南京——我正在这个问题的追求的当中，我的朋友吕振羽同志，他不约而同的和我发生以下这个同样的主张：中国的革命，应该要——而且是可能——在一个东方革命的联合战线里面行动起来，同时东方革命，它应该要充分的包含着世界革命之真际的意义，不能离开世界革命的场合都是无可否认的客观事实；所以，无论在中国革命或世界革命的观点上都不能不需要建立一个东方革命的共同斗争的营垒——东方社会有相同的经济的背景有建立共同斗争的营垒之可能——东方革命和西方革命，虽然不是一种全同的性质，然而也自有其同一的对象和目的。

自从蒋中正破坏了中国革命，两年来，我即专力于实践的反蒋行动，因此我个人把整个东方革命的问题，无形中又搁浅起来。现在讨蒋运动已到了相当的阶段，而成功了一种特殊的局势；环境的驱使和客观事实的要求，我不能不迅速的回到东方问题之研究的范围里去；而且中国革命之今后的趋势，也不能不迅速的跑入东方革命之理论的实践途上。到目前，东方革命的内容，已经由酝酿而炎酵起来了。这个簇新的潮流，正在汹涌澎湃的急涨着：热情的东方的青年战士，一群群的都向着这个潮流奔腾着。自然，这都是客观成熟的指证。现这个热情沸腾的当中，我对于东方革命之从来的怀抱，便有发表的必要。

中国的问题，是要在整个东方问题的范围内去解决，所以本文不特别提出中国，并不是抛弃中国而谈东方。这是应当请读者注意的。

本文的目的，是在从东方革命之历史的研究去检查已往的错误，从东方社会之内部的分析，去探求问题的真际未（来）确定今后东方革命的前路。所以我的本意，是要写一部较有系统的文字。现在第一因时间不许可，同志们又催我赶速发表；第二又因目前所有材料的穷乏，因此，本文便只能算是一篇大纲的说明，容当再为充实。

二、东方民族革命之史的回顾及其现势

（一）① 当作历史材料看的东方民族革命之回顾

在新兴的东方革命潮流的当中，首先便有两个应该抓住的前提：

1. 在已往东方各国所爆发的继续不断的民族革命，为什么都是前后相望的流产没落？这不仅在我们，而且是一般所应该考虑和反省的问题。

2. 诚然，东方是一个共同利害的营垒，但是东方社会内部的结构，至今还欠缺一个具象的把握。这个共同的营垒应该在何种样的基础上面建筑起来，才不致落空？怎样才能建立一个共同的革命的实践的理论？所以东方社会内部的分析，实为必要。

关于第二个问题，留待下节讨论。

我们要想把东方各民族过去的民族革命运动，能够具象的把握着，便应该把东方各国历史的背景或其社会的发展程序，加以追述。但是本节的目的，是限于东方民族革命之史的一般的探讨，所以对于东方各国社会历史发展的事实，在这里，是暂被割弃的。复次，民族运动的事实不是显明的含有反帝国主义运动性质的，也被置于讨论范围以外。

我们所指的现代的东方民族革命，自西方资本帝国主义的侵入，把东方的国家和民族都夷为殖民地半殖民地以后才发生的问题。国际资本帝国主义推着东方各国农业经济之迅速的崩溃，商业经济之不断的破产和附庸化；成功了东方各国之整个国民的经济都变了国际资本主义的附庸。因此，东方各国所感受的：一方面，农村和城市的分离，农村人民在封建的残基上面，任其自生自灭的没落；所以农业经济虽然在不断的崩溃着，仍不能进入一个新的经济的阶

---

① 编者注：以下此类标题层级顺序号为编者所编排和统一。

段，仍挣扎在一个黑暗的状态下面。他方面，城市社会由农村社会分离出来，被动的染上一点资本社会的色彩；城市的人民便被置在一种附庸经济的商业资本的场合里活着，而形成一种国际资本主义下面的一层寄生阶级。基于这个变局上面，建筑在上层的意识形态文化制度都起了根本的动摇而形成一种混乱的状态。因为农业经济的基础虽然崩溃了，民族的工商业经济仍不能建设起来，所以旧文化虽然起了一种根本的摇动，新文化也无所适应的而不能建设起来。这都是国际资本帝国主义的成就。因此，国际资本帝国主义便成了殖民地半殖民地民族革命之一致的固定的对象。而且，反对资本帝国主义也成了殖民地半殖民地民众之一致的要求——纵然有程度上的分别，然而殖民地半殖民地在已往的民族革命运动中，也都是以国际资本帝国主义为固定的对象，总算是问题的相当的认识了，为什么竟至于不断的流产呢？

但是理由并不是这样的简单！我们从国际的政治上去观察：国际资本帝国主义之对待弱小民族和无产阶级的革命运动，便是一个连环的战线——是一种共同利害的结合，自然，这是一种矛盾，但是资本主义的本体，原始就充满了矛盾性的——他方面，殖民地半殖民地的民族革命，反都是一种各个的孤立的运动，所以，无论在物质上精神上都没有充分具备对抗国际资本帝国主义的力量。换言之，在国际资本帝国主义者联立统治的世界里面，殖民地半殖民地的民族革命，都不是单独可以得到成功的。土尔其能够得到相当的结果，也并不是一个例外——一方面得力于苏俄的援助，二方面正值大战后的这个机会。其次再从民族革命之经济的意义上去观察：在这种革命的范围里面，反帝自然是民众一致的要求——当然还不免有些例外——但是民众们基于各个经济的利益上面，便有各种不同的反帝的心理和职分，商业资本者为欲建立其民族的资本主义，农民和工人则要求物质生活的改善——这是最低的要求。

再进一层，从殖民地半殖民地社会自体方面去观察，什么是横在其社会内部的革命的最大障碍呢？这当然没有比封建势力要严重的。所以现代东方民族革命的职分，除开对外的国际资本帝国主义，也还有对内的封建势力之存在。在历史上，铲除封建势力，原是民族资产阶级革命的唯一职分。不过在东方民族革命的场合里面，商业资本阶级——还没有成熟的民族资产阶级——在客观的支配之下不能抬头，没有养成其能够负荷这个历史的使命的力量；在他方面，社会民主革命的客观条件倒是被国际资本帝国主义的培植而相当的成熟了——农民的贫穷化和产业工人的集团化……是这些条件的根本部分。在这个情形下面，便包含一种显然的矛盾性之存在。其次，商业资本阶级限于其本身力量的微小和他们的意识的脆弱，反托附封建势力下面去高呼他们民族革命的口号（代表封建势力的特殊阶级——在中国为军阀及其豢养的士大夫本色的知识阶级，在印度为贵族僧侣阶级——他们为挣持其封建的残基，也自然有一种扑朔迷离的反帝国主义的意识）。这不是也包含一种显明的矛盾性之存在吗？

因此，在过去东方民族革命之各个的场合里，一方面自然在表演着民族的热潮，各自的和国际资本帝国主义的势力激荡着；他方面便又陷于自在的矛盾的局势中开展着摩擦着。打开过去的历史来看，从没有这个事实的例外，举几点事实来说吧！在中国，辛亥革命的结束，专制的政府虽然被革命势力所推翻了，所谓革命的武人，各省的都督镇守使随着都成功了一种变态的封建的侯伯，所谓革命的文人，各省的省长道尹和各级议员，随着便成了一种十足的士大夫阶级的色相，照样继承满清政府的遗志，甘愿作国际资本帝国主义的附庸的统治阶级，岂但如总理所谓"党人之朝气渐馁……又多喜官僚之逢迎将顺，而渐被同化矣。"他们和官僚在本质上，原是狐貉一丘的，更何所用其同化呢？这都是自在矛盾开展的结果，然而有些皮相论者，他们不知从这个根本的矛盾点上去观察，都是很皮毛的归咎于：什么没有人民的势力维护革命的政权哪，忽视反帝国主义的运动哪，党人的腐化哪……但是要怎样一种体质的革命的政权才能得到人民的拥护？人民的劳力要在怎样一个革命的运行上，才能够抬起头来？党人为什么腐化？反帝国主义的主力要建筑在怎样一个基础上面才能够集体化具体化？他们对于这些问题，便没有较深刻的考察了，在印度，当1922年运动高潮澎湃的当中，中途便发生了温和的不合作派的内部有自治派的分化；随着又有自治党独立党……等的分化——自然，这都是革命运动进程中必然的结果——我们一考察其内容和背景，也都是由于自在的矛盾之存在而开展出来的结果。然而这不过是几个例子，其他在朝鲜在安南在埃及……无不是同样的内容和结局。这都是明明白白看得的事实。

（二）当作社会革命看的东方民族革命的现势

诚然，当资本主义发达到今日这个段落，其没落的客观条件，已经十分成熟。由前次资本主义者相互间哪个大破绽——欧洲大战——的结果，益促速资本主义的命运。他们虽然还想由于所谓合理化运动，希求资本主义的本身得到暂时的稳定；拿出和平的面具去和缓国际的冲突。然而事实恰恰和这个理想相反。合理化运动的结果，徒然扩大失业群众的范围，促成资本主义国内的阶级矛盾的冲突，日益严重，日益深刻，表演资本主义临灭的第一个矛盾象征，和平稳定的结果：一方面，在所谓军缩的原则之下，适促成各个竞相扩充的结果，深刻了相互间的疑虑和冲突，构成一种飘零动摇的世界局面，大家都是带着一种战栗和恐慌的心理，眼睁睁的望着第二次大战之来临，表演资本主义临灭的第二个矛盾象征。资本主义临灭的第三个矛盾象征：是殖民地半殖民地弱小民族革命之普遍兴起，展开资本帝国主义与弱小民族间的对立的严重的形势，这个矛盾之重复的演化已经构成了一个鲜明的分野——构成资本帝国主义与弱小民族对立的国际局势。资本主义临灭的第四个矛盾的象征：是苏俄十月革命的结果。葬送了世界资本帝国主义之一员的俄罗斯帝国，从他们的队伍中逃出，而成功一个与资本帝国主义相对立的苏维埃俄罗斯，构成资本主义国家与非资本主义国家对立的局势……这都是资本帝国主义临灭的矛盾象征。因此，在现在所表演的各种革命运动，无论所表现的为何种何样的形式，何种何样的性质——民族革命哪，政治革命哪，经济革命哪……——都不能离开社会革命的范畴，都不能忽略了反资本主义的立场——只要能当作革命看的话，纵然有些没有真确的捉住这个革命对象的主体，也不过是认识的不清，实际是并没有离开这个范畴的——东方现在所表演的民族革命，当然不能例外，所以一体把它当作社会革命看，乃是一种正确的意义。

我们试从东方各民族所表演的革命的现势里面，略略的检查一下，它究竟能否切合于社会革命的范畴？或者在这个范畴以外，还能否完成它——所谓某种性质的革命——的使命？关于后者留待第四节讨论。

我首先肯定的说，在东方，革命的潮流涌出了反资本帝国主义的实践的口号，汹涌澎湃的到了最高的沸点，则是一个普遍的事实。这便足证明东方革命的潜在力之雄厚。现在抛开这潜在的方面不说，单拿现势所表现的来指摘一下。

在中国，自称继承中国国民党的南京政府和南京中央党部，从他们对外的事实去看，打倒帝国主义的实践的口号，已经变成了空头的纸券。对德提携哪，对美亲善哪，对日妥协哪……——济南惨案，西原借款……种种不公开的外交——这一切的一切，不仅充分的证明他们十足的卖国的能手，而且便证明他们已跑到资本帝国主义的怀抱里去了。从对内的事实去看，停止民众运动哪，禁止集会结社言论出版的自由哪，造成特殊化的党政人员和民众间的对立的形势，充分的封建的色彩，完完全全的都暴露出来；他方面，政治的商业化和商人阶级的嚣张——南京的政治，都是间接直接受上海商人阶级的支配。然而这不过是一些表面的现象。从南京政府的元质去分析，才是问题的真际所在。构成南京的所谓中央的干部，一部分是浙粤商业资本阶级的子弟，一部分是湘鄂浙粤的士大夫阶级的继承者，这两种根本不同的原素的混合体，逼着蒋介石去学法日本维新的把戏，想以其自身所代表的封建的集团领导商人阶级去表演其民族资本主义的迷梦，这是蒋介石去年召集编遣会议时，自己招认过的（然而中国民族资本主义前途的无望，是被客观所规定的，我们在后面还要讨论），因此蒋介石之离开民众，离开革命，乃是必然的结果（此处省去一段）。即此，我们可以明白在中国革命的现势中所表现出来的乃是资产阶级和士大夫本色的知识阶级所混合的摇旗呐喊的集团。所以归结起来，不仅没有消灭在民族革命历史上所发现过的自在的矛盾而且深刻化了。

在印度，单独由知识阶级所标出的印度自治的要求，想在这"自治之获得"的原则之下，渐次完成其民族独立的任务。现在由于这种温和政策之屡次失败，便开始了广大的实践的斗争的时期了。今昨两年连续发生的普遍的独立运动，客观上能够证明是印度革命前途的一线光明，但是从他们的内容去考究，所谓国民会议，仍是在所谓"文明之反抗"的原则之下，而反对所谓"急烈的行动"，对于英帝国主义者的代表印度总督，仍保持一种恭顺的态度。这都是由于具体的欠缺反帝国主义的积极精神，由于革命构成体之自身的脆弱，根本上乃是因为只有革命民众之参加运动，而不是由革命民众自己去运动。这是印度同志应该严重注意的一个问题。

在朝鲜，最近由于光明（州）事件而发生之全国的剧烈的运动，虽然由于孤立运动而陷于惨酷的失败了，然而便可以证明朝鲜革命的酝酿已经到了具体的普遍化的程度——最近联合全国革命党进行大独立党的组织——这是一种可庆的事实。但是他们对于现代革命的意义和革命的势力的基础，始终还在一个飘摇无定的模糊的当中。这是朝鲜同志应该严重注意的一个问题。

在其他东方各国，大抵都还在这个幼稚的转化期中。

这些现象，一方面自然是革命进行上一种必然的过程；他方面实又暗示吾人时机的迫切。

（三）结语

东方民族过去革命的失败，第一由于没有国际的联络，第二由于革命集体之自体的矛盾之包容。东方民族革命的现势，仍在这个矛盾的转化的过渡时期，东方革命之真际的性质，正在这个转化的时期中，已经包含了一个良好的生机。必待这个生机的发作，那些自在的矛盾才能消灭，孤立的错误，才能补救，东方革命之正确的理论也将在这个转化期中树立起来；东方革命的旗帜，在正确的理论的实践上，才能显明。然而理论是社会事实的结果，因此，东方社会之整个的分析尤为必要。

三、东方社会的总检讨

（一）东方社会之历史的背景

要确定东方今后革命的途径，东方社会的内部的检讨，实为惟一的必要。

东方社会比西方社会是有一段较长的文化历史，从一般的而非个别的说来是这样的——但是东方社会，在进化的过程上，一方面虽然经过了一个长期的时间；他方面到现在还停滞在农业社会的基址上面，还没有完全从封建社会里面蜕化出来，较之西方社会在较短的时期内，就完成了历史的几个最大阶段的使命——原始共产社会内部崩溃，便完成奴隶制度的社会，奴隶制度社会内部的崩溃，便完成封建制度的社会，封建制度社会内部的崩溃，便完成资本主义的现代社会——因此有些皮相论者，便归咎到所谓东方文化和西方文化之本体的不同的问题上面，说什么西方文化的结晶，便产生"科学"和"德谟克那西"，东方文化，始终也不会有这两件东西之产生的可能。这岂但是倒果为因，而且根本就没有拿到问题的边际，就没有懂得"文化"是怎样一回事。人类社会在进化的纵的途径上，无论何种何样的社会，都是随着一定的阶段而演进的。因此，便自然要表现一些共同的象征。然而，各社会的内部，又自有其不同的客观的特性之存在，而发生各样不同的结果。所以，西方社会之急速的发展，是缘于西方社会的客观环境为其条件。东方社会之显出停滞的态度，是东方社会的客观环境为其条件；并且表面上虽然停滞着，实际的潜在，仍在迟缓的开展着。

但是所谓物质环境，究竟是怎样的不同呢？

要想握住这个问题的真际，我们至少也应该把东西社会之发展的过程来作个比较的研究。但是在这里，我们所无暇及此，我们所指摘的，只是一个概念的提示。

从经济的自然环境来说，在中国在印度在东方其他国家，当资本主义没有侵入东方以先，人民对于物质生活的寻求，自始便不如西方那样成为问题。因此，直接上便偏于精神生活的畸形发展，间接影响劳动技术之进步的迟缓，而障碍科学的发达——东方并不是没有自然科学技术的发明，不过没有成为一种科学的理论的体系——其次东方是连成一个广漠无际的大陆，海岸线并不像西方那样的迂回曲绕。交通的扦塞，直接成了农业社会之维系的主要条件，间接成了工商业发达的天然障碍。日本虽然像是一个例外，但是日本随着西方资本主义的侵入，便急速的踏上资本主义的道路，反成了一种事实的例证。这就是东方社会所以长期停滞在农业社会这个阶段里面的主要原因——牵住东方社会到现在还不能完成产业革命的任务。

然而在这里还要看作问题的，在东方，也很早就有商业资本的发生和外海的交易，为什么不能同西方一样的进展呢？这也并不能算作问题的矛盾。实际上，也是由于上面所指摘的那个关系——食品的寻求的容易，劳动力价格的低廉，阻止劳动技术的发达；对于国外市场的要求，并不像西方那样迫切。因此，便妨止了国外市场的开辟与发现。所以一直到西方资本主义的侵入以后，才感觉原有的生产关系和生产技术成了自身的一种羁绊。

（二）当作封建社会看的东方社会

东方社会，从其社会内之农业的职份上去观察，的确还没有离开封建社会的本质，因此，便有些人说东方社会，本质上还是原封原样的封建社会——不同的，不过制度上已经不是向来的那一个典型——从城市所表现的工商业部分去观察，的确已经染上了一些资本社会的色彩，因此，就有些人说，东方社会已经踏上了资本社会的道路，便把它当作一种初期的资本社会看。又有些人看见这两方面的事实，他都不敢否认便把它当作一种所谓半封建社会看。但是东方社会是否已经踏入了所谓初期资本主义的社会，自有它自体的事实去指示，暂留到下节去讨论；它是否还是一种封建社会，封建的程度是怎样，这是本节所当指摘的。

要抓住这个问题，便先把封建社会典型内的几个根本特征指示出来，才能确定一个批判的标准。有些人把"农业社会"的抽象的观念，当作封建社会的生产关系看。这不仅很容易使它和农业作业淆混不清；而且资本主义的国家，像美国，像法国，农业的资本主义，依样作了其资本主义经济的一个主要成分。所以封建社会，一方面自然是以农业的生产关系为其成立的条件，他方面，还有其内部的特质的存在。

这个，我们顶好从政治经济和社会意识三方面的特征去考察，在封建社会的典型里，究竟是一种怎样的形态？先就政治来说：在典型封建社会里面，政治的力量是寄生在军事的力量的内部，政治的系统，也是包含在军事系统里面的。所以制度上，是承袭的一级一级的阶级的从属——譬如在中国，是公侯伯子男士大夫庶民等等承袭阶级的从属——统治上，是领主们的地域的疆土的划封；统治权的基础，是单纯的建筑在军事的维系上面的。拿经济的生产关系来说：农民在表面上为自由民，实质的生活上，并没有完全脱离奴隶的状态（领主为土地的最高所有者，农民在实质上，不过是领主们领域内的工作的农奴）；领主对于农民的剥削，是以赋税和劳役的形式表现出来；领主对于农民负一种军事的防御责任，农民则托庇于领主的军事防御之下，而自为从属。生产的结构上，以农业为主要的作业，畜牧则退居从属的地位，手工业在家庭自给的场合里发生出来，而形成了一种家庭的副业——自然在奴隶社会的庄园制度里面，就有手工业的组织——在这个社会里面的社会意识形态，基于社会的物质的关系上面；神的支配的力量，乃蜕化而为人的威权的力量；对于物神的崇拜，乃演为对于同类的领主的威权崇拜，代表神的威权的人是一级一级的从属，便以为神也是一级一级从属的——以为领主是代表神的神秘的万能的，阶级从属的领主是代表阶级从属的神来行使威权的——因此，对于无生的物的威权崇拜而转向对于有生的人的威权崇拜，便渐渐能够区别"有精神的对象"

和"无精神的对象"。这种朴素之思维之发展，对于在当时一切不能理解的事物，便都认作奇迹和怪异。所以就形成一种固执的保守的不肯侵犯的意识形态，无论对于有形或无形的一切，都由其主观的承认而保守着，绝对不容有理智的解剖和反省。其次，在这个时候的道德观念和法律标准——一种朴素的法律的形态——也是以阶级为主观的不同——权利，美德，名誉，礼节……都有阶级的标准——在这一阶级认为可怕的犯罪的，别阶级不过视为微小的过失；别阶级视为夸耀的，这一阶级则奉为禁令。但是这些阶级的身份，是各阶级间互相承认的。

拿东方社会的现状来对证一下，首先便能决定的前提，东方还都是农业本位的国家，大部分的生产群众，都是从事农业的生产——在中国为71%至80%，印度为73%，朝鲜为80%——这已经算是封建社会的基本条件了，然而它已经不是原始的封建制度那一个模型——譬如在印度，到现在虽然还有部落的领主酋长的存在，然而也不是原始的那个模型了——但是并不能因为不能和典型封建社会一样，就认为封建社会已经灭亡。

在半殖民地，无论在中国，在埃及，在波斯……构成国家的统治阶级，都是以军事为其背景，用以代表统治权的便是军事威权的表现，换句话说，政治还是从军事的内部去表现的。军事系统上的从属的关系，和原始那样大小领主间的从属的关系，并没有两样。各级的军事领袖，在其领辖的区域内的军事政治……又都是相对的各自独立的。他们相互的关系，也仅是一种军事的共同防御上的拥戴相从属；并且这种从属关系，也是一种相互的承认。军事统治阶级所凭依的财政的来源，也是任意向其领域的人民行使赋税和捐款的剥削。他们在实质上，也便已成了其领域内的土地的最高所有者，农民对于他们的种种例外的剥削，都几乎看作一种当然的义务。服役劳动在表面上像是没有，但是所谓丁口税的事实，无论在间接上或直接上都还是存在着的。从整个国民的经济去看，自然都还是一种保守的自足的农业经济为其本位。法律和道德，也还是有阶级的身份的分别的，譬如人民犯了国家的禁令，自然要受法律的制裁，政府枉杀了人民，便没有什么法律上的责任的约束。这些和原始的封建社会，实质上并没有分别。所分别的，不过原始那一种封建的领主，是有一种固定的传袭的制度，现在军阀的地盘和权位是一种无秩序的攘夺；原始的贵族变成了现在的官僚，原始的胥隶，变成了现在的豪劣。

在殖民地，无论在印度，在朝鲜，在安南……构成原始那样统治阶级的封建势力，虽然失去了军事的凭借，在帝国主义的御用之下，依旧在其内部存在着。帝国主义者在殖民地所行使的统治，完全应用原始封建时代那个老套。财政的剥削除开赋税和苛榨以外，还直接征发原始那一种劳动服役的义务——如法之于安南，荷之于南洋……——社会状况和生产关系，除开农民能够由强迫和穷乏更容易失去其土地外，和半殖民地社会并没有两样。

在这种社会内部的意识形态，一方面明显的成就一种保守的反科学的意识形态。这种意识，依旧是有力的在那里支配着东方的农村社会。

所以今日的东方社会和原始封建社会的不同，乃在于其所表现的制度上面，实质上，实无所择别；其次不过今日的东方的社会，在一种变态的封建统治阶级上面，还有一层间接或直接的太上统治阶级的国际资本帝国主义者之存在；再次今日东方的社会，从农村分离出来的大城市，又他动的污上了一些资本主义的色彩，迅速形成资本社会的体质的雏形，开始和农村对立。

（三）当作资本主义社会看的东方社会

在东方殖民地半殖民地几个重要的城市的部分，表现资本主义社会的色彩，乃是一种显明的事实。然而也不过是仅仅限于几个重要的城市部分；农村则仍在一种所谓"亚细亚生产"的原始的状况下面。不过城市的资本主义的力量，把农村的自足经济的藩篱根本冲破了，手工业随着农村经济的崩坏而趋于灭亡，使社会的经济的内部，引起了一种重大的变化。从历史的规律——农业经济的崩溃，必然有工商业的经济的兴起——去考究，这个变局的结果，应该要开展工商业的国民经济出来；然而事实仿佛是恰恰和这个历史的定型的规律相反——农业经济虽然被摧毁而至于崩溃了，仍不能完成民族的工业革命使命——这个原因，因为东方社会的农业经济的崩溃，不是完全由于东方社会自体的内部所开展出来的结果，乃是他动的受外国的工商业资本为其主要的推动力，在这个变局的过渡期中，自然要引起一种必然的混乱，而牵住其社会之自身的发展的迟缓。所以二方面，混乱和迟缓，是一种客观的事实；他方面仍然在历史的一定的轨道上继续的开展着。民族的资本，在外国的资本压迫之下，继续不断的在那里开展抬头。这个事实，到大战后的现在，乃更为显明。我们从以下几点去观察便能了然。

　　大战后，在中国，在印度，在东方其他殖民地半殖民地国家，有不少新兴产业组织的发现。我们虽然不能拿一个详细的统计来证明，然而殖民地半殖民地之工业化和民族资产阶级抬头的趋势，是露骨的表现在我们面前的事实。拿机器的使用来说：战前的 1913 年，在中国为 20,000 万马克，在英领印度为 139,000 万马克；至战后 1925 年，在中国增至 54,000 万马克，在英领印度增至 225,000 万马克。对外贸易，也是一年一年增加的，就上海一口 ［岸］说，1928 年，对美输出总额比 1927 年增加 12,915,663 美金元，——增加最多的为纺织品和原料，这不过是证明半殖民地殖民地民族资本在国际资本主义压迫之下的低度的经济复兴之表征——然而这不过是一个例子。再拿绵（棉）丝纺锤数来说：中国在 1921 年为 1,800,000 斤，至 1926 年增至 12,426,000 斤，印度在 1913 年为 6,084,000 斤，至 1926 年为 8,510,000 斤。拿石油生产额来说：中国在战前，1913 年为 13,376,000 吨，至战后 1925 年增至 20,500,000 吨；英领印度战前 1913 年为 16,468,000 吨，至战后 1927 年增至 21,320,000 吨，这都是表示显明的增加的数目，然而这不过是一些可靠的例子。

　　其次，大战以后，在东方殖民地半殖民地在民族独立的口号之下所发生之普遍的关税自主的要求和排货运动，都成了具体化的形势，城市的工商业者也都由旁观而成了实际运动的部分的主力——自然下层的民众，才是这个运动的主干——这也是民族资产阶级复兴的一个旁侧的证明。

　　因此，在东方殖民地半殖民地已经有民族资产阶级的存在，是一个无可否认的事实。然而他们的力量究竟还过于微弱，在国际资本主义和国内封建势力的束缚下面，他们还不能完成其民族资本主义的使命而完成一个资本社会的构造。他们还不能不在国际资本帝国主义和国内封建势力的双重支配之下。试从下面几点去指摘一下：

　　在东方，几个重要的城市，人口的突增和集中，城市的重要性，自然因此便充分的表演着。但是城市的新兴的产业，对于农村的失业群众，仍不能充分的吸收——农村失业群众，便只有流为兵匪之一途，直接成了农村社会之自身的束缚，间接成了半殖民地军阀之继续产生的客观条件——拿事实来看，据一般的统计，产业工人在中国不过 200 万左右，印度不过 250 万左右，朝鲜不过 8 万左右，菲岛不过 20 万左右。这些数目，并且还包括国际资本主义者在东方所设立的产业机关雇用的工人人数在内。这便是表示民族资产阶级力量的微弱。

他们感受国际资本帝国主义的束缚，有一种反帝国主义的觉悟和要求，是一事实；但是他们自身便没有这个力量勇气，还不能不作国际资产阶级的附庸。他们感受封建统治阶级的羁绊——虽然也有经济上的共同利害的存在——也是一种事实；然而他们仍不能建立其阶级的统治壁垒，还不能不附庸或混合在统治阶级里面，反与之深相结合。这也无非是表示民族资产阶级之阶级力量的微弱。

因此，在东方的殖民地半殖民地民族的内部，有民族资产阶级的存在，除非主观的唯心论者外，谁也不会否认；东方的几个重要城市在那里表演很浓厚的资本社会的色彩，也是一种事实；但是说东方的社会已经坚坚实实的成功了资本主义社会的体积，也未免要陷同样的主观的错误——东方社会在客观的条件上，就没有完成资本社会的可能，留在后面讨论。

（四）东方社会之真际的内容

根据上述的指示，东方社会究竟是怎样一种社会呢？

显明的，支配东方社会的主要的力量，还是间接或直接在国际资本帝国主义驭制下的封建统治阶级。在农村社会为土豪劣绅和官僚知识阶级——在中国为士大夫本色的知识阶级，一部分变形为贪官污吏，在印度为僧侣知识阶级，不一定以官僚的形式表现出来——，所构成的支配势力，在城市为民族资本阶级所形成的支配势力，不过因为他们阶级势力的微弱，还是附属在封建统治阶级的下面存在着，这两种支配势力，在半殖民地又汇合而结成上层的统治阶级或无秩序的军阀政治；在殖民地乃各个的附属于外国统治之下。不过这里还有一个问题，在东方，城市的工商业资本者，多半又兼是农村的地主，所以，他们对于土地，是希求维持现有状态的。这是他们和封建势力结合的一个条件。

其次，在城市里，虽然有些微产业资本的发生；整个的国民经济，还是以残余的农村经济为本位的。因此，封建地主统治阶级剥削的对象是农村——在殖民地，也有这种以剥削为生的寄生的统治阶级之存在——民族资产阶级剥削的主要对象也是农村——他方面同时又剥削产业工人的剩余价值——地主剥削的形式是租税劳力和高利贷；统治阶级剥削的形式，在半殖民地是赋税和苛捐杂税，在殖民地是充当外国统治阶级的前阵而分些润余；民族资产阶级剥削的形式，是充当外国资本家的前阵，以商品为主要的表征，有时还存留高利贷的方式——多半是商业资本者所运用的剥削的形式——所以今日东方的农民，事实上，已经成了剥削阶级联合剥削的主要对象。因此，农村经济便只有崩溃之一途，大多数的中农迅速变成小农，小农迅速变成佃农或雇农，佃农也只有迅速的变成雇农或随着雇农而走入失业之途，形成大量的农村劳动者或兵匪的预备军，直接妨碍农业技术的发达，间接助长军阀的生长——在半殖民地——或充作外国资本家去贩运——在殖民地——因此，在畸形的东方社会的内部之社会原因的错综和阶级性的复杂，确不是一种经（正）常的状态。

在这样一个阶级性复杂的社会里面，社会阶级的意识形态又是怎样呢？

封建统治阶级自然是一种保守的反科学的意识形态；民族资产阶级便自然要钻在资本主义那一个体系的圈子里；社会的觉悟分子和被剥削的群众，正在开展他们科学的理解。自然，还都是基于各自的历史的经济的背景所反映出来的。现在，这三种意识形态，正在冲突中，而形成一种混战的局势。这个局势开展的结果，必然会引出一个新的生命来。

所以，东方社会，确是世界一个特殊的部分。东方革命一方面不是典型的民族资产阶级的民主革命所能胜任，也不是资本社会里面那一种革命的定型所能得着边际。东方革命，是东方社会事实的必然性，东方革命之能否开展便在我们对于东方社会的把握，是否真际，反之，只要能够握住了东方社会的真际所在，东方革命，便不致落空，世界的新生命的创造，便能蓬勃起来。

我们已然握住东方社会的一个大概，就可进而讨论东方革命。

四、东方革命之真际的意义及其前途

（一）封建统治阶级的要求及其存在的不可能

在殖民地半殖民地革命的第一个任务，在打倒帝国主义。所以只要封建统治阶级或民族资产阶级能够担任打倒帝国主义的使命，我们便不难退一百步，让他们来领导革命。不管他们反帝国主义的意义是怎样，本节先讨论封建统治阶级。

现在首先便要考虑的，他们有没有反帝国主义的要求？他们主观上所要求的是些什么？

在殖民地半殖民地的封建统治阶级，他们相对于全国的劳动群众说，是一种统治压迫阶级；相对于国际资本帝国主义说，他们自身也成了一种被压迫阶级，便是一个事实。理由是这样：国际资本帝国主义者把殖民地半殖民地农村经济的基础，根本捣毁，因此，封建统治阶级便失去其自身之存在的经济的根据；社会的形式依据经济的变动而引起一种变动，封建统治阶级便失去其存在的社会的根据；封建统治阶级的威权，在国际资本帝国主义统治殖民地半殖民地的原则之下，便牺牲了；他们自身在间接上或直接上便被国际的统治阶级把他们放在从属的地位，成了一种被动的工具。他们自己虽然不了解这个社会的经济的原因，但是他们在国际统治阶级的怀抱里面，也感觉着一种失望，而有一种反帝国主义的要求，便是事实。不过他们一方面虽然也反帝国主义；他方面又担心或痛恨民众的觉悟——在他们看来，是一种所谓风俗的浇薄和道德的破产——而反对民众之自动的兴起。

因此，他们反帝国主义的意义也非常单纯。基于其历史的阶级的统治的意义上面，反对外国的统治，同时并仇视一切非封建的学术文化……所以他们梦想摆脱——常常不肯作一种明显的积极的反抗——外国的统治，而重新建筑其封建的统治的楼阁，使一切社会生产诸关系挣持在一个原封原样的保守的农业社会的基础上面。

但是他们这种梦想，究竟还有没有成为事实的可能呢？

明显的，手工业已经灭亡，农村经济的重心已经移向城市，再没有回复的可能。农业经济的崩坏和农民之继续的失业，一方面虽然扩大了各匪的预备军而形成军阀之继续生长的一个客观的条件，他方面便又发生了一个更严重的土地问题，这便成了这种变态的封建社会之自身的羁绊。这问题之自在的开展便形成封建统治阶级灭亡的条件。虽然他们也想对于这个问题求得一个暂时的解决，然而也不过是一种梦想。土地的分配和农业生产的问题，要以整个国民经济的基础能否稳定为其解决的条件。在目下的场合里，能够单从农业经济的本身去得到经济的稳定吗？因此农业的生产能够作有计划的改进吗？土地的分配能够解决吗？这不仅是封建统治阶级没有这个力量，而且连民族资产阶级都没有这个力量（留待下节讨论）。这个问题，只有在一个新的形式的社会生产关系的原则之下，才能解决。

因此封建统治阶级的灭亡，乃是一种经济的必然的结果。他们反帝国主义的意义，除非在牺牲其阶级的利益去参加，将永无结果，是被客观所决定了的。

我们还该摘住这个问题：封建统治阶级必然在民族资产阶级的兴起和农村经济的没落而灭亡，这是历史的一种必然性。换言之，在历史上，封建势力无论如何是要被民族资产阶级的势力所消灭的；推论上，民族资产阶级的势力，也只[有]阶级的民主的势力才能去消灭它。殖民地半殖民地的民族资产阶级，在国际资产阶级的束缚之下，虽然为客观所决定，不能完成产业革命的使命，因此便不能肃清封建势力的残滓，但是他们能够驱着封建势力自身的崩溃，便跟着国际资产阶级正在执行其历史的使命。

（二）民族资产阶级革命之客观的困难

有些主观的唯心论者，他们不知不觉便作了历史的奴隶，他们看见在欧洲所演过的事实，封建势力是被民族资产阶级消灭的，因此，便以为在殖民地半殖民地今日的革命，也应该由民族资产阶级去领导。然而，事实上，我们也并不是想飞越历史演进的阶段，并不是忽略经济的客观条件。假使殖民地半殖民地民族资产阶级能够完成它的历史使命的话，我们便可以退一百步牺牲我们的主张。然而殖民地半殖民地民族资产阶级不能完成资本主义的任务，我们在前面已屡屡指摘过了。

然而问题也在这里，殖民地半殖民地的民族资产阶级，在企图发展其资本主义的意识之下，便感受极端的国际资本主义的束缚，压迫，不能抬头，便梦想从外国资本家的怀抱中逃出，企图一种对国际资本帝国主义反攻的倾向——一种徜恍迷离的倾向——但是殖民地半殖民地微弱的民族资产阶级主观力量的微弱，还没有具备其单独对帝国主义反攻的力量，而且根本上就没有一种反帝国主义的决心。所以他们在反帝国主义的场合里，每每到半途又攒回到帝国主义者的怀抱中去，搦转头来向群众反攻。这是在弱小民族革命的过程中常发现的事实，他们之对于封建统治阶级，也是这个同样的情形。然而现在暂时把这个割弃不说，我们试假设民族资产阶级能够领导革命，并且在他们领导之下，假设能够解除国际资本帝国主义的羁绊，他们的前途又是怎样？是否可以完成其民族资本主义的使命？

　　资本主义的成立的客观条件：第一在有广大的市场，第二在有丰富而廉价的原料之供给，第三在有大量的资本，第四在有廉价而多量的劳动力之供给。这是资本主义所赖以发展的四大干柱，商品市场，尤其是一般的条件的基础——是资本主义经济的基础。在殖民地半殖民地，劳动力可以不成问题；原料的供给，虽然在生产技术的幼稚和资本微弱的情况下，还不是一个根本不能解决的问题；民族的资本虽然微弱，在世界经济交通的场合里，究竟还有自为伸缩的可能。所以这三点，我们在这里可以不加讨论，现在要研究的，乃是一个最根本的市场问题。

　　经过国际资本主义一再分割的今日的世界，国外的市场，已经没有殖民地半殖民地民族资产阶级争逐的余地与可能，这是被国际情势所决定了的。所以殖民地半殖民地民族的资本，便只有国内市场这条出路。换言之，民族资本主义之发展的惟一希望，便在扩大国内的市场，提高国内市场的购买能力。但是由于农业经济的崩坏和农村人口的贫穷化，国内市场便呈现一种不断的缩小的倾向——这个倾向，表面上暂时由于官僚资产阶级的消费力所隐蔽，实际上是在缩小的。因为殖民地半殖民地的消费群众，是以农民为主体的——在现在，工人还不是主要的商品消费者——纵然让他们也去学外国资本家一样不作一般的需要品的生产，而专从事于贵重的奢侈品之投机式的生产，可是在贫穷的社会里，也开始便会感受销路的困难的。所以要想扩大国内市场，提高国内市场的购买力，首先便要稳定农村经济的基础，提高农业的生产能力。但是在资本主义的经济制度之下，工商业的发达，便只能促成农村经济的崩溃。这是资本主义本身所包含的一个先天的无可避免的矛盾。这个矛盾，在农业和工商业分离的社会里面，便成了资本主义社会之自身的羁绊；除非在一个新的社会制度之下，农业和工商业的一个统合的经营的原则上面，始终也不能解决这个困难的。

　　在一般唯心论者看来，或者以为在社会政策之实施的场合里，便可以解决上述这个客观的难题。其实也完全是一种梦想。社会政策的实施，能够根本消灭工商业之对于农业的侵蚀吗？假使是不能的话，也不过徒然使问题深刻化罢了。

　　所以殖民地半殖民地的民族资产阶级，他们在企图蜕化为民族资本主义的意识上面，便感受国际资本帝国主义的束缚，而有一种反帝国主义的要求，确是一种事实。但是在反帝国主义的立场上，他们限于主观力量的微弱，不敢显明的揭出民族资产阶级革命的旗帜；客观上又充分的决定他们成功的困难，显示前途的无望。因此，在殖民地半殖民地民族资产阶级的惟一出路，也只有牺牲其阶级的利益立场，把历史上所付与他们的革命的任务，在社会民主革命的范畴里面，去尽他们所应尽的职份。

（三）东方革命之真际的内容及其性质

东方的殖民地半殖民地国家或民族，社会的内部还都有一种变态的封建社会的本质。国家经济的本位都是建筑在农业经济的生产关系上面；生产的群众都是农民阶级占了绝大的成分。他方面，又都是被动的染上了一点资本社会的色彩，因此，社会的内部又都有一个生产的工人无产阶级之存在。其社会之畸形的变化和国际帝国主义对于他们之政治的经济的压迫，又都是处在一个同样的境遇。所以东方殖民地半殖民地的革命，不惟有一个共同利害之存在；而且，事实上，便已形成了相同的一致的客观条件。因此，东方革命之应该建筑一个共同的整个的营垒，不惟是主观上的十分必要，而且是客观上的完全可能。

但是，东方革命，究竟应该是怎样的内容？

我们根据上述各节的理由，在殖民地半殖民地的民众——无论封建统治阶级，民族资产阶级，小资产阶级，农民阶级，工人阶级——一方面都有反帝国主义的要求，虽然有程度上的分别；他方面阶级利益的不同，又是一个事实。因此在殖民地半殖民地革命运行的当中，便发生各种各样的主张：有的主张所谓全民革命，有的主张所谓四阶级联合的革命，有的主张农工小资产阶级的同盟，有的主张农工革命，又有的主张连农村都要牺牲，单独由工人无产阶级的革命。然而事实上究竟应该怎样？我们便不能不拿社会构成分子之经济的相互利害关系，稍加分析。

先拿封建统治阶级来说：他们虽然也感受帝国主义的压迫，而有一种徜恍迷离的反抗的倾向；但是他们对于全国生产群众，便形成一种压迫的剥削阶级（在半殖民地）或附从的压迫剥削阶级（在殖民地），又是一个严重的事实。他们的意识也是和生产群众根本相反的。他们和民族资产阶级，虽然有时在极端矛盾的场合里而互相结合，但是究竟还不能弥缝其相反的经济的利害关系。

就民族资产阶级来说：他们在企图抬头为民族资本主义的意识上面，反国际帝国主义的意识和要求，自然比封建统治阶级来得明显些。但是对于全国的生产群众，又是一种压迫的剥削阶级。他们的意识上，也是和生产群众极端相反的。他们虽然还附从于封建统治阶级下面，意识上，也常有一种企图脱离的倾向。

就所谓小资产阶级即城市小工商业者来说：城市的小工商业者，因其分子成分的复杂，其物质的经济的境遇，又是常常变动的，所以本来就没有形成其阶级的意识，因此，他们有参加革命的可能，也有反革命的可能，这完全随着其物质的境遇的变动而决定的。但是他们对于其微小的产业，便有一种强度的保持的观念。

就农民来说：除开大地主外，还包含有大农中农小农佃农雇农——小农佃农雇农以下统称为贫农。在殖民地半殖民地农业经济崩坏的过程中，大农有相继落为中农的倾向——成为大地主的，是绝对少数——中农有相继落为小农的倾向；但是大农中农贫农又自有其经济利益的显明的分野之存在——大农和中农，不仅也雇用他人的劳力，而且也相对的行高利贷的放债。因此，在革命运动中对于大农和中农的问题，便引起了不少讨论。但是事实上，大农和中农自然也是和贫农同样受封建统治阶级和城市资产阶级的剥削——直接或间接就都以国际资产阶级为剥削的总汇合处——但是还可和地主一样，转嫁于贫农。所以常常参加在大地主阶级的利益立场上——虽然有时当他们和大地主利益相反时，又站到贫农的方面来。劣绅是代表地主阶级利益的农村寄生阶级。因此，在他方面，农民便形成国际帝国主义，封建统治阶级，民族资产阶级之多重压迫下的主要的被剥削阶级，换言之，他们便是殖民地半殖民地国家中被剥削的最主要的对象。然而大农和中农，因为私有欲比较的强烈以及和贫农利益的不同，便不能和贫农成为一致的阶级的意识——贫农的阶级的意识，虽然还没有达到一致觉悟的成熟期，可是正在客观的可能中开展着。

就工人来说：包含有产业工人和手工业工人，产业工人是外国资本家和民族资产阶级剥削劳力的主要对象，所以他们反帝国主义和反民族资产阶级比较的急进而迫切；他们在革命的运行和必要上，又极端感受封建统治阶级的压迫和束缚。他们的阶级的意识之发达，是站在殖民地半殖民地各阶级群众的前头；但是在数量上比较手工业工人是占很大的少数，和贫民的数量比较，尤其是绝大的少数。手工业工人在数量上虽然比产业工人为多；他们经济的境遇或物质生活比产业工人还要卑劣，但是他们没有一个一致的固定的剥削阶级为其对象——从全数手工业工人说——所以便没有一个一致的阶级意识——还是一种复杂的薄弱的阶级意识的倾向——然而他们对于现社会的经济组织的不满——甚且可以说是厌弃——则是一个事实。

根据上面这些简单的提示，殖民地半殖民地革命的性质便可以决定。

贫农在客观的经济的境遇上，和主观的数量上，应该是殖民地半殖民地革命的主力军；工人在经济的境遇上和贫农是稍异其性质而同其程度与命运，在主观的质量上优于农民，数量上较之农民甚是微小。所以殖民地半殖民地革命，应该以工人为前卫或尖兵。这两者便形成殖民地半殖民地革命之主要的力量。在反帝国主义的意义上，应该相当的容许其他阶级的参加，集中反帝国主义的力量——至少也应该避免其可能的反攻。不过在一个混合的共同的战线当中，对于其他同盟阶级之可能的反动与倒戈必须要有一个客观的防御和保障；否则，革命不是落到民族资产阶级的领导，也必然会加多内部的矛盾，及影响革命势力之推动与进展。

在目前，有些自许是革命的团体，他们实际上，不是建筑在脱离了生产关系的城市流氓无产阶级上面，便是建筑在脱离了生产关系的乡村流氓无产阶级上面，所以本质上依旧和封建统治阶级的群众集团的构成的原质，并没有两样，自然我们不能把流氓无产阶级放在革命战线以外，但是拿他们去作基础，便包含着一种非常的可能的危险——因为乡村流氓无产阶级，他们也是不能代表农民的利益，而且原是有一种相反的倾向；城市流氓无产阶级，他们至少也是不能代表工人的利益，而且原来也有一种相反的倾向。

我们还应该注意的一个问题：就是当我们的革命政权握着以后，生产的组织应该采取何种样的形式与原则？是现在应该严重考虑的。本党总理孙中山先生说，"革命不是一种空想，而是一种事实"，在目前，东方各国之经济的客观条件是怎样？事实明明白白的摆着，还不够实行集产主义的客观条件。所以国家造产——同时行社会造产——这个阶段的过程，实为唯一必要。而且东方的国家，在今日的世界经济的客观情势下面，除非国家和社会造产的原则，生产便无发展之可能。农业和工业要能够统合才能发展，这是我们在前面已经说过的；然而又必须在国家造产和社会造产的原则之下才能统合。

（四）结语——资本帝国主义没落的前夜与东方革命的任务

根据上述各节所提示，我们从整个世界局势去把握，资本帝国主义统治之世界所包含的矛盾，具体形成了资本帝国主义之没落的时机。不过从资本主义的本身去观察，它久已到了完全成熟的程度，十分具备了社会主义之实现的客观条件；但是为什么现在还能勉强的挣扎着妥定着呢？这完全因为有殖民地半殖民地的存在。理由是这样：资本主义发达到今日这个阶段，原料的供给，商品的输出，资本的排泄……已经完全依存殖民地半殖民地为其主要的市场；如果它们丧失这个市场根据，便立即要感受原料供给的缺乏，商品的堆积和资本的肥大……随着便是空前的经济恐慌，和不可救济的失业范围之无限的扩大，推着其国内阶级斗争立趋于广大化剧烈化的严重的形势，结束资本主义之历史的阶段。反之，因为有广大的殖民地半殖民地市场之存在，对于殖民地半殖民地民众的膏血和劳力之加紧的剥削，商品仍可为无限制的生产，暂时和缓其国内的失业问题，广大的利益之强盗式的夺取，还可以呕些残余分润其国内的劳动阶级——多半在社会政策的实施上去表现——去缓冲阶级斗争的形势。因此，殖民地半殖民地的革命，便又形成了推动世界革命之开展的一个前提；殖民地半殖民地问题，到今日也几乎成了资本主义统治的世界问题之核心。东方是殖民地半殖民地国家的集团，因之，东方革命任务之重大，可想而知。

东方革命含着一个这样伟大的世界革命的任务，自然是一种客观的事实的要求；然而东方革命的性质，封建统治阶级自在的在那里没落，民族资产阶级又没有领导这个革命的客观的可能，归结只有一个社会民主势力，才能完成这个历史的任务——同时结束封建社会和资本主义社会之两大历史的阶段的任务。

而且，只有建筑在生产群众上面的社会民主的势力，才能接受历史的教训，在已往东方民族革命的过程中所发现的种种矛盾，才能避免而不致继续发生。殖民地半殖民地生产群众都有一个相对的完全一致的共同利害，整个东方共同的斗争的营垒，在这个共同的利害上建筑起来，才能有具体的真际的力量和坚实的基础。同时，东方究竟还是世界的一个部分，所以东方革命和资本帝国主义国家之无产阶级革命势力之共同的关系，也是不能忽略的；但是这个关系，也只有生产群众所领导的社会民主革命势力，才能建立起来。

因此，我们的结语是，东方问题，是今日世界问题的缩影；东方革命是世界革命的前提；东方革命的性质，是由生产群众去领导的社会民主革命。

五、总　结

我们对于东方社会的内容和东方革命的性质，已经得着一个具象的把握了。现在还应该作一个总结的提示：从世界革命的观点上说，应该在东方革命前提之下，才能迅速的开展；从中国革命的观点上说，到今日已经不是单独可以得到解决，应该在东方革命的整个的范围内才能解决，这是历史上已经给了我们不少的教训，事实又明明白白的摆在那里暗示我们。

总理孙中山先生的遗嘱，总算是给吾人一个最末的诏示，他说，"唤起民众及联合世界上以平等待我之民族共同奋斗"。谁是以平等待我之民族呢？当然是指同一境遇同一命运的殖民地半殖民地民族为其主要。所以他不啻明显诏示吾人中国革命的前路，一方面要树立国内的社会民主的势力——唤起民众——他方面要在殖民地半殖民地民族革命之一个统合的营垒里去共同斗争，换言之，便是应该在一个东方革命的营垒里去共同斗争。我们根据这个诏示和目前世界情势的需要，本党的同志，如果不肯忽视总理的遗教，不愿放弃中国革命的责任，对于东方革命这个问题，都应该予以具体的研究和严重的注视。努力世界革命的朋友，如果不肯忽略客观的事实而不愿世界革命的时期之延长，也应该对于这个东方革命问题，予以客观的探讨。

中国的革命，在目前正是低落的疲乏的时期——自然，内部的潜在力正在酝酿着，向着一个新的生机的开展——在这个低潮的当中，我们应该从事革命的问题的预备和劳力的培养，迎候东方革命之整个的爆发。但是这个问题的重大，不能不需要全东方的革命同志——尤其是中国国民党的同志——和革命民众的共同的努力和研究。

[民国] 19. 8. 20. 于北平

（原载 1930 年 8 月 25 日、26 日、27 日、28 日、29 日、30 日、31 日，9 月 1 日、3 日、4 日、6 日《北平日报》，署名：何民魂）

加拿大与大英帝国

多年以来，英国资本主义就把加拿大作为不列颠的空闲工人的"投披"（Dumping）地。1913 年是"投披"政策的实施到了高点的年度。那正值英格兰和爱尔兰发生剧烈的阶级斗争的时侯；于是以 160 英亩的土地，提供给完全自由的移入者，强制吸引工人的移入，使他们把加拿大当作隔海的一个黄金地带看。因此，在 1913 年便有 15 万不列颠人的移出。然而资本家的发达，复造成白色人的不列颠人的阶级结构，但是原始的土人——红色人（Redskins）和伊斯克姆斯人（Eskimoes）——就被他们消灭了。为资本主义所需要的山林和草原，也不许土人遗留。

一、加拿大的经济和农地的危机

加拿大是一个重要的原料生产地，尤其是造纸和人造丝的纤维木料的生产。所以自 1920 年始，这类工业便急速地成长起来。对于纤维木料的最大消费，主要是消费在美国新闻纸的制造上，并且是求过于供。

加拿大经济发展的显著的特征，在 1901 年至 1928 年这个期间，是在急速的成长的；至 1929 年和 1930 年，便到了急速衰减的一个分水线。例如：小麦的生产，在 1928 年，为 56,600 万"包歇尔"（bushel），在 1929 年，仅29,300 万"包歇尔"。大抵以上各种物品的贸易，都表现为一种相同的低落的情势。小麦的出口，在 1928 年，达到 42,800 万美元的统计；在 1929 年，就减至 21,500 万美元。这个例子，可以表示全加拿大贸易的情况。

总之，在 1928 年的顺势的贸易，输出超过输入的差额为 12,300 万美元，至 1929 年的逆势的贸易，输出入的差额便减至 10,400 万美元。拿以往加拿大繁荣的时候来比较，这算是最显著的打击。1913 年，加拿大占世界输出国的第十位；但到 1928 年，它便超过许多和它竞争的国家，提高到世界输出国的第六位。

资本主义在加拿大，已经遭受严重的蹉跌的末运了。

在本年过去的几个月中，加拿大的失业问题，是和世界各国成为同样的大问题。在本年仲夏，当所有剩余劳动力大体被吸收在收获之中，还将近有 25 万的失业者；这副失业的图画，远超过了同年春季。然而既没有劳动的保险，又没有劳动组合的救助；那只有把他们摒诸仁爱之外了。在工业中的许多工人也正感受批卖价格低落的影响，而加入贫农的队伍。又因锡银铜的价格的崩坏，结果又引出许多矿山和矿业者的休业。

农业的发展和合理化方法的应用，引出农业生产力的增加不和劳动力的增加相适应。贫农应用大规模的农耕机器的耗费，他们从土地中得到的收益，还不能偿还农具上的抵押和欠债。估计前者 14 人中，现有 8 人是贫困的，并且他们的地位，都还在剧烈的变动中。要减少农民的失业，农田局（Farm Boards）的创设，实为必要。

还有第一个可怕的事情，就是小麦的过量生产。在最近几个月中，加拿大的农民曾把他们的小麦出卖，比生产成本的价格还低廉。他们大多数对于有抵押品的和置购农具上所欠的债务的偿还，都感受艰难；因之被榨取而失去土地，一群一群的离开农村而走入城市，扩大城市失业者的范围。本来，资本集中的定律，在农业中和在工业中一样，这是经济进程中的必然现象——农业资本集中的现象，若在社会主义的统制之下，便能满足人类作有计划的去应用机械的经营；但在资本主义的统制下，其结果就只有对于所谓"独立的""independent"小农的毁坏。在农业中的机器的生产力之急速的发达，每英亩耕地的较高的投资——实际是需要较大的农场为经营单位的——也正是引着财政资本在农业上的统制之增加，把成千的贫农都驱逐出去。

统制农业的财政资本，以重利为主要收入。在加拿大，好像是一种地主的事业。除开当贫农不能还债时，抵押公司就没收其土地外；贪欲无厌的商业公司和铁路协会，就很容易的得到广大的区域的土地，作成其原始的地主的事业。譬如加拿大太平洋铁路公司（The Canadian Pacific Railway）握有的土地，其价值在 8,600 万美元，作为永远不断的收入的源泉。许多的居民，在行使一些偿付之后，都变成破产，不得不抛弃土地，把它再行变卖。和太平洋铁路公司握有同样广大的土地的，还有哈得逊湾公司（Hudson Bay Co.）和其他许多公司。除开这个土地所有者的组织，还有财政资本对于其统制下的土地，去统制土地上的收获的生产物。

现下小麦跟着一般物价低落的倾向而低落，所以在加拿大小麦的过量生产，已经成了失望。大量的如山一样的一年一年的堆积，这种年度，小麦合资经营公司（Wheat Pool）就成了银行的奴隶机关了。他们不仅同业者相互决定小麦的最低价格，而且相互约定"减少生产的成本""Reduce Production Costs"。他们是勉强减少小麦的价格，去和他国竞争的。阿根廷（Argentina）和苏俄（U. S. S. R.）是能够生产廉价的小麦的；然在加拿大则确是一个相反的理由，而加拿大的财政大王也必要如此去作。因此，小农生产的小麦，更不能获得有利的价格；他们不能应用机器去经营他们渺小的农场，所以生产物的成本便比较的高。削减小麦的价格，就是驱着小农堕到更深的债坑里，更驱着他们廉价去弃却他们的生产物；富农——能够削减他的生产物的成本，且能耕种较大的土地面积——是能够加入去竞争的。所以直接的结果，便是贫农和富农的分化。

二、加拿大的其他生产物 Secondary Production

虽然，代表加拿大对不列颠的输出贸易，是以农产品为其主要的基本的产物；但是加拿大最显著的发展的还是制造品。这个国家的总生产量，农产品仅占 36%，而其他生产品额量则至 46%，如电力，装饰品，渔业等都合计在内。铣铁的生产，从 1901 年，增加了 400%。加拿大统计局（The Dominion Bureau of Statistics）规定牛酪和饼干工厂，锯木工厂，造纸原料工厂，都包括在基本生产业之内。

在 1928 年，所有工业品的价值总数，据官厅的报告，为 £ 775,000,000。最主要的制造工业上的生产品，是造纸原料和造纸。加拿大的纸的输出量，超过其他世界各国的总产额。在 1927 年，加拿大的自动机工业超过了牛酪和饼干工业，到现在已成为繁荣的六大领袖制造业之一；它的生产品价值，在 1928 年为 £ 33,000,000；摩托车供给到海外的广大的市场。根据帝国市政局（Empire Masketing Board）1930 年 9 月间所发表的论文：加拿大的出品贸易分配在英国的，橡胶商品，摩托车和运输器具，农耕机器等制造品，其比例都有增高的倾向，并且在美国也有加拿大的生产品的兴旺的市场。指示在大英帝国之内的加拿大的经济霸权的成长，这已够充分的说明了。

三、英美在加拿大的竞争

构成加拿大工业——没有它的完满的价值——的局势是美国在加拿大的大量资本的投入。1923 年，美国商业公司在加拿大开设的分店，已有 800 个。柯立芝（Coolidge）在"纽约报告"（New York Herald）中说："我们在加拿大的投资，已达到一千兆美元" "Our iuvestments in Canada runinto billions of dollars"。所以美国在加拿大的事业，有这样堪注意的说明，由于其本质上美国在加拿大的投资额已比英国为大；加拿大的入口总额，在 1929 年，从英国输入的仅占 15%，从美国输入的，则达 68%。

自然，还要加上美国在加拿大的各分厂的制造品进去，但是这不算是入口货，也不缴纳关税。加拿大的许多技术家是在美国训练的，因而采用美国的机器工具。从 1913 年所发行的一切加拿大的新公债券，美国握得 47%，英国的企业家则仅握得 2% 至 3%。现在虽然施行关税保护政策去抵制美货，但据加拿大的银行家怀德（A. F. White）所说，认为对美国那样大规模生产方法的国家，加之和加拿大地域的接近，这并不能挽回利益的。在 1929 年，加拿大的外国股本，美国占全数 12 万万美元中 72,000 万美元。又据 1930 年 7 月 29 日《工人日报》（Daily Worker）发表：美国在加拿大的投资中，占 57%，英国仅占 29%。因此，在前次总选举的预案中，麦格尼齐王（Mackenzie King）

建设一个优先税率，许可不列颠制造的 216 种商品为英国的自由商品，这应该可以克服美国的利益的。然而保守党（Conservative Party）以"加拿大人的加拿大"（Canada for Canadians）为战胜这次选举的口号。以在加拿大的美国（U. S.）资本的支配和便利的地位的观点上，便不得不受柯立芝（Coolidge）的强制，而同意于所谓：要有益于加拿大的资本主义，必要有益于美国的优先权。因此，美国在加拿大所分设的工厂的生产品，不仅逃脱关税，而且在市场上，给以与加拿大的制造品有互惠的利益。这是大英帝国主义在加拿大的选举中所受到的挫折。

在造纸业中，英美独占业者间的竞争，已非常剧烈。加拿大的造纸业，为全世界的首屈一指，现每年有 324,725 吨的增加率。在这种工业背后支配的主要人物为罗骚米尔（Rothermere），最近"Standard"考察加拿大，宣布他（罗骚米尔—译者）已到了加拿大考察，去引用合理化主义于新印刷工业方面。在去年 5 月，多伦多（Toronto）的一个公文宣布以资本 7,500 万元从事于在魁北（Quebec）的新印刷工业的合并。万国造纸公司（International Paper Co.）所代表的赫斯特（Hearst）股份除外。

在本年 9 月，从美国开始的一种狂怒的反苏俄的激动，它要求禁止苏维埃木质纤维的通商。万国造纸公司发出一种说帖，力说苏维埃的木质纤维在这个区域的承认，如果美国的新印刷工业继续去竞争加拿大造纸厂的大量原料供给，这便是必要的。该说帖又继续的说：如果苏维埃木质纤维被排斥，加拿大乐得对美国原料供给的独占权。

奈端摩尔（Newton-Moore）——阿得哈姆斯的一个经理（director of Odhams）——也是在加拿大的英国独占业者的一个代表者。"Daily Herald"是阿得哈姆斯所刊行的。不名誉的不列颠帝国钢铁公司（British Empire Steel Co.）它的矿山和冶铸的不良状况，是尽人皆知的；而他也和它联合。

最末，关于美国财政资本统制加拿大的工业，是非常明显的。据 1929 年的估量，美国在加拿大的投资额，有 412,000 万美元，英国则减至 23 万万美元。英国资本主义地位发生疑惧和惊恐，是不消说的。从美国侵入到加拿大的政治的外观上的影响，从 1919 年开始的三个布尔乔亚西的党团的发达，就可以指示出来。在 1923 年 5 月和 6 月份的本刊——《劳动月刊》——里面，同事拉斯巴尼（H. P. Rathbone）曾把它们的发展，自战前描写至 1923 年。事实非常详尽，推论也非常正确。这三个党团的相互间，在"加拿大国家主义者"（Canadian Nationalist）的宣言中显示激烈的斗争。在加拿大经济发展的进程上，英美两帝国主义的冲突，自然便激动加拿大国家主义的产生。愈是冲突，愈使加拿大的布尔乔亚西倾向大独立国家的企图，激励他们喊出"大加拿大"（Greater Canada）的呼号。

四、英加在帝国会议中的冲突

贝勒特（Bennetl）抱着"加拿大第一"（"Canada first"）的牢不可破的政策，来到帝国会议了。他拒绝企图以帝国为一整个的开发和独占的经济单位的"帝国自由贸易""Empire Free Trade"；加拿大是属于宗主国的一个联邦的地位，只能在基本生产业中为主要的约定。为加拿大的一部分经济的牺牲的要求，已经是作过了（参看 1923 年 6 月份劳动月刊，拉斯巴尼（Rathbone）的著作）。曼彻斯特导报（Manchester Guardian）适应这事情说："加拿大人放弃她的不能开发的财源，是他们爱国的正当义务。"

美国资本在加拿大的侵入，是由美国的比较进步的发展；英帝国主义是迟滞加拿大经济发展的，然而仍在增进这个迟滞的企图，则是显明的事实。

英帝国主义还需要把她剩余的劳动者较自由的移到这个空闲的殖民地。这正如加拿大布尔乔亚西所顾虑，自由移入就是灭亡。加拿大的新关税税则，增加税率去抵制英国的毛丝，织物，和其他许多工业制造品。这都是明明白白的冲突。

英国要求强制输入较多的制造品于加拿大。较小的属地——新西兰（New Zealand）和纽芬兰（Newfound Land）——F. B. I 在的通常之内，要求"特别贸易的协定""Particular Trade Agreements"：密接在加拿大总选之后，Odhams-Besco，Newton-Moore 作过这种贸易一致的要求（见 1930 年 8 月 3 日泰晤士报）。加拿大则要求自由输入它的小麦到英国，但是同时又要求排斥英国的制造品或能够在加拿大制造的英国物品于加拿大市场之外。第一步，便影响到英阿（British-Argentine）贸易上的危机的打击。然而这并不是英帝国主义者预想所及的结果。在帝国会议中，贝勒特喊着："加拿大第一"，而查姆斯（Thomas）则叫着："不列颠第一"（Britain first）。

五、加拿大的斗争的工人运动

共产党第一次加入总选举斗争。在最重要的工人团体所在的区域内，转送10个候选人，并在全加拿大各地都举行联合会议。指导最有效的斗争，分散上千种传单，举行群众大会。从共产党候选者得到的投票来看，就是该党能够得到群众拥护的一个特征。例如：在北温利北格（North Winnipeg），有 2,200票的好现象；在温利北格的其他部分和 Woodsworth——加拿大的麦克唐纳（Canadian Mec Donald）——作短兵相接的直接斗争，结果该党候选人也得到500 票。在北温利北格的 2,200 票，是反对其他一个重要的社会民主主义者西朴司（Heaps）的。在多伦多（Toronto），给该党候选人的投票比投给劳动者的投票多；148 个投票场，其中有 116 个，该党候选人得票都比劳工党（Labour Party）候选人得票为多。

甚至比这里更有显著意义的，就是麦尼托柏（Manitoba）贫农的投票。在该县的 1761 票，这是在该党此前从没去煽动过的一个县分，证明贫农的过激主义化，而需要加拿大党（Canadian Party）立即去注意田间的工作。还有几处想象得到的地方，能够为共产党投票的，也是很大：还没有投票资格的成千的工人和各地广大的职业群众；在法国（French）和乌克兰（Ukrainian）地方的广大的工人中，还没有一个有用的熟悉语言的党员。

这虽然还没有得到完满的结果，但是在总选举斗争开始的六个礼拜中，有637 个新党员加入共产党，有 286 个"工人"（Worker）——系加拿大共产党出版的一种杂志名称——译者——的新定阅者，售出"工人"6890 份的一个报告。但在加拿大的警察和美国联合的暴压之下，比单由加拿大国家警察的镇压，要残暴得多，这是应该记忆的。带着武器作为自由使用的人，在公开集会中常被警察包围，则是常有的事情。

劳动组合大同盟（Workers'Unity League. 以下简称 W. U. L.）是加拿大

"少数派运动"（The Minority Movement）。最近集中它的活动于三个方面：失业者，矿山、木料工人和农业工人的职业联合会（The Lumber and Agricultural Workers'Industrial Union）。

劳动组合大同盟（W. U. L.）所组织的国家失业工人联合会（National Unemployed Workers'Association），新的支会还在继续组织中，现正在全加拿大各地召集会议。对抗政府的群众集会已经组织，并不管警察的干涉。

木料工人和农业工人职业联合会，也是劳动组合大同盟所组织的。在加拿大有15,000个农业工人和木料工人，多半是外面移入来的，他们不［习］惯英语，工作也都是暂时的，并且工资低贱。该会（L. A. W. I. U.）就是这些工人组成的。今年8月，制绳工人和收获工人又加入联合会。这也是劳动组合大同盟（W. U. L.）的主要活动。

劳动组合大同盟的工作，最主要而最有成功的部分，还是在矿山工人。最有意义的，是加拿大矿工联合会（The United Mine Workers of Canada）。最近美国矿工联合会（The Unitd Mine Workers of America）——是一个黄色的组合——在总选举斗争中，同意降低10%的工资，并予以签诺；当卯可尔（Mercoal——是阿尔色特Alberta的一个最重要的矿区）的矿工出来罢工的时候，它还开始帮助矿山管理人去实行。卯可尔的工人们是受劳动组合大同盟（W. U. L.）和捷姆·司龙尼（Jimi Sloan）的领导去斗争的，捷姆·司龙尼是卯可尔工会的书记长，同时又是加拿大矿工联合会的副委员长。

六、加拿大共产党与加拿大贫农

共产党生气勃勃地深入了危机一天一天加深的农村。并且由于苏俄（U. S. S. R.）的指导，随便就发达起来了。这全由于农村的危机，农民为饥饿所驱逐，共产党乘机加入农村，实行运动贫农去抵抗资本家农业的发达。共产党的中央鼓动宣传部（The Central Agitprop）已经命令组织一个中央农地会（Central Agrarion Commission）去指挥农地工作，并设置中央调查部（Central Research Department）征集关于该项问题的材料，并在指挥农地工作的领导机关之下，建立一个委员会，由农业工人和贫农组织之。还有一个计划：扩大加拿大农民教育委员会（Farmer's Education League），并修正其程次，传播这种计划给贫农的领导机关；把这个计划的基础，放到行动会议（Councils of Action）上面；计划发展贫农的机关报——"田沟""The Furrow"。

该党基于他的煽动和组织的两种工作上面，在广大的贫农劳苦群众中工作，因为他——共产党——译者——承认贫农是革命的普罗列塔利亚特的"天然的同盟军"（Natural Allies）。例如他们所宣传："动员这两大原动力量，从事推翻资本主义的工作，并与他们以政治的领导和指挥，乃是党的任务"。

（译文，原载《三民半月刊》第 5 卷第 8 期，1930 年 12 月 16 日发表。该文系英国 A. Morgan 著，译自 "The Labour Mouthly" 12 卷 11 期，1930 年 11 月伦敦出版）

资本主义没落期的东方革命的意义

一

资本主义自身所包含的矛盾，一到了它的终老期，自然会完全暴露出来，这是尽人皆知的。然而反过来说，一到了资本主义自身所包含的矛盾之全面的暴露，便是资本主义没落期的特征。

由于大战后资本主义所依为产业复兴的实际的产业合理化主义之普遍的实施，使世界资本主义的生产，急激超过战前的水平，促成1930年世界资本主义经济现况的普遍情势，指示他们世界大恐慌不可避免的到临了的一个信号——自然，即便没有合理化主义的实施，世界大恐慌的到来，也是不可避免。偶然的力，不过使必然的发展加速——而且，这回的大恐慌，并不能当作前此的周期恐慌那样简单去看。在这回大恐慌的形势中所展开出来的：资本主义产业合理化的实施，其自身对于生产制限的方策，不但表示无力，而且有益形尖锐化的倾向；失业问题之普遍的扩大的形势，资本主义的本身并没有救济的方策——譬如在英国，鲍尔温自然对于失业问题的救济策，表示无能；可怜的麦克唐纳尔想在资本主义的自体内去求得解决，也依样束手无策——使阶级对立的情势，急剧的尖锐化，阶级斗争的内容，乃益形充实；农村土地的集中和农业经营的资本主义化，使农村的阶级层急激的走向对立的两端，驱着农村内部急激的转化，形成广大的贫农阶级的数量和质量；殖民地半殖民地的革命运动或独立运动，急激的普遍的开展，形成殖民地半殖民地与宗主国对立的严重形势；加特尔的发展，所引起的市场的愈益剧烈的斗争，使各国资本主义企图对世界的再分割，促进资本主义国际间对立的形势，愈为严重——各国关税壁垒的高筑，一方面表示资本主义各自的退守，他方面也表示他们相互对立的情势。总结起来，资本主义临殁期的已成的情势，一方面是资本主义宗主国和殖民地半殖民地对立形势之尖锐化；二方面是资本主义国际间对立的形势之严重化；三方面是资本主义国家内部资产阶级和无产阶级贫农阶级间阶级对立的形势之尖锐化。这种严重的形势，随时都可激起世界大战的暴发。这次大战的内容，无论发动于资本主义国际间的混战，或发动于世界资本主义压迫阶级和被压迫阶级间的争斗，结果总是全世界被压迫阶级和压迫阶级拼生死的关头，也就是资本主义让渡他的王座给社会主义的关头。

　　但是，本文的目的，是专在讨论资本主义临殁期的殖民地半殖民地革命的意义和作用。

　　要决定殖民地半殖民地革命对资本主义的前途，发生怎样的作用？则了解资本主义国家对殖民地半殖民地之经济的依存作用，自然是必要的；而殖民地半殖民地的革命之开展的内容的构成，更不可忽略。然而问题便遇着复杂了，各殖民地半殖民地的革命的内容的构成，并不能完全一样，例如东方各殖民地半殖民地的革命，还包含着民族革命的成份，像加拿大等地的独立运动，就没有民族革命的成份存在。但是拿正确的眼光去观察，东方殖民地半殖民地革命的内容的构成分，有反国际资本主义的民族资产阶级的成份和反国际资本主义和国内封建势力民族资产阶级的无产者贫农革命势力的同时存在；在加拿大等地的革命的内容的构成，也依样在一方面有殖民地资产阶级反宗主国资产阶级的独立运动，他方面也同样是无产者贫农的反国际资本主义和本国资产阶级的势力存在，不过各自的旗帜的显明，并不像东方这样容易模糊。因此，为避免复杂，本文的讨论，暂限于东方。

其次，资本主义的本身，是一个有机的体系；殖民地半殖民地是资本主义发展的一个方面，要决定殖民地半殖民地革命对世界资本主义可能发生的作用，则与资本主义经济的现况——恐慌与危机——是根本关联着的。因此了解世界资本主义经济的现况，是最必要的。

二

我用我的别名在《新东方·殖民问题专号》发表的《殖民地与半殖民地》那篇论文中，曾这样的说过：

"资本主义便由于这些殖民地半殖民地之获得而发达起来，然而，无疑的，亦将由于殖民地半殖民地之脱离而没落下去。理由是由于资本主义和殖民地半殖民地所建立的经济的连锁关系上面所决定的。"

"资本主义和殖民地半殖民地之经济的连锁关系，大抵是建筑在下面这四个基础之上的：

1. 市场的调剂（以殖民地半殖民地的市场，调剂其本国市场的枯竭）；

2. 原料的生产；

3. 剥削殖民地半殖民地的劳动，和缓本国的劳动问题；

4. 肥大资本的排泄。"（请参看《新东方·殖民问题专号》第 338—339 页）

换言之，他们对于殖民地半殖民地，一方面是贱价劳动的掠夺，二方面是商品贸易的掠夺，三方面是贱价原料的掠夺，四方面是肥大资本的排泄。反过来说，殖民地半殖民地提供给他们的作用是：贱价劳动力的供给，广大的商品销纳市场的提供，贱价原料的供给，能销纳大量资本的市场或投资地的提供。本来市场，资本，原料，劳力，就是资本主义所以成立的四大相互关连着的干柱。我们依次来约略把握一下。

1. 原料

A. 煤铁：全世界煤油储藏额为632,300万吨，而太平洋西岸各国占419,400万吨。据他种统计，苏俄占全世界总额35%又1/10为最大，太平洋西岸亚洲诸国占19%又8/10为次，南美占16%又8/10为第三位，北美合众国占12%又1/2居第四位，西欧仅占2%，日本2%又1/5。煤油的生产，照1928年的产额估计，北美合众国产434,000万桶居世界首位，委内瑞拉产46,600万桶，苏俄产42,700万桶，墨西哥产27,900万桶。上述这数字，虽然不十分正确可靠，但是总可见一个大概来。再拿煤来说：全世界的储藏量共计白煤为496,846,000,000吨，全欧洲仅占54,346,000,000吨，北美31,842,000,000吨，而亚洲则为407,637,000,000吨，非洲11,662,000,000吨；全世界石煤储量为3,902,944,000,000吨，北美为2,239,683,000,000吨，亚洲为760,098,000,000吨，欧洲亦仅693,162,000,000吨；世界褐煤储量为1,987,763,000,000吨；北美占2,811,406,000,000吨，亚洲占111,851,000,000吨，欧洲亦仅占36,682,000,000吨，海洋洲亦占36,270,000,000吨。拿生产额来看：照1927年的统计，世界总产额为14,038,000,000米突吨，欧洲占739,000,000米突吨，美洲占560,700,000米突吨，亚洲占74,400,000米突吨。再拿消费额来看：照1927年的统计，世界总额为13,061,000,00米突吨，欧洲占6,128,800,000米突吨，为世界总额之半，美洲占565,100,000米突吨，亦几为世界总额之半，亚洲仅占78,600,000米突吨，非洲18,500,000米突吨。再拿全世界铁的储蓄量来说：全世界为32,555,500,000吨，太平洋各国占21,898,000,000吨。上述这数字，虽不十分可靠，但大体上是不错的。

B. 棉丝羊毛谷类橡皮：谷的产额，据日本农务局1928年米谷年报，1921年至1925年平均，亚洲生产额占全世界总额97%，非洲占1%又1/10，北美中美共占0.4%，南美占0.5%，欧洲占0.5%。麦的生产，据《美国农业统计年鉴》，1927年，世界的小麦、大麦、裸麦、燕麦的生产总额为2,627,551,000公担。又小麦的生产，苏俄、加拿大、美国为最，法、印、阿、意、西次之；他处又有以俄、印、阿、加、美为最者。但据工商部统计中国小麦生产额有387,153,000公担，此数如可靠，则中国亦为世界小麦生产最富之国家。大麦的生产，亦以美俄为多，德、西、加、印等次之。裸麦生产，以苏俄居首，德、波（波兰）次之。燕麦生产以美为第一位，俄为第二位，加拿大、德、法、波、英等次之（上述据上海大东书局《世界农业状况》142页至143页）。1925年，欧洲小麦的入超为129,952,000公担，大麦为16,540,000

公担，裸麦为 11,012,000 公担，燕麦等 9,922,000 公担；1926 年日本麦类的输入为 7,000,000 公担。拿世界棉花的生产额来看，1926 年至 1927 年，世界总额据美国农务部调查为 27,740,805 包，其中美国占 17,977,000 包，印度占 4,162,000 包，中国占 1,584,000 包，埃及占 1,497,000 包，苏俄占 738,000 包，阿根廷占 449,000 包，法、意、德、日并没有列入统计。棉花的消费额最大者，以国别论，美居第一位，英居第二位，日居第三位，印居第四位，中国居第五位；以洲别论，欧洲居多，北美次之（上述据 E. E. Pratt, International Trade in Staple Commodities）。世界的丝产额，据美国绸缎协会所发表，1926 年 7 月 1 日至 1927 年 8 月 30 日，欧洲产额（意法西合计）为 9,226,000 磅，亚洲（中国沪粤日本印度合计）为 79,797,000 磅，近东各国为 2,425,000 磅。世界羊毛产额，据美国农务部《农业年鉴》，1927 年，世界总额为 2,202,251,000 镑，澳洲占 790,000,000 镑，美国占 328,137,000 镑，阿根廷占 323,000,000 镑，纽西兰占 208,457,000 镑，南非联邦占 240,000,000 镑，英国占 118,537,000 镑，乌拉圭占 129,000,000 镑，法国占 47,447,000 镑。橡皮则英美德法日意各国均无所产，消费额以美国为最大，占全世界 72% 以上，英次之，德次之，法又次之。

C. 木料：欧洲各国森林面积合计为 774,118,460 英亩，其中俄国占 440,000,000 英亩为最大，瑞典次之，芬兰又次之，德又次之，法又次之，英仅有 3,325,200 英亩（爱尔兰在内），意亦仅 14,252,000 英亩（据 Zon and Sparka K. Poust Resourcer of the World）。北美洲各国森林面积合计为 1,443,957,000 英亩，加拿大占 576,746,000 英亩，美占 550,000,000 英亩居次（根据同前）。亚洲各国合计为 2,096,014,590 英亩，俄国占 1,136,153,150 英亩，印度占 260,139,520 英亩，中国占 190,000,000 英亩（蒙古新疆青海不在内，仅本国与东三省西藏合计如上数字），日本仅占 46,602,180 英亩（根据同前）。南美各国合计为 2,092,690,000 英亩。非洲各国合计为 797,458,000 英亩。澳洲合计为 283,458,720 英亩（根据均同前）。木材消费量，以北美为最大，欧洲次之，亚洲则不及欧洲 1/2，欧洲不及北美 4/6。

照上述情形看，从一般地说，殖民地半殖民地都是重工业轻工业原料和食粮生产丰富的地带；分别的说来，亚洲是各种原料的丰富的生产地；英法日意德便都是欠缺原料的国家，不能不依赖殖民地和半殖民地的供给；只有美国是一个例外，然而仅仅原料一项，并不能支持其资本主义的发展，则是一个众知的事情。

2. 商品市场

英国出入口货地理分配百分比较表

	由各国输入		输往各国	
	1926 年	1927 年	1926 年	1927 年
德　国	6.3	4.9	4.0	5.9
法　国	4.9	5.2	3.1	3.3
比　国	4.0	3.8	2.2	2.3
意　国	1.3	1.4	1.6	1.9
丹　麦	4.4	4.1	1.4	1.5
苏　俄	1.8	1.7	0.9	0.6
中　国	0.7	1.0	2.5	1.4
印　度	4.0	5.4	3.6	3.0
澳　洲	4.2	4.3	9.4	8.6
阿根廷	5.8	6.3	3.5	3.8
加拿大	5.5	4.5	4.1	4.1
英　国	19.4	16.4	7.4	6.4
总计（包括其他各国）	100	100	100	100

又 1928 年第 1 季，英国商品输至各地的数字，至属地者占 41% 又 7/10，至欧洲者占 29% 又 8/10，至其他各地者占 28% 又 1/2。

美国出入口货物地理分配百分比

	由各国输入		输往各国	
	1926 年	1927 年	1926 年	1927 年
英　国	8.7	8.5	0.2	17.3
德　国	4.5	4.8	7.6	9.9
法　国	3.4	4.0	5.5	4.7
意　国	2.3	2.6	3.3	2.7
比　国	1.8	1.7	2.1	2.4
尼日兰	2.3	2.1	2.8	3.0
中　国	3.2	3.6	2.3	1.7
印　度	3.4	3.1	1.0	1.3
日　本	9.0	9.6	5.4	5.3
澳　洲	1.0	0.9	3.5	3.3
阿根廷	2.0	2.3	3.0	3.4
巴　西	5.3	4.8	2.0	1.8
加拿大	10.7	2.3	15.4	17.2
总计（包括其他各国）	100	100	100	100

日本出入口贸易地理分配百分比（按值）

	由各国输入		输往各国	
	1926 年	1927 年	1926 年	1927 年
英　国	7.2	7.0	2.9	3.3
德　国	6.1	6.0	0.4	0.5
法　国	1.0	1.3	2.1	2.7
意　国	0.3	0.3	0.3	0.2
中　国	10.1	10.4	20.6	16.8
印　度	16.5	12.4	7.6	8.4
澳　洲	5.4	5.6	2.5	2.5
加拿大	2.7	2.6	1.2	1.4
美　国	28.6	30.9	42.1	41.9
总计（包括其他各国）	100	100	100	100

德国输出入贸易地理分配百分比

	由各国输入		输往各国	
	1926 年	1927 年	1926 年	1927 年
英　国	5.8	6.6	12.0	10.9
法　国	5.2	7.1	3.2	5.9
意　国	3.9	3.7	4.2	4.2
比　国	3.0	3.2	2.8	3.4
尼日兰	5.5	4.9	11.5	10.4
瑞　典	2.3	2.7	4.0	3.8
瑞　士	2.2	2.4	4.3	4.5
捷　克	3.9	4.0	2.7	4.8
苏　俄	3.0	3.1	2.5	3.1
印　度	4.4	3.7	2.5	2.2
阿根廷	6.2	7.6	2.8	2.8
加拿大	2.6	2.7	0.7	0.6
美　国	16.0	14.7	7.6	7.2
总计（包括其他各国）	100	100	100	100

法国输出入贸易地理分配百分比

	由各国输入		输往各国	
	1926 年	1927 年	1926 年	1927 年
英　国	10.3	12.2	17.9	18.4
德　国	8.3	8.0	7.4	11.7
意　国	3.7	2.8	4.4	3.7
比　国	8.2	7.1	16.1	13.7
尼日兰	3.0	3.8	3.0	3.2
西班牙	1.8	2.7	3.0	3.1
瑞　士	1.7	1.5	6.1	6.2
苏　俄	1.3	——	0.2	——
印　度	5.6	——	1.0	——
阿根廷	3.7	4.4	0.1	2.2

续表

	由各国输入		输往各国	
	1926 年	1927 年	1926 年	1927 年
加拿大	0.7	1.4	1.0	1.3
美　国	13.1	13.3	6.2	6.5
总计（包括其他各国）	100	100	100	100

意大利出入口贸易地理分配百分比

	由各国输入		输往各国	
	1926 年	1927 年	1926 年	1927 年
英　国	7.3	8.9	9.4	9.8
德　国	10.8	——	11.9	14.3
法　国	8.3	8.8	11.3	8.2
比　国	2.2	——	1.9	
奥　国	2.4	2.5	3.0	3.1
罗马尼亚	2.2	1.9	1.8	1.8
瑞　士	2.3	2.6	8.1	8.2
捷　克	1.2	1.3	1.0	1.3
苏　俄	1.3	——	0.2	——
印　度	6.3	5.5	3.5	3.2
阿根廷	5.7	5.1	6.0	5.8
美　国	21.7	19.4	10.4	10.5
总计（包括其他各国）	100	100	100	100

（上列各表，均系根据上海大东书局出版之《世界经济》丛书）

上列各表的数字，我们自然也不敢十分信任；但是资本主义各国依赖殖民地半殖民地为其商品市场的情形，上列的数字，便能充分指示出来。

其次资本主义各国以殖民地半殖民地为其资本的排泄地和贱价劳动的掠夺场，尤其是在亚洲，我这里没有再去举出数字的十分必要（请参看《新东方·殖民问题专号》350—357 页），因为主要的说明，是在上述"原料"和"市场"那两个项目——在这两个项目中，便能见出资本主义各国依赖殖民地半殖民地之迫切；自然，资本主义到了金融资本主义这个段落，其对外资本的输出，也是迫切的，但是还不如上述那两个项目，为其所依以存在的根本条件。

因此，资本主义各国与殖民地半殖民地经济的依存作用，便能明白。她们没有殖民地半殖民地（尤其是亚洲）作她的尾闾，她便失了存在的依据——原料缺乏哪，商品堆积哪，资本膨胀哪，扩大失业哪……都是相互关联的问题，会跟着事实，一齐呈现出来，作为资本社会临殁的殉葬品。

三

自然，世界资本帝国主义各国依赖东方殖民地半殖民地既如此密切，其施行压榨的程度，便不言可喻。但是依据辩证法的发展的定则，东方殖民地半殖民地民众的反帝国主义运动，也自然会随着发生，开展。要明白这些运动的发生及其开展的过程，则分析东方各社会之历史的背景和帝国主义侵入后的东方社会的转化过程，实为必要；要正确的估定东方民众反帝的前程，则东方民众已往反帝运动之史的考察，更不能忽略。凡此，都当另仗专篇去讨论。

但是，东方民众已往的反帝运动，被我们当作历史材料看了的各种反帝运动，都为其社会的经济的结构所决定，运动的内容，都非常脆弱。这都从运动的自身去观察就可以明白的。自前次大战期中开始，东方殖民地半殖民地的工业，便迅速的发展起来，开始表现现代资本主义的经济形态，因此东方殖民地半殖民地民众革命的内容，也随着开始转化，由抽象的自为矛盾的革命的性质，而转出一个具体的统一的含有革命的真际性的内容来。

理由是这样的：由于东方殖民地半殖地自身工业的发达，一方面使殖民地半殖民地民族资产阶级的意识，开始正轨地发展；他们为其本阶级的利益和前程，反国际资本主义的意识，也渐趋具体化的倾向；二方面便造出相当质量的城市产业工人，形成殖民地半殖民地革命的支柱；三方面在殖民地半殖民地民族资本开始发展的过程上，对于农村的更加紧剥削和土地的更迅速集中化，贫农阶级革命的意识，便急激的发展，和城市产业工人同形成殖民地半殖民地革命的主力。因此，东方殖民地半殖民地革命的性质和内容，得着新兴阶级的工人和农民的革命势力来领导，乃得相当的充实和正确的发展。民族资产阶级，客观上，自然不配完成东方殖民地半殖民地反帝的任务；但是在其本阶级立场上所表现的意义，比前此要具体化些，也是一个客观的事实。

把农民和工人阶级的力量来实际检查一下，在中国农民约占全人口百分之七十一至八十（地主的数目虽然也包括在内，但占绝对的少数），产业工人约270万至300万，手工业工人约1,000万至1,300万；在印度，农民约占全人口73%，产业工人约250万左右；在朝鲜，农民约占全人口80%，产业工人约10万左右（他处统计数字，有为28万者）。这广大的革命阶级的群众的存在，已经使国际帝国主义者惊惶失措了。

有健全的革命势力的存在，自然便有正确的革命事实的表现。

因此，近数年来，在朝鲜所表现的元由〔山〕罢工运动，和因光州事故而发动的全国大骚动，都使日帝国主义者张皇失措；在印度继续发生的群众暴动，虽然在温和主义者的领导之下，也使英帝国主义者想不出一个圆滑的对策；在中国所发生的各次运动，都使国际帝国主义者反省中国革命群众力量的伟大，终于也不能不由炮舰政策而渐渐转变为软化政策的一个花样；——自然，软化政策，并不曾骗着中国的群众——最近缅甸民众的暴动，英帝国主义者为掩饰其丑恶的面孔，只好给群众加上一个共产党的帽子；——实际，共产党的帽子，也并不能掩饰英帝国主义者的丑恶。——在其他各地，也同样有革命群众的暴动发生。这证明国际帝国主义在东方殖民地半殖民地的势力，不惟根本动摇，实际已到了末日。

不过东方究竟是世界的一部分，东方殖民地半殖民地的革命，是和整个世界密切地连着的。其次，东方殖民地半殖民地，自然具有决定资本帝国主义最后命运的意义；而资本帝国主义的自身的情势，也可以决定东方殖民地半殖民地革命成功的迟速——在某种情势上，还可影响到革命的意义上去。因此，在估量东方殖民地半殖民地革命的前程之先，分析国际资本主义经济的现势，也是必要的。

四

1930年世界经济的恶劣情势，乃是资本主义经济制度下的一个普遍的不良景况。无论英美法日意等那一个资本主义国家，贸易的输出入都呈衰减的趋势，生产机关都呈缩收的状态，物价指数都为一种普遍的低落。在他方面，失业的工人数目，都是一天一天的扩大；农产品的堆积兼受独占业者和银行家的操纵，使全世界的农民普遍的贫穷化，贫农一队一队的离开农村。这确是世界资本主义一个最严重的时机。

在上述这些不良景况情势之中，最足为世界资本主义的致命伤，使各国资本家的御用政府都焦头烂额而不能得着一个解决对策的，当首推噬人的失业问题。据昨年12月8日天津《大公报》所发表的一段新闻来看，其严重情势，便可想见。

"纽约12月5日合众社电：据合众社调查，全世界失业情形，除法国外，自秋间以来，大半均感受严重影响。据日内瓦国际劳工局估计，全世界失业总数，自12,000,000［人］至15,000,000人。但该局承认此项数字不确。据日内瓦所报告之数字，失业人数以美国居首，约计400万人，较美国方面之调查，超出甚多。据美方4月间报告，约有250余万人失业；秋间报告，约有350万人失业。以人口比例，失业人数最多者，当推德国，每20人中有一人失业；英居次，每22人中有一人失业；美居第三，每30人中有一人失业。德国失业人数，未列日内瓦报告中；但据官方报告，有3,184,000人。日内瓦报告称，苏俄失业者，有1,150,000人；莫斯科方面对此数，并不承认。该报告又称，英国失业者，有2,100,000人；法国只有1,000人。兹将国际劳工局调查各国失业人数列下：

奥	156,000 人	荷	25,000
比	64,000	挪	20,000
坎	20,000	波兰	240,000

续表

捷	37,000	巴勒士丁	5,000
丹	25,000	罗马尼亚	23,000
□□尔	15,000	俄	1,150,000
芬	4,000	□尔	7,000
法	1,000	瑞典	26,000
英	2,100,000	美	4,000,000
萄	20,000	犹哥	7,000
意	400,000		

上表并没有列入日本的数字；但据日本社会局之调查，本年 4 月约为 372,000 余人；较之上年 9 月增加 10 余万，其失业增加率为 28.5%。但潜伏在家庭中的失业者，尚不在内。合众社是美国资本家的新闻机构，日本社会局是日本资本家开明的御用工具。他们自己公然肯招出这些犯罪的口供来，这是应当使我们如何去注意的一回事情。

次拿各资本主义国的贸易情况来看：据日本工商贸易局调查，英国昨年上期输出较 1929 年同期，减少 10.4%，输入减少 10.3%；美国昨年上期较 1929 年同期，输出减少 24.1%，输入减少 18.7%；法国昨年上期较 1929 年同期，输出减少 12.4%，输入减少 8.4%；德国昨年上期较 1929 年同期，输出减少 16.6%，输入减少 5.2%；日本在昨年上期较之 1929 年同期，输出减少 26.4%，输入减少 28%。

再拿物价的低落率来看：日本昨年 5 月较 1929 年 6 月，低落率为 14% 强（日本银行指数）；英国昨年 4 月较前年 6 月低落率为 10.8%（经济月刊社指数）；美国昨年 5 月较前年 6 月，低落率为 13% 强（的拉德司特立特公司指数）；法国昨年 5 月较前年 6 月，低落率为 10% 强（一般统计局指数）；德国昨年 5 月较前年 6 月，低落率为 10% 强（国家统计局指数）。

其他生产机关的倒闭或缩收，运输减少，都和上面这些问题关联着的。像日本政友会昨年 8 月派遣调查全国生产业的委员的报告，都能明白招认出来。我们不必再为叙述，因为我们在这里，也只在找出资本主义经济现势不佳的一个概念。

由于资本主义经济现势的不良景况的威迫，各国资本家在穷极无计的当中，英国所发起的五国海军会议，不过想以"血浓于水"（Blood is thicker than water）的诳言，去和缓美国的资本家，企图缓和美国对其殖民地的再分割——实际，英国的殖民地，有不少久已跑到美国的怀抱中去了——挣扎其世界的平分的霸权。然而结果，并不能和缓各资本主义国相互的对立形势，反促速其矛盾之内在的开展。白理安想以空想的欧洲联盟的计划，去共同防止美国，安定欧洲各国的资本主义经济，无论（奈）他这个空想结果还［是］成了空想；而法意在大陆的争霸，矛盾的内包，使巴尔干问题，正在催着战神的降临。他如关税壁垒的高筑哪，都是各国资本家在恐慌到来的威迫之下，一种穷极无聊的举动，这不惟无益于资本主义的膏肓痼疾，反而国际的形势，更形恶化；并证出世界嘉特尔计划的滑稽空想，也于此可见。

他们对自己农业危机的解释，归究于苏俄小麦的"投披"（Dumping）（参看伦敦出版之《The Trbour Monthly》第 12 卷 11 期），鼓动反苏俄的联合战线。他们或者也以为只要把苏俄的小麦驱出于世界市场之外，农业的危机便可以消灭；然而这不过是资本主义的笨拙。总之，事实摆着的，便是各资本主义国和苏俄对立的冲突的形势，正在急速的严重的开展着。

因此，各资本主义国在世界大恐慌到来了的威迫之下，他们自身无法解决，在其他方面，战神反正在迎着第二次大战的降临。在这个时机，东方殖民地半殖民地民族革命的意义和前程，便有决定世界转变的意义。

五

在这个世界总转化的严重时期，世界战争的爆发，无论发生于各资本主义国的世界再分割的战争上，或发生于各资本主义国和殖民地半殖民地民众革命的冲突上，或各国资产阶级和无产阶级的冲突上，结果总不能不转化为全世界资本家构成的压迫阶级与殖民地半殖民地民众和世界无产阶级构成的被压迫阶级之两阶级对立的最后的肉搏苦斗。因此，在这个时期的东方殖民地半殖民地民众的革命，已经不仅在自身的独立自由之获得的消极意义——而到了能决定世界资本主义社会的前程的历史的阶段。不是资本主义国家的没落，人类的前史宣告终止，便是两阶级的同时倒毁；绝不是在资本主义国家还能存在的世界，可以获得充分的独立和自由。

然而事实摆在我们面前的，假使临殁期的资本主义对于殖民地半殖民地不能继续的统制，或者殖民地半殖民地不再提供为资本主义的原料和商品市场和资本的排泄地，便直接关联到其国内阶级斗争和其国际相互的冲突那两个问题的开展。所以东方殖民地半殖民地民众的革命，不惟不能离开世界革命的场合，而且直接负有世界革命的任务。

问题的困难在这里，东方殖民地半殖民地民众的革命，客观上——在自身的经济条件上和世界经济转化的情势上——自然再不能把东方社会导入资本社会；而自身的经济的条件上，实现社会主义社会的物质的必要条件，又还没有充分的存在。这究竟应该把东方社会导入一个怎样的场合呢？这个问题不得着充分的解决，革命仍不免要落空——严格的说来，依样没有内容。然而社会主义的社会，是东方民众革命的直接的目的；农业经济的封建社会必须过渡到工业经济的资本主义社会，是社会进化的必经阶段。这不是一个显然的正反相对的矛盾吗？矛盾过程的消灭，在正反的统合。所以问题的解决，也不能不从问题的本身去探求统合的法则；因此引导两个时期的同时过渡，便是必经的过程。

末了，形成东方革命的现势，是历史材料开展的结果。因此历史的检讨，也是必要的。

（原载《三民半月刊》第 5 卷第 9、10 期合刊，
1931 年 1 月 16 日发表）

农村自治问题论

　　《三民半月刊》庞仲德、邓梅羹两先生，一再嘱我为他们的《自治问题专号》写篇文字。然我对于这个问题，虽曾一度主编过《村治月刊》，抱有浓厚的学理研究的兴趣；但是在我对这个问题研究的当中，所遇着的问题，愈来愈多，以致这问题在我的认识上，至今还是问题。然而问题的自身，至今也还在一个模糊论战的过程中，并不曾成立一个科学的范畴和体系。虽然已有些人在那里喊出"自治学"的名词来，然而也不曾树起科学上甚至哲学上的相当基础——据我的肉眼观察，这或者是困难的。

　　惟其因为这问题还没有进入科学或哲学的系列中。因之在各种不同的模糊的观点上，有的把它当作文化运动看，有的把它当作政治运动看，有的把它当作乡村社会运动看。这样"各是其是"，使问题的自身，更显得模糊。

　　但是我们试考察这问题之发生在中国的社会背景，问题的本身便自然明白。自中国农村经济的破坏，以及和此相缘而至的农村社会的摇动，农村文化的衰落；反映到全社会的整体上，而为构成社会的种种矛盾的主要因子；更反映到经济的政治的变动，构成社会各分子间之社会"意特沃洛基"（Ideologic）的矛盾，便立形尖锐。自然，在这种社会变动的过程中，便不免一些要憧憬于旧社会文化的衰落，一些要咒詈政治制度的破废，一些要感叹农村社会的解体。

　　然而问题的核心究竟在哪里呢？

　　文化哪，政治哪，农村社会哪，原始由农村经济的解体，到现在已构成了一个全社会经济的问题。我们只能从全社会经济整体的问题上，去追求农村经济问题的解决；不能单从农村经济问题的本身上，而求得"中国问题之解决";更不能倒果为因，从农村自治的发动上去求得农村经济问题的解决。因此，中国的农村自治问题，我们只有把它当作农民问题去把握，中国的农民问题，也不过是构成中国现代社会问题之一翼；同时，中国的问题，也并不能离开世界问题独立起来，而是相互关联着的。

不过问题是这样提出，研究的范围，便更觉广泛；而且在这短篇的论文里，系统的讨论，事实上也有所不能。因之，我们在这里，不得不从问题的整体内抓住"农村自治问题"这个题目，暂就以下两点来讨论：

一、一般对于农村自治问题的见解和他们的问题；

二、农村自治的问题在哪里？

一

这里所谓"一般对于农村自治问题的见解"的"一般"，而是指中国近年来从事农村运动者的理论而说的。兹分别检讨如次：

（A）当作文化运动看的农村自治运动

这一种运动者的理论，当以梁漱溟先生为代表。陶知行先生的晓庄师范和黄任之先生他们的中华教育职业社在江苏黄墟镇和徐公桥的农村改进运动；他们在理论的立场上，虽然和梁先生也有小异的地方，原则上并不曾跳出梁先生理论的圈子。

哲学者的梁先生，扭过头来去从事乡村的实际运动，而且再接再厉，这是使我们如何欣喜与同情的！梁先生近中的理论，也不少使我们同情的地方；然而我们对梁先生的理论还认为有讨论的地方，就是梁先生始终还要固执他东方哲学者的立场——不肯挪科学来解决问题。现在把梁先生的理论来介绍一下：

"题目便是辟造正常形态的人类文明，要使经济上的'富'政治上的'权'，综操于社会，分操于人人。其纲领则在如何使社会重心从都市移植于乡村。乡村是个小单位社会，经济组织皆天然要造端于此的；一切果从这里建造起来，便大致不差。恰好乡村建设要走‘合作’的路，都是以人为本的经济组织；由是而政治亦自形成为民生的。那么，所谓富与权操于人人，更于是确立。现在所急的，是如何遵着这原则以培起乡村经济力量，乡村政治力量，这培起乡村力量的工夫，谓之乡村建设；——乡村建设之所求，就在培起乡村力量，更无其他。力量一在人的智能，二在物质，而作用显现要在组织。凡所以启发智能，增殖物质，促进组织者，都是我们要作的。然力量非可由外铄；乡村建设之事，虽政府可以作，社会团体可以作，要皆以本地人自作为归。"（见《村治》1卷十一二期《山东乡村建设研究院设立旨趣及办法概要》）

换言之，便是由"乡村建设"，"完成一种乡村文明"，一种"正常形态的人类文明"，便是"中国问题之解决"。"乡村建设"的着手处是"经济"；经济的路线，是"从合作这条路去走"；各项"合作"的范围，是"信用合作，产业合作等"。由此"促兴农业"，完成"乡村经济的建设"。从事这种"文化改造"的"革命"的力量是什么呢？梁先生又说：

"中国问题之解决，其发动以至于完成，全在其社会中知识分子与乡村居民打拼一起所构成之力量。"

"所谓革命的知识分子所必凭借的社会中潜伏之一大力量，我是指乡村居民而说。"（均见《村治》1卷8期《中国问题之解决》）

所谓这种"革命力量"，是以知识分子为"主"，"乡村居民"为"宾"。他们"打拼一起"的机能，是由知识分子"组织团体"，"到乡村去"。

梁先生对于中国社会这种热情，而提出这样简切的解决方案。我对之只应有同情，不应有异议；惟其因为同情，则我还认为有问题的，便不能不提出讨论。

第一点，梁先生认"乡村建设"，要从"经济"着手，这是我十二分同情的。农村经济建设的路线是"合作"，原则上我也不敢异议；但是"合作"问题的本身，梁先生并没有具体的指出；换言之，便是农村经济问题的核心在那里？梁先生并没有把握着。中国目前农村经济状况，不仅是一个经常的农民贫乏问题，而是大量的农民失去土地和其他生产工具，一群一群的离开农村，散为都市和乡村的失业游民。拿中国目下农村人口分配的情况来看：

有土地的农民（地主在内）	150,000,000 人
无地的雇农	30,000,000 人
佃农	136,000,000 人
游民兵匪等	20,000,000 人
总计	336,000,000 人

照这个统计看，完全失去土地和生产工具的赤贫（游民雇农）几占全数1/6，完全租种他人土地的佃农约占全数2/5，这是一个如何可惊的数目。并且小农正在相继变成佃农，佃农相继变成雇农和游民兵匪，雇农相继失业，照这幅活现的图画看，农村经济问题的核心在那里呢？这1/6的赤贫农民，教他们凭什么去参加合作呢？教他们如何能不离开农村呢？难道把他们摒诸于"乡村建设"之外吗？这是显明的一方面映出一个严重的土地问题之存在，二方面便映出一个游民兵匪如何才能复业的问题。这个问题，梁先生并没有考虑。然而梁先生或者以为凭"合作银行"或"信用合作"的办法去制造小农，问题便可以解决，这充其量也只能和缓土地问题的一个方面，对于游民兵匪的复业问题，依样起不了有机的作用。不知梁先生也还把它当作问题看没有？

第二点是知识分子与"乡村居民"打拼一起的问题。这问题更富有研究的价值和兴趣。问题的焦点不在知识分子能否和"乡村居民"打拼一起，而在这些"为主"的知识分子如何能不凭借其优于"乡村居民"的"智能"，而构成一个乡村的特殊阶级或土豪劣绅，重新去剥削"为宾"的"乡村居民"？

自然，中国这80%以上的"乡村居民"，是感痛苦最深而需要革命最切的；他们自己偏偏又没有"智能"去认清自己的苦痛和"革命"的"方向"。如果这些有"智能"的能认清"革命""方向"的知识分子，都能像"圣人"一样或者像梁先生一样，这不惟是"乡村居民"的惟一救星，中国的问题，也不难仗着这些英雄本色的知识分子去解决。不过现在乡村的土豪劣绅，甚至历史上压迫农民的乡村士绅，城市和乡村出身的贪官污吏……何常不是中国社会的知识分子呢？现在要这班很容易变成新兴士大夫阶级土豪劣绅的知识分子，要他们"为主"去从事"乡村建设"，如何使他们不致形成新兴的特殊阶级背叛"为宾"的"乡村居民"？除非主观的希望这班人都去作历史上的"圣人"和"仁人君子"外，并没有半点客观的保证。或者以为第一步从教育着手，养成"乡村居民"充分的或相当的能力和识力，问题便可以解决。然而在这样农民贫乏的现况下，方救死之不遑，教他们仗着什么去享受这些"仁人志士"所给予他们的教育呢？问题至此，又不能不关联到前面所讨论过的农村经济问题，梁先生所提出的农村经济建设的原则，又未能圆满，这在前面已经指论过了。

梁先生又拿出中国历史的事实来证明他理论的根据。

"我们可以看出历来对于中国问题之发动，有两种不同形式：一种是通习外面世界情势之知识分子所发动者；历来的各种维新运动，各种革命运动皆属此例；一种是不通外面情形之无知农民所发动者；同光年来闹的无数教案，1900 年义和团之扶清灭洋运动，以及近年来北方各省之红枪会天门会四川之神兵等等皆属此例。"（见《村治》1 卷 8 期《中国问题之解决》）

这确是梁先生理论的一个有力证明。但是历史上中国问题之由知识分子发动者，其运动的结果是怎样呢？不是半途的夭折，便是形成一种新兴的特殊阶级，重新建立其支配"乡村居民"的统治者的楼阁——民国以来的军阀政治官僚政治，便是一个好例。民 15 年以来的本党之得以统一中国，并不是纯知识分子的运动，运动的内容而有农民和工人的两大势力之存在；而且统一以后，内战不息，军阀之得以继续生长，民众并没有力量去扑灭于无形，其原因在那里呢？"为主""为宾"说之流弊，便不难想见。其次前此的国民经济本质和现在的国民经济的本质也并不一样，现在有大规模的"脱拉斯"式的生产组织，前此并没有存在。因之，前此形成社会生产主力的社会劳动力纯是农民，现在则还有其他构成社会生产主力的群众存在。所以不能只看见农民才是受痛苦最深的阶级层，只有农民才是发动中国问题的客观力量的存在，还须把我们的眼睛开再去看看其他的民众。这应该是梁先生要考虑到的问题。

关于梁先生所持论的哲学基础，这里不论及。

我这点意见，很久就想和梁先生当面讨论的，因为梁先生远在济南，便就这个机会提出。

（B）当作政治运动看的农村自治运动

若是把问题浅薄一点看去，始终也只能看见问题的表面；对于问题的真际性,仍不免"隔鞋擦痒",摸不着边际。这是我们讨论问题时,很容易造成的谬误。

已往政治的不良,这是我们很容易看见的事实。惟其政治的不良,容易给人们肉眼的直接刺激;因之问题便常常引诱我们把全个社会问题都归咎到政治制度上面去求解决。看见少数人凭借政权去压迫多数人,我们便以为全是政治制度的缺陷;"多数政治"的主张,便由此产生。中国的君主专制政治,虽已灭亡;军阀官僚政治依样奉承遗制,构成少数者的专政;多数者的民众尤其是农民,乃受苦益深,"国力民富","江河日下"。农村自治说,便缘此产生,以为只须农村自治的新政治制度能够确立,问题便算是根本解决了。

诚然,已往政治制度的流弊,乃在政治上的"权",操于少数者,形成一种由上而下的"治民"的政治制度;现在要一反从前的流弊,当把政治上的"权"分操于人人,确立政治的基础(或重心)于乡村(或地方),建筑一种由下而上的人民自治的政治制度。这是目前谈农村自治者一种普遍的见解,虽然拿不出一个特别的代表人物来。作者自己,前此亦曾一度抱过这个见解。

但是理想虽然是如此的高妙,终敌不过实践的困难。困难在那里?第一便是中国人民十个人中平均有八个不识字而知识薄弱的,并没有自治的能力和识力;把农村和都市分开来说,农村人民不识字的比例当更大。在农村中识字而有智能的,大抵不外是出于占农民全数30%的富农和地主——实际便是乡村土豪劣绅的质素。我们究竟应该把土豪劣绅放在自治体之内,还[是]把他们摒之于外呢?如果让他们和无知农民在一个组织体内去实行自治,那便不是农民的自治,而是土豪劣绅治农民了。如果把土豪劣绅摒诸自治体之外,让另一班知识分子去协助无知农民自治,那又犯了前述梁先生所主张的第二点错误。第二便是1/6的赤贫,2/5的无地佃农,和贫苦小农,教他们仗什么去参与乡村的政治呢?不予他们以生活的安定和解决,问题便等于虚悬。农村人民生活的基础又是依存于什么呢?换言之,农村政治的平等,并不是希望那些土豪劣绅能够和"仁人君子"一样肯退让的一回事,而自有其经济的基础。这基础要怎样能建立,谁能替他们建立呢?

问题的困难,是问题自身构成的。

二

农村自治问题要依存于农村经济问题去解决，这是无可疑义的。农村经济问题能够解决，农村的教育问题，才有根本解决的可能；农村人民的智能要有平等的发展与成效之后，才能说到真正农民自治的"农村自治"。

但是中国的农村经济一方面自身已经形成一个严重的土地问题；他方面又是通过了国民经济而与世界经济结下不可分解的因缘，它自己已失去了独立性，退处到被支配的地位。因之，问题的解决，便更形复杂。现在只从农村经济自身的方面看，土地问题如不得解决，则问题的自身终是问题。任凭我们的哲学家和科学家去高谈"六大害"呀，"三大问题"呀，耕种技术的改良……呀，终不过是"名流""学者"先生们的一种大发慈悲的呼声。结果"六害"还是"六害"，"三大问题"还是"三大问题"，技术的改良……不过让资本家大地主去独占上风。现在把土地问题的现状来指摘一下，问题的真相便不难明白。

中国土地分配的情形据 1927 年的调查，如下表：

	户口数百分比（%）	占有地面积百分比（%）
中农（10 亩至 30 亩）	24.73	13.26
贫农（1—10 亩）	44.45	6.16
富农（30—50 亩）	16.21	17.44
中小地主（50—100 亩）	5.57	19.40
大地主（100 亩以上）	5.33	43.00

（据 1927 年武汉国民党农民部发行之《中国农民》2 卷 1 期）

又据 C. B. Mrlone and J. B. Tayler：The Study of Chinese yural Economy；p. 12. 就江苏河北二省的情况说：在江苏，所有地 20 亩以下的小农，占农民人口全数 91%，所占地面积仅占农地全面积 41%；所有地 50 亩至 500 亩者仅占农民全数 2.7%，所占农地面积则占全农地面积 25.9%；千亩以上者仅占农民全数 0.15%，占领地则占全农地面积 25.7%。在河北，所有地 20 亩以下的小农，占农民全数 77.6%，所有地面积仅占全农地面积 27.5%；所有地 50 亩至 500 亩者，仅占农民全数 10%，占地则占全农地面积 60.3%；千亩以上者，仅占农民全数 1/1000，占地则占全农地面积 260/1000。

以上二种统计数，虽然不能十分正确，然而总可以看出一个土地集中的情势来。

再就所有地 10 亩农户的生活来看，现在虽然还没有可靠的调查，然据顾复 12 年根据无锡农民生活情况的推测，每户以 5 人计算，每户每年的食品费最低支出约 180 元，衣服，房屋，赋税，杂项等最低支出约 94 元，总计每年支出共约 274 元。每年收入，农产品约 140 元，菜蔬养蚕及副业等约 84 元，共计每年收入约 234 元，虫伤天旱除外。收支相抵，尚不敷 40 元，佃农和 10 亩以下的农户，其收支不敷的数目，自更不止此，加之（一）年来农村经济更为衰落，（二）无锡为中国农产富饶之区，其他贫瘠之区，情形当更劣。即依此，已有全国百分之四四又五的农户，每年在生活的困难中，而过其饥饿或借贷的生活，结果便只有又失去部分的土地；大量的佃农雇农和失业者还不在内。佃农所受于佃租的剥削（剥削的情形，这里为篇幅所限，暂从略）更感受生活的困难，以及雇农之所以失去耕地，失业者之所以离开农村，都足以表示土地问题的严重性。再拿农民离村和全人口的比较率来看：

	全人口	离村数	离村率
江苏吴江	1,372	67	4.8%
山东霑化	5,857	513	8.70%
安徽宿县	3,478	105	3.02%
河北盐山	803	70	8.72%
浙江萧山	10,355	795	7.58%

（据田中忠夫《革命中国的农村实证研究》第 3 篇第 3 章第 1 节）

再拿农民离村后的职业问题来看：河北盐山百五十个农村的农民离村后的

职业，劳动者占 57.2%，女仆占 2%，军人占 14.3%，官吏和商人合计仅占 14.3%（据 J. L. Buck：An Economic and Social Survey of 150 Farms；Yenshan Country，Chihli Province，China；p. 83）。这可以明显的指出大多数的农民为什么离开农村呢？这种从农村挤出来的劳动者和兵士，完全因为失去其所附着的土地。但是问题还不止这样简单，一方面虽然大量的农民失去土地而离开农村；他方面却是荒地之逐年的增加。这个问题的原因在那里呢？或者以为由于连年的兵匪旱灾，农民不得耕种，才发生荒地逐年增加的结果。这解释完全是表面的；我们只问荒芜农地的所有者是小农还是富农和地主，问题便不难明白。——自然，旱灾之造成荒地增加的原因，是无分于小农富农和地主；但这原因之对于小农，只是暂时的。

上述不过是提起诸公的注意："中国的农村，最严重的，有个什么问题存在！"系统的探讨，就不是这附带论述的文字所能胜任。

但是，问题讨论到这里，我将回问一句："农村自治的问题在哪里呢？"

三

基于上述的理论，我对于这个问题的意见，约略地归纳如次：

实施农村的经济建设，第一步便当防止农民的离村；防止农民离村的有效设施，便在给农民以相当的土地，换言之，就在要使"耕者有其田"。"耕者"能"有其田"，农村经济的基础，才能妥定；夫然后，方可言农村经济的建设。然而怎样才能使"耕者有其田"呢？"耕者"的"田"要怎样才不致丧失呢？农民的问题，只有农民自身才是解决问题的主人。

在农民经济平等发展的原则之下，农民的教育问题，便自身解决了。夫然后农村自治的政治制度，才有其真实的基础，才能显现其有机的作用。

但是问题还不免抽象一点，"耕者有其田"，农村经济就可以以人为单位的平等的发展了吧？在世界资本主义支配着的世界经济，以人为平等单位的农业经济便只有崩溃——农业资本主义的农业经济，当属例外。因之，农村经济的问题，我们不能把它从国民经济甚至世界经济的场合中独立起来，而是相互关联着的。

因之，问题的解决方向，是政治的还是经济的呢？革命的还是改良的呢？

（原载《三民半月刊》第 6 卷第 7、8 期合刊《地
方自治专号》，1931 年 6 月 16 日发表）

中日问题之经济解释

一

在日本对华不宣而战的原则下，已开始其正式的战争行为；不过在充满虚伪欺骗的国际联盟的掩饰下，一方面还保留着不绝如缕的国交。上海的剧烈炮声，已震动世界人类的耳鼓。只有在日内瓦的资产阶级的代表们，还在表演其军缩会议的滑稽喜剧；实则战神已克服了太平洋上的烦闷空气。近日国际的情势，其紧张也确似 1914 年之前夜——无论各国资产阶级表面上怎么样装痴作聋，骨子里，他们自己明白。因此，揭动这严重局势的中日问题，在目前，我们更应该有重新把握的必要。

然而问题虽是到了这样严重的程度，若是世界资本主义在所谓景气的年季，战神或者久已在华盛顿和西欧同时降临了。究竟世界经济大恐慌的袭击，他们都不能不有所顾忌。不过问题的自身还是往返着的，假使各国不在经济恐慌的威迫中，问题或者还不至如此恰如其会的突发——突发的原因，自然还不止此。

所以世界经济恐慌的事实，自始至终都与这问题密切关联着的。

在经济恐慌中还在表演着的，是各种工业部门的生产机关的倒闭，银行信用机关之不断的停业，物价指数的低落，债券价格的低落……表现为产业的总缩收和相因而至的劳动者的失业。反之劳动者的失业，在此种情势下，也正足表示产业的缩收。因此在这短的篇幅里，我们不必叙述经济恐慌所表演的各种事实，就只须拿各国劳动失业的数字来看，便可以把着一个枢纽。据1930年12月5日合众社电"据合众社调查：据日内瓦国际劳工局的估计：全世界失业总数自1200万至1500万人，但该局承认此项数字不确。据日内瓦所报告之数字，失业人数，美最多，约计400万人——据美国方面是年秋间报告，则约350万人。以人口比例，失业最多者，当推德国，每二十人中有一人失业；英居次，每二十二人中有一人失业；美居第三，每三十人中有一人失业。德国失业数字，未列入该报告；据官方报告，有3,184,000人。兹将国际劳工局调查是年各国失业数列下：奥国156,000人，比国64,000人，加拿大20,000人，捷克37,000人，丹麦25,000人，芬兰4,000人，德国1,000人，英国2,100,000人，葡萄牙20,000人，意大利400,000人，荷兰25,000，挪威20,000人，波兰240,000人，巴勒士丁5,000人，罗马尼亚25,000人，苏俄1,150,000人。萨尔海7,000人，瑞典26,000人，美国4,000,000人，犹哥7,000人"。据日本社会局是年年终发表，日本约为500,000人。再拿1931年的情形来看，日内瓦通讯称："据国际劳工局统计1930年末至1931年末之一年中，失业者人数之增加，英国12%，意大利63%，荷兰92%，端士41%，加拿大80%，丹麦52%，美国30%，纽西兰18.4%，拉特维亚12.5%。所有各国，由20%增加至80%。国际劳工局此项之统计，大半以劳工联盟会所付失业保险金之统计，或失业注册者为根据。此项统计，可认为缺乏各国实在失业者。1930年与1931年末期中，各国失业人数统计比较如下：德国1931年失业人数为了5,349,000人，1930年12月15日止之失业人数为3,977,000人。比国1931年末，完全失业之人数为81,318人，部分失业人数为126,060人，而1931年末，完全失业之人数，为37,322人，部分失业之人数，为54,804。英国1931年末，失业之人数，为2,572,000人，1930年末为2,299,000人，法国1931年末，失业人数为123,891人，1930年为18,596人"，上述两种数字，经过资产阶级御用机关之一再折扣，当然未能十分正确可靠（这两种统计的数字，也并不一致）。据1931年美国本雪凡尼亚省省长宾乔氏8月中旬的报告，只本雪凡尼亚一省的失业者，已有90万人，占工人总数的1/4。这更证明上述数字的不正确，表示资产阶级的宣传机关，不肯暴露事实的真相，极力掩饰他们自己的弱点。然而我们便可于此看出世界失业的巨口之一天一天的张大，威迫着各国的资产阶级张皇失措。绞尽他们的脑汁，还得不出一个相当的对策。

各国的大量失业人口之存在，直接与各国资产阶级以致命的打击，而展开其国内的阶级对立的最后形势；间接上更助长了正在走向社会主义建设的苏俄的声势，尤能使各国资产阶级寝食难忘的。因此便构成英美等帝国主义者对此次中日问题之犹疑不决的态度。

因此，知己知彼的美帝国主义者原初的狡计，表面上便故装痴聋，骨子里企图促发日俄的战争，以遂其一箭双雕的幻想。苏俄呢，无论在其五年计划还未完成的时际，也自必力避正面的冲突，让资本主义者自己去预备撕杀。英国自始就不过是"金元王国"的一个副角。

现在应该回到揭动此问题的日本方面来了。日本是构成世界资本主义经济的一环，是资本主义国家的主角之一；其受经济恐慌袭击的深度，当然和各国没有二致。但是日本在这自顾不惶的恐慌期中，为什么还毅然敢于这样发作呢？原来资本主义所视为补救恐慌的对策：一方面只有设法使市场景气的回复，二方面便只有加紧对殖民地半殖民地的剥削。早产的日本资本主义，从她的母体中就带来了虚弱的症候。其本国的市场是非常狭小的，自身原料的缺乏，尤暗示日本资产阶级前途的悲观；而当她出世以后，世界的市场——殖民地半殖民地——已被先进各国分割殆尽了——幸喜每次机会的凑巧，她还能在半殖民地的中国分得一杯羹——而她所分占的台湾朝鲜琉球，又并不能满足日本资产阶级本阶段的发展。因此在此大恐慌中的日本资产阶级，环顾自身，实在再不能忍受大恐慌之不断的袭击；从国内市场去着手救济，她自己也觉得无望；惟一的出路，便只有加紧对外的剥削——直至极端的武装的侵略——冀成就其世界市场之再分割的企图。中国满蒙适能满足日本资本主义的种种需要，以占领满蒙为其立国根本政策的意义之下，九一八事件便不能不于此突发了。自然中国民族资本的抬头，尤其在满蒙方面之有计划的设施，也是构成这个问题之突发的主要事实。其次世界经济的恐慌和苏俄五年计划之尚未完成，也是构成日本资产阶级认作其占领满蒙的最良时机。

因此，我们要正确的去把握此次的中日问题的因果事实，便应该从认识日本资本主义的特性着手。

二

此次中日问题之发生，从资本主义之一般的普遍性说来，自然是终不可避免的资本主义发展过程中的必然结果；从部分的日本资本主义的特殊性来说，则是日本资本主义发展的必然结果。我们在此处紧要的，在对于后者的了解；为叙述的便利，只得暂时把前者割弃。

日本的资本主义，不是经过"町人"阶级的剧烈斗争产生出来的；而是长萨、土肥等军阀在先进资本主义的影响下面蜕化出来的结果。所以她不免是资本主义的一个"早产儿"。因此到了资本主义第三期的日本资本主义，封建时代残余的意识形态，还在日本军人的思想中占有其地位——形成日本资本主义一个很浓厚的军阀主义的色彩。武装侵略不惟作成经济侵略的尾巴，而且至今还作成其前锋工具。

在他方面日本资本主义，从其本质上说，自然是资本主义的"早产儿"；但从其产生的时代说，则又是资本主义国家的后进，当她发育长成以后，世界的市场，已被先进国分割殆尽，全世界中广大的殖民地，她不过仅有台湾朝鲜琉球之占领，可是这并不能满足其发展的需求。这是我们在前面已提述过的。因此无论商品贩卖市场和原料生产市场投资市场，都不能不依存半殖民地的中国，尤其是中国的满蒙。现在分别来检讨一下。

先拿日本对外投资的数字来看：据1931年日文《中央公论》9月号《日本资本主义与殖民地》一文中，载"满铁会社"调查的数字，日本国外投资总额为22亿日元（殖民地除外），对华投资占其18亿日元，东三省占对华投资额中13亿日元。中国约占其对外投资额80%，单就东三省说，则约占60%。

再拿日本对外的贸易看：1926—1927 年两年日本对外贸易地理的分配比例如下表：

	年	英	德	法	意	中	印	澳	加	美	总计
由各国输入	1926	7.2	6.1	1.0	0.3	10.1	16.5	5.4	2.7	28.6	100
	1927	7.9	6.0	1.3	0.3	10.4	12.4	5.6	2.6	30.9	100
对各国输出	1926	2.9	0.4	2.1	0.3	20.6	7.6	2.5	1.2	24.1	100
	1927	3.3	0.5	2.7	0.2	16.8	8.4	2.5	1.4	41.9	100

上表据大东书局《世界贸易状况》193 页。

据上表所指示，日本对外贸易的输入，以美占第一位，印度占第二位，中国占第三位；对各国的输出，美占第一位，中国占第二位，印度占第三位，还不及其全额 1/12。在这里还当注意的，日本由美印输入约 88% 为棉花，这由于日本在东三省的种棉计划还没成功。对美国的输出，则生丝半制品约占 90%；对中国的输出，几全系熟制品，加之日本在中国各地普遍的设立工厂，输出入的数字，为这个事实所掩蔽的当然是很大；反之，日本由中国的输入，则几全系原料品。又据前引《中央公论》同文，1930 年日本向中国的输出总额为 3 亿 3900 万日元，东三省占其中 31%。又据藤冈启满蒙的新估计（250 页）中所述，在欧战中，日本对东三省的输出额占输出全额 52%。同年日本由中国输入的金额为 1 亿 7,800 万日元，东三省占其中 1 亿 6,300 万日元——输入的物品，不问而知为铁煤农产品等原料和食粮，这些数字表示着什么呢？一方面表示着中国表现为日本制造品的主要贩卖市场，二方面又为其原料生产市场。东三省更表现其这两种需要的特殊的重要性。

还有一件不可忘记的事情。资本主义的发展，需要一般"资源的丰富"，这是尽人皆知的；由轻工业的发展而入于重工业的发展，煤铁尤为根本的要素。像英国美国和战前的德国，其本国均有丰富的煤铁资源，战后的法国，也因夺得亚尔萨斯罗伦的矿源，才具有其重工业发展的条件。这问题在日本资产阶级的心目中，毋宁视作日本资本主义能否存在的根本问题。日本铁矿的供给甚小，几等于没有；更没有宜于冶金燃料的煤。日本领土既缺少这两种资源，目前虽能由中国方面取得多处的采挖权，勉强供给其需要；然并不能满足日本资本主义发展的志愿；要能使日本资本主义的尽情发展，而确立一个坚固不援的基础，除非直接能夺得煤铁区域的领土管理权。

满洲是富于煤铁矿源的区域。据日本官方的估计，满洲煤的储藏量有30万兆吨。虽然大部分煤质不佳，在日本总算略胜于无，勉强能满足其冶金燃料的需求。满洲铁的储藏量，据说铁砂矿产，亦约在1万兆吨以上，能产铁300至350兆吨，与德英两国（殖民地子国在内）的储量相等，为美国的1/7。铁砂含铁的成分虽然比较甚低（只含铁30%至35%），在无铁国的日本看来，自更有其特殊的意义。

因此，与其说"满蒙是日本的生命线"，毋宁说满蒙是日本资本主义所依存的生命线。

三

在资本主义意识着的殖民地半殖民地，是只能作为商品贩卖市场原料生产市场投资市场看待的；她并不需要殖民地自己产业的发达——这而且是它们相对的不能容忍的。只有在资本主义宗主国由轻工业而转入了重工业的时代，才容许殖民地轻工业相当的发展，冀成为宗主国资本的附庸；反之，当母国还在轻工业时代，殖民地轻工业的抬头，那是绝难容忍的。

中国既是日本资本主义依为发展的惟一市场，而日本的生产企业，一般的说来，也还在轻工业时代——重工业所占的比重极小——对外的贸易，以纺织品为主要输出品。因此中国民族资本的抬头，轻工业的开始发展，是日本资本主义所绝难容忍的——毋宁说是绝难并存的。所以近年中国民族资本经营的轻工业之开始发展，遂形成资本主义宗主国的日本与半殖民地中国间之对立的矛盾，立趋激烈化。

近年在日本资本主义所依为"生命线"的"满洲"，中国民族资本尤其有急速发展的事实，对于日本资本主义也开始其防御工作。在这里我们应该回顾到，资本主义之侵略殖民地半殖民地，第一步在完成殖民地的交通工具的敷设，同时把这些交通机关完全握在自己的掌中，自然就能操纵殖民地的一切经济政治军事的命脉了。铁道是陆上交通的基本工具，同时也便是经济的大动脉。所以殖民地半殖民地要想自己民族资本的发展，必须收回这种交通工具到自己手中，或者自己敷设一个网状的交通动脉。先进资本主义国在东省敷设的铁道有中东南满（原名东清）纵横两大干线及附属支线。日本利用南满干线，并附设支线数条（直接经营或借款中国经营而受其条约支配者），只差吉会路一段，已完成一个完全的网状脉，由铁道直接与其殖民地朝鲜连成一片，由短距离之海洋与其本国连成一片。在这情形下，中国民族资本要想脱离日本的束缚，便不得不自己筑一条交通防御线。果然，贤明的中国东北当局，于1925年，开始铁道建设了。到今日止，已完成的，有开丰，沈海，呼海，打通，鹤立，吉海，齐昂，齐克等线。新旧各线互相连接，事实上不啻成为东西二大干线。西以洮昂，四洮，打通，郑四，与尚未完成之洮南，通辽为一大干线，东以吉海沈海三路向北可延至伊兰为一大干线。此二干线均与南满平行，又均可连贯北宁路而直通正在建筑中之葫芦岛，近因中国当局实行国道连运计划，日本所经营的南满，眼见就要成为废物；待葫芦岛筑港完成，日本所租占的大连，也眼见便要成为荒岛。日本所要求的吉会路建筑权，又一再遭受拒绝。因此，这个相对立的矛盾形势，便立即激烈化了。在这形势下，东三省当局，便成了日本资产阶级的眼中钉，"九一八"事件爆发了。

否认中国民族资产阶级存在的人们，当然不能了解这个问题的真相。现在无妨再拿点事实给他们看。不过我们在这里，不是来研究中国经济性的问题，恕我不作详细的叙述。我们所说的，中国当然还在轻工业发展的过程中；重工业方面，在先进资本主义统治之下，是成为相对的不可能，我们已再三说过了。代表轻工业的主要部门，是纺织工业；和日本对抗最激烈的，也正是纺织工业。我们在这里便只拿纺织工业来说，先拿日本和中国的纱厂锭子和用花数量来比较一下：

	锭子（单位千锭）	每年用花数量（单位千包）
日本	6,272	2,541
中国	3,504	2,016

上表据1928年万国纺织业联合统计的"世界各国纱厂锭子与用花数量比

较"所制。

据上表，中国每年用花的数量，比日本约少5%。以人口为比例，中国自然是相对的少；但是日本是一个轻工业发达到了高度的资本主义国家呵！再拿另一种统计数字来看。

据《中国经济研究》124页所载1928年中国纱厂的统计：

	资本	厂数	纺锤	织机	工人	消费量	产纱量	产布量
中国	28%	60%	57%	57%	65%	60%	63%	64%
日本	70	37	39	37	30	36	32	36
英国	2	3	4	6	5	4	5	—
合计	100	100	100	100	100	100	100	100

照上表的数字看日本在中国所设纱厂的纺锤数，约当中国2/3，资本约为中国之2倍，产纱量和产布量，均约为中国1/2。这数字表示着什么呢？一方面表示中国生业劳动的强度高于日本——自然他方面映出一个〔劳〕动者更凄惨的影子——一方面表示日本在中国的纱布贩卖市场，遭受部分的排挤。

好了，我们再无引证数字的必要了，回头再看看日本这回在上海表演中的一点事情吧！在战事开始前，日本浪人放火焚烧三友实业社工厂，战争开始后，日本飞机至租界轰炸永安纱厂；中国界内繁华地带尽被炸毁。这事实告诉我们什么呢？恐怕人们还不明白，再补足一点说明吧！原来在上海五十余家纱厂中，规模最大的，为日本内外棉株式会社和中国的三新纺织有限公司永安纺织有限公司。三新永安两公司和日本竞争最为剧烈。因此，日本在上海的种种破坏，想根本摧毁中国的民族资本，排除其市场的竞争者，也占有一个重要的意义。

归纳上述的事实，我们可以认识东北问题，是日本资本主义发展过程上迟早会发作的一个问题；中国民族资本的抬头，给日本资产阶级一个严重的刺激，为促成这一个问题恰如其会的突发的主因之一。日本资产阶级的意义，企图一面借此完成其所谓"立国的根本策"，一面排除中国民族资本的发展，使中国永久能作她的商品市场。

四

在日本资产阶级看作惟一的机会，去表演其甜密的美梦；但是资本主义国际间所含的矛盾并没有消灭，反只有加深。

在这里形成不可缓和的显明的对立局势的主角，是英美日；形成矛盾对立的核心问题，乃是市场的竞争。因此，我们在此处，只从英美日对中国市场的关系去了解。

中国是世界资本主义最后的尾闾，同时也便是她们最后残存挣争的区域。

拿英美日三国在中国的重要投资来看：

	铁道（借款在内）	电话电报（注①）	矿业经营（注②）	纺织（注③）
英	1,390,000 元	210,548	2,200,000	20,000,000 磅
美	150,000	——	——	——
日	2,790,000	45,092	77,500,000	200,000,000 元

（注①②③按《动力》第 2 期严灵峰《再论中国经济问题》）

再拿外国在华的银行资本来看，额定资本总额合为 91,000 万元，实在资本合 68,200 元（据《新思潮》第五期《帝国主义与中国经济》），美国花旗银行已缴资本总额便达 7,500 万金元，合华币 30,000 万元（据本年 2 月 23 日北平《晨报》《上海之经济地位》）。

次拿英美日对华的贸易来看：1927 年，英国占中国输入总额 7.3%，日本占 28.4%，美国占 16.1%；追潮至 1926 年，英占 10.1%，日占 29.4%，美占 16.4%；1925 年，英占 9.7%，日占 31.1%，美占 14.8%。1925 年英占中国输出总额 6.1%，日占 22.3%，美占 18.5%；1926 年，英占 6.4%，日占 24.5%，美占 17.3%；1927 年，英占 6.3%，日占 22.8%，美占 13.2%（据大东书局《世界贸易状况》29 页）。拿 1928 年看，中国对日输入为 33,500 万两，输出为 27,700 万两，在中国输出入总额比例上，较 1927 年相对减少 2%；对英输入为 11,400 万两，输出为 6,100 万两，在中国贸易总额比例上较 1927

年增 1%；对美输入为 20,600 万两，输出为 12,700 万两，在中国贸易总额比例上，较 1927 年减 1%（据大东书局《世界金融状况》13 页）。这些数字，我们能作为一个大概的轮廓看。

上述这些统计的数字，应该把它连贯的去观察，美国对华投资额比例上的小，因为美国加入中国市场的竞争，时间上比较是迟一点，原初没有相当的基础，不免受先来的英日资本的排挤。资本肥大而无处排泄的美国，对这样公开的大市场，反较人家落后，不能如愿去投放资本，不是一个深刻的矛盾吗？所以她对于银行的投资特别的大量，是有特殊意义的。那是因为她在中国没有坚固的基础，不得不借着银行去作成一个竞争的司令塔。从她们在中国贸易额中逐年所占的比例看，日本是逐年相对地减少，美国是逐年绝对地增加，英国还能保持一个变态的平衡。这在一方面表示日本输入的纱布，逐渐为中国国产纱布所代替；二方面表示中国民族资本开始发展期中，对美国机器和交通工具的需求，是一年年的增加。这是日美资本主义间不可解决［的］一个矛盾。

事实显明的指示，由于美国是重工业发达到了高度的资本肥大的国家，需要中国作她的投资地和钢铁制品的贩卖场，因之便不能不需要中国有民族资产阶级的存在；反过来说，允许中国民族资本在轻工业方面的相当发展，才能扩大钢铁的贩卖市场，理由是殖民地初期的民族资产阶级，是宗主国重工业制品的惟一顾主；他们对于宗主国资本的消纳，还能构成一个中间的有机作用。可是虽然是这样，她并不是在助长中国轻工业的发展，使中国民族资产阶级得迅速的长成，而是钢铁大王煤油大王汽车大王等企图通过幼稚的中国民族资产阶级，以建立他们统治中国的全体系，系统的来剥削全中国的广大群众。这是重工业宗主国资产阶级对于殖民地半殖民地之一个更高的意义。

美国资产阶级看作其经纪人①的中国民族资产阶级，在日本资产阶级看来便是死敌。日本资产阶级由于他的商品在中国市场的作用范围，所以他祈祷中国民族资产阶级的灭亡。而中国民族资产阶级是存在了，也不是如日本的希望就可以灭亡的。日本遇着难关了！眼见这肥美的中国由新兴民族资产阶级的中间作用，就要落到美国的口袋里去了。这是日本资产阶级绝难忍受的。绞尽日

① 原来的经纪人买办阶极，主要做消费商品贩卖者；这里意义着的经纪人买办阶级，是贩运作为生产工具（资本机器等）的商品，再通过一层生产的程序，转变为消费商品，再贩运到市场去。

本资产阶级的脑汁，也只想出一个孤注一掷的尝试，不惜用暴力来打击中国民族资产阶级，然而日本并不懂的，他们是中国历史行程中的必然产物呵！用暴力去占领煤铁资源丰富的满蒙，以立遂其发展钢铁工业的企图，但是一方面是日本钢铁工业的发展的企图，他方面便是排斥美国在中国市场上的一种企图。日本能如愿以偿地占领满蒙，美国对中国市场的企图，便成了泡影。这又是美国资产阶级绝难容忍的。

英国自大战后，她的世界霸王的荣誉，已移到纽约去了。在她本身的政治上和经济上，对于太平洋问题，趋向于保持一个常态的平衡。对于中国市场的意义，自然不同日本一样，但是也不同美国一样。她的殖民地印度，是以轻工业制造品为主要输出的国家，这不过在印度本土还有一个广大市场的存在；同时她的英伦本国，又是重工业极度发达的一个国家。大战后日本代替了她在中国市场上的地位，近年又闯进了她视为生命宝库的印度市场。这是使她难受的。他方面在世界市场上，又到处感受资本肥大的"金元王国"的排挤和胁迫，然而又不能不相当的受其支配。这也是使她难受的。因此对中日问题，她在种种关系之下，不能不受美国的牵制而自充副角。加之日本对中国单独行动的意义，更和她在东方的利益严厉的相互排斥的。上海事件的发作，她多年经营的在长江的权益，直接受其摇动与危害，这更使她难受了，伦敦的空气紧张了。然而她还是不肯改变从来主张，自作恢复事变前夜的常态的企图——除非她这种企图无望。

上海事件的刺激，伦敦的空气紧张了！英美对远东问题之一致的程度，更加重其可能性。纽约的资本家们，便益加激烈了！矛盾的局势展开了。

矛盾是这样深刻的存在，无论日本资产阶级怎样的花巧，自己拿起防赤任务去哄动她们，也是得不到纽约资产阶级的谅解的。自己只要满洲，拿起天津上海广州汉口等五块肥肉去报效她们，也是取不得同情的。

矛盾之内包的存在，自有它自身发展的过程；矛盾局势的解决，不是资本主义所能克服的。

五

我们对中日问题的内容性质，已约略作一个客观的叙述了。问题自身推移的现势，已经达到大战的爆发点。然而事实上，依然在一个混沌暖昧的状态中，这分外容易引起人们错觉的。

我们早就说过，资本主义自身带来的内包的矛盾，随着资本主义发展之疾速的进程，并不是单在一个方面开展着，而是在多方面之同时严重的开展着的，（一）资本家和劳动者的对立形势之疾速的开展；（二）资本主义宗主国和殖民地半殖民地对立形势之疾速的开展；（三）各资本主义国相互间的冲突之严重化；（四）资本主义国家与正在走向社会主义建设的苏俄对立的形势之剧烈化。中日问题，正是这四种矛盾关系之同时奔赴的结果；问题自身的发展，反复又促成这四种矛盾关系之严重化，剧烈化，同时攻入资本主义的心脏。这是使资本主义顾此失彼，徘徊莫决的。

但是矛盾是同时存在的，并不是资本主义的本身能够求得解决——实际上，而是资本社会临殁的条件。资本社会的存在，便是这问题的存在。

1932. 2. 27. 北平践庐

（原载天津《丰台旬刊》第 1 卷第 2 期、第 3 期，1932 年 3 月 7 日、17 日发表）

评陶希圣《作战是唯一的出路》

在日本炮声轰击下面，我们看见不少江湖俗流的理论。这俗论，不但对这严重的时局问题，没有半点阐明，反而把问题的真相隐蔽了。这是我们不能不加以抨击的。

陶先生在他的大著《作战是唯一的出路》——见《社会与教育》3 卷 13 期——的题目之下，大擂大吹的，发表他对目前时局问题的认识和主张。在反帝国主义的意义之上的"作战"是我们同情的没有指摘的必要；我们的批评，注重在陶希圣对问题认识的错误。

（一）

陶先生认为"就目前国际情形来说，日本亦不敢有正式大战的策划"。理由是什么呢？是"由于英美两帝国主义在经济恐慌之下，都没有开始世界大战的能力，他们必以全力阻止中日战争。次由日本最近一年来财政恐慌来说，大规模作战，亦无充分能力。"这种形式逻辑的推论，在我们看来，是不正确的，英美经济的恐慌和日本自身经济的恐慌，不惟不能满足消灭大战的条件，反而各成其为突发中日问题的原因之一。英美资产阶极之不愿在此时暴发大战，乃是一个事实。但是问题的核心，并不在英美资产阶级的愿望是怎样；而在资本国际间矛盾情势的发展程度如何。愿望并不能支配矛盾局势的发展；矛盾局势的发展，反而使愿望被挤于"无何有之乡"。显明的，关联着资本国际的中日问题，是资本主义世界在其第三期的四个矛盾情势之错杂结集——资本国的阶级深刻化对立的资本国间的利益冲突的重大化，宗主国与殖民地半殖民地间对立的矛盾形势之尖锐化；资本主义国家与社会主义国家间对立的形势之严重化——我们只能从这个复杂的矛盾情势中去把握问题的真相，不能凭我们自己的观念去认识问题。

（二）

陶先生认为"在殖民地国家的资产阶级对国内则为夺取市场及地盘而坚决作战，反之，对列强则必取姑息的态度"。"因为金融资本阶级自始就是外国资本的附庸，工业资本阶级则一度抗争外国资本，即归于投降的境遇。"所以"自资产阶级看来，中国对列强要投降便投到底，反之，中国对帝国要抗争则不宜到底"。而且，"如果抗争到底，必须获得国民大众的动员。大多数的国民乃是劳苦的农工，农工的动员使资产阶级发生恐怖，因此，政府在目前不敢求援于农工大众。"这又是一个不可恕的严重错误。工农的动员会使资产阶级恐慌，是一个事实；中国民族资产阶极力量的薄弱和不肯坚决抗战，也是一个事实。

不过中国民族资产阶级投降帝国主义，并不是投降一切帝国主义；他们和日本帝国主义是在敌对的形势中的。因为中国资产阶级格外的发展，是轻工业方面的发展，尤其是纺织业。日本资本主义也还是以轻工业为主要生产部门的国家，对华的输出，也是以纺织品为主要输出品。这样，中国民族资产阶级在市场上特别感受日本资产阶级的压迫；日本资产阶级也特别嫉忌中国民族资本代替其在华市场的一部分。所以在不抵抗的原则之下，而有此次在上海的抵抗事实。日本资产阶级和中国资产阶级在近年之不断的露骨的冲突，便是一个铁证。这是陶先生没有了解的。

但是，我们也决不说中国民族资产阶级有反抗日帝国主义的力量和决心；我们只是说中国民族资产阶级有反抗日帝国主义的可能和必要。

（三）

我们再看陶先生应付这严重局势的对策吧！"彻底抗争，乃是救中国的惟一大路。""我们主张中国最大多数的劳苦群众参加政权。指挥作战，并动员作战"。但是这种政权是一种什么性质的政权呢？陶先生说："我们主张召开以普通选举所产生的国民代表大会，为全国民主政权机关"。但是这种政权是一种什么性质的民主政权呢？是工农的民主还是资产阶级式的民主呢？可惜的很，陶先生并没有替我们说出。不过幸喜陶先生还替我们留下一个影子。这影子在哪里呢？他告知我们，中国的社会是一个"金融资本与商人资本及土地资本有机的联合所支配的社会"。社会的经济性质既然是这样，政治的性质就自然表现在陶先生的言外了，无疑的仍然是一个资产阶级式的民主政治。那么，无非因为资产阶级无法去动员工农群众，陶先生就绕个圈子暗示工农大众自动的去替资产阶级撑腰。

要工农大众自己动员去加紧反日本帝国主义的斗争，我是和陶先生同意的。对中国经济性质的认识，是我和陶先生不同的；因此在抗日的斗争〔意〕义上也不能得到同样的认识。

末了，陶先生一方面承认中国有"工业资产阶级"的存在，他方面又说中国的社会是"金融资本与商人资本及土地资本有机的联合所支配的社会"。这不是构成他自己理论的矛盾，便是他心目中的"工业资产阶级"，也不过是一个无何有的渺小。这问题在这里没有讨论的必要，我不过顺便地提及。

1932.3.5. 于天津

（原载天津《丰台旬刊》第 1 卷第 4 期，1932 年 3 月 27 日发表）

今年的劳动节和劳动失业问题

（一）

资本主义产业合理化所引进的生产技术的改革和资本的更形集中——自然，欧洲各国为应付战时的需要而行的生产工具的集中和美国当时生产工具集中的情势，已具备了产业合理化实施的条件——不变资本之无限的增大和可变资本的相对额益形减少，构成经济自身的危机，并包藏着劳动者失业的一个机构。

资本家一方面减少雇用劳动者的数量，他方面却又加高了劳动的强度。所以雇用劳动者的数量虽是相对的减少了，而生产额却反是增加；同时产物所包含的一定的社会劳动量，却又和前此并没有两样。在这个情势下，资本家对每个工人所付出的工资额，纵然有比前此高点的事实；然而实际上，付出的劳动价值却比以前还少些，同时对劳动者的需要也减少了。

随着经济恐慌的发展和其所带来的产业的缩收，劳动者的失业，更随着为一个往复相因的渐增。因为有大量生产的过剩，资本家便不得不减低生产，辞退工人——或者由于恐慌的袭击而致生产机关的倒闭。像美国，各种产业部分只利用原来生产力的40%从事作业；德国纺织业只利用可能生产力的70%，制鞋业60%，化学工业61%，砂糖工业75%至80%，麻织业40%；法国各产业部门之辞退工人和加多停工日数……等等事情，均在表示资产阶级感受生产过剩的数量，不得不忍痛地缩减生产，希图克复危机，作为达到其所谓景气之回复的桥渡，不然，这实在不是资产阶级的本性——资产阶级的本性，是不肯让资本空闲的；虽然有生产过剩的事实，他们还是不顾一切，要向前生产的。自然，生产的缩收，也并没有减轻资本家生产过剩的痛苦，但是从产业的缩收中排挤出来的工人，他们自己既没有生产工具，同时也不能跑到其他的星球上去觅取工作，当然便只有加入到失业的群中，被排挤在资本阶级的所谓"仁爱"之外去忍受饥寒。

（二）

现在从失业的实际情形来参考一下。

加入劳动组合的失业百分比①

	英② （失业）	荷兰 （失业）	丹麦 （失业）	瑞典 （失业）	比利时 （失业）
1928：1	10.7	16.1	30.3	14.2	2.2
：11	12.2	6.2	17.7	10.9	0.6
：12	11.2	11.5	25.0	17.2	1.9
1929：1	12.3	18.9	27.6	14.9	3.5
：2	12.2	20.9	30.0	14.6	4.6
：4	14.6	——	11.9	11.1	8.0
1929 年平均	10.5	——	15.5	10.2	4.3
1929 年底至 1930 年初	21.5	21.4	24.4	22.6	——
1930：9	15.8	——	8.8	——	7.0
1930：10—11	18.9	11.2	13.4		
1931：10—11	21.9	18.4	22.6	——	

---

① E. varga：The Economics and Economic Policy in The First quarters of 1929；Third Oquarters of 1930；First and Fourth Quarters of 1931.

② 1929 年 2 月以前之数字，系保险失业者。

	德		美	加拿大	澳洲
	（失业）	短工	（就业百分比）	（失业）	（失业）
1928：1	11.2	3.5	87.9	——	——
：11	9.4	7.1	91.6	——	——
：12	16.7	7.0	91.3	——	——
1929：1	19.4	6.3	91.0	8.3	——
：2	22.3	8.5	93.0	6.8	——
：4	21.3	——	7.3（失业）	8.1（5月）	——
1929年平均	14.5		7.1（失业）		
1929年底至 1930年初	34	18	25（失业）	13.8	23.4
1930：6	21.1		9.6（失业）		
1930：10—11	36.3	——	22.2（失业）	12.3	23.4
1931：10—11	39.5		34.0（失业）	18.1	28.3

日本在昭和5年（即1930年）11月统计失业人数为350,265人，12月为362,050人；6年8月增至418,596人，9月增至425,526人。[1] 意大利1930年8月完全失业者为385,000人，12月为642,000人；1931年8月增至693,000人，12月增至982,000人。[2]

表中的数字是有相当可靠的，因为瓦加平常选择材料都非常审慎。1930年6月各国失业数字都比较减少，那或者因为当农忙的季节，由农村来到城市受雇的短工此时不能不跑回农村；因此原来在城市的失业者又被雇用了一部分所致。一般的看来，从1928年到1931年四年中，各国失业工人，是逐年在急速的增加，尤其在1930年至1931年两年中，更为增加的可惊。

现在再拿资产阶级自己的机关发表的数字来看。

---

[1] 日文《社会政策时报》昭和7年4月号173页。
[2] Mouthly Bulletin of Statistics。

各国劳动失业人数

国 别	1930（A）	1931（B）
奥 国	156,000	——
比利时	37,322（完全失业者） 54,804（部分失业者）	81,318 126,060
加拿大	20,000	——
捷克斯拉夫	37,000	——
丹 麦	25,000	——
芬 兰	4,000	——
法 国	18,596	123,981
德 国	3,977,700	5,349,000
英 国	2,299,000	2,572,000
葡萄牙	20,000	——
意大利	400,000	982,000 （12 月完全失业者） 32,900 （12 月部分失业者）（c）
荷 兰	25,000	——
挪 威	20,000	——
波 兰	245,000	——
巴勒斯坦	5,000	——
罗马尼亚	25,000	——
苏 俄	1,150,000（a）	——
萨尔海	7,000	——
瑞 典	26,000	——
美 国	4,000,000	8,000,000— 10,000,007（d）
犹哥斯拉夫	7,000	
日 本	362,050（b）	425,526（9 月）

注（A）（B）：据国际劳工局 1930 年末及 1931 年末发表的统计数字参照。

（注 a）苏俄曾否认该项失业数字。

（注 b）前引日文《社会政策时报》书同页。

（注 c）前引 Mouthly Bulletin of stahstics.

（注 d）本年 2 月 3 日天津《大公报》载华盛顿 1 月 29 日合众社电，美国工联会主席威廉君声称"现时美国失业者达 800 万人"；《民国 20 年度中国银行报书》则说美国失业数字已达 1000 万人。

国际劳工局统计报告并称：1931 年失业数字和 1930 年比较，荷兰增加

92%，瑞士增加 41%，加拿大增加 80%，丹麦增加 52%，拉特维亚增加 25%，纽西兰增加 84%；所有其他各国，均由 20% 增至 80% 以上。而该局所发表之此项统计，又大半以劳工联盟会所付失业保险金之统计或失业注册者为根据，即使不有意隐蔽问题的真相，也缺乏各国失业的实在数字。然而仅就这些数字，已够把资本主义失业问题的严重化和深刻化的情势暴露出来了。

这样大量失业群众的存在，不仅直接对于各国的资产阶级一个最大的压迫和威吓，而且往复又加深了恐慌的程度。在资产阶级正当的可变资本少付出一部分，他方面便是一部分饥饿，同时也便是市场上的购买力减少一部分；也就是在这恐慌的年季，劳动者少得一部分他们自己所生产出来的价值——自然，他方面便是资本家更多得一部分的剩余价值——资本家便多于相当于这一部分价值的商品的过剩。因为在资本主义发展到了今日这个独占形成的最高阶段，社会上已经分成了纯粹资产和无产的两大阶级（在此处，是把落后的殖民地国家放在一边的），无产阶级已经被提供为资本主义商品的主要消费阶级——自然，无产阶级才是社会真正的生产阶级——残存的中间阶级，并不能表演重要的角色。资产阶级自身虽然是一个寄生的消费阶级，然而社会的一切生产工具和生产品却完全被他们霸占了。在这种制度之下，除资产阶级自身以外，假使社会上没有替他们消费商品的阶级存在，或者这种阶级已经没有适应于他们需要的购买力存在，单靠资产阶级自身去完成这个生产和消费平衡的任务，那更是不可能的。资产阶级相互间，只能在单纯的形式下完成其生产工具生产部门的任务。

在业的劳动者又是怎样呢？他们的购买力无疑的也是随着一般而相对地减低了。拿主要各国生活指数和工银指数来看，便可以明白指出来。

主要各国生活指数（注）

	德	法	英	美	意	日（大正 10 年 3 月为 100）
1928	151.7	105.4	166	132.2	161.9	——
1929	153.8	112.8	154	136.7	161.4	——
1930	147.3	118.3	158	133.7	154.3	——
1931：1	140.4	119.7	153	125.7	145.2	161（10 月）

续表

	德	法	英	美	意	日（大正10年3月为100）
1931：9—10	133.1	114.8	145	119.4	136.7	159（11月）
1931：12	130.4	——	148	——	129.0	161
1932	——	108（1月巴黎）	147	——	——	165（1月）

（注）1931年10月以前数字（除日本外），据前引瓦加同书1931年第四季；关于日本之数字及1931年12月后之各项数字，均依前引日文《社会政策时报》139号；并且除德国以1913—1914年为100，余均以1914年为100。

上表数字指示，除日本外，生活指数自1930年起，随着一般物价的跌落而相当下落了；日本自1931年10月后反逐渐增高，那是因为日本金再禁和对中国施行大规模军事侵略所引起的通货膨胀和生活必需品价格上腾的结果。但是各国生活指数虽比较的低下，工银指数也有下降的情势。

主要各国工银指数

	美（a）(1925=100)		英（b）(1920=100)		日（c）(大正15年=100)		德（d）		
	名义	实际	实际	名义	实际	男熟练工	女熟练工	男半熟练工
1931：1	112（1929：9）	165.5	195.0	93.2	92.6	102.1	64.6	82.8
：2	74（1930：12）	165.0	195.5	92.8	93.1	101.2	64.4	81.4
：3	——	165.0	197.5	92.4	94.2	100.3	61.7	80.7
：4	——	165.0	198.0	91.9	91.9	98.4	61.2	79.5
：5	——	164.5	198.5	91.6	91.3	97.3	61.1	79.0
：6	——	164.5	197.0	91.2	91.0	92.2	61.1	78.9
：7	——	164.5	197.0	91.4	90.1	97.0	61.1	78.9
：8	64	164.5	197.0	91	89.0	96.8	61.0	78.7
：9	62	164.5	196.0	90.7	88.7	96.8	61.0	78.7
：10	59	164.5	197.0	89.9	88.4	96.2	60.4	78.7

续表

	美（a）(1925＝100)		英（b）(1920＝100)		日（c）(大正 15 年＝100)		德（d）		
	名义	实际	实际	名义	实际	男熟练工	女熟练工	男半熟练工
：11	56	164.0	196.0	89.7	88.5	——	——	——
：12	56	164.0	197.0	93.7（e）	95.6（e）	94.8	60.3	77.9

（注 a）瓦加同书 1931 年第 4 季 252 页。

（注 b）Labour Bulletin（Dec. 31）

（注 c）昭和 7 年日本银行劳动统计。

（注 d）Reichsarbetbuatt.

（注 e）为 1930 年 12 月数字

工银指数的下降，甚至比生活指数的下降还来得严重。生活指数的下降，只要名义工银能保持原状，实际工银便应该上升的。现在的事实，资本除增高劳动强度以外，还要减少劳动者的名义工银；劳动阶级在恐慌期中所感受的加倍的悲惨境况，更令人可想而知；失业的境况，那就更不用说了。

因此，资产阶级鼓起如簧之舌，劝劳动者提高购买力替他们挽救经济的危机；无奈劳动者的购买力早已被你们剥削净尽了！他们现在所有的，不过是一副榨尽膏血的枯骨。不然的话，劳动者倒不像资本家那样悭吝，而且他们也不愿"守财奴"似的留着黄金去忍受饥饿，劳动者现下所感受的惨况，在资产阶级的口中，也可以部分的描写出来。下面是英国资产阶级口中的一段话：

"肉类一点也没有吃过，在日曜日，许多家族连一个先令都没有，他们除了在慈善病院以外，几乎看不见新鲜的牛乳。他们一般除用炼乳和马铃薯以外，其他鲜菜蔬简直没到过他们的口里，我们在这报告上特地指明：如果长此是这些食物，则健康的维持上是很危险的，尤其是幼童和幼童的母亲。"

"我们委员会的委员们，一致又认为比营养不足还要紧的是衣服和鞋子的缺乏。在各种公共场所，到处可以看见破残不堪的农服和鞋子。我们所看过的一些家庭，他们连被褥和裤子都不完全，学童也同样是衣鞋不完整的情形，大人和幼童们就更不消说了。"（南威斯蒙及毛莫煤田调查报告 Repot on Investigati on in the Coalfield of South Wales and Monmouth. 1929.2.21）

这还是 1929 年的情形，现在自然更数倍于畴昔了。而纽约的资本家们还在那里说："你们知道吗？只要每个工人每周多买 7 便士的东西，美国的失业工人就可以减失许多"。试问每个工人"多买"的"7 便士"在哪里呢？这不仅是无耻，而且是无知。

失业的农村劳动者，情形也很悲惨的，他们在农村失业以后，连维持生命的最低物质资料，都是无法得到的；因为他们既没有劳动组合的救助，也没有所谓保险和赈济，关于 1930 年加拿大农村失业的问题，有如下的一段记事："在本年仲夏，当所有剩余劳动力被吸收在收获之中，还将有近 25 万的失业者！这幅失业的图画，这超过同年的春季。然而关于他们，既没有劳动的保险，又没有劳动组合的救济，那只有把他们摒诸于所谓"仁爱"之外了①。那么，那他便只有"一群一群的离开农村而走入城市，扩大城市失业者的范围和数量"②。然而城市生产的缩收和生产机关的停闭，原来就有大量失业数字的存在，这哪还有他们相当插足的余地呵！这是资本主义各国现下农村中的一般情形；我们再不必一一去列举。

这自然都是和恐慌的发展密切的相互关联着的。而大腹便便的资本家们反因有更大量产业预备军的存在，借口所谓"市场的不况"对劳动者实施威吓和要挟，减少劳动工银，辞退工人。近两年来，各国劳资斗争事实，不仅是加多，而且斗争的原因，大半发生于资本家方面的减少工银和辞退工人及劳动者要求增加工资上面；一半是资本家向劳动者挑衅，一半是劳动者无法忍受悲惨的生活。比如在日本，1931 年 1 月，劳资斗争共 195 件中，竟有 68 件是发生于劳动者对资本家减少工银的抵抗，38 件是发生于劳动者对资本家辞退工人的反抗，21 件是发生于劳动者要求增加工资的斗争，参加的人数共 16,009人；同年 6 月，劳资斗争共 239 件中，有 64 件发生于资本家的辞退工人，38件发生于资本家的减少工银，26 件发生于劳动者要求增加工银，参加的人数共 12,258 人，同年 12 月，共 132 件的，有 31 件是发生于资本家的辞退工人，23 件发生于资本家的减少工资，10 件发生于劳动者要求工银的增加。本年（1932 年）1 月，劳资斗争共 122 件中，也有 15 件是发生于减少工银，30 件

---

① Labour Monthly vol. 12，No，11.

② 同上。

发生于辞退工人劳动者，实 23 件发生于劳动者要求增工加银①。这不过是一个例子，在资本主义各国都有同样情形的。其次，我们试拿 1930 年和 1931 年两件日本矿山工人的辞退和工人的情形来看：1930 年 7 月解雇的工人为 14,367 人，同月雇入的为 9,132 人；1931 年 6 月解雇的工人为 8,531 人，同月雇入的为 4,856 人②。这也不过是一个例子，充分表现资本家利用更大量的失业人口的存在，实行对劳动者威吓要挟的阴谋和事实。关于这些问题，我们在这里暂不讨论。

（原载天津《丰台旬刊》第 1 卷第 7 期，1932 年 4 月 27 日发表）

---

① 日本《劳动时报》。
② 日本社会局调查。

日本农业恐慌的极端化

一

日本资本主义经济，现在已然入了一个总没落的过程。

自前次大战结束后，欧洲资本主义势力的重来，日本在世界商品市场上，又不免感受相当的压迫，对外贸易总额，迅速的由出超又转为入超——自1915年开始，直到现在，总是入超的——像日本那样的国家的资源贫乏，和其资本主义的脆弱的本质，贸易的入超，是国民经济中一个极其严重的问题。所以日本的资产阶级特为这个问题苦闷着，企图用种种的方法去冲突难关。如由现金出口的禁止，不几而至于金解禁，由金解禁又不几而至于金再禁。日本资产阶级这种"二三其德"的政策，于他们自己的问题，并没有得到何种的解决；而千百万的劳动大众，却因此而蒙受最大之牺牲。

"愈到东方，资产阶级愈是卑鄙"；日本资产阶级种种卑鄙的政策和行为，而且又表现是充分的无智。

日本资本主义的经济，自战后就在一个慢性的恐慌中；1929年的世界大恐慌的到来以后，便开始其总的崩溃，我们在这里的篇幅所限，仅就日本农业恐慌的情形，来略加考察。

二

农业在日本整个国民经济的比重上，所占的地位虽然不那样重要；但是像日本那样食粮和原料极其缺乏的国家，农业的恐慌情势，也能直接构成其政治的恐慌，或加深政治恐慌的程度，而使之扩大化，白热化。

在日本，食粮是极其缺乏和不足的；但是日本的资产阶级站在其营利的立场上，却仿佛毫无感觉似的。一面是食粮在大量的输入，一面却又在行着大量的输出。据日本农林省的调查：在去年（昭和 6 年）度，日本大米等农产物的输入额为日金 570，398，000 元，而输出额亦达金 445，458，000 元。这是一种什么意义呢？我们把下面的一点数字介绍出来，便不难明白。

昭和 4 年度日本水深村农产品生产费及贩卖价格①

农产种类	米（1 石）	麦（1 石）	茧（1 贯）
贩卖价格	17.00	7.00	2.00
生产费	21.00	10.00	3.50
农民损失额	−4.00	−3.00	−1.50

农民在生产费价格以下出卖农产品；但是以这样价格出卖农产品的，大抵是小农或贫农；因为他们受担税和负债的压迫，不得不用贱价去出卖他们的生产品之一途；富农和地主是没有这个必要的。同时贫农民自己一年所需要的食粮，仍是不足的；因此，又不得不用昂贵的价格再去买进。资本家在这个卖出买进的投机勾当中，渔取厚利，农民便更陷入痛苦的深渊了。

拿上述水深村的所谓信用合作的贷付额来看：在昭和 4 年度，贷付总额达日金 144，691 元；5 年度达日金 153，399 元；6 年度 4 月 10 日止，就达日金 165，133 元。这里的债权主，名义上是所谓信用组合，实际上，便无疑的是一

---

① 片山哲：《农村穷乏的事情》。

个高利贷者的剥削机关。这些事实，在日本不过是一个例子。

其次日本农民的租税负担，更是很奇重的。据日本大藏省昭和6年度所调查的农工商的租税负担比例的数字，是如次样的：

日本农工商担税比例

业别	百元当负担 元	负担百分比 元
农业	21. 65	100
商业	12. 48	57
工业	8. 46	39
平均	14. 32	65

该调查表说：土地所有面积愈大的，负担便愈重；长此下去，自耕农民便将永陷于饥饿之深渊。这要算资产阶级还肯讲句"良心"话。

上表的数字给我们看出日本资产阶级对付农民是如何的残酷呵！拥有其全国财富的工商业资本家，担税反比较更轻；而其实，无异把他们的负担，直接移到农民身上，尤其是加重自耕贫农的负担。而且日本原是一个小农的国家，封建的残余，在农村中还特别表现得重要；所以资本家和地主对于农民，又兼行一种封建关系的剥削。这样，农民便不得不陷于贫乏之深渊，而至于失去其生产工具，流入城市。下面是日本农林省发表的"长野县农会"农家经济调查的一点数字，我们把它介绍出来。

日本农民的收支状况 　　　　　　　　　　　　　　　　（单位：元）

	昭和4年度	昭和5年度	昭和6年度
自耕农			
收入	1, 178. 33	726. 31	681. 80
支出	1, 190. 19	757. 83	732. 75
不足	11. 86	31. 52	50. 95
自耕兼小作农			
收入	914. 82	481. 19	477. 93
支出	939. 92	645. 51	531. 30

续表

	昭和 4 年度	昭和 5 年度	昭和 6 年度
不足	25.10	164.32	53.4
小作农			
收入	1,466.97	729.20	608.99
支出	1,467.63	831.36	762.09
不足	0.66	122.16	153.1

该调查并说明，这是能代表日本全国农村的一般情况的。

又据"报知新闻"载，日本去年（1931）因遭荒旱，全国各地收获大减；米谷产额减少 2,000 万石。加以经济恐慌，失业增加，濒于饥饿者，日有所闻。兹据岩手县卫生报告，农民之死亡率，单就二户、九户、山由岩手、和贺等四郡而言，自去年 10 月至 12 月 3 个月之间，因饥饿而死者，达 1,454 名之多；每月平均约 485 名。其病死者之最大原因，亦为贫血，乞食，消化不良，营养不足等所致。

农民在这样人间地狱生活中的，在日本全国是很平常而普遍的事实。

照上表的统计数字，农民收支不敷的差异，是表示的很明白的，在这样收支不敷的情形下，自更无能力去改造生产，遂引起农产的衰退，那是必然的结果。同时饥寒迫着他们的意识革命化，不断地去排演暴动。近两年，日本农民的抗租抗税运动，甚至武装斗争，在日本全国都成了司空见惯的事情；去年一年，农村的暴动，竟达 3,000 余次之多。这种暴动，终究要随着他们的城市的同胞，去排演其最艺术的一幕。

但是不知死活的日本资产阶级，在经济的严重恐慌的当中，除所加于农民的其他一切剥削外，反而更加以国内市场的独占价格，极力提高消费资料品的价格；企图把他们在经济恐慌中所受的损失，从农民和劳动大众的身上去取得补偿。国内生活必需品价格，自去冬以来，直到现在还在上升的进行中，恰和其他生产品价格的低落，为一相反之比例。

三

其次日本政府对于农民的救济，不过是一出滑稽的剧目。他们所推行的贷金制度等……实际不过是资本家统制农村的一个变相，使农民都变成他们的债了，他们得渐次去集中农民的所有。他们反而把农村的贫困，归咎于所谓人口的过剩和农地的不足；实际这完全是资本主义制度下面的一种现象。

农村的破产，使日本全国的食粮，更发生一种严重的恐慌。

日本去年农产生产的减少，单就谷一项说，其本邦较前年减收 1,200 万石，殖民地朝鲜昨年度实收为 15,873,000 石，较前年减收 3,307,680 石；台湾在昨年实收为 3,851,400 石，较前年减少 37,478 石。据日本农林省调查，截至本年 3 月 1 日止，日本全国米的蓄积量共仅有 42,346,573 石。其储蓄的配合情形如次：

米种类	农民及米商存量	政府存量
内地米	36,685,593 石	4,185,254 石
鲜米	1,151,239	——
台湾米	278,145	——
外国米	46,342	——
合计	38,161,319	4,185,254

据该省估计，本年度米的需供，约不足 298,000 石。因之目前日本各地，已开始米粮的饥荒，全国已表现混乱的形势；前月 3 日青森县发生救济食粮问题，群众大骚动，便是一个例子。

（原载天津《丰台旬刊》第 1 卷第 9 期，1932 年 5 月 17 日发表）

苏俄五年计划的 1932 年度

五年计划的第三年度已告结束，紧接着第四年度即已开始。按照布尔塞维克之辩证法的计算，五年计划将必须在 4 年完成。而且，这已成了一个普遍的口号。现在便到了具体成绩之直接结算的年度，工业和财产之原定计划的标准，均将在 1932 年完成。基于这个计划的原则的施行，视作社会主义者的斗争的突击队工作的枢纽。

在事实上，我们已完全过渡——时间的而不是空间的——到了一个新的国家的样式，已和我们以前所生长着的国家，完全是两样；在这个新的国家中，社会主义的基础已经建筑起来了，在这个基础之上，社会主义经济的成分和社会群众的生活，均在急速的向前发展。

这也和旅行一样，达到幸福的人类历史的阶段，和一个民族的迁徙一样，是要经过一个不小的距离和纷乱的；而况历史的前程，更是一个无限的伟大。世界是包括有过多的不同的民族——她们有些还在经济和社会之发展的最低级的状况中——在苏联工人的领导之下，对残忍的压迫者执持着阶级的斗争，这便在指示全人类之前进的路向。1932 年，将为全人类划历史的一个重要的阶段。

由于过去数年所得着的特别的发展，1932 年是接着过去三个年度去完成全部宏大计划的未成部分。但是在现在，我们还并不觉得满足，因为在无数必要的建设中，这还不过是一个粗略的规模，并不能就直接炫耀我们的肉眼。而且，由于建设区域的广大，无论经有怎样的迅速，也不是短时就可能完成的。但是我们工业进展的迅速，则已超过了一切资本主义的国家；拿去和战前比较，则为如次的情形。

在 1931 年前半个年，我们煤的生产，为战前 1913 年的两倍（较 1930 年，增加 21％）。我们的产量已超过法国，法国原是世界产煤的第四个国家，现在就只有英美德三国的煤产量还超过我们。我们而且计划在 1932 年的煤，泥炭，煤油的产量，均将有增加；若从燃料生产的总量说，在去年我们就超过了德国的产量。

从煤油来说，我们在 1931 年，超过战前的产量二倍半。而弗支拉（Veneznela，Veneznela 为南美国名。译者注）则至少减低 40％；美国亦减低一倍，几和我们相等。

再从冶金业来说，在昨年度，金属的生产虽然稍次于煤，但是也有很好的成绩（这因为在 Magnitork 和 Kugnetzk 的他口事业的设置，冶金业因而滞迟）；事实上，1931 年苏联铸铁的产量，已超过了大英帝国。而且 Magnitnga 和 Kuznetzk 两地均将在 1932 年而开始大规模的生产。所以苏联的冶金业在 1932 年而有绝大的进步，将从 500 万吨的产额而增至 900 万吨；并决定新建冶金炉 24 座，加上现有的即共有 92 座了。而且，新冶金炉的容力和所有旧有的比较，均为 100 与 74 之比。因之，五年计划的第四年度，将成为苏联工人阶级对冶金业建设的总收获的一个年度，又预定以大量的新资本向重工业方面投放，而成重工业之进一步的发展的一个年度。同时，1932 年，也就是苏联争取欧洲冶金业第一或全世界冶金业第二位的一个年度。

苏联的铜的生产是较为滞迟的；虽然，在这一部门，苏联也在 1931 年超过战前生产的水平，到 1932 年，便当超过战前数倍。在 1932 年，非铁属冶金及电器用材料等冶金业，在苏联均将有长足的发展，并将创造出冶金业的一个新的规模来。

机械工程部门，从 1931 年的生产记录说，已经有不少的成功，并且已开始去统制新的生产目的和生产方法。或者可以说，1931 年是苏联对机械工程上如何去从事新的作业和新的机械之如何利用的学习终了的一个年度，在他们开始去实行这个尝试的时候，是在如次的一个情况中：可以说，他们是很小心谨慎地去使用外国的机械；而且他们觉得他们自己必得继续去养成机械的生产能力，以为达到社会主义的必有的一种训练。这是在 1931 年的苏联各经济部门及工业部门的领袖以及全工人大众的一般的情形。在斯大林同志迫切要求去统制机械的原则之下，因此被奠下了一个坚实的基础，并给予一个一定的形式和精详的组织步骤。

继着可以指出，关于农业机器的生产，苏联已成了全世界农业机器生产的第二位国家，并且是生产应用电力去曳引的最新式的农具机器；应用在曳引动力上的电汽（气）工业的生产，苏俄在全世界也成了三四位之间的一个国家，这在苏联，还不过是工业部门中的一个支门。1931 年曳引机的制造达 41,000 具，在 1930 年为 13,100 具，所以苏联又是全世界曳引机生产的第二个国家，仅次于美国。

但是，说到磨（摩）托的产额（虽然还是不足的），我们在世界上的地位也是无所愧惭的。我们的磨（摩）托产额，差不多和捷克斯拉夫，比利时，瑞典，瑞士等国相若，微次于意大利；超过我们的，便在欧洲，只有德国法国和英国。虽则如此，在 1932 年，我们便将追过德国和意大利，而成为全欧磨（摩）托生产的第三个国家，为世界的第五位（包括美国和加拿大）。

在 1931 年，苏俄第一次又创设了两个规模宏大的机械厂，并计划在 1932 年还有同样规模的 6 个机械厂的创设；1932 年又计划着要创设 19 个辗（轧）铁厂，这是从前所没有的；从 1929 年开始生产的砍木机，在 1931 年的生产为 300，1932 年将增加至 100 [0]；从 1931 年开始生产的第一模型化学品，我们在 1931 年的产业额为 3,600（我们现在已为此项生产的第二个国家），1932 年将增至 22,000；电汽（气），在一方面除开电灯和电力磨（摩）托（Electromotor）以外，在他方面，大发电机和最大制电机，我们也都能自己生产。

因为电力是社会主义经济的基础——我们的电汽（气）业已有很大的进步（1931 年有 40%的进步）。电站的电力现在约高于战前 4 倍，明年便将超过战前 5 倍以上。最末，将经过 1932 年全年的奋斗，还要得出一个更显著的成绩来——Dniper 第一大电站。并且我们要完成 Dniper 电力网的实现，通过全国各地，都应用 Dniper 电。这都在 1932 年可以令我们看见的，Dniper 他的电网将布满全国。

现在让我们再来考察一下农耕地面积，在 1932 年的耕地面积和战前比较，将由 114 百万黑格特增至 144 百万黑格特；1931 年在苏维埃农场中之曳引机为 106,000 具，1932 年将有 30,000 具的增加。我们的曳引机制造业较过去各季（1931 年第末季）的生产的增加，将在 16,000 具以上；在 1932 年新的设置中的，更将有 900 百万卢布的投资；而在 1928 年所有农具机器总值才达 1,058 百万卢布；肥料上，过磷酸块（钙）的生产，较战前已增加 10 倍，但还是不足，预定在 1932 年还要作大量的增加。

此外，62% 的贫农的农地已集团化，在 1932 年并将增至 75%；全耕地的 79% 已转变为社会主义的成分，在 1932 年更将增至 88%。并计划在社会主义的农场内繁殖牲畜，以补牲畜的不足。在 1932 年将完成许多新的集体农村的组织，在这个年末，我们将要看见有和从前绝对不同的农村样式和农村生活；并且在从前各种不同的农村人民，他们将在其中同样生活着，工作着。

在城市，也是可想而知的；自 1931 年就已有很快的改变。诚然，这个进步还在前进的阶梯中，但是我们想象中的进步，将在 1932 年达到一定的标准。

在 1928 年至 1930 年间的食粮供给问题的困难，在 1931 年就缓和过来了，无产阶级和贫农的社会主义进展的事实，克服了中等阶级所支持着的统治阶级的残余的障碍，社会主义的生产模式，已开始最大的发展。1932 年的经济计划，就预定再去克服食粮工业和轻工业的一般困难（并发展农村的生产）；并将提高工资，增长劳动的生产力。这是毫无疑问的，苏联工人状况的改进，1932 年将比较 1931 年而有最大程度之改进的一个年度。在这个年度，并将清除过去和现在的一切困难。

1931 年是我们学习新的合作和统制新的工作方法的一年，斯大林同志曾说过，当时有六种不同状况强烈的色彩在人民的生活中——这状况就是社会主义经济和产业的发展的纷乱，要求很快的发展社会主义经济，使上百万的农民集团化。1932 年，必须使社会主义的经济和社会生活，树立一个良好的发展的体系。

1932 年是第一个五年计划最末斗争之一年。为金属而斗争，为交通的组织和建设而斗争，为完成机械工业的发展而斗争——这三个主要的"突击"点，特别都集于这个新的年度。斗争的方法，在 1931 年就已定下好了。社会主义经济之宽广的发展，和"突击队"的活动，为统制机械而工作。但是，正因为这些基本点和基本方法业已有过试验的经验，所以较之过去年度，当为更强烈更坚决的去斗争，以引进更好的结果成绩。虽然，苏俄定下的 1932 年的工作课程，——工业的生产要高于现在 37%——也不是一个容易的课程；但是客观的保证，由于过去的经验和方法的积累，现在较过去的年度当更有把握。这许多新的"目的",这许多新的生产力的源泉都已设置成熟,我们现在只需如何去运用我们布尔塞维克的创造的精神,如何去急速完成我们业已开始的创造工作,保证我们生产的增进。

再以我们布尔塞维克的一年的进攻,为社会主义国家的工业作坚决的斗争。我们可以待着,到五年计划的完成,就是一个新的社会主义国家的实现。将充分的表现出我们无产阶级和布尔塞维克创造世界的能力。

(译文,原载天津《丰台旬刊》第 1 卷第 10 期,1932 年 5 月 27 日发表,欧西开著)

本年世界经济恐慌的进展（一）

（译自 1932 年 4 月 "International Press Correspondence"）

一、瑞典火柴大王 Ivar Krenger 自杀的情形

在 3 月 13 日的新闻载，瑞典火柴大王爱华克勒乔（Ivar Krenger）自杀。德国法西斯蒂登着一段哀启。毫无犹疑的考虑的就说，犹太人的血统就决定了其自己的特性；而且说，克勒乔是一个著名的热烈的反布尔塞维克者。德国国家社会党的报纸，更企图为一个事实的说明，好像是一个日耳曼的英雄，被国际的"全犹太人金融资本势力"，驱入了陷阱。可是对这个破产的托辣斯主人作如此过分的赞美的，并不仅在德国如此。

然而，英国的 Accountants，Auditors，Mesrs，Prince Waterhouse 等公司，已向会计检察官提起控诉，说这个"模范的日耳曼人"克勒乔不过是一个普通商人，捏造帐簿的普通商人；他的模范的日耳曼式的工作方法，是每年在伪造克勒乔公司（Krenger Co）的账目的盈亏表而成；他凭着那张伪造的账目表作孤注之一掷，希望一般经济地位的进步，能援救他超脱金融财政的困难；他不仅以百万财政作空想的儿戏因而给工人以无限的困苦。

虽然爱华克勒乔自己的机关报，多年就企图在把他描写为一个光华的天才和民族的英雄，现在乃这样的写着：

克立乔是一个伟大的商人。

法西斯主义没有他的产业的和金融的英雄的运命。国家社会党和希特勒（Hitler）的后台老板，德国大纺织业的统制者"Norddeutsche Wollkämmerei"（一个为对外不法交易的空想者和帐目表的伪造者），也跟着破产了。在法西斯蒂的意大利，托辣斯资本大王伽黎（Gualine）也遭受这个同样的命运（伽黎是墨索里尼 Nussouili 的至友，公爵的兄弟）；在英国，王家邮船公司（Royal Mail Steam Packet Co.）的嘉尔色（Kylsant）男爵，也遭过这个同样的运命。

这是一个容易了解的事实，曾为 K. M. L 和 F. E. 所指明过的。资本家是不懂得其自己的经济体系中的作用，因为关于其经济的恐慌和变异，就当作是"超自然的力"的作用。但是我们观者见一切资本主义国家的资本家为资本家的经济领导者，（leaders economy）都在赞称极其无智的法西斯蒂的胡说，可是法西斯蒂并没有经济科学的尝（常）识，这只是表示布尔乔亚的"意特沃洛基"的毁灭，为资本主义没落期的特征。

现代资本主义的发展——K. M 在《资本论》第三卷中说明的——足（是）建基在信用的职分上面；合股公司如若没有这个"借贷资本"（Loan Capital）机关，便是不能想象的。现代资本主义的特征，是决定于银行资本和工业资本的结合，"借贷资本"和"产业资本"互相并合为金融资本。如此的所谓"经济领导者"，都是"借贷资本"和"企业资本"（Entrepreneur Capital），"放利"（Acquisitive）资本和"创意"（Creative）资本之高级联合。德国钢铁托辣斯的头目齐则（Thyssan）在何处没有这些银行资本者吗？仗着这些银行资本者的援助，他投放 800 百万马克的股本于金融市场上，便取得 1500 百万马克的贷款，得着 159,590,000 马克的长期存款，取得 25,310,000 马克的贴现存款，71,550,000 马克的银行借债，并承领 38,310,000 马克的数量。这完全是法西斯蒂的"经济领导者"的特性，遇着这种事实，便在这"放利资本"的死的术语上面，宣布和银行资本间的联系的破毁。

这现代金融资本家的特性，对这世界托辣斯的头目爱华希勒乔，自然比这德国资本主义的小"天使"，更要表现得明白。他把自己造成为一个统治数百个大工厂的企业工主，又以国际资本家的资格贷出 1,250 百万瑞币（Swedish Crowns）于 14 个不同的国家。1930 年的"Kreuger and. toll"决算表，可提供为一个最好的资料，他宣称是年有各次的收益：

工校股红利	28,379,000（Crowns）
不动产收入	9,904,000（˅）
银行股份红利	4,704,000（˅）
债券利息	22,900,000（˅）
流通总收入利息	9,183,000（˅）
参与银行团，火柴特权收入	18,716,000（˅）
计总收益	32,186,000 125,972,000

　　法西斯蒂摧毁借贷资本的专制和"为反对于（放）利资本而斗争"的口吻，仅是意义着，想引发工人阶级从其反布尔乔亚全阶级的阶级斗争中，去和一部分资本家如所谓创设资本协调；把资本主义全体系中其他部分现有的经济恐慌，都转移责任于"放利资本"上面。这种欺诈的奸滑主义，暴露了法西斯主义的职分，和其运动的目的，在援救资本主义。德国和其他各国的法西斯运动的财政何故都仰于金融资本，就是这个理由。

　　暴露法西斯主义的欺诈的奸滑主义，是每个社会主义者的职分。把克勒乔的情形特殊提出，就是这个目的。因为法西斯主义称赞克勒乔是如彼的忠诚，好是一个日耳曼资产阶级的模范人物。

　　（译文，原载《丰台旬刊》第1卷第11期，1932年7月1日发表）

1931 年的苏俄对外交易

一

苏俄是一块极其肥美的市场，这是一个众知的事情。但是可惜的很，她自1917 年后，俄已完全脱离了世界资本主义经济的支配。而且，不仅她的本身不能充作资本的市场，反而行着大量的廉价物品的输出，倒让各国的资产阶级去说苏俄是投披（Dumping）——自然，苏俄的输出，并不是为的争夺市场，当然便没有投披的必要。

在资本主义经济的严重恐慌之下，各国贸易的输出和输入，都在大量的锐减。苏俄是否也转入在恐慌的漩涡呢？这是人们急欲知道的问题。不过在这里，我只把去年苏俄对外交易，就资本主义者宣传机关发表的消息来重新介绍一下，读者如果想知道苏俄经济的各种情形，请参读拙著《最近之世界资本主义经济》一书中关于《苏俄五年计划和资本主义产业合理化》的一篇（北平书局出版，日内可出书），或者能使读者多知道一点苏俄经济的事实。

二

"合众社莫斯科 14 日（5 月）电：苏俄 1931 年国外贸易第一次完全报告，

谓苏俄亦受世界经济恐慌直接之严重压迫，因世界市场价格下落之结果，致苏俄贸易损失，约达 150,000,000 元美金。国外购买能力仅有部分的增加，出口总额增 15%，但较 1930 年所收入的，约少 112,000,000 元美金，或 21.7%。在另一方面，五金机器及五年计划所需要之其他用品，其价格亦较往年为低。进口货较 1930 年约增 25%，其价格比 1930 年，仅高出 4.3%。"

资产阶级只懂得资本主义的交易"买卖"，所以他们对苏俄的经济，也老是拿资本主义经济的眼光去估量。我们局外人就曾再三的说过，苏俄的对外贸易，并不是以输出商品为目的；而在抵偿生产手段和交通手段等商品的输入。在资本主义经济还支配着世界大部分的今日，资本主义商品市场的价格，当然能浸透一切商品的；苏俄输出的物品一到了资本主义的商品市场上，当然也不能不以商品的资本呈现着，而受商品市场的规律的支配；由资本主义各国输入到苏俄的商品，苏俄也当然以商品的资格相看待。因之，资本主义经济的恐慌，倒不必使苏俄"感受直接的严重压迫"；恰恰相反，苏俄的输出和输入量——从量来说的，不是从值来说的——在世界资本主义极其恐慌的年度，反而在增加，倒是资本主义感受苏俄的压迫。

苏俄输出物品的价格的低落情势，倒是反映了资本主义经济恐慌的深度；输入的量的增加，只能证明苏俄经济的发展，和其国内情况的繁茂。输出物品的价格虽是低落了，而输入品的价格也是低落的，两相抵消，这于苏俄是无何损失的；只有以营利为目的的黄金之崇拜者的资本家们，在这种情况下，才感受着商品价格的损失；在苏俄，是以国家为行使对外交易之单位的。

该电又说：

"若将去年苏俄出口贸易详加分析，可见俄国国内粮食缺乏之原因安在？黄油鸡子，在俄国非用顶高价格不能买得，因大半已被运往外国；出口黄油，去年为 30,885 吨，1930 年为 10,522 吨，去年较前年约增三倍；出口鸡子，去年约为 189,876 吨，1930 年为 70,225 吨。煤油类仍为去年出口大宗，木材次之，小麦又次之；去年出口之煤油类总额共为 5,224,000 吨，1930 年则为 4,712,000 吨，以卢布计之，1931 年出口煤油价 115,663,000 卢布，1930 年值 157,025,000 卢布。于此可见煤油价格之低落。去年出口小麦共计 2,499,000 吨，值 77,112,000 卢布，1930 年为 2,531,000 吨，值 130,318,000 卢布。去年出口之黑麦，较前年约增一倍，去年为 1,109,000 吨，1930 年则为

645,000；但因价格低落，大受影响，去年净得为 31,980,000 卢布，1930 年则为 21,009,000 卢布。苏俄去年出口之棉花共为 400,000,1930 年则为 101,000，去年较前年约增四倍；但吾人必须注意，俄国虽有一部分棉花出口，而入口之棉更多，两相比较，仍是进口多而出口少；去年苏俄棉花进口共为 53,749,000 吨，共值 40,568,000 卢布，出口棉花又值 18,000,000 卢布——这确实值得有注意的必须。作者注——去年出口各种木材，共值 113,593,000 卢布，较 1930 年 169,740,000 卢布，显有极大之退步。去年进口总额共为 3,564,000 吨，共值 1,105,000,000 卢布，1930 年则为 2,885,000 吨，共值 1,058,800,000 卢布；故苏俄去年虽多用 46,000,000 卢布，而购入外货亦增多 708,450 吨，或 24.8%。"

苏俄黄油和鸡子输出的增加，不过在表示苏俄农产物产额的增加；易言之，就在映着苏俄农业经济之发展的迅速。资产阶级却硬说成苏俄国内食粮的缺乏，并拿着苏俄农产输出增加之事实，去证明他们的反宣传的理论，企图圆满他们所造出的"苏俄的农民和工人群在共产党的铁蹄下忍受着饥饿"的谣言；但是这个证明之没有力量，恰如其理论之脆弱一样。恰恰相反，这事实，在我们局外人看来，倒是苏俄农业生产之增加的一个有力证明。

其他一切输出量之增大，也只在证明苏俄生产业的增进。输出品价格受资本主义经济恐慌的影响而减低，那于苏俄的经济上是无何重大影响的；因为输入品的价格也同样是低减的，恰如所说"苏俄去年虽多用 46,000,000 卢布，而输入外货亦增多 708,450 吨，"实际的价值并没有感受何种的损失。苏俄的输出和输入，既都是由国家在承当，所以无论资本主义的商品市场起怎样的变化，于其国内大众的经济生活，是不能有何种影响的。

苏俄去年棉花的输入量超过输出量最大的事实，这是有重要意义的。据曹谷永君《苏俄视察记》所载，在前年，苏俄的纺织工厂，因原料不足，有停止两个月或两个半月工作的；所以这宗纺织原料输入的增加，正是证明苏俄加大马力，在完成其五年计划中之纺织工业部门的原定标准。这在我们也认为有值得注意的"必须"。而资产阶级的宣传机关，却是采取一个相反的口吻，去提起他们阶级的注意，反认作是苏俄经济的一个不良象征。真是的，在资产阶级口中的无产阶级，总是没有好意的。不过苏俄已经不是一个像资产阶级所想象着的一个农业国家，而是成了一个在应用新式技术的具有强大之生产力的社会主义的工业国家；所以原料的大量输入，在资本主义经济学理论的解释上，也是不能因此去找出经济上的破绽来；在这里，资产阶级的肉眼，便只能看输出和输入的差异，真是"只看见树木，而不见森林。"

我们为的要说明社会主义国家和资本主义国家的经济结构完全两样，所以资本主义的经济恐慌，并不能波及社会主义国家；才对于这个资产阶级所发表的消息，略加分析。

1932.7.1. 北平

（原载天津《丰台旬刊》第 1 卷第 12 期，1932 年 7 月 10 日发表）

评萨孟武《统一中国的力在哪里?》

一

最近萨孟武君在他们的《时代公论》第三号发表一篇《统一中国的力在哪里?》的论文。像萨君这样"中国政治学校的教授"们的一些江湖游客式的理论,我们本没有时间去清算,而且也没有清算的必要。不过萨君的意见,是能代表新生命派的部分意见的;而且萨君那篇大作是在陈公博君《决心走资本主义的道路》之后才发表的,这显见是在作陈公博君的应声。因此,我们便不能忽视。

为个人的利益而发表些欺骗群众的言论,自然要构成不可恕的罪过;我们对那些居心想欺骗群众的俗论不加以抨击,也同样是罪过。

二

萨君说:"我们本良心所命,我们本历来的主张,我们敢坚决的说:中国之乱由于割据,要救中国,须先统一中国。""欲救中国,须先统一中国;统一须依靠于实力,没有实力作后盾,任何会议都不能用议决的方法,把中国统一起来。""上海的金融,几可支配全国了,在这当中,谁能驾驭上海的……

谁能得到上海有产者的援助的，谁便可驾驭全国"。

萨君的意思不外是要救中国，须先求中国统一；要统一中国须有实力，中国的实力是上海的金融资本；换言之，惟有金融资本的势力才能统一中国；要救中国，只有金融资产阶级才有力量。

他这个主张的实施方案是："政府与资本家应该结合。政府帮助资本家发展工业，以促成中国的统一；资本家帮助政府统一中国，俾产业有发展的可能。这是解决中国问题的惟一方法。"

他们在别处又说，要知识阶级和资产阶级合作，知识阶级去作资产阶级的工具。

因此，总括他们的意见是：统一中国即是救中国的，主力是金融资产阶级为主力，此外金融资产阶级的同盟势力是"政府"和知识阶级，或者新生命派又是知识阶级的主力吧？

萨君并拿出他的"良心"来作他们主张的担保。可是我们只愿意问事实是怎样？不愿意问"良心"是红的还是黑的？因为萨君他们的"良心"是怎样构造的，到底构造的"良"不"良"？我们始终还没有看见过呵！

但是，这倒不是萨君他们对中国问题的新发现，而只一个事实的追述。自17年以来，政府不是早就得着上海金融资本的撑持，而"南征桂系"，"北伐阎冯"吗？上海的金融资本阶级不是也继续派了代表在参加中央政权吗？其次攀龙附凤的知识阶级，不是也直接在作政府的工具，间接在作上海金融资产阶级的工具吗？坊间书肆中堆积着的许多浅薄无耻的出版品，不是封建统治阶级和金融资本阶级的工具的政治代言人的绞脑汁的成绩吗？难道那班"知识阶级"终日由之的事情，还不知其所以吗？这样说来，可怜！萨君他们的思想，又未免比"政府"和上海金融资本阶级落后的太远了。

虽然，我们还不能不佩服萨君他们理论的高明。一箭射着政治实力的"政府"，同时又射着有经济实力的金融资本阶级；这是一个如何高妙的枪法啊！

三

但是可惜的很，"中国有产者的大多数是由买办出身。买办阶级是依靠帝国主义者的势力以营利"。幸喜萨君们还懂得这点，不然？又要害的人民费几许唇舌去替他们解释呵！不过问题还未免遭遇不幸的，萨君们把买办阶级的本质，才一开始提到，马上又绕过弯子，把问题运回原处；又说："所以我们希望中央政府能够设法，使中国的有产者独立于帝国主义者的势力之外，由买办资本家变为民族资本家，这样一来，中国资本才有发达的可能"。假使问题能有这样的简单，谁也当佩服萨君们的高见；或者还不待萨君们来饶舌，理论就久已成了事实了。立足于"政府"和金融资本之联合的立场上，不仅"这样一来"不能"使中国的有产者独立于帝国主义的势力之外"，就是怎样一来，也不过是徒劳的白费。因为"中央政府能够设法"吗？"中央政府能够设法"，就能使"有产者独立于帝国主义者的势力之外"吗？萨君们不先作一翻推翻历史和科学的工作，这问题是无法圆满的。自然，一般江湖游客式的朋友们，他们自始就不曾拿科学去解决过问题，更不曾从历史去研究过科学——哪怕他们再多出几部中国社会史的研究的作品，也不过徒然使印刷工人遭殃。

尊严一点说，"买办阶级乃依靠帝国主义者的势力以营利"；但是"政府"呢？是依靠谁的势力以统治呢？

人们只看见统治中国的是"政府"和金融资本家，而不肯看见帝国主义者。"只见树木，不见森林"，难道帝国主义者通过"政府"和金融资本家统治中国的事实，还不明白吗？连这个半殖民地的政治形态，都不能认识吗？

只要人们肯去认识半殖地的中国经济政治的形态，便应该懂得，不仅金融资本家没有反帝国主义的可能，而且连"政府"也和金融资本家是一丘之貉的。

此次中日问题的眼前事实，就把问题的真相暴露得明明白白的。群众自动支持着的上海战争，金融资本家不断在后方制肘，政府不断在进行停战……残杀上海群众的白川重光一群，在他被狙击之后，"政府"和金融资本家们，还都要去慰问他们。这事实还不算明白吗?这不过是一个例子。

雷顿说得好,"中国民众要信赖政府,尤其要信赖本团,才有办法。"我们认为这是雷顿的一句坦白的供词。这还不够人们的寻味吗?不过这"办法",是"政府"所视为有利的"办法","尤其"是于"本团";但这于"中国民众",就不免是恰恰相反呀!"政府"和"本团"总算是利害一体的咧!

因此萨君们说,统一中国的主要是金融资本阶级,他们的同盟势力是"政府"和知识阶级,就未免涉于空想。不如说,统一中国的主力是帝国主义者,他们的同盟势力是中国金融资产阶级,"政府",和一股江湖游客式的知识分子,便是当前的事实;易言之,由帝国主义者来统一中国,由金融资产阶级和"政府"……去作他们的助理人。这样,中国才能迅速的由半殖民地的状态中救出来,而升进到殖民地的地位。

如果人们还不肯信任萨君们的政治主张,难道再劳人家去拿出"良心"来作保证吗?不然,萨君们或将回问一句,此外,还有"统一中国的力在哪里"?中国还能往哪里去呢?这恕我不便冒昧的答复,最好还是请他去问他们的马寅初教授和梁漱溟先生。——马教授的正统派经济学的造就,究竟比萨君高深些;梁先生的"良心"论的哲学的造就,也还比萨君们成熟些;严格地说来,张东苏教授还不够格。

四

萨君还有一段最精彩的理论,我们不便把他抹煞。"不过中国有产阶级的资本还是很薄弱的,他们不能用债权者的资格来管拘政府,反而害怕债务者的政府赖债。""银行家理应更进一步出来监督政府的财政。而政府此后的财政既然还要依靠银行家,则亦何妨将一部分的财政权交给他们,使银行家益与自己接近,肯源源接济。"这更算是妙论生花了。萨君们的意思,大概是在叹政府和"银行家"的合作,还不算彻底,所以前此未能实现他们"统一中国","救中国"的任务;现在应该要他们再进一步的合作,就能实现他们的任务了。

但是陈公博君现在不是正在作这个尝试吧？他不是正在认为孔祥熙部长的十年计划还不彻底，又改成他自己的五年计划了吗？他不是已"决心走资本主义道路"了吗？不是他的"民生主义即社会主义"的解释，又变作"修正资本主义"的解释了吗？在萨君们谈的还不过是追逐着的理论，而部长则已经在实践了。

不过这样一来，"政府"和"银行家"进一步合作的政治主张，一方面有在朝的部长去实践，一方面又有"半在野"的知识分子如萨君们任应声的宣传。猗欤休哉！极一世之盛了。

在陈君"决心走资本主义道路"的决心，不是他自己对中国问题实际研究的结果而得出的"我们的错误"，乃是"我在法比方面遇见的外国朋友，都是这样劝我们"才"决心"的。"外国朋友"的话还不算数吗？难道连宗主国的我们的先进者的言论，还能不信仰吗？但是萨君们呢？又是受的哪一国的朋友的劝告，而又放弃其"民生主义的社会主义的社会"的主张呢？难道连他们的"负有国际声誉的学者"的陶希圣君的主张也放弃了吗？陶君似乎还未曾放弃他的"民生主义的社会主义的社会"的主张，仿佛还在谈普选的政治呢。

不过我又很同情陈君和萨君们这种坦白的自白。像前此那样徘徊于资本主义与社会主义之间模棱的态度，反而能引起群众的误会。但是，我们还希望陈君时时去注意自己持的小资产阶级的动摇性，不要随时随着阶级的卖淫的利益而转变才好。

乱火烧乱火，请读者恕我拉杂吧！

1932.7.12

（原载《丰台旬刊》第 1 卷第 13、14 期合刊，署名：苏青女士，1932 年 8 月 1 日发表）

1932 年的世界资本主义经济概况

（一）

1929 年开始的世界经济恐慌，到 1932 年度，便达到恐慌的尖端。有些主要资本主义国家的生产，降低到 19 世纪水平。

一些资本主义经济的预言家和其代言人，自此次恐慌发现以后，便是不断地在说着，恐慌快要过去和景气快要到来的滥调；尤其自本年以来，他们看见世界金融市场，有几处稍呈表面的活跃的现象，便更自豪无犹疑地在断言着，经济的恐慌已求过去，资本主义经济复兴的时机已经到来。自然，这些无用的谰言，并不能挽救资本主义灭亡的厄运。

我们老早就说过，资本主义世界的经济恐慌，是发生在商品的生产和消费之间的不平衡的基础上面，以商品如连结生产和消费为媒介物的社会中，周期的不断的发现的事实。而且生产和消费间的差异，还是靠着恐慌和战争去调度的。恐慌一次，生产力便得到一度的发展，资本更形成一度的集中。但是随着金融资本的产生而形成之资本的集中和集权的时代，生产和消费间的差异便愈形巨大。而资本主义自身，便愈益成了□肿般的废物。

其次，金融资本主义时代的资本主义经济，由于托辣斯、辛提嘉、嘉特尔的庞大的组织，不仅把产品的各部门合成为几个连贯纵横的庞大的个别组织，而且全世界都成了几个托辣斯、辛提嘉、嘉特尔的资本大亨们统治的全体系。因而恐慌从一处发现，便马上普遍到全世界，恐慌从一个部门发现，马上便普遍到其他一切部门。所以此次的恐慌，自从美国发生，马上便普遍到一切资本主义国家和其殖民地半殖民地；觅遍资本主义的全世界，再无一片可作为其缓冲的干净土。

再次，随着资本之庞大的集中和生产力之庞大的发展而世界的消费市场便愈形狭窄；因为生产力的发展无限，世界市场的消费能力却是有限的。然而资本主义经济又不能调节生产，便适合于市场的消费，这正是它的特点。并且在现在的庞大的生产机关组织的情况下，资本家要想限制生产，除非把庞大的生产机关关闭，是不可能的，然而这又与他□□利润主义根本违悖。所以资本家有时去限制生产，也因其不能及时去实现，终属徒然。

又次，资本主义的世界，于地域的种种不同的关系，形成各个地域间经济发展之不平衡。产业各部门间的经济，又因其各个的本质不同，而形成各部门间之不平衡的发展——如资本主义统制下的农业部门发展的迟滞和落后，便是一个例子。

资本主义的预言家和经济学者们，如果能懂得这些简单的科学的常识，便当了然于此次经济恐慌的性质和其归趋。

（二）

我们开始［对］资本主义的预言家和经济学者们所认为经济恐慌已经过去了的1932年的世界资本主义经济，来约略考察一下。

先从资本主义王国的美国来考察。先看她的生产，美国的生产总指数，据Armaliet的指数，在1930年第1季各月平均为71.0，第2季各月平均为78.5，第3季9月为70.8，第4季度各月平均为65.6；1932年第1季各月平均为62.5，第2季各月平均为53.8。单从重工业部门的煤铁钢的生产和轻工业方面的棉花和羊毛的消费看，则为如次的情形。

	硬煤生产	钢生产	铁生产	棉消量
1931年第1季各月平均	74.9	58.0	57.2	75.8
1931年第2季各月平均	74.1	53.2	56.9	80.7

续表

	硬煤生产	钢生产	铁生产	棉消量
1931 年第 3 季 9 月	69.4	37.3	39.4	83.9
1931 年第 4 季各月平均	72.5	36.3	35.2	73.2
1932 年第 1 季各月平均	64.7	30.1	30.3	71.6
1932 年第 2 季各月平均	48.7	22.8	22.4	56.3

据 The Economice and Econmic Policy 1931 年□□季及 1932 年第 2 两季 □□□□□□□□□□□□□但另据 Fedecal □□□□Bulletin 美国的生产 降落季趋势，如以 1928 年为 100，则 1929 年为 107.2，1930 年为 86.5，1931 年 为 73.0，而 1931 年第 1 季各月平均为 62，第 2 季各月平均为 54.4，第 3 季七 八两月平均为 55.3。

可是一方面，生产是在如此的降落，他方面，商品的堆积，却也正在有增 无已的，美棉的堆积在去年（1931）第 3 季的 9 月为 8,553 千包，第 4 季 12 月为 8,811 千包，今年第 1 季的 3 月为 8,713 千包，第 2 季 6 月增至 9,728 千 包，第 3 季 9 月则增至 10,975 千包，便是一个例子。这个事实便在反映着贸 易的不振，美国的对外贸易，在 1930 年每月平均输入为 260 百万美金，输出 为 315 百万美金；1931 年 3 月输入为 210 百万美金，输出为 231 百万美金，6 月输入为 148 百万美金，输出为 202 百万美金，9 月输入为 176 百万美金，输 出为 175 百万美金（见拙著《最近之世界资本主义经济》192 页）；本年 3 月 输入为 131.3 百万美金，输出为 155.3 百万美金，6 月输入 111.4 百万美金， 输出为 114.3 百万美金，8 月输入为 91 百万美金，输出为 109 百万美金。再从 其物价低落的情势来看，批发物价指数，假设以 1916 年为 100%，则 1929 年 便降至 95.3%，1930 年降至 86.4%，1931 年降至 73.0%，1931 年 8 月为 70.3%，1932 年 3 月更降至 66.0%，6 月降至 63.9%，8 月为 57%（据 M. ntbly Labour Beylew）。

我们从本年 9 月以前的材料看，对于美国本年度的经济，只现出生产的继 续下降，商品堆积的增加，对外贸易的愈形不振，物价继续下降的一些事实 来，此外并不能看见什么景气的征兆，并且金融市场和国家财政，都是和这些 问题是内部的关联着的。因而无论金融市场上一时呈过怎样活跃的现象，那也不过是暂时的表面的，于事实并没有根本的补益。

美国劳动者的生活，不问而知是更其惨酷了。譬如在去年 5 月支付的工资总额为 70.1%（以 1926 年为 100），今年 5 月，降至 45%。同时生活费指数虽然也低了一些，但是并不如工资低降的比例那样巨大。失业劳动者的生活，就更属不堪闻问了。我们只须拿那数千数万的退伍军人和失业群众包围白宫的一件事情来看，便可以想见一个大概。像那样黄金砌成的美国，也居然发生大群的饥饿群众包围白宫的怪剧，华尔街那一群大腹便便的大王们的颜面，这算是被我们看穿了。失业者的数目，在去年年末已达 1000 万人（见中国银行 20 年度报告）；而去年 12 月的就业指数为 66.7%（以 1926 年为 100），至今年 8 月的就业指数，已降至 56.0%；照这个比例推算，失业数字增大的程度更可想见是如何的巨大。

金元王国的美国是如此，现在再看看战后欧洲新霸权的法国。在这里也依样先从其生产着眼。法国的生产总指数，假设以 1913 年为 100%，则 1930 年各月平均为 140%，1931 年各月平均为 124%，本年 3 月便降至 98%，6 月降至 93%，9 月降至 92%（据日文《社会政策时报》昭和 7 年 12 月号 172 页）。粗钢的生产，去年 7 月为 1,650,000 吨，今年□月低至 468,000 吨；铣铁的生产，去年 □ 月为 679,000 吨，本年同月降至 452,000 吨（据 Stalilipue Generale）。从其对外贸易来说，输入方面 1931 年第 1 季各月平均为 3,937 百万佛郎，第 2 季平均 3,797 百万佛郎，第 3 季平均为 2,390 百万佛郎；输出方面 1931 年第 1 季平均为 2,802 百万佛郎，第 2 季平均为 2,608 百万佛郎，第 3 季平均为 3,390 百万佛郎（见上引拙著《最近之世界资本主义经济》254 页）。本年第 1 季平均的输入 2,453 百万佛郎，输出为 1,65 ［?］百万佛郎；第 2 季平均的输入为 2,460 百万佛郎，输出为 1,596 百万佛郎；第 3 季七八两月平均的输入为 2,331 百万佛郎，输出为 1,423 百万佛郎（据前引 SG）。贸易的不振，同时便在反映物价的低落。法国批发物价指数，假设以 1913 年为 100%，则 1931 年为 101.9%，本年 3 月降至 90.2%，6 月降至 86.3%，9 月降至 83.6%，劳动者的生活费指数，假设以 1914 年为 100%，则 1931 年为 116%，本年 3 月为 108%，6 月为 109%，9 月又上升□115%。劳动失业的增加情形，本年 9 月的失业数字和 1931 年同月比较，恰成 296 与 56 之比（据 Bulletin Mensuel de Statistiue）。

德国的情形就更加恶劣了。我们当记得，德国为着想挽救其垂亡的对外贸易，曾有德奥关税联盟的计划，并有和多瑙流域各小国进行协商的企图。这并且曾经引起欧洲当时的一个小小的风波。德国的对外贸易，在 1931 年各月平均输入为 5 亿 3 千万马克，输出为 8 亿马克，出超 2 亿 4 千万马克；本年前 8 个月平均每月输入约 3 亿 1 千 5 百万马克，输出约 4 亿 8 千 1 百万马克。实际上，德国的输出，近大抵是含有为着抵消债务而输出的意义在内。生产的减退，也是与贸易额之继续低减相对照的。假设以 1928 年的生产总指数为 100, 1931 年□月平均为 69, 1931 年 9 月为 67.0, 本年 3 月降至 56.8, 6 月降至 56.6, 11 月更降至 52.0。德国的失业人数，自此次恐慌发生以来，就是全世界失业最多的第二个国家，在去年度年底，即将就达到 6 百万人，本年 1 月便超过 6 百万；目前情形，我此刻手下还没有可靠的材料，但本月 24 日（11 月）Eberfold 地方，公然发现失业群众成群抢夺面包，捣毁大商店的事实，却足以表示其全部的严重性。

现在来看看资本主义祖国的英国。这是人们认为在 1932 年经济情况已转好了的一个国家。先从其对外贸易来看，1931 年每月平均的输入为 71.8 百万镑，输出为 33.6 百万镑（上引拙著《最近之世界资本主义经济》，211 页）；1932 年 3 月的输入为 61.1 百万镑，输出为 36.6 百万镑，6 月的输入为 57.5 百万镑，输出为 33.9 百万镑，8 月的输入为 53.3 百万镑，输出为 32.0 百万镑（《世界经济》昭和 7 年 11 月号 p. 89）。照这个数字，对外贸易的输入是减少了，输出亦并无若何的增加，不过能保持 1931 年的水平。输入的减少，完全是部分政策（Quota Policy）的关税壁垒的结果，至其输出能保持 1931 年的水平，那也不过因为中国对日采取极端政策（Boy-Cau Pticy），英货因得以畅销为其原因之一。从其生产状况来看，假设以 1934 年各月平均的生产总指数为 100，则 1931 年为 93.8, 1922 年的 3 月为 95.1, 6 月为 94.1（据 The Boardof Trade gousnal）。另据 London and Cambsidge Economic Scirice 的指数，去年第 3 季为 79.1（1928＝100），第 4 季为 88.3，本年第 1 季为 90.0，第 2 季为 81.2。照前者的数字，本年比去年有些许的增加；照后者的数字，本年第 2 季比第 1 季又略见减少。从其煤铁钢的生产数字来看，在去年 9 月，石煤的生产为 18,247 千吨，粗钢为 407 千吨，铣铁为 252 千吨；12 月，石煤为 19,887 千吨，粗钢为 430 千吨，铣铁为 337 千吨。本年 3 月，石煤为 19,091 千吨，粗钢为

471 千吨，铣铁为 341 千吨；6 月石煤为 17,028 千吨，粗钢为 467 千吨，铣铁为 317 千吨；8 月石煤为 13,830 千吨，粗钢为 367 千吨，铣铁为 264 千吨。这证明生产工具等的生产，还是在减低趋势中。更从其批发物价来看，也可以看出其经济不振的情势来。假如以 1913 年其批发物价指数为 100，则 1931 年为 104.1，本年 3 月增至 104.6，6 月忽突降至 98.1，9 月虽略升至 102.1，然还不及去年的水平。至于劳动者的生活状况，名义工资和实质工资，同时是减低了，而生活费指数却未曾减低因而劳动者的斗争便愈形剧烈，如去年 9 月，争议的件数共 40 次，参加斗争的劳动者共 3,300 人；而本年同月的劳资争议，便发生有 53 件之多，而参加劳动者数则有 153,100 人之多（据 The Ministry Labour gogette）。失业的数目，更是有增无已的。

本年度的日本资本主义经济，据日本资产阶级自己发表的数字，自本年 3 月以后即已转好，贸易上并已有由入超而转为出超的趋势，据日本银行发表有如次的一个统计：

	1931：9	：10	：11	：12	1932：1	：3	：6	：9
输入总额（百万元）	94.1	77.4	80.7	111.4	115.7	116.5	111.6	95.8
输出总额（百万元）	100.7	94.2	74.7	80.7	68.4	101.0	101.8	140.7

但是这种数字完全是不可靠的。这从日本对外汇兑率的低降就可以证明的。在纽约市场上日本货币本位的平价，是如次的：

	4：27	5：4	5：25	6：8	6：22	7：13
金平价 49.85 弗	32.25	32.65	31.75	32.35	28.87	27.8
	7：27	8：10	8：24	9：21	10：19	
	27.68	26.00	22.18	24.18	23.5	
对平价百分比	64.7	65.5	63.7	64.9	57.9	55.9
	55.5	52.2	44.4	48.5	47.1	

这也是日银自己发表的数字。日本因为国内恐慌的严重和世界市场的滞

塞，而在行着由国家补助之下实行强制的输出，对世界市场倾销，却是一个事实。同时一方面为对付中国的极当政□，除施行强暴的军事力以外，又在行着棉织品的尽情的倾销勾当；一方面为着挽回其对美的汇兑的危机和其人造丝市场，则对美行着人造丝的强制的输出。这于日本资本主义经济的恐慌，并没有半点补益。日本的生产，据日本资产阶级自己发表的统计，也是有增加的，并且连钢铁煤的生产都有增加。在那样焦头烂额的本年的日本资本主义经济，而有其商品生产的增加的数字，却只是一种商业上所玩弄的诡谲伎俩；钢铁煤生产的略有增加，那容许是一个事实，但并不是在生产工具生产的意义上而生出的增加，却是为着帝国主义战争狂的军事工业的扩张。

在经济恐慌的当中，各国的资产阶级的种种虚伪的掩饰是无所不用其极的。如在意大利一样，法西斯常在本年度就在极力宣传意大利的失业数字的减少，生产的增加，贸易的增加等等像煞有介事的消息。并且还发表一种伪造的统计数字；这种伪造的统计，连世界著名经济学者的 E. Vnga 都不免为其所骗。但是事实上，意大利至本年 4 月止，在其海港里载出口之商品为 2,678,473 吨，去年同期则为 2,726,489 吨；生产上，去年第 1 季卷铁生产为 312,147 吨，本年同期则为 218,649 吨。去年最初 4 个月铸铁生产为 164,216 吨，钢为 476,124 吨；今年同期铸铁为 158,985 吨，钢为 415,451 吨。至 1932 年 3 月止的失业数字，还超过去年同期（参看 Snte Inatimat Press Correspoudenco Vol－12－Ne－18）。

现在再把本年度全世界贸易作个总的结束：

世界 18 国贸易额 Reichmale （单位：10 亿德马克）

	1931 年第 4 季	1932 年第 1 季	较上年同季减退率	1932 年第 2 季	较上年同季减退率
输入	17.2	13.9	19.4%	13.3	4.5%
输出	16.0	12.2	23.4%	11.4	7.7%
合计	33.2	26.1	21.6%	24.7	6.0%

因而世界贸易，不仅较上年没有转好，反只是更形衰退。

对于本年度世界经济的轮廓画，因为篇幅所限，有许多重要材料，都不容引用，许多重要问题，都不容许提及；而只容许我作一个极其粗略的提述。

（三）

资本主义世界，由经济恐慌的尖端，已转化到世界政治的尖端。各个资本主义国，都企图独自能从恐慌中逃脱出来，因而一方面，市场的再分割，便到了极端的形势，一方面 Quota Policy 成为各国一致的政策，基于前者的企图，形成极端问题的今日的险恶形势。基于后者的企图，如英国的沃大瓦（Ottaua）会议，和各国关税壁垒的再增高，便是事实的表现。然而事实上，关税的封锁，不仅是把世界市场分裂，而且徒然在增加国际间的仇视；沃大瓦会议，对于英国资本主义的企图，并不能成为实际的事实，而且徒然使英美间的冲突更形剧烈；东三省的占领，并不能解救日本资本主义的厄运，徒然一方面揭起各帝国主义国家间的战争，另方面发动殖民地半殖民地民众之革命的反抗战争。此外战债问题，已引起全欧资本主义各国与美国间的对立的冲突，而成了一个很僵的局势。

其次由于各国的政治恐慌的尖锐化，乃又形成反俄的联合战线之急进。这问题的本身虽然还是半潜伏着的，可是正因为这个问题的存在，使资本主义各国准备着的市场分割的战争，反而迟缓下来，但是正因此而使国际的问题愈益复杂，资本主义国际间的矛盾愈益深刻。

1932. 12. 25. 北平

（原载 1933 年 1 月 1 日天津《益世报》增刊）

氏族制以前的社会生产力

　　基于原始人的劳动工具的研究，划分全人类史为旧石器时代（Paleolith）新石器时代（Neolith）青铜器时代及铁器时代。这种划分，没有完全把原始社会的社会经济制度的变化反映出来。因为社会制度的基础，单在物质技术上，至少不仅是劳动工具的材料，还该包含着加入物质生产诸力的总体之人类自体。在还没有用石和金属时，已有了用贝壳和木材——即在上述的图式中不曾全然反映着的那类材料——制造劳动工具的社会。原始文化史的时代划分的基础，不是技术的特征，而是原始社会的社会经济制度的特征。阶级以前的最古代的社会，在原始共产主义的生产方法的概念下被统一起来，和此相照应的太古的原始社会经济的构成，更可以细分为狩猎——采取经济和游浪生活的阶段，及半土著的农业经济的阶段。原始共产主义的最古代的阶段——氏族制以前的社会，和上述的工艺学的分类之旧石器时代，只相近似而并不一致。

　　旧石器时代属于很远的过去，在当时之地质学的，地理的，而且气候的，地上的光景完全和现代不同。在新石器时代已开始的时代乃属于地质学的现代，这在大体上和所谓氏族社会相照应。对于旧石器时代和此后的时代相异的，以磨制石器及陶器的缺如为特征。基于工具制造技术的研究，旧石器时代可划分为数个发展阶段。因着其所代表的最特征的石器的发现的地名，而付以如次之名称：早期叙里亚，叙里亚，阿西利亚，及莫斯丹里亚（这个阶段以前为前期旧石器时代），阿里拉西亚，梭里多利亚，马格达列亚及阿斯西里亚（后期旧石器时代）①。

---

① 哥罗多查夫及尼哥里斯基把旧石器时代区分为削的时代（Chipeng）、投割时代（Pitching）、压削时代（Pressing）、研磨时代（Palrshing），这种区分完全是人工的，因为和实际没有什么共通点。

从动物状态发生出来的原始人，最初使用着很不发达的劳动工具，殆全然为自然所左右。但在狩猎——采取经济的过程中，所发生的劳动工具的完备，分化，分业，把人类的自然占有的程度提高了。狩猎——采取经济的累进的发展这个过程，亘全旧石器时代进行着。

从古生人传留给我们的，不过是旧石器及骨器。因为在亘数万年中，有机物，木材，兽皮等的保存，完全是不可能的。但是原始人曾使用石器同时还使用木器，我们却能完全确认呵！而且，恐怕最初的人类的工具就是木器呵！因为木材很容易到手，而且还较石材容易加工。因此先立于石器时代而前行的，应有"木器时代"。最初的木器为棍棒，以之同时用着作打击用，投掷用，掘土用。枪，棍棒，杖——为掘土而使用着许多形状不同的棍棒——这种工具，在最近死灭了的狩猎——采取种族，澳大利亚人，塔斯马利亚人，夫兹休马人等的经济中，还有其第一义的意义。

为制造石器的最好的材料便是燧石。这由于其具有两个性质，即容易割成各种样子——这在其他石类，例如花岗石便没有这个性质。在燧石缺少的地方便以石英和黑燿石来代用。

最初的确实的石器，如上所述，有所谓早期叙里亚的[①]。早期叙利亚的石器，为粗杂不整的燧石片，对一边或数边加以打制，使被使用的一边为不整的形状。在一定处所有其打制的痕迹，而带着系统的性质，能明白的判定为加过人工的。这石器用以切断球根，果实和肉类，主要在用以制造木制的棍、棒、枪、杖——这些均系用在直接食物的获得上。这时代的人类住处没有残存，当时的人类知道火与否，却是疑问。在早期叙里亚期之后的叙里亚及阿西利亚期，人类住处为用树枝编成的简单的小屋——单在作为防风的遮蔽物。

次一时代，在叙里亚期，除上述的形式的石器外还有一特征的类型，就是已发生所谓拳楔（Fauslkdle），甚而拳打器（Couple Point）。这是厚而粗杂的，作成有打制的痕迹的扁桃形的石片，一端为尖他端为钝。其长为10乃至20生的米突，重约一启罗格兰姆内外。这石器有柄，想作为直接握在掌中的。这已被使用在最多样的方面了。如打，剥，刻，切等，尤其是用在木材的加工上。叙里亚期的拳楔的出现，是和当时人类生活在森林中相关联的。拳楔制造的技

---

① 在这里，早期叙里亚、阿西利亚时代，想在温暖的间冰河期。

术，为从早期叙里亚及其后的时代所制造的木制的削尖的棒的技术所发生出来的。

次一时代——阿西利亚期的最特征的石器为弓矢和拳楔。但是其加工技术为较绵密的改善了。石器的简单化，已减少精糙（按原文为减少"蒿"），失去了原来的钝厚。阿西利亚期的拳楔恐系加上一个柄而使用的。阿西利亚期的拳楔在其用途上也可看出几分的变化来。平的，三角形的形状的，想是作为狩猎用的枪的枪头。在阿西利亚期，自来所用的不整形燧石片的石器还和拳楔相并使用。阿西利亚石器的发现状态，和其先行时代的石器同样。

从早期叙里亚到阿西利亚的石器，在世界许多地方被发现，但主要发现在南部地方。例如东欧就没有发现。想是由于当时人类之自然的占有程度的贫弱，人类没有在严酷的气候的条件下生存的。

在和阿西利亚相续的莫斯丹里亚期，石器制造的技术变化了。附以扁平的刃及尖锋。这是把燧石的一块取来，加以强力的打击，由卵石的碎片，制成扁平的三角形，然后就一边仅在尖端上加以打击（所谓再加工）而为皮削器和尖头器。在拳楔的打制时，把碎片抛弃，留下的主要部分便是石器了。在莫斯丹里亚期，这样的碎片用以在石器上磨刮而作成核（Nucleus），皮削器及尖头器为在拳楔上之莫斯丹里亚石器的两个特征的类型。皮削器为卵形的碎片加于一边的加工而作成的刃。这用以剥削兽皮（这种皮削器，又付以木制之柄，在今日的爱司克母和觉古基之间还使用着）。尖头器为有三角形之尖的燧石的碎片。这是用作切断器及穿孔和狩猎用的枪头。在最后的场合，把棒的先端割开，用动物的筋腱缚束起来。在莫斯丹里亚期的人类，在认识上，已能区别出石的两个基本形式。适应着狩猎及狩猎的获物之加工的，表示这时人类经济之狩猎的重要意义（狩猎的意义在阿西利亚期已显著了）。捕杀了的动物的骨的利用为表示着狩猎经济。莫斯丹里亚的人类和其先行时代的人类相同，还没有制作骨器，但已经在作为石器制造之际的"金床"——作为再加工的磨擦工具——已使用动物的骨了。石器的发现状态变化了。莫斯丹里亚石器，不是偶然的散布，而发现在住处、炉址、贝塚等里面。在贝塚中发现着被人类捕杀了的动物马莫斯、叙里亚犀、野马等的骸骨。

炉址表示人类已用火。这种证据，在此以前的时代没有发现。和此相关联的，在考察人类如何发明火，且如何获得之一最有兴味的问题。

在现在的地球上，不知用火的种族已完全不存在了。但是发掘的人类使用火的遗迹，却不曾意义着获得火。学者们说到最初的人类如何知道火的使用，作出许多假说，有认为由野火或火山爆发之际所引起的等说。但是关于火的起源之这种假说，仍不免是偏见。问题依然不曾解决。至少认火的起源由于偶然，或由于原始的"天才"之一种发明，是不能说明的。关于火的知识，在特定的经济状态之下才能发生，因为人类以其不考虑的从来的接近火的机会，至此始引起人类的注意，排除其对火的依然的无视。从获得火的最初的技术说，若说是由加工于燧石之际而得的火花，但这样发出的火花，是不容易引起实际上之考虑的。而且燧石和燧石相击而获得火花甚是困难，使它燃烧就更要困难。在现代的一切原始氏族中，获得火的技术，是由木材加工的技术发生的。澳洲人为获得火，把小木棒在置在地上的小板上穿孔。在穿孔之际生出热来，为穿孔而生出的木材的粉末便起燃烧。另一个方法，为以一块木板和另一块木板相割的方法，在这个场合，木材的粉末便生燃烧。因而，获得火的知识，恐系旧石器时代从木材的加工发生出来的吧。

不消说，火在旧石器时代的人类的生活中，有其莫大的意义。人类用火去料理食物，用火取暖，用火防御野兽的侵袭，并由用火焙烧而制造许多工具。

恩格斯对于原始人的火的意义，曾为如次的评价："力学的运动转化为热，由摩擦而获得火的发见，应看作人类史的发端。在其发展的后来，由力学的运动之转化出热的发见，便发出蒸汽机关。在社会生活上，由于蒸汽机关而给与莫大的解放的革命……由于摩擦而获得火，在把人类解放这一意义上，无疑的更属重要。这是使人类开始支配一定的自然力，人类因此才完全从动物界脱离出来"。

在莫斯丹里亚期的冰河的袭来及其相伴而至的气候的冷却，这一直继续到马洛达列亚期。说到莫斯丹里亚期的住处，为防御风寒的作用，被发现在岩荫下，这是和气候的冷却相关联的。各人都在岩荫下建筑了小屋。

莫斯丹里亚期的人类，从其肉体的构造说，为 Neanderthal 人的类型，这是没有论争余地的。因为 Neanderthal 人的遗骨是和莫斯丹里亚的石器一同发现的。在此以前的早期叙里亚及阿西利亚期，就有与 Neanderthal 人的近型的人类存在了。在此以前的时代则为"哈伊得尔比尔人。"

莫斯丹里亚期的石器和以前的石器同样，在地面上一切地方存在着的，因地方而有多少的相异。在经济上及社会生活上之类似的条件，致发生类似的工具的出现。莫斯丹里亚人占有自然的程度高，因而能生活于较严酷的气候的状态下。莫斯丹里亚期的住处，在苏联境内也有发现，古里米亚半岛，古巴尼，多尼河流域及叙里亚屡有发现。

相续于莫斯丹里亚期的阿里拉西亚期，为后期旧石器时代的开始，原始人的技术，便从此起了不少变化。石器的制造，先准备着制成细长的石片（广的卵形的石片）——从棱型（Prism）的石片巧妙的打制。于是在其制成的细长的石片的缘边上加工，而制成各种样式的石器，以之用于狩猎上，狩猎生产物的加工上，木材和骨器的工具的制造上。最重要的阿里拉西亚的石器为如次的。有柄的尖利的枪的枪头。皮削器（这想是为裁断用的），用以在骨材上加工的雕刻刀，作为刺器及裁断器用的各种尖头器，最后为兽皮及各种穿孔用的各种穿孔器。这些工具，大多都附以木制的柄。在阿里拉西亚期，骨器开始出现。有枪头，针，光皮的刮削器等所有的骨器，都是用燧石的雕刻刀去制作的。骨器的出现，为后期石器时代对前期石器时代的主要特征之一[1]。不消说，和石器，骨器相并的，在后石器时代，还继续使用着木器。

阿里拉西亚期的技术，表示着较从来更复杂化了的狩猎经济。适应于狩猎者——采取者的各种要求，而表现为工具的各种形态的分化。狩猎的生产物，可以看出有多方面的利用。

在阿里拉西亚期，可以看出人类的新的肉体的类型。从莫斯丹里亚期的Neanderthal人而代之以近似于现代之肉体类型的"格洛马约人。"[2]。

说到阿里拉西亚的住处，在一般上，后期旧石器时代住处的发现状态，和莫斯丹里亚期的住处，大体上没有变化。后期旧石器时代人也住于岩荫下，并建筑小屋居住。小屋的材料，为木材石材和兽皮。

在前旧石器时代，对于地球上的到处都是同一的模样；在后期旧石器时代，便不管根本上到处是同一的，却开始被认识有地方的差别了。后期旧石器

---

[1] 后期旧石器时代可以从艺术的出现为特征。骨材的雕刻，洞窟的岩壁上的雕刻及绘画。后期旧石器时代的艺术，另当详细说明。

[2] 后期旧石器时代，和最典型的格洛马约人相关的，另外还有布鲁尼（Brunn）人，勒达罗多人等。所有这些根本上都与格洛马约人无大差异，和此相反的，勒亚特鲁达鲁人却与之很不同，在人类史上却与格洛马约人占着同样的位置。

时代在地上被认识，能把它区分为上述的四个时代，还只有欧洲。在其他地方把它为时代的区分，还不曾经过充分的研究。

从上述的后期旧石器时代开始的阿里拉西亚期，在石器制造的技术上，和莫斯丹里亚期有很多的不同呵！把人类发展的全过程看作水流般的渐进的进化之布尔乔亚学者，不能说明这种场合之渐进性的中断，而从所谓文化移动去解决。据他们所说，在阿里拉西亚期的开始，欧洲人为从其他地方（他们不指出什么地方）移来的"格洛马约"人的群团，以其较高的文化把莫斯丹里亚人剿灭了。但是这个假设，在实际上，连什么也没有说明，不过把格洛马约人的故乡移到不明的土地上，作为问题的解决。这个假设并没有什么确证，是不能得着我们承认的。出现于莫斯丹里亚期和阿里拉西亚期之间的渐进性的中断，在这种场合，是以生产诸力的成长作为基础而发生的，着眼于从较原始的狩猎经济到较高阶段的狩猎经济的转化上，才能说明。说到 Neanderthal 类型的人类之格洛马约及其他类型的人类之间的交代，也同样在这种场合的种的发展上引起飞跃。说到人类在其周围的自然中所作的劳动，又变化其自身的性质，这是可想而知。在社会的劳动的过程上，在自然的占有及工具的改善的过程上，Neanderthal 人的手也被变化了，被改善了。已获得的变化，从一世代遗传给另一世代，新的世代于是又继续发展。但是加入劳动过程上的为人类的全身，手为人类全身的一部，手的变化是和全身的变化相联结的。因而头盖的构造，脑的量及构造，下肢的构造，也通通都变化了。在所有这些点上，表示格洛马约人比 Neanderthal 人之显著的进步。其脑量的大小，已具有完全的组织。具有突出前方的头，使下腭骨能区切音节，能够言语了。"不但于单独的个人，而且于社会，由于达到了手，发音器官及脑髓的协同作用的人类，才能实行益复杂的诸操作，树立各种高尚的目标。"（恩格斯）

相续于阿里拉西亚期而为其直接延续的有梭利多利亚期的存在。梭利多利亚期和阿里拉西亚期有同样的工具，至于其经济状态，便是狩猎之更属完全化了。细细地分别，阿里拉西利期的枪的枪头，至此更为发展，这从最精巧的燧石的枪头的出现可知。这枪头为扁平的，月桂树叶状的，两端非常整齐而尖利的石片。从粗糙打制成的枪头形的两面加以加工，给幅广而平的大型的一个裂口。这裂口照现代原始人的例示，只有用弹力的骨制的小棒去打制的场合，才能作成。这样的枪头的制造，照现代原始人的例子来看，是需要非常久的时间和大的熟练的。此外的所有之点，则如上述，梭利多利亚期也和阿里拉西亚期无何分别。在梭利多利亚期并同样为格洛马约人所栖息。

在相续于梭利多利亚期的马格达列亚期，狩猎工具便更完备了。骨器达到最大的完备而多样化了。燧石的枪头为和燧石器在大体上为同样的各种形态的骨制的枪头所代替了。在马格达列亚期，已有"哈尔铺"（有拘骨铦）及投掷器（Prapulseur 或 Dat thrower）——在尾部有一种拘状的长棒。后者用以作为枪的投掷的补助器。所有这些工具，给与我们关于后期旧石器时代的狩猎方法的一个概念。在住处中发现的遗骨，表示着马格达列亚期的人类已知道渔业。并制造有骨制的钩针（在阿里拉西亚期已有渔业，到马格达利亚期便发展了）。

在马格达列亚期的骨器中，有裁缝用的有孔小针（在梭利多利亚期已出现），是值得持笔大书的。这有孔小针，制造精巧，只是没有现在的铁制小针那样小。织物在旧石器时代的人类还不知道，衣服为把毛皮由狩猎得来的动物的筋腱或鬃毛搓成的索去缝合而成。后期旧石器时代人还没有使用陶器，因为这在游浪生活的状况下所不可能的。移动流动物或保存，是使用木器和兽皮的袋及穿穴的石块等。马格达列亚期并已知道用灯。取灯的方法，为在石片上穿孔，灌入兽脂去燃烧。马格达列亚人以这种灯去照明其自己的住室，并以之取暖。

后期旧石器时代人在骨上穿孔，尤其是把骨上穿孔的方法应用在所谓"指挥杖"（Bitansde commaadement）的制造上。指挥杖为由驯鹿角的骨片制成，每个杖上有数个穿孔，并加以壮丽的雕刻①。关于其用途，有种种的假说，有说为劳动工具的，有说为装饰品的，有说为宗教用品的。从其各种不同的形式，恐系用于各种不同之目的者。

和马格达列亚期相次的，有阿基里亚——达尔诺亚几亚期，还应附于旧石器时代②。阿基里亚期的地理的及气候的条件，很接近于现代，已由寒冷的气候变成暖和。燧石器在大体上为和从前同型，只是形状小了（一、二生的米

---

① 1931 年夏，这样的指挥杖，始在苏联的瓦罗来基附近之哥斯特哥夫斯基旧石器时代的窖藏（Station）中发现。
② 阿基里亚——达尔诺亚几亚期，我认为全然属于旧石器时代，许多学者把它作为旧石器时代和新石器时代中间的中石器时代，或原新石器时代。

突长），为割裂用而制造的石片，已渐有其几何的被统一的外形。骨器除"哈铺"外，殆消灭了。石器的形状的小及形状的统一，是在意味着其制造技术的进步。在制造上，对劳动和材料均知道最小限的节约了。技术的这一变化，气候条件的变化——冰河的退去——及与此相关联的旧石器时代人的食物，许多动物之退向北方或死灭，所给与的工具上的材料，演着最大的作用。

在阿基里亚——达尔诺亚几亚期，为格洛马约类型的人类和现代类型的人类相交代，例如短发人种的弗鲁伐兹——格来勒鲁，和长发人种的阿夫来脱相交代。

相续于阿基里亚——达尔诺亚几亚期的为真正的新石器时代的开始，从旧石器时代至此而表现着高度的生产诸力的发展的水准，高度的自然的占有。这个高的阶段，为在旧石器时代所准备出来的，但布尔乔亚的学者，却和其在阿里拉西亚期的问题同样，在这种场合，把旧石器和新石器的交替，也看作文化的移动。实际上，这种交替，只须检讨一下旧石器的发展，便能得着满意的说明的。

（译文，原载杭州《劳动季报》第 1 卷第 3 期，波里斯哥夫司基著，1934 年 11 月 10 日发表）

弱小民族与帝国主义的战争

　　说到弱小民族和帝国主义的战争，这个题目，我想从常识去论说，人们是有着各种不同的感想和见解的了。但若从真正的科学的见地上去讨论，问题内容的包括却是非常之广泛而复杂的，要想充分的说得清楚，那简直可以写成一本大书出来，今天我们只最简单的谈一谈。

　　所谓弱小民族与帝国主义的战争，究竟能否成为事实呢？易言之，所谓第二次世界大战的到来，将最先从构成现世界主要矛盾所关系的那一个方面爆发呢？在资本帝国主义所支配的世界的今日，曾构成着四种关系，一是资本主义诸国，自1929年所引发的世界经济大恐慌以来，每个资本主义国家都想单独从恐慌中逃脱出来，于是彼引起对世界殖民地之再分割的严重形势愈趋剧烈化，这种再分割运动的进行，一是后起的日德意诸帝国主义，要求领有广大殖民地的先进诸帝国主义把其领有的殖民地为新的分割；一是他们要求把世界一切落后的半殖民地区域为进一步的殖民地化，把共同支配的半殖民地进一步的作为其单独支配的殖民地。这样便构成帝国资本主义诸国相互间的市场争夺的矛盾。但市场再分割的进行，并不能靠和平手段去解决，在和平手段的进行无效时，就必须要继之以战争的。因此，在帝国主义相互间有着战争的可能性。一是由于资本帝国主义经济发展到目前，其国内阶级对立的严重形势已达到顶点；自大恐慌的袭来后，这种形势便更呈尖锐化；加之资本主义各国又以加紧对其国内大众的剥削作为其弥补恐慌损失的一种手段，所以又愈使经济的恐慌激急延长为政治的恐慌，在这种资本帝国主义诸国内严重形势中，有引发其国内之内战的可能性。例如正在进行中的西班牙的内战，便是这种阶级间阶层间矛盾内容之演化的初步。一是存在于资本帝国主义诸国与苏联间的矛盾。这两者不但在其社会制度上有其本质的对立性，且随着资本帝国主义诸国之经济的政治的恐慌袭来后，他们都以之归咎于苏联。所以自 1917 年以来，资本帝国主义诸国便不断在策划着进攻苏联的联合阵线，因此存在资本帝国主义与苏联间的矛盾便有引发战争的可能性。一是在资本帝国主义对殖民地再分割的进行中，尤其是德日意诸国之疯狂武装侵占殖民地的进行中，其主要的对象便是陷在半殖民地状态下的弱小民族诸国家或区域，他们要求把这些国家或区域完全变为其单独支配的殖民地，要求把政治工具化，人民奴隶化，军事附庸化，经济和物质资源独占化……但是半殖民地国家为保护其自己民族的生存与利益，他们不但坚决拒绝其国家的殖民地化，而且要进一步的在要求其民族的解放。因此便构成侵略者的帝国主义与被侵略者的弱小民族间的无法缓和的矛盾，而构成其战争危机的可能性，上述这四种主要矛盾对立诸关系，又都是相互关联而不能分离的；若把它各个孤立起来去考察，都是错误的。在这四种方面，都有引发第二次世界大战——即作为清算资本帝国主义自身的一次大战的可能性。

但是这种战争究将从那一方面爆发呢？那便要看那一种矛盾关系具有引发战争之可能性的现实性。因为只有可能性还是不够的，必须还要具有可能性的现实性。这问题的解释，便要看究竟那一种矛盾演着主导的作用？一般的说来，本来是存在帝国主义与苏联间的矛盾在演着复杂的矛盾诸关系的主导作用的。但随苏联的经济的政治的力量的成长与强大，尤其在第二个五年计划快达完成的今日，不但说各国对苏联的联合战线，由于其相互间的矛盾诸关系，一时不易实现；即自认是防苏最激进的日德诸国，不但已自识其力量的不及，且转而抱着疑惧与恐慌了。因此，他们在对苏战争之前，便也要求把邻苏国境的弱小诸国家，挪到其自己的单独支配下，利用弱小国的资源以为军需的资源，利用其土地以为其战争工事的布置与准备，役使其人民代替其到战争前线去服务，换句话说，奴役弱小国家去替他们作"替死鬼"。所以希特勒要求在进攻苏联之先树立其东欧诸小国的支配权，日本帝国主义要求先征服中国然后再进而对俄作战。这便是其一方面的原因，从而作为导发第二次世界大战的战争，将首先从侵略者的帝国主义与被侵略者的弱小民族间之爆发，便具有其必然性了。从而一部分国人的心理，希望所谓日美战争的或日俄战争的到来，实是一种绝大的错误，而且这种错误的估量，能给予我民族以一种不可思议的危险，甚至可以演进到和平亡国的危险。

本来，假使没有二三两种矛盾关系的存在，"九一八事变"便早已引发日美或日英的战争了，阿比西尼亚问题也早已引起英意的战争了。假使没有一二两种矛盾关系的存在，则对苏的联合阵线，也便早已形成了。因为复杂的矛盾关系的存在，都不能不有所顾忌与牵制故。

所以只要弱小民族不肯放弃其民族的生存权利，其人民不甘愿去作亡国奴，则其抵抗帝国主义侵略的战争，便再无法避免了。不过世上有些人们，以经济和军事等均形落后的弱小民族去对抗那经济势力和军事技术等都已发展到了高度的帝国主义，其失败是必然的。这种错误的心理，自阿比西尼亚抗意战争的告一失败段落后，便更形发展了，甚至十分无耻的如徐佛苏之流，便公然倡出和平亡国的无耻的论调来（他曾经从北平发出一种油印文字）。实则就中国来说，阿比西尼亚在其内在的或外在诸关系条件上，均不能与中国相提并论，暂且不说。而在现在战争中，作为给予交战国双方对于战争的决定的东西，决不只是那样简单，而是有一个较丰富较复杂之内容的。照我个人似常识而又非常识的观察，决定战争的主要的因素，并不只是单纯的军事技术的问题，也不是能把经济的组织绝对化的问题（就资本主义说）。我认为有三个主要的决定的因素（当然还有许多次要的），第一是交战国双方的各异的社会的构成，及其对于战争之各异的意义与性质；第二是交战国双方对战争所能获得的各异的国际的反响；第三才是军事技术的问题，一个相对的也并不是绝对的问题。

就第一点来说，帝国主义国家，随着其经济与技术之发展到高度，其社会内包的矛盾，尤其是阶级矛盾也已发展到了高度的。其对弱小民族所行使的侵略的战争，不但只是基于其国内少数人的利益之上的一种战争，而且强迫其国内大众为少数人利益的战争去服役，牺牲自己的生活替他们负担军费，牺牲自己的生命替他们去到战场。所以战争对于其国内大众也同样是一种绝大的负担与压迫，大众对于战争是完全立于一种反对地位的。致使侵略者的力量，从其内在上便要引起一种数学上的正负的消减作用。而且他们虽然有进步的飞机大炮战舰和毒气等，但是其少数人自己并不肯直接去开射，不能不利用其国内大众的两手去使用。所以这种利器一离开军库而转入到大众的手中，大众便有其部分的支配权了，从而其国内大众所掌握的炮口的方向，是有从对着弱小民族瞄准的方向转而对内的可能的。这在"一二八"以及年来日军在东北对义勇军作战的事实，是能充分证明的。这在诸位先生，谅都已知道，我不暇一一例举事实。反过来说到这种被侵略的弱小民族，他们对于抵抗侵略者的战争，不但是关系其整个民族的生死存亡，是其全民族成员的最决定的共同的利害。在其民族的内部虽然也有着各种不同的利益的冲突，但在这民族生死存亡的共同利害的大前提下，那些内在的利益诸矛盾，便都成为次要的问题了。所以他们的民族的抗敌战，除去极少数别有心肠的汉奸卖国贼，如至少有99%以上的人们是完全一致要求的。其次说到社会的经济问题，在资本主义经济发展到了高度的帝国主义的国家，其社会经济机能的枢纽已完全集中在少数大都市；农村完全成了都市的附属；在弱小民族，其国家的农村大抵还保留在一种半自足的落后的状态中。这在平时，后者便处于被支配的劣败的地位；但一到战时，便要延长其相对性的作用了。在现代立体战争的条件，城市是最易遭受危害与破坏的。所以帝国主义国家的产业集中的少数城市如果一旦被破坏，不但其战争便无法继续进行，而其全社会的经济生活也要立即陷于无法继续生活的恐慌中。反之，在弱小民族，即使其国内的重要城市一旦被破坏，也并不能动摇其社会经济生活的根基，他们反而得以利用其落后农村的自足性，作为其持久的游击战争的有利条件。

就第二点说，实行侵略的帝国主义者对弱小民族所行使的侵略，直接是在危害弱小民族的生存，但在把共同支配的半殖民地去转化为其单独支配的殖民地这一原则下，间接便是对其他帝国主义者利益的侵害。所以其他帝国主义者对这种单独施行侵略的帝国主义者，在这一点上，便构成着无可解结的矛盾。英美和日本对中国问题之无法求得谅解便在这里。因此，在弱小民族与侵略者的帝国主义的战争中，其他有利害关系的帝国主义者便没有去同情或支持单独侵略者的理由，反之，对于实行抗敌的弱小民族却能与以有限度的支持与同情的。因为有限度的抗敌，是能为他们去保持其共同支配的既有利益的。但是假使弱小民族的抗敌战争有发展为民族解放战争的时候，他们便不但不肯再加支持，而且立即要设法来消灭。因为弱小民族的解放，在他们看来，便是对一切帝国主义利益的全盘否认。所以当意阿战争的进行中有一个时候阿比西尼亚在前线上获得其优越的胜利国之后，支持阿比西尼亚抗战的"大英帝国"便立即感觉不安，在日内瓦提出英法意以分阿国大部分领土的说帖。这是不健忘的人们犹能回忆到的。因此想依赖一个或一个以上的帝国主义者去抵抗侵略的帝国主义，不仅是绝大错误，且属绝大的危险。阿比西尼亚抗意战争的失败，这也是一个主要的原因。其次在一定的地理条件等关系下，侵略者正以征服某些特定的弱小民族的一个理由，是作为其进攻苏联的前提的。因此苏联对于这种侵略者对弱小民族所发动的战争，无疑和弱小民族方面有其共同的利害存在。所以苏联虽不是空洞的人道主义（注意，这不是说帝国主义就是人道主义者，实际在帝国主义的字典中是没有公理，正义，人道等字眼的），然从其根本的立场上是能尽力给这种抗敌的弱小民族以有力的援助，甚而有共同行动之可能的。像中国和日本帝国主义间可能发生的冲突，苏联其在地理等条件上所给予的反响，是显明的可以想象得到的。再次在资本帝国主义诸国内的大众以及其他世界各弱小民族，他们对于帝国主义的侵略战，和直接被侵害的弱小民族，是有着间接上之深切的共同利害的。他们在其可能的条件下，决然不会同情帝国主义的侵略，只会给予被侵略者以兄弟的同情的。即在侵略者的国内的大众，侵略者虽然还在"抄袭故智"，拿出"为祖国而牺牲"与"光荣"的口号去诱惑他们，但是时代已经不如往日了，大众已完全觉悟了，为其进行这种工作的社会民主主义者的法宝已完全丧失其作用了。

就第三点说，军事技术之一问题那完全是相对的问题。弱小民族虽然自己没有那样高度的军事技术与制造设备，但基于上述两点所说明之种种，自能获得其适当之供给与援助的，若以中日问题作例子来说，一旦战争的爆发，则在战争的进行中，日本侵略便有完全受着苏联的军事控制的可能。其只肯向我表示作战的姿态，而不敢决然便发为战争，企图达到"不战而胜"的美梦，这便是其最顾忌的原因之一。而且在我国，在军事技术等条件上，我们不但不是阿比西尼亚可比，而且可说也有着相当的准备了。

基于上述的说明，我们可以说，在地理等有利条件下的弱小民族的抗战，可说是有着最后胜利的把握的，虽然我们的敌人正聊以自慰地说我们的这种见解是"可笑"与"庸俗"，不料这种"可笑"的"庸俗"的见解，却反而被"友邦"的中国通的军事家采纳了一个部分。说到这里，诸位先生有见过松室孝良少将对关东军的秘密情报吧？

但是，或者有人要反问，阿比西尼亚的抗意战争为什么又失败了呢？阿比西尼亚是否已根本失败，这里且不说它。关于阿比西尼亚之过去的失败，最主要的第一因为阿国还在才从奴隶制度转化到封建制度的历史时代，毫没有受过现代科学的洗礼，所以未免是过分的落后；第二因为阿国完全在依靠一个帝国主义者去抵抗另一帝国主义者；第三因为在其地理条件上，无法取得像苏联那样国家的有效的援助；第四由于那和其内部条件相照应的情势下，不能获得意国大众的同情；最后阿国在战略上，以其落后的诸条件，不采取持久的游击，反而以主力战作为战争的主要方式，这也是同军事遭受顿挫的一大原因。回顾看我国，情形完全和此两样的。中国不但有着悠久的文化，且已有其半现代化的社会诸条件，民族的潜在力的雄厚，那不但非阿国可比，而且可说是十分伟大的。在地理的社会的其他等方面，也都比较的具备着优越的条件。我以为中国的抗敌，是完全有着胜利的把握的。

（原载《国华半月刊》第 1 卷第 1 期，1936 年 12 月 1 日发表）

脱险归来

一

自平津的陷落，我和许多其他文化界的朋友都一同被困在北平；在日敌认为抗日排日之主动者的五百余人名单中，我也是被敌人看得分外重要必欲得而甘心的一个，因此，国内学术界朋友和许多故知，对我的行，甚至生死，都发生着深切的关怀，殊足感激；到湘后，又承许多朋友以事变经过及平津现状相询，一些新闻界朋友又劝我把一些见到的事情用文字报告，我只得略为记述，并借以致意关心我的一切亲故和朋友。

（一）从卢沟桥事件说起

所谓中日问题，自九一八以至东北四省的沦陷，中国民族的自卫力量与内部的团结，便在急速的发展与成长，恰恰和日本侵略主义的发展，形成一个正反的对比，在这种中国民族要求保障神圣的生存权利，和日本侵略主义之严重对立的情势下，只有用战争才能清算而且战争随时有到来的可能性，这是每个意志清晰与不甘作亡国奴的中国人，都早已意识到的；同时爱好和平的世界各国政府和世界和平大众，也都随时在密切的注视着。因此，卢沟桥事件，从形式上看，一若是偶然性的，但在日本帝国主义之整个侵略计划与世界矛盾诸关系的联结上，却是有其必然之内容的，从而卢沟桥事件，不过是日本侵略主义扩展的进程上，遇着中国民族伟大抗战的开端，其本身不过充任了战争的可能性之现实性的条件。

说到 7 月 7 日卢沟桥事件发生的前因，由于冀察当局对外交的绝对不公开主义，即住在平津的人民也是不十分明了其真实内容的。据当时的传述和推测有谓事件的本身纯粹是偶发的，系由日军下级干部，借卢沟桥非法演习的机会，占领宛平，借以暴动；日本军部甚至华北驻屯军首脑部事先并不报功。一说甚至谓 7 月 7 日晚的第一响炮声，系由中国军队所放出的，其实这种种传说，完全是日本帝国主义指使汉奸所放出的烟幕弹，图隐蔽其侵略计划的真相。可是中国的冀察当局，在这种烟幕弹笼罩下面便自始至终都抱着一种和平的妄想，以致引出平津陷落的悲惨结果，其他的一种有力的说法，则谓日本法西斯军阀眼见中国年来的进步和内部的团结，认为若不及早于此时解决华北问题，便会丧失其解决之机会的，所以才借端挑起卢沟桥事件，揭开严重局面来压迫冀察当局就范，这虽然有部分的近似性，实际上仍不免是一种似是而非的推测。问题的内容，不但是日本侵略主义之一种有计划的行动，而且是世界侵略主义者之一种有计划的挑战。（未完）

（中华民国 26 年 9 月 18 日湖南《大公报》）

二

在卢沟桥事变的前夜，我们还记得日本与德意各国的新闻机关，都不谋而同的在鼓吹苏联的内乱如何严重，又正在如何的发展。这企图不但在转移世界的视线，而且也正在酝酿其破坏世界和平的暗中进行。他们认为应该由日本法西斯军阀乘机发动对中国的武装行动，压迫中国政府和华北地方当局——不管采取政治的或军事的方式——使华北成为日本帝国主义者直接管领的地带，建筑侵略主义者之东方的长蛇式的包围阵线，并同时截断中苏间之地理的交通的连结，然后一面使中国加入其防共协定——使中国成为日本的保护国，去充任其侵略主义之牺牲品，一面便发动其对苏的东西夹攻的战争。所以自卢沟桥事件的发动后，近卫文磨和广田宏毅在外交宣言上，便一再揭出中日防共协定和华北脱离中国中央政府两要点，为所谓日本的"根本立场"，另一方面，当7月底国军与日军在天津车站交战时，当天津法国当局拒绝日本援军通过法租界和万国桥以后，与日界隔河（永定河）邻接的某国租界，便立即允许日军搭建浮桥，通过其租界地去进攻国军；其次当上海和华北战事正在重要的时际，便发生在地中海的英舰和俄舰被炸毁事件，这不过〔是〕西方某侵略主义国家为遥援日本对华的侵略，向世界示威，牵制其对中国的同情与援助所作的一种勾当。从而，问题的内容是十分明白了。因而，卢沟桥事变，不过是东西各侵略主义国家共同阴谋破坏世界和平的序幕。

可是事情虽然是这样的的确而明显，而日本帝国主义为履行这一共同的阴谋与发挥其独自的侵略，乃于发动卢沟桥事变之后，一面从其本国朝鲜伪满调动数万大军压迫平津，一面则出动其浪人政客作和平的接洽，阴谋分化中国内部，妄想实现其"不战而胜"的企图；因而，便一面制造"蒋□□想借日军来消灭杂牌军"的无稽谰言，一面又应用种种卑鄙无耻的手段去分化 29 军的内部。其实日本这一种无耻的阴谋，除去张自忠①等那些一二无知的出卖祖国的汉奸外，反促成中国民族内部之益形团结，与大众抗敌情绪之益形高涨。同时徒足以证明日本所谓"中国通"与法西斯军阀头脑的顽固，对中国认识的隔膜——尤其对"双十二"以后中国新形势的完全忽视。（未完）

（中华民国 26 年 9 月 19 日湖南《大公报》）

三

虽然，日本的分化作用，对于当时的 29 军，事实上我们也不能否认它曾发生着相当的作用，引起 29 军内部之和战不定的种种幻想。然而在全国大众

---

① 编者注：1937 年卢沟桥事变后，张自忠代理冀察政务委员会委员长兼北平市长。由于国民党当局对日抱有幻想，致北平失守，张自忠一度被人们认为"汉奸"。著者也受到当时传闻影响。1940 年张自忠于襄樊战役中壮烈殉国。1982 年国家民政部追认其为革命烈士。

的督促和蒋委员长四大原则（庐山谈话所揭示）的鞭策下，也终于不能不拒绝日本帝国主义的一切无理要求而出于一战了。虽然，战略的游戏，致引出平津失陷的悲剧；使敌人得以垂手而把握着华北那一弧形的交通枢纽，致我们在后此的战略上不能不受着相当的影响。

（二）29 军抗战的一幕

曾记得 8 月 10 ［日］间的英文《华北明星》报刊登一幅讽刺性的漫画，象征着一对日本绅士和太太向着一对中国绅士和太太伸手举起香槟，被中国太太摇手拒绝。记得还有这样一行说明："若是你们早来一点儿"。他和她就一定会说："先生太太光降，无任欢迎。"这无非在象征着日本帝国主义"不战而胜"的阴谋和惯行的威吓伎俩，已经失了时效，卢沟桥事件，终于不能不作为中日长期大战的端绪了。

自 7 月 7 日夜间日军企图侵占宛平的失败始，残酷的战争一面在卢沟桥方面继续的进行，日本帝国主义侵占华北的大规模的军事行动也正在加速的排演；另一方面平津的民众以至 29 军下级干部的心理，都随同转入了战时的状态，一个个都抱着一种与国土共存亡，为祖国为民族而牺牲的决心。的确的，战争已支配着人们的心理了，人们的喜怒哀乐的心情，几已完全为战事的情报所左右，全民众，尤其是文化界同人和青年学生已全体动员，开会，讨论，组织，募捐，救护，慰劳，日夜不息的在工作着，尤其是学生们，他们冒着生命的危险，一面携着慰劳品，一面唱着救亡的歌曲，从火线中冒着弹雨前进，去慰劳我们前线的英勇战士，他们在前线上相互的握手狂呼，大家沸腾的热血，在亲密的交流着。战士们的英勇和视死如归的精神尤令人起无限的崇拜，"咱们一个抹他一个，就算够本，抹他两个便算赚一个"，这在前线的下级官和每个士兵间，不但口中这样说着，心中也都是这样在想着——从他们的表情上完全可以看出来的。（未完）

（中华民国 26 年 9 月 21 日湖南《大公报》）

四

在当时，无论下级官，士兵和民众，大家在热情的激愤下，已经完全不知道什么是危险，什么是生死了！

另一方面，时局的发展，却是愈来愈严重，大量的敌军和军用品，自日本国内、朝鲜、伪满，源源的向关内开来，北宁路完全为敌军侵占了，包围北平和天津的军事形势也完全布置就绪了。至此，敌人的真正企图，在我们的面前，总算已完全摆得明白。

可是时局虽然已达到如此的严重程度！士气和民气又是如此的激昂可用！而在炮声搀杂中却并没有断绝和平的声浪，明白些说我们的冀察当局，自始并没有忘情于和平的谈判进行，直至"最后五分钟"还有人在希求城下的香槟之会呵！

我们的冀察军事政治最高当局宋哲元委员长，于卢沟桥事变发生后，他正滞留在其梓里〔乐〕陵，而跚跚其来迟。经中央和地方之一再电催，委员长旌麾方直指天津（据说蒋委员长令他到保定，29 军下级干部也请他来北平）。宋莅津后，在齐燮元、张自忠、陈觉生、李思浩一群汉奸的包围下，乃于卢沟桥激战正酣与敌人急急调兵遣将声中，反而在天津与敌军司令官香月清司进行其和平亲善之谈判。

和平交涉的结果，由于日军之一再失信，不但对双方协议之停战条件不与履行，反于再度和平协议之后进占廊坊，并于 7 月 26 日阴谋以大兵进袭北平。至此，我们的冀察当局始恍然于敌人的企图并不在和平，而在攫取华北的国土，对和平才开始绝望。（未完）

（中华民国 26 年 9 月 22 日湖南《大公报》）

五

随着和平幻影的消失，乃有 27 日拒绝一切无理要求决心守土之宋氏负责声明。这一声明曾获得当时平津千百万大众对宋氏的拥护和爱戴。因而 27 日午后便开始了平津的全面抗战。随着战事的壮烈的展开，"收复丰台"、"收复廊坊"、"围攻通县"、"克复天津东西车站"……等等我军胜利的消息，如雪片飞来，这使全平津立即呈现着一种蓬勃的景象，人们的心情都［跟］着鼓动了，每个人的面部都表现一种莫名的快慰的表情。在前线，在后方，大家都带着一副快慰的表情的面孔在兴奋的工作着，甚至在没有"过夜粮"的黄包车夫们，也都在争先恐后去担任义务的运输工作，大群女子们都加紧的在缝制绷带和药包以及伤兵的看护等工作，学生们更是全体动员在分别担负前后方的种种勤务，一些平日钻死书的教授和学生，也都已兴奋的离开他们的研究室去参加工作了，一般民众们都自动地把他们自己日用的东西捐作军用，商人也对于其附近防地的战士，都自动地去供给食品和慰问……这表现当时的民众，一个个都决意在履行"有钱者出钱"，"有力者出力"的诺言。同时在短短一日的时间中，差不多每家都预备了一个防空的简单的地窖，这也正在表示民众们都有与国土共存亡的决心，都在准备着把我们的北平作为第二马德里，去排演我们的壮烈的斗争。27日下午 8 时敌军表示当夜要在北平城内散放毒瓦斯的消息传出后，百十万民众不但没有一个人表示畏怕、动摇和退避，他们反而在感觉兴奋，认为他们的北平已经成了马德里第二，倾刻间，每个人便都已完成其简单的防毒设备了。

充满了捷报和兴奋情绪的北平，入于 28 日夜的 10 点以后，枪炮声便渐渐稀少了，浸假便完全岑寂下来了。在当时的大众的心情中，虽然有敌军败退的消息在支持着，然而总不免发生一种莫名的不快之感，真是不幸，我们抗战的29 军，果于当夜一点钟，便抛弃了平市百十万大众而完全退却了。从这时起，我们留在平市的同胞，便无异完全成了敌人的俘虏，开始去领受着亡国奴的生活滋味。（未完）

（中华民国 26 年 9 月 23 日湖南《大公报》）

六

本来，自 7 月 7 日的卢沟桥事变始至 28 日止，敌人自始便没有打过胜仗，敌人的死亡也总是数倍于我军的，为什么南苑一役，我军便至于完全败退呢？这在一方面不能不谓为由于冀察当局的和战不定所遗误，以致敌人得以分化其内部，一方面由于在战略上自始便没有一个全盘的打算和计划，甚至在北平近郊，地理上，给予敌人以数处可乘的缺口。指挥上，宋哲元委员长自临前线督战，反将指挥大权委之于卖国亲日的张自忠张允荣等汉奸，使彼等得以行使其不利于国军的指挥阴谋；一方面，始终只在行着军事的投机，不但没有计划的去动员民众，使民众的力量组织化，而且犹在害怕民众，在在制止民众的活动与动员。这是 29 军抗敌失败的几个主要原因。是特别值得参考的。

还有值得追述的，当卢沟桥事件发生后的数日，29 军当局曾面询各民众团体领袖，云 "29 军如果抗战，北平的民众怎么样"。当时便由文化界同人作了一个简切的答复："全体民众一致帮同国军守土抗战到底，一定作到与国土共存亡的地步，同人并当负责作到。"同时当日军增援部队还没布置妥当的时候，我曾特意去会见 29 军副军长吕秀文先生，并以报人的资格对他说明一般民众的意向和希望，大意谓文化界同人和民众们都确认和平已经绝望，战争是无法避免了。因此大家都希望 29 军乘敌人援军没有到齐，布置没有完成前，至少便应该立即出兵夺回丰台，拿华北这一弧形的交通枢纽放到自己的掌握之下，是最迫切的一个问题。吕秀文先生说他不但完全同意这种种意见，他并且曾经在 29 军的干部会议席上作过这样的一个提议：一面由平津出兵收复丰台，冀东，直抵榆，一面由察境出兵收复察北，直抵热境，然后再言和战，不幸他这一提议在当时被视为迂远而没有通过。这到现在看来，其关系是如何的重大呵！（未完）

（中华民国 26 年 9 月 24 日湖南《大公报》）

七

（三） 被困在死城中

29 军的撤退，大多数人们还在睡梦中，他们清晨起来，才感觉出一种异样的景象：大（天）空分外的沉寂，街市上的行人也分外的稀少，只有报童无精打采的在喊着"号外"——其余的叫卖声却完全没有了。大家都急忙跑到门外去买"号外"。"号外"上却都是这样简单的载着：

宋委员长为贯彻和平，已于昨日夜半率冯治安、秦德纯等退去保定，所有冀察政务委员会委员长、冀察绥靖主任均委张自忠代理，同时委派张璧为北平市长，潘毓桂为公安局长，李文田为天津市长，张允荣为平绥路局长云云。

如大（天）空中丢下一颗星来，住在北平的人们，至是方才明白，大家在不知不觉中已完全作了敌人的俘虏，已开始要领受其愁惨岁月的亡国奴的生活了。——实际上，这只有所谓"顺良民众"才有作亡国奴的资格。

在 12 点钟以前，还有一些残余的国军由城内退出，城外的学生和一些较富有的住民则相率向城内移住。

午后，汉奸张自忠、潘毓桂各以政委会委员长与公安局长名义发出安民布告。继着又发表谈话，说明对抗日排日分子，共产党蓝衣社和非顺良的居民，又在清除之例……同时公安局又传出，日本特务机关又交到一张五百多人的名单，令公安局按名逮捕，说该五百多人都是抗日排日与共产党蓝衣社的首要——其实那不过是一些较有声誉而比较努力于救亡运动的文化界同人与文化及青年团体的领袖。（未完）

（中华民国 26 年 9 月 25 日湖南《大公报》）

八

所有的城门，都是紧紧的关闭着，——虽然每日还有一二次允许半扇城门的启开，但是原则上却只准挑担的卖菜小贩出入。

城外到处插满了敌军的旗帜，每个平日不交通的小岔口也都有全副武装的敌军在布着岗位。他们对于过往的人们，经过严密检查后，除小贩以外，还只是准入不准出。如果形迹上被他们见出是知识分子的话，便立即枪杀——这样被残杀的同胞已不在少数。

同时，平绥、平津、平汉的铁道交通，也是完全断绝的。

北平已完全成了一座死城了，我们被困在北平的人们，真已成了"瓮中之鳖"了。至此大家的生活，一秒一分一刻一时的，如同热锅上的蚂蚁一样在那里生活着，尤其是文化界青年学生与党政军的人们，还有一般南方人，随时都有生命危险的可能。

我们一部分文化界同人，起初曾讨论一个脱险的办法，大家决定化装冒险出城，步行越太行五台去晋。但在几次尝试的失败后，这个计划终于被放弃，只有化装商人，分别在城内暂为躲避。

一日二日三日……的下去，情势却愈来愈险恶了，汉奸们的花样也愈来愈多，某甲或某乙被捕的消息，纷纷的传出；敌兵会同警察实施挨户搜查的计划也已经被提出了——虽然，其中由于汉奸们内部的争权，和敌人急欲想恢复北平市场的购买力，这些残酷的阴谋计划，始终还没有实行。

另一方面，图书馆、故宫博物院等文化机关的文献，古物和其他财物，银行保存的现款，也都被敌人视作战利品而——加以封存。学校的房舍，被改充兵房，一任胡蹄践踏。

私人的藏书，不论自动、被动，均先后被迫而付之一炬，估计私人藏书被焚毁者，其价值殊难亿计。即就笔者个人而说，平日除数千元藏书外，他无长物，此次亦同遭浩劫。尤使予痛心者，予费尽心血之《近百年中国政治思想史》与《中国社会史》第三册两稿，及多年来所搜集之史料亦均同付

"秦火"。（未完）

（中华民国 26 年 9 月 26 日湖南《大公报》）

九

数千来之文化故都与我民族累代积成之文化成果，今竟为侵略者破灭无余！这岂但我民族之损失，实人类文化之浩劫。今而再图恢复，至少非短时间所能作到。

话再说回来，最初汉奸们犹负责表示，日军决不进城——自然，这仅能欺骗愚众——而敌人于肃清四邻国军后，不惟公然入城，且公然用入城司令名义发出荒谬布告，视北平为其占领地。

汉奸们的种种无耻的勾当活动，随着敌军的入城而尽形露骨了，所有报纸，也都或自甘或被迫而充任敌人的喉舌。

自李文田、石振纲的不受伪命，卖国贼张自忠在敌人方面已丧失其重要性，不得不相次解除一切伪职，而堕于求死不得的苦境。汉奸下场，说来可恨亦复可怜。随着汉奸张自忠的下台，前此所假借的冀察政务委员会与冀察绥靖公署两名称便一同被取消，露骨的汉奸局面便公然的出现了，据云敌人指使汉奸制造伪政权的步骤是这样的：由伪治安维持会召集参事会，由伪参事会产生伪防共自治政府，由伪防共自治政府再演变为伪华北国。

在汉奸们所最无法解决的，便是食粮和金融两问题。关于粮食问题，据其调查的结果，北平只够维持六个月，天津只够维持三个月。关于金融问题，汉奸们于无法解决的当中，反而极力维持中中交农四行法币的流通与兑换率。

还有值得报告的一点，在敌人指使下的汉奸报纸和汉奸机关，却一致地在反对全面抗战。这足征敌人对我长期的全面抗敌的畏惧。

（中华民国 26 年 9 月 27 日湖南《大公报》）

十

　　总之，被困在死城里的百十万同胞，除少数汉奸在表演其无耻的跳跃外，在面部的表情上，却都表现着一种深沉的内心痛苦；无论是否相识，彼此都面面无言，而暗示着一种同病相怜的交感情绪。警察们和侦缉队也是无精打采的只在"敷衍公事"；他们对于积极的汉奸工作，都报以消极的反抗。这表现着民族抗敌意识的一般的发展程度。正因为如此，才使敌人对我国人之原则的仇视更深，尤其在敌人的惊悸而脆弱的心情中，几于认为每个中国人都是便衣队。所以才有北平的公安警察枪支被没收和塘沽居民被驱逐的残忍事实的出现。同时也正指明了敌人"以华制华"的阴谋，已经失败。

　　在死城中的人们的惟一的希望，便是国军的反攻。从而也便不断的吹来各种各样的"聊以自慰"的传说，——如国军反攻长辛店，收复天津日租界……等等好听的消息，不断的由人们在私相传说。但是传说虽属传说，一传到敌人的耳中，都每每引起他们之真的恐慌，以致夜间每每无端鸣炮以为警戒。但是，我们现在应该如何去安慰我们那些困在平津的同胞，使他们的期望及早实现！

　　在死城中，我们还得一个实际的经验。平日互相摩擦的文化界和社会各种人们，到这时，大家已深切的感到一种共同的利害，前此彼此间的歧异之点，至此已完全消散无余了。大家都是这样的感觉着，除开那少数汉奸以外，只要是中国人便觉得可亲爱似的。

（中华民国 26 年 9 月 28 日湖南《大公报》）

十一

（四）逃出了北平

日本帝国主义的法西斯军人，虽然把北平的中国人都看作俘虏，囚禁在兆（北）平城圈子里不许出入——自然，种种自由都同时被剥夺了的。但是为便利其自己的后方运输和进攻察绥，他们对北宁路平津段和平绥路交通的断绝，反比我们还焦急些。因为自平津的陷落后，中华民族的儿女们，对这两路的电线和轨道，便有意识的不断的去加以破坏——破坏之后，敌人和汉奸们便忙迫的去加以修理；修理之后，我们的弟兄和姊妹又意识给他破坏。这样往复了一星期之久，已使敌人焦急得手忙足乱了。这是我们在危难中自己引为安慰的一点。最后还是由敌军司令部在两路沿线散发传单，迫令沿线村庄保护电线和路轨，否则，便以实行轰炸和屠洗相威吓，这样，才有 8 月 5 日的平津间的勉强通车。在这一点上，我们更正确的经验出：如果我们事前对民众有相当的组织和训练，敌人的这种威吓是完全无用的；另一方面，如果我们能有计划的发动游击战，便是制敌人的死命而使之无法应付的。然而这两者又是一件不能分离的工作。

平津间的铁路交通恢复了，我们这些平日已公开的人，留在北平既势不可能而且又无所作为，便只得计划逃走了。

可是交通的恢复，在敌人和汉奸们并不是为的便利我们的逃走，而是为的其自己的军事运输和企图恢复平津的市场秩序；恰恰相反，对于我们，丝毫也没有放弃其"一网打尽"的毒计。因此，在上车下车和沿途各站，不仅要遭受日鲜浪人无端的骚扰与凌辱，而且都要经过敌军严密的检查，在他们主观上认为形迹稍有可疑者，即在他们的主观上认为是文化界，学生，党政军人或便衣队，便立即要遭到可怕的生命危险。所以由北平到天津的通车，平日不过四个钟头左右，在这时，因为沿途要经过敌人烦细的检查留难，和敌人军车的拥挤，便完全没有准时，至少也得十个钟头左右才能达到。

（中华民国 26 年 9 月 29 日湖南《大公报》）

十二

由平去津虽然有这么危险，即使是怎样胆怕的人也只得硬着头皮去碰了。我个人是乘的 10 日由平到津的车出走的。可是因为我平日是一个在文化界较为公开，言论上又特别为敌人所敌视的人，加之听过我讲［课］的日本留学生——实际是侦探，有二十余人之多，在这种情形下，我只得化装商人，并由友人的介绍请得一个公司的老板伴送。果然，到黄土坡便遇着一位曾经听过我讲［课］的日本留学生在武装站岗，一千万个侥幸，他没有看着我，但到今日回想起来，还不禁要捏一把大汗。

经过沿途的留难，到天津又经过敌人的严密检查，好容易才达到华法交界的万国桥。可是，没有通行证是不许入租界的。在这进退两难的时际，前面是没有通行证不许通过，后面却又是到处布满了面目狰狞的敌人，我们便只得不顾一切的冒险冲过万国桥，——至此才缓过一口气来。然而当巡捕的中国弟兄和法国朋友究竟对我们都抱有一番好意，我们才能从铁丝网和沙包建置的防御工事中冲过。

由北平到天津的沿途各站，都是布满了敌人，他们表露出一种胜利者的神气，都用一副狰狞的面孔来注视我们——尤其敌人的军官和浪人。虽然，我们都能从敌军种种的表现上，看出他们不但精神非常松懈，而且都表现一种浪漫颓废的神气，一见就可以判定其战斗力是相当薄弱的。因此我们更确证了，彼比（此）所有意义着的战争的性质是决定胜负的一个重要因素，因为战争对于敌军士兵的现实生活利益，完全相反，其不能发挥较大的战斗力，自不待言。在我们，对于每个人都直接关系本身及子孙万世的生死存亡，前线官兵和后方民众都能发挥伟大的英勇精神，乃是当然的。于此，我记得在卢沟桥事变发生后，《朝日新闻》在有一天的社论中论及中日实力的比较时，曾以我军以知识程度低，殊难发挥高度的战斗力，彼军则每个人都能感知"皇恩浩荡"有"尽忠天皇与国家的决心"自能发挥高度的战斗力云云。这种充满欺骗性的"无稽之言"，两月余的战斗事实，已完全给他揭穿了。（未完）

（中华民国 26 年 9 月 30 日湖南《大公报》）

十三

同时我又记起了通县和塘沽的逃难同胞说及他们曾亲聆日兵所说不愿作战而是为其长官们所逼迫的种种情形。又记起了日兵（连宪兵在内）在天津的情形，他们在检查旅客和在华界的各民居时，除金钱以外，甚至连几十几百文的铜元和铜元票都被掠去，衣服和其他物件，凡能携走而价格在一元以上者也都在其掠夺之列，其次关于奸淫的事情，除由敌军官长公然以命令迫令中国村长乡绅调集年少妇女外（北平朝阳门外有一位正因拒绝这种兽性的要求而全家被杀戮），在天津，在卢沟桥，在长辛店，在北平四郊，在平津沿线，敌军士兵（连宪兵在内）任意闯入民居，见着妇女便掳抱以去，任意奸淫，甚至轮奸，虽老妇亦所不免。尤甚注意者，在长辛店的一个治安维持会的汉奸，曾要求敌军司令设法制止这奸淫掳掠的事情，敌军司令却以"我也没有法子"六个字答复。军纪风纪坏到这样程度的军队，不能发挥较高战斗力，自不待言，而自号文明国家的陆军公然如此，不禁使我们回忆起古代和中世所行的野蛮的军事掠夺，不图在今日复现。自然，这同时又正是敌军士兵之一种消极反战的表现——有人说那正是一种"失败主义"的有计划的发动，但我们还没有可靠材料去证实。

（中华民国 26 年 10 月 1 日湖南《大公报》）

十四

另一方面，被敌人和汉奸挟制着仍然在服务的北宁路铁路员工，我们的同胞，在每个人的面部上，却表现着一种内心的无限苦痛与悲哀，情形好似被送往刑场的犯人；他们对于车中的自己的同胞，却比平日大不相同，分外表示着亲爱与关注，在这里，也可以看出中华民族的儿女之普遍的觉醒程度来。

现在再说到我们在天津法租界的情形。因为从北平逃来的人格外多，旅馆都是住得满满的，作为住宅的空房子也分外的少。而旅馆老板和房东，虽然他们也都是中国人，我们又都是逃难的，他们自己的同胞，他们却乘机大施敲诈，在旅馆里，在走廊上开一个地铺，要二元四角以至四元八角钱一天；普通住宅，一间小小的空房，也要三十元至五十元的月租。因此使得一时无支付力的许多人们，只得卧在马路上。我当时很疑心那些人的心肠，以为定然和我们两样。

在英租界的那些国人当巡捕的，到还"差强人意"。他们自动的不许汉奸报纸如庸报之类在英租界叫卖，并且一见着便不但把报纸完全给撕毁，且严厉的责打报贩；只有益世报才能取得他们的许可和欢迎。

在天津买船票，当时更是一件不容易的事情，由于船是非常之少，与逃难者人数过多的"求过于供"的情况下，在怡和与太古公司方面，对票价还只稍为提高一点——只是无限的扩大载客人数。可是公司职员和经售的中国旅行社却也乘机大敲其竹杠，"由津至申"的七元到十元的票价，却抬高由二十元至四十元不等，并且还有运动请客的事情。这使我对平日较有信用与服务精神的中国旅行社的天津分社，也不能不发生怀疑了。（未完）

（中华民国 26 年 10 月 2 日湖南《大公报》）

十五

可是买得船票的人们，若由天津乘车去塘沽上船，要经过敌人的防线，那真是一个十分危险的生死难关。幸喜我们英国的朋友，究竟是老于生意经的，他们能体会到旅客的心理，顾虑到旅客的安全，终于由英租界用驳船直送塘沽上船。"阿弥陀佛"，这真是天大的"功德"。有些顽皮的儿子，曾滑稽地说着："我们现在对帝国主义倒有点感激了呵！"这总算是逃难中的一点小小的便利。记得我们在天津时，敌人的屯驻军司令部及领事馆曾要求法租界当局将我们引渡给它处置。那虽然被法当局严厉拒绝了。

在天津的敌军和敌国侨民，由于那几日我军已越过独流而迫近杨柳青，便都表现着异常的惊惧与张皇，敌军司令曾下令其天津侨民，一律准备退出。这时候，那班敌国侨民和汉奸们的张皇乞怜的神态，真有点连狗子都不如了。在天津，他们每日都要这样的表演几次。

由天津乘驳船费了八个钟头才达到塘沽。

在塘沽上了"由津到申"的海轮，乘客是超过平常三四倍的拥挤，座位却是在露天的甲板上，上面仅搭盖着与"大英帝国"同其古老的破烂油布，对于太阳热力与风雨的遮蔽，可谓完全不发生效力。轮上的茶房和码头脚夫对乘客在甲板上每个铺位，要苛索十五元至四十元之多，并且还限制只准一人在那里坐卧，房间的索价更是出乎意想的昂贵，每个房索费在起码百六十元至三百二十元之多。住在甲板上的乘客虽然买了铺位，可是在暴雨连朝的时季，每次风雨来时，茶房和脚夫们又把下层舱位和凡能躲风雨之处的入口都把守得紧紧的，又向每人要榨索一元至二元的避雨费才准入去，对那些无钱或未能买得铺位的人，有无坐卧地位，则自船长买办以至茶房，却一同置之不理。对乘客的其他虐待情形，更是一言难尽的。

（中华民国 26 年 10 月 3 日湖南《大公报》）

十六

当时我们大家都不谋而同的发生一个共同感想，"国家还不曾亡，我们却已实地尝受着非人的亡国奴的生活了"，在那种境遇下面，大家的身份地位，也都无形的消失了。那也算是帝国主义给予我们的恩惠。

茶房们对例外的榨取的分赃，据他们自己说，"每人不过三百多元"。可是，他们对这些逃难的同胞虽然是尽情的虐待和榨索，但一谈到我们共同的敌人"日本"，却也都能表现出一种"同仇敌忾"的激愤样子。于此，关于我们平日对那些"流氓无产者"弟兄的特性之认识的原理，却丝毫不爽的确证了。

他们原是一种"惟利是图"的"铜臭"，用不着苛责的。

上船后的第一日因为装货而延期一日开行，第二日第三日又因上海战事爆发的消息，船长不允开行。因此，我们在塘沽船上整整的又困了三日三夜，白日目光所接触的是水陆并至的敌人的援军，夜间所闻的，却是敌人无端示威的炮声——主要为恐惧我便衣队的袭击。这，几乎使我们每个人的内心将要自己燃烧起来了。

船未开以前，船主对乘客的饭食和茶水，一概不管。我们只得买些马铃薯和大饼勉强维持生命，粗黑的大饼卖到四角钱一斤，——而且斤两又分外小了，三个鸡蛋大的马铃薯，也非一角钱不可。茶房们所卖出的炒饭和稀粥，其昂贵更要令人咋舌。茶水更是不容易得到，为得一点茶水，大家不知同那班茶房同胞呕了多少闲气！（未完）

（中华民国 26 年 10 月 4 日湖南《大公报》）

十七

好容易上海太古公司来电，"要本轮暂开烟台候讯"的消息宣布出来了。我们真无异如同犯人奉着大赦令一般的松快。

海行两日夜船到烟台，眼光才又和我们隔绝了二十余日的鲜丽的国旗相接触，在岸上才又看见我们中华民族自己的武装的弟兄，一个个都雄纠纠的在那里迎候敌人的到来。顿时使我们的情感起了一种说不出的痛快和安慰……

至此，我们这一群才总算逃出了敌人的"虎口"。然而回念那些还陷于平津的我们的伙伴和同胞，又不断的更替他们担心。

到烟台后，因为当日汽车被征集，我们只得联合七个人包赁一部小汽车到潍县，车赁亦为高出平常四倍的二百元，据汽车行老板的表示，他还给了我们"够朋友"的面子。当天便由潍县转车到济南。到济南后，才得明白我们全面抗战的局面，已经坚决的完全展开——中华民族已踏上了光明伟大的历史前途了。

在这里值得记述的一件事情，在车中我们遇着一位在青岛日本纱厂作工的同胞说，在青岛的一个日本商家青木洋行的老板青木先生，他在二十年前来到中国经商，现已积有十余万财产。因为他的大儿子在"一二八"之役战死，次子又在此次卢沟桥之役被29军大刀砍死，青木先生闻信后，便立即自己将其仅留的两岁幼子摔死，并曾气愤的说，"日本的国家年来很好，为什么要打仗？我再不容这个儿子长大再去给战死。"

这是一件如何残酷的惨事啊！

我在天津所预备的旅费，由于沿途一连受着我们那些旅馆汽车老板和轮船茶房同胞的榨索，到济南便囊空如洗一文无有了。

在济南，听说敌机每日都有三五次去光顾首都，因此朋友们多劝我由徐州转车回湘，或者去太原。可是，不但全面抗战，是我们多年来的主张，而且在事实上，也是没有逃避的应该与可能的。所以我仍是决然的去到首都，去觅取一个参加民族抗敌斗争的较实际的工作。

到现在，已经没有前方和后方，男的和女的，老年和少年，尤其是南方和北方的分别，大家都逢着同样的命运，每个人都应该去作着各种各样的战斗工作——不仅是应当给予每个人参加抗敌工作，而且应该自动要求去参加抗敌工作。

我们从平津脱险归来的这一群，更当尽其我们每个人的一切贡献给祖国和民族，"有敌无我，有我无敌"，这一句名言，在我们是感受得更明确的。我们都决定在最高领袖抗战决心的领导下，拿我们的血去洗净平津和东北的腥秽，去保障民族的生存，去争取民族的解放，给打击者以彻底的打击。我们要使这侵略者压迫者之群，以及由他们所造成之一切人世间的丑恶的东西——贫穷，剥削，愚昧，和战争……等等丑恶的事情，永远绝迹于我们的世界，那将是我们保护世界和平与人类文化的根本精神，那才是中华民族的伟大前途和历史的光荣。"起来！不愿作奴隶的人们。"（完）

（中华民国26年10月5日湖南《大公报》）

抗战后的新动向

（一）

自"九一八"以至日本帝国主义者侵占东四省以来，中华民族便跨入了解放或灭亡的歧途中。随着日本法西斯军阀并吞全中国，灭亡全中国民族之残酷的大规模的侵略战，借口卢沟桥事件而揭开后，便展开了中华民族之伟大的全面的长期抗战。这种抗战的神圣意义，不仅是一种抵抗侵略的战争，而且是具有民族解放革命战争的丰富内容的。

这种作为民族解放的革命战争之长期的全面的抗战，自7月7号在卢沟桥爆发了第一响炮声后，虽然至今才不过两个月的时间，然而就战争过程中所表现的敌我双方的战斗能力，以及对战争能具有决定意义的诸种条件来观察，则不仅表现中国有充分的抗敌力量和许多有利条件，它，不但已经把准备论者和失败论者等等的见解打得粉碎，而且证明中华民族的伟大力量，足够使侵略者的迷梦成为幻想，解除束缚的时机，业已在事实上，操握在我们的手中。

我们今日已踏上了伟大的历史的前途，为着要完成我们的任务，我们不但要加紧从军事上来武装全国民众，而且要从精神上来武装全国民众；并且军事的武装和精神的武装是有其不能分离的内容的。军事的，物质的武装，对于战争的重要性，是尽人皆知的；其实精神的武装尤为重要，因为必须使每个人尤其是军事工作者明了民族遭遇的严重意义和战争之神圣的内容……才能发生高度的战斗力，这是现代军事上天经地义的原则。可是全民族军事武装化的问题，已经有着专门负责的机关在领导进行；但关于全民族精神武装的问题，便应该是全国文化工作者之共同的任务——自然，这也不能不期待于政府的协助和辅导的。现在上海文化界已经在从事这种工作的进行，其他各地也多已开始其工作，湖南在国防的地位上，将随着战争的发展而益形重要，这是稍有政治常识的人们都能知道的。因之，湖南的文化界应该急起直追，使湖南在文化上的地位，顺应着新的时代的动向，能够和其他方面配合起来，才能负荷着这伟大的时代任务。

（二）

我们曾经再三的说过，只有抗战才能求得内部的团结与统一，只有抗战才能使国家和民族在世界上求得光荣地位，也只有抗战才能保障民族的生存权利。随着民族的全面抗战的展开，事实便分外显示得明白了。在内政上所表现出来的，是：以前的内部矛盾，现在已无形的完全消解了。现在的内政，由中央以至地方，在抗战这一中心目标下面已经形成一个团结一致的有机的结构，这是有其客观的必然的，但是在内政上，为期其机构能适应抗战的要求，为使大众力量的集中起见，虽然是在军事时期中，我们的政府和我们大众，却都一致的在要求向着民主主义进行，去尽量充实民主制度的内容。同时在战争的开始以后，不但将随着战争范围的扩大，使那些无衣无食的被难同胞的数量随着增大；同时还在不幸的天灾交至与历史原因的事实下，大众的生活问题，将在战争的过程中而益形严重，这是无容讳言的。如果这一问题不获得相对的解决，则不仅使抗战力量的发挥会感受牵制，而且对汉奸的来源也难于清除。因此给予大众以物质的最低生活的保障，在目前实至为必要。从事河流的疏浚，必要产业的创设，农村生产的再造……在抗战时期中，会分外显见其重要性。另一方面，这，在长期抗战的进程中，为保证军用物资的源源接济，也是必要的。凡此皆为内政上刻不容缓的急图。

在外交上，因为随着民族抗战的展开，和我们两个月所给予侵略者的血的答复的事实，我们在国际上已获得相当的荣誉，使世界人类已相信中华民族决不是可以轻侮，也决不致于被灭亡的。这些事实已经展开我们在外交上的更有利的条件，使我们获得全世界爱好和平的国家和世界大众的精神援助，这种力量的伟大性，并不是可以拿数字去计算的。同时，在战争的展开后，世界各国之不同的表现，使我们对于谁是朋友，谁是敌人，谁是中立者的问题，获得了一个更明白的事实的答复。侵略阵线与和平阵线的分野，乃为之更明白的展开了。

再次，随着民族抗战的展开，在军事上，我们民族内部一切武装力量，无论在以前各种集团间曾有着何种的分散性与矛盾性，现在却一致在民族抗战的旗帜下面，统一起来，集中起来，动员起来了。军政和军令都已在最高统帅与最高指挥机关下面统一起来了。甚至在敌人支配下的汉奸军队，也陆续的向着民族抗战旗帜下面来集中；那些散布在伪国境内的义勇军，自更不待言。这种空前的可喜的现象，完全是从民族抗战的基础上发生出来的，易言之，非此便无其他途径可以获得。虽然，我们并不能只依靠现有的武装数量，我们还要积极的训练大众，组织大众，武装大众，去完成我们抗战的军事武装之源源不竭的契机，然而这也只有在民族抗战的前提下，才能获得其现实性。

（三）

我们还该说到，决定国际战争之最后胜利的因素，并不是单纯的军事技术的问题，第一应该被决定于交战国双方对于战争之彼此各异的性质。我们与日本帝国主义的战争，在日寇方面为侵略战争，仅仅基于其国内少数资本家与好大喜功法西斯军阀的利益而战争，于其国内大众……则不仅是无益，而且是有害的。但在我们便完全不同，因为我们是为抵抗侵略，为民族的生死存亡，为争取民族的解放而战争，是不愿作亡国奴的全民族内部共同一致的利害。所以在两个月来的前线上，所有的事实表现，敌军士兵都怕死畏战，我军官兵则无不表现一种舍身赴难的英勇精神，原因便在这里。

第二便应该被决定于交战国双方之各异的社会构成。在这一点上，日本是一个从温室里培养出来的充满矛盾性的资本主义的社会，构成其社会经济生活的命脉，是完全建筑在少数大都市里，而操纵在少数资本家手中，同时并须依赖国外市场去生存。所以一旦国外市场丧失，或者是国内少数大城市被破坏，便不但无法继续战争的进行，其全社会的生活，也要立即陷落于无法继续的恐慌状态中。在我们的半封建性的社会构成，平时，虽然是落后的，被支配的；然一入于战时，半自足的农村经济，反而成了一种持久战天然条件，尤适合于游击性的战争条件。另一方面，在敌人的社会构成的内部，有种种人与人的矛盾关系存在，对战争存在着各个不同的利害关系的矛盾；在我们，虽然平时也曾有着不少人与人的矛盾关系相对地存在着，但是民族生死存亡的共同利害，已超越了其他一切内部相互间的利害，所以在共同抗战的前提下，内部的矛盾便无形中自然和缓了。

第三便应该被决定于交战国双方的国际关系。在这一点上，侵略主义者所表演的和世界弱小民族及劳动大众的利益相反，固不待言，同时和其他爱和平的民主主义诸国如英、美、法等的利益，也发生了根本相反的矛盾；至于苏联，则不但在社会制度上，有着本质上的冲突，在地理关系上也临到了矛盾冲突的尖端。我们的抗战，在自卫的原则下，却反而能获取上述各方面之深刻的同情；虽然，当我们的抗战将来明白实现为民族解放战争的时候，也自必会引起某种方面的误解，——但这也并不足妨害到我们民族解放的胜利。

最后说到军事技术的问题，从过去两个月事实所表现的，我们和敌人比较，也只是相对性的问题，何况锐利的器械，究竟自己不会动作，还是要依赖人的条件才能表现其效能的！

基于上述观点，我们民族解放的前途，是有着十二万分的胜利把握的。

（原载长沙《前进周刊》创刊号，1937 年 9 月 18 日发表）

伟大的今年双十节

中国的封建主义社会，自入于 10 世纪后，作为社会之新的因素的自由商人已开始存在，至 18 世纪末，作为现代资本主义的工场手工业亦已开始萌芽。但自欧洲资本主义的侵入，至鸦片战争那一划时代的历史事变的到临，它一方面把那从中国社会内部自己生长出来的资本主义新因素，绞杀于其母胎之内；一方面便给予中国社会以殖民地的属性，并给予此后中国民族资本之买办的特性。但在另一方面，为适应宗主国对殖民地剥削政治的强制性这一点上，她反而和中国的封建势力相勾结，而扶植其存在。所以鸦片战争对近百年来的中国社会，是有其不良之决定作用的。

宗主国在主观上，虽然不容许殖民地半殖民地民族资本的存在与发展；但在其影响下与中国社会之内在的条件上，中国民族资本终于客观地发生与成长了。虽然，始终都不能脱去其买办的特性。另一方面，宗主国虽然主观地在扶植中国封建势力的存在，然而资本主义的商品经济终于把封建的农村分解了。在这种前提下，作为现代民主主义革命的辛亥革命的爆发，又自有其历史的必然性的。

辛亥革命，一方面虽然由于那在先进资本主义支持下之反动的封建势力相当强固，一方面由于市民集团自身之买办的特性，终于流产，不曾达到其任务，——中国依旧没有成为现代化的民主主义的国家。然而却不能因此忽视辛亥革命的历史意义，它不但表征着中国，从这时始，已跃入了历史的突变过程，而且她千年来的封建的专制主义的政治形式被推翻，而代之以民主共和的政治形式——虽然，那仅是形式的，实质上仍是封建军阀的割据。

迄 1914 至 1918 年的资本主义世界大战期中，中国民族产业资本的轻工业乃获得一时的相当的发展。殆至战后资本帝国主义又重新来到中国，复给予那正在发展途中的中国民族轻工业以无情的压迫和束缚，从而便扩大了两者间之矛盾的对立性。同时在大战过程中，占有地球六分之一面积的俄国已经从资本帝国主义的队伍中脱离了出来，跃入了一个历史的更新阶段。她不但提高——全世界勤劳大众的自信力，而且是全世界各弱小民族的一个忠实的良友，并向着一切被压迫的弱小民族伸出其友谊之手。从而在中国，乃有继辛亥革命而来的 1925 年至 27 年的大革命——国民革命。在客观条件上，国民革命应该能完成辛亥革命所未完成之任务。不幸仍因历史传袭的种种特性所支配，引起内部之半途的战线分裂，乃至功败于垂成。

自 1929 年所爆发的致命的资本帝国主义世界经济大恐慌以来，后进的日德意各帝国主义国家，为维护其统治，一面对内乃形成其残暴的法西斯统治，一面更积极的要求把世界重新分割，尽量发挥其侵略的兽性的暴行。因而日本法西斯侵略主义，便首先伸其魔手于中国，企图一口并吞全中国版图，奴化全中华民族。可是这对于全中华民族，无论任何阶级或阶层，都是一种生死利害的冲突；而且这种利害已超越了其内部之彼此相互间的利害。加之，在半殖民地形势下的中国，有着较复杂的国际关系。因而在中华民族之主观奋斗的坚决意志下，由于国际关系的支持，反获得其民族经济建设的进步与财政的安定——自然，那也并不能作为完全具有独立性的东西去估量。六年来，中国民族之经济的政治的进步，恰恰和日本帝国主义的侵略同其速度。因而随着日本帝国主义大规模的侵略战争的到来，中华民族便全国上下一致的展开其全面的长期的抗战。这抗战的意义，无论从世界史的条件或中国社会自身的历史条件说，都有其伟大无比的历史意义的。它不但要完成辛亥革命，1925 年到 27 年的国民革命所未完成的任务，而且要完成中华民族之光荣的解放，创造人类史上之光荣地位。我们今年的双十节，正在民族履行这一伟大的革命斗争中度过，在民族已跨上了光明的历史的前途中来度过，和过去二十五年的悲惨黯淡的情况比较，其意义是完全两样的。

（原载长沙《前进周刊》第 1 卷第 4 期，1937 年 10 月 9 日发表）

作为民族抗战的指导理论

我们这回的民族抗战，一方面是保卫祖国，保卫民族，保卫文化和人类和平；一方面在争取民族的独立自由与解放。民族解放之真实的内容，一是民族问题之解决，一是民权问题之解决，一是民生问题之解决。

中国自鸦片战争后，以言民族，便陷于国际所共同支配下之半殖民地地位，亦即孙总理所谓"次殖民地"。以言民权，则为与帝国主义互相勾结之封建势力在政治上发生其重要之支配作用，防害国家之进步；我全国同胞不啻仍沦于古代和中世之奴隶的政治生活下，现代各国人民所应享有之民主主义诸权利，固毫未享与。以言民生，则在帝国主义与封建关系之双重剥削下，原有之封建农村经济，既受其摧残而解体，作为现代国民经济的工业和农业，则在其支配下而无从发展。以致农民相继失业而离开农村，城市又无新兴产业以为容纳，不但形成令人惊异之大量失业人口，且陷全社会于奇穷悲惨之牛马奴隶生活，因此数十年来，我全国同胞从其亲受之非人生活中，便一同要求民族民权民生三问题之解决。在这种时代前提下，便产生具有历史意义的三民主义。但此民族民权民生，又有其内在之不能分离的联系的统一性。所以三民主义，若仅言民族，而忽略民权民生，则民族便流为一观念之抽象名词；若仅言民权而忽略民族与民生，则民权便成为空无一物之殖民地立法主义；若仅言民生，而忽略民族民权，则民生便成为超现实之空想主义。

民族主义之涵义，不仅在求中国民族自身之解放，且在求一切民族之自由平等与世界大同；并非同于狭隘的国家民族主义，良以狭隘的国家主义并不能致中国民族于解放，且系中国民族解放之羁绊。民权主义之涵义在全民平等的彻底的民主主义政治之实现，不但要与人民以集会结社言论出版自由等民主主义诸权利，而且要给人民以"四权"之行使，把"五权"的治权机构置于"四权"的"政权"统驭之下，并非同于资本主义的德谟克拉西，亦非同于其他任何虚伪的民主主义；以资本主义的德谟克拉西，并不能解决中国民权问题且徒为其障害，民元以后的立法，便足例证。民生主义的涵义在以"平均地权"和"节制资本"为手段，以"共劳""共享""共有"的平等经济与目的，既非同于资本主义的经济制度，亦非同于"空想社会主义"的经济制度，因中国社会客观条件的决定，没有其资本主义前途故，"空想社会主义"的自身就没有可能性的现实性故。民生主义的经济创造过程，是一种社会的建设的国家资本主义的过程，——又并非同资本主义下的国家资本主义，这可以民生主义为社会制度的基础，民权主义为适应于民生主义的一种政治形态，民族主义为获得民生和民权之实现的手段，三者是统一的，缺一便不能致中国民族于解放，例如不有民权，便无由集结全民族之力量，民族主义便成为一空洞之术语；不有民生，则"万民平等"的民主主义政治便无由实现。在今日，要求"动员一切人力和物力"的迫切情势下，民权主义尤不啻是实现民族主义的前提。

中国民族近百年来所担任之一切革命，都在争取民族民权民生三问题之解决，辛亥革命的意义在此，国民革命的意义亦在此，此次民族抗战的意义犹复在此，作为问题之解决的，即作为防害中国社会进步之民族革命的对象，则为帝国主义和封建势力，而此两者又系相互依存而狼狈为奸，所以"辛亥革命"所揭示者为"内驱鞑奴""外抗列强"；"国民革命"所揭示者为"对外打倒帝国主义，对内打倒军阀"。辛亥革命虽然推翻数千年专制主义的政权，犹惜未能实行民权主义之彻底的民主政治，而误于资本主义德谟克拉西之政治形式，与革命目的未求贯彻，致封建势力仍得借军阀制度而继续存在，立法反成为赘疣。国民革命，亦因中途战线分裂，未能完成革命目的，致帝国主义与封建势力仍继续其防害中国社会发展之支配作用，孙总理之遗教，仍不曾实现。作为民族解放的革命战争之此次的抗战，对外在打倒日本帝国主义，对内在消灭日本帝国主义役使之汉奸，其意义和"辛亥革命""国民革命"，并无本质的歧异，只是其内容的进一步发展。对外上，日本帝国主义企图单独灭亡中国所展开之大规模的武装侵略战，已构成百年来帝国主义侵略中国之终结形势，从而其他许多先进国家，在有些意义上，反能成为民族抗敌之良友。所以我们只以反抗日本帝国主义的侵略去结束百年来的反帝国主义运动。对内上，因为整个民族存亡的利害，超越了民族内部之一切各别的利害，每个中国人，只能从争取整个民族的生存利害中才能争取其个人的生存利害。所以民族内部不甘作亡国奴的一切人们，便应该一致的团结起来，拿整个民族的力量去答复共同的敌人，否则让敌人各个击破，便要同归于尽的，只有一些甘愿作亡国奴的汉奸，才是我们民族内部今日的死敌。所以我们今日只履行肃清汉奸的现实要求来结束将百年的反封建运动。

因此，不但此次的民族抗战，是"辛亥革命""国民革命"的继续与发展，作为此次抗战之指导的理论，也还是三民主义之现实的履行与发展，孙总理的三民主义，是一现实的弱小民族的革命主义和列宁的民族问题纲领在弱小民族中有同等之内容，一切不愿作亡国奴的中国同志和国民党同志，都应该从三民主义之现实的发展的精神上，在民族抗战中忠实的去一一履行，易言之，在现实的要求的基础上，拿民族主义去贯彻反抗日本帝国主义的民族战争；拿民权主义之彻底的民主精神，去团结全民族的力量，使"人力和物力的总动员"现实化，并以之树立国家之强固的政治基础；拿民生主义的现实精神，去展开战时的经济建设，如疏浚河流，振兴农村，开发产业……以保障人民之最低物质生活并救济被难同胞，一以杜汉奸之来源，一以树民生主义的国民经济之基础，为保证民族抗战的胜利，我们要求每个中国人，尤其是国民党同志，对三民主义的这种现实的发展的精神，应加透彻的了解，这才是三民主义的忠实信徒和民众。

（原载 1937 年 10 月 18 日长沙《力报》）

战时的湖南和湖南人

　　湖南在中国民族的文化史上，比较黄河流域和长江流域的其他各省，甚至比珠江流域的广东，是后进的。但自从太平天国时代的曾左彭胡罗所领导的湖南人的表现，始展开其在中国文化史上的重要地位。在近百年来之中国民族反帝国主义反封建的民主主义革命过程中，湖南人尤有其极重要之表演，湖南也被称为革命的策源地之一。易言之，在近百年的无论何种政治运动或文化运动，湖南人总是站到最前头而作为时代的倡导者，湖南对历次的各种运动，也都荷起了最重要的责任。因而被全国乃至世界誉称为所谓"湖南精神"，在许多的政治地理教科书中，也都把"民性聪秀勇武而好进取"一类的话加到湖南人的头上，又有誉称湖南人有"蛮气"的，同时自梁启超以至现在的全国领袖蒋委员长等，又皆谓只要湖南人不死尽，中国就不会亡国。基此，世人对于湖南和湖南人的期待，是如何殷切呵！

　　但是湖南人和其他各省区的中国人乃至世界任何国籍任何种属的人类，并无本质的不同；湖南人之有其种种优异的特性，也和其他人之有其特性一样，完全系受着其历史的地理的特殊影响而构成的。

　　湖南在其空间的地理关系上，是历来的华中和华南军事的冲要，所以每次的战争，几乎都是以湖南为其争取的中点，以致湖南人的生活，便不断地受着军事的影响。其次由于湖南人口的繁殖，而生产却在封建藩障及帝国主义支配关系的束缚下不能跟着发展，以致形成人烟稠密和生活不裕的现象。再次又由于天然气候和地势等条件上，给了其多多少少的特色。因而形成湖南人之富于斗争精神的特性与其向外发展的要求。这种强烈的斗争精神，也就是所谓"湖南精神"又是所谓"蛮气"。但由于交通出路等关系，不能像广东等沿海各省的人民一样向海外发展，而只能沿四境向国内各地发展。

但是由于经济上之封建的分散性与落后性，以致构成世所谓湖南人所缺乏的团结性；更由于帝国主义经济与封建经济之交织的诸种原因上，又构成湖南人社会思想的复杂。尤其经济的落后，使湖南人在现代国家社会的事业上，只有其伟大的开创力，而没有伟大的成功坚忍力——曾左等的成功，那无可讳言的是依据于封建性的社会条件。所以在过去，所谓湖南人的气魄，不如广东山东等沿海各省人民的宏大，湖南不能产生最伟大的领袖，便完全由于经济比较落后这一点上所决定的。

现在的民族抗战，是无间地域，无间男女，无间老少……的关系每个中国人的生死存亡的斗争。作为湖南人之优异特性的斗争精神之发挥光大的条件便更为充分了。起来吧，僵眠状态中的湖南！光大你的优异的特性，发挥你的斗争的精神，这是最后的一次，也是伟大开端的一次的时机了。惟其是因为此次的民族抗敌斗争是大家共同的利害，是超越彼此相互间之一切利害的共同利害，则湖南人原先所缺乏的团结性和社会思想上的复杂性，在这最高的共同利害的前提下，是能够弥补了。从而湖南人的斗争精神，当更加坚强，更加勇猛了。大家的相互谅解与"精诚团结"，不但更其必要，而且也有其客观的必然了。

另一方面，在原先，由于殖民地形势的国民经济，所以全国最重要的经济重心是沿海的上海，其次是广州和天津等地，因而政治的文化的中心，也便不能不依于那些经济的中心地而决定。自民族全面抗战展开以后，不但国民经济之殖民地的性质向着民族的性质转化，而作为经济的政治的文化的各大中心都市，在敌人的残暴的破坏之余，国民经济的势力转向内地移动，民族的产业势必从内地来创设其新的根据地，这不但是一种主观的刻不容缓的要求，而且是有其客观之必然的。湖南在空间地位上，在年来的交通设备的条件上，在天然富源的条件上，是创设新的国民经济中心根据地的一块最适当的园地。因此，中国人尤其是湖南人应该努力，加紧的进行把湖南创造成为民族产业的一个中心根据地，成为民族文化的一个中心根据地，从而也便自然的会成为一个政治的中心根据地。这样，不但湖南人的气魄便自然会宏大，湖南人的"伟大的开创力"也自然能有"伟大的成功"来配合了。另一方面，为适应战时的需要和培植民族未来生存的能力，这也是在民族抗战期中的湖南和湖南人所应有的不可逃避的责任。

所以随着伟大的民族抗敌战争的到来，湖南和湖南人已经踏上了一个伟大的新的阶段，已经被加上一种巨重的不可逃避的责任。因而我希望，湖南的同胞，不只要在空袭警报之下才紧张，而是要把心情一般的紧张起来去负荷这时代所付予我们的巨重任务。何况在战争发展的过程中，湖南还随时有变成前线的可能呢？

（原载长沙《前进周刊》第 1 卷第 11 期，1937 年 11 月 27 日发表）

对目前战局应有的认识

近日来，由于我们在东战场和西战场战线的移动，在后方的一部分意志薄弱和头脑不清楚的人们，不免要发生种种错误而可耻的想象，因而减煞自己的精神力量和抗战的信念；一些出卖民族利益的无耻的汉奸奴才，更乘机来扰乱后方的人心。

在长期抗战中战线的移动，对于整个抗战的前途，丝毫没有影响；倘因为这小小的挫折而动摇自己信念，这种现象，却值得我们严重的注意。这不但影响抗战的前途，而且已成为一种败北主义的亡国奴心理的表现；若再有汉奸们来从中施其鬼魅伎俩，那简直是对于这神圣的民族抗战的前途可以引起最恶劣的影响。

蒋委员长曾再三再四地向我们说过"闻胜勿骄，闻败勿馁。"这是保持长期抗战的精神力量的无上格言。

我们的抗战，本来是一种被侵略者抵抗外来侵略的防御战，战斗始终都在自己的国境内进行，战略上，并不斤斤于阵地的得失，我们所祈求的，就是使敌人无论击破我们任何一点阵地，都得付以相当的代价。这使敌人物力和人力不断地消耗，也就是我们给予敌人的直接打击。在相反一方面，敌人愈深入我们的国境，其阵线愈延长，所需要的兵力也就愈大，因此，其实力的消耗却随着其深入的程度比例地增加。所以，只怕敌人没有付出相当的代价，便进占了我们的土地；只要能做到使敌人对其所占领的每一寸土地，都必须付予相当的代价，那便是我们战略上的成功，并不是失败。何况以我们在军事上的物质条件，和战线的广长，要想做到使敌人一步也不能前进的境地，不但不可能，而且是一种空想。就是万一做到了，也不过徒然消耗自己的宝贵的实力，于抗战的前途并没有丝毫的补益，而是一种笨拙的企图。现在，敌人在阵线上，虽然有着相当的暂时的进展，但是，我们的实力，并没有受到致命的打击，我们仍然保持着原有的战斗力，——从其内在的作用上说，我们的战斗力且在加速地长成，与敌人的力量逐渐地减弱适成为反比例。

再进一步来说，在战略上，我们在战争的进程中，不断地得着许多宝贵的经验，我们还可以发觉在战略上失算的地方，在许多有利条件上没有去利用使之发挥作用的地方。跟着那些现实的经验，我们在战略上更能臻于正确；在有利条件的运用中，我们更能使之尽量地发挥其作用，这是最可宝贵的经验，也就是我们在过去的数月来的战争中最大的收获。

在战争上，我们不能用阵地战或主力战去克服敌人，这是任何人都明白的道理。我们要运用持久的消耗战，使敌人不但直接消耗其战争力，而且要使之在间接上去减低其国家的经济能力，引起其内部的矛盾，才能制敌人的死命——亦即才能获得我们的最后胜利——也是很明白的道理。

因此，纵然我们的前线，不幸而转移到最后防线，只要我们仍保有相当的战斗力，只要敌人逐步地都付出相当的代价，则最后的胜利，无疑的仍属我们。

不过，这其中，并不是完全没有问题。问题不在于前线的转进，而在于我们主观的工作如何，若果主观的工作不够，例如民众不能迅速地组织起来，训练起来，使得每个人都能成为战斗队伍的一个成员，那便是后防空虚；还有假若新兵的补充，不能完满地达到，便是影响前线的战斗力。人身终究是血肉之躯，若果没有轮流休息的机会，无间昼夜地继续作战，任何钢铁的部队也不能保持其战斗的威名。又如在后方担任救国工作的团体或个人，如果诚意不够，信心不坚，或者理解力缺乏而又成见太深，那便可以间接地危害抗战的前途，这种人，无论其动机如何，其结果终竟是直接或间接帮助敌人。又如对于抗敌受伤的将士及其家属的安置，如果后方的人不能完满地办理，其结果，便能间接影响前方的战斗力，也会大大地影响抗战的前途。

这一切，都是决定战争最后胜负的根本原素。这些问题的解决，都是每个不愿作亡国奴的人的共同责任，须要付以最大的艰苦和忍耐才能达到的。

（原载长沙《前进周刊》第 1 卷第 12 期，1937 年 12 月 4 日发表）

苏联与中国民族抗战

赞助世界弱小民族和劳动大众的解放，是苏联的根本立场；因而其对于现阶段侵略弱小民族和劳动大众最烈的侵略主义，便自始立于本身的对立地位。所以她对于被侵略的阿比西尼亚和西班牙，都给以精神的物质的援助。虽然世界侵略主义，由于时空条件的不够，而没有日益发展为进一步的行动。一方面在迫害弱小民族和劳动大众，一方面与苏联一国社会主义建设的根本立场相矛盾，所以她确立和平外交，现身来充任世界和平的支柱，反对帝国主义的侵略战争。在这一点上，拒绝市场之重新分割，保有广大殖民〔地〕的先进资本帝国主义各国，对于世界和平的保持，便和苏联有着共同的要求。

日本帝国主义侵略中国，是国际侵略主义者暴行的缩影，其直接在并吞中国，奴役中国民族，间接又含有进攻苏联之意味。——虽然在避实击虚的日本帝国主义战略上，在帝国主义之相互的矛盾上，她或者企图于征服中国之后，先南向夺取香港、新加坡、印度、安南、缅甸以至澳洲然后再转而进攻苏联，也是有可能性的。中国民族抗日战争在其本质上，是百分之百的民族革命的解放战争——虽然到目前，其形势的发展还很是不够——是毫无疑义的。因而苏联对于中国民族抗战的同情和援助，不惟毫无疑义，而且可能要超过其所给予西班牙的同情和援助的。虽然，世界其他有些国家，对中国民族的抗战，也抱着相对同情和援助的态度。可是他们是纯从其自身的利害关系出发，并非同情中国民族的解放；苏联则系从同情中国民族解放的立场上出发的。

中国民族的抗战，军事上，已进入了一个相对严重的关头。虽然，严格的说来，我们的抗战到目前为止，还只限于军事的动员，我们还有至〔为〕伟大的力量没有使用，还有待于政治的经济的动员。然而在军事的严重关头中，便有许多我们的同胞，就更迫切的期望着苏联之进一步地援助。这种期望的动机，可说是很纯洁的。但我们从客观说，苏联之进一步的援助中国，那是一个至关重大的问题，我们设身处地，认为她在最重要的问题上，第一不能不考虑中国抗战形势的发展如何，第二不能不考虑国际的情势，我想只要我们能保持抗战到底，从客观上表明我们的抗战，是一种坚决到底的抗战形势，那不但可以改变英美之动摇不定的态度，国际情势的发展会好转，而苏联对我们之进一步的实力援助，也终究能满足我同胞之愿望的。

中国民族现正处在危难之中，四万万五千万的兄弟姊妹，在其全国最高领袖蒋委员长的领导之下，正在用血和肉去创造革命的三民主义的中国，我们不仅有能力渡过这次危难，而且其所要创造的四万万五千万人的国家和业已创造完成的一万万七千万人的国家必然的会在人类史上放出其同等的历史光荣，一同的发扬孙中山和列宁的伟业，列宁的继承者斯大林和孙中山的继承者蒋介石也必能继承孙列的遗志来成立紧密的友谊。

今日正当中苏文化协会湖南分会的成立，我借此献词的机会，谨祷祝中苏两国之进一步的合作，共同来打击破坏世界和平与人类文化的恶魔，共同来创造世界和平与人类文化。

（原载 1937 年 12 月 20 日湖南《民国日报》）

保乡和救国

"此后抗敌之基础，已不在城市，实寄于全国广大之农村。"蒋委员长的这句名言，不但指出了今后抗战的新形势，且指明了今后救亡工作方向的转换。在前此，各种各样的救亡工作，可说是陷（限）于城市和城市附郊；对全国广大的农村，除去波及一些零细的救亡声浪外，就只有那发生过反作用的壮丁征募的事情。这无论在主观或客观方面，都犯了一个重大的错误。

现在敌人已深入腹地，我们在战略上，不只更需要广大的发动游击战，去和主力战相配合，达到持久的目的，而且更要从游击战的发展中，去培养新的战斗力，作为将来消灭敌人的主力。

另一方面，今日，无论任何偏远地方，在以前尚以为可以苟安一时的，现在也再不能苟安了。后方的人们已开始提出其保乡的口号了。这个口号有好处，也有坏处。好处是人们已觉悟到要运用他们自己的力量去保乡；坏处是他们没有明白的说出，保乡和救国是不能分开的一件事。问题应该是从救国的前提下去进行保乡的工作，从保乡的运动中去发展救国的工作。因为若是不能救得"国"，"乡"便无法保全的。因而，只要把保乡的运动延展到救国，而认识其不能分开的内容，则保乡的口号便完全是好的了，便有其充分的积极性了。

像这样的保乡运动，目前便应该尽量地去提倡，去推广使之普遍地发展到全国各地。这样，我们民族抗战的全面性，才算有了基础。推广的办法，自然很多；但我认为最简便的，最好使目前下乡去宣传的学生，无妨在宣传材料中灌入这点内容进去，先作一次保乡的先锋宣传。同时再由各县的闲散军官，知识分子，和学生等，尽量地回到各县去，协同县中的爱国分子……共同商讨并推行保乡的办法。把全县的人民组织起来，训练起来，武装起来。在离战区还远的时候，努力肃清地方的汉奸和土匪，提倡壮丁的应募，以及种种援助前方的工作；在战事到来以后，不但能起来自卫，保卫其乡土，且随时随地都能构成堡垒，帮助国军作战，通讯，担架，运输。其进行工作的方式，自然也是很多的，但我以为最简便的，无妨利用原有的保甲组织而加以改变。保甲制度自然流弊很多，但是也有好的方面，何况在战时，切不宜多所改张，致后方有所动摇。依我想，最好把那原来由上而下的保甲组织，再灌入由下而上的内容，把它的性质改变——不过要极力去避免内部的纷争。

只发动于保乡意义上的保乡运动，虽然是蹩脚的；比没有发动的地方，要好得不可数计，所以也应该极力去提倡它，推广它，只须慢慢地由保乡的实际运动中，去发展救国运动的内容，这是并不困难的，因为这两者本来就有其不可分的内容的性质。

现在广东已发动大规模的"联乡自卫"的工作，湖南是广东的邻省，在交通上，尤其是西南的枢纽。不甘落后的湖南人，大家要赶快起来担起保乡救国的责任，大家应该赶快起来保持那"只要湖南人不死尽，中国就不会亡"的荣誉，就应该相率离开此苦闷的城市，尽量地回到乡村去，从事保乡即救国的工作。

1937. 12. 25

（原载湖南《民族呼声》和《前进》的《联合旬
刊》第 1 卷第 2 期，1938 年 1 月 1 日发表）

湖南文化界抗敌后援会
研究部《农村工作》发刊词[①]

蒋委员长在南京失陷后告同胞书中说："中国持久抗战，其最后决胜之中心，不但不在南京，抑且不在各大都市，而实寄于全国之乡村与广大强固之民心。"这话是怎样讲呢？

我们民族的神圣抗战，演进到目前，抗战的形势，是否能由单纯军事的抗战，发展为民族的全面抗战，对民族抗战的前途，有着决定的作用。但是中国的人口，有80%以上是农民。要实现全面的抗战，首先在于使无数万万的农民都成为有组织有训练的战斗员；给他们每个人以精神的物质的军事的武装，发挥其每个人抗战的自动性与积极性。那么，不但"人人敌忾、步步设防"的策略能够实现，我们民族抗战的最后胜利，也就有着完全保证了，何况转入到第二期抗战的现实的要求上，也非把全国农村的同胞，都直接以武装的形式来参加抗日的民族战不可呢。

现在党政当局及一般从事救亡工作的，大都集中视线于农民的组织和训练，而且已着手或在准备实行中。最近我省党政当局举办了全市高中学生教员民训干部训练班，第一批的四千多人已出发各县开始实际工作；此外，还有救亡团体及一些积极青年自动去农村工作的，这实在是可喜的现象。

但农村工作的本身却是很困难，很艰苦的。中国农村的社会关系本来是很复杂的，错综的。我们要在抗敌的最高原则下面去统一他们，如果稍有不透彻，就会引出错误，使工作无法进行；而各处又有其特殊的环境，稍有违悖现

---

① 编者注："发刊词"前面之文字为编者所加。

实，也要引出问题，使工作发生障碍。

那么，怎样去克服这些在工作过程中难免要发生的困难，怎样才能顺利地进行农村救亡工作，都是需要经常来研讨的；因而工作经验，工作方法的交换和讨论，是十分必需的了，同时，一般的救亡理论之研讨，也是不能忽视的。但是现在农村工作者都□在各乡，为适应上述那些必要的要求。实在需要一个刊物，因此我们举办了这个"农村工作"。很显然的，"农村工作"是农村工作者的园地，它的充实和丰美是特别要从事农村工作的朋友们来培植灌溉的。

（原载 1938 年 1 月 18 日湖南《大公报·农村工作》，署名：湖南文化界抗战后援会研究部）

抗战的前途

序

蒋委员长在 27 年[①] 12 月 16 日告国民书中，指出"此后抗战之基础，已不在城市，实寄于全国广大之农村。"军委会第六部元旦宣传纲要，张文白主席的湖南施政两大纲领，亦均指出了农村工作的重要，并原则的指出了农村改革，和农村群众组织训练的总方针。这都把握了抗战的中心问题，对抗战的胜利前途，具有决定作用。

无疑的，一切抗敌的工作，都应该和这个中心问题相配合着去推进。我们所从事的文化抗敌工作，虽然在神圣的民族抗战发动之初，就已经提出"要使城市工作和农村工作相配合"的口号，可是事实上，主要的还是被局促在城市一隅。到现在，如果我们文化工作者，还不转变努力方向，那就无疑的会

---

① 编者注：应为 1937 年。

失去重要性，变成尾巴主义。

丰富而广大的农村，正需要文化工作者，和其他方面的抗战工作相配合，去开发工作。

在农村工作的领城中，文化工作者的起码任务，第一，在扶助农村知识分子，如小学教师，在乡学生等，给他们以战时的政治常识，技术常识，使之成为农村救亡的干部。第二，用各种流动教育的方式，去启发农村大众的民族意识——他们是天生的最积极的抗日群众，就是因为没有教育，致在意识上欠明了。自然，最根本的，是要拿事实去保证宣传的效力；要他们从民族斗争的生活中去明确其意识。

因此，文抗会，除一面准备动员大量的知识分子回乡，去协助政府所进行的工作外；一面又有以农村知识分子为对象的这种抗战小丛书的编辑。

小丛书的范围，包括哲学，科学，文艺，技术各方面的问题，但不是理论的空谈，而以战时的实际需要为原则。每期暂定 10 册左右，并预定在民族抗战胜利以前，继续地编下去。希望读者和朋友们，不断地供给经验和材料。

1938. 1. 5

一、我们的抗战，为保障民族的生存

日本帝国主义，打算灭亡中国，已经有着很久的准备。日寇所谓"大陆政策"，便是敌人想灭亡中国的一套阴谋。这套灭亡中国的阴谋，到我们国民革命军北伐后，敌国前内阁总理田中义一，对他们天皇上了一道奏折；那个奏折，便完全是灭亡中国的实行步骤。"九一八事变"，"一二八战争"，役使卖国贼殷汝耕等制造"冀东"伪政权，利用德王制造伪内蒙自治政权，前年的"绥东战争"……以至去年制造卢沟桥事件，发动其进攻全中国灭亡全中华民族的残酷战争。这都是敌人的预定步骤。

日寇为什么要灭亡中国？问题说起来太长，简单的说，就是因为日本是一个资本主义国家，——且又到了帝国主义时代，完全靠制造货物（商品），送到国外去贩卖，以及有多的钱没有生利地方，要到外国找地方去生利，这就是他们资本家发财的惟一主义，也就是必须要这样作，才能维持帝国主义的生存。加之日本是一个土产很缺乏，人民又很穷困的国家；一方面，制造货物（商品）的原料很稀少，制造出来的货物（商品），又因为没有独占的市场，卖不出去。恰好中国是一个"地大物博"的国家，地下埋藏着很多的原料，如煤炭，铁矿，其他矿产，棉花，羊毛，木材，粮食……等等，都是取之不尽的，特别是东三省，热河，华北各省，这些东西更多。又因中国有四亿五千万人口，每年每人只买一块钱的日货，他们每年就可发四亿五千万块钱的财。那么，照日寇的打算，认为他只要能灭亡中国，则制造货物的原料，便能取之不尽，制造出来的货物，便也再不怕没地方出卖，并且还可以任他去卖贵买贱了。又因为我们是一个弱国，农村破产，工商业不发达，政治不统一，军事落后，他便认为很容易下手来灭亡中国。所以日本的财阀和军阀，认为要维持其帝国主义的生命，就得灭亡中国。

可是中国本身，具备着众多的人口，丰富的资源，蕴藏有种种伟大的力量，这就不是如日寇所想象，能够容易来灭亡的。加之世界上并不是只有日本和中国两个国家的存在，半殖民地的中国，并有其种种复杂的国际关系，这种国际关系，也并不如日寇所想象的那样简单，有关系的各国，和爱好和平的世界大众，日寇来并吞中国，也断不肯白白的看着的。这些道理留到后面再讲。

话又说回来，日本的财阀军阀和浪人，他们的理智，本来就不甚充分；尤其是对于我们弱小民族，他们便更有抱有一种鄙视和残忍的心理。因此，他们在我们面前，便完全成了一群无理性的人类，无异是一群残忍的野兽。这因为资本帝国主义对于被征服者，本来就在发挥残酷的特性；加之日本的农村，还存留着野蛮的落后的封建特色，便更形残酷。当然还有其他原因。所以国家亡给英国的印度人，亡给法国的安南人，只要肯作顺民，还能过一半像人的奴隶生活；亡给日本的高丽人，琉球人，我们东四省的同胞，台湾的同胞，和现在陷落在敌人侵入区域的同胞，就是肯甘心作"亡国顺民"，也很难保全生命和财产的。日寇在东三省，热河，和铁蹄侵入的其他区域，我们同胞，被其任意残杀，无数妇女，被其任意奸淫（奸淫之后，又多被残杀），财产被其任意掠夺，土地被其任意没收……这连那些甘作"亡国顺民"的奴才，也不得幸免。至于学生，教员，和有知识的士绅，更是无条件的，被残杀得更惨酷。这无论日寇在其初侵占的区域，因为还不知道深浅，有时反而假模假样的故装和平；但一到地方稍安定，那种种残酷的手段，便一齐挪出来了。所以东三省亡给日本，至今不过六年，据外国人的调查，三千万人口，已经减少一千万，这就是连老幼妇女在内，平均三个人中有一个人被残杀了，东三省原来是中国最富足的地方，大家都是饱食暖衣的，在过着比较安乐的生活，现在便都是穷困不堪了。再说到高丽，琉球和台湾，人民都已穷困得不堪，还要替日本帝国主义作牛马，过着地狱生活。她们从亡国到现在，人口也都减少好几倍了；若是长此下去，她们的人种，就会灭绝的。这叫作不单在亡人国家，又同时在灭人种族。

日寇这回进攻我们，在日寇看来，就是实行灭亡中国的最后一次战争，若是她得到最后胜利，我们的国家就要灭亡，我们四亿五千万同胞，就不单人人要去作牛马，作奴隶，子子孙孙都要作人家的牛马和奴隶，而且我们的文明种族，也就从此要绝灭的。这真算是中国民族生死祸福的"最后关头"。所以"事到如今"，只有我们能打胜日本帝国主义，能得到最后的胜利，才能保全我们的祖国，才能保全我们的民族，能保全祖国和民族，我们个人的生命财产才能够保全，我们的子子孙孙，才有安乐自由的日子过。有些糊涂人不明白这个道理，不晓得，若是不能保全祖国和民族，个人的生命财产，便是没有法子保全的。

因此，我们这回的抗战，并不是为某一个人打仗，也不是为某一党某一派打仗；而是为着每个人自己的生死存亡，为着子子孙孙的幸福，合起来就是为保障祖国和民族的生存打仗。所以无论男女老少，大家都有一个共同的祸福，共同的利害，每个人都应该自动的振奋起来，把全副的精神和力量，通统集中于抗战，交付于抗战；无论在前方，在后方，在敌人占领的区域，每个人都要把自己作成一个战斗员，随时随地去为抗战效劳，随时随地去打击敌人。在四亿五千万人里面，若有一个人消极地坐观成败，我们民族就减少了一个人的力量，同时就无异给敌人加了一个人的力量。话再说回来，只要我们能"人人敌忾，步步设防"，我们四亿五千万人团结一致坚持抗战到底，便再加一个强盗日本，也是无法来灭亡我们的。

因此除去四亿五千万人的团结一致，抗战到底以外，便再没有他种办法来保障祖国和民族的生存，也就再没有办法，来保全我们每个人的生命财产了。

日本帝国主义，在过去，说要同我们讲"亲善"和"提携"。事实上，我们过去和她讲"亲善"，她便强占了我们的台湾琉球，和高丽……我们和她讲"提携"，她又侵占了我们的东三省，热河，察北，冀东，尽量屠杀我们的同胞，奸淫我们的妻女，掠夺我们的财产，除这回战争侵占我们的土地不计外，已经有八百多万方里，比欧洲任何大国的本土，都要大过好几倍。并且在这回的战争以前，日寇还提出一些条件，说我们要是有诚意和她讲"亲善"，我们全国的陆海空军，就得交给她指挥，陆上水上空中的交通，就得交给她管理，我们的富源，就要任凭她开采，我们全国的军政机关，就要聘请日本人作顾问，我们全国有知识的爱国人士，就要任凭她来摧残，甚至我们做买卖，耕田，读书……都得受她来限制。同时还要我们加入所谓"防共协定"。我们政府不肯接受这些条件，就说我们没有"亲善""提携"的诚意。

所谓"防共协定"的内容是什么呢？那便是要我们不打仗，就把国家亡给她的一个办法。那么，只有打仗，我们才有一条生路。最近日寇还常常提出"防共协定"的口号来；我们国内一些湖涂人，认为加入"防共协定"，和平地亡了国，就可以免去炸弹，大炮，战争的恐怖了；其实，设若那样和平的亡了国，日寇也马上会驱着我们去进攻苏联，把我们的国土作战场，把我们的肉体去充炮灰的。那么，以苏联那样军事的设备，战争所给予我们的恐怖，比现在还不知要厉害多少倍呢？

日寇又说，她要求消灭中国的"赤化"势力和蓝衣社。她之所谓"赤化"势力，并不是单纯指共产党，而是连全国一切前进的爱国分子在内的；她之所谓蓝衣社，就是指的国民党。我们知道，国民党和共产党是保障中国民族生存的两大集团势力。国民党，是掌管国家政权的党。她所谓要消灭国民党，骨子里就在否认中国国家的存在。至于说到共产党，则苏联是共产主义的祖国，她为什么不到苏联去消灭赤化势力呢？再说，在英国，美国，法国，以至世界任何国家，也都有共产党的存在，她又为什么不去消灭呢？若说因为中国和日本是邻国，有切肤的关系，则日本国内，便有一个强大的共产党存在，何况中国共产党，早已宣布放弃土地革命赤化运动，服从三民主义，和全国其他同胞一样，在蒋委员长领导之下，完全为祖国为民族奋斗了呢？八路军的抗战，和其他六个月来的事实，不是在我全国同胞和世界人士的面前，已摆得明明白白了吗？另一方面，日寇的飞机，无目标的轰炸我后方城镇。无数的难民，老弱妇女，和刚出母胎的婴儿，都一同惨死在飞机炸弹下面，难道她们也是共产党吗？在敌人占领的区域内，任意焚毁城镇村落，遇着中国壮丁就屠杀，难道他们也是共产党吗？敌机所炸毁的医院、慈善机关、学校，难道都是共产党的机关吗？在其中被收容的病人和难民，难道也都是共产党吗？这一切，不过是日寇察觉到我全国上下，已经不分党派，不分阶级，不分地域的团结一致，已经由团结而产生一种伟大的力量，她再没有办法来灭亡我们，所以她制造这种借口出来分化我们，好让她来各个击破。又如，在我国，本来就没有什么所谓"法西斯阵线"和"人民阵线"，只有一个全民族的民族统一阵线。日寇却硬要制造出这些名字来，唆使一些无耻的汉奸，强指谁是"人民阵线"，谁是"法西斯阵线"，使我们民族统一阵线的内部，自相猜忌，自相摩擦，自相分化。我们若不明白敌人的这种阴谋，便会上当的。现在敌人又继续在散布种种失败主义，投降主义，和中国孤立等各色各样的谣言，也同样想阴谋摇动我们的抗战信念，破坏我们的民族统一战线。

敌人的阴谋是如此毒辣，我们便只有拿"更加统一，更加团结"，坚持抗战到底的武器去回答她。拿加紧组织民众，训练民众，武装民众，加紧肃清汉奸的手段去回答她。拿加紧创造新的强大的战斗力去回答她。拿我们全面抗战的形势去回答她。这样，敌人的阴谋，自然会在我们面前粉碎，我们的祖国，我们的民族，我们各人自己的生存，才有保障，我们的子子孙孙，才能过安乐幸福的生活。起来！不愿作亡国奴的同胞们，大家为保障民族的生存而斗争！

同时，我们的抗战，又是为争取民族解放的革命战。下篇接着说。

二、我们的抗战，为争取民族的解放

我中华民族，自鸦片战争失败后，世界资本主义各国，便接连强迫我国订了许多不平等条约；我民族的生存权利，被那些不平等条约抢去了一大半。中国因受着不平等条约的压制，便被捆绑得翻不过身来，各国却正利用不平等条约来共管中国。

他们（帝国主义，资本家们）怎样利用不平等条约来压迫中国呢？那就是：在经济上，把中国看作共同管理的地方（共同市场），来贩卖货物（商品）；用最便宜的价钱，收夺中国农产品，矿产，和其他种种中国的土产，拿去作他们制造货物的原料；用最便宜的工价雇用中国人去替他们作工。这样，他们的货物（商品），可算是多由中国的人力，中国的原料制造出来的；但我们反而要拿最贵的价钱，到他们手中去购买。这样，我们的农村，便一天天的更穷困了，农民的生活，便一天天的更痛苦了。所以弄得农村里，到处都是穷人，到处都有土匪。但在城市里又怎样呢？先说工人吧，工人的工价，平均比外国工人要少好几倍，作工的时间，平均反要比外国工人长几点钟，做工时，又被强迫要拼命用力，且随时会遭打挨骂。所以工人的生活，也简直同牛马一样，同时，他们为着使中国人翻不过身来，才能永远压制中国，才能不断地来掠夺我们的财富，才能使中国人永远替他们作牛马，又使用种种阴谋诡计，来阻止中国人自己的工业发达，例如他们利用不平等条约，规定中国人自己的货物，在自己国内，还要比他们纳更多的税。他们又利用资本大，成本廉，在中国市场上，故意先减低价钱出卖其货物。这样，中国人自己的东西，不说赚钱，只够本也卖不出去了。工厂因货物卖不出去，就要停工，手工业者，因货物卖不出来，就要停业。若是赔本钱出卖货物，结果，工厂也会因赔本而倒闭，手工业者因赔本而挨饿。等到中国自己没有那样东西了，他们再来抬高价钱，他知道你非用不可，价钱贵也得买他的。这样，开工厂的，作手工业的，除非只是替他们帮工以外，就不能不吃着大亏了。因为这个道理，我们自己的工业就无法发达起来，所以农村里失业的人，跑到城里去，因为本国的工厂少，找不到工作，结果，就一队队的流落在城市。又因为找工作的人太多，他们又借此去压迫工人，再减你的工价，加长作工的时间。由于上面的各种原因，本国的工业和农业等都不能发达，国家其他的事业，也就不能发达，以致有能干的人，读过书的人，也都无事可作，常受失业的痛苦。

在政治上，他们使用不平等条约作工具，对我们国家和人民，无论作什么事，都常常来作无理的干涉，又常常任意屠杀我们的同胞，把中国人不当作人看，如猪狗一样。他们又同中国的封建势力勾结（如残害民众的军阀，就是封建势力的代表），帮助他们来压迫中国同胞，驱使甲军阀和乙军阀战争；……使中国人自相残杀，国家四分五裂，得不到统一，他们好从中取利。他们怕中国人民起来反对，便通过军阀……把中国人民的自由权利，都剥夺得干干净净，所以中国人的政治生活，别说自由，简直同奴隶一样！

在文化上，他们恐怕中国人有知识，一懂得他们那些道理，就会起来反对。因之，利用不平等条约，强制中国政府去防止人民思想的自由；一方面，又把种种愚弄殖民地的文化手段，拿到中国来实行。这样，使得中国民族的文化，不能进步，不能独立。最显著的一个例子，就是他们极力在中国人面前，提倡神道，迷信，淫秽，堕落等等腐败的思想生活，防止中国人科学思想的发达。

上面是仅就最主要的几点来说的。

所以，八十多年来，我们的国家，完全被世界各帝国主义者在共同管理，共同支配，这就叫作半殖民地国家，也可以叫作"次殖民地"。在帝国主义者共同支配下，我们的社会内部，一方面是落后的封建状态，一方面又是进步的资本主义状态，这两种状态参杂的并存着，如同在一个中国人的家庭之内，就常有两种（甚至三种）社会因素的同时存在。这就叫作半封建社会，这和半殖民地的性质，内里面是相连合的，分不开的。

因为陷于这种畸形的社会状态下，所以我们的国家民族，便陷于长期的混乱，我们的同胞，便陷于非人的地狱生活。要打破这种状态，国家才得强大，社会才得进步，民族才得解放，人民的生活才得改善。但是形成这种局面，维持这种局面的，是一些什么东西呢？那就是帝国主义和封建势力的狼狈为奸，上面已说得很明白。所以帝国主义和封建势力，便是中国民族的两大敌人。

因而，道理已很明白，要想使中国"现代化"，就得打倒这民族的两大敌人——帝国主义和封建势力。什么叫作"现代化"呢？那就是让我们在经济上，能够同世界最进步的国家一样，顺利的去建设，去发展，使大家在衣，食，住，行方面，都能过好日子；在政治上，我们民族完全独立自由于世界之上，丝毫不受其他国家的干涉；我们的人民，大家都能享受平等自由的权利，和世界最进步国家的人民一样；在文化上，我们尽量享受最进步的科学智能，发达我们的科学智能，人人得自由的发挥其天才。总结一句，就是我们的国家，我们的民族，我们的同胞，人人在物质生活，政治生活，文化生活的享受上，都达到世界最进步的水准，便是"现代化"的真意。

所以八十多年来，中国人为反抗帝国主义和封建势力的统治，为求民族的解放，为求国家的"现代化"，便接二连三地发生多次的革命。革命的主要内容和目的，便差不多是一致的，例如"辛亥革命"的口号，是"外抗列强"，"内除鞑虏"；"国民革命"的口号，是对内打倒军阀（和附属于军阀的一切恶势力），对外打倒帝国主义。历史上把这种性质的革命，就叫作"民主革命"。

"辛亥革命"和"国民革命"，我们的无数先烈，为国家，为民族，曾流过多少鲜血，可惜由于半殖民地经济性的作祟，结果都被帝国主义和封建势力所破坏，没有完成目的。——不过每次都有进步。

到现在，凶恶的日本帝国主义，从资本世界矛盾的尖端，从其自身矛盾的尖端上，便以法西斯侵略主义的面目出现，想把各国共同支配的中国，由她一国来独占，完全变作她的殖民地。这种趋势，正是由八十年来，各国共同支配的半殖民地，走向为日寇独占的殖民地；若是日寇的野心达到目的，我们便要由八十年来的半国家状态，半人的生活，完全沦为亡国的状态，奴隶牛马的生活。但是，中国若由日寇单独占领，对于英美各国，不但毫无利益，且有很大的损失，所以便通统反对日本侵略我们（只有某些法西斯国家，才帮助日寇），同情我们抗战。因此，我们八十年来反帝国主义的工作，归趋到目前，也便集中于反抗日寇的侵略；只要我们民族的抗战，最后能战胜日寇，我们民族便能得到解放。因此，我们八十多年来的反帝运动，将以抗日的民族战来完成。至于其他的英美各国，她们在一定限度内，反成了我们的友人。

另一方面，因为我们的民族抗日战争，在革命的意义上，是一种较特殊的形势，在民族利益高于一切的形势下，用民族统一战线来执行。在民族统一战线中，除去汉奸以外，一切不愿作亡国奴的中国人，便都是民族战士——不分党派，不分阶级，不分男女，不分老少，不分地域。什么人才是汉奸呢？那便是在言论和行动上，执行敌人的阴谋，破坏民族统一战线，出卖民族利益的人，就是汉奸。哪些人才甘心去作汉奸呢？那便是被日寇御用的极少数的金融买办分子，和极少数的没落大地主——他们大抵是过去封建的官僚。不过这里要弄明白，不是所有的金融买办分子和大地主，都会作汉奸；相反的，日寇侵略中国，乃至灭亡中国，他们的土地财产也要受损失，并且有没收的危险，所以他们也不愿作亡国奴，而有参加抗日战线的可能。此外就只有一些从历史上排泄下来的无业流氓，他们为衣食所迫，常不惜受敌人雇用，去充当汉奸；不过这也只是部分的，并不能说无业流氓的全部都是这样，相反的，只要抗日群众，对他们领导得法，他们是可以变作抗敌力量的，因为他们之中有的人，也并不是死心要作汉奸。另外就还有一种文化流氓，受国际法西斯侵略者的御使，表面上喊出一些很高很左的口号，实行来破坏民族统一战线，鼓动民族内部的分化。也是最险恶最毒辣的一种汉奸，那便是所谓托洛斯基"派"。这些汉奸，都是甘心作敌人的走狗，帮助敌人来灭亡自己的民族，灭亡自己的祖国，来屠杀自己的同胞，他们完全是狗彘不食的民族败类，是民族的内部敌人。对于他们，便要用种种毫不容情的手段去对付，要做到把他们完全肃清，民族统一战线的内部才能巩固。不过要注意的，是不要轻易指人家为汉奸，因为若是错误了，又无异替敌人帮了忙。

在革命的意义上，我们反汉奸的工作，也是包含有八十年来反封建的任务在内。何况战争是活生生的不断在改变社会内部的各种条件，许多问题，是能随同在战争发展的过程中，自身会全部或部分被解决的。

照上面所说，这回的民族抗战，也是在继承过去的"民主革命"。所以民族抗战的内容，有消极和积极的两个意义，也就是一个工作有两个意义。消极的意义，是保障民族的生存；积极的意义，是争取民族的解放。从一方面说，是一种民族的自卫战争，从另一方面说，又是一种民族解放的革命战争。革命的内容，在完成"辛亥革命"，"国民革命"，并把它"发扬光大"。所以民族抗战，是有着这样伟大的历史意义；民族抗战胜利的完成，就是这种历史任务的完成。

不过我们的敌人，日本帝国主义，她是一个强国，又是一个最毒辣的，最阴险的国家。我们不是轻易能战胜她；必须要使用我们一切力量，忍受一切痛苦，抱定"长痛不如短痛"，拼死活到底的精神，尤其要把每个人的这种精神，结成铁一样的民族团结，才能战胜敌人，才能得到最后的胜利。所以参加民族统一战线，巩固民族统一战线，便是一切不愿作亡国奴的中国人共同的责任。

为巩固民族统一战线，坚强民族内部的团结，（一）就不但要大家把眼光放大，放远，把民族利益高于一切，时时放在心头，把个别的利益，放到次要的地位——因为民族若被灭亡，个别的利益便无法保全。（二）大家同处在生死的关头，不管过去有什么深仇宿恨，要把它忘记，把过去的一切旧账，都一笔勾销。（三）一切宗派的，门户的，地域的观念，都是要不得的，有害民族团结的，都要根本破除。（四）除去汉奸以外，对任何个人和团体，都不要去攻击；他们有不对的和不能令人满意的地方，也只应该用善意去说服，去劝告，去建议。（五）大家只有一个原则，非共同遵守不可，那就是服从革命的三民主义，拥护抗战的最高领袖，拥护代表抗战政权的国民政府，在这个最高原则下，大家对问题，尽可有不同的意见。

在上述这些信念下，除去汉奸以外，就不管他是什么党派，不管他是东南西北的人，不管他是老年，少年，壮年，男的，女的，也不管他是工人，农民，商人，学生，资本家，地主，绅士，僧道，自由职业者……反正大家都是中华民族的男女，不但都有参加抗战的权利和义务，而且要使用各种各样的方法，把他们都组织起来，都积极的来参加抗战。使每个人都成为战斗员，不论在前方，在后方，在敌人统治的区域，都以其所有的力量，去为战争服务。只要这种工作能够完成，一切军事，政治，外交，财政经济上的困难问题，便完全会解决了；战线中的动摇分子，就可以不再动摇，对抗战守中立的分子，就可以参加抗战；汉奸就可以完全肃清，种种动摇民族统一战线的无耻谣言，就可以完全停止的。只要作到这样，我民族抗战的最后胜利，就有万二千分的把握了。所以组织全民众，训练全民众，实在是我们目前最紧要的中心工作，对民族生死存亡的前途，有着主要的决定作用。

不愿作亡国奴的同胞们，被压迫的奴隶们，起来！为争取民族的解放而斗争！

三、我们能否战胜日寇？

我们能否战胜日寇？这始终是同胞们最关心的一个问题。实在也是因为利害关系太大。但我们始终还是这样说，我们最后能战胜日寇，只是有条件的；若是不尽量利用有利条件，我们也有败亡的可能性。

话虽如此说，但在"七七"和"八一三"战争以前，便有许多的人，根据中国武器不如敌人这一点上，发表一种"惟武器论"的反战理论。在这种谬论的影响下面，又有不少的人们被传染。又有些人们，自作聪明，说现代战争是经济战争；便根据这点理由，说中国的经济比日本经济落后，中国便无法战胜日本。这两种见解，从政治上说，都是从汉奸托派亲日派散布出来的一种谬论；从其见解的本身说，便都是表面的，不正确的估计，把敌人的力量估计得过高，又没有看见自己的力量，犯了估计过低的错误；从其影响上说，便可以归结为"失败主义"，"恐日病"，"反战论"。另一方面，便有些人，认为敌人有种种弱点（如煤铁原料缺乏，财政困难，外交孤立，大众不同情战争等），我们只靠现成的军事力量，就能战胜敌人的，因而许多应该在战争发动以后，重新去准备，重新去努力实现的，重新去解决的问题，也都被忽视了。这样，把敌人的力量估计得过低，把自己力量估计过高，也同样是错误的。这两种错误的见解，对我们的民族抗战，都能发生最坏的，最危险的影响。

在"八一三"以后抗战三个月的过程中，由于我们在前线上得到许多胜利，事实证明了前一说的错误，因而前者便一时沉默了下去；后一说便更加抬头，因此把全面抗战停止在军事抗战的阶段（这当然还有其他复杂原因），致影响到东战场的败退。自大场失守后，直至去年蒋委员长告国民书发表的时候止（12月17日），亲日派便重新以投降派（即主和派）的面目出现，前一谬说又重新抬头，并尽量地制造种种谣言，传播"失败主义"，抗日战线中的动摇分子和中立分子，便愈益表示退缩，和汉奸同一的托派，便兴波助浪。因此失败主义的空气，几散满全国，往复又动摇了前线的军心，后方的民心。其实，他们正在执行敌人的阴谋，阴谋的作用，就在破坏我民族统一战线，促成军事失败的发展……。另一方面，后一说，便又沉默了下去，他们在精神上，反而成了前一说的俘虏。

但在事实上，六个月的抗战经验，不但没有动摇大多数国民的信心，反而从失败的教训中，更扩大了许多新认识；上自最高领袖，前线将士，下至全国民众，抗战的决心益为坚强，在民族内部的抗日势力，却益为发展了。因此便表现了蒋委员长的告国民书，和第六部的元旦宣传纲领二十条……那表示抗战的形势，已向着一个更高的阶段演进，即由单独军事的抗战，演进为全民族的全面抗战，也就在表示，抗战到底的形势，已获得了决定。虽然，投降派仍旧在暗中活动，仍旧在传播"失败主义"的毒素——这恐怕要到全面抗战形势的决定的出现后，才会根本停止的。

我们并不否认，日寇的武器强过我们，是敌人的一个优点。但是，（一）死的器械，还是要活的人力去使用。敌军士兵系被迫来作战，我军系人人为争生存争解放而战，故我军英勇胜过敌人。（二）我们目前虽还不能制造精良的军械，我们却能从他国输入，比敌人的更精良，这在过去数月的事实，已很明白。只要我们外交路线正确，这点希望就会更大。（三）我们有的是劳动力和原料，在战争的过程中，我们还可以从外国运入机器，聘请技术家，尽量利用本国技术家，还可以渐次做到国防自给的程度。（四）敌人的这个优点，是从其所规定的一定战略和战术上，才能发挥威力的。我们也可以采取更巧妙的战略战术，使敌人的优点减少作用，甚至丧失作用，八路军在山西所采取的办法，就是一个很好的例子。我们又不否认，敌军士兵的技术知识，要高过我军士兵；但是活的人是容易学习到的，我们在战争的过程中，边打边学习，边打边训练，是容易填补上来的。从六个月来的一些部分的事实上，已得到了一些证明。但是我们过去数月，为什么有失败呢？这，我可以说，我们过去的失败，完全是政治问题，而不是军事问题。因为政治的条件，不能适应战争的要求，致使敌人得尽量避免短处，利用长处；我们的长处反完全不能发生作用，只暴露了自己的短处。其次，我们的战略，原不在一城一地的得失，而在和敌人作长期支持的运动战，消耗战。更次，东战场开战初三个月的胜利，也足以证明我们一时的失败，并非由于武器。

我们又不否认，我们的经济（半封建半殖民地的），较敌人的经济（帝国主义时代的资本主义经济），落后得很远。但在战时，经济并不能离开政治军事外交等等，去单独发生作用。例如说到政治上，我们是抵抗侵略，是求民族解放，我们又是国际关系复杂的半殖民地，所以在经济上能够得到人民的合作，得到各国的援助，过去的许多事实，已证明了这件事情了。在敌人，因为是侵略国家，是想单独并吞中国，和他国有利害冲突，和苏联有立场冲突。所以英美法苏各大国，都不愿在经济上帮助她，而且想制裁她；这种侵略战争，对其国内的大多数民众没有好处，所以在经济上，也不甘心和他们政府合作。这已经有些事实的证明了。说到军事，敌我战争的性质不同，彼此所采的战略和战术也就不同，都是要和自己的社会经济条件相配合的。在敌人，因为是资本主义经济，基础完全在城市，城市掌握了全国国民生活的命脉；同时，系完全靠制造货物，出卖货物到外国去，才能维持的。战争一延长，她的国民经济就有破产的危险，所以她便不能不采取"速战速决"的战略。在我们，是一种抵抗侵略的自卫战争，在战略上，便是一种长期抗战，利在持久，而不利在

"速决"，利在随时随地，人自为战，而不利于主力的单独决斗。这种长期战的基础，在农村，不在城市。中国的农村，还在"半自足"的状态中，即使没有外面货物输入进去，也并不能使农村经济生活，就根本动摇。所以这样的农村，在战时，反而成了民族长期抗战的堡垒。再则，在敌人，因为经济的枢纽在少数大城市。若是这少数大城市被军事破坏，全国国民的经济生活，便会根本动摇。在我们，因为农村还可作为最后的据点，少数大城市的被破坏，并不能全面动摇国民经济生活的全般（部）。所以日寇封锁我们的海口，虽然有坏处，但同时也有好处，而且并没能使我们的抗战，无法继续——事实上，我们也还有几条陆路的国际交通线。再就经济财政的本身来说，在敌人，因为是资本主义的商品经济，本身的破坏，原来就很多，主要是要靠向外国出卖货物过生活的。战争发生之后，（一）在中国的大量日侨回国，都无事可作，他们的货品，也再不能在中国出卖，加之日侨在中国的财产多被破坏，好多昔日在华的资本家，都成了赤贫。（二）因为世界各大国，如英美法苏，和世界大众，都反对日寇侵略中国，都自动的抵制日货。故日货在世界到处都很难卖出去。（三）日本的农村，本来就很穷困。（四）军事的征集。因而敌国内部，除去一些军事工业，及和军事工业有关系的工业外，便大多不能不减工，倒闭。这样，又使许多人失业，加之因战事影响，生活物品益为昂贵，缺乏，致民众生活益感困难。阶级矛盾，更趋尖锐，故不断发生反战运动。从而在财政上，因对外输出的减少，致对外汇兑大大低落，为要从外国购买军用品，金银现货，差不多都流到国外去了。由于产业和各种事业的停滞，财政来源的税收，便大为减少，而军费的要求，却又比平时大过无数倍。所以现下，虽然还由于金融资本家的"苦迭打"，在勉强支持，然已暴露种种窘状，那么，发行国内公债吧，国民的负债能力，原来就很有限，战争以后，更是日趋低下；向国外募集公债吧，则英美法苏各国，因反对日寇侵华，早已表示拒绝，其沆瀣一气的德意两国，在财政上，却都是自顾不暇，再没有余钱应募。所以敌人的国家财政，目前已陷于艰苦的窘境，其国民经济力，将随着战争的进程而日趋衰落，财政经济，不久便有破产之一日的。回头说到我国，我们先说财政，战争扩大以后，关税，盐税，特税等诸项税收，无可讳言的，会大大减少。不过这里没有影响，我们的财政还很有办法。例如我们存在伦敦和华盛顿的现金，据说，合计还不下国币 40 余万万元，这到必要时，是可完全动用的；我们中国人在外国银行（英法美等）的存款，合计也有国币40余万万，必要时，至少是可以挪来作抵押品，向英美法各国借款的。国内同胞和国外侨胞，必要时，只要政府有计划，还是有很大负担力的。再说英美法苏各国，因事实上同情我们的抗战，所以或是直接以物质援助我们，或是借款给我们，过去的事实，已很明白。再则由于敌人的封锁我海岸，外货的输入减少，加之各国对我的同情，所以自开战以来，我国的对外汇兑，并没有多大的影响；再则，我们有多的原料，多的劳动力，我们正好利用战争关系，内地主权完整的机会，从外国去买进机器，请进一些技术家来，开办人民日用必需品，军事必需品的轻工业，重工业，军事工业的工厂，是完全可能的。那么，随同战争的演进，我们民族的经济力量，国防力量……反而可以渐渐成长起来，——恰恰和敌人相反，这当然要看我们的政府和民众，有没有办法。

上面说明各种各样的失败主义，不抵抗主义，悲观主义的理论，完全是错误的。

现在再就国际情势，国内情势，来说明敌我双方的优劣。

日寇对此次战争，完全是一种侵略战争，对内，只于少数资本家和军阀有利。对大多数人民，不是非打仗不可，大多数人民，反而因战争，要受到生命财产的损失。对外，在排除英美各国在华的利益，在独占中国。同时这种侵略战争，又直接间接在威迫苏联，危害世界弱小民族和勤劳大众的利益。因而自战争发生以后，在其国内，除去少数大资本家、军阀，和他们的工具走狗外，一般国民都逃避兵役；工人和农民，大多有意识无意识的对战争表示反抗，代表工农的日本共产党等，更在进行大规模的反战运动；曾在中国的日本侨民，因财产被战争破坏，流离失所，对战争表示厌恶；甚至一般中小资本家，因战争影响受到损失，都希望战争早日结束，若是战争延长，他们也有同情反战之可能的。在国际方面，只就报纸传出的消息说，英美法等世界各国政府，虽然还没有采取有效的行动，但已表现反对日寇侵略中国；苏联的态度，便更为明显，有力。同情日寇侵略中国的，就只有和她同道而又同盟的德意两国（况且德国还有其他原因，在表面上，还有点模棱），及其他几个法西斯小国，但是都不能有实际的大力量来援助她。全世界的弱小民族，和全世界的勤劳大众，他们并多已采取种种行动，如抵制日货，拒绝运东西去日，请求各国政府制裁日寇的侵略，尤其是台湾和朝鲜，已继续发生着直接的武装行动，报纸上都登载得明明白白的。所以日寇在国际上，已完全陷于孤立的地位。在我们，因为是抵抗侵略的自卫战，是争取民族解放的革命战，情形便恰恰和敌人相反。所以在国内，抗战是全中国人共同的利害关系，是人人所要求的。故除去少数无耻汉奸以外，大家都甘愿忍受牺牲，忍受苦痛，大家的心目中，最担心的，反而惟恐抗战不贯彻到底。所以无论人民参战的程度如何，大家要求抗战的心理，都完全是一致的。近来有种失败主义的谬论，说前线的士兵，多已不愿打仗，再无法子抵抗。其实这种谣言，完全是汉奸散布出来的，事实上，因为汉奸投降派在后方倡和议，曾经一度动摇前方的军心，是无可讳言的；但自从抗战到底的国策确定后，那种坏现象，便随之改变。在国际方面，上面所说的各方面都反对日寇，同时也就是帮助了我们。近来有些汉奸托派投降派，继续在散布谣言，说世界再没有一个国家来帮助中国，中国已陷于孤立了。这种口吻，定全和敌人是一样的。英美法各国政府，各国的公正人士，全世界的无产阶级和弱小民族，均在同情我们，援助我们，都是报纸上宣布过的事实，随时都可以翻出来查看的。而且在大场失守以前，他们反对日寇，援助我国的情形，都是一天天在发展；但自大场失守以后，又一时的冷淡一下——只有朝鲜和台湾因有特殊利害关系，反更为激烈——那完全因为中国汉奸托派投降派的活动，抗战有半途中止的情形所引起的结果。自抗战到底的国策决定后，国际各方面的反日运动，又跟着在发展了。这说明国际对我们的援助如何，完全是跟着我们抗战的形势去决定的。再说到苏联，因为一般人最关心，我所以单独提出来说。关于她，一般人都有一个错误的希望，希望苏联能出兵帮中国打日寇。但这是一个最重大的问题，丝毫也随便不得的。苏联可否出兵，是要看（一）中国抗战的形势发展得如何，（二）国际的形势如何，才能决定的。而在这两方面的形势，容许苏联出兵了，她还得看看，是否有必要。如果中国自身还有法子可想，她还是不会出兵的。因为她所抱定的原则，中国自身缺少一分，她才补助一分；最好中国不要她帮助，自己能打胜日本，完成民族解放，是她们所最希望的。她们帮助的，是在帮助中国民族解放，独立，正需要中国人自己，从抗敌战争中，去培养自己的独立能力。若是她来代替中国抗战，替中国去打日本，那么把日本打败了，中国还是不得独立，还有被他国来灭亡的可能的。关于苏联出兵的问题，我这样就算简单的解答了。但是不出兵是不是就不算帮助呢？不是的。苏联对于殖民地半殖民地，总是帮助的；纵然殖民地半殖民地内部也有少数坏蛋，全体看来，她认为是革命的，是反资本帝国主义的。所以对于阿比西尼亚，她也帮助过，只以时间和空间的关系，只作了有限度的帮助。对于中国，自"九一八"以后，她全国的舆论，就一致的反对日本侵略中国，在国际联盟，苏联代表所表示援助中国的态度，比中国自己的代表还要坚决，还要积极。那时候，国共两党却还没有合作。"双十二"事变发生，她竭力反对，从旁帮助消灭中国内战的发生。"双十二"以后，因为中国民族革命的形势，有进一步的发展，所以她对中国的帮助，也便更进了一步。自"七七"战争到"八一三"战争发生后，苏联更在各种方面来援助中国，例如各国共产党的反日运动，是和苏联的态度有关联的。她在"满"蒙边境布置重兵，并积极进行各种防御设备，故示战时状态，那就替中国牵制五十万以上最精锐的日本军队（报载"满"蒙就有五十万）。这都算是帮了中国的忙。同时，她还直接以物质（飞机等）和技术人才接济中国。那就算是最实际有效的帮助。这样说来，苏联是采用了各种各样的方式，在帮助中国。这种客观的事实，不是主观的言词可以掩盖的。

根据上面的说明，客观上，是决定我们有战胜日本的条件。但是，只依靠客观是不够的，还须依靠我们主观的努力，要拿我们的主观去通过客观，作用客观，把客观条件的有利作用发挥出来，胜利才有保证。若是不能把那些有利的条件，尽量利用起来，我们的败亡条件，也是很充分的。过去的失败，我们每个人，只要去详细分析一下，就可以得出许多教训来的。

譬如说到军事，我们是以长期抗战为有利的。要能长期间的支持战争，就得使战争全面化，即所谓"人人敌忾，步步设防"。要能作到"人人敌忾，步步设防"的形势，就得把全国的民众，通统组织起来，给以训练和武装。要能使民众都组织起来，人人来参加抗战，就得有代表全民众的抗日政权，这种政权，一面要代表全民——只有汉奸除外，一面又必须要使中央的权力能集中，所以说，是要一种民主集中制的抗日政权。易言之，只有这种形式的政权，才能担起抗战的要求，才能和全面抗战的形势相适应。说到这种民主集中制的抗日政权，和民众的组织训练，又是不能分开的，是一个问题的两面；两者是互相追随的，前者靠后者促进，后者靠前者来展开，但后者对前者，终有其主导的作用。

在这种抗日政权和民众组织的基础上，才能发挥有利的战术和战略的效能。这样，游击战和主力战，便可以常常作有力的配合，强大的新的战斗力，便能不断的产生出来。因而战争自然就能够支持长久，就能发挥运动战的威力。

抗战到今日，我们要加速培养六十万最精锐，最新式配备的正规军，是当前的一项重要工作。这自然再不容有何种等待；但同时却当从速加强政府的机构，加速民众的组织，便能使这个工作更容易完成。

战时财政经济政策的实行，也是刻不容缓的。自然，彻底的实行，是要以那种抗日政权为前提；但目前，实在再不容等待，应该马上就要部分地拿来实施。

国际形势，客观上，虽然于我们有利；但是有力量的形势的展开，正确的，一元的，又是灵活的外交路线，自然必要，且必要确定，最主要的，还是要跟着抗战形势的发展去决定。所以全面抗战形势的实现，就能发生最大的决定作用。但所谓全面抗战的形势，是以民族统一战线的扩大与巩固为条件；民族统一战线的强大与巩固，积极上，又以全民众的组织，训练，团结为条件，消极上，以肃清汉奸托派为条件——汉奸的彻底肃清，也要在民众组织的基础上。

汉奸托派和敌人，是里应外合的。我们只须举一例子，就可以说明，奔走和平的某国大使，曾再三地说过，我们继续抗战，就一定会失败，定会引出更悲惨的结果，所以他劝我们同日寇讲和，事实上，就是教我们投降日寇，日寇直接御用的，在华北的汉奸，在上海的汉奸，和隐藏在我们内部的托派投降派，据报纸所载，都同某大使是一样的口吻，一样的见解，这证明他们的阴谋，是有着一贯的系统，汉奸，托派，投降派，却是敌人阴谋的执行者。然敌人和公开的汉奸，并不可怕；隐藏在内部的汉奸，托派，投降派，他们和敌人里应外合，从内部来破坏民族统一战线，想取消民族抗战，出卖民族和祖国，我们却半点也不能忽视。所以肃清汉奸，是巩固民族统一战线的一个消极工作，也是目前一个急要的工作。

因此，我们能否战胜日本？是以我们能否履行上述这些办法，加速地使之实现为条件的。要是仍任其自然的发展，我们仍是有亡国灭种的危险。不过那不能只靠政府，而是每个人民都有责任的。

四、若是我们战胜日寇，中国的前途会怎样？

若是我们战胜日寇，中国的前途会怎样？这有许多人在盼着解答，也有许多人在担忧。其实担忧和怀疑，是十分有害的，是能多少妨害胜利的。而且我们不是预言家，不能妄加推测。未来的事情，正确地说，是要看未来的事实，才能决定。

只有失败的一面，我们是很容易说明的。因为那有许多亡国的先例。所以若是我们战败，中国人就都要替敌人作牛马，作奴隶，中国就要变成高丽第二，中国民族就会灭亡。是半点也用不着说明的。

然而问题却在于中国抗战的胜利，易言之，中国到那时候，会变成一个怎样的国家？会成为一种什么制度的社会？

本来，问题是这样提出，就不十分妥当。其实，抗战的胜利，和国家未来的制度，并不能划作两截来说；国家未来制度的原则，可说已包括在今日抗战的要求中，并且充任了抗战胜利的最高前提——是民族统一战线形成的基础。

有些人，其实是糊涂人，却自认是聪明。他们抱有一种恐惧的心理，怀疑共产党的坦白诚恳是表面的，合作是暂时的；骨子里还会有阴谋。因而他们恐怕抗战胜利后，共产党会实行共产主义。又有一些人，其实是懦夫，却自认是勇士。他们抱有另一种恐惧心理，恐怕抗战胜利后，国内各党各派又会分裂。这两类人，都是不懂得中国社会的现实形势，社会发展法则，和战争对社会的影响与改变作用。

很显然，中国是一个半封建国家，是产业落后，马上实行共产主义的物质条件，很不充分。照历史的过程说，她还该经过一个产业化的阶段。我想，如若共产党是懂得科学，懂得历史法则的，就不会那样违反历史的胡干。要达到一种产业化的前途，也就是所谓民主革命的前途。民主革命是资产阶级性的。不过在中国，因为有种种特殊的社会因素和世界环境，所以抗战的政治前途，虽属是民主主义的前途，却不同于欧洲 18 世纪的民主主义，而是一个未有历史先例的，较进步的，又是内部不平衡的民主制度。这是我个人的推想。但是有人说，中国抗战的前途，在革命的意义上，是走日本明治维新的路，一面在解除外国支配，完成民族的解放；一面在解除封建障碍，完成人民一切权利的自由。这有一部分对，但还有部分不对。因为第一他们忘记了，现在的世界环境，不同于明治时代的世界环境；第二他们忘记了，中国社会有许多新因素，明治的日本没有。所以要估量中国社会的前途，必须要记着，中国是半封建的又是半殖民地的，而且是存在于帝国主义末期的半封建半殖民地社会。

中国革命的战线，是民族统一战线，是国民党和共产党在充任两大支柱，并不像欧洲和日本当时，单独以市民作支柱。因此，中国不是欧洲民主主义的前途，也不是日本"明治维新"的前途。这个民主主义，将是全民族内部各集团联合的民主，是以革命的三民主义为原则去建设的。

这种民主制度，即革命的三民主义的民主国家，是民族内部的资本家，工人，农民……大家共同的一种要求。在社会的客观形势上、只有这一前途；在民族内部各阶层的主观上，也同是这个要求。所以抗战胜利后，也不致马上实行共产主义，各党各派也不致分裂。而且战争的作用，就会解决许多内部的纠纷，是我们不应该忽视的。

民生主义的产业建设，并不妨害私人资本，不过产业建设的主要担当将集中于国家和社会。国家产业和社会产业的成长，自然会比例的压倒私人资本。这就是所谓直接社会主义的前途。

但这完全是根据我个人的推断，我应该声明。

1938. 1. 22. 长沙

（本著作系湖南文化界抗敌后援会训练部所编《抗
战小丛书》之一种，生活书店长沙分店 1938 年 2
月初版）

欧局的变化与中国抗战

在近一周间，欧洲的政局，曾发生一些重大的变化；一是希特勒并吞奥国的初步实行，一是英外相艾登因与张伯伦政见冲突而辞职。这两件事，又自有其相互的关联的。我们对这些事件，若单从表面看去，恍似国际侵略阵线的政治作用在加强，和平阵线的势力，受着一些打击了。其实问题并没有这样简单，并不是可以凭常识去判断的。

先从奥国的问题来说吧。奥国虽然是一个不大的国家，尤其自前次大战后，疆土更大大地被削弱。然他在中欧所处的地位，在政治和经济两方面，都是德意两国所争持的一个区域，所以近年来，墨索里尼和希特勒的两双魔手，曾在那里有过不少的摩擦。这回希特勒宣布其并吞奥国的初步实行后，墨索里尼不但没有出来反对，口头上反表示赞同。这不是墨索里尼关于奥国问题，诚意地向希特勒让步；而是他鉴于英国要拆散德意的侵略阵线，和他自己在西班牙和阿比西尼亚又感受着困难，他便乐得对希特勒作形式上的让步，借以表示其对英国外交的反攻，并想拿这块糖果去换取希特勒的笑容，同时他想加重德国和英法的对立，因为英法对希特勒这回在奥国之所为，事前曾有着共同行动的计议。那么，问题便只在墨索里尼是否诚意的对希特勒让步？德意两法西斯间的矛盾，是否可以即此缓和？在这里，我们应该要特别指出的，法西斯是一种极端的国家主义，并不是什么国际主义，因而其各别国家的利益是高于一切的。然而除非墨索里尼肯放弃其对中欧权利的争夺，肯不顾虑希特勒并奥后可能给予他的威吓，就不会真诚的让希特勒完全在并吞奥国。

希特勒恰巧于此时发动这个事件，又是和德国法西斯内在的矛盾，尤其是最近的政变，有着直接的关联。德国法西斯国家的内部，在希特勒自己表功的反面，是工农大众生活的恶化，中等资产阶级的敢怒而不敢言，自这回的政变来看，站在国防军背后的大地主，农业资本家们，也实行和法西斯反目了。不管希特勒适用强暴的手段，把国防军暂时的压服下去了。然可惜仅是表面的压服，内部的矛盾斗争，却正在剧烈的发展，这在新闻上，也曾透露过一些消息，就是在希特勒自己的演词中，他痛骂资本家和宗教，那也表现得很明白的。所以希特勒自己的病，他自己最明白。因而他想借着对外的侵略，去和缓其内在的矛盾；从而其矛盾无法解决，对外的侵略会无停止地强调下去的。自然，这也并不能解决其内在的矛盾。这种情形，墨索里尼也有着相当明了的。

再说到英国的政变。英国自中日战争发生后，在外交上的苦闷，算是达到了极点。她既不能取得美国的共同行动来压迫日本让步，墨索里尼又拿着和希特勒的"同道之雅"，从欧洲方面去威吓她。在这种苦闷的当中，英国的外交便发生着两种倾向，一种是艾登路线，他想把德国从意日方面拿出来，拆散德意在欧洲的关系，然后使意大利在欧洲陷于孤立，一面好来压迫日本的侵略主义让步，好对中日问题求得一个妥协。如果他这种意图失败，就会进一步的走到反侵略的和平路线中去。一种是张伯伦以至哈利法克斯的路线。他们主张同时对德意妥协，想以妥协的方式去维持欧洲的苟安局势，然后再从这个妥协作基础，对于中日问题，再去获取对日的妥协。这种连同对意的妥协政策，就同时要包含对西班牙问题，以至地中海和东非问题的对意让步。但这是除保守党以外的英国人民所反对的。——只有在腾出力量来对日采强硬政策，他们才不致绝端反对。

自此次希特勒对奥的举动公布后，同时墨索里尼又随即表明了态度。这在表面上，艾登拆散德意的外交是失败了。而且在希特勒提到旧殖民地时，"弦外之音"，还牵涉了"大英帝国"。张伯伦和艾登的政见冲突，便在这种影响下而出现了。

现在的问题，是在张伯伦的外交路线，是否能够成功。从英国内部各阶层势力的配合上来说，张伯伦路线在其前途上，无疑会碰着许多障碍，而且他很难克服那些障碍的。从另一方面来说，要做到对德意的妥协，去维持欧局的苟安，那除非关于地中海问题，东非问题，对意大利让步。然而那关于帝国根本的利益，却是万难让步的。那么，英意间纵然能成立表面的妥协，墨索里尼却依然不肯帮助她来解决远东问题，他依旧要利用中日战争的扩大与持久去威吓她，牵制她，动摇她的。希特勒从其对中国的商业利益上，和其希望日寇保存实力去履行进攻苏联的盟约这一点上，担心中苏关系的接近这一点上，他主张用政治的方式替他的盟友解决中国问题，把中国作成法西斯的保护国。但他后来感于中国"抗战到底"的国策已成既定的事实，要中国投降的阴谋已经没有实现的可能了。因而他便公开的承认伪满，承认其帮助日寇侵略中国的今日，张伯伦想拿着德国来帮同他解决远东问题，也是很难照他的理想实现的。

从而，最高限度，英国也只有在尝试一下张伯伦的外交路线以后，在张伯伦的外交路线碰壁以后，她便只有更积极地去参加和平阵线的一头路，便只有和她的国际和平阵线的友人，拿共同的行动去打击侵略主义的一头路。所以英国此次政潮，表面上是逆转，骨子里仍是含有很丰富的进步性在内。从而其对于中国的抗战，虽然可能发生一些坏影响——亲日派汉奸托派，或不免又要乘机造谣，——但仍是会向着于中国抗战有利的好的方面发展的。

另一方面，希特勒对于中日战争的态度，内情上，是始终一贯的；不过他根据中国抗战形势的发展，方式略略有些变更吧。他原来的帮助日寇侵略中国，采取一种半明半暗的方式，自他这回的公开宣布后，便采取一种公开的方式罢了！从前的半明半暗的方式，还可以替日寇到中国来执行政治阴谋来运用汉奸托派，来诱惑一些民族阵线内部的糊涂人，这到现在，自然会完全失去其作用，那对于我们的抗战，毋宁是有好处的。至他对于日寇帮助的可能程度，从他自身的物力和财力上来说，无论在前此和今后，并不至有若大的差别。在过去数月中，军械上，他已经给了日寇很大的帮助，是举世共知的事情。他此后对于我们，军械上，只要我们有钱，无论到什么时候，也依旧会卖给我们的，何况世界上，也并非只有德国才能制造精良的军械呢！

1938. 2. 23

（原载长沙《中苏半月刊》创刊号，1938 年 3 月 15 日发表）

世界新危机与我们的抗战

从 1929 年开始的前次世界经济危机，到现在已经有十个年头；在过去数年中，虽然由于法西斯侵略主义的狂焰，激起世界各强国都疯狂地从事战争的准备，因而由于军事工业与军事工业相关联的各工业部门之畸行的发展，与其所给予资本主义世界经济的刺激，致使各国都欣喜的在宣传着"恐慌已经过去了"。然而恐慌周期的愈来愈急促——每一周期的轮转间，恐慌时间一次比一次延长，繁荣时间一次比一次短促——当繁荣还没有恢复的时候，新的周期恐慌，又以更猛烈的姿态袭来了。

这一新的周期恐慌，依旧着先照顾到"金元五国"。但第一，当这次周期恐慌的到来，全世界已经有三分之一以上的人口卷入战争的血海，所以不但经济恐慌的自身更要猛烈，而其所反映到政治上的阶级的危机，也更要严重。第二，在进行着疯狂侵略的日德意法西斯各国，墨索里尼在其侵阿和侵西的战争中，国力已消耗得大有可观；希特勒在其"荣誉比面包更重要的鞭策下"，全国的生活已降到无可再降的水平，尤其农业的被打击和劳动者生活的变化；先天不足的日寇，差不多以及所有的国力，消耗来对华作战，加之战争又激怒世界各国大众的排斥日货，其在中国所侵占的区域，由于中国抗战的坚持与人民游击运动的展开，市场的秩序又没有恢复的可能，所以其国家财政和国民经济，已经江河日下的在走向绝路，所以新的周期恐慌的到来，日德意所受到的打击，就更要严重。

经济的总危机，带来了政治的总危机，在这世界总危机的威迫下，反应到全世界各大国家的上层，在民主主义各国，一方面助长一部分保守派的活动，如英国的张伯伦一派，美国的"孤立派"，法国的佛兰亭一派，便都企图以对法西斯侵略主义的让步和妥协，去换取暂时的苟安，一方面，在各国的大多数头脑清晰的人士，如那些贤明的政治家，学者，名流，大学教授，律师……等，都更明了地认识，只有更坚决地反对侵略者才能保障世界和平，只有集体安全制度，才能和缓危机的威迫。因而在英国，乃有张伯伦和艾登因外交主张冲突的朝政，和张伯伦哈利法克斯"可耻"外交的抬头；在美国，乃有"孤立派"主张的一度嚣张；在法国，乃有佛兰亭的对德意妥协的主张之公然发表，虽然，佛兰亭的主张，已经为人民阵线的要求所取消，"孤立派"的气焰也渐渐为事实在低下了去，只有张伯伦还执迷不悟的在"钻牛角"。

这一新的世界总危机的威迫，反映到日德意各侵略国家的上层，一方面，在德国，便激起以农业资本家和大地主作背景的国防军，企图推翻希特勒国社党的统治，而引出国防军与国社党冲突的变故；在日本，便增强了以总动员法案作中心的法西斯军阀与政党的僵持，一方面希特勒以蛮横的手段，罢免国防军领袖弗里区和白伦堡，把国防军暂时压服，荒木真夫之流也同样以蛮横的手段，压迫议会通过其法西斯内容的总动员法案。同时，法西斯弟兄，便加紧其侵略政策之更其疯狂，更其横暴的推行，那不但为着拿扩大的侵略，企图去转移其国内的视线，和缓内在的矛盾，而且想以此去作为应付总危机的手段，因此，法西斯弟兄们，反而在形式上更充分表示亲密，希特勒公然承认"满洲国"，墨索里尼对希特勒的并吞奥国，也表示同意。他们在张伯伦"妥协"政策的奖励下，便更加疯狂起来，在东方，日寇因此益加紧其对中国的侵略，在西方，墨索里尼更加紧侵略西班牙，希特勒于意气洋洋的并奥后，又一方面陈兵捷克边境，一面遣派海军陈兵莱因上游，同时又耸起波立纠纷，指使其盟弟波兰法西斯，进攻立陶宛，不但压迫立陶宛悲惨的屈服，还想借此去构成那包括波兰，芬兰，罗马尼亚，爱沙尼亚，拉特维亚，立陶宛等国的东欧"集团"，以包围苏联，威迫欧洲和世界的和平。这种种的形势，已经把世界大战的危机，迫到眉睫。

另一方面，这新的世界总危机，反映到全世界的人民大众，便益提高其对于侵略者危害和平，与维护世界集体安全之认识，因而全世界各国的大众，尤其在违反民意的张伯伦妥协政策支配下的英国，不但揭起了反侵略的洪潮，这洪潮正在向着地面上每一只角落里流注，而且都已经提高嗓子在喊着反对妥协，要求集体制裁侵略者的口号。这是反对侵略与保障世界和平的真实而伟大的力量，它对于世界乃至各国的政治，是有着决定作用的。

同时，社会主义的苏联，它虽然是存在于资本主义世界经济总危机的圈子外，但是"和平在地球的任何一点上遭受破坏时，便可引起全面的战争，即使苏联未被用挑战的方法卷入军事冲突，但是任何的战争，对它的经济，它的建设计划，都要给以重大的损失。"（李维诺夫）所以它对于这一新的世界总危机，特别要与以密切的注视，而加强其反侵略的主张，因此，在希特勒并吞奥国，露出了大战危机的端倪后，苏联便一面由李维诺夫柬请民主主义各国共同会商去防止新的屠杀的世界大战，并举行二十周年的红军检阅去答复侵略者；一面在国内，肃清法西斯间谍的"右派与托派同盟"。李维诺夫并且声明，如果世界各国不能以共同的方法去防止新的屠杀的大战，苏联在最后就将不惜单独去采取适当的办法。

因而，在新的世界总危机的威迫下，全世界的政治，表现着三种动向，一是法西斯侵略主义者，更扩大其侵略政策的进行，在到处进行其燃点战争的火焰，在法西斯弟兄间，虽然有着其不能屈服的相互的矛盾，而且随同危机和战争的进行，又加强了相互间的矛盾，但他们为着推行侵略，都不能不在政治上表现其亲密与合作，一是反侵略的和平势力（连同日本反战运动的高涨在内），通过各国的贤明政治家以至全体大众，正在和侵略者背驰着的急速的在发展，而且和妥协势力，一天天背离得愈远，一是民主各国家内部的妥协势力，它动摇于侵略与和平的两者之间，致构成其自身之无可救药的矛盾与苦闷，像张伯伦哈利法克斯之流，就快要因此去埋葬其自身！

世界危机的情势是如此，其对于我们民族抗战的影响怎样？问题已经很明白的摆在前面。然而，有些人只去在表面上观察，或者只看见侵略主义者的暴哮，或者只看见像张伯伦那样妥协政策的一面，就作出把臭虫当作狮子的一类的结论，不管其用意如何，都是十分有害的。

我们尤其不可忽略的，占全世界人口四分之一的中国民族的抗战，对世界的前途是一个最有力的决定因素。在过去，半殖民地的中国，要依赖英美各国的政治，在某种程度上都不免为他们所左右；但在民族抗战到了今日的中国，无论在主观上和客观上，英美各国乃至爱好和平的其他方面，反而不能不依赖中国以为转移了。这种影响和作用，且是随着抗敌战争的进行在扩大着，这就是我们抗战已有的收获和胜利。

（原载湖南《火线下》与《民族呼声》之《联合
旬刊》第 1 卷第 3 期，1938 年 3 月 30 日发表）

抗战情势讲话

（3 月 16 日至 31 日）

在这半月间，我们民族抗战情势的各方面，军事上和政治上，都有不少的进步；和我们民族抗战直接关联的国际情势，表面上呈着逆转，但在实际上，仍是有进步的方面。我们现在分作军事，政治和国际情势三个方面来讲。

先说军事，敌人自入于第二期战争的开始，其作战的计划，即以打通津浦路，控制陇海路，然后会师中原，以达到歼灭我军，进攻武汉为其目的。敌人为欲达到这一目的，便同时在华南，绥远，江南各方面，虚张声势的配合着行动。

但我们在入于第二期的抗战后，战略和战术都有所改变，而且在战区，都广泛的展开着民众武装的游击战。在我们的阵地战运动战游击战的相互配合下，使敌人的计划受到初步的打击，因而在东西北各战场的军事，都成了一个胶着的状态。自此，我军在军事上已开始取得主动的地位。

敌人自进攻津浦南段的失败以后，便转而采取其一贯的迂回战，集中大军，一面采取流寇式的战术，沿同蒲路南下，直抵枫林渡，一面沿道清线西进，连陷豫北各名城，企图会师潼关，截断我陇海交通。但是在山西我军，相约誓死不渡黄河，和民众武装配合，不但仍控制着山西全境的交通，而且把深入的敌人截为无数段，实行对敌人各个歼灭计划。敌人在晋南豫北的阴谋计划受着我军这一打击，反而使深入的敌军，都陷入困厄的苦境。这是上半月的情形。

敌人在这方面的计划失败后，因此在这半月的开始，便集中大军，转移其进攻的重心于鲁南。这在敌人，是集中力量进攻鲁南要镇的临沂，若是敌人得进占临沂，便可进而占领陇海东段，实现其迂回徐州的计划。可是敌人的这一计划，又被我军打得粉粹，其在这方面的主力反而被我军歼灭了一大半。敌人于沂河之役的惨败后，于是又调集援军，于鲁南东西中三路同时并进，而以临台枣支线为其重心，同样在企图突破临台枣支线，实现其迂回徐州，打通津浦的计划，然近数日鲁南决战的结果，敌人的这一计划，又显然为我军所打碎，反陷在我军的聚歼中。自然，敌人在某一方面作为进攻的重心时，在其他各战场便同时采取攻势，以为牵制的。今日电传在晋南豫北的敌军，又开始向平汉线东调。大约敌人在各方面计划的失败后，或者又将转其进攻的重心于陇海腹部要点的郑州，也未可知。这半月的军事情势，不但表示我军新的战略和战术，已收到伟大的效果，而且表示民众力量的伟大，预示其对战争胜负前途的决定作用。

在政治上，自抗战以来，我们在各种方面，都急速的在进步，如民众之普遍的关心政治，爱国人士与青年之纷纷组织团体下乡工作等等，暂且不说。这半月间，在战区，尤其是津浦区和西战场，官长和士兵，军队和民众结合的形势，有着很好的发展，那而且在战事上直接表现着效果了。另一方面，全国工人抗敌总会，全国学生救国总会，全国文艺界抗敌协会，都正式在武汉召开代表大会，组织成立。这不但表现全国青年、工人、文艺人的总团结与集体力量的形成，而且对动员上是有着积极的作用与内容的，然而这不过是一些最具体的例子，同时国民党的临时代表大会，也正式在29日开幕。国民党是民族抗战的主要担当者，会议在这严重的关头召开，预料对于政治经济外交以至人力武力物力财力智力的总动员，必都有一个更具体更积极的办法决定。

在国际情势方面，在世界总危机的基础上，由于英国的政潮，德国国社党和国防军间的冲突，以至其并吞奥国。日寇国内总动员法案的争持，以至政党的被压服，乃至苏联李维诺夫提议共同制裁侵略者，各国贤明的政治家以至大众之更积极的反对侵略反对妥协等等事实，已充分说明在新的世界总危机的威迫下，全世界的政治动向，向着如次的不同方面在剧烈的发展，一方面是日德意加紧推行侵略政策，到处去进行燃点战争的火焰；一方面是执迷不悟的各国的保守派，企图拿"无耻"的妥协政策去向侵略者换取"苟安"；一方面是世界反侵略的和平势力，在急速的发展与扩大，不但以更积极的姿态，反对侵略者，且同时在反对保守派的妥协。因而在张伯伦"可耻"妥协的奖励下，墨索里尼便加紧进攻西班牙，日寇益肆其对中国的狂暴侵略。希特勒并奥后，又陈兵威迫捷克，集中舰队于多瑙河上，波兰法西斯压迫立陶宛作悲惨的屈服，并欲借口组织威迫苏联东欧和世界和平的所谓东欧"集团"。法西斯弟兄间的矛盾，虽随同在加剧，但却不能不表示进一步的妥协。另一方面，法国的人民阵线更加巩固，美国的"孤立派"渐趋低下，张伯伦虽然还执迷不悟，但已把自己推入了穷途……这表现着和平势力的昂扬。这不但直接关联我们的抗战，且相对的要受着我们抗战所决定。

（原载长沙《中苏半月刊》第 1 卷第 2 期，1938 年 4 月 1 日发表）

为真理而奋斗

真理是客观存在的东西，对于一切方面，具有无上的决定作用。所以真理在最后要战胜一切，易言之，违背真理的任何力量与思想，在最后都要被真理所克服。

因为真理是客观存在的东西，所以是生存于人类的现实生活中的，并不离开人类的现实生活而存在，也不是任何玄妙的东西，更不是幻想与捏造。

真理有绝对真理和相对真理，绝对真理没有时空的限制性，相对真理却有其时空性。所以在一定时空下是真理的东西，到了另一时空下，便又可以不是真理了。但这不是说在同一事物的两对方，有两种相对真理的同时存在，恰恰相反，那也只有一个相对真理的存在。要不然，那就成了错误的相对论。另一方面，相对真理里面，包含有绝对真理的成份，人类在其现实生活斗争中，通过相对真理，一步步去接近绝对真理。所以绝对真理，是由人类在其生活斗争的历史过程中，不断的对相对真理的实践，一点一滴的去发现。

人类历史上的一切斗争，都有进步的和反动的两个方面，在进步的方面，它是从历史之客观的发展的动向上，用人类的主观力量去创造历史；在反动的方面，它是从其自身的主观利害上，应用各种各样的力量，去阻碍历史自身的运动——所以叫作"反动"。但是历史自身的力量是伟大无比的，所以无论任何大而强暴的反动势力，迟早都要被历史前进的齿轮压得粉碎。

日本帝国主义，它本来已达到其历史的末日，客观形势规定日本社会在向着一个更高的阶段转化。但是以财阀和军阀为首的日本反动集团，他们仅从其自身主观的利害上，想拿法西斯独裁去维持其对内的统治，想拿侵略的暴力，来劫夺中国以苟延其帝国主义的残喘。这是想拿反动的暴力来打击中国社会的进步，阻碍日本社会的进步。所以日寇的所为——对内对外的一切行动举止，都是和历史的客观真理相违背的。

我们的民族抗战，不单是全民族的一致的主观要求，而且正是在履行着历史的客观任务。在中国社会的本身内，已经从历史上预备下各种各样的因素条件，要求中国民族从一个世纪的羁绊中解放出来，推动社会的前进；在世界的客观条件上，也在催迫中国民族去履行其历史的任务。所以中国民族的抗战，正是在实践历史的客观真理，是代表着全人类的一个最伟大的进步力量。

因而，中日战争的九月余的过程中，在日寇，其国家的各种方面，都是一天天在退步，在衰落，对战争的困难一天天在增加，离胜利的前途一天天遥远；但是在我们，虽然主观的人工作用还不十分够，但在客观上，国家社会的各方面，都在急速的进步，例如政治上，形成空前未有的统一，而且这种统一和团结，一天天的在扩大和加强，全国民的政治和各种技能的水准一天天在提高，军队的素质和力量一天天在增强，国民经济也是一天天在表现着进步的倾向……。抗战的困难，随着抗战的进行，和主观的努力一天天在减少，离胜利的前途一天天愈接近。这因为日寇是向着退化的反动的方面进行，是和历史的客观真理相违反的；我们是向着进步的革命的方向进行，是在实践历史的客观的真理。易言之，就是日寇在反叛人类历史的客观真理，我们却在为人类历史的客观真理而奋斗。我们和日寇的胜负前途，是历史自身所规定了的！

从而我们的民族抗战，不但为着争取民族生存和民族解放这一现实的真理；打击日寇这一历史的反动势力集团，同时也就替日本大众解除了压迫，替整个人类历史的发展扫除了障碍，所以蒋委员长说："我们的民族抗战，又同时是为着世界的公理正义与人类和平而斗争。"

我们是优秀的中华民族的男女，历史给与我们以伟大的任务，我们要准备履行一切的艰难困苦，为这一历史的客观真理去服役，去奋斗！

（原载《今天十日刊》第 1 期，1938 年 4 月 11 日发表）

抗战情势讲话

（4月1日至15日）

随着战争的进行，由于我们主观的努力和客观情势的发展，我们和胜利的前途，一天天接近，敌人则离胜利的前途，一天天遥远。这在最近情势的发展中，愈表现得明白。

军事上，承继着上半月战局的好转，我军在鲁南已占着相对的优势。至本月7日的一次空前大胜，歼灭敌军两师团以上的主力，我军在台儿庄歼敌的计划，至此已完全实现。矾谷板垣两师团，是敌国有名的精锐，具有高度的机械化配备和进步的技术，今竟为我军所歼灭，那不但确证了唯武器论的根本错误，并愈确证了我们最后胜利的信念。

这胜利，从一方面说，军事上由于我军在西战场和东战场配合行动的结果，又是前方军事形势和后方政治形势得到配合的结果。从另一方面说，在主观上，（一）由于第一期抗战数月以来，我们已相对地动员——战区的人力，军队和民众得到密切的合作，以此使阵地战运动战游击战相配合的战略战术，和不后退主义得以实现，因此我军得发挥主动的效率，去控制全局，同时得避免自己的弱点，相对地发挥了自己的优点。（二）由于军队政治工作的进行，提高了士兵大众的战斗意识，加强了官长和士兵的合作精神。（三）军队指挥趋于统一，使参战各军形成为一个整体的行动。（四）新的战斗力的创造，已开始在前线表现其威力……总括的说，就是由于统一战线的形势，在战区有较好的发展。在客观上，由于战争九个月以来，敌人已由于经济的困难，民众生活的恶化，而反映为其国内的矛盾，大众反战厌战情绪的深化，其统治阶级内的一部分民主主义分子，开始要求重新去检讨其阶级的侵略政策。加之世界总危机威迫的到来，根基脆弱而又正陷在战争泥沼中的敌国，自然更感觉严重，以此又增强了经济的政治的危机，直接影响其前线下级干部和士兵大众的战斗精神。

我们可以推测到，敌人于鲁南的失败后，势必在战略战术方面，将有不少的改变；尤其将一面会重新来推行诱降政策，一面将以更大的兵力和更残酷的行动，集中到一个方面的攻击，仍企图冲破一点，来动摇我们全局。我们应立即依照战区的形势，来完成全面的动员，才能保障胜利下去。

在政治上，最主要的，中国国民党临时全国代表大会，通过了富有历史意义的宣言和抗战建国纲领。那不但对民族抗战的前途，具有其决定作用，并且是国民党自身的一次大进步，建立其新生命的基础。抗战建国纲领，内容包括外交军事政治经济教育民众运动六项，都是以抗战作中心而建立起来的，这是一个大大的特色。政治和民众运动两项，又是全部纲领的重心，两项中又以"国民参政机关"和"组织农工商学团体……"及确定民众有集会结社言论出版自由等抗日民主权利为其基本精神。易言之，纲领的基本精神，是以国民参政机关去集中全国人才，以抗日民主权利去动员全国民众；以全国人才和全国民众的力量去执行全部纲领。纲领是国民党全体会议所决定，它具有最现实的最高的法律效力，前此那些和纲领相抵触的法律和法令，至此便丧失其效力了。

因而自抗战以来，全国同胞所期望于国民党者，国民党今已容纳；今后的责任，便完全在民众自身，而不在国民党了。我全国同胞，便应该一致敬谨的来接受这个纲领，执行这个纲领，争取其迅速地全部地实现。否则，便是全国同胞自己放弃权利和责任。

和我们抗战有着密切关系的国际情势，大抵还是继着上半个月的形势在发展。这里特别值得指出来的，第一，希特勒所玩弄的奥国"公民"投票的花样，在钢盔军和卐字飞机的摆布下面，业已绝对多数通过希特勒并吞奥国。这对于问题的本身，自然没有多大的变化，不过在希特勒得意的自传中，又增加了一段自吹自擂的材料。第二，是法国社会党勃鲁姆内阁的折台，急进社会党达拉第组织新阁，不免要引起法国人民阵线内部的一些纠纷。这次阁潮的原因，由于法国的金融资本者，在世界总危机的威迫下，他们又受到张伯伦妥协政策的直接影响，而暴示其妥协的倾向。不过由于法国情势的特殊，他们也不致像张伯伦，妥协到那样"无耻"的程度，达拉第也并不肯放弃人民阵线的立场。所以那并不致于动摇法国人民阵线的根本，而法国大部分人士和大众，却因而在要求加强人民阵线。第三，是张伯伦妥协政策的进行结果，所谓英意间的协定，已经有成立的可能。这一点，我们且看张伯伦的"成功"吧。可是墨索里尼，他已经暗地里在作着得意的微笑。

（原载长沙《中苏半月刊》第1卷第3期，1938年4月15日发表）

抗战情势讲话

（4 月 16 日至 30 日）

　　这半月来，在军事上，敌人自台儿庄失败后，愈增加其在军事，政治，经济上的困难。尤其是政治的危机，内阁的动摇，大众反战反内阁的洪潮，愈进入到一个较深刻的阶段。因此敌人除一面在暗中进行其诱降政策外，便再罄其全国的力量，企图获得一次所谓"决定的胜利"，完成其军事的任务，把战事告一结束。所以从其国内，关外，平汉等地调集大量兵力，云将有八师团之多，增援津浦北段，仍以打通津浦为目的。但敌人后方交通多为我所截断，其援军除由日照登陆者外，多分道步行南下。自其援军到达后，便以主力一趋临沂，迫邳县，一沿临台枣支线再犯台儿庄，一沿临郯公路陷郯城。这均在截断陇海东段，威迫徐州为目的。临沂郯城，均相继陷落，形成鲁南战事之紧张情势。我军除在鲁南方面集中大量主力与敌人对抗外，并在平汉山西绥远和东战场，配合行动，实行全线反攻，又同时在敌人后方配合游击行动。因而在战事中心的鲁南方面，我军已于昨日克复郯城，战事又开始转入优势，报载敌人第二次进攻，到现在止，死伤已达 20,000 名。在晋冀豫北，我军乘机反攻，除将敌人之苫米地旅团完全歼灭外，并收复冀县，沁县，高阳，河间，长池，孟县，济源，大城，濮阳，安泽，新镇，文安，山阴，黎城，辽县，和顺，襄垣……等名城，平绥我军进迫包头和归绥。太原已在我主力和游击队威迫下，平津亦陷于我游击队的包围袭击中。这不但使敌人联结同蒲和平汉的企图完全失败，而且已陷于极慌乱的状态中。在东战场，我军除收复吴兴长兴等地外，现又围攻宣城，南京四周亦完全为我游击队所支配。半月以来，敌人死伤，已逾万人，电传近日又有敌军两万从浦口登岸，敌人或又将由津浦南段以重兵配合北段行动。但从整个战事形势观察，只要我们小心谨慎地去执行任务，是能争得第二次会战的胜利的。

在政治上，曾谣传倭使川越到汉，一时不免引起社会一般人疑虑，然而正如外部发言人所说："外传倭使川越来此将有所商洽，纯系谣传，稍加判断当知此时实无商谈之可能。"其次，参加北平伪组织之李思浩及吴光新等来汉，这虽引起全国人民的重大疑虑，但他们是否已真诚悔悟，转变来归，那还有待于他们作自我的事实表现。自然在最高领袖坚决意志的领导下，抗战到底的国策，再不容丝毫动摇，而全国人民却不能不关心敌人诱降政策的阴谋。另一方面，由政治部发动的雪耻和兵役宣传周，在各地都展开火热的运动，到处皆有广大群众参加。其次国家社会党和中国青年党均上书国民党蒋汪总裁，拥护国民党主义和抗日主张，愿共同团结御侮。蒋汪总裁分别复缄嘉许。这不但表示所谓"一党"的问题再不成为问题，而且更扩大了各党各派的合作，加强了民族统一战线的内容。又次的一件重大事情，是蒙藏回各族领袖，在汉口成立"蒙藏回族联合慰劳抗战将士代表团"后，他们又展开对各族同胞的宣传，号召其积极来参加抗战，并同时表示其对蒋委员长的领导抗战，竭诚拥护。这不但证明敌人分化中国民族的阴谋将完全无用，而且更证明抗战是中国各民族共同一致的要求和利害。因此，我们觉得根据三民主义的原则，急速去处理国内少数民族问题，不但是目前的急要，是争取最后胜利的一个重要步骤，而且问题已临到解决的时机了。

和我们抗战相关联的国际情势上，第一件重大的事情，是英意协定的成立，在张伯伦，是根据其牺牲被压迫国家民族的见解，企图去拆散德意轴心，去安定欧洲，并进而组织所谓"四强"乃至连波兰在内的公约。图把侵略者的枪锋转向苏联。所以协定的实施，有两个中心关键，即英国担任5月9日的国联行政院常会能通过意大利并吞阿国的议案，意国则担任逐渐撤退其在西班牙的志愿兵，尤以后者为先决前提。但苏联和西班牙要坚决地反对意并阿，那已是很明白，美国要宣布日德意为侵略国，连英国的其他政党和人民也表示反对，在抗战中的中国，不仅全国人民都一致表示坚决反对，而且中国的政府也是要坚决反对的。另一方面，意大利不但没有准备履行其关于西班牙问题的条文，而且已加紧在树立其对西的军事政治经济的支配地位。德意间的矛盾虽也随同其侵略的扩大在增加，但并没有减低其相互依赖的关系。所以德意轴心，并没有为张伯伦所拆散，反而在张伯伦的"信念"下，不但从其在西班牙和其他事实上表示其依然如故，而罗马和柏林反一同承认是"加强"了。反之，在张伯伦的奖励下，却益促起欧局的紧张化，希特勒在罗马尼亚的阴谋虽已失败，现在却又公开的图进攻捷克了。所以张伯伦已经在墨索里尼和希特勒的夹持中作着战争的跳舞，与此相反的，反侵略的势力，也随着侵略势力之高涨与威迫，在全世界各地又重新在勃发，援助中国和西班牙的呼声与行动，又同时从各处在表现其神圣姿态了。

（原载长沙《中苏半月刊》第 1 卷第 4 期，署名：正于，1938 年 5 月 1 日发表）

坚决"否认伪组织"和"厉行肃清汉奸"

一

无可讳言的，我们的民族抗战，目前已进入到一个更严重的阶段。这种严重性的内容，已经很明显的从三个方面表现出了：（一）敌人自台儿庄的失败后，一面又重新来推行其诱降政策，一面调动更大的军力对我们实行更残酷更猛烈的进攻，这是我们早就说过的。（二）我们主观的动员工作，还十分不够——尤其在广大的后方；而我们民族阵线的内部，却还不免有少数"爱国志士"，并没有把其宝贵的精力完全交到抗战的实际工作上去，反而注力于内部的一些不必要的零细问题，一若日寇所给予民族的危害还没有那样严重似的，这诚如美国觉麦兰女士致本市某中国社会史家的信所说："听说贵国的内部，现还存在着一些不愉快的现象"；那和伪组织相配合的后方的汉奸与国际间谍（托派）的活动，又正在运用其各种各样的阴谋手段，来促进这种"不愉快现象"的发展。（三）英意协定的成立和英法谈判的进行，张伯伦已决定承认意国并吞阿比西尼亚，无异给了世界侵略者以精神的援助，使侵略主义益为嚣张；对于世界和平与被侵略者，却相对地给了一个精神的打击，这不但和我们的抗战有着密切的关联，而且会直接起着某种不良的反映。在这样严重的情势下，每个忠诚为国的黄帝子孙，都应该时时把亡国的利害要超过其他一切的利害的真理放到念头。要如何的小心警惕，牺牲其一切不必要的成见，把所有的力量都集中于抗战的主要努力上，去克服客观的危局。

国际的现局，的确是极其复杂，但并不是使我们失望的局势，只要认清敌友，有利的外交局而是能完全展开的。新华日报 4 月 20 日的社论，对这一点说得很明白。敌人对我们更猛烈残酷的进攻，也并不足怕，可怕的倒是敌人的诱降政策；但是只要我们民族统一战线主观上很健全，敌人的诱降政策，也就无从行使其伎俩的。因而最可怕的，还是在于我们主观方面的某些缺点。然而主观上动员工作不能顺适的进行，是由于汉奸和国际间谍们在作祟，民族阵线内部的一些"不愉快的现象"，也完全是由于汉奸和国际间谍所拨弄制造出来的。因此，肃清汉奸和国际间谍，便是目前一个最迫切的要求。同时对于伪组织之存在，若是不拿出一个坚决有效的办法去否认它，打击它，那又无异给了汉奸们以某种奖励。因此，拿坚决的有效的办法去否认伪组织，并进而消灭它们，又和肃清汉奸的工作有同等重要。

二

汉奸的产生，是有其社会的根源的；汉奸之得以存在与活动，虽然由于其应用种种巧妙而又卑耻的技术，在黑暗处进行其活动，最根本的，还缘于其得以利用民族统一战线的某些弱点——我们的民族统一战线，到目前还没有强大到必要的程度，是无可讳言的。

汉奸是没有其群众基础的，一般的汉奸，主要都是一些没落的失意政客，是军阀时代的政治上遗留下来的残滓，所以如王克敏、汤尔和、梁鸿志、陈中孚、缪斌等，便无一不是在政治上罪案累累的政治流氓。这种大汉奸的丑陋面目及其历史，久已彰明昭著，为群众所厌恶。的确，从国外和国内的许多事实来看，托派国际法西斯的已变成间谍。而自其堕落到国际间谍的时候始，便已丧失其一个政治派别的地位，成为了一群政治流氓或文化浪人，群众厌恶他们面目的丑恶，其在群众中也已完全丧失其活动的可能性。

惟其由于他们丑恶的面目为群众所厌绝，所以汉奸们便一同采取一种两面派的流氓主义，作为其活动的方式。从这两面派的流氓主义出发，运用种种卑陋的手段，利用民族统一战线内部某些政治觉悟薄弱的或落后的环节，去发生其作用。另言之，第一由于我们民族抗战的客观形势发展的太快，主观的政治形势和群众对于统一战线的政治觉悟不够和落后；第二由于社会内部的某些矛盾，虽然在抗战和民族利益高于一切的原则下，都已移到次要的地位而渐趋和缓了，然而却还是存在着的，加之各方面克服那些内在矛盾的主观努力也十分不够，汉奸们便利用这种矛盾的存在，得适用种种阴谋来企图昂扬它；第三由于无固定政治意识的流氓无产者群，和政治觉悟落后的群众，他们在战时益感受生活的闲苦，甚且有大群的人们在生活上失去依托，而我们对他们的政治教育和生活的改善，又还是相差的很远，汉奸们因此得乘机潜入，去施用收买或煽惑的手段。他们便从这些方面，企图来侵蚀政治意识薄弱的或落后的环节，打击政治力坚强的环节，以削弱民族抗战的力量，破坏民族统一战线，以达到其出卖祖国和民族的无耻企图。

因而，除去在敌人占领区域内，他们才敢于公开的作着种种无耻的表演外，在战区和后方，便全是钻到黑暗处去活动，甚至在口头上还和我们同样来喊着"抗日"；尤其是托派，便更应用着各种各样的方式，去隐蔽其丑陋的面目和阴谋的活动，他们甚且混进到群众里面去，迎合群众的心理，表面上也说些群众所要说的，作些群众所要作的，骨子里则时时想伺机来利用某些弱点和缺口，使用离间政策，制造群众团体内部的纠纷、误会，破坏群众对于干部分子的信仰，转移群众的视线去攻击个人……妨害抗战工作的进行，并从而来使用扒手主义，夺取群众。这是一方面。另一方面，他们又以各种各样的面目，混入到民族统一战线的各部分去，利用一些弱点，制造各部分相互间的摩擦和纠纷，妨害各种抗战动员工作的进行，削弱抗战的力量。松懈民族内部的团结，并从而替敌人去推行诱降政策。从事这等活动的汉奸，比那在后方单纯替敌人放信号，作引线，破坏交通，扰乱秩序等工作的汉奸，对于民族抗战的危险作用，还要严重得多。自然，他们的活动，彼此间是有着其内在的配合的。

如果我们对汉奸们的这种种活动，不厉行去消灭它，或无法去消灭它，任其继续的活动下去，发展下去，那不但我们各种动员工作，都要受到牵制，不能顺利地进行，而且民族抗战的力量还一天天会被削弱的，总动员的计划，会一一被破坏。从而民族抗战的前途，就有引出悲惨结果的可能。这是每个中国人所应该严重警惕的。

另一方面，汉奸们的面目，既是两面派的，我们又怎样去加以认识呢？那完全要从每个人客观的表现上去认识他。例如最近到汉口的李思浩、吴光新等，要想确证他们不是汉奸，那就全要靠他们自己之自我的必要表现：第一他们便应该把日寇和伪组织的种种阴谋和丑恶，公开的向政府和群众报告；第二他们还必须要拿些抗日的工作和事实出来，表示其诚意来拥护抗日。这是最起码的自我表现，缺一点都不行的。又如认识某人是否托派，或者他是否已觉悟过来而忠实于抗日民族统一战线，也完全要靠他们自己之自我的必要表现，他不仅在言论上，要公开负责的揭破托派的阴谋和其间谍的面目，而且要在行动上来表现其忠诚拥护民族统一战线的工作。这也是缺一面都不行的。

所以，我们自然不应轻易给人家加上一个汉奸或托派的名字，但对于真正的汉奸和托派，却丝毫也不应放松的。轻易误认人家为汉奸或托派，就恰恰替汉奸或托派壮了声势，恰恰帮助了敌人；对真正的汉奸和托派宽容，就等于对抗日同胞残忍，等于自己破坏抗战。

三

为争取抗战的胜利，必须要扩大和巩固民族统一战线，要迅速地完成全面的动员工作；要完成全面的动员工作，就必须要肃清那妨害动员工作的认贼作父的汉奸，要使民族统一战线强大化，必须要肃清破坏民族统一战线的汉奸。而扩大与巩固民族统一战线，和全面的动员工作，正又是一个工作的两个方面。另一方面，要怎样才能完成肃清汉奸的工作呢？第一便要加强民族战线内部那些政治意识薄弱和落后的环节，第二便要完成全民的组织和训练，和改善民众的生活，并从而给予民众以处置汉奸的法定权利，第三便要政府和民众一致的从主观上随时随地去厉行肃奸工作。我们必须从主观上作到这三点，才能完成肃奸的任务。而此三者虽属是有着内在关联的不可分离，但又以第二点为其基干。然而这三点工作，都已被包括在国民党临代会的"抗战建国纲领"里面。纲领的全部精神，是以集中全国人才和动员全体民众来担任全部纲领的执行，又以国民参政会去集中全国人才，以抗日民主权利去动员全体民众。所以肃清汉奸托派的工作进行，又是依存在抗战建国纲领的实行，这一任务的完成，则在于"抗战建国纲领"的全部实现。

另一方面，伪组织的存在，是敌人为减轻其自身的负担，发挥其对侵占区域的政治占领的毒辣阴谋，扩大其侵略主义的政治影响……所以坚决的否认伪组织的存在，不仅是法律和政治意义上的必要，且属军事意义上的必要。但是，仅靠一些文告的申明，其效力是十分脆弱的。必须从民族抗战之坚确的政治态度的表现上和政治形势的发展上，使汉奸们知道去放弃其某种不肖的幻想，使他们从民族坚决抗战到底的形势下，去醒悟其汉奸前途的暗淡，而有所顾忌。这个形势的初步表现，便是"抗战建国纲领"的产生；但仅仅产生这一纲领，还不能发生效力，敌人和汉奸们还不免要拿过去的眼光来看，误会我们是"决而不行"的。所以又必待"抗战建国纲领"的实行以至其全部实现，才足以表现民族抗战的形势坚确化，才足以使敌人和汉奸们在这种形势下面发抖。所以否认伪组织的最坚决有效的办法，也同样在于"抗战建国纲领"的实行以至其全部实现。

目前伪组织中的汉奸们，因为还没有明白我们抗战到底的国策之不可移易和我最高领袖之抗战到底的坚决态度，犹抱着一种半途妥协的幻想，希望从半途妥协中去取得其合法的地位。在我们后方的汉奸们活动，也同样是抱着这种幻想的。所以我们急须拿更明确的政治态度和行动，即"抗战建国纲领"的态度和实行，去打消汉奸们的那种无耻的幻想，是十分必要的。因为他们的那种幻想，大半是从最少数人政治态度的暗昧的缺口上增长起来的。假使每个人都忠诚于抗战到底的国策，都以领袖的坚决态度为态度，表里如一的去奉行领袖的意志，则不但敌人的诱降政策将无所施其伎俩，伪组织的凶焰，也就会随着消沉的。

其次，在敌人恶势力卵翼下的伪组织，国家的法律权力所给予的处分，并不能及时行使的。他们可能受到的直接惩戒，在国军未达到前，便只有敌人侵占区域内的群众的武装行动和爱国志士的各种义举。因此，处治伪组织之另一有效的较积极的办法，便在有计划地扶助敌人占领区域内的民众组织，和其武装势力的发展，扩大游击战运动，奖励狙击汉奸的义举。

（原载长沙《中苏半月刊》第 1 卷第 4 期，1938 年
5 月 1 日发表）

中苏关系的过去和未来

一、前　言

在我们展开神圣的民族抗战，和日寇拼生死存亡的今日，提出中苏的国交关系来讨论，是特别重要的。

所谓中苏关系，是从苏联革命成功后，中国和苏联的国交关系来说的；此时以前的中俄关系，便不在这里来讨论。中苏的国交关系，和以前的中俄关系比较，是完全两样的。以前的俄国，也是一个资本帝国主义国家，在欧洲大战前，又是侵略中国最凶恶的一个国家，并且同英日等国，在对中国市场的争夺上，引起不断的冲突；她从中国夺去了广大的领土，和许多权利。在大战期间，俄国的工人和农民起来革命，在列宁的领导下，把帝国主义的"沙俄"政权推翻，于 1917 年树立无产阶级的政权以后，对中国的国交，才变为完全平等的关系。

中苏的国交关系，为什么有这一伟大的转变？在这里，我们便首先要了解苏联的民族政策，和对外政策。而自列宁到斯大林的民族政策，对外政策，不单是无产阶级革命的一个根本要求，且系从苏联社会制度的本身上所产生，并不是偶然的。

从列宁斯大林主义的指示，在资本帝国主义的世界，被压迫，被剥削，被侵略的，是被压迫阶级和被压迫民族；而且他们又有着共同的要求。所以被压迫阶级和被压迫民族，是生成的革命同盟者。抑从无产阶级革命的任务说，不但要消灭其国内的人剥削人的阶级制度，而且要取消侵略主义对弱小民族的侵略；真正平等的和平的人类社会，才能实现。

因而苏联民族政策的根本立场，便在实行民族平等，民族自主自决的原则，反对支配和侵略；同时，在扶助世界各弱小民族，使其能赶上先进民族的发展。因而对于其国内各民族，紧接在十月革命成功后，便由列宁和斯大林联名作如下的宣告：（一）俄国各民族一律平等；（二）各民族有民族自决，甚至自由脱离及组织独立政府之权；（三）取消所有一切民族和宗教的特权与限制；（四）各少数民族均得自由发展。1921年，斯大林又在联共第十次大会上，提出如次的要求，去协助各民族：（A）适合各民族的特性，去发展及巩固苏维埃政权的形式；（B）使各民族具有使用其本族文字的法庭，行政机关，经济管理机关，皆须以熟习人民习惯心理的当地人负责；（C）各民族皆须有本族的报纸，学校，戏院，俱乐部，及其使用本族文字的文化教育组织。在苏联的宪法中，又有如次的规定："苏联公民，无论其种族若何，在一切经济，政治，文化，及社会生活中，皆一律平等，是为不可移易之法律。"从而，在旧俄时代，被压制在地狱下面的俄国境内各民族（大小共一百六十余种），现在便都享受平等自由的幸福，都组织了民族自己的独立共和国（或民族州），社会的经济文化，在苏俄的协助下，也都达到了最高的水准。

苏联对于世界各被压迫国家，被压迫民族的根本态度，斯大林说得最明白：

"列宁主义……承认被压迫国家民族的解放运动内部，有着革命的能力，认为可以使用这些能力，来推翻共同的敌人，来推翻帝国主义……

由此可见，无产阶级，必须帮助，且必须坚决地，积极地，帮助被压迫和附庸人民的民族解放运动。"

依此，确认"被压迫国家民族的解放运动"，是有革命的内容，是苏联的友军，无产阶级要给以坚决地积极地帮助，是列宁斯大林主义的根本立场，也是苏联所奉行的基本国策之一。所以，土耳其，阿富汗，伊朗，都得到苏联的帮助，渐次都成了独立的国家；苏联也并不从她们身上，去获取任何丝毫的报酬。

在其对外政策的广泛立场上，斯大林说："我们不想要他人的一寸土地，但是我们也不愿把自己的一寸土拱手交别人。这就是我们的对外政策。"为贯彻这种和平的外交政策，他又（一）要求和各国订立互不侵犯条约，且和法国捷克订立互助公约，（二）主张普遍缩军，（三）坚决不参加帝国主义的任何政治的军事的集团……但苏联的这种政策，是不是仅为她自己的和平打算，对其自身以外的侵略战争，就不管不问了呢？不是的，下面的话，对这个问题，有着正确的解答，"我们所希望的是和平，并为和平事业而奋斗到底。我们不怕恐吓，时时在准备着迎头痛击战争燃火者。"（斯大林）"苏联政府……它看得很明白，和平在地球的任何一点上遭受破坏，便可引起全面的战争。"（李维诺夫）所以苏联的"和平政策"，并不是和其"援助弱小民族的政策"矛盾，而且正是加强的在实践。以故她对于意法西斯的侵略阿国，意德两法西斯的侵略西班牙，日本法西斯的侵略中国，自始就采取一种无条件的，积极的援助态度。

但是苏联为什么采取这样一种"大公无私"的，"抑强扶弱"的民族政策，对外政策呢？这并不是一种什么人道主义的作用，而是受着苏联自身的社会制度所决定的。她是世界最前进的社会主义的国家，而且其本国的各种各样的资源，都非常富足，她的生产，是在为满足大众生活的需要，为平等的提高大众的生活，不是为着出卖货物去生利，所以她不需要殖民地，不需要独占市场，去出卖货物，去投资生利，去掠夺原料。

我们首先要懂得上面那些道理，对过去，现在，未来的中苏关系，才能透彻的了解，才不致为帝国主义所蒙蔽，才能认识我们民族解放的这惟一良友，从而才能正确地去运用，建立中苏间的密切关系，才不致发生种种无谓的顾虑与怀疑。无谓的顾虑与怀疑便能阻止中苏两大民族的结合，那正是我们的敌人日寇所喜欢的，那于我们的抗战，是有很大的损失。

二、由苏联革命成功到中苏复交

自苏联革命成功，工农政府执政后，即宣言反对侵略主义，主张所有全世界各民族，无论大小强弱，均应同等地享有独立自由之生活，及其发展之权利。同时宣布放弃帝俄时代所掠夺之他国一切权利，要求与各国另行缔结相互平等之条约。她根据这一立场，曾一再邀请中国政府谈判。其时东西帝国主义各国，正在围攻苏联，她们一面封锁报纸，使这种消息不达到中国人民的耳目，一面控制北京政府，拒绝和苏联交涉。因此，至 1919 年 7 月 25 日，苏联政府，复正式发表其"第一次对华宣言"——实际，在苏联已是第三次宣言。

第一次宣言的特点，第一，在重申其民族政策对外政策的根本立场。第二，声明她立意放弃：帝俄时代与中国政府所缔结之密约，不平等条约，及其和日本所缔结之协约，即共同宰割中国的协约。"简言之，即将俄皇政府自行侵夺，或联合日本及他国共同侵夺之中国人所有者，一概归还中国人民。"（宣言）易言之，即包括在十月革命前，所有俄国政府及个人，从中国所掠取之中东铁道，租让之一切矿产，森林，金产，及其他产业等；因"八国联军之役"，中国对俄的赔款等；及一切商业特权，租界地，领事裁判权等。第三、她又特别表示，要求中苏的同盟提携，来帮助中国民族解放，是更有其积极意义的。宣言说："如中国人以俄国人为榜样，恢复其自由，并逃避协约各国在凡尔赛为其代定之命运，使其为第二高丽，或第二印度者，则争取自由之时，舍俄国工农及其红军外，实别无其他同盟国及兄弟可寻。"同时又指出各国控制北京政府，在防止中苏的接近与提携。

对中国的这等亲善平等的态度，是八十年来的中国人民所不曾看到的。所以这个宣言，获得了当时全中国人民的欢迎。可惜当时的北京政府，完全是日本等帝国主义御用的工具，它在帝国主义的控制下，对苏联的交涉，并不敢表示具体的进行。因此，1920 年 9 月 27 日，苏联政府，又正式发表第二次对华宣言，宣言的内容，不过是把第一次宣言的原则重新声明，只是更提出了交涉的具体办法。但其中有两点稍稍有点变动，即一，关于中东路，前次宣言声明"一概无条件交还中国，毫不索偿。"此次宣言则改为"中俄两政府，对于经营中东铁路办法中，关于苏俄对该路之需用，允订专约；将来订此专约时，除中俄外，远东共和国亦得加入"。二，对于退还"庚子赔款"，也附了"不因前俄领事或任何他人，或任何团体提出之非法要求，由此款下拨交彼辈，则苏俄政府愿放弃之"的条件。这两点变动，不仅引起后来"中俄交涉的一点波折，且引起中国一部分人士的误会。其实，从当时的实际情势说，帝国主义已开始在共同管理中东路，所以那时苏联若无条件把中东路交还给中国政府，北京政府就有由左手收回，立即由右手转交帝国主义者，尤其是日本的可能。那就不但足以危害中国民族，且足以危害苏联。这是苏联所绝难承认的。关于退还"庚子赔款"，苏联是要求真实的能退还给中国人民。但当时各帝国主义者，尤其是日本，正在御用在华帝俄余孽，作为进攻苏联的工具，所以他们曾一再的强制北京政府，履行对帝俄余孽交付赔款的义务。这种于中国人得不到实利，于苏联反而有危害的事情，她当然是不能容忍，应该要附以条件的。

第二次宣言发表后，苏联代理外交人民委员长加拉罕，又以两次宣言的原则，于1920年10月2日，直接通牒北京外交部。同时远东共和国派全权代表优林来北京，进行订立中俄新约；优林返苏后，又继派裴克思来北京。但是由于帝国主义的从中阻碍，交涉不但毫无结果，且自始就没有正式进行。从这里也可以明白，帝国主义是一贯的在阻碍中苏关系的进展。不过全中国的民众方面，至此已开始认识苏联，而寄予深刻的欢迎与同情。

自优林和裴克思的来华使命失败后，苏联政府又转令其驻英代表克拉辛，向驻英中国公使顾维钧，提议恢复邦交，商订新约。中苏国交的门户，才正式打开。因而苏联便于1922年夏，派著名外交家越飞来华，全权商讨复交与订约问题。但在帝国主义控制下的北京政府，依然受其唆使，拿出一些枝节问题，去妨害谈判的成立；各帝国主义者，并尽量在中国的官民间，散布赤色恐怖的宣传。致越飞也终于不能不抱病返国了。不过越飞的来华，在全中国进步的知识分子与青年里面，却发生了最良好的影响；同时他又和国民党领袖孙中山先生，成立"孙文越飞协定"。这是后来冲破帝国主义的阻挠，实现中苏复交的主要支力，而且是此后苏联援助我"国民革命"的起点。

越飞返国后，苏联又于1923年1月，特派加拉罕来华。加拉罕是苏联对华两次宣言和一次通牒的负责签发人，所以中国的大众，以及进步的知识分子与官僚，对他更表示欢迎，尤其是此时中国的民众，已经能表现其自身的力量，在外交上能发生着相对的作用。因而北京政府始正式派王正廷为中俄交涉督办，负责谈判。至1924年3月14日，始由双方同意，拟定解决中俄悬案大纲协定十五条，暂行管理中东路协定草案十一条。都是根据苏联两次对华宣言为原则而订立的。这种协定草案的成立，中苏的复交，立即就要成为事实了。但此却引起了公使团的重大不安，便又从中来破坏，因而他们嗾使北京政府，提出异议，借口王正廷没有正式代表签字草案之权，并坚持（一）苏联须立即取消俄蒙协定；（二）不必俟限制在蒙白党办法之商订，苏联须立即撤退在蒙俄军；（三）不允规定将在华之俄教堂及不动产等交还苏联。关于这三点意见，正是帝国主义各国，想借此掩护"白党"去进攻苏联的一种阴谋，也是日本帝国主义想乘机去侵略外蒙的一种阴谋。那当然得不到苏联的同意。因此，"中俄交涉"便又停顿下来了。

自此次交涉的半途停顿后，一方面广东的革命政府，和东三省地方政府，都进行在磋商复交；一方面全国知识分子，进步的官僚，和青年学生，对北京政府那种受帝国主义唆使的举动，都一致的表示不满。北京政府在这种情势的逼迫下，才又根据王加草约，重开谈判。但北京政府为避免帝国主义的从中干涉，双方都采取绝对秘密的方式去进行的。这表现了帝国主义支配下的北京政府的窘状，又表现了帝国主义者是如何在阻挠中苏国交的进行！秘密进行的结果，便于 5 月 29 日，双方商定中俄协定，北京政府于 30 日阁议正式通过，中苏邦交便于 31 日正式恢复。又遵照"孙文越飞协定"的宗旨，以中苏协定为原则，于 1924 年 9 月 20 日，与奉天订立奉俄协定。这使得帝国主义各国，都不胜惊惶，日美法，尤其是日本，并借口中东路问题，正式提出抗议来干涉过。此次的干涉，虽然都没得到结果，但帝国主义各国，对此后中苏国交的注视与阻挠，便更其露骨。例如关于交还北京俄使馆事件，公使团却借口所谓辛丑条约，无理阻挠。这虽然由于全中国人民的反对（人民并为此事而组织反帝国主义大同盟），公使团才肯让步。关于中苏互派大使的问题，他们也曾暗中进行过干涉。

中俄协定的内容，当然是根据苏联历次宣言和通牒的原则订立的。苏联取消帝俄时代对华的一切不平等条约，和他国所订不利于中国之一切协约，密约，退还俄国政府及个人历来在中国所获得之一切权利，退还庚子赔款，承认外蒙古为完全中华民国之一部分……基于绝对相互平等的原则缔结新约，实开近百年中国外交史的新纪元。

三、孙中山先生的联俄和苏联对中国国民革命的帮助

中国自"五四运动"以后，社会进步各阶层的民族意识，阶级意识，都

获得一度的发展，尤其是劳动阶级的成长，与其意识的发展，因而客观地，社会主义思想和其诸党派，追踪着自由主义思想及其诸党派，而发展起来了。自苏联的革命成功，又给了中国民族以许多教训和刺激，及苏联各次对华宣言的发表，与其代表之相继来华，更给了中国民族的解放要求以巨大的影响。

因而自"五四运动"以后，自由主义、无政府主义、三民主义、马克思列宁主义的思想运动，很快的就汇成汹涌澎湃的各流派的政治运动。

然而当时，领导中国革命的国民党领袖孙中山先生，他从国民党革命的经验，苏联革命成功的教训，当时中国社会各部分革命势力的对比上，从新来估量中国革命的政策，从这里，一方面；他认识了中国的革命，不是任何一党一派所能担负得起来，必须一切革命党派的联合，才能完成中国民族解放的任务。一方面，他认识了反帝反封建的中国革命，只有苏联是弱小民族革命的真实友人，并从苏联对土耳其革命的援助事实上，认为苏联能帮助中国民族的革命。一方面，从苏联革命成功的经验上，使他又考虑到党的组织技术诸问题。因而便有"孙文越飞协定"的成立，国民党和苏联的提携，这个协定已树立了基础，继着便有1922年国民党的改组，同时又正式宣布"联俄""联共""农工"三大政策。事前并派蒋介石先生赴俄考察，学习共产党的组织及红军的训练。从而国民革命，在中国社会的内部，便确立了坚固的基础，走入了光明而正确的前途，在国际上，便获得了真实的同情者。在苏联方面，不但援助被压迫民族解放，是她的根本立场；列宁并确认"孙中山是最前进的民主革命的领袖"。以故苏联于1921年，便先后派遣亚列格色夫、马林来到广东，代表和国民党接洽，亚列格色夫并在广州设立罗斯脱通讯社，帮助国际宣传。以此，"孙文越飞协定"，也并不是突然成立的。自1922年秋的国民党改组后，国民政府所聘请的高等顾问鲍罗廷，便于1923年12月来到广东。苏联所给予鲍罗廷的任务，一是援助国民政府创设军官学校，创造革命的军事干部，一是从旁巩固国共的合作。在上述这些条件下，国民党所领导的革命势力，便蓬蓬勃勃地发展起来了。在革命根据地的广东，军事，政治，经济，很快的就树立起巩固的基础，形成其坚强的力量，把反革命的封建军阀和商团的恶势力推翻，粉碎了帝国主义的干涉。同时革命的影响扩大到了全国，全国的工农大众和青年学生大众，都被吸引到了革命的周围。这其间，苏联除给了物质的援助外，并给了政治、军事、技术人才的援助。这一切援助，是有着大的影响作用的。

但是随着革命势力的成长，和革命潮流的急进，便引起了帝国主义的不安和嫉视。加之伟大的国民革命领袖孙中山先生的北上逝世，对革命的主观领导方面，是一个重大的损失。因而帝国主义者，在其御使广东境内的军阀、买办，在直接破坏革命，都相继失败后，便又间接用阴谋去制造 3 月 20 日的事变，企图拆散国共合作的民族统一战线，和国民党苏联的联合。所以在当时，想破坏中国的民族统一战线，和中苏两大民族的友好提携，帝国主义者的阴谋，是无所不用其极的。这在伟大的国民革命领袖孙中山先生，是早就看到的。所以直至其临终时，犹一面以"必须唤起民众，及联合世界上以平等待我之民族，共同奋斗"的遗言诏示其同志；一面又以"我已命国民党，长此继续与你们提携，我深信你们政府，亦必继续前此与我国之援助……两国在争世界被压迫民族自由之大战中携手并进，以取得胜利"致书苏联。

随着主观的革命势力的成长，客观的革命高潮的到来，便展开了 1925 年至 1927 年的大革命——国民革命。国民革命的军事进展，很快的就达到长江流域。革命之所以发展得那样迅速，主要是由于客观的革命形势，和革命的主观力量的雄厚；这力量，是完全靠民族统一战线在负担的。次要是由于苏联的援助。但帝国主义者，眼见中国民族解放的工作，已完成了一大半，他们便一面在战栗，一面则在其直接干涉的无效后，便又重新来施行破坏国民革命的战线，破坏中苏的提携诸阴谋。这种阴谋的进行和其结果，下节再说。

四、惨痛的回忆——由中苏绝交到中东路事件

在蓬蓬勃勃的，火热的国民革命的进程中，帝国主义者，一方面制造"赤色恐怖"的谣言，来恐吓中国的"官民"；另一方面，日本帝国主义者，又指使奉鲁军阀，以联合"防赤"的名义，援助直系军阀孙传芳，组织反革命的联军。此外，又同时进行其破坏中国革命之一贯的阴谋。因而，一面在上海等地，积极来分化革命集团的内部，使民族统一战线自己破裂，加之，在陈独秀机会主义领导下的当时共产党，对帝国主义阴谋的实现，也多少起了一点

帮助的作用。一面又指使北洋军阀，屠杀爱国青年，造成"白色恐怖"。同时又以极阴辣的手段，来破坏中苏关系。在北方，便以日本帝国主义为首，指使北京政府，借词向俄使馆挑衅，于 1927 年 4 月 6 日，搜查俄使馆，除造成重大的残杀惨案外，并逮捕使馆苏籍人员 15 名，更于 4 月 24 日，宣布对苏绝交。同时南京国民政府，也接着于 4 月 12 日开始"清共"，武汉国民政府相继"分共"，和"欢送"鲍罗廷等"回俄"后，至 12 月 14 日，又以广州共产党大暴动事件，也正式宣布对苏绝交。这种惨痛的历史事实，是完全由于帝国主义者所一手造成的。

帝国主义的这种阴谋成功后，在中国民族的内部，又造成了 10 年内战的惨痛过程。同时，中苏的关系，也便暂时由朋友而变为仇敌。

不过中苏国交虽然断绝，但因中东路等方面的特殊关系，华北各地的苏联领馆，事实上并没有撤退；在苏的中国领馆，也有依然存在的。

在中苏关系的断绝后，帝国主义者，便更进一步的来唆使操纵了。因而日本帝国主义者，不但为要唆使中苏关系的进一步的恶化，且企图乘机夺取，完成其对东三省的支配，又阴谋来造成所谓"中东路事件"。

所谓"中东路事件"，系 1929 年春，中国中东路督办兼理事长吕荣寰，向苏联提案增进华方权利为始点。这个提案，若果没有日本帝国主义在后面怂恿，纯由中国方面的自动，应还有其主观的正当性；不过因夹有日本的作用在后面，便不免丧失其意义了。

交涉还在进行中，日本帝国主义，为根绝和平成立的可能性，又唆使东三省中国当局，于 5 月 27 日，重袭故智，搜查哈尔滨俄领馆，没收领馆文件，并逮捕苏籍人员 39 名。同时一面下令封闭苏联商务代表处，及所有国营商业机关；一面下令免苏籍中东路副局长等人职，而易以俄白党，封闭职工会，合作社等团体，逮捕苏籍人民二百余人。

因而苏联政府，一面令中东路苏籍理事长齐尔金访张景惠，抗议搜查俄领馆。张以齐非外交代表，置之不理。一面特派谢力必良阔夫乘飞机来华，负责交涉。一面向中国政府提出最后通牒，并作如次之提议：

"（1）从速召集会议，解决中东路一切问题；（2）政府机关对于中东路，将不合法之行为取消；（3）所有被逮之苏联人民，从速释放，而中国政府机关，对苏联人民与机关，停止处分与压迫，苏联政府甚愿奉天政府及中华民国国民政府，对是项反对苏联此种提议所能发生之严重结果，熟加考虑。苏联将于三日之内，静候中国政府对上述各项之答复，并预先通知；倘不得满意答复时，则迫不得已，将取他种方略，以防卫苏联所有之权利。加拉罕，1929，7，13。"

来牒并称："……据所得消息，满洲军队，已在苏联亚洲处集中，准备战斗，而进逼边境；同时，在苏联边界近处，有白党队伍，与满洲军队连（联）合，并从事配置。满洲军队之指挥官，准备令其向苏联领土出发。"中国政府于接牒后，即于同月 17 日，提出复牒。复牒要点如次："此次东省逮捕俄人，及查封其他机关，完全出于防止反动宣传，维护治安之必要……若苏联政府对于：（1）苏联政府所拘押之华侨，除由驻苏使领馆因案件未了，保证留俄者外，概予释还；（2）旅俄侨商及团体，应予应得之保障及便利，不得在（任）意压迫，则中国政府对于此次因案逮捕之苏联人员，及查封之机关，亦可于相当时机，予以相当之待遇。总之，中国政府及人民，对苏联政府，无时不期其以自觉态度，纠正其过去之不当行动。届时，所有中俄关系各事件，及东路问题，均可由该公司及苏联外交人员，从事商洽，谋合理合法之解决。"苏联政府接到此次复电后，认为中国政府已根本否决苏联提案，即于 17 日送出复文，驳辩中国复牒，并声明即采取下列办法："（一）召回苏联驻中国使馆及商务代办。（二）召回中东铁路苏联所派人员。（三）断绝中苏间铁路交通。（四）请中国驻苏联使领，迅速离开苏联国境，苏政府并声明保留一九二四年北京及奉天中俄协定之一切权利。"中国政府亦于 7 月 19 日发表对外宣言，声明将行使"自卫之权"。至此，问题已达到兵戎解决之严重形势了。因此，双方都进行军事的布置。

但是问题虽然已这样严重，却还有一线交涉谈判的希望。驻哈苏领事梅立尼可夫回国时，曾找哈埠交涉蔡运升，晋见张作相，接洽解决中东路事件，经张同意，梅回苏后，电邀蔡往赤塔晤谈。以后虽往返磋商，因双方均坚持最后通牒与复牒之立场，苏联并提出连同讨论复交问题，交涉都未得展开。同时，且在交涉的进行中，双方海军于 10 月 12 日，已在同江开始战争。因而，使帝国主义在背后狂笑的中苏战事便正式揭开了。

于同江战争已开始之后，中国政府便一面通牒世界，一面发表对俄宣言，叙述事件经过，并宣布行使"自卫权"。然而欧美各国，因对于此次事件，不满意日本帝国主义之所为，"非惟不表示与我国同情，反暗加讥讽"（何汉文：《中俄外交史》）。

自战争正式揭开以后，11月17日，札兰诺尔之役，我军第17旅，全军覆灭；满洲里等处，也相继惨败。

日本帝国主义对这回事变，原来自始就是它在东三省方面，挑拨起来的。它本来想借着这个战争去窥探苏联，以便其实行对苏的军事进攻。但在它看明白了苏联的力量以后，反而退到幕后去，采取旁观的态度。中国政府，至此便只得电告非战公约各国，请求制止战争。因而乃有英美法三国，请求"中苏双方即日停止战斗行为"之通牒。这自然得到中国的同意；但在苏联，却以反对帝国主义的参与，而予以拒绝。至此中国政府，只得暗示东省当局相机进行交涉。经蔡运升与苏联方面交涉结果，至伯力会议草约的成立，中苏间的国交关系，才可由战争而正式转入和平的途径。

但是草约除关于中东路问题外，并包括有两国国交全部恢复的问题，解除白党武装，并驱逐其出境的问题，恢复双方在彼此国境内之商业机关的问题等。中国政府，除关于中东路一部分的约文以外，概不承认；关于中东路事件的解决，也声明另派全权代表，再开会议讨论。因而国民政府于1930年2月15日，派莫德惠为"中俄会议全权代表"，解决中东路善后问题。苏联亦在莫抵莫斯科后，于5月7日，任加拉罕为"中俄会议全权代表"。"中俄会议"，因双方对于会议所讨论的问题范围，见解不同，苏联坚持以伯力会议草约为根据，中国则只承认讨论中东路问题。往返磋商，双方始同意，除中东路问题外，并同时讨论通商复交等问题。因而中俄会议，始得于1930年10月11日，正式开幕。

可是会议虽然是正式开幕了，讨论的范围，也得到共同决定；但是一方面，由于当时中国的代表，要同时遵行南京中央政府和奉天地方政府的两重命令，一方面当时的奉天地方政府，仍完全在日本的控制下，所以在会议的进行中，始终是受着相当的阻碍，尤其日本怂恿奉天当局，坚持所谓赎路的原则。事实上，便是赎回来转让给日本。所以直至"九一八"国难的前夜，中俄会议对问题的解决，自始便没有什么大进步。

五、国难期中的中国和苏联——由中苏 复交到中苏互不侵犯条约的订立

至"九一八"，日本法西斯强盗，武装侵占我东省的事变发生，"中俄会议"反无形停止了。

不过自"九一八"事变后，"中俄会议"虽已停止，中苏邦交虽还没有恢复；但苏联全国的舆论，都一致的同情中国，在国际上的苏联外交代表，也都是一致的反对日寇侵略中国。同时，全中国的民众，都要求中苏复交，舆论界并有提出中苏提携，来巩固太平洋安全的要求。因而，国民党中央政治会议，便于1932年6月6日，决议对苏复交，并商订互不侵犯条约。但日寇自"九一八"后，已公开的在干涉中国内政。所以这个决议，在日寇的直接阻止，和亲日派的多方牵制下面，当时并不曾实现。

日寇一面阻止中苏复交，和中苏互不侵犯条约的订立；一面其自身却令其驻苏大使广田弘毅，出席国联的代表松冈洋石，前后进行与苏联商订互不侵犯条约。这不但想拿日苏互不侵犯条约去约束苏联，以防止苏联对它并吞中国的行动之牵制；且借此来永远截断中苏的关系。不过日寇的阴谋虽然毒辣，幸喜从来不肯为侵略者张目的苏联，也终不肯为侵略者张目的。在日寇这种阴谋事实的照应下，中苏复交问题，终于在暗中进行成熟，于1932年12月12日，中苏双方正式宣布恢复外交关系。同时除预拟订立互不侵犯条约外，颜惠庆对复交的宣言，又提到两国共同保障太平洋安全的问题，李维诺夫的宣言，并声明其同情中国民族之独立解放的原则。

但是中苏复交的突如其来的宣布，已经引起日寇的仇视和不安；因而它便以更凶猛的姿态，来阻止中苏互不侵犯条约的订立，和中苏之进一步提携的进行；同时又役使亲日派来从中多方牵制。以致直到"七七"和"八一三"日寇大规模进攻中国的时候止，中苏关系，依旧只保持在平常国交的阶段。

日寇又认为，在它并吞全中国的进行中，对于中苏关系，不给以有效的隔断，则中苏之进一步提携，是随时有其实现的可能；但那不但要妨碍它的侵略

主义的进行，而且它自身反而会受到可能的严重打击。另一方面，从其自身的情势上，从国际的情势上，从中国民族的潜在势力上说，单独靠武力来征服中国，是很难做到的；所以它要求适用军事和政治的并行，若能用政治方式就把中国并吞，那当然更是它所期望的。从这种基础上，它便拿出所谓"防共协定"那一最毒辣的政治武器，来灭亡中国，一再的强迫中国政府去和它订立"防共协定"。它认为若是这一个政治阴谋能够成功，则不独中苏关系永远被截断，而且不费一枪一弹就能完全把中国灭亡了。

日寇的这种阴谋，虽则毒辣，但那在全中国的人民，亲日派而外的政治当局间，都看得明明白白的；不明白的，除汉奸而外，就只有最少数的糊涂人。所以中国民族，到底也没有陷入所谓"防共协定"的圈套。何况日寇一面在英美各国的面前，说它要进攻苏联，在中国人的面前，说要"共同防共"，但它自己却一再进行和苏联订立互不侵犯条约。那无异它自己承认，所谓进攻苏联，就是侵略中国的烟幕弹，所谓"共同防共"，就是它并吞中国的代名词。

自"七七"和"八一三"，日寇实行以武力来灭亡中国的大规模行动的展开，中国民族所答复它的，伟大的民族抗战，也展开了之后，在中国，全民族的内部，都临到生死存亡的"最后关头"。在这种严重情势下，中苏两大民族之进一步的提携，不但成了一种客观的必要，而且成了一种主观的迫切要求与可能——那些糊涂人，在血的事实面前，相当的明白了过来，亲日派，在民族血肉抗战的情势下，再不敢直接来破坏，在华利害关系密切的英国，也同情中苏提携去打击侵略者。因而才有去年8月21日，中苏互不侵犯条约的订立。

中苏互不侵犯条约，那在苏联，曾和许多国家，都有同样条约的订立，仅是彼此相互尊重和平与领土主权的一种信约。不过条约第一条载明："两方约定，不得单独或联合其他一国或多数国家，对于彼此为任何侵略。"第三条说："倘两缔约国之一方，受一个或数个第三国侵略时，彼缔约国约定，在冲突全部期间内，对于该第三国，不得直接或间接予以任何协助，并不得为任何行动，或签定任何协定，致该侵略国得以施行不利于受侵略之缔约国。"这应用到中苏的关系上，便给了日寇所谓"防共协定"的阴谋，以根本的打击；对汉奸亲日派，想在防共协定的名义下，去执行的任何卖国企图，便受到了法律的约束。所以中苏互不侵犯条约，对于抗战中的中国民族，却有其积极的历史意义。虽然至今还没有进展到"中苏互助公约"的订立，这是我们认为不足的。

六、中国抗战与苏联

前边说过，苏联，她不但在本质上，是一贯的反对侵略者，一贯的在援助被侵略国家民族的解放；在地理的条件上，她又和中国有着广大国土的接连；在日寇侵略中国的间接意义上，又和她有着相对的利害关系。所以在抗战中，只有苏联是我们的最真实可靠的"与国"。

因为苏联是我们的最真实可靠的与国，所以日寇和其同盟者，便也尽力来加以破坏与阻挠。在战争的残酷进行中，在千万我们的同胞，被日寇所屠杀，所蹂躏的凄惨事实下，日寇不断进行其所谓"和平"的政治阴谋，和各种蒙蔽中国人的宣传，来阻挠中苏关系的亲密化……在日寇这种阴谋的策动下，一面又有其同盟者德大使之一再出任调停，一面又有中国内部的汉奸托派亲日派之兴波助浪。不过日寇及其同盟者的这种卑劣企图，并不能阻止中苏两国的接近。

但是，中苏国交的实际内容，虽然还止于互不侵犯；然苏联从其一贯的根本立场上，却并未停止其对中国抗战的援助，依旧在根据中国抗战情势的发展，在增进其对中国援助的成分。自"九一八"事变起，那时中苏虽然还没有复交，苏联在其国内和国外，就表现其对中国之种种精神的援助。在复交以后，对于"两广事变"和"西安事变"，她大声疾呼地提起我民去阻止"内战"。自"八一三"全面抗战爆发以来，苏联即与中国订立"互不侵犯条约"，给了中国在精神上以莫大的援助。在外交方面，苏联在"国际联盟"各种会议席上，不但坚决的支持中国的立场，而且每次坚决的主张用集体的力量，制止日寇的侵略中国。同时，一面其国内的大众，不断的在采取各种各样的方式，表现其援助中国的行动。一面又不断的给我们以物质的技术的援助。同时，远东红军的行动，又替我牵制了 50 万以上最精锐的敌军。这种种事实，已经超过了"互不侵犯"的限度，已经超过了世界任何友邦，所给了我们的援助。

但是事实虽然如此，汉奸、托派、亲日派，却还在制造种种谣言来抹煞事实，来挑拨中国人民对苏联的感情，企图来破坏中苏关系，以遂其出卖祖国和民族的无耻勾当。一般无知的民众，和某些怯懦的动摇分子，便自始就希望苏联出兵，代替中国去打退日寇。他们不知道，不但"互不侵犯条约"，并不能得出苏联出兵的根据来，而况国际的情势，是那样的复杂。中国自己并不是没有力量去抵抗日寇；只要中国自己，把主观的力量，尽量的合理的利用起来，把客观的情势，好好运用起来，成为一个全民族的全面的抗战，那么，自己就足够有力量去驱逐日寇出境的。在苏联对中国的援助，她是要看中国自己的力量缺少那一份，才来补足那一份；她是在援助中国民族的解放，而代替中国驱逐日寇，并不能使中国民族得到解放。中国民族之独立解放的能力，是要从民族抗敌战争的过程中，去锻炼，去培养；并不是打退日寇，就有了这份能力了——从前没有日寇的武装侵略，为什么也没有独立解放的能力呢？这就叫作"自力更生"。许多人，因为不明白这个道理，所以很容易为汉奸托派亲日派的毒辣宣传所动摇，尤其是原来的动摇派，便每每因此而埋怨苏联。这种无知的埋怨，不但直接减煞自力抗战的力量，而且往复又为日寇，汉奸，托派，亲日派所利用，反而又阻挠了中苏进一步提携的实现。

我们现在，应该去接受苏联的精神、物质、技术的援助，学习其战退帝国主义的经验，尽量的利用起来，才是正确的办法；只有在我们自己，实在缺少那一必要的部分，自身又无法去解决的，才好去期望友邦的协助，假如我们自己有的是人力，只要拿民主的方式，把民众好好的动员起来，人力的补充，就不成问题的，只要把人力真实的动员了起来，那么，关于现代的各种军事技术，便可以从友邦去请来技术干部，帮助我们训练，现代化的技术部队，是很容易创造成功的。另一方面，我们有的是原料，对现代的军事工业上，所缺乏的只是机器，和技术人才。那么，只要我们自己把物力和财力好好的动员起来，从友邦去获得机器和技术人才的援助，现代化的国防工业，也就不难在抗战的过程中建设起来，一步步的去达到军事自给的程度。只要我们这样去作，我们就能创造出强大的国防力来；至于我们军队的勇敢精神，不独全世界都敬佩，连敌人也不能不承认的。这种民族的斗士，只要再配以现代化的装束，就是再加上一两个日本强盗，也是很容易驱逐它出境的。只要我们这样作，并同时和苏联实行再进一步的提携，则其在技术方面，物质方面，给予我们以更多的援助，我认为是完全能够做到的。

一句最紧要的话，是苏联对于我们的援助，是依于我们抗战形势的发展而递增的，援助的形式，是在采取着各种各样的方式。所以我们还应该从抗战形势本身的发展上，去争取苏联对我们更多的援助；从而和苏联作进一步的提携，共同来建立太平洋的集体安全。这是在抗战期中的中国民族，最迫切的一个当前要求。

七、中苏关系的前瞻

中苏关系的过去，和苏联对于中国民族的援助，上面已作了一个简单的叙述。但是，因而有些人们，对苏联，便有着如次的各种谣传，因而怀疑到中苏关系的未来。他们或者说苏联是"赤色帝国主义"，或者说她想"赤化中国"，或者说她只帮中国共产党。其实，这不是由于不了解苏联，就是汉奸、托派、亲日派等有意制造的恶宣传。

苏联是不是所谓"赤色帝国主义"？那无论在理论上，苏联是一个社会主义国家，因为她和帝国主义本质地相反，才能在世界帝国主义的包围，和资本世界经济恐慌的当中，建立其强大的国家来。如果她也同帝国主义是同一性质的国家，那么，她的国家的建设，就完全没有可能的，因为社会主义国家的建设，根本不是在制造商品，而是为的全体人民的生活幸福，所以她不要殖民地，不要侵略他人，就能在另一世界一样的发展起来。在事实上，苏联已经是一个最强大的国家，如果她想侵略他人，是已经有其力量的；但她却从来没有侵略过他人，她所给了土耳其等国的帮助，不但没有从土耳其等国去夺取半点权利，而且从没有要求土耳其等国去改变其国体。另一方面，如果她也是侵略国，那她就正好从其便利的地理条件上，目前出兵到中国来，替中国驱逐日寇，把日寇打倒以后，正好利用中国人自己没有能力，她好来支配，然而她却不肯这样作。事情还不明白吗？

其次，苏联既不是帝国主义，那她是不是想来"赤化"中国呢？中国的社会，不够实行共产主义的条件，目前的革命，还是资产阶级性的民主革命，还是在争取革命的三民主义的实现，是中国社会本身的客观所规定的，是中国的国民党，共产党，和一切进步的，懂得社会法则的人们，所共同承认的，苏联也是确切的承认的。要想在中国目前的社会条件下，来实行共产主义，那完全是一种不可能的空想，而且是苏联所根本反对的。中国共产党也反对那种干法，所以他们在过去不同情无政府主义，反对托洛斯基主义，现在正式为实现三民主义而努力……另一方面，一个国家的社会制度，如果客观上具备了"赤化"的条件，那并不要苏联去策动，其自身就无可避免的有一日会"赤化"的；否则，即使苏联怎样用全力去策动，也是得不到结果的。这个道理，苏联的共产党认得十分明白。

再次，苏联既不是来"赤化"中国，那她对于中国，是不是只帮助共产党呢？这在事实上，更表现得明白，苏联所帮助的，是中国整个民族，而不是共产党，所以抗战八个月以来，苏联不但没有直接给了"中共"丝毫的物质帮助，相反的，凡她给予中国的一切援助，都是以国民政府为对手的。但苏联这种做法，是不是亲近国民党，疏远中国共产党呢？不是的。苏联认为中国民族的解放责任，国民党和共产党任何一党的单独力量，都不能完全担负起来，而是彼此都要求有一个强大的同盟势力，才能完成其目前的任务。才能保障中国民族的生存，完成民族的解放——各别的利害，是不能离开这一共同前提而存在的。苏联以整个中国民族为其援助的对象，是完全正确的；从而她的援助，当然只以中国的中央政府为对手。

这样说来，上面那些说法，便完全是污蔑苏联的。散布那些流言的人们，大概不外三种人，第一种是日寇、汉奸、托派、亲日派等有意的制造，想借此去中伤苏联，动摇中国人民对苏联的信任，以图根本破坏中苏的邦交。第二种人，是完全由于自己的无知识，受了日寇、汉奸、托派、亲日派的影响，而发生的一种怀疑。第三种人，是由于其自己的完全无知识，而又受着很深的传统影响，所以从他们脆弱的心理状态中，发生那些无谓的怀疑。但不管怀疑的人属于那一方面，都足以妨害中苏邦交的亲善，对于中国民族，都是有害无利的。所以我们对于这种现象，都应该去加以彻底的澄清。

然而，苏联又为什么肯来帮助中国呢？前面说过，在苏联，认为一切被压迫国家，殖民地、半殖民地的解放运动，不管其性质如何，都是革命的。所以他们解放的成功，就是世界和平势力比重的加强，同时是革命势力比重的加强；另一方面，就是国际侵略势力比重的削弱。所以，除非被压迫国家，殖民地半殖民地，自己还在动摇，还不能坚决的场（配）合，苏联总是不惜尽量去给以援助的。

　　因而中国民族解放的成功，便能在半个世界上，确立和平的壁垒，也正符合于苏联的和平要求。从而由中苏两大民族的合作，去巩固太平洋的集体安全，树立世界的永远和平，正是中苏双方所共同要求的。所以中苏关系，是有着长期合作的光明前途的。全中国各党各派的爱国分子和爱国民众，都应该努力去确立这光明合作的基础。

1938. 3. 17. 长沙

（本著作系抗战初期中苏文化协会湖南分会出版的
《中苏小丛书》之一种。由中苏文化协会湖南分
会发行，生活书店长沙分店总经售，1938 年 5 月
初版）

怎样来纪念今年的"五九"

"五九"是日本帝国主义开始其公开来灭亡全中国，危害中国民族生存的国耻纪念日，是日本帝国主义所加与中国民族的一个耻辱的烙印。

从"五九"我们认识了日本帝国主义要并吞中国，奴役中国民族，并不是今日始，而是其一个历史的传统国策，是有其数十年的阴谋经营。我们更认识了日本帝国主义之威迫政策和诱降政策的同时进行，也并不是今日始。

从"五九"我们又认识了中国人民大众之优越的斗争性，在当时封建意识支配的状态下，已能广泛的激起反对二十一条件的怒潮，已经提出对日宣战的正大要求。另一方面，我们又认识了只顾一人一派之暂时权利地位的袁贼和其政府，始终都是和民众站在反对的地位，始终都不肯把民族存亡的利害放在其一人一派的利害以上。从而我们又可以认识出亲日派是一群什么东西。

从开始这"国耻"日的 1915 年以降，争夺权利的军阀内战，和外来侵略，尤其是日本帝国主义侵略之相互增长，使民族的危机日趋深刻，国耻也一日一月一年的增垒起来，所以过去一年一度的国耻纪念日，都在离雪耻日似遥远的惨淡状况中度过的，甚至自"九一八"至"八一三"的数年中，我们连纪念国耻的权利，都间接为日寇的暴行所剥夺，这是中国民族一个如何奇重的耻辱呵！

今日的"五九"，却完全和从前两样了，我们已日益加紧的在履行民族抗战的神圣任务，已踏上了民族解放的光明前途，数十年遗留下来的耻辱与愤怒，已开始和敌人在作着拼生死的总决算。

在这光荣的民族战争的进程中来纪念"五九"，便要把从来的国耻完全洗雪，把日寇所付予我民族的冤仇血债作一次总的清算，洗去民族的一切耻辱和污点，才是纪念的真正意义。

因而我们纪念"五九"，第一便要扩大国耻的宣传到全国的每只角落里去，提起每个中国男女对国耻的觉悟，使每个人都自动起来参加这一雪耻的民族战争。政府必须有计划地去协助其武装和组织。

第二，便要加紧来创造现代化的强大的国防军（依照抗战建国纲领的原则，创设强大的国防工业，唤起全国优秀青年踊跃的参加新的国防部队），才能驱逐日寇出境，要能把日寇驱逐出境，才能完成雪耻的工作。

第三，大汉奸，主要都是北洋政府的余孽，是从来不顾民意的卖国贼的余党，是历次国耻之演成的内奸。民族内部有汉奸的存在与活动，就是民族的耻辱。为雪耻，就必须要厉行肃清汉奸，要上下一致的毫无容赦的去执行这一任务。

第四，为雪耻，就必须要严防敌人的诱降政策，要肃清和平空气，防止亲日派的活动，在最高领袖坚决意志的领导下，全国一致的坚持抗战到底。

第五，我们的抗战能争得最后胜利，才能雪尽从来的国耻。而抗日建国纲领正是最后胜利的保障。因此，为雪耻，便要把抗战建国纲领的每条原则，制成详细的实施方案，立即付诸实行。

我认为上面几点，是争取抗战胜利的前提，也就是完成雪耻工作的前提，若是抗战的失败或半途妥协，民族就要灭亡，历史上遗留下来的耻辱和污点，就要永远成为人类史上的嘲讥和笑骂的资料，只有坚持抗战到底，争取抗战的最后胜利，历史的血债与积累的国耻，就自然会一举洗雪了！

（原载 1938 年 5 月 9 日长沙《大公报》）

纪念"五九"与雪耻除奸

在欧洲大战期间，列强都无暇顾及中国问题，日本帝国主义便企图乘机来吞并中国。因于其强占青岛和胶济路后，又于1915年1月18日，向袁世凯提出灭亡中国的二十一条件，并于5月7日向袁贼送达最后通牒，"五九"便是袁贼接受日本要求的最可耻的一日。

当日本帝国主义向袁贼提出二十一条的消息传出后，全中国人民都激烈反对，并纷纷要求袁政府对日宣战。袁贼和其北洋系军阀官僚，却始终迷于其自身和其派系的卖国权利，把民族生死存亡的祸福以至全国的民意都置之不顾。自袁世凯以往，北洋军阀政府，又继续其一贯的卖国行为，充任民族敌人的工具。自"九一八"以后，北洋军阀政府卖国贼余孽，又皆或明或暗的去充任敌人来灭亡祖国的猎犬，或公然充任汉奸，或化装为亲日派，执行敌人的阴谋政策，和敌人的军事行动相配合。

日本帝国主义自"五九"以后，利用国际上的各种时机，和中国民族内部的矛盾与政治的腐败，便日益加剧的展开其对中国的侵略行为，数十年中，已经积成其一大部残暴侵略的历史，在我们民族的历史上，刻满了血斑斑的耻辱的烙印。那一笔一笔的血债的积累，直至"七七"和"八一三"神圣的民族抗战的展开，我们才开始去清偿。这回的民族抗战，不是用民族的血去洗尽历史上的耻辱，偿清民族敌人的血债，完成民族解放神圣事业，便是我民族为敌人所灭亡，无穷尽的耻辱，将永远成为人类史上一点一点可耻的污迹。

因此在今日来纪念"五九"，我们悲喜的心情，自然完全和过去两样；但纪念的真实意义，第一便要用我们民族的血去洗掉历史上的一切耻辱，把敌人所给予我民族的惨痛的血债，给它一个总的结算，第二便要毫无容赦地去肃清那出卖祖国和民族，帮同敌人来侮辱民族的卖国贼汉奸。

抗战十个月以来，在最高领袖的领导下，我们在前线已获得许多光荣的胜利，我们的民族，在各种方面都有着伟大的进步，社会已踏入了一个急速进步的途径。这个形势更加强了我们最后胜利的信念，确信能完成民族雪耻的任务。反之，敌人却是一天天和其败亡接近了。不过我们又应该严重的警惕，敌人又正在采取更毒辣集中力量的方式，企图作最后的挣扎。第一他正在不惜以其国家的存亡作"孤注一掷"，准备和我们作持续的决斗，第二他又在利用汉奸和国际上的各种弱点，向我们推行诱降政策。后者比前者更其毒辣，我们更应该充分的加以戒备。

因而，为要达到雪耻的任务，为要完成民族解放的神圣事业，就必须要采取一个紧急的步骤，去对付敌人目前军事和政治的阴谋。

为对付敌人军事的阴谋，我们急须要采取如次的几个重要步骤。

第一，要急速去完成尚未完成的动员工作，巩固我们持久抗战的基础。如民众的组织训练与国防经济的建设工作等。易言之，要把抗战建国纲领的各条原则，制成实施方案，立即付诸实行。尤其是蒋委员长所指示的"人人敌忾，步步设防"的形势的完成。

第二，要加速的进行，去创造现代化的强大的国防武力。在这个原则下，要有计划的上下一致的，把国耻的宣传，由城市扩大到农村和工作场的每只角落里去，让他们了解雪耻和其切身生活的关联。鼓励他们，有物力的使之自觉地提供其自己的物力，如购公债去补助新的国防军的建设，有人力，尤其有各种技术能力的，自觉提供其力量去参加新的国防军的组织。同时并要那些在后方的民众，提供其人力和物力，去帮助出征战士的家属。这样，现代化的强大的国防军，就自然能加速的组织起来。

为对付敌人的政治阴谋，我们也急须要采取如次的几个重要步骤：

第一，政府和人民要一致的努力，立即去制止汉奸的活动，对汉奸实行严厉的制裁，并扩大肃奸工作。汉奸不但直接在危害民族，而且汉奸的存在，就是民族的大耻辱。所以要把雪耻和肃奸的意义及其关联，扩大向民众宣传。使每个人都能了解肃奸意义的重要，提高其反汉奸的自动性和能力。

第二，要动员全国舆论，阐扬抗战到底的国策和领袖的坚决主张，澄清和平空气，并拒绝第三国的调停。

第三，要把舆论和宣传工作，全面的扩大到后方，战区和敌人占领区域的战士和民众里面去，固定他们的信念，使之不要为汉奸的谣言所动摇。

这所指的三点和上述两点，本来是分不开的，我只是为便利而分开来说，这五点，是我们目前对付敌人阴谋的最紧急的必要步骤。

敌人的政治阴谋比军事阴谋还要毒辣，他们不但每次都以政治的阴谋配合其凶猛军事进攻，而且即使和平始终都只是一种空气。就足以动摇我们的民心和军心，敌人就能在军事上收到相当的效果，大场失守后的混沌的政治形势所给予军事形势的不良反映，就是一个很好的教训。何况敌人的阴谋，还企图把我们的民族抗战转变为内战去达到其并吞中国的目的呢？易言之，只要能把我们的民族抗战转移为内战，我们相信敌人足可以作到一切可能的暂时让步的。因此，在最高领袖的坚决意志和抗战的现实情势下，敌人的政治阴谋，虽然没有实现的可能，但我们为要争取最后胜利，为要完成民族雪耻的任务，对敌人的政治阴谋，却不能不上下一致的严重的去警戒。

最后，请全国同胞不要忘记"五九"，不要忘记敌人所给予我们一笔一笔的惨痛的血债，要用全民族的血去洗去历史上的耻辱，去清偿敌人的血债。

按：本文系前晚交到，昨因稿拥挤，今日补刊于此。

（原载 1938 年 5 月 10 日长沙《大公报》）

抗战情势讲话

（5月1日至15日）

在军事上，敌人自上半月集结重兵，再度图截断我陇海东段的计划受着阻挠，到这半月来，便又改变进攻路线，并集中更大之兵力，一路以重兵趋鲁西，图袭金乡，窥归德，一路则集结重兵由津浦南段进攻，向巢县合肥之线西进，在鲁南正面一路，仍佯示攻势以为牵制，近更以土肥原师团由黄河南岸犯旧曹属各县，其企图仍在迂回徐州，截断陇海，打通津浦为主要目的。敌人为欲达到这一目的，一面便又扩大其无人道的兽行，派出大量空军，狂炸豫鲁苏皖各县，平民惨被炸死者无数；同时不顾国际禁例，大规模使用毒瓦斯。一面又配合其陆海空军，于华南方面进袭厦门，察其企图，似一在牵制我兵力，一在利用其海军得直接发挥战斗力量，一在向英国示威。

迄今鲁西之金乡，鱼台，郓城，菏泽，均相继陷落，曹属各县多发现敌骑，且有少数敌军曾一度窜入陇海之砀山。皖北巢县亦被陷落。厦门我军为避免牺牲，亦自动转移阵线。现在津浦线这全线战事，均甚紧张，尤其鲁西已成战争重心。但一、我军始终仍将保持主动地位，二、敌人后路交通，仍在在为我所控制，三、巢县已为我克复，深入合肥之敌已陷于绝境，窜入砀山之敌已为我全数消灭，考城、郓城亦均为我克服。

另一方面，东战场与冀晋境内敌军，多调至津浦战区，在东战场与冀晋察绥之我主力与游击队，为配合行动，全面实行反攻。平津沪杭皆遭我游击部队之威迫，陷入恐慌状态。平汉北段已为我军所控制，平绥全线亦到处发现我军游击队。绥境我军，有着很好的发展，尤其在晋南方面，我军已将敌主力击破。预料晋绥方面，不久必更有惊人之捷报。由于西北战场我军之良好发展，已引起伪军之纷纷反正，这更是特别有意义的。

总观全盘战局，问题仍在于动员工作。只要我们能迅速地完成战区临近战区和后方民众的训练组织和武装，尤其要把后方的一切动员工作和前方战事相配合，则津浦战区的军事前途，仍是乐观的。

在政治上，我们自抗战以来，由于各方面的进步，战争的创造作用，中国已开始形成为一个主权独立的国家——除去沦陷区域暂时陷于殖民地状态外。这种主权独立的精神，首先表现在外交上，即这回一〇一次国联行政院会议讨论承认意国并吞阿国问题时，我国代表，从反侵略之鲜明的坚确立场上，提出反对，并抨击"出尔反尔"之英国立场，引起全世界舆论的赞扬。事先，我全国各界，对于这问题，均自动提出热烈讨论，结果纷纷上书政府，一致主张反对意并阿。这在一方面，表现我国已由尾巴主义转为独立自主的外交，不为任何强国所左右的革命外交。一方面又不但同时表现了国民外交的力量和国内民主势力的发展，且表现了全国上下团结的愈形巩固，政府和人民在外交上已完全一致。现在后方虽还有一些"不愉快的现象"，如查禁抗战书报等，那完全系地方一部分人不明了中央意旨，还没有看见"抗战建国纲领"的"自由"行动。相信不久就会改正过来的。

另一方面，由于我民族团结的愈形巩固和人民政治水准的提高，所以敌人自台儿庄失败后所暗中推行的诱降政策，完全没有发生有效的作用。自然，在敌人没有完全失败以前，我们仍时时要小心谨慎地去警戒敌人的这种政治阴谋。

和我们民族抗战相关联的国际情势上，在新的世界经济危机的威迫下，愈驱使着世界向着侵略和反侵略的两极分化。一方面希特勒聘罗马，两大法西斯魔王的会面，便是为着商讨扩大侵略计划的进行，为着答复英意协定……一方面在国联行政院会议中苏联中国玻利维亚新西兰所持的态度，一面表现社会主义的苏联和正在执行反侵略战争的中国，成了世界和平势力之中坚的因素，一面表现着在侵略主义威迫下的小国，反侵略的态度已进一步的积极。美国的反侵略的态度，也于此时又重新作了一次有力的声明。和国联行政院会议同时在日内瓦召集的世界反侵略大会执行委员会决议的有三个重要的议案，一是反对承认并阿，一是反对维持对西乱不干涉政策，一是通过一致积极援助中国抗战案。这表现全世界爱好和平各阶层的反侵略态度和行动之进一步积极与结合。

张伯伦虽然实行对侵略者妥协，但他却同时又缔结英法军事经济同盟，这同盟的成立虽有其污点，然又系和平势力的一种结合。同时他们也还是不敢放弃国联的立场。所以只是两脚站在集体安全的地盘上，伸着两手对侵略者作揖。国联行政院会议虽然对西阿问题上，又削弱了国联自身的威信；但缘于中国态度之光明有力，仍不能不对中国的申请书作成一个决议，这又是它的成就。因此，我们万不要看轻自己，抗战的中国，已经成了国际政治之一有力的决定因素。

（原载长沙《中苏半月刊》第 1 卷第 5 期，署名：正于，1938 年 5 月 15 日发表）

二期抗战中文化工作应有的任务

我们的抗战，是民族反侵略的自卫战，又是民族解放的革命战，所以在抗敌战争的第一期，直至第二期的今日，还不免有许多缺陷的地方，甚至内在外在还常发现一些不必要的矛盾现象。但在全体上我们在政治方面已获得大的胜利，民族内部的各方面，都急速的在进步，民族的力量急速的在成长。

文化是包括在民族抗战的总动员之内的，又是争取抗战胜利的一个重要因素——他是负着关于民族抗战一切方面的倡导任务。但文化的自身，也是在战争的过程中，而发育成长，强大起来的。如果说抗敌战争会创造出新生的中华民族的话，那么抗敌战争就同时要创造出新生的民族文化来。

在战争的第一期，生活战争化从而意识战争化的程度，还没有普遍到全国民，没有深入到全中国的每只角落，然而战争却改变了大量国民的生活与生活意识；纵然有程度的不同，战争的狂焰，总算是影响到了全中国，每个人的生活和生活意识，都多多少少的受到战争的波动了，因此，新生的民族文化，便随同战争而奠下广大的基础，而开始其发育和成长了。

第二期战争的特征，在战争的全面化，战争动员的主要任务，在实现战争的全面化，易言之，在完成人力、物力、财力、武力、智力的总动员——即要把全民族所有的人力、物力、财力、武力、智力，毫无遗留的，通过总动员到战争，一切为抗战所应用，人人为抗战而生活。要作到这一任务的完满解决，民族的一切力量才能由创造而成长，才能构成一个伟大无比的力量，才能转入到第三期去完成歼灭敌人的任务，且从而抗战后的新国家的建设才有其基础，自己才有力量去保障民族的胜利。否则，若是这个任务不达到完成，我们就要为敌人所战败，就要亡国，就要大家同归于尽。但是这个伟大任务，不是任其自然可以达到完成的，而是须要和前线一样艰苦的努力，担负这个任务的，是要政治工作和文化工作之密切的配合着去共同进行，政治要从其本身上去树立这一动员工作的基础，要随着文化工作去负起推动与实践的责任，文化工作要配合着政治工作，去负起倡导和设计的责任。

从而在第二期中，文化工作者的任务，是极其重大而艰苦的。

为要达到其重大而艰苦之任务的完成，工作的对象，便要从知识群众，扩大到全面的劳苦群众，要从城市转到广大的农村和工厂的全面，要从表面化转为深入化；工作的目的，不但要启发万千大众的民族意识、战斗意识，而且要把万千大众组织起来，给以可能学习的各种各样的知识和技能。这是一个方面。另一方面，应着战争的需要，要帮助政府去担任各种各样战时问题的研究和设计，并且要帮助其推行；同时要帮助政府、军队和其他救亡团体，解决各种各样的困难问题——理论的解答，行动的协助。

但是文化工作的这种任务，并不是无条件的就能作到，而且需要和政治配合——不管是积极的或消极的——如果政治条件太不够的话，那却反而会牵制其进行的。因为政治对现实的文化工作，能起着相对的决定作用。因此，我们要求文化工作和政治打成一片。

（原载《文化批判》第 5 卷第 2 期，1938 年 5 月 15 日发表）

退出徐州与今后抗战的影响如何？

国内有一部分人，根本忘记了我们民族抗战的神圣意义；更忘记了这一神圣的战争，我们是采取持久的消耗战，不是阵地防守的歼灭战。因此，在大场失守以前，形成一种过分乐观的心理倾向，大场失守后，又转出一种悲观的倾向；台儿庄的胜利，又重新转出一种过分乐观的倾向，此次国军退出徐州，眼见悲观主义又重新在抬头。这种过分乐观和悲观的倾向，本质上是从同一根源上发生出来的，都是于民族抗战有害的——都是一种传统的苟安心理的表现。

在我们新的国防军（乃至国防工业）的创设没有完成以前，不能不坚持持久消耗敌人的步骤，还不能就积极的采取驱逐敌人出境与歼灭敌人的步骤。因此，战略上的成败，便不在于一城一地的得失，而在于能否贯彻持久消耗敌人的原则。从这一正确的原则上来观察，这回国军的退出徐州，倒不是我们的失败，反而是我们在战略方面某种程度上的成功。我们如若坚守徐州，增多自己的牺牲，重蹈上海战争的错误，那倒是一个危险的错误。

徐州是管握津浦陇海两路的枢纽，敌人占领徐州，在军事上，一方面如果他能如实地打通津浦的交通，则在兵力的调遣和配置上，会获得一个有利的条件，是无可讳言的；一方面他如果能如实的截断陇海，于我们军事的运输上，要增加一些困难程度，也是无可讳言的。在政治上，他一方面可以借此去刺激其国内动摇失望的民心和军心，一方面可以借此来动摇我们的民心，得以统一平津沪宁伪组织的组织，扩大其政治阴谋的推行。

但在另一方面，我们虽然退出——徐州，只要我们能控制津浦（如像控制同蒲路一样），保全陇海或退一步的控制陇海，则不但点的移动并无多大妨害，而且敌人依旧无法去达到打通津浦的那一有利条件的实现，反而使他愈深入愈感受困难。从而对于其本国民心和军事的刺激，也就不能发生效力的。

同时，敌人在占领徐州以后，他大概还要继续进攻河南，以实行其中原会战的计划。照目前的形势观察，一路有由合肥攻六安，固始，潢川趋信阳的可能，一路有由苏北鲁西趋开封的可能。这是值得我们严重警戒的。

为克服今后的艰难局面，打击敌人企图的实现，我们急需采取如次几个必要的步骤。

一，为保证今后前方兵力能源源补充，并培养最后驱逐敌人出境的武装，便急须要加紧新兵的训练和组织与机械化部队的创设。

一，为达到控制津浦，保全陇海或退一步控制陇海的任务，一面对作战部队的机动性应作再一进步的提高，一面对原来津浦战区的民众组织和武装，要再进一步地确立一个领导的执行计划，再提高其政治的觉悟与战斗的技能，使之进一步的普遍与深入。

一，为敌对敌人会战中原的企图，应赶即完成河南安徽以至鄂北等临近战区的动员工作，尤其是人的动员，人的动员中最迫切的，如在河南的近百万的民间武装，应积极的去实施战时的民众武装组织和政治训练，积极上使他们自动的起来保卫家乡，协同国军作战，消极上使他们不受汉奸的鼓惑。

一，为使后方的动员工作，和前方的战事相配合，和今后抗战情势的要求相适应，要立即把抗战建国纲领付诸实行，要无折无扣的实行，要毫无迁延的实行。

一，为防止因徐州退出可能引起之不良的政治影响，要立即扩大文字和口头等宣传工作，纠正民众的错误认识，制止汉奸的毒性宣传和流言的散布。这并且要从城市扩大到乡村，要能达到每个人的耳目面前。

上述是我们对于今后抗战所急须采取的几个最主要的步骤。只要我们能实践这些步骤。则不独敌人之占领徐州，将完全丧失其意义，反而使敌人益陷于不能自拔的泥沼，且随时就要展开于我们一个更有利的战争局面。

从他方面说，敌人虽然集中兵力来占领徐州，我们虽然退出了徐州；但在西北战场和东战场方面，我们却不断的获得了许多胜利，收复了许多失地，敌人的侵占范围日益缩小，其兵力不断为我们所消灭。这在敌人，是得不偿失的。照目前的形势来看，我们对于晋绥的战局，如果由他方面再配置兵力，采取一个更积极的步骤，去夺回那些重要的据点，那不但于我们是更其有利，而且是敌人一个更大的失败。

因此，我军的退出徐州，于我们的战略上，是成功不是失败，今后虽然在某些方面，增加了我们抗战工作的艰苦程度，但只要立即去采取一些必要的步骤，艰苦的局面是能转移过来的。

最后，放弃徐州是我们原来就预计到的；以徐［州］的得失，作为战争之决定意义来看，是一个重大的错误，是根本忘记了我们是采取持久的消耗战，是一种庸人苟安的心理表现。

（原载 1938 年 5 月 23 日长沙《大公报》）

抗战情势讲话

（5月16日至31日）

战局瞭望

敌人为欲挽回其军事上的预势，自上半月以来，便集中大军，分路对徐州实行大迂回；并企图聚歼我主力部队于徐州。其这一狠毒的狡计如得实现，我军事政治重心的武汉，便立即要感受动摇。因此我军为适应战略的必要，于19日自动退出徐州。

我军虽退出徐州，主力部队均安全退达指定地点，一面仍在皖西，豫东，鲁西重新布置阵地，对敌人施行大包围；一面并以得力部队退入敌人后方，继续控制津浦与鲁南，去答复敌人打通津浦的企图。所以敌人虽占领徐州，其在战略上却反而是失败了。

敌人自占领徐州后，又分兵出袭陇海，图陷开封郑州，一以威迫武汉，一以截断我武汉与晋陕交通。25日兰封被陷，开封形势异常严重。幸我在战略上又重新改进，兰封已于27日克复，陇海形势已趋好转——进攻兰封之敌土肥原部遭受奇重之损失。鲁西菏曹亦相继克复，皖西方面并于29日克复大蜀山，歼敌二千，俘五六百。晋绥方面，我军在全线均有很好之发展外，并已克复枫林渡与永济等重要据点。我军在东战扬，亦保持相当发展。闽粤沿海形势，虽呈紧张，但表面依然安静。

敌国政情

敌国内阁突于 26 日局部改组，外相广田弘毅、藏相贺屋辞职，以前朝鲜总督宇垣一成大将继任外相，财政资本领袖之日本银行总裁池田成彬继任藏相，并以思想最顽固陈腐之荒木贞夫大将担任文相。这在一方面，表现敌国政权之进一步完成法西斯体制，对我们将必施行更残酷更猛烈的军事进攻。由宇垣一成之担任外相这一点来看，预料并将加强其对我国与国防方面之政治阴谋的推行。另一方面，这也正在表示敌国内部政治危机的加深。以宇垣、荒木与杉山或板垣之同时入阁，意在使这三派军阀获得妥协，以法西〔斯〕倾向浓厚之池田入阁，不但意图调整军阀与财阀的关系，且意图对一筹莫展的财政能有点办法。尤其是荒木之出任文相，便充分在反映着敌国国民思想的危机，到了如何严重的程度。但是敌国的政治，随着法西斯统制的加强，并不能和缓其内部的危机，只有使其内部的危机，尤其是阶级间的矛盾，愈益加深。

国际情势

在张伯伦"可耻的妥协"政策的奖励下，希特勒自从在罗马与墨索里尼共同商大计，回到柏林后，便立即指使其走狗捷克苏台德党首领汉伦，在捷克揭起风波。希特勒便派遣大兵，压迫捷克边境，打算一口就把捷克吞下。从此捷克问题，便极度紧张了起来，有成为第二次世界大战之爆发的炸弹的可能。

但是捷克并非奥国尔比，其民族是富有斗争历史的民族，她又是东欧民主国家的一个堡垒，有强大的现代化武装，有进步的工业——尤其是军事工业——和富足的农业。民族虽然复杂，但都愿为保障捷克的民主国家而努力，就是日尔曼民族的大众，也是反对希特勒法西斯统治的。另一方面，捷克又和法苏两国有互助公约的条约保障，英法间的军事同盟，在法国也主要是为捷克问题订立的。

自捷克局势的紧张后，法苏两国均声明其履行条约的决心，英国亦标明其与法国共同行动的意向。

在这种形势下，便不能不使希特勒从头打算一下，而有所顾虑。因而紧张的情势，近几日来，在表面上又暂形缓和。

但是希特勒并吞捷克的野心，是始终也不会根本放弃的。直接的军事行动虽然有所顾忌，他现下却正在想用政治的手段，使苏台德区从捷克政府的所谓自治权和警察权，树立其支配捷克的堡垒。捷克政府大致不会接受汉伦的这种要求，那么，假便希特勒的要求全不能达到，最后，他或者会采取捷克内战的形式去侵略捷克，是有可能的。因此，捷克问题的严重性，依然还没有过去。

目前国际情势的发展，究将给予我们的抗战以何影响呢？我们的主观（张），当然也并不欢迎残酷的战争，只欢迎人类的真实和平。不因捷克问题引起世界大战，使我们能更顺利地得到国际友人的接济，那当然有好的方面，但若是因捷克问题引起世界大战，那就再不是甲国与乙国，欧洲与亚洲之各别对抗的形势，而是全世界分成整然的两条阵线，即侵略阵线与和平阵线的战争，战争在世界任何一处执行，都是统一的。那么，对于我们的民族抗战，也并无什么妨害，也同样有要（较）多好处。自然，最根本的，我们还是要在"自力更生"的原则下，去贯彻抗战到底的国策。

（原载长沙《中苏半月刊》第 1 卷第 6 期，署名：
正于，1938 年 6 月 1 日发表）

目前国际形势的认识

一、经济新危机的影响

以英国张伯伦哈立法克斯为中心的目前国际政治情势的发展,自英意协定英法军事经济同盟,希特勒聘罗马,以致国联第一〇一次行政院会议的表现,指示了一个"新"的动向。"见仁见智",我们国内的"学者"有着各种不同的看法。但这和我们民族抗战有着密切关系的国际局势,绝不容许我们再以平日那种教授学生编制讲义的态度去处理,应该要严谨慎重地加以分析。

目前国际情势的发展,和世界经济的新危机有着内在的关系,这已经被一位国际著名的经济学者瓦尔加所指明了的。自 1929 年开始的世界经济危机,至 1933 年以后的所谓特殊萧条及所谓繁荣的恢复,虽然是一种变态的,是由于战争疯狂准备下之军事工业以及与军事工业有关的各产业部门之畸形发展的刺激作用,但我们仍应把新近抬头的经济危机,当作一次新的危机看。所以资本主义经济的周期恐慌,它是一次较一次愈深入愈扩大,繁荣期一次比一次短促,萧条期一次比一次延长。这是资本主义的历史本身所说明了的。

这次新的经济危机的到来,它具备着和前次不同的三个特点,第一,当此次危机到来的时候,全世界已经有三分之一的人口卷入了血腥的战争旋涡,尤其是中国这一世界共同支配的市场,成了烽火弥漫的战场。第二,前次危机发生时,苏联的第一个五年计划还没有开始实行;这回的危机到来时苏联的第二个五年计划已经完成,第三个五年计划已开始实行,她已成了一个强大的社会主义国家，益增高了不受资本世界的经济危机之影响的独特性。第三，这回新的经济危机，从事侵略的日德意各国，将要感受着分外严重的威迫；那不但由于日德意本身的先天虚弱，又不曾保有像先进国那样多的资源丰厚的殖民地，而且正因她们疯狂的从事战争的实行或准备，尤其是正在战争中的日本和因侵略战争而没有恢复其损失的意大利，全国民的经济生活，早已陷在贫困与慢性的恐慌中，同时，法西斯德国的经济已从"大炮代替牛油"，演进到了"大炮代替了面包"的处境。这三个特点，不但要增加经济危机的严重性，而且要引起空前严重的政治的危机。

资本主义应付经济危机的惟一手段，经济上是加紧对劳动者和殖民地大众的剥削，政治上便是战争。这两者都是加强政治危机之自掘坟墓的办法。然而不管怎样聪明的资本家，也都不由自主地要向着那个方向进行。但是在这次新的危机的情势下，那保有较多殖民地而又资源较丰的英美法各国，却并不要求拿攻势战争的手段去应付，尤其从经济的危机情势和政治的危机情势之矛盾统一的现实上，更使他们有避免攻势战争的要求。一方面，日德意诸侵略国，却要更疯狂地去扩大战争的进行。

二、和平与侵略的锐化

新的经济危机诸情势，反映到国际政治上，愈加强了世界向和平与侵略两极分化的程度。一边是日德意等法西斯诸国，要进一步的向着侵略进行。一边是苏联，被侵略被威迫的中国西班牙等弱小国家，世界民主主义的英美法各国，和全世界的勤劳大众和弱小民族。这两者间的矛盾，演着世界政治形势的主导作用。自然，在和平与侵略两方面之各自内部相互间的诸种矛盾，并不是不存在，不过这已成了次要的。

在侵略阵线的内部，诸国家的相互间，虽然在政治上，取得其共同的行动；但缘于其侵略的进行，却也一同提高了相互间的矛盾，例如日寇侵略中国的进行，相对地打击了德国在华的商业利益，希特勒的并吞奥国和进攻捷克，却不能不引起墨索里尼的不安。其次，由于战争所给予之不关的利害，在侵略诸国统治阶级内部诸阶层间，也渐次在增加其政治纠纷，尤其是民主主义分子之渐次对战争怀疑。再次，早已站在战争之反对方面的国内大众，因战争的损害和经济恐慌的袭击，将愈提高其反感和对其国内统治阶级的仇视。

和平阵线内部，诸势力间之相互矛盾，虽亦有其存在与演进着，但在反对法西斯侵略与要求和平这一点上，都获得了最高的统一，在各该国的内部，只有苏联是举国一致的反侵略的和平的堡垒。中国是直接被侵略的国家，全中华民族在反抗日寇侵略这一点上，获得了最高的统一，形成了一个日渐强大的统一团结的民族力量，全民族一致的要求和平，反对侵略，所以中国是全世界保障和平的第二个强有力的因素。西班牙反侵略的战争，虽蒙着内战的形式在进行，但西班牙人民英勇地抗战，却在欧洲直接打击着两位危害世界和平的法西斯侵略者，而成为反侵略阵线中最坚实的支柱之一。在英美法等民主主义各国，其国内的矛盾，只有在反侵略与要求和平这一点上，能获得统一；但由于要求和平的见解与方式不一，在新的经济危机到来以后，已曾引起相互间的政治纠纷。

在民主主义各国内统治阶级内部，在政治的发展上，并不是齐一的；有些最落后的部分，也有些前进的部分，各个部分的内部，有些最落后的分子，也有些较前进的分子。如像英国张伯伦以至哈立法克斯等的保守党内的一派，法国的佛兰亭的一派——达拉第虽也落后，但较之佛兰亭还是前进的，以及美国的孤立派。这□都是各该国统治阶级□□□□□□□□□□□□□后部分中最落后的分子。这种政治上落后的部分，主要是从以剪息券为生活的经济基础上形成起来的，他们早已成了最腐化的资本家群。因而他们自始就最害怕战争会破坏其息券生活，新的经济危机到来以后，更加重了这种神经衰弱症。所以其内部较进步诸阶层，尤其是产业资本者群，要求用集体安全制度去维护和平，用武装去警戒侵略，去保护其世界市场的利益，而他们却要求对侵略者妥协，企图拿妥协的让步去避免战争，换取和平。因此反映为张伯伦、佛兰亭和美国孤立派的政治主张与行动；同时，英国是一个［剪］息券生活者势力较大的国家，所以张伯伦便演着首要的作用

不过张伯伦他们虽然对侵略妥协，却未完全投入法西斯侵略者的怀抱，妥协能否换取和平，连他们自己也是缺乏这种"信念"的；所以他们在另一方

面，仍不肯放弃集体安全的立场，不能不同时去扩充军备和进行侵略者警戒的军事同盟。一面有英意协定，另一面又有英法的军事经济同盟。自然，这又正是张伯伦政策自身的矛盾。但是张伯伦政策的矛盾，还不止此；他不只是一面牺牲被侵略的弱小［民族］去迎合侵略者的要求，一面又联合反侵略的法国去警戒侵略者，而同时又进行去拆散反侵略最有力的法苏互助公约——在这一点上，他和希特勒要求捷克疏远法苏，虽出发点不尽同，却达到同一的结论。这正是张伯伦主张的英国绅士的政治逻辑。

三、张伯伦打自己的嘴巴

因此，在最近的国际情势的表现上，一方面希特勒之聘罗马，正是为的商讨扩大侵略的进行步骤，为的答复英意协定，为的答复英法军事经济同盟。事实渐次在证明张伯伦拆散"德意轴心""信念"将成为空想，德意间矛盾的逐渐加深，却并非受到英意协定的若何影响。

张伯伦一面自己打自己的嘴巴，牺牲阿比西尼亚和西班牙，去成立英意协定；□□□□□□□□□□□□□□□□□□□□□□□□盟，近以希特勒的并奥与进攻捷克，及西班牙叛军与德意军力邻近法边的威迫，益感受英法军事同盟的必要，加之达拉第原来也是一个富有相对妥协性的内阁，所以也就不惜拿赞成张伯伦的主张去换取军事同盟。但英法军事同盟的成立，虽然有其污点，且仍不免是狭隘性的，但在相当地阻挠侵略战争的意义上，却也增加了和平力量的结合，至少使希特勒对捷克的企图不能不暂时受着打击。从事实的经验上，法国之信任苏联，依然要超过其信任英国的程度。所以张伯伦拆散法苏互助的企图，也是不会成功的。因此欧洲各和平国家之连锁式的军事性的同盟，反而是和平阵线进至某一步骤的具体化。

在一〇一次国联行政院［会议］中所表现的，英法并率其周围的诸小国，也同样在表现张伯伦两面性的矛盾性的政治立场。他们虽然在贯彻其意阿与西班牙问题的可耻的主张，但却已中途改变方式，不敢拿意并阿的议案来请求行政院正式通过。同时对中日问题，也不能不中途改变态度，而作成一个决议。另一方面，中国，苏联，纽西兰，玻利维亚之反对意并阿的"仗义执言"，尤其是中苏两国，这一面指明了苏联和中国已成了全世界反侵略的最有力的因素，一面还指明了直接感受侵略主义威迫的弱小国家，反侵略态度之进一步的积极。又一方面，西班牙和阿国的表现，又指明了西阿之反侵略到底的坚强精神。美国虽非国联会员国，她却更有力的声明了反侵略的一贯立场。

另一方面，和此次国联行政院会议同时在日内瓦召集的全世界反侵略大会执行委员会，它是由全世界反侵略的各阶级的有力团体和个人组成的，代表着全世界的勤劳大众和统治阶级内部的和平势力。□们表决了三个重要议案，即（一）□□□□□□□□□□□□□□□□□□□□□□□□□（三）一致积极的援助中国抗战。这表现世界和平阵线的势力之进一步的发展与积极化。

上述几个方面的发展形势，都是和新的经济危机的发展相适应的。这些形势的发展，都是于反侵略的方面有利的，也就是于我们的民族抗战都间接直接有利的。

四、中国有了独立自主的外交

最后我要特别提出中国代表顾维钧，在这次行政院会议席上对意阿问题"仗义执言"，他表明了中国民族反对侵略主义之鲜明的坚决立场，抨击英国之前后矛盾的态度……这在一方面，由于中国民族自抗战十月以来，各方面都在急速的进步，在未被占领的区域内，已成为一个主权独立的国家，所以反映到外交上，已由从来的尾巴主义转变为独立自主的外交。一方面由于抗战以来，中国人民政治水准的提高，不但开始表现出国民外交的雄姿，表现着民主势力的发展，且表现出政府和民众的一致，表现出上下团结，进一步的精神。另一方面，中国这种维护正义的表现不但提起了全世界对于中国民族的崇敬与重视，就是连英国也不惟没有发生反感，反不能不转而尊重中国的申请——事先预定对中国申请不作任何决议的，至此乃中途改变态度而作成一个决议。这说明抗战到今日的中国，已成了世界政治一个有力的决定的因素，她已经不为英国所左右，反而能相对地左右英国了。我们的这种地位，将随着抗战的进行与胜利的增进而愈趋巩固。我全国上下应如何去珍重这一开始在成就的伟大成就呵！

（原载湖北汉口《中苏文化》第 2 卷第 2 期，1938 年 6 月 1 日发表）

敌国内阁的改组和今后战局的估量

日本帝国主义，由于其经济上政治上种种历史的特点，所以她一面自始就带有较浓厚的军国主义的色彩，一面她虽则早已走入法西斯主义的途径，但较之德意，究不免要表现其本质的脆弱；尤其因为其重工业不发达——所发达了的，只是畸形的军事工业——轻工业产业资本还占着支配的地位；她虽然也孕育出像三井三菱等那样三四家大的托辣斯，完成其帝国主义的体质，究竟还没有达成其在政治上经济上那样寡头的支配权。所以日本的法西斯政权，反而留到战争的进程中去完成。

这回日本内阁的改组，从其政权的本身说，是完成了政权的法西斯体制；从其对华之侵略战争的作用上说，却正在表示其对华侵略之进一步的军事的政治的进攻姿态；但在另一方面，又正在表示日寇对华战争之"图穷匕见"的窘状，战争 10 个月以来，不但其"速战速决"的目的无法达成，反陷入我"长期抗战"的泥淖中而无力拔出；而其国内之社会经济政治……诸方面的险象，又随同战争的进行而一天天在加剧，环绕其自身开始在施行袭击。——随着世界经济新恐慌的袭来，益提高其严重的程度。

因此，敌国内阁的改组，便在企图运用其高度的法西斯统制权力，一面图克制其内部的矛盾，一面仍图以更残暴更阴辣的进攻方式去达成其"速战速决"的目的。所以宇垣、荒木、板垣、池田的同时入阁，不但想调整军阀和财阀间的内在冲突，且同时想调整各派军阀间之内在冲突，企图以此去调整其统治阶级内部之侵略主义的阵容，用暴力去压制其国内厌战反战的大众。另一方面，以反苏亲英的宇垣出任外交，意在去配合希特勒墨索里尼的企图以至张伯伦的外交政策，向国际上施放一种外交烟幕的阴谋，掩蔽其对华的政治进攻。以思想顽固著称，主张恢复所谓"皇道日本精神"的荒木出任文相，显明的是想以无智的复古的手段去压制其国内的文化思想，消灭知识分子和青年之反侵略的理性感与正义感，自然这同时正表现其思想界矛盾的深刻化。以池田出任财政，正表现其"罗掘俱穷"的财政苦况，想借重这位金融头目的魔手去压榨其国内大众，去支持那无法应付的军费。板垣和杉山同是执行法西斯侵略主义最积极的头目，板垣比杉山不同的，就是他同时又是一位所谓"中国通"，不过这位"中国通"对于中国的认识，是这样一个基本概念，即中国人都是爱面子的，同时又都是只知道个人的权利地位的。对于现在的中国，可说他完全是无知的。他的个性，又比较的更能以勇猛残酷著名。以板垣代杉山为陆相，军事上要采取更积极而更残酷的攻势，这在近中的战事上已表现得很明白；根据他对于中国的认识，他一方面必然会进一步的对我们施行分化政策，一方面对于战区的民众，或将改采一种欺骗的软化政策。这却是特别值得我们去警戒的。

不过事实上，随同敌国法西斯统治权力的强化，却并不能克服其国内的阶级矛盾，恰恰相反，其阶级间的矛盾形势将更要严重，这是稍具社会学常识的人们都能看到的。宇垣的烟幕，将来虽或可以引起张伯伦的兴趣，可惜对英国在华利益那一根本的矛盾上，是难以缓和的；他甚或还可以蒙蔽一部分无智的我们的同胞，然而却蒙不过世界人士和中国民族的眼睛。荒木虽则可以用"皮鞭"去推行"皇道日本精神"，甚或还可以适用着处置河上肇的办法，去消灭全日本文化人与文化青年的人类理性，根绝日本民族的文化，可惜他无法获得历史的容许——历史只容许荒木先生获得其自掘坟墓的劳绩。池田虽则是一位高明的剥削能手，但不管他的办法如何，却不能挽救日本财政的险运，只会促成中等产业资产阶层、小所有者，和日本全国大众的反抗之愈益深入。不管板垣将怎样来对我们施行分化政策，将怎样来对于我战区同胞施行欺骗软化政策，然无论堆积如海的血债业已深入了每个中国人的脑中，而对于业已觉醒，业已统一团结了的中华民族，将使他这一阴谋会完全落空。自然，在我们的内部，还不免有少数而又少数"丧心病狂"与凉血质的人们，但那却无力去动摇我最高领袖的坚决意志，与全国同胞之神圣的要求；我们的民众组织和训练，还十分不够，还有被敌人软化的可能，但客观情势的迫切要求，会迫使我们以最大之主观的努力去完成全国民众的组织训练与武装。

因此。随着敌国内阁的改组后，对于我们的侵略，在军事上，将愈发挥其残暴的兽性，已采取或将要采取各种各样的残酷手段，扩大其进攻的阵容与范围；政治上，一面将尽量采用分化政策去配合其诱降政策的推行，一面将对我民众采取欺骗软化政策，去打破其"线的占领"乃至"点的占领"的僵局，一面将从外交上去配合张伯伦的政策。无疑的，这对于我们，是一个更残忍更阴险的毒计。不过军事上的残毒手段，我们并不难拿"以牙还牙"的手段去答复，拿加紧扩大和加强我们的武装去答复；只是政治上的分化政策与软化政策，无可讳言的，到目前止，他不是完全没有机会可乘，倒是值得每个不愿作亡国奴的中国人严重警惕的。为敌对敌人的这种阴谋之行将施行，我们呼吁全国同胞和各党各派各阶层，在最高领袖的领导下，要自觉的愈加统一愈加团结，把"小我"的一切不必要的成见与利害，完全牺牲于大我的下面；同时我们又呼吁大家要日夜不遑的用全力去进行，对敌人侵入区域的民众组织训练和武装，务要使之进一步的普遍与深入，赶快完成战区和临近战区的民众组织训练和武装，赶快完成后方一切人力和物力的动员工作，要能和客观情势，尤其是军事情势的要求相配合。从而不但使敌人的阴谋将完全失去其作用，不但在军事上不能达成其面的占领，且逐渐使之由"线的占领"而缩小为"点的占领"。这样，将见其愈深入而愈陷入泥淖，离失败愈接近，那便是一个最有利于我们的局面。要实现这个局面，而打破我们目前的难关，便在把"抗战建国纲领"立即全部的付诸实行。因此我们呼吁包括各党各派各阶层的全国同胞，在最高领袖坚决意志的领导下，立即一致的起来把"抗战建国纲领"逐条规划出实施的步骤方案，齐力奔赴的去担负实行。

我们每个人又都应该回头去检讨，我们为什么不能像西班牙英勇大众之保卫玛得里一样去保卫我们的徐州和开封呢？徐州和开封之为大平原区域，并不是主要的原因，我们的战士和民众也并非没有西班牙人民那样的英勇精神；这在主要上，第一由于我们的统一团结还没有达成西班牙那样的强大与巩固。我们的民众的动员工作，至少离必要的程度还落后得很远，第二由于抗战将近一年以来，我们还没有建立起最进步的国防工业，自己还不能大规模的制造飞机、战车、大炮和一切机械的化学的战斗工具。因此我们不敢在平原区域和敌人死碰，为保全战斗力，不得不忍痛的退出徐州和开封。假若我们民众有好的组织和训练，我们自己有制造新式战斗工具的国防工业，那么前线损失了，牺牲了，后方可以不断的源源接济上去，那就是在平原区域也可以和敌人作持久的死碰的。然而"失之东隅，收之桑榆"，我们今后对这一点，便应该有所觉醒了。

所以我们的最高统帅，根据主观和客观的现势，把主力撤至于我们有利的决战地区，避免和敌人作大平原区域内的决战，只在某些一定的平原地区，配置兵力持续着消耗敌人，牵制敌人的运动战，这是完全正确的，也是客观和主观的现实情势的必然。这种战略上的运用，并不是战局的动摇，蒋委员长在其对外国记者的谈话中已说得很明白。

以后战局的趋势，敌人如进攻武汉，无论沿平汉正面，或沿皖鄂边西进，或绕南阳而迂回襄樊……均将由平原而转入湖沼与山岭战，便在在都足以暴露敌人的弱点，发挥我们的优点。不过敌人在将来进攻武汉如遭遇困难时，他还可能再发动在华南方面和沿浙赣路西进的两路的进攻。那么我们除应及早去完成这两方面的动员工作外，湖南的地位，显见是更其重要了，情势也益显现其严重了。所以在目前，我们又应怎样特别的致力来武装湖南，它对整个抗战的局势，已具有某种意义上的决定作用了。

（原载长沙《中苏半月刊》第 1 卷第 7 期，1938 年 6 月 15 日发表）

保卫武汉与巩固湖南

一

敌人自侵占徐州后，即倾其全力分路来进攻武汉。他希图攻下武汉，以便在军事上告一段落，借以减轻其自身在军事上日渐严重的危机，在政治上以便制造一汉奸的乃至亲日派的傀儡政权，借图达成其对侵占区域之面的占领，在外交上，希图转变国际的视线，去发挥其拆散和平阵线的阴谋。随着这种形势的到来，我们的抗战，便踏入了一个严重紧急的阶段。同时，敌人为图达到进攻武汉这一中心的企图，他还有去压迫甚至进攻江西和广东的可能，作为其牵制或迂回的辅助战线。

湖南正介于湖北江西广东之间，是粤汉浙赣及尚未完成的湘桂湘黔诸铁道干线的交点，又是西南公路交通的枢纽。同时对于前方人力和物力的补充，湖南不但管领着运输的枢纽，且是一个最主要的供给的源泉。因而湖南在其地位上，益增进其重要，对整个民族所负的责任，益形重大化，其形势也日趋严重了。

因此，保卫大武汉与巩固湖南，已成了一件不能分离的工作，保卫了武汉，即保障了湖南；巩固了湖南，即提高了保全武汉的可能程度；保障了湖南，又一面保障了西南，一面掌握了恢复失地的优越形势。

但是关于保卫大武汉的问题，虽然我最高领袖已有着最高的决策，然而却还有两种错误的见解，散布在一部分人们中间。一说保卫武汉的大会战，将是具有最后一次决战意义的战争。一说我们将来能否保全武汉，对今后抗战的前途，并无若何影响。其实，这两种见解都是错误的，有害的。不错，保卫大武汉，有着其重要的意义。我们能否保全武汉，对今后抗战形势，有着其决定的成分作用，但并非最后一次的决战。设使将来会战的结果，我们被迫而放弃武汉，那当然是一个大损失，要增加我们今后抗战的许多困难，然却并不足以决定最后的胜利。另一方面，我们也应该认识，第一武汉是我们最后保有的一个经济、政治、军事、文化中心的大都市，第二武汉是我们还保有的平汉南段和粤汉两大铁道干线的交叉点，是川湘豫鄂等省水路交通的总汇，第三保全了武汉，就保全了后方要地的湖南乃至整个西南……因而若不能保全武汉，今后的抗战要遭受更多的艰苦，是无可讳言的。若能保全武汉，就要减少我们今后所可能遭遇的许多困难，会相对地缩短战争的时间；反之，敌人所遭遇的困难，就愈要加多，所以，保卫大武汉，是我们目前一个重要紧急的任务。

在这样严重的情势下，客观上需要如何去加紧与扶助民众的动员工作，动员全体民众去担任前方和后方一切必要的勤务，去完成一切必要的措置；易言之，应如何集中全力，把保障抗战胜利的抗战建国纲领，提高强度的去实行，就湖南说，并应该如何用尽一切可能的办法，去担负施政纲要的实行，于最短期内完成工作，使能巩固其自身，使能负荷其对保卫大武汉任务上的应有任务。但是事实上，民众对于抗战建国纲领的执行，依旧要受到各种各样的阻挠；没有组织的民众，不但没有加紧的去进行组织，已组织的民众，不能依照抗战建国纲领去进行工作，反而有好些民众团体的工作被束缚得无法进行；许多合法存在的所谓抗战团体，都是不能负起动员工作的有名无实的架子，并没有去加以"改善"和"充实"。设使这种情形，不立即有所改变，就不但对于保卫大武汉的任务上，是一个重大的危险现象，就是整个平汉南段和粤汉路，尤其是武汉之主要后方的湖南，非惟无以巩固，其前途且颇堪促起我们忧虑的。自然，这种现象的存在，不应由任何一方面或任何个人负责，而是全国上下主观努力的不够，大家都没有好好去体念最高领袖的意志与其坚苦的精神，大家都没有或不得充分去履行各自的任务。

情势是十分紧急，十分严重了。全国民众和有识之士，精神上已形成一种极度紧张的状态，都一致的在要求，为民族抗战的前途，为保卫大武汉，要立即采取目前应采取的各种动员工作的必要步骤；在随时有变成前线之可能的湖南，从抗战的全局说，从巩固湖南自身说，尤应立即采取一种适应非常情势的步骤。可惜的，还不免有少数个人，在抱持其松懈的态度，固执其顽固的死硬的己见。这种现象，虽然不算怎样的令人惊异，却是一种最危险的现象，需要大家都把眼光放大些，把成见放松些，把利害看明白些，从主观上去加以克服；同时也需要全国民众从客观上去加以克服。大家都应该严防，不要中了汉奸和托派的毒计，把自己人当作仇敌看。要知道，这是什么时候呀？

为保卫大武汉，我们期望全国上下，在蒋委员长的领导下，共同努力，来克服目前那些矛盾现象，湖南人在抗战建国纲领和主席张文白先生的施政纲要的原则下，共同努力来克服一些不必要的误解和怀疑，为保卫大武汉来巩固湖南，为保乡保家来巩固湖南。

二

但是从实际情势乃至各种可能的条件上说，我们能否达成保卫大武汉的任务呢？我们的回答说：是有着充分可能性的现实性的。西班牙人民的保卫玛得里，已给我们作出一个良好的榜样。我们并还有几点比较更优越的条件。第一，我们是全国一致的民族统一战线，少数汉奸并没有群众基础；西班牙的叛军，却还有其薄弱的群众基础。第二，我们较之西班牙，有着广大得不能相比的人口和物藏。第三，我们的国际关系，从地理上政治上，都具有较优越的形势。第四，我们的敌人日本法西斯强盗，其力量还不如德意两国，乃至任何一国。第五，全世界已经公认，我们的战士和人民，并不减于西班牙人民的英勇，武汉的地理形势，较玛得里的地理形势还要优越……我们所不如西班牙的最主要的条件，就是（一）西班［牙］人民在抗战一年以后，自己创造出现代化的军事工业，自己能制造飞机、大炮、坦克等，（二）西班牙的人民，都在民主集中的原则上，每个人都是从精神和物质两方面武装起来了的，每个人都能随时去到前线……但是这两个条件，并不是天然的，仅是由于我们主观努力的不够。关于军械方面，我们暂时还可以从国际方面去取得补充，同时还可以从此加紧去建设军事工业。关于把全民组织训练，武装起来，使每个人都直接间接去参加战争这一问题，只要无阻碍的合理的去发动，也并不成为问题的。

自然，政治条件和活的人力的运用，是决定战争的一个最根本的前提。我们虽有众多的人口，但缘及今还没有尽可能的组织、训练、武装起来，还没曾作到使每个人都能随时走上前线，这一优越条件就等于没有一样。在保卫大武汉的今日，是值得我们去严重反省的。

在过去，北平天津丧失了，还有上海南京广州汉口等中心都市，上海南京青岛又相继丧失了，还有汉口和广州；现在若是武汉再沦陷，我们就再没有这样一个抗战的军事政治经济文化的中心都市了。——因为广州不能作为抗战时期这样一个中心都市。所以在过去，一再继续的错误与矛盾现象，尤其是关于民众运动的开放这一点上，现在再不容重演了！不然，前途的隐忧，是难以追悔的。反过来说，只要我们立即把过去的错误和矛盾现象克服过来，在军事政治经济文化民众动员等诸方面，在保卫大武汉的今日，一一去正确的运用起来，则保卫大武汉的任务，是绝对可以完成的。所以说大武汉绝对可以保全，但不是无条件的。

为保卫大武汉，国内贤智之士，已提出了许多具体的宝贵意见，尤其是陈绍禹、周恩来、秦博古三先生，在《我们对于保卫大武汉与第三期抗战问题的意见》一文中，说得最为详确。那可说已包括了国内各方面的意见，而且其原则，可说已包括在《抗战建国纲领》中。所以目前的问题，只在如何去实现。我在这里，只提出我个人所见到的一个中心问题出来。我认为抗战建国纲领所决定的农工商学各种职业团体的组织，是展开动员工作的一个中心问题，单独的由上而下的工作，不但是异常迟慢，而且是没有力量的；只有由下而上的各种职业人民自己的组织，配合着由上而下的指导与推动力，用他们自己组织的集体力量，去动员其本身，我们相信，在最短期内，就能把各阶层的人民统通组织起来的。从而，摆在目前的一切困难问题，如伤兵问题，难民问题，征兵问题，肃奸问题，乃至经济问题，文化问题等……便都能迎刃而解的。

其次，我只再提出和保卫武汉有密切关联的巩固湖南的问题，来说明我所见到的意见。

<h1 style="text-align:center">三</h1>

湖南的情势，无可讳言的，也随同敌人的进攻武汉而日趋严重了。在这个严重的情势下，苟安的逃避的打算，是完全无用的，只有赶即把湖南从各种方面武装起来，才是最有效的办法。抑且，从目前的情势说，第一，巩固湖南，是保卫武汉的一个重要步骤，第二，巩固湖南，是湖南人保乡保家的一个最有效的办法，第三，巩固湖南，是争取第三期抗战之有利形势的一个必要措施……

怎样才能巩固湖南武装湖南呢？从积极方面说，（一）在原则上，我们认为张主席的湖南施政纲要，是对的。只是在实行的办法上，经过张主席数月的努力，已布置下了由上而下的一个初步基础。在平时，能有从容的时间，只靠由上而下的力量，也能慢慢的可以作出结果的；但在目前这个严重的形势下，时间压迫着我们，要在最短期内，把全省民众从精神和物质两方面武装起来，才能满足要求。因而贯通省县乡的各种职业团体的组织，使之和政府已在布置的由上而下的机构相配合，才能迅速有效。因为这样，不但把全省的人力，都集中于施政纲要亦即抗战建国纲领的实施工作下，而且使各阶层的人民都形成为集体的力量来担负这种工作，那较之单靠政府的力量去推行，并不止"事半功倍"。

（二）从作为后方交通枢纽的湖南地位上说，对境内既有的铁道线，要进一步的提高其安全程度，对既有的公路，要提高其运输的效能和安全性，对水路的运输，要有计划的去改进，作为贯通内地的几条待修或待勘的交通线，要赶即动员民夫去兴筑。

（三）沿鄂赣边境各县，要立即就开始去布置人民的武装……以便随时都能发动游击战，使其在必要时，能建立起强有力的游击战区。

（四）伤兵问题、难民问愿、征兵问题、募债问题等……都号召人民团体协助政府去处理；在各种职业团体普遍的组织起来以后，都是容易得到合理而积极的解决的。

（五）在某些地区，现在就要开始去建筑较巩固的防御工事。

（六）延纳有威望的士绅，各民众团体的领袖，和抗日最积极的人士，充实动员委员会，使之能真正负起动员的工作任务。

这是最主要的几个前提。此外在消极方面，也有两点有待解决的前提。不过那也是要看民众动员的程度如何，去决定其解决的程度的。

（一）要巩固湖南，首先就要使人民能相对地安居。所以存在于湖南境内的落后武装问题（即土匪），是不能不设法去解决的，最好不要因为解决这个问题而消耗抗战的力量，能够把他们利用到抗战的力量上去，是顶好的办法。

（二）要巩固湖南，首先就要严厉的去肃清汉奸。汉奸不但作敌人的内应，在在来破坏我物质上的国防；他们并且在在施用造谣，离间等等伎俩，来破坏我们精神的国防，这尤其是托派，他更来破坏我民族的统一团结，使我们的动员工作的进行，受着阻碍。

我们相信，湖南在张主席的领导下面，我们上面所提出的那几点巩固湖南的意见，他必然都已考虑到了的——甚至比我们还要考虑的周密。我们从事文化工作的同人和全省民众，大家都诚愿接受张主席的领导，来完成巩固湖南的工作。

（原载长沙《中苏半月刊》第 1 卷第 8 期，1938 年 7 月 1 日发表）

伟大的斗争！伟大的进步！

一

从"七七"展开的民族全面抗战，是中国史上一次神圣而伟大的斗争，也是人类史上一次神圣而伟大的斗争。为反抗日本法西斯盗匪的侵略，其意义不只是为着民族的自卫和解放，且又是为着人类和平与文化的一次光辉的斗争。

日本法西斯盗匪在战前的估计，认为军事上，短期内就能把中华民族征服；政治上，能把中华民族分化，使我们民族的内部自相残杀，并直接利用我们的人力来残杀自己的同胞；经济上，利用我们物力和财力，转而来征服我们；文化上，得应用其汉奸政策，奴化政策和破坏政策，来消灭我民族的历史光荣与回忆；外交上，运用其国际法西斯弟兄的欺骗与阴谋，互为呼应地来引诱和愚弄我们……然而在我们一年来的光辉斗争的过程中，日本法西斯盗匪所得到的回答，恰恰和他原来的期望相反。

日本法西斯盗匪，在过去一年间的侵略战争中，应用其一切可能的残暴与非法手段，侵占我们广大的领土，把战线延长到我们的内地；然不但随同战线的延长与深入，反而离战争结束的期间愈为遥远，其所须要战场上的力量愈大，兵力配置愈大，而且随同战事的延长，其军事的经济的力量反跟着而日益削弱，其国内政治的危机反跟着而日益严重，其国际关系的日益恶化，不但无以支持其"光荣的孤立"，反日益堕落其国际地位……因此，其过去一年所获得的侵略战争的成绩,是一天一天的在接近失败,是替其自己在挖掘坟墓。

我们在一年来的光辉斗争中,我民族所表现之英勇的斗争精种,伟大的创造能力,证实了我们是全人类的一个优秀部分,中华民族已经争得了人类史上的一个光荣地位。由于抗战,我们在经济,政治,军事,外交,文化诸方面所获得的进步,都采取着一种突进的空前的形势,开始在世界史上,呈现着新兴的三民主义民主共和国的雏形。因此,我们的国际地位,随同抗战而一天一天的在增高。

但在过去一周年的伟大斗争中,我们虽获得许多光辉的成功,然而无可讳言,我们仍造成了许多不必要的失败,遗下了许多可耻的弱点或缺陷。那都是由于我们的主观条件与主观努力,没有赶上客观形势的发展,配合客观形势的要求。

二

我们的国民经济,在战前,是半封建半殖民性的经济,受世界各资本帝国主义的共同支配;自"九一八"以后,国民经济建设运动所创造出来的诸成果(尤其是东南西南诸省的交通事业,有着相当的发展),依旧包含有殖民地属性的成分。然而随着战争所加于社会诸方面的影响,以及我们在战争中所发挥的伟大的斗争能力与创造作用,国民经济的性质却完全变质了。

到现在,国民政府权力达到的区域,已获得一种独立自主的国家权力的初步形式,已经相对地不存在殖民地性的被支配作用;在这种政治前提下的国民经济,已开始获得民族的独立性的发展,而呈现着一种新姿态。在后方由于各种新的产业的移植与创设,以及战后和战时政治文化诸方面的影响作用,存在于国民经济领域中的封建成分,一天天在削弱;大众的生活,在起着剧烈的变化。

在被沦陷的区域,经济上虽然暂时完全殖民地化,但是,从来的沿海沿江诸产业据点,由于产业机关的破坏与强夺,一方面削弱了买办资本的势力,摧残了帝国主义支配中国的经济据点,一方面促起民族资本向内地移植,这不但使国民经济的发展，起了一种空间的平均散布作用，而且随同其移植，又灭消了民族资本的买办性。

特别是在被沦陷区域的广大农村，社会的生产组织，遭受破坏，益以敌人之野兽式的屠杀奸淫，盗匪式的掠夺，与人民的逃亡，封建势力所依以存在的经济基础，受着严重的破坏。因而遗留下的广大群众的生活，一方面虽〔然〕要受到敌人的残酷压迫和剥削，降为更惨酷的奴隶生活；另一方面，却也松懈了封建势力的束缚。所以存在于广大游击战区的广大群众，他们日常都度着和敌人坚持着英勇的艰苦的斗争生活，然而已只有这民族敌人，是他们生活上的敌人。

因此，从国民经济的本质上说，自抗战以来，已获得质的初步变化，表现着一种伟大的进步姿态。

这种进步，正是民族抗战的既有胜利，也正是完成民族解放事业的最基础的方面。我们在抗战中，一定要巩固这个进步，扩大这个进步，才能保证与巩固民族解放的胜利。

无可讳言的，在抗战的过去一年中，我们并没有在适应战争要求的情形下，在战时之有利的政治条件下，计划地去改造国民经济，使国民经济完成一个战时的计划统制的体系，使之获得尽可能的改造与发展。在过去一年中，只有财政上，我们有着重要的成就；在其他方面，不论从军事的意义上，或从民生的意义上，重工业，轻工业，手工业，交通业，农业，商业，我们都没有付以必要的努力，达到必要而且可能的成就。虽然抗战建国纲领对战时的计划经济有一个原则的决定，然而及今都没有具体的付诸实行。这个计划的原则，不仅是争取抗战胜利的一个基本的前提，而且是抗战胜利后，使民族解放事业获得巩固的基本条件，易言之，那便是具有抗战建国工作之统一的真实内容。自然在执行上以至其一切作用上，那又是和抗战建国纲领中所规定的政治条件等，不能分离的。

三

我们国家的政治，在半封建半殖民地的基础上，自民国以来，一面在各帝国主义的操纵下，不断的有着中央和地方，地方和地方的内战，一面又不断的有着革命的内战，所以国家自始就没有达到真正的统一。自"九一八"以后，全民族和日本法西斯侵略主义间的矛盾，演着主导地位。因而"停止内战，一致对外"，虽已成了全国人民一致的主张，然而并没有立即就完全实现；直至"双十二"事变，蒋委员长表示其大公无私的态度，全国各方面之"互信互谅"的精神才树立起来。随即就确立了以国共为主干的抗日民族统一战线的初步局面，而表现出国内和平统一的曙光。

然而直至去年今日，日本法西斯盗匪展开其灭亡全中国的侵略战之后，抗日民族统一战线才正式完成，我们的国家，才正式走入空前的统一团结的途径。

从中国社会的性质说，从民族抗战的实际要求说，从巩固统一团结的问题上说，在政治上的民主意义，便成了一个迫切的实际要求，事实上，为着完成民族解放，为着争取抗战胜利，集中全国的人才，动员全国的人力物力，是一个先决的前提。然而这前提，又只有在"民主集中制"的政治原则下，才能实现。

基此，领导抗战的国民党及国民政府于开战之初，就一面成立"国防参议会"，一面又相对地允许各地人民有一个抗敌后援团体的组织。国防参议会虽够不上战时民意机关，也够不上集中全国人才，然而却是集中各党各派人才的一个始点，一地一个的抗敌民众团体的组织，虽然不够民众动员的要求，甚至大多还都是有名无实的组织，但较之战前的情形，却是一个大进步。

随着第一期抗战的过去，国民党为适应客观情势的要求，便于第二期抗战之初，召集其临时全国代表大会，决议了抗战建国总动员原则的抗战建国纲领。这个纲领不但表现了国民党本身的一大进步，而且相对地反映了全国人民的要求，确实是保证抗战胜利的一个动员方案。纲领第一个基本的部分，关于民众动员，是从民主主义的基础上出发的。可惜终第二期抗战的时期内，并没有付诸实行。纲领中为集中全国人才所规定的国民参政会，现在却已经召开了。其产生的方式和其权限，虽然未能完全符合全国人民的要求，也总算是战时民意机关的一种初步形式。

因此，政治的机构，虽然到目前止，还没有改善和健全到必要的程度，对全国人才，还没有大胆的不分党派的去任用，然而无可否认的，却是一天天在进步。自然，在抗战已入于严重紧急阶段的今日，健全政治机构问题和任用各方面人才的要求，较前此是更其必要了。

其次，抗战一年以来，在后方，广大群众政治水准的提高，虽然由于主观教育工作的落后，还不够普遍与深入，然而却已表现出一种跃进的姿态。在沦陷的区域，在民族武装掩护下的新生政权，差不多都是群众自己的一种最进步的民主政权。在那些区域内，群众差不多已经从封建残余的支配下解放出来了，——他们已经只有一个敌人，日本法西斯盗匪和其走狗汉奸托派。

再次，民族内部的武装，尽管在战前，有些还是带有封建性的个人中心的武装，然而由于战争所给予他们的影响作用，便都相继转化为现代的民族武装了。

又次，由于战争的破坏与其所引起的创造作用，一方面，民族资产者的买办性日趋消灭，革命性日趋昂扬了；一方面丧失其生活依据和感受敌人之残害的小资产阶级，对民族解放事业的态度，也日益积极。

最后，抗战一年以来，由于诸方面的进步，我们政府权力达到的领土内，已经是一个主权独立的国家。

这种种进步的事实，还只是最显明的几个方面。然而那完全是民族伟大斗争的成果。但是既有的进步成果，可说是在战争的影响作用下，大部分是根据于自发性的；易言之，我们并没有顺应客观新情势和要求计划地去尽过可能的创造作用。所以政治上的进步，还远远落在客观要求的后面，甚且还落在军事的后面，直至现在，还留下许多急待克服的根本的缺陷。如政治机构的改进，民主主义政治的实施，人才的集中与任用，全民的动员等等，都还表现得太不够。出卖民族的汉奸托派，仍得继续其存在与活动，没有根本的去加以制裁与扫除……凡此均在表示民族统一战线，没有强大和巩固到必要的程度，以至引出过去一年中军事上的许多不必有的失败。

四

由于政治的落后，第一二两期的抗战，在军事上有着许多不必要的失败，是事实。然而抗战一年以来，我们的军事，在一般的质和量上，都有着伟大的进步，较之战前，完全两样；尤其是机械化部队的创立，神勇空军之突跃的发展。在战斗力上，我军的英勇精神，已获得全世界普遍的赞扬，连敌人也不能不默认。在敌人的后方，民众义勇游击队等武装的发展，与其斗争能力的坚强，斗争技术之不断的新发现，也已经成了制服敌人的一个强力因素。这证明我们的军事力量，也恰恰和敌人相反，随着战争的进行，而一步步地强大起来了。

但是我们也不要讳言自己的短处，过去一年中，在战略和战术上，还不免有许多弱点，阵地战游击战运动战的配合上，还运用得不够。军队的政治工作，没有计划地去执行，以致军队和民众，官长和士兵的合作还不够，因而没曾使军队的战斗力更提高至必要而且可能的程度。由于后方动员工作以及政治改进工作的不够，以致征兵问题始终都没有得到好的解决，因而影响到新军的素质，从而便不能更强大到必要而可能的程度。对于民众自发的武装，没有尽过可能的力量去推动，扶助和指导。这是过去所表现的最重要的几个缺点，今后应急须加以补救的。

军事本身上还有许多方面的秘密性的事情，我们不便公开提到这里来说。

其次，说到我们的战时文化。法西斯本来就是以摧毁人类文化为其任务的。所以在战争的过去一年中，不但有许多世界闻名的我们的文化据点，为敌人的铁骑所践踏；无数富有历史意义的文化机关，遭受残暴的破坏；无数最有价值的文化物，遭受敌人之盗匪式的劫掠；许多优秀的教授学者和文化青年，或遭受残暴的屠杀，或成群的流离失所……我们在文化上所受到的摧残和损失，不只是中华民族的损失，且是人类文化的损失。

但是在战争所直接引起的影响作用，和战时其他诸方面进步的影响下，我们的民族文化，反而获得了一个簇新的发展姿态。这种从新发展的民族的新文化，不惟是从殖民地文化，封建文化中解脱出来的文化，是现代的科学中心的文化；而且在抗战的要求上，和战争对大众生活意义上所引起的变化作用，更使我们的民族新文化，一开始就具有集体性大众性的本质。

自然，这种民族新文化的发展，及今还没有发展到可能而且必要的程度。我们虽已在内地建立起许多新的文化据点，树立了全国各区域平均发展的基础，然而及今都没有普遍的深入到县区乡村，通俗化和集体化的程度，还十分不够。尤其是自然科学，在战争的直接要求下，我们在推动与提倡上，并没有尽过可能的计划的努力。教育上，不但至今没有配合战时的要求，去改变其内容，而且走上了一个可耻的逃跑主义的道路。其余的缺点也还是很多的。——然而，大众的政治认识和技术能力，在大的城市和其附近，已有相当成果。

在外交上，一方面，欧美民主主义各国，虽由于日寇之单独侵略中国，有着其利害的冲突，对我们的抗战，表示原则的同情；但是其同情与援助程度的增进，却是我们英勇抗战所获来的结果。

自展开民族抗战以后，我们在外交上，虽然曾不断的发现着运用的欠灵敏，步骤的错乱，和缺少一个中心方针的现象；然却自始就表现了抗战的独立自主外交的阵容。例如在抗战的初期，就能摆脱从来那种被决定的尾巴主义的外交传统，和苏联缔结互不侵犯条约——。那虽则由于英美也不反对中国在抗战期中和苏联亲善。这种独立自主的外交精神，尤其在国联第 101 次行政院会议中表现得明白。会议中关于承认意并阿问题，中国代表和苏联代表等，表示坚决而有力的反对；这个反对，并同时反映了全中国人民的意志，所以这同时又表示了国民外交的成功与其势力的抬头。

最近由于我们民族抗战势力的增长，和现阶段世界情势的演变诸关系，我们的国际关系已有着更良好的发展，尤其是苏法对我们的同情和援助，有更进一步的积极表示。孙中山先生临终致苏联人民的遗言，我们应忠实的去履行了。

自然，在过去一年中，我们对全世界一切反法西斯侵略的力量的联合，不但没有去积极的尽过倡导的作用，而且在运用上，有的还不免敌友的界限混淆。——自然，现在已开始在克服这一缺点了。

五

依据上面的简略指摘，我们在过去一周年的伟大斗争中，在经济、政治、军事、文化、外交诸方面，都获取了伟大进步。然而在另方面，我们留下的缺点，亦复不少。到现在，抗战已入于一个严重紧急的阶段，缺点是不容再延长下去了。何况那些缺点的克服，正是保证最后胜利的条件。

怎样去克服那些缺点呢？从最主要的方面分别来说，是政治机构的改进到必要程度，各党各派之法定地位的保障，大胆的不分党派的任用人才，由下而上的民众动员之大胆的执行，义勇游击战争之计划的推进与扶助，最现代化的新军的创设，军队政治工作制度的建立，国民经济中民众生活之最低的改善，新式国防工业的建立，改变教育的内容，使符合抗战的要求，扶助并大胆开放文化工作，使之从学校延长到街头，工厂和田野，从大都市延长到小都市和乡村……总括的说，便是"抗战建国纲领"之全部的克期的实施与完成。抗战建国纲领，是补救过去缺陷的自觉原则，又是保证最后胜利的行动纲领。因此，这工作，是我们保卫大武汉，保卫湘鄂赣的先决前提，是进入抗战第二年度首先要解决的紧急任务。

（原载长沙《中苏半月刊》第 1 卷第 9、10 期合刊，1938 年 8 月 1 日发表）

动员工作在农村

一

每个忠于国家、忠于民族解放事业的中国人，绝没有否认农村动员工作的重要性，都甘愿用自己的血汗去参加这一动员工作。因为农民占全人口的百分之八十以上，动员农村，是总动员工作的一个主要部分。我们要能把农村同胞，通统组织起来，给以必要的训练与自卫的武装，使他们都直接间接来参加民族抗战事业，使广大的农村，到处都形成有形无形的坚强壁垒，才能争取民族抗战的最后胜利，才能避免亡国灭种的惨祸，这是尽人皆知的"老生长谈"了。

战争发展到目前，敌人已加紧来进攻武汉，江西已成战区，湖南日感受空中和平面之严重威迫。我们的抗战事业，显然进入了一个更紧急严重之阶段。要求总动员工作的完成，尤其是农村的总动员，愈见其紧急而迫切了。

然在事实上，根据我此次旅行所经过的几个县份来看，除去空袭恐怖，汉奸活动，壮丁征募等现象所引起的战时气氛外，可说就看不见什么战时的动员工作来——至少是过分薄弱的，因此我感觉到我们的动员工作，还只局限在少数大城市。不但没达到广大的农村，而且没有深入到中小的城镇；在大城市方面，也还有抗战民众团体，如武汉的民先、□社等三团体，湖南的职抗会等，被解散的不幸事件。这是如何危险的现象，值得贤明的当局警惕，值得每个不愿作亡国奴的同胞恐惧的。

二

我此次的旅程经过是湘潭，湘乡，邵阳，武冈，一半采取步行，沿途与士绅及民众，都有着相当的接触，除在武冈所到过的，是离交通线较远的区域外，都还是交通沿线。交通沿线的现状如此，僻远的区域，可想而知了。

从湘乡到武冈，我和下层民众接触，以及从其他方面考察的结果，第一件使我感到异常惊恐的事情，是汉奸活动的深入与普遍。就两件事情来说吧。第一件是沿途的民众，都"不谋而同"的说"日本人只打国民党和共产党"；在资河上流与邵河的民船夫里面，这种受汉奸宣传影响的流言，就更要普遍。同时，他们又认为"中国不能打胜日本，一定要亡国"。从这里，我感知汉奸宣传的深入与普遍，使我恐惧，使我愤怒；但我又不禁要问，我们自己的宣传工作到哪里去了？第二件是：在我的家乡附近数华里的区域内，在一个清晨，所有自来井中的鱼和虾，通统死毙。地方民众根据他们平日的耳闻，当时都意识到那是汉奸放的毒药。我的家乡离长武路最近点的桃花坪也有七十里，却也发现了这样毒辣的汉奸活动，能教我们不感觉这个问题的严重吗？"妨害动员工作，或对动员工作消极的，就等于帮助了敌人"，这句话在这些地方，就获得最现实的说明了。

虽然如此，当我通俗而平凡的向民众解释问题的时候，依然很容易引起他们的兴趣和信任，尤其是每当我向他们说明敌人的欺骗残暴和汉奸的狠毒时，没有不引起他们愤怒的，当我向他们解说怎样保卫家乡的办法时，却也没有例外的，引起他们的鼓舞和同情。这说明我们对民众的宣传工作以至其他动员工作，虽然是艰苦的，然而只要从民众切身的要求出发，又并不如何困难。问题是在于我们现在还没有积极的去作。

在农村闹得异样凶，为农村人民所最关心的，是"抽壮丁"的问题。我接触过的农民同胞，他们大抵都向我提过如次的两个问题：（一）有钱有地位人家的子弟为什么不"抽"？（二）"抽"去当壮丁打日本，谁替家里作工作？若是打死了，家里的父母妻子不要饿死吗？他们并指出有些为罣念家中父母妻子的生活，开到前线上又脱离回来的。这确实是急待解决的最现实的问题。在我没有办法给他们以满意的解答时，只得勉强向他们解释说："政府和社会方面正在想办法，想作到谁去当壮丁，就要地方人大家替他家中作工；当壮丁打日本打死了，他家中父母妻子的生活，政府将来也一定有个很好的办法"。"政府对于抽壮丁打日本，只要是中国人，是不分贫富贵贱的。省政府最近还发表这样一个命令。"我这种勉强的解释，却也能得到他们的满意，他们认为"只要真能这样作，我们去打日本，打死也是很甘愿的。"这里，我们又从事实上，了解出"征募壮丁"问题的中心何在？其次，在农村中，征兵的弊病，至今还是没有纠正过来，乡镇保甲长和地方豪绅，依然不免有从中谋利者。再次，壮丁抽派的办法，也还是值得商量的，就武冈来说，是把全县壮丁的名册，总摇签。结果各区各乡各保被抽的壮丁人数，不能达到按照人口比例的平等待遇，致有些区乡被抽派得过多，有些则又未免过少，如该县第九区，截至现在止，被抽派之壮丁，约已逾一千人，若以之与全县人口比例推算，武冈应已出新兵一万六千人，与全省人口比例推算，湖南至少应已出新兵六十万人。

最后我还要提到的，一是中央和省政府关于动员的纲领和法令，及今半点也没有达到农村，还没有和农村人民见面。这是值得当局注意的一件事。一是食盐问题。在邵阳，曾一度几闹成盐荒，在武冈第九区的塘田金秤一带，现在五角钱一斤还买不到盐，已呈现盐荒的气象。关于前者，据第六区张保安司令沛乾与邵阳的士绅对我说，"邵阳实在还有五六票盐"。然而盐荒的现象却又从何发生呢？这当然由于奸商的居奇操纵。关于后者，一是因为该区摊得之盐量过少，照每人每日消耗四分盐计算，该区每月至少须盐千石，而摊派之数却仅六百石。此六百石盐，则须由邵阳先经资水运往武冈，然后再经资水倒运，转夫夷水运至该区，往返运费较由邵经运，每石须多费一元四角，盐量耗减犹不在数。但事实上，此六百石亦不能按月如数领到，据李宴丞专员对我说，常不免有奸商冒领，以高价转卖衡阳等县。此种现象，从支持长期抗战的立场上，也是值得当局和民众共同注意的。

另一方面，在伟大的民族战争的直接影响下，在农村方面却也有着不少的进步。例如无论男女老少，都一致的害怕亡国，时时拿最高的注意力在关心战事，无形中激发了他们的民族意识。又如他们时时在担心敌机的袭击和汉奸的放毒，这不但增加了他们一些卫生的技术的常识，而且还激起了他们同仇的愤慨情绪。然而这都没有经过我们主观的努力，可说完全是一种自获的进步。这种进步，离客观的可能和必要程度，还是落后得很远的。

三

我们从农村的动员现状看，实在不胜惊恐；但我们又觉得那千千万万诚朴农民的可爱，觉得在我们的农村中，还储有无限的宝藏与抗战的潜力。

抗战情势演进至今日，我们应该再没有犹豫的余地，赶急要完成农村的动员工作。救了我们的农村同胞，也就救了我们的民族和国家，到今日再来讲动员农村，已不是理论和办法问题，而是实际行的问题。理论和办法，中央和省府历次所颁布的法令，方案和纲领都已应有尽有了。

怎样去实际行呢？我们认为在大胆的开放民运的原则下，对全省的运动无妨给以一个统一指挥步骤的机关，形成一个真正为动员而努力的有机的系统组织，这组织要由省县一直贯到乡镇保甲，这样可以减少一些不必要的顾虑；一面各党各派各民众团体和城镇乡里的公正士绅爱国人士，均能网罗进来，共同来担负动员的工作，我认为这是目前一个最紧急而必要的步骤。

（原载长沙《中苏半月刊》第 1 卷第 12 期，1938 年 9 月 1 日发表）

战局的严重关头

（一）

在敌人以其全力来进攻大武汉的今日，虽然不像那些悲观论者所想象，是决定我们抗战前途的一次战争；然而无可讳言的，那确是我们抗战过程中一个严重的关头。如果我们不能保全武汉，或者在没有达到消耗敌人的目的前，就轻易的丧失武汉，那就要增加我们今后抗战的许多不可想象的困难，在军事，政治，经济，乃至外交上，会相对的引起一些不良影响。这是我们应该严重警惕的地方。

照最近的情势观察，敌人的来势是相当凶猛的，以其陆海空联合的大兵力，沿长江两岸猛烈进攻，并不断从各处调动援军向这方面集结，同时又企图从平汉陇海方面进军，不独在牵制我军，且在对大武汉采取一个围攻的策略。如果他这一个企图受着阻挠，还有重新从华南再发动一路战争，以为牵制的可能。

自然，敌人对战争担负的能力，较之在我们第一二两期抗战的时期中，已大大地减低了。更由于其军队的疲劳，和其前线的瘟疫流行，表现在前线上的战斗力也已较前此大为减低。因此，其来势虽然凶猛，近日在前线上仍不断遭到我军的严重打击。但是由于我们动员工作的落后，我们的英勇将士，近日在前线上所遭遇的艰苦程度，却也是远在后方的人士所不曾想到的。所以要想单只依靠前线的将士，来完成保卫大武汉，或消耗敌人的任务，可说是异常困难的，以故目前的战局和敌人进攻的凶猛形势，丝毫也不足怕；可怕的，是在我们自身动员工作的落后。要完成保卫大武汉的任务，便在于刻不容缓的全国上下的"紧急动员"。

敌人的企图，是妄想于短期内攻下武汉，一在图转移国际视线，获得他在外交上的某种便利；一在图获得他在政治上的优势，并借以安定其国内的不安情势；一在图于外交，经济，交通……诸方面，给我们以某种打击，然后从军事方面暂时告一段落。我们不管他这种估计的错误程度如何，但从他这种企图中，却也暴露了敌人的根本弱点，暴露了他对战争能力的负担，已达到一个至艰苦的程度，对我们所坚持的持久战，已渐次表现其无力继续下去。所以我们又应该坚定不移的来抓住敌人的这一弱点。使敌人的企图根本粉碎在我们面前，那便足使敌人愈接近于灭亡。

（二）

无可讳言的，如果敌人得在短期内攻下武汉，那么，他目前所抱的企图，会获得部分的实现——虽然没有全部实现的可能，也没有决定战争之最后胜负的可能，更不能动摇我们抗日民族统一战线和持久抗战的国策。但是敌人目前所遭遇的困难，会获得某种程度的减轻（自然，也有增加其困难的一面），战争的时期就更要延长。

战争时期的延渐，是以动员工作完成的迟速来决定的。这，我们已无虑说过千百次。但是，除非我们甘心把祖国葬送，投降日寇，我们的总动员工作，就无论经过如何的屈折与磨难，也迟早得完成，不完成就得亡国！总动员工作完成得早，民众所受的痛苦就较少，民族解放的工程也较易；完成得迟，大家所受的痛苦，就要更多。群众的动员，是总动员工作的中心课题，这，我们也无虑说过千百次。

但是这样一个为群众所要求所了解的通俗的真理，为什么到现在还要我重新作为问题来提出呢？这当然不是没有原因的。在这里，我要一再慎重的来提起全国同胞的注意：在整个民族危亡，尤其在今日的情势下，已不是甲党与乙党，甲派与乙派争政权争群众，更不是丙与丁争领导的时际，而是要整个民族与日寇争生死存亡，争群众的严重关头。否则，除汉奸以外，大家都会同归于尽的。因此，我认为不应该，自己不愿意或者无力去动员群众，就根本去阻止群众的动员，或者破坏他人去动员，这都无异帮助了日寇。我认为只有对于汉奸和敌探的活动，才应该加以严厉的制裁与取缔。我又认为只应该在保障民族生存的原则下，大家都公开的跑到群众中去执行动员工作的竞赛。这样，中华民族才能得救。"妨害了自己，就便宜了敌人"，这应该是每个有知觉的人们所能意识到的。

事情摆得很明白，只有动员千百万群众来积极参加斗争，才能完成保卫大武汉，打击敌人的任务，才能打开目前战局的难关。但是要能动员群众来参战，那应该要广大的群众在平时有组织，有训练，临时才能号召得起来。我们的群众，在平时都还没有相当的组织与训练，因此，目前惟一补救的办法，便只有采取紧急动员的步骤。

怎样去实施紧急动员呢？在抗日民族统一战线的原则与行动的指导下，一方面大胆而又大规模的开放群众运动，指导并扶助群众的组织与训练，信任群众，颁给各有力量有威望的群众团体以必要的武装配置。一方面明令奖励有力量有威望之既有群众团体，而与以坚确之保障，斥责那些妨害群众动员与动员不力之团体与个人。一切政府机关与群众团体及社团等，均以动员竞赛的成绩，来作为其存废与考绩的标准，并分别给予一个限期的动员工作的标准。同时要尽量允许群众，自由去运用其抗战的权利，发挥其报效民族，报效国家，保乡保家的能力；在不错乱步骤的原则下，随时随地得以布置其基础，以备万一敌人到来时，不致张皇无措，而有其抗斗之根据……这是目前必要的紧急措施。

豫鄂皖赣已成为战区，湖南陕西已邻接战区，这种紧急的动员工作，目前至少应该在湘鄂赣豫皖陕等省实施。

（三）

"人口众多"，是弱者反抗强者的第一个胜利条件；"地大物博"，是弱者反抗强者的第二个胜利条件……但仅凭这些客观条件之自然地存在，依然是没有用处的；而是要通过主观的艰苦努力，能把它充分利用起来，胜利的前途，才能实现。

我们应该记得，非洲和美洲各落后民族，他们那相对广大的自然存在的人口，并不能抵抗少数有组织有武装的欧洲人，反而为他们所击败所驱散，这缘于那些"土人"都是没有组织而自然存在着的。同样，少数有组织的盗匪，常常能击破数百户的大村落。一方面的原因，也由于后者没有组织。所以国父孙中山先生说，要有组织才有力量。我们的人口虽然众多，但缘于群众没有组织，所以在这样伟大的民族解放战争中，及今都未曾把这个条件好好地利用起来，反而使敌人得以强奸我们的群众。

是不是只要把群众组织化，就可以完成任务了呢？群众在一定觉悟程度之下的组织化，那还只能达到使敌人无法征服我们的消极方面的任务，依旧不能达到驱逐敌人出境的任务。要达成驱逐敌人出境的任务，就还要群众武装化，武装现代化。在这里，就在于利用自己"地大物博"的条件，在战争的过程中，尽可能去创造物质条件，改装自己的国防。

但是，在目前紧急动员的情势下，最迫切的，是群众的组织化、组织斗争化这一课题。

（原载长沙《中苏半月刊》第 2 卷第 1 期，1938 年 9 月 16 日发表）

纪念"九一八"要完成抗战任务

七年前的"九一八",是日本帝国主义实行来灭亡全中国的武装行动的开始。这一重大事变,它不但打破了太平洋的"均势",把国际间的矛盾,疾速地引向尖端;而且直接帮助了日本法西斯主义的长成,间接鼓励了世界侵略主义的狂暴,——墨索里尼之并吞阿比西尼亚,德意之侵略西班牙,都有着其内在的关联。所以"九一八"事变,对国际关系的影响上,是和平与侵略的界碑,引导着整个世界向和平与侵略的两条阵线分割。

半封建半殖民地状态下的中国,由于内在外在矛盾之错综,已陷在一个长期剧烈斗争的形势中。"九一八"这一空前事变的到来,使整个民族的内部,不管是任何党派,同感到灭亡的危机,因而立即引起矛盾形势的变化,整个民族和日本帝国主义的对立,便从而演着主导的作用。所以"九一八"一面把中华民族迫入日渐危急的程途,另一面却又迫着中华民族趋向统一和团结,引着民族解放运动发展到一个更高的形势。

在这个形势下面,首先是全民族内部进步的部分和广大的群众,从各方面在发动其"民族团结,一致对外"的政治运动。随着这种运动的发展,不但民族意识和民族政治能力获得疾速的成长;而且推动着民族解放的文化运动,形成一种大时代前夜的狂涨的洪流,使民族文化获得疾速的成长与发展。在这民族的政治倾向下面,不断地打击了日本侵略者的分化主义,消灭了民族自相残杀的内战主义。从而在另一方面,政府在蒋委员长的领导下,一面获得英美的协助,而努力于国民经济建设运动——这在后来,便变质而充任了民族抗战的物质条件,一面便努力于国防军的改造与创设……

另一方面,日寇对我们的进攻,也随同而一步步地在加紧其进行。他不断地造成一种严重紧张的形势，使全中国的男女老少，无时无刻地不陷入一种紧张，恐怖和忧愤的生活状态中；又且采取军事的威吓主义和政治的分化主义之同时进攻的手段。"七七"以前五个"九一八"纪念日，我们都不曾得到公开举行纪念的机会，都在凄惨愁苦中度过。

随着民族政治力量的成长，和日寇进攻的加紧，便有 1936 年末之抗日民族统一战线的正式形成。这一抗日民族统一战线的形成，显示着伟大的中华民族一致地踏入解放斗争的光辉前途，又无异向世界人类宣示，伟大的中华民族再不能忍受百年来的压迫，她将为祖国的生存，为世界和平与人类文化而坚决斗争，同时又无异给世界法西斯侵略主义，尤其是日本侵略者以迎头打击。

然而中华民族要求解放，和日寇要灭亡中国这一根本矛盾，便因此而引入到最尖端。我民族统一战线的形成与发展，使日本侵略者时刻也不能安坐了。在这种情势下，他便决心实行用武力来灭亡全中国的冒险，而揭起"七七"卢沟桥事变。这事变，无殊燃点起中华民族的怒火，便正式展开其伟大而光辉的民族解放战争。从而我们的第六个"九一八"国耻纪念日，我们已经和民族敌人执持着雪耻的生死斗争，全民族已大步地踏入了光辉的英勇斗争的阶段。

从"七七"到今年"九一八"，我们回顾这一年数个月来伟大斗争的成果，我们在政治，外交，军事，经济，文化诸方面的进步，虽然都没有达到客观的要求与可能的程度，我们主观的努力还十分不够；然而由于抗战，却获得诸方面之伟大的进步，以及其质的改变。尤其在世界人类的面前，充分证明了中华民族是英勇而优秀的人类；自"九一八"甚至自鸦片战争以来的民族所蒙的耻辱，被付与的"懦怯"和"妥协"等等的耻辱，已开始被洗刷；我们的国际地位获得了长足的进步，抗战的中国，已成了国际政治主要的决定因素。但在另一方面，日本法西斯盗匪的猪嘴，在这一年数个月以来，更触遍了中华民族的神圣园地，惟东四省的失地还没恢复，平津、沪宁、太原、济南、徐州、开封、九江等无数名城又相继陷落，死难同胞的冤仇未复，更有千百万同胞被侮辱，蹂躏和残杀；这是我们更多的耻辱，须要提起我们更高度的警惕性。每个黄帝的好子孙，每个真肯忠于祖国和民族的人，便应该毫无犹疑地，把住抗战高于一切的原则，下更大的决心，一致地来完成民族的雪耻工作，才是纪念"九一八"的真正意义，才配来纪念"九一八"。易言之，要收复失地，驱逐日寇出境，肃清汉奸敌探，才能洗雪"九一八"以来的国耻，乃至近百年以来民族所蒙的垢辱。因此纪念"九一八"之归结的意义，要无分男女老少的全民族一致动员，去完成民族解放事业。

最后，我们期待着，明年的"九一八"，我们得和日本民众，手携手地到富士山头去同唱日本法西斯盗匪的挽歌。

（原载 1938 年 9 月 18 日长沙《大公报》）

捷克问题的发展与今后的中国抗战

著者撰就此文时，捷克当局犹未接受英法提案，现捷克虽已暂时表示退让，但欧洲局势犹在急速发展中。故本文所推论者，尚未失其时效，特将原文刊载于此，以供研讨者之参考。

——编者附志

一

捷克问题的严重程度，近两周来，已经达到世界战争的燃火点。希特勒之所以造成这一严重局势，那不但是德法西斯企图并吞捷克，扩大侵略的必然，而且是和日本法西斯对中国的侵略行动，密切地关联着。

捷克民主共和国，在空间的地位和政治地位上，是维系欧洲和平的一个重要堡垒。她对于苏联，不仅在西部国防上，起了一个屏蔽的作用，而且是抗御法西斯侵略主义的一个重要盟友。法国在欧洲能够保持霸权地位，一个重要的原因，是她的周围有小协约国在充任卫星，捷克正是这卫星内的柱石；在政治上，人民阵线的法国，也和民主共和的捷克，有着依存关系。反之，捷克在法西斯侵略者的威迫下，要保全其尊荣的独立，也不能不设法求得法苏的援助。以此才有法捷苏捷互助协定之相继成立。因此，捷克民主共和国，不管在何种形式下面被并吞或灭亡，对于苏法两国，无论从保障世界和平的观点上，从其各自的本身利害上，从条约义务上，都是不容坐视的。同时，英国却又和法国有着"军事经济同盟"的关系；而且英国为支持其自身的地位，在目前对法国这位盟友，又有其不可撒手的苦衷。所以一旦法国对外发生战争，英国便无从置身事外。

但那害怕战争，惯行"无耻"勾当以避免战争的张伯伦和其一派，自这回捷克问题的严重后，他一面看着触到眉尖的战争发栗，一面又感到英法军事同盟义务的必须履行，便不能不陷于怯懦的苦恼中。他这种自己矛盾的弱点，恰巧为"纳粹"党所抓住了。同时墨索里尼，一面估量其疮痍满体的自身，实在没有充分的力量去对抗和平阵线，一面又不可不与希特勒采取共同的行动。因此，对此次的捷克问题，在最初，他便以不同的方式，推行和张伯伦同一方向的"无耻"企图。所以在此次捷克问题的严重形势，已临到战事一触即发的时机，希特勒便迅速地向墨索里尼吐露真意，再经过墨索里尼的血口去示意张伯伦，告诉他还有通过"四强会议"和"公民投票"的方式，去牺牲捷克，避免战争的途径可走。这却乐得无智的张伯伦，立即跳入希墨的圈子，"不遑寝处"地飞往德国，去伺候希特勒的颜色。从而张伯伦便尽可能去采取一切无耻的手段，向着牺牲捷克，避免战争的途径迈进。而希特勒把做好的圈子套上张伯伦的颈项后，自己反装腔作势起来。

二

张伯伦，汗颜无耻地，不顾其国内大众，工党，共产党，自由党和其他公正人士的反对，也不管国际人士的嘲笑，他近中惟一的勾当，是在牺牲捷克，去尽量满足希特勒和其走狗汉奸的愿望。

据报载张伯伦解决捷克问题之方案为：（一）捷克境内日耳曼人占99%的区域，割让德国；（二）捷克与法国之互助条约，得以维持，捷苏互助公约得予以废止；（三）不必以国际的安全保障给予捷克。张伯伦的这个方案，不但在公然无耻的去牺牲捷克，而且想孤立苏联，阴谋把战争引向东欧。他为贯通其这一阴谋无耻的企图，又和法国人民阵线右派的政府，用全力向捷克行使压力，迫使捷克政府接受其亡国的解决方案。

仅仅这一解决方案的实行，不但捷克的国境和国防能力要立即削弱，而且无可避免地，她立即就要被胁迫而成为法西斯侵略者的牺牲品。而那得寸进尺的希特勒和墨索里尼，在张伯伦这种直接的鼓励下，不但已直接由墨索里尼仍坚持捷克境内各少数民族，举行公民投票的主张，并已唆使波兰和匈牙利在提出"瓜分"捷克的要求了。所以张伯伦的解决办法，便在瓦解捷克的国土，使捷克民主共和国自陷灭亡。

这种办法，自然为那富有历史斗争光荣的捷克民族和全国大众所坚决反对，到今天仍没有放弃其抗战的准备和表示；而且已引起世界和平柱石的苏联，法国的人民阵线，英国的其他党派和明白利害，具有正义感的人士，以至北美合众国的反对。因此，捷克问题的危机，依旧没有减轻，依然有直接引起世界战争的可能。

虽然，在英法对捷克之不断的压迫下，捷克政府也有接受其调解方案之可能的。如果捷克政府，因侵略者及英法的压力被迫而接受张伯伦的调解方案，战争爆发的时期也许会获得暂时的拖延；但捷克问题以至欧洲与世界的局势，就会因此而更要复杂，严重，这却不是张伯伦乃至达拉第和庞莱之流所能想象的。

因此，如果张伯伦达到牺牲捷克的目的，对世界局势会引起怎样的后果呢？无可讳言的，一方面会鼓起世界法西斯愈形猖獗的狂叫，其侵略的残焰，更要高涨，另一方面，便会引起世界民主各国和一切弱小民族国家之普遍的不安。具体地说，在欧洲，法西斯势力会获得一时的狂涨；反之，随同捷克的被牺牲，法国在欧洲的地位会跟着降低，甚至会引起法国政治的波动，和法西斯政治阴谋的推行；希特勒和墨索里尼，并有俟机对英法施行直接压迫的可能；在美洲，不但一些有法西斯侵略者工具的各小国，曾经发生过的叛乱，有重新抬头的可能，而且在全国人口中有大量日耳曼系人的美国本土，也不能无不安之感觉的……这些可能的后果，却都不是张伯伦乃至达拉第之流所能知道，或者不愿意知道的。惟其如此，所以那些对利害认识较清楚的国家、党派，和个别人士——单就利害来说的话，像美国和其他许多小国，像法国的人民阵线，英国的自由党，工党，共产党，以至邱吉尔、艾登等人，都在呼应着捷克的共产党，社会民主党，以及其人民大众，和其不屈服的政府，开始着反张伯伦"无耻"的"现实外交"的斗争。这正是使张伯伦的阴谋终难完全现实的有力因素，也就是可能作为支持捷克去抗御希特勒的有力条件。

目前的问题，只有在英法苏捷之坚强的联合，对法西斯侵略者行使毫不退让的政策，才能保障和平，避免战争。英法捷苏的国民，以及全世界爱好和平的人士，必须坚决反对张伯伦的无耻勾结，反对法国当局尾随着张伯伦之"牛后"，反对捷克政府退让的表示，才能救捷克，救世界和平。

但是在目前，捷克政府能否强硬不屈服到底，却成了时局前途的一个中心问题。

三

捷克问题，到今天止，还在一个歧途上发展着。捷克问题的发展，对我们的民族抗战，会给予何种影响，这是特别值得我们注视的。

在我们民族内部有一部分不够坚决的人，他们从前反对世界大战爆发，认为世界大战一爆发，各国会减少甚至停止对我们的援助；现在他们却欢迎世界大战的爆发，希望从世界大战的场合中来和缓目前战争的紧急情势。这是一种依赖外力的一贯的怯懦心理的表现，根本就不够了解乃至忘记了我们"自力更生"的国策。其实，（一）如果因捷克问题而引起世界战争，那决不是局部的战争，而是和平阵线与侵略阵线双方总动员的战争，任何区域，任何国家，都或先或后的会卷入漩涡，双方对于战争的支持，都不能不从全体着眼的。（二）英国态度的犹移不定，苏联的行动，无疑地要受着相当的拘束。一旦英国参加战争，不只苏联在东方的行动，会减少其顾忌，而印度和安南，也不能不一致动员的。（三）朝鲜台湾和日本国内大众反法西斯运动，在大战的形势下，才容易较迅速的转化为直接武装行动。（四）中国民族"自力更生"的抗战力量，便不能不有一个高速度的发展与成长，这是最重要的一点。（五）大战爆发后，不但德意再无力给日寇以军事上的各种接济，日寇从其他国家所获得的军用品和其原料的来源，也将完全断绝，会陷日寇于一个不可想象的艰苦境地……这是最明显的几个方面。在另一方面，如果我们不加速地去培养"自力"，依靠"自力"，那么，大战所能给予我们的有利条件，也会像我们自己所具有的"人口众多""地大物博"的有利条件一样，会减少其作用，甚至无力去利用起来的。在行将到来的世界总决算的大战形势下，战争不但不会有任何局部和缓的事实出现，且更要紧张而凶猛，侵略者将愈要发挥其残酷毒辣的暴行，作为其自身的挣扎手段，是我们所能想象到的。

反之，如果捷克问题，照张伯伦目前的方案获得暂时的解决，那对于我们的抗战，无疑的会引起一些坏的影响。如（一）敌人的气焰，会随同法西斯侵略者在西方的得志，而益为高涨，将愈加要扩大其暴行，与加紧其进攻。（二）敌人和其国际法西斯弟兄，会重新来推进诱降的阴谋——如果不幸武汉失守，连张伯伦都有参加这一阴谋运动的可能。（三）亲日派汉奸敌探会猖狂地抬头，来制造抗日民族统一战线内部的纠纷，去和民族敌人相呼应……自然，这也一样有好的方面的影响。如在民族益危急，斗争益艰苦的情势到来后，会益加强我们的坚决，提高我们的认识，各方面将更能自觉地来加强和扩大民族统一战线，得以赶速而合理地去完成总动员工作……而且无论在何种形势下，也只有把总动员工作完成到客观要求的程度，从而民族统一战线强大到客观必要的程度，才能应付今后更难苦更危急的局面。

因此，捷克问题的发展前途如何，和我们今后的抗战，有着密切的关系。惟不管其前途如何发展，而我们民族抗战的前途，仍决定于我们自身，只要我们能顺应客观情势把自身健强起来，并依旧能给予国际情势以重大的决定作用。

为应付世界的严重局面，为打破民族抗战的严重局面，我们要求立即施行全国的紧急动员。在紧急动员的原则下，立即（一）由政府以坚决的态度，去消灭一切破坏民族统一战线，妨害动员工作的不合理现象；（二）在民主集中制的原则下，实行改善政治机构的紧急措施——这是达到总动员的根本前提；（三）除汉奸敌探外，对全国人才不分党派地尽量任用，并为合乎客观要求地配置，以健强各级机关和人民团体的干部；（四）把组织各种职业青年的工作，当作目前一个紧急的措施，适应缓急，把他们分别地武装起来；（五）大胆地信任民众，积极地去扶助与指导各种职业人民的组织（无分男女老幼）；（六）立即到后方适当的地区，创设飞机，大炮，坦克车等制造厂；（七）严厉制裁亲日派和汉奸敌探的活动；（八）更积极地去处理伤兵问题，切实实行优待抗日军人家属……

最后，我恳切呼吁着：全中国，全捷克，全世界爱好和平的人们，团结起来，坚强起来，予侵略者以严重的打击，保卫中国！保卫捷克！保卫世界和平！

（原载长沙《中苏半月刊》第 2 卷第 2 期，1938 年 10 月 1 日发表）

日寇侵略中国之史的
认识与历史给予我们的试炼

神圣的民族抗战，是历史给予中华民族的伟大任务，又是它对于中华民族的一次严重试炼。

日寇的侵略，是历史对于日本帝国主义的一种玩弄，也是其对日本人民大众的一种试炼。

日寇之所以要灭亡中国，是根据其资本主义成立之特殊条件，根据其侵略中国的历史过程，——还根据垂死时代帝国主义之一般的侵略特性——这些条件的结合，形成日本帝国主义的侵略政策与其今日的行动之必然归结。

中国在"南北朝"时期，由于社会的动乱，大群士大夫东渡；落后的日本氏族社会，获得中国的先进文化与生产力的影响，因推动了"大化革新"运动，创造出日本的国家。直至 19 世纪 70 年代以前，日本完全接受中国文化的影响——离开中国文化，便没有其独创的哲学与科学。

在欧美资本主义侵入东方后，日本也和中国一样，遭受暴风雨的袭击，先进资本主义国家，也给了日本一套不平等条约的枷锁。后来由于"明治维新"，日本才转化为资本帝国主义的国家。

"明治维新"之所以得到成功，最主要的因为日本是一个岛国，在外国资本主义的影响下，加速了"町人阶级"在全国的成长，从而又提高了社会发展之动力的内在矛盾；其次，由于其时资本主义还在工业资本主义时期，对外在获得自由通商的商品市场，所以它们对东方市场的注意点，是地大物博人众的中国与印度，而那地小人寡物啬的日本，并未引起其过大的重视，所以对日本的束缚与压迫便比较轻微；再次，在"内忧外患"，交相煎迫的形势下，在外国资本主义生产方法的影响下，一部分开明的日本贵族，也迎合时势的要求，迎合其民族解放，特别是"町人阶级"的要求，而"变法图强"。

但"明治维新"虽属是日本民主革命的一种形式，却是一种由上而下的"国体改革"，是封建贵族与"町人阶级"的合流，作为其支持民主的板垣与大隈领导的"自由党"和"改进党"，也是以贵族的官僚资本为后台的，所以日本自始就没有完成较彻底的资产阶级民主政治的体制，在农村中，自始就保留着半封建的剥削关系。因此，便形成日本帝国主义之一种封建性的军国主义的遗制，陆海军两系还保留着过去藩阀门第的残迹，特别是其陆海军部，一面参加内阁，一面又直接于"天皇"，内阁对军部最后支配权的行使，自始就非通过"天皇"不可，这表现日本内阁的两重政权性，其所谓"万世一系"的"天皇"，不但是日本第一个大财阀，而且其手中还掌握着军政大权，——这是它容易走上军阀法西斯道路的一个条件。

其次，日本是一个先天不足的资本主义国家，其资本主义经济的生存，需要从国外掠夺资源去灌溉，否则，它便要枯死。这给予日本帝国主义以一种分外强烈的军国侵略主义的特性。

其次，日本是一个晚出的资本主义国家，当它"羽毛丰满"而能飞舞时，太平洋和全世界的土地，随同帝国主义的登台，几乎〔分〕割殆尽了。在这一点上，不特促起它急速走入帝国主义的阶段，且给予一种最凶残的侵略特性。

从而促起日本资本主义经济之军事工业的畸形发展，从而促起其陆军和海军之不断扩张。

从而自"明治维新"以后，日本资产阶级，就决定了侵略主义的"大陆政策"与"海洋政策"。其陆海军两系军阀的竞争，便与这两个政策相适用，——在扩大对外侵略这一点上，获得统一。但是在"海洋政策"指导下的侵略目标，却都是强大帝国主义的殖民地，不容易去染指；反之，"大陆政策"指导下的侵略目标，中国与其藩属，虽系国际共同角逐的场所，却是一个老大弱国。因此，日本的侵略主义，自始便以"大陆政策"为中心，"海洋政策"为从属。自日寇侵占海南岛之"太平洋的九一八事变"以后，其"大陆政策"与"海洋政策"，便获得其同样积极的行动意义，——自然仍是以解决"中国事变"为主题，在日寇的意图中，如果"中国事变"能获得解决后，便可跃入"南进"的更高侵略的阶段。

"大陆政策",就是"田中奏折"之所谓"明治大帝的遗策",其中心就是"并吞中国,统一全亚,征服世界"。大陆侵略政策的执行,首要的对象便是中国。因此在侵略中国的进行中,又认为"欲征服支那,必先并吞满蒙",欲"并吞满蒙",必先攫取朝鲜。

因之,1871年日本强盗之并吞琉球,为其侵华的开端。1894年的"甲午战争",满清政府在日寇的枪口下缔结马关条约;日寇除掠得大宗赔款与种种通商特权外,不但并吞了中国藩属朝鲜,且攫取台湾全岛与澎湖群岛的领土。日寇于此完成了大陆侵略政策的初步,并开始把魔手伸入全中国。

自后,日本帝国主义除一面积极推进其单独侵略的大陆政策外;在与列强共同侵略的场合,也无不扮演着凶恶的丑角。例如1899年,它自行划福建及沿海为其势力范围,准备与列强来瓜分"同文同种"的中国。1900年的"八国联军之役",日本首先是吹号角的小丑;联军攻入北京后,又是瓜分中国的煽动者,对中国国库与文化遗物的抢掠,对中国人民的奸淫和屠杀,"同文同种"的日本"皇军",比"白人帝国主义"的军队更要加倍地残酷;后来日寇又尽量把"辛丑条约"的实行加强与曲解,意图紧束住中华民族,便利其"大陆政策"的推进。

"欲征服中国,必先并吞满蒙"。"并吞满蒙"是日寇大陆政策的第二个步骤。自"甲午战争"后,日寇就把并吞满蒙的工作,排入了侵略主义的行动日程;只是在当时,由于俄德各国的干涉,而退还辽东半岛,使他受到暂时的顿挫。1904年的"日俄战争",便是这一步骤的重新展开,跃入积极行动的阶段。日俄战争结局,凭着"日俄和约"与"中日满洲善后协约",满蒙就成了日寇的砧上肉。

因此,日寇于1906年设立"东印度公司"式的"南满铁道株式会社",并设置殖民地总督式之"关东都督府",自此满蒙的各项特权,渐次被掠夺;中国对满蒙渐演至"名存实亡"的程度。到"辛亥革命"前后,日寇已公开把满蒙视同禁脔,例如所谓"满蒙除外"问题,经过"六国银行团"之相互争持的试炼,举世已瞭然于日寇对满蒙的真实意图。

在满蒙除外的前提下,日寇又遇机来推进列强对中国的共管,想使中国民族永远无力去反抗侵略。例如"六国银行团"与袁世凯签订善后借款合同

（1913 年）的条款，美国因反对监督中国财政和盐政而退出，日寇却坚持到底。

特别在前次帝国主义大战期间，日寇认为列强正忙着在欧洲火并，是他单独侵略的良好机会，想一举便把中国沦于其保护下。初则出兵占领山东（1914 年 8 月），继又于 1915 年 1 月 18 日无故向袁世凯提出灭亡中国的二十一条件，并提出"五七"最后通牒，迫袁承认，这虽则在全中国人民的反对下，暂被延搁。日寇又培植奉皖两系军阀，推动循环不断的中国内战，破坏中国统一。同时，自 1917—1918 年间，"日本银行团"给北洋政府的借款，共达五万万日元，从而日寇便布置其凌驭中国的各项特权。

战后的华盛顿会议，在缓和日美矛盾的基础上，日寇独并中国的虎狼姿态，便不能不暂时敛束。

在 1925—1927 年的中国大革命时期，为破坏中国民族解放的革命事业，日寇不但是残杀中国革命民众的"五卅"惨案的祸首，且利用 1927 年的"南京事件"，险毒地煽动各国来瓜分中国。当国民革命军达到济南，更正式出兵干涉，杀戮中国军民无数，惨杀中国外交官蔡公时，尤开世界史之先例。这可说是"九一八"狂暴行动的前哨。明年的国民政府收回关税自主权运动，那虽则还不够保护中国的产业，那虽则已得到其他各国的赞同，日本强盗却多方狡赖。这说明日寇无时放松对中国的宰割与压制——于中国民族权益的收回，遇事都从中阻挠。

"九一八"前日寇侵略中国的毒辣阴谋与横暴作风，这虽则只是一个轮廓，只是择要的指摘，然而其中心，却是大陆政策的一贯行使。

1929 年从支加哥暴发的经济恐慌，疾速地泛滥到全世界，形成资本主义经济的总危机。在资本主义不平衡发展规律的基础上，先天脆弱的日本资本主义，在经济总恐慌的暴风雨袭击下，便比较更迫切地发动对外侵略，企图把自身从危机中逃脱出来，从而便走上军阀法西斯蒂的途程。在中国，原来就已够古老而衰弱的，再加之连年的水灾旱灾人祸各种灾难的臻至……抵抗力更是相对地薄弱，像那惯于"乘人之危""幸灾乐祸"的日本强盗，正好把中国民族的灾难，当作"日本国家的神风"。"九一八"事变，便无可避免地暴发了。残杀中国人民生命，掠夺中国人民财产的"万宝山事件"与所谓朝鲜排华潮，只是用以探听中国与各国动静的枪锋小试，只是"九一八"全武行的信号。

从"九一八"到 1935 年侵入察哈尔止，大体上，日寇就完成了大陆侵略政策第二个步骤。但此不是说，在这个阶段中日寇只在完成其"大陆政策"的第二个步骤，事实上，却已同时在进行其"征服全中国"的步骤了。政治上的经济提携，协同防共，承认伪满……的原则，已不断地在推进，在向着中国的中央和地方政府施行压迫。军事上，在"一二八"战争与天津事变后，自1934 年的侵入长城，已正式把枪口指向华北，并普遍地设置特务机关，——这是一种可耻的间谍与阴谋策动机关……

特别是所谓"四一七"天羽声明，已不啻把中国看作其保护国，在这个声明中，他排挤列强的在华权益，取消中国民族的历史和生存。

因此，自 1935 年以后，日寇已全面地进入其大陆政策第二步骤的实际行动中，即"征服全支"的实际行动。从而可知"七七"卢沟桥事变，是有着其必然性的内容的。

从此，在日本侵略主义之历史的发展过程上，在中国民族解放运动之历史的发展过程上，目前的中日战争，都是无可避免的。

历史布下一个阵局，在抗战发动前，给了中国民族以两个可能的前途，即求生存的抗战前途，或不抵抗的亡国前途。抗战对于中国民族，也有两个可能的前途：即把日寇驱逐到鸭绿江边，完成民族解放的前途，与战败或半途妥协的亡国前途。这两种可能性的前途，谁是有着现实性的呢？那是要依赖着一定的诸条件以为决定的。不过对此一定诸件起主导作用的，却是在我国，而不在日寇。具体地说：我们从政治，军事，外交，经济，文化等方面，去坚持进步，坚持团结，坚持抗战到底，就是使我们战胜日寇之可能性成为现实性的一定诸条件；反之，我们的退步或保守，内部的摩擦或分裂，半途的动摇或妥协，又都是足以使我们战败的可能性成为现实性。

我们抗战了，我们已冲破了民族的解放或灭亡的第一道关隘；抗战经过两年有半的今日，正临到历史给我们规定的第二道关隘，这正是历史给予我民族的严重试炼。三民主义的新中国的前途，还是日寇"大陆政策"的殖民地的中国的前途，摆在我全民族的面前，让我们自己去选择。炎黄子孙的中华民族，是全人类的一个优秀部分，都只肯欢迎三民主义新中国的前途，在全国人民大众已达到相当觉醒程度的今日，也只容许我们去选择这个前途。虽则还有汉奸和暗藏的少数投降妥协分子，愿意去选择殖民地中国的前途，那也正是历史给予中国民族个别的试炼与淘汰，他们却无能逆挽历史的齿轮。

另一方面，"甲午战争"和"日俄战争"……并不是给予日本帝国主义的什么"神风"和奖励，正是历史给予落后的满清封建政权和沙俄专制政权的惩罚。从"九一八"到现今的中日战争，事情却换了边，是代表人类前进势力的中国民族和反动的垂死的日本帝国主义势力的斗争，这同时也就是历史对于垂死的日本帝国主义的玩弄。可是如果中华民族不争气，让日本帝国主义在这回又遇到"神风"，那不但要中断中华民族的历史，要阻碍日本历史的前进，并且会阻碍全人类文化进步的速度。在这里，历史又给了日本人民大众一个试炼，回到野蛮，还是进入文明？具体地说，日本人民大众与中华民族一同来推翻日本帝国主义，让东亚乃至世界进入永久和平的时代，还是愿继续生活在反动的恶魔的魔掌下？让他们自己去选择，日本人民大众却已开始在选择前者。

（原载《中苏月刊》第 4 卷第 1、2 期合刊，1940 年 4 月 15 日发表）

三十年来的中国
——纪念民国成立三十年

一

中国社会自 10 世纪自由商人的出现，"都市行会手工业经济"的发展，封建制度已走向下坡。迄大明中叶"一条鞭法"的实施把封建性的"人头税"归并于地税，正表征着商品经济的发展，引起对农民人身的一点解放（虽仍只是点滴的改良）。到明末清初，便出现了商人以其自己的原料委托农民和手工业者制造的生产形态——资本主义性的工场手工业的始基形态。明末王夫之、黄梨洲的进化观和民主思想，清初的朴学，以及与之相追随的明末清初的西洋科学思想的输入，都是和社会经济新生因素的发生相适应的。

因此我们说，若没有外国资本主义的侵入与"鸦片战争"，中国社会便早能"以其自身之力"完成了现代的过程。

"鸦片战争"的结局，先进资本主义绞杀了中国社会新生的资本主义幼芽。但在中国社会内在矛盾的基础上，在先进资本主义的强烈影响下，便由"太平天国革命"给以创造作用，而出现了曾左李张等所主持的国家官僚资本企业，官商合办企业，商营企业。

但国家官僚资本企业，是掌握在满清统治者手中，他们的主观上想以之作为维系封建政权的续命汤；而资本性的企业，客观上却又有其革命性的。所以它自始便渗透了封建保守性和民族革命性。商营企业，是比较革命的积极因素，但由于它是成长在半殖民地半封建的国度里，所以自始又带着较强烈的妥协性，而形成其不平衡的两面性。

这对于现代中国民族民主革命，给予了或正或反的作用。

这种国家官僚资本企业、官商合办企业、商营企业形成民族资本的总体（但有其相互的矛盾）。在"戊戌"运动以前，以这种国家官僚资本企业为主导，"戊戌"以后，商营企业便获得在其民族资本中的主导地位。在国家资本企业的基础上，出现了"洋务运动"和"戊戌运动"；"洋务运动"在资本上，是封建统治者的自救运动，"戊戌运动"的本质，则为进步官僚知识分子的由上而下的改良运动。

在商营企业等革命的物质条件的基础上，产生——成长了民族民主革命的力量。在国父孙中山先生的领导下，1894年组织革命党团"兴中会"，1905年正式组成革命的政党——"中国同盟会"。从而便形成革命派与改良派（立宪保皇党）的对立。

而以满清政权所代表的封建统治者，自"洋务运动""戊戌运动"失败后，不但守旧派压倒维新派，维新派退处于半在野的状态；而且整个政治机构愈趋腐化，特别自"戊戌"前五年的中日战争后，它已完全变成帝国主义的统治中国的工具，已只能发挥其反革命的"民族牢狱"的作用了。

而国际资本主义自"鸦片战争"后，便开始以宗主国的姿态降临中国，使中国成为资本主义世界的一环（自此资本主义世界的任何事变都影响着中国，中国的任何事变也都关联着资本主义世界），并步步加紧把中国殖民地化，特别自19世纪末资本主义进入帝国主义时代后，在资本输出原料掠夺等特征上，不只要求把中国瓜分为其各别势力范围，更要求中国的经济、政治、文化附庸化，以符合其帝国主义的利益。

所以自"鸦片战争"到"甲午战争"和"戊戌运动"的时间，中国社会的主要诸矛盾，表现在支配中国的资本——帝国主义，中国封建势力，中国民族革命势力的相互关系上。帝国主义的侵略步步加紧深入，中国封建政治则步步腐化，反动，与之相应而起的民族革命运动，则步步深入与扩大，自"甲午战争"和"戊戌运动"以后，基本上虽则还是这种形势的发展，但不只再不能从封建统治属中发生像"洋务运动""戊戌运动"那种作为，而社会的内容也日益丰富了。

在这种社会的基础上，爆发了三十年前的辛亥革命。

<h1 style="text-align:center">二</h1>

辛亥革命，基本上是根据于中国民族资本与帝国主义及封建势力的矛盾上，争路运动，便是这种矛盾之尖锐的表现，表现着帝国主义要掌握全中国交通动脉的铁道，表现着满清统治者甘心出卖民族的利益，企图在"收归国有"的名义下把全国铁道转让"外人"；次要的是根据于满清对汉人之残暴统治的种族矛盾上，封建农村崩溃的矛盾上……所以革命的参加者有华侨、商人、工人、农民（主要是失业农民）、手工业者、小资产知识分子等。所以革命在反帝反封建的本质上又表现着排满。

辛亥革命虽属是旧的资产阶级性的民主革命；但已正式宣布了"民族民权民生三大旨"，特别是主张土地国有的"平均地权"的原则的宣布，表现其较 18、19 世纪欧美的民主革命有着进步的内容。

辛亥革命的结果：（一）推翻了两千余年的专制制度，在亚洲开始树立起一块民主共和国的牌子，宣布了最低度的民主要求的约法（共五十六条）；（二）打毁了"民族牢狱"的满清政权；（三）给欧战时民族产业资本的发展，打开了一条羊肠小道。这是其成功的一面，值得"大书特书"的。

但由于帝国主义暗中帮助袁世凯来破坏革命，由于"革命党"内部的分裂，由于没有广大群众的动员等原因下，革命并未达到彻底的成功，便为袁世凯所骗取，半途与反革命妥协而失败了。

革命失败后，政权堕入军阀首领袁世凯手中，袁贼原由于帝国主义的暗中扶助而骗取政权，帝国主义便转而共同来利用袁贼，作为其宰制中国之工具，东交民巷的"公使团"便无异是共管中国的太上政府——这虽然自《辛丑条约》以来便已如此，而所谓"五国银行团"的成立，却表现了形势的新发展。但这不是说，列强相互间从此缓和了权利冲突；相反的，乃更加剧烈了。

而"公使团"与"五国银行团"正在共同宰制中国的矛盾进程中，由于1914 年第一次帝国主义战争的爆发，欧洲列强势力不能不暂时退出远东，日本帝国主义便企图乘机来独并中国，袁世凯成为其单独御用的工具。从而袁世凯统治了大江以北的广大区域，并不断向南中国扩张。这正是日帝国主义势力范围的扩大与其扩展企图的反映。英法则仅在西南一隅保守其势力，美国原没有独立的势力范围，至此亦仅能在一般经济政治问题上表现对日本抗议而已。

因此，日本帝国主义一面暗中怂恿袁世凯筹备帝制，根本取消其所厌绝的民主共和国的牌子，摧毁其时代表中国民主势力的国民党，并暗杀其重要领袖宋教仁；一面于 1914 年 8 月出兵占领胶州湾、青岛、胶济铁路……并于翌年 1 月向袁世凯提出灭亡中国的二十一条密约——5 月 7 日提出最后通牒。袁贼不顾国会及全国人民反对与外使抗议，甘心出卖民族，竟承认其大部要求，于 25 日签字。

"袁死段继"，北洋政府仍继续其亲日卖国政策。不过在第二次"讨袁之役"的过程中，美国得以在中国培植其御用武装，日本亦要求把其御用势力分化，使互相牵制，因而在北洋军阀的内部便开始分化为直奉皖三系，张勋的复辟运动，也正是美日权利冲突的化装。英法等在南中国，也尽量利用唐继尧陆荣廷龙济光等为其权利的代表。从而便扩大军阀的割据形势，展开了军阀混战的局面。

另一方面，自"南北和议"后，革命便转入退潮，第一次"讨袁之役"，只不过是退兵的一战。于"革命军起，革命党消"的残局下，孙中山先生便退而改组革命队部——提出"一、屏官僚；二、淘汰伪革命党"的原则，改组国民党为中华革命党（民国 3 年）。

在"亡国灭种"的胁迫下，人民自发地提出反对二十一条件，反对袁贼卖国政府的要求；但由于没有强大的革命政党去加以领导，未能发展为反日反卖国贼的革命战争，仅表现为知识分子的反日"杯葛"运动，和其后蔡锷所首倡的第二次"讨袁"。在第二次"讨袁"的过程中，孙中山先生于 1916 年 5 月 9 日发表"讨袁二次宣言"，作"保持民国"，"尊重约法"的号召；6 月 9 日发表"规复约法宣言"，提出"规复约法尊重民意机关"的主张。虽然"元凶死殒"，黎元洪"依法继任"，"徒以除恶未尽，权奸当道"，"侵约法宣战媾和之权，辱国会神圣立法之地"。[1919 年 7 月孙中山提出拥护约法恢复国会的主张，遂率驻沪海军到广东，掀起"护法运动"。] 8 月，护法派议员便集会广州。孙中山先生亦于 9 月 10 日就海陆军大元帅职，领导护法运动。自此直至"五四运动"前夜，忽跌忽起的南方"护法运动"，虽反映着多种复杂矛盾的关系，却也保留着民主要求的一息残喘。

三

第一次□□主义大战后，中国民族的具体环境改变了。一方面，中国民族资本获得了相当的发展，那不但提高了资产者对民族革命的主观要求和力量。且又强大了与之相追随的中国工人。一方面俄国的社会主义革命已在世界六分之一的面积上获得胜利，从□□主义世界分裂了出来，并给东方弱小民族寄来了无限同情与鼓励。一方面，西方被压迫阶级和东方被压迫民族，都纷纷发动革命或提出解放要求。

而自大战结束后，列强又重新恢复在中国的角逐，她们不但以雄厚的资本力来打击幼稚的中国民族工业，且在其权利的争霸战上，又加紧培植军阀势力，扩大内战。因之，在夹击中的民族资本企业，便不断地破产、停业、倒闭，并深化了全国农村的破坏程度。

加之，在□□式的巴黎和会中，路易乔治克里蒙梭之流，不但完全拒绝中国的要求（虽则中国是所谓"战胜国"），且因英法议事前曾与□□□□□□，又正式承认日本在山东的侵占权利。

从而便爆发了空前的"五四运动"（1919年），群众自发的反帝反封建的革命运动。——其直接的表现则为反日反卖国贼政府。运动的主要口号为："外争国权，内惩国贼"、"拒绝和约签字"、"废止二十一条约"、"誓死争回青岛"、"抵制日货"。参加运动的，不只有资产者、商人、小有产者，而工人也第一次充任了运动的一个主力；但以代表资产者的小有产知识分子为领导。

"五四运动"在本质上虽还是旧的资产阶级性的民主运动，但由于民族具体环境的变化，已包含着新的内容——有簇新的社会集团充任了运动的主力之一，并开始接触到科学社会主义；而且明确地提出反帝反封建的口号，广泛地展开了反愚昧、武断、迷信、盲从的，"科学"和"民主"，反封建文学的"白话"文学运动。所以它是其后革命的三民主义革命的序幕。

在运动的创造性，特别在其所展开的群众觉醒的基础上，不但给国父孙中山先生以完成革命三民主义的发明，与改组其领导的革命政党的准备条件；且推进了工人先锋队的产生，开辟了新兴社会科学运动的道路。

所以"五四"是中国民族主义革命运动，文化运动的划期标志；在其前是旧式的，其后是新式的。

"五四运动"的本身，为1921年的"华盛顿会议"所结束。

"华盛顿会议"的内容，是战后英美日（特别是美日）在太平洋的霸权争夺，英美压迫日本放弃独占中国的野心，恢复均势；而所谓保障中国"领土行政之完整"的《九国公约》，与压迫日本退还中国的一点权利，只是其□□□□——自然，她们感于中国人民的觉醒与其雄伟的力量，也是一个重要原因。

"华盛顿会议"后，虽暂时制止了日本独并中国的野心，却深化了列强在华的权利争夺。但列强胁于中国民族的觉醒与革命要求，□□上却改采较和缓的方式，其权利的要求与冲突，其对于中国人民□□□，对革命的镇压，则尽量□□军阀去进行。因而一面表现为"此伏彼起"的军阀内战——特别是直皖、奉直几次大规模的军阀集团间的战争，一面表现为北洋军阀政府之各种各样的卖国事件，贪污案件。最显著的，如所谓德发借票案、金佛郎案……一面表现为层出不穷的苛捐杂税，拉夫、派饷奸淫、掳掠……

曹锟的伪选，表示直系曹吴军阀势力猖狂的极端化，无耻化；所谓联省自治，则是地方军阀在半殖民地半封建的基础上，企图把割据形势合理化的一种表现形式。

与这种反动局面敌对地发展的，便是国父孙中山先生于1921年5月5日就大总统职，1923年1月26日与越飞联合宣言，确定联苏政策，同年1月1日宣言，以求民族自由平等的民族主义、"废除以资产为标准之阶级选举"的民权主义、"平均地权"、"节制资本"的民生主义向全国人民号召，同年12月正式改组中国国民党，确立三大政策，翌年1月召开第一次全国代表大会，发表革命三民主义的革命政纲……便是1921年中国工人先锋队成立；便是"此伏彼起"的群众反帝反封建运动，特别是"二七运动"，"五卅运动"，六一长沙学生反日运动，福州学生反日运动，□□大罢工运动……广东成了革命的策源地，广州的革命政权，获得全国革命群众的拥护，成了民族民主革命的领导中心。在这里，还该特别提及的，就是"五卅运动"，在革命的领导因素上，在推动文化运动的作用上，是由旧内容旧形式转换到新内容新形式。——由"五四"到"五卅"还只是旧内容旧形式向着新内容新形式的过渡。同时该提及的，这种步步高涨的革命形势，又是与其时中国经济的恐慌相关联的。

而革命势力的蓬勃发展，使帝国主义和封建分子恐惧，也使他们愤怒。因而不但受役使的军阀在各地都用扩大屠杀的手段来镇压革命，帝国主义也采用炮轰政策来镇压，从而"二七惨案"、"五卅惨案"、"六一惨案"、青岛屠杀工人惨案、福州屠杀学生惨案、□□惨案……便随同革命潮的高涨而不断发生。同时，它又使用各种阴谋图破坏革命势力的团结，推翻革命政权，自陈炯明的叛变以至廖案和商团事变等，就是最具体的表现。不过屠杀和阴谋，当时并没有破坏革命，只尽了把时代推进到大革命的作用。

在革命浪潮日渐高涨，群众日益革命化的形势下，不独广东的革命民权步步巩固强大，并影响着北方的旧武装倾向革命。在奉直战争的进程中，冯玉祥联合胡景翼岳维峻回师北京，发动所谓"首都政变"，推翻伪曹政权，驱逐猪仔；迎段祺瑞入都执政，并敦请孙中山先生北上，"共商国是"。同时吕秀文则以国民第五军名义发难于山东遥为响应。

孙中山先生的北上，发表了对时局正确主张的"北上宣言"，坚持以真正能代表全国民意的"国民会议"来"解决国是"；他的北上，并带给了全国人民无限的希望。而依旧没有摆脱日本束缚的军阀头子段祺瑞，一面对孙先生表示尊崇，一面根本拒绝其主张。孙先生的逝世，给了全国人民无限的悲悼，同时更激动了全国人民革命的热情。

而革命波澜涌入了反动巢穴的北京，某某国和日本便转而联合来反对革命，便表现为奉直联合反国民军的战争。日本帝国主义并亲自出马，以兵舰驶入大沽炮轰国民军，而八国公使亦向北京政府提出严重通牒，段祺瑞却表示和帝国主义一致。因而便激起"三一八"北京人民的反帝反奉反段国民大会。段祺瑞以大屠杀来镇压爱国人民，演成"三一八惨案"（1926 年）；国民军也被迫退出南口。张吴于是会见于北京，执行日本等帝国主义意旨，指国民军为"北赤"，南方的国民革命军为"南赤"，并发动所谓"反赤大同盟"、"国民制赤会"、"人权保障会"等组织。所谓"反赤"，不过是帝国主义军阀等反对革命的借口。

四

国民军的退却，不是表征着革命的退潮，相反的，革命的潜流已发展成为全国的形势。

在国民军退出南口，反革命重新在北方猖獗后，由于吴佩孚的策动，掀起湖南赵唐的内讧。赵恒惕表示退让，唐生智入主长沙；吴佩孚又援助叶开鑫攻唐，唐退走衡阳，求援于国民政府，表示服从革命。

因此，国民政府决定北伐，以现委员长蒋中正为国民革命军总司令，唐生智为前敌总指挥兼第八军军长，同时以第一军一部留守东江，第二、三、四、六、七等军随同北伐。

由于民众的亲切合作与动员工作的相当展开，国民革命军于 1926 年 7 月由广东出师，至 10 月便完成湖南和武汉三镇的占领；在江西方面，亦于 11 月完成南昌九江的攻占任务；东路军则自 9 月至 11 月占领福建全省；北方的冯玉祥军亦于年底占领全陕。

随着革命的胜利，国民政府乃决议迁都武汉。

不只革命军事的胜利，主要由于民众的帮助，并直接由群众的力量，夺回汉浔英租界，展开中国现代外交的新纪元；并于国民革命军进师浙江之际，上海革命民众发动响应革命的三次起义，击败反动的武装，达成占领上海的任务；并由群众的组织力量，巩固了革命的后方……

另一方面，在革命胜利的顺利进展中，美日等帝国主义便采取联合反对革命的阵线，并计议直接出兵。从而便形成为奉张吴孙反革命武装的大联合。而在革命势力之蓬勃成长与革命已开始深入的情势下，吴孙都相继失败，帝国主义除一面采取直接行动外（如各国联合炮轰南京），又转而积极推进分化革命的阴谋。

自宁汉分裂，南京"清共"到武汉"分共"，以至中共对陈独秀机会主义领导路线的清算，蒋总司令下野，"特别会议"成立……革命便完全进入了另一阶段。

在"特别会议"成立之初，孙传芳张宗昌联合反攻，帝国主义并直接以兵舰援助，形成最严重的形势——南京危急。李白何等合力解决龙潭战役，南京始转危为安。

1928年春，蒋总司令复职，发动"第二期北伐"。蒋总司令兼第一集团军总司令，沿津浦路北进，冯阎的第二第三集团军则沿平汉平绥向北京会师。第一集团军攻入济南，日本帝国主义直接出兵干涉，并惨杀外交特派员蔡公时以次官吏军民甚多。国军复退出济南（日军强占济南适一年以上）。适其时冯阎两军已过黄河，迫北京；张作霖退兵出关，阎冯两军相继进入北京。日帝国主义不只不赞同张氏退兵出关，并且乘机攫夺东三省，因而乃有所谓皇姑屯炸车事件。张学良间道回奉继承父职后，便表露服从国民政府的倾向；但东北的"易帜"曾受到日本帝国主义的多方阻挠。

东北易帜问题解决后，全国算是统一了。

国民政府从1928年起，发动修约运动，其中关税条约的修改，可说有着低度的成就。日本帝国主义在这一问题上，也多方刁难。

在1929年开始的世界经济大恐慌的袭击下，日本帝国主义凭借其侵略满蒙的历史关系，又乘中国连年内战与天灾的交迫，便于1931年发动进攻中国的"九一八"事变，图借此去解救其国内的经济恐慌与政治恐慌。

在"不抵抗主义"的原则下，便利了日阀对东三省的迅速占领。日阀为着要在长江取得军事进攻的据点，为着用武力威胁中国政府，又于1932年1月28日开始进攻上海，演成"一二八"战争。1933年继续进攻热河（中国长城抗战失败，签订《塘沽协定》），1935年夏迫中国签订《何梅协定》，继又一面组织所谓"香河暴动"，制造"冀东"傀儡政权，一面进攻察绥演成"绥东战争"。这时期日阀的军事进攻，实际还属次要，而政治进攻则演着主要的作用。政治进攻的阴谋，不管其前后的花样如何改变，骨子里不外是灭亡全中国的"广田三原则"。

中国政府的应付，一面是蒋委员长的埋头从事抗战准备工作——发动国民经济建设运动，改进国防武装等；一面是汪精卫的"一面交涉一面抵抗"与依赖国联主义。

"一二八"抗战、长城抗战、绥东抗战，都是在中央领导下的进步军队与爱国民众抗战行动的武装表现。

中国人民在抗日救亡的要求下，一面是坚持东北抗战的中国人民义勇军的艰苦奋斗；一面是抗日救亡运动之广泛地展开——它虽然不断受到接受日阀意旨的汪精卫的无情压迫，常转向地下去进行。抗日救亡运动，不仅尽了政治上的推动，号召与组织作用，而且尽了抗日的国民思想的准备作用——启发着民族意识，爱国思想，并把新社会科学运动推进到新启蒙运动。这到"一二九"运动便达到了高点，不仅是一次反日阀反汉奸的英勇的群众革命运动，不仅在政治、文化等方面提出了抗日民族统一团结的正确口号——符合全国人民的积极要求，并正式展开了抗日民族统一团结的实践步骤。

在全国人民的要求和督促下，消弭了四川事变、两广事变。全国人民的要求，是全民族统一团结御侮。而至"西安事变"和国民党三中全会的结果，便正式获取了国内的和平，全国走入了真正统一的道路。

在国际方面，苏联的全国舆论与其在国联的行动，都始终反对日阀同情中国。全世界劳动人民、被压迫民族、公正人士，或从反法西斯侵略主义的立场上赞同中国，或寄予中国正义的同情。美国对日阀虽无积极的行动，却不断向日本提出抗议，并坚持了史汀生的"不承认"主义。国联在最初，口头上同情中国，事实上却在赞助日阀；李顿爵士的调查团建议书，图把中国的东三省置于以日本为首的国际共管下，来和缓远东局势；迄后日本自己的行动说明其企图在独占中国，国联始把史汀生的不承认主义作成决议……大英帝国，在李顿爵士、李滋罗斯爵士来远东的任务失败后，便一面来援助中国经济建设，特别是对中国法币制度的确立与完成粤汉路的建筑，以此去对抗日本独占的企图；法国也以日本对华的侵略和她的利益根本矛盾，转而和英国采取同样的政策，特别表现为对滇粤路的运输协定，和津沪汉法租界对中国人民救亡运动的暗表同情。

因此，国民党三中全会对全民族各阶层各党派统一团结御侮的决策，得到苏美英法各种的赞同。

在这种形势下，以政治进攻为主的日阀亡华策略，便不能不受着阻碍，因转而采取以军事为主的全面进攻，这样就爆发了"七七"卢沟桥事变，同时也就展开了我们神圣的民族抗战。

日阀的侵略，是百年来帝国主义侵略中国的最高发展形势，神圣的民族抗战，是百年来中国民族民主革命的最高发展形势。不是我们打败日阀，建成革命的三民主义的新中国，便是中国为日阀所灭亡，第三条路是没有的。

抗战三年多来，中国民族已经在世界人类的面前站立了起来，已经把日阀的泥足拖住，使她渐丧失了头等强国的地位。但我们的危机并没有过去，目前且正是一个艰苦危岌的阶段，只有坚持团结，力求进步，贯彻抗战到底的国策，总能完成"抗战建国"的神圣任务，中国民族终不致灭亡。

1940.11.26. 重庆复旦大学

（原载商务《学生杂志》第21卷第1号，1941年1月15日发表）

为冀热辽解放区灾情严重亟盼"联总""行总"救济答《解放》记者问[①]

(1946 年 4 月 24 日)

吕振羽氏代民呼吁，冀热辽区灾情极为严重，亟盼联总、行总拨资救济。

"无人区"200 万灾民无衣无食

（新华社本市 24 日讯）解放区救济委员会冀热辽分会副主任吕振羽氏，近日来平与联总、行总接洽联合国救济物资分配问题，记者特走访，向吕氏提出以下一些问题，承一一解答。

问：冀热辽区受灾情况如何？

答：本区包括冀东、热河、辽西三个行政区，人口一千四百余万，由于敌人长期统治，与八年来的残酷斗争，灾情分外严重，现全区衣食住全缺之难民共 2,050,994 人，至少缺一项者为数更大；其中灾情最重者，为"无人区"，热河有十几个县，冀东除平津近郊外，到处都有无人区，占全面积的百分比颇大。按敌人早期所宣布的如兴隆为 46%，青龙为 10%，承德为 21%，实际还不断有扩大，这即敌人所谓"无住人地带"即八路军的抗日根据地；至于游击区即敌人所谓"无住人地带"还不在内。敌人为制造"无人区"，复施行残

---

① 编者注：标题为编者所拟。《解放》系中共北平地下党主办。

暴的"三光政策",如潘家峪惨案,全村男女千余人被屠杀,近千间房屋被焚毁;大小黄崖村五十里长的川沟全□烧光。冀热辽交界线的沿长城南北各十至十五里,东西二百数十里也都是"无人区"。其次为热北蒙人居住的游牧地区,他们的衣食住全都靠牛羊的肉和皮,但因敌人直接抢夺和间接损害,致当地大量人口成了衣食住全缺的难民。现在这二百多万难胞,衣的方面,有全家只有一条裤子者,十七八岁姑娘不穿裤子的也颇不少;食的方面,糠麸野菜也快没得吃了;住的方面,往往七八口人挤在"人圈"的一间小屋中,或在山崖间搭架草棚。加之春耕快要过时,他们都无法进行耕种,情况实在很严重。

问:贵会曾作了何种救济?联总的物资运给贵区的有多少?

答:本会协助民主政府曾尽了自己的力量,解决了部份难胞的衣食问题。在热河已发放贷款法币一亿二千五百万元。但因民主政府财力有限,仍不免杯水车薪。联总、行总在本年2月虽派了一个组到本区观察,当认为灾情严重,曾说可能于三个星期后运送物资前去。冀热平津分署署长童冠贤先生也承认本区为冀热平津范围最严重之灾区,并闻联总运华物资已有三十万吨左右。但至今为止,本区尚没接到粒米寸布和分文的救济。

问:贵处不能及时得到救济物资的原因何在?

答:据联总方面和行总方面的童署长表示,是由于对交通运输没有把握,但实际交通运输并不成问题,由北平至石匣转古北口承德一线,及由北平经冀东蓟县至承德一线均可通运。该区人民现在翘首等待联总、行总救济物资之到临。

问:贵区卫生情况如何?

答:本区向多各种疾病疠疫,估计在今年可能更严重,现虽已采取各种人工防疫步骤,但尚无保障,现承德流行白喉,新惠发生鼠疫,情况颇严重。本人此来虽向联总提出防疫救急要求,已承拨给白喉血清五十瓶,一百人用量,但为数太少,无济于事,因又向童冠贤先生提出要求,承面允设法拨给必要药品,但尚未收到。而当地疫病情况亦日形严重,殊令人心焦。

(原载《解放》三日刊,1946 年 4 月 29 日发表)

关东同胞用团结和行动来纪念"五四"

"五四"是中国现代史上一个重大的节日,它揭开新民主主义革命的序幕,为独立自主和平民主的新中国开辟了胜利前途;它是工人、农民、小资产阶级及资产阶级联合的一次革命运动,并以小资产阶级的青年学生为主导,表现了青年学生在中国民族民主革命运动中的桥梁和先锋作用,也显示着他们只有紧紧追随工人、依靠农民,斗争才有前途。"五四"所揭出的"民主"和"科学"两大口号,是现代中国人民斗争的重大目标,也是广大青年所要求的教育内容,在解放区,并已成了新民主主义经济、政治、文化教育的基本方针和具体内容。

在日寇残酷统治了四十余年的关东,当时并没有直接受到"五四运动"的洗礼;在其封建的军事的帝国主义殖民地政策下,关东人民完全成了他的奴隶,如在工商业方面,日资依据其强制性的特权支配一切,中国人的工商业资本只是其吸取营养的附庸,毫无发展壮大的可能,以后更大多在所谓"统制"与"配给"制度下被扭死。广大的劳动者,成为其无条件榨取的机器,不只常濒于半饥饿状态,且在技术和精神生活方面受到种种人为的强制束缚。土地被无条件占夺,农民的生活,物质上被压抑于人类物质生活的最低限度以下,文化教育方面被束缚于中世纪的迷信愚昧状态之中。广大的城市贫民,经常受到生活动荡、毫无保障与流落街头的苦况。青年学生所受的教育,基本上完全是一种反科学的神学的奴化教育,反民主的法西斯"皇道主义",把青年的思想束缚于中世纪的封建迷信与日本神道的支配,以无条件服从为目的。虽则为着培养给他服役的佣人,而给予一定限度内的技术科学教育,又以种种人为的强制阻滞于较低水平。"五四"的精神,根本不容许关东青年去体会。

由于全中国人民的抗战，由于〔苏联〕红军的帮助，关东才从日寇的奴役下解放出来，一切妨害科学和民主事业的障碍，今已基本扫除；关东人民今已建立起自己的各级民主政权，并在全国范围内获得局部的和平环境。只要这种和平环境与民主政权能保持、巩固、发展下去，"五四"所揭出的"民主"与"科学"两大口号，便将在关东地区充分实现与顺利发展起来，关东便一定能成为新民主主义的一个模范地区——成为和平民主自由繁荣的新关东，成为辉煌灿烂的科学基地。

只要这种和平环境与民主政权能保持、巩固、发展下去，根据关东各种主观和客观条件，只要中美反动派不从经济上、政治上来阴谋封锁和破坏，工商企业就一定能很快地恢复、发展与繁荣起来，私营的、公营的、合作社的各种性质的工商企业，将发挥其相互配合与相互扶助的作用，给新中国的城市工商业经济创造出新的规模。在这种工商企业里面，私营的、尤其是私营的中小工商企业，在民主政府有计划地扶助下，将获得自由而顺利的发展。伴同工商企业的恢复、发展和繁荣，贫民与自由职业者的生活和就业问题，都将得到合理的解决与保障，将创立起一种合理的生活与就业秩序。为恢复与发展工业及交通运输各业之主力军的劳动者，不只在生活和职业方面，将获得完全保障，且将获得各种便利条件，能充分发挥其技术的天才和创造。农业与园艺在合理使用土地的基础上，将使用科学技术去代替旧的经营方式。大量提高生产，繁荣农村，农村劳动人民的生活将普遍获得合理的改善。教育方面，"科学"和"民主"不只是它的方针，而又是其真实的内容，研究者和一切文化教育工作者，都将在这种方针下获得自由研究的机会和便利条件（如各种科学设备、文化设备等），广大的青年，都将有机会受到"科学"与"民主"之统一的理论与实践一致的良好教育……这一切，都不是什么远景和理想，而是民主政府的既定方针与现实的可能。而这样一个新关东之能否完全实现，不仅与和平环境能否保持与巩固分不开，且与民主政权能否获得巩固与发展分不开。谁都知道，环绕在关东周围的中美反动派阴谋家，时时在布置阴谋，企图来破坏关东人民的和平与民主生活，来阻挠和破坏我民主政府建设新关东的善政。这是关系关东各阶级、各阶层人民的共同利益，为着这种共同利益，为着和平民主繁荣的新关东这个共同目标之完全实现，主要只有依靠人民自己的力量，依靠人民都抱紧和壮大自己的团体，以人民自己团体的力量和行动，去击破反动派的阴谋，保卫自己的民主政权，巩固和平的生活环境。只要关东各阶级、各阶层人民都加紧地团结起来，一致地行动起来，就能击破一切阴谋破坏力量，就能保证和平民主自由繁荣的新关东完全实现。

　　但关东究竟是中国的一个部分，保卫关东本身和和平民主，又与全国人民争取和平民主的事业分不开的；关东人民的斗争，不仅在客观上是全国和平民主事业的一个部分，并应在主观上去配合全国人民的这种斗争。

　　　　　　　　　　（原载驻大连苏军政治部主办《实话报》，署名：
　　　　　　　　　　柳岗，1948 年 4 月发表）

伟大兄弟同盟与伟大国际主义的友谊援助

一、伟大的兄弟同盟

中苏两大兄弟国家，本年 2 月 14 日签订的中苏友好同盟互助条约及两个协定，是在伟大列宁斯大林所代表的无产阶级国际主义的基础上缔结的，是在斯大林外交政策的崇高原则下缔结的，是在斯大林大元帅与毛泽东主席的英明决策下缔结的；3 月 27 日继续签订的创办两个联合股份公司及中苏民用航空股份公司的协定，乃是盟约第五条的一个具体实施步骤。第五条规定："缔约国双方保证以友好合作的精神，并遵照平等、互利、互相尊重国家主权与领土完整及不干涉对方内政的原则，发展与巩固中苏两国之间的经济与文化关系，彼此给予一切可能的经济援助，并进行必要的经济合作。"这个条款，正如新华社社论所说："对革命后的中国是特别需要的"，"有助于新中国的恢复和发展"，"必将使伟大的中华人民共和国迅速地成为强盛与工业化的国家。"

这些条约和协定，正如两国外长在签字式上所讲过的一样，完全符合于中苏两国人民的根本利益，并符合于东方与全世界进步人类的利益。因此，不只全中国人民都以伟大节日样的情况来庆祝这些条约和协定的签订，"苏联人民以深深满意的心情庆祝上述条约和协定的签订。"（《真理报》社论）而全东方与全世界的进步人类，也都表示热烈的拥护和赞成。但是它特别表现了斯大林和他亲自教养的苏联人民，对中国人民的伟大友谊和道义的援助。这正如季米特洛夫同志所说，充分表现了："斯大林和苏联人民一致的思想和一致的意志，是为着全世界被压迫者及被剥削者的利益而服务。"（《斯大林与国际无产阶级》）这在我们中国人民，从十月革命以来的三十多年历史过程中，斯大林和苏联人民对我们的不断关心和援助，是有着亲身的体验和深刻认识的。

但是这些条约和协定，对于美帝国主义为首的帝国主义集团及其走狗们，却引起极大的仇恨和恐惧，因为它和他们的侵略计划及战争政策正相反对。

列宁和斯大林曾反复地说过："帝国主义是垂死的资本主义"，"是社会主义革命的前夜"。从伟大十月革命的胜利和"帝国主义破产的开端"起，"在社会主义的西方和被奴役的东方之间架了一道桥梁，从西方的无产阶级起，经过俄国的革命，到东方的被压迫民族止，建筑起一条新的反对世界帝国主义的革命战线"。由于有了这"一道桥梁"，这"一条""革命战线"，便加速了全世界资本主义帝国主义走向灭亡，全世界社会主义与新民主主义走向胜利。因此，帝国主义者及其走狗们，一开始就极端仇视苏联和以苏联为中心的各国人民的革命战线，一开始就千方百计地反对苏联和各国人民的革命战线。

但是不论帝国主义及其走狗们的怎样仇视、反对和阴谋破坏；由于帝国主义统治系统矛盾的日益发展和扩大，由于社会主义制度的优越性，由于马列主义的无比巨大的力量和伟大列宁斯大林的旗帜，由于斯大林的英明领导，伟大社会主义国家苏联却日益强盛起来了，全世界以苏联为中心的各国人民的革命战线也日益发展壮大起来了。因此，发动侵略战争，揭起世界第二次大战的德、意、日法西斯，便被以苏联为首的世界革命统一战线所打败，并又大大地壮大了世界革命统一战线，引起世界资本主义的严重危机。中欧和东南欧各国人民在苏联的援助下继续获得解放，建立起新民主主义国家，加入了"以苏联为首的社会主义统一战线"；东方各民族人民，或者在苏联的援助下已获得解放，或者正在蓬勃地发展着革命战争。这正如中国人民的伟大领袖毛泽东同志所说："如果说，十月革命给世界工人阶级和被压迫民族的解放事业开辟了广大的可能性和现实的道路，那么第二次世界大战的胜利，就是给全世界工人阶级和被压迫民族的解放事业，开辟了更加广大的可能性和更加现实的道路"。全世界革命力量团结起来反对帝国主义的侵略，这就不能不增加那在战时就制定了奴役世界的侵略计划并在战后代替德、意、日法西斯的美帝国主义及其走狗们的仇恨和恐惧。

具有坚强战斗意志和四亿七千五百万人口的伟大中国人民，把美帝国主义尽力扶植的在中国的走狗蒋介石匪帮的统治推翻后，就大大地打击了美国帝国主义的侵略计划，大大地加强了以苏联为首的世界和平阵线。一个这样伟大的人民国家，又与极其强盛的伟大社会主义国家苏联结成兄弟同盟，彼此对"反帝国主义侵略政策与拥护人类和平正义事业"，又十分"坚定和一致"（新华社社论），"任何侵略和掠夺的意图，都是与苏联和中华人民共和国不相容的，他们的政策是为和平与各国安全而奋斗的政策"（《真理报》社论）。这就使世界上以苏联为首的和平阵线与以美帝国主义为首的侵略阵线之间，将发生力量对比的更加巨大的变化，对人类和平和永久安全，将提供更重大的保证，并将"影响着人类的将来"。正如莫洛托夫同志所说："苏联与中华人民共和国已缔结了兄弟同盟条约，这使苏中友谊变成了巩固和平的强大力量。这力量无可匹敌，并且在人类历史上也无可匹敌的。"这就不能不引起美帝国主义及其在各国的走狗们更大的仇恨和恐惧。

因此，美帝国主义为首的帝国主义集团，一面正如曼努意斯基同志所说："他们企图掩盖现在的世界已分为两种阵营，社会主义阵营与资本主义阵营""企图掩盖现在存在着的反侵略国与侵略国家的区别"。（《斯大林与国际共产主义》）；一面仍尽力去扶植蒋介石匪帮那一小撮残余及其在东方各国的走狗；一面又梦想用封锁来窒死我们；另方面，又千方百计，梦想来离间中苏两大国的兄弟关系，并以此作为其重要战略方针，公开供认"艾奇逊希望最后能离间北京与莫斯科"。因此，华尔街的市侩和白宫的先生们，便完全不顾事实，曾经梦呓式的捏造"苏联企图控制中国"、"苏联正在将中国北部地区实行合并"等无耻谰言，甚至以自己捏造的"传闻"编制所谓"背景材料"去扩大宣传。当谣言在中苏盟约和协定面前打得粉碎后，还公然宣称："我们不能忘掉有四亿五千万人的中国"（美国务院官员麦谦特），还要加紧来进行阴谋离间和破坏活动，据电通社最近报道：一个由麦克阿瑟总部控制的在香港的间谍中心，正在从事计划、调度和监督中国领土上的英美间谍活动；在日本、南朝鲜、菲律宾和台湾设立间谍学校，训练大批特务，企图由香港潜入中国大陆。但是，这不过"反映了资本主义世界的极端腐败及其濒于灭亡的恐惧情绪"（毛泽东），只管帝国主义的老爷们去作梦吧。我们的"联俄政策"、"一边倒"的政策是一贯的坚定不移的，我们的领袖毛泽东同志早在其天才著作《新民主主义论》及《论人民民主专政》中就反复地说过："如果没有联俄政策，不同社会主义国家联合，那就必然是联帝政策，必然同帝国主义联合，"

"何况中国是在同一个深入国土的帝国主义奋斗，没有苏联帮助，就休想最后胜利，""中国人不是倒向帝国主义一边，就是倒向社会主义一边……第三条道路是没有的。我们反对倒向帝国主义一边的蒋介石反动派，我们也反对第三条道路，绝无例外。"所以"中国和苏联的伟大人民，是由深厚和持久的友谊团结起来的"。（毛泽东）"从今以后苏联和中国人民的友谊是建立在不可动摇的坚如磐石的基础之上"了。（《真理报》社论）

所以如此，因为我们是从无产阶级国际主义的基础上团结起来的。斯大林早在其经典著作《十月革命与俄国无产阶级的策略》中就说过：

"社会主义在一个国家内获得胜利，并不是一个自满自足的任务。在一个国家里获得胜利的革命，不应把自己看作是自满自足的东西，而应看作是用以加速世界各国无产阶级胜利的助力和工具。"

"第一个社会主义国家给其余各国工人群众与劳动群众的帮助愈切实，则世界革命也将愈迅速和愈彻底发展。"

"最可预期的，是在世界革命发展进程中，会造成个别苏维埃国家内社会主义策源地和这些策源地在全世界范围内组成的体系，去与个别资本主义国家内帝国主义策源地和这些国家在全世界范围内组成的体系并列，而这两个体系间的斗争，就会充满世界革命发展的历史。"

列宁斯大林的最优秀的学生毛泽东同志，也多次说过：中国革命战争，是为中国人民的解放而战，也是为全世界的永久和平与全人类的彻底解放而战。（在土地革命战争时期）；"中国革命……早已成为无产阶级社会主义的世界革命的一个部分，现在更已成了这种世界革命伟大的一部分，成了这种世界革命的伟大的同盟军。"（在抗日战争时期）

由此可见，中苏两大兄弟国家的同盟条约和协定，都是从这种伟大国际主义思想的指导下缔结起来的；苏联人民对于我们中国人民的伟大友谊和道义援助，也是从这种伟大国际主义思想的基础上产生的。

二、伟大国际主义的友谊援助

毫无疑义，中国人民革命胜利的巩固，人民经济的迅速恢复与发展，人民国家的迅速工业化，就将大大加强全世界反帝国主义侵略的和平阵线的力量。因此，加速中国的工业化，不只是符合于中国人民的利益，并且是符合于全世界进步人类的利益，而为他们所赞成。但这也同样为美帝国主义为首的帝国主义者及战争贩子所仇恨和恐惧。他们极不利于中国人民革命胜利之获得巩固，而希望中国人民革命重新走向失败；极不利于人民中国经济的发展和繁盛，只希望我们还停留为一个落后的中国，为一个像过去一样随时可以挨打的中国，如同斯大林大元帅所说过的："中国因为没有自己的重工业，没有自己的军事工业，而被一切逞性妄为的人所蹂躏着"。如果人民中国也还是这样，那自然就要大大地减弱世界反帝国主义侵略的和平阵线的力量，相对地加强美帝国主义为首的侵略阵线的力量。因此，不难了解，帝国主义及其走狗们，为什么那样疯狂地想用经济封锁来窒死我们，为什么对于我们胜利中的困难和灾荒那样梦艺式的幸灾乐祸！为什么那样千方百计地采取各种阴谋暗昧手段来阻挠和破坏我们的经济建设，来造谣中伤苏联对我们的伟大友谊援助！

但我们不会如帝国主义者及其走狗们所希望。为着我们自己，也为着全世界进步人类，一定像斯大林曾经对革命胜利后的苏联所指示过的一样去进行建设。他曾经这样说过："落后一百年，并因为落后而有灭亡危险的国家是不能不加以督促的。当时只有这样（按即实行工业化政策——吕注）才能使我们赶快用新式技术来重新武装自己。"因此，毛泽东主席也教导我们说："在新民主主义的政治条件获得之后，中国人民及其政府必须采取切实的步骤，在若干年内，逐步地建立轻重工业，使中国由农业国地位升到工业国地位上去。"（《论联合政府》）而当时苏联的情况却是比较更困难的，正如曼努意斯基同志所追述："丧失列宁以后，联共和共产国际共处在困难和复杂的时期，当时苏维埃国家正是被帝国主义战争，被国内战争，被武装干涉所破坏了。"（《斯大林与世界共产主义运动》）"苏维埃政府完全依靠着自己的资源，在最短的时间内把苏联自农业国变成了工业国。"（迦托夫斯基：《苏联社会主义经济制度的基本持点》）中国虽然比十月革命当时的俄国还落后，曾经受帝国主义百多年来的掠夺，日本帝国主义侵略战争的破坏和掠夺，美帝国主义及其走狗蒋介石匪帮的严重破坏和刮削，使人民国家的财政和经济建设事业遭受不少困难；但是国际环境条件比十月革命后的苏联是完全不同的，不只有伟大苏联的建国经验作为我们的"榜样"和"经验的场所"，而且能够从国际主义的基础上去取得友谊援助。毛泽东主席在其著名的演讲中说过："我们在国际上是属于以苏联为首的反帝国主义战线一方面的，真正的友谊的援助只能向这方面去找，而不能向帝国主义战线一方面去找。"（《在中国人民政协筹备会开幕典礼上的讲话》）而业已获得人类史上空前胜利的伟大社会主义国家苏联，从来就是把自己"看作用以加速世界各国无产阶级胜利的助力和工具"，"……要给予其余各国工人群众和劳动群众的帮助……"（斯大林）

在这样伟大的无产阶级国际主义思想的原则指导下，斯大林亲自教养的伟大苏联人民，已经给了中欧和东南欧各人民民主国家的人民以多种的真诚援助，把他们从德国法西斯的桎梏下解放了出来，又帮助了这些国家的人民走向社会主义的道路；在国际主义的经济合作的基础上，通过贸易协定、信用贷款、科学和技术援助等等方式，使他们的经济获得迅速的恢复和发展，不只发展了现代化的国营工业，并使农业也走向社会主义化。

同样的，对于我们新兴的中华人民共和国，苏联专家的科学和技术、贷款与贸易协定等等，在我人民国家的经济建设事业中都已经并将要发生巨大的作用；关于在新疆创办石油公司和有色金属公司两个联合股份公司的协定，更有着极重大的意义。

据估计，新疆有相当丰富的石油、铜、锌、铅、锡、铝、镍、钨、钼等等宝贵矿藏。石油是工业和运输业所需的重要燃料，铜、锡、铝、钨等金属是电工器材、精细机器、自动工业、飞机制造等制造工业所必需的原料。我们如果没有这些东西，我们的国家工业化和国防就会是脆弱的。斯大林大元帅曾经说过：

"那时我们就会没有拖拉机制造业，也没有汽车制造业，就会没有多少重要的黑色金属冶炼业，就会没有金属来制造机器，结果也就会在拥有新式技术武装的资本主义国家包围面前陷于手无寸铁的情况。""我们就不能有一切新式国防武器，而使我们国家的独立地位不能维持下去，使我们国家成为外敌用武的对象"（《列宁主义问题》第502—503页）。

但在我国目前的财经和技术条件等情况下，单靠自力去开发新疆的矿源，是在一个相当时期内很少可能的。现在由于这两个股份公司协定的签订，眼前就可以成为现实的东西了。这对于我们人民经济建设事业的重大意义，是不难想见的；不只是在于使死的宝藏成为活的财富，重要的还在于使我们有了条件来加速西北和全国的工业化，使我们更有了条件创造最新式的现代技术来武装自己。

协定的本身规定：中国方面的投资仅为矿场和厂屋等，机械、技术、现金等均由苏联方面提供；产品、利润、开支等则均由双方平分，正副总经理由双方交叉式的轮流充任，公司职员也由双方平均充任。这不仅完全基于"平等、互利和互相尊重领土主权"的原则，完全符合于"中国人民政协共同纲领"的原则精神，而实际是更有利于中国人民的，所以它得到全中国各界人民普遍的欢迎和拥护。这不应简单的看作两个国家的经济合作，而是充分表现了斯大林大元帅和他亲自教养的苏联人民的伟大国际主义精神，及其对于中国人民的伟大友谊和道义援助。这在帝国主义国家相互间及帝国主义国家与落后国附属国间，都是完全不可能的，只有在人民当家的社会主义和新民主主义各兄弟国家间才能有这种经济合作。如果不从伟大无产阶级国际主义的高度原则出发，如果只"自满自足"，则苏联境内（如基尔吉兹共和国及其他地方）还拥有无限丰富的这类矿藏待开发，就决不会这样牺牲自己来帮助我们。可是在苏联伟大导师列宁早就说过："小资产阶级的民族主义，只是把承认民族平等宣布为国际主义，把民族的利己主义仍然神圣地保存起来。但无产阶级的国际主义则要求：第一，一国无产阶级斗争的利益，须服从全世界范围内的这一斗争的利益；第二，实现了战胜资本主义的民族，要能够而且准备为推翻国际资本而作最大的民族的牺牲。"所以"不是为着民族主义，而是为着国际主义"（斯大林）的苏联，是把"……给予其余各国工人群众与劳动群众的帮助……"看作自己的天职的。

但这种伟大的国际主义的友谊援助、国际主义的经济合作，由于不利于美国帝国主义及其在各国的走狗们，而为他们所仇视，可说是很自然的。但他们利用一种传统的成见，根据其自己的经历来对社会主义国家和人民民主国家的兄弟合作加以恶意的猜测和造谣，却是十分可恶的。而这种可恶的猜测和造谣，在我们的人民国家内也有着一小撮的应声虫；他们或者由于对资本主义帝国主义抱有幻想，对"一边倒"政策骨子里自始就有些不满意，或者由于民族偏见的传统影响。因此，对于中苏盟约和协定，也妄加猜测，怀疑背后还有密约，或者只从民族利己主义出发，说："两个股份公司为什么要平分产品和利润"，认为苏联应该毫无条件地来替我们建设两个公司。民族利己主义者或者也知道：苏联国家的财富，是苏联全体公民劳动创造出来的公民共同的财产；但是他们不去想：如果不"平分产品和利润"，我们岂非成了片面依赖，成了剥削苏联人民的寄生虫？也不去想："作了世界革命的先锋队伍"的苏联，是对每个人民民主国家都要予以友谊援助和经济合作的，如果都要苏联无条件的片面牺牲，那不只事实上不可能，而且是极不合理的。何况我们应该要体谅彼此的困难。伟大的中国人民是富有创业精神的勤劳著称的人民，只要有先进的兄弟国家的适当帮助，就能较迅速的来完成工业化建设，把人民国家建设好；而且也只应要求先进的兄弟国家的适当帮助，主要要依靠自力来建设人民自己的国家。至于所谓"密约"，那是无足深辩的；苏联在十月革命胜利后，就宣布帝俄与各国所订的一切密约无效，难道不是千真万确的事实，但是帝国主义者是永远不会忘记挑拨的。正如北京《人民日报》社论所说：帝国主义者的圈套就是这样的：如果苏联作了一件显然有利于旁人的事——"你为什么这样好呢？你有阴谋"，如果苏联作了一件既有利苏联又有利于旁人的事——"你为什么也顾到自己呢？你自私自利。"

三、社会主义新民主主义国家与资本主义帝国主义国家对外政策的原则区别

因此，中苏两大兄弟国家所缔结的条约和协定，与资本主义、帝国主义国家间以及其与落后国附属国间所订立的条约协定，是有着本质的原则区别的。我们是从斯大林所代表的工人阶级国际主义的基础上出发的，所以只有在我们这种兄弟国家之间，才能有真正的友谊援助和平等互利。在资本主义帝国主义

国家相互间的所有条约和协定，由于其经济制度的特性，都是基于市场争夺的基础上产生的，都不过是市场分割的力量对比的体现；所以它不可能有任何真正的友谊援助与平等互利，也不能有任何信义与道德的拘束力。从资本主义时代的全部历史考察，那一次条约或协定不是表现这样的事实呢？绝对没有例外的。在马歇尔计划下美国帝国主义与欧洲各国的条约协定，不是更加表现得明白吗？其所谓"援助"是"美帝国主义给欧洲国家四十亿美元的援助，却要欧洲国家花费六十亿美元来扩充军备，实施美国的侵略计划。"（北京《人民日报》社论）在资本主义帝国主义国家与落后国附属国间的条约或协定，无非基于市场支配的基础上，表现前者对后者的特权支配，用条约或协定的形式把它固定起来。因此，它不只不可能有什么友谊援助或"平等互惠"，而且都是不平等的、片惠的。近代所有各落后国及附属国与资本主义帝国主义国家打交道的全部历史，都能说明这个事实。在近代中国，从满清朝廷到国民党反动政府与资本主义帝国主义国家间所订的一切条约或协定，就是一部"不平等条约集成"；其中像日本帝国主义向袁世凯政府所提的二十一条，那简直就是灭亡中国的条约；国民党反动政府与美帝国主义所订立的"中美商约"，是比二十一条更"变本加厉"了。

在社会主义国家与帝国主义国家间所缔结的条约或协定，前者自然都是从世界工人阶级和劳动人民以至所有进步人类的利益出发，是为着本国及全世界工人阶级和劳动人民的利益的。但由于社会主义的"生产关系和生产力状况完全协调，因为生产力过程的社会性质为生产资料的公有制所巩固……因此苏联的社会主义生产不知道周期的生产过剩危机。因此生产力在这里是加速发展着的，彼此适应的生产关系，便是生产力有充分发展的广阔的余地。"（《列宁主义问题》第729—730页）因此"它既不允许别人去侵略它，也绝不允许，更完全不需要去侵略别人。"（刘少奇）所以"苏联各族人民尊重外国各族人民的权利与独立。"（斯大林）苏联的对外政策，是完全有信义的大公无私的和平政策。各人民民主国家的对外政策的原则，也是完全与此相一致的。但此在帝国主义国家方面，则完全为着商品贩卖与原料要求等方面的资产阶级的狭隘利益出发，是损人利己的，因此，也就是毫无信义的。苏联三十多年来与各帝国主义国家间所订立的条约或协定，都充分表现了这种双方不同的本质的原则区别的精神和情况。这难道不是千真万确的事实吗？

苏联与帝国主义支配下的各落后国附属国间所缔结的一切条约或协定，前者在基本上都是根据大公无私的完全有信义的平等的原则精神出发的，不只完全取消帝俄时代在那些国家内所享有的一切特权、不平等条约，及与各国家间所订立的一切密约，而且帮助各落后国附属国的人民及其政府，摆脱帝国主义的束缚和谋得其自己的独立。例如中苏间过去所订立的条约，从 1924 年的中苏条约，1937 年的中苏互不侵犯条约，到 1945 年的中苏友好同盟条约，无一不符合于这种原则精神和情况，无不始终一贯的表现信守和履行条约义务的严肃精神，始终一贯的援助中国人民反对帝国主义的解放斗争。但是也有人发生这样疑问：苏联为何在过去不与中国订立像今日这样的"关于中国长春铁路、旅顺口及大连的协定"？这由于过去的国民党反动政府，乃是帝国主义的工具，如果苏联过去就这样作，是与中国人民的解放及远东和平事业都是有害的，是与中国人民及世界进步人类的利益不相符合的；到今天，正如该项协定所说明：

"……自 1945 年以来远东形势起了根本的变化，即：帝国主义的日本遭受了失败，反动的国民党政府已被推翻，中国成为人民民主的共和国，成立了新的人民政府；这新的人民政府统一了全中国，推行了与苏联友好合作的政策，并证明了自己能够坚持中国国家的独立自主与领土完整，民族的荣誉及人民的尊严。"

在这种情况下来订立这种协定，就能与中国人民及世界进步人类的利益相符合，与远东及世界和平与安全保障的要求相符合。所以在过去那种情况下是那样作，在今天这种情况就这样作。都是完全正确的，都是从中国人民的利益，从远东及世界和平与安全保障的要求出发的，都是无产阶级国际主义的高度原则的具体体现。

1950. 4. 23

（原载 1950 年 4 月 24 日、25 日大连《实话报》）

制止美帝国主义在东方的新侵略

美国帝国主义强盗头子杜鲁门，借口他自己所揭起的朝鲜内战，发表声明，公然宣布用武装来干涉我国、朝鲜、越南、菲律宾等亚洲各国的内政，实行公开的武装侵略。这充分暴露了美帝国主义预定的侵略计划。为此，我中央人民政府周恩来外长，已发表庄严的正义声明。"全世界爱好和平正义和自由的人类，尤其是东方各被压迫民族和人民"，必将"一致奋起"，追随正义的途径，"制止美帝国主义在东方的新侵略。"伟大中国人民，对杜鲁门的侵略声明，无不表示极端愤慨，无不表示要遵照周外长的声明和号召，在伟大领袖毛泽东的旗帜下，以充分准备和一致行动来保证："……驱逐美国侵略者，收复台湾和一切属于中国的领土。"杜鲁门的声明和其武装干涉的侵略行动，丝毫也吓不着中国和东方各国的人民，它只是使我们的斗争意志更加坚强。

谁都知道：企图把亚洲作为殖民地、奴役亚洲人民，是美帝国主义一贯的侵略计划和行动。可是它在东方的第一号走狗蒋介石在中国的统治，被伟大的中国人民打垮了；那些次号的走狗，如南朝鲜李承晚、越南保大、菲律宾季里诺等各傀儡政权，也眼见就要寿终正寝了。另方面，它打算作为进攻苏联和中华人民共和国"战略基地"的日本，情况也很不妙；英勇的日本人民，在日共的号召下，在全国范围，展开了反侵略和卖国贼政府的坚决斗争。这使得美帝国主义及其傀儡吉田卖国贼政府，已不能照旧去统治日本人民。依靠侵略、敲诈和恐吓手段起家的美国强盗、骗子，眼见自己的侵略计划不断破产，自然便不免心慌。因此它又安排了一个直接武装干涉的新侵略计划。为着要寻找一个借口，就叫李承晚伪军向朝鲜民主主义人民共和国的领土进攻。但是李承晚伪军和他的主子同样无能，很快就被共和国的警备队和人民军所打败，人民军并随即转入正义的反攻。于是美国强盗，便使用其惯行的流氓手段，无耻地抵赖，说是人民军首先进攻。

事情是十分明白的。为什么恰恰在臭名远扬的战贩杜勒斯到过南朝鲜以后，战争就爆发了呢？塔斯社揭露了一个无可掩饰和辩护的证件：在战争前夜，战贩杜勒斯及其随员们，亲自去到未来作战的前线，他并在战壕的雉堞上翻阅着作战地图；他的随员之一爬出战壕，用望远镜仔细视察朝鲜民主主义人民共和国领土，一个美国高级军官则向远方注视。这都显现在美联社记者所拍的照片上。杜勒斯还"亲自检阅了已经进入作战准备的南朝鲜军队。"他6月19日在南朝鲜"国会"的演说，并作了一次公开的鼓动，说："对于在与共产主义斗争中的南朝鲜，愿给予精神的和物质的支持。"但这也并不是突然的。在此以前，李承晚就不断在叫嚣："北伐第一"、"以战争统一南北"、"将从事所需要的一切战争"，并吹牛地向其主子保证："我们有足够的力量，在数天之内到达和夺取平壤……"伪国务总理申性模甚至无耻地宣称：他的军队已准备好攻击北朝鲜，仅在等待华盛顿方面的命令，在战争前夜的6月8日，他又在记者招待会上宣布：正在"考虑发布国家总动员令。"美军事顾问团团长罗伯茨，也多次吹牛地叫嚣："南朝鲜军队的一团人，可以对付北朝鲜军的一旅人……"美国经济合作总署朝鲜处长罗伯逊，甚至向其众议院拨款委员会提出保证说："美国军事使团所训练的美式军事装备的十万南朝鲜军，已准备就绪。"因此，不难明白：进攻朝鲜人民共和国，是美国强盗的一贯部署和预定计划。

美国强盗揭起朝鲜内战，又不仅对朝鲜公开武装干涉，杜鲁门的声明，并宣布无端以武装来直接干涉东方各国的内政。台湾、菲律宾、越南和朝鲜的内战，都是风马牛不相及的。强盗头子杜鲁门声明，却无端"命令第七舰队"侵入中华人民共和国待解放的领土台湾，并蛮横无理地提出所谓"台湾未来地位"的问题。台湾之为中国领土，不只已为历史事实所确定，且为美国所参加的开罗宣言和波茨坦协定所肯定。他同时又声明："加强美国在菲律宾的部队"，加速对季里诺傀儡政府的"军事援助"；同样，"加速以军事援助，供给在印度支那的法国及成员国的部队，并派遣军事使团以便与这些部队建立密切的军事关系。"这不仅是对东方各国人民一种极端无理的侮谩与侵略行为，而且正是其预定的侵略计划之公开暴露，是一模一样的希特勒再版。这正如合众社自己所暴露："杜鲁门声明的意义"，"是……美国最后在亚洲划出一条……不可更改的界线"，"援救他自己在亚洲的作品"。这种直接以武装干涉来反对全亚洲人民的侵略行为，也正如该社所公开"承认"，"杜鲁门与艾奇逊正从事一巨大冒险"，也就是它对亚洲人民所施行的一种敲诈和威吓。这种敲诈和威吓的伎俩，亚洲人民已领教得很够了；对"冒险"的行为，亚洲人民就必然把冒险者自身埋葬到太平洋的海底去。

依照杜鲁门艾奇逊的希特勒逻辑：朝鲜人民对伪军和侵略者的正义反攻，菲律宾人民为解放其自身的民族斗争，越南人民共和国的民族解放和国家独立的斗争，中国人民解放其祖国领土台湾的神圣使命，都叫作"外来的侵略"、"共产主义的侵略"，是"使用颠覆手段来征服独立国家"，是"直接威胁太平洋地区的安全"。反之"把南鲜划入美国战略防线以内"，把朝鲜作为殖民地的侵略，却叫作"掩护及支援""独立国家"；保持美国对菲律宾残暴的殖民地统治，却叫作"保卫菲律宾的独立"；直接武装干涉中国人民解放台湾，却叫作保卫"美国在远东的安全"。这难道和希特勒还有丝毫区别？依照这种逻辑，我们就可以把人民海军开入珍珠港，来保卫"中华人民共和国在东太平洋的安全"；美国对其西太平洋岸领土的统治，也可以叫作"外来的侵略"、"资本主义的侵略"了。但我们并不这样作，也不这样想；因为我们是进步的人类，而不是法西斯野兽。

杜鲁门声明和美帝国主义在东方的新侵略，无一不违反开罗宣言、波茨坦协定。远东委员会的对日政策，又打了杜鲁门自己 1 月 5 日声明的嘴巴，而且彻底撕毁了联合国宪章。杜鲁门和艾奇逊又想利用联合国安理会作玩具，去掩护其预定侵略计划的进行；事实上又恰恰违反联合国宪章二十七条的规定。强盗们自以为玩得很聪明，不知正作了违法的罪犯。

正由于这种希特勒式的声明和侵略行为彻底撕毁了联合国宪章，破坏了远东和平，并严重地威胁着世界和平，已激起朝鲜和东方各民族人民的愤怒，更激起伟大中华人民共和国四亿七千五百万人民的无比愤怒；并受到连同美国人民在内的全世界人民的正义斥责。世界和平运动，愈益波澜壮阔地展开，力量愈益迅速地壮大和坚强；美帝国主义及其在各国的帮凶和走狗便愈陷于孤立。

其势汹汹的美帝国主义，原来也只是一个纸老虎，现在它已完全从全世界人民中孤立了起来，这个纸老虎就更吓不了人了。我们曾与它打过不少交道，对它的底细是颇为清楚的。在我们这个大学，不少人曾是在美国留学过的，他们所熟悉的美国内部的底细，叫作"虚有其表，内部糟得很。""一点也不差，是个纸老虎。"其实他这次对朝鲜的侵略，也已经暴露了美国侵略者的能耐不大。朝鲜人民军胜利的迅速发展，正说明人民就是无限力量的泉源；说明侵略他国的侵略者是完全孤立的，困难重重的，何况它原是纸老虎！所以在我们大学的两千数百人里面，对美帝国主义是认识得颇清楚的。在我们听到杜鲁门声明后，立即就沸腾着同仇和愤怒；听到伟大领袖毛主席的讲话和周外长的声明后，更提高了我们百倍的信心。我们都将从自己的岗位上，"进行充分准备"，在全国和全世界人民的伟大团结中，发挥应有的作用。我们有充分的信心："打败美帝国主义的任何挑衅"，"制止美帝国主义在东方的新侵略"，把侵略者"埋葬在伟人的民族独立斗争的怒火中"。

（原载 1950 年 7 月 12 日《东北日报》）

"九三"——亚洲人民的春天

"九三",是东方人民的春天,是伟大苏军击溃日本法西斯侵略者的第五周年。在人类伟大领袖和导师斯大林大元帅天才战略的指导下,伟大苏军在西方击溃了希特勒匪帮,纳粹德国于5月8日承认了自己的失败,正式投降。消灭了西方侵略者的温床后,伟大苏军便挥戈东进,击溃日本法西斯,日本帝国主义也于五年前的9月2日承认自己失败,"东方的世界侵略势力策源地也被消灭了"(斯大林同志语)。八亿东方人民,从此便重见天日,有了自己的春天。斯大林大元帅,和他亲自教养的伟大苏军的丰功伟业,不只造福于当代全世界亿万人类,且对于千百万世未来的人类,都是造福无量的。

自从欧美资本主义的侵略魔手伸入东方那一天开始,一个多世纪以来,全东方各国家民族,都相继沦于殖民地半殖民地的地位。各民族人民,都沦为资本主义帝国主义殖民者奴隶和牛马,世代呻吟于愁惨痛苦之深渊。

英帝国主义者侵略印度、缅甸、马来亚和中国的香港。法帝国主义侵占越南。荷兰帝国主义侵占印度尼西亚。葡萄牙帝国主义继续侵占中国的澳门。西班牙和美利坚帝国主义相继侵占菲律宾等等;从鸦片战争开始,欧美各帝国主义相继侵略中国,把中国沦为共同支配的半殖民地以至殖民地半殖民地的地位,划分其所谓势力范围。

日本帝国主义是一个封建的军事的帝国主义,从日本资本主义登台的明治维新那一天起,便对东方各民族开始其疯狂的帝国主义侵略,他继续侵占朝鲜、中国的台湾、澎湖,俄国的南库页岛和千岛群岛。侵略的凶焰,不断向中国大陆猛进。从第一次世界大战的时间起,日本帝国主义便制订其灭亡全中国及奴役全东亚全世界的侵略计划。以"九一八"事变为标志,日本帝国主义便直接以武装侵略的行动，去推进这个侵略计划。由于美、英、法各帝国主义的所谓绥靖政策和怂恿，便演成日本帝国主义侵略凶焰笼罩了全东亚。中国的广大地区，以及菲律宾、越南、印尼、缅甸、马来亚都为日寇所侵占，法西斯的暹罗，则成了日寇的帮凶傀儡。日寇对各国人民便肆行人类历史上最残酷的烧杀掠夺和奴役。亚洲人民，对于帝国主义的侵略，自始便展开其英勇悲壮轰轰烈烈的斗争。但是，伟大十月革命胜利以前，他们的斗争是得不到保证的。由于俄国十月伟大社会主义革命的胜利，由于接受了马列主义的革命武器，由于在伟大列宁斯大林的旗帜下，有了领导革命的共产党，他们的解放斗争才开始走上胜利的前途。胜利才有了保证。

这正如伟大导师斯大林所说："十月革命……曾经不得不而且现在还不能不大大影响殖民地和附属国的国内的革命运动……在中国、南洋群岛、印度等国家里，被压迫民族革命运动的发展，这些民族对苏联的同情日益增长"，"平安无事的剥削和压迫殖民地及附属国的纪元，已经过去了。""殖民地和附属国里解放革命的纪元，这些国家里的无产阶级觉醒的纪元，无产阶级领导革命的纪元，已经到来了。""十月革命不仅是动摇了帝国主义，它同时还建立了世界革命运动的强大的和公开的基础——这就是第一个无产阶级专政……十月革命建立了世界革命运动的这样一个强大的和公开的中心，世界革命运动从前不曾有这种中心，而现在它却可以在这个中心周围团结起来，组织全世界各国无产者和被压迫人民的统一革命战线去反对帝国主义。"（《十月革命的国际性质》）

因此，伟大中国人民领袖毛主席说："因为第一次帝国主义世界大战和第一次胜利的社会主义十月革命，改变了整个世界历史的方向，划分了整个世界历史的时代。""在这种时代，任何殖民地半殖民地的国家，如果发生了反对帝国主义，即反对国际资产阶级、反对国际资本主义的革命，它就不再是属于旧的世界资产阶级民主主义革命的范畴，而属于新的范畴了；它就不再是旧的资产阶级和资本主义的世界革命的一部分，而是新的世界革命的一部分，即无产阶级社会主义世界革命的一部分了。""这种革命，是彻底打击帝国主义的，因此它不为帝国主义所容许，而为帝国主义所反对。但是它却为社会主义所容许，而为社会主义的国家和社会主义的国际无产阶级所援助"（《新民主主义论》）。因此说，有了十月革命的伟大胜利，和世界革命中心强大苏联的存在，有了马列主义和伟大列宁斯大林的旗帜，有了各国共产党，东方各民族人民的解放事业，才走上了胜利的前途。

伟大苏军，在东方根本击溃日本侵略者之后，东方各民族人民，本来都可以得到解放了。第二次世界大战，在反法西斯阵营中，由于苏联成为其中的决定因素，以及各国共产党所领导的人民及人民武装参加斗争，就使得战争的性质和第一次世界大战有着本质的不同，即在一方面，苏联和各国共产党及其所领导的各国人民，是为着保卫和解放其自身及世界人类而战的。但是，参加反法西斯阵营的美英等帝国主义集团，便与此相反，还是为着市场的分割和殖民地的争夺。因此，在第二次世界大战前夜，就制订了奴役世界的侵略计划，继承德意日法西斯的衣钵，在大战结束后，就步步按照其预定的侵略计划进行。因此，一方面，苏联和伟大苏军给东方人民带来了解放和光明，另一方面，美帝国主义又重新给东方人民的春天蒙上了一层烟雾和黑暗。而亚洲人民，正以空前高涨的斗争热潮，来迎击美帝的侵略。

五年来，久经锻炼的亚洲人民正大踏步的走向胜利。而且，有些被压迫民族已取得了伟大的胜利：这首先就是伟大中国人民的伟大胜利，这是一个有巨大历史意义的胜利；正如马林科夫同志所指出的："中国民主的胜利不但揭开了中国人民历史上新的一章，并且，揭开了受帝国主义压迫的亚洲各国人民历史上新的一章。亚洲、太平洋和整个殖民地世界人民的民族解放斗争，已经上升到一个新的远较过去为高的水平。"

朝鲜民主主义共和国的成立，抗击美帝侵略者的朝鲜人民军最高总司令的"八·一五"颁发的命令中并已指出："自由与独立的大旗在全朝鲜上空招展的日子已经不远了。"

越南民主共和国的成立，越南人民解放军除了几个大城市之外已全部解放了自己的领土。"并且，日益接近着最后胜利。"（胡志明主席今年1月间发表宣言这样说）

声势浩大的菲律宾人民解放军在一小时内能动员五十万后备部队，三十多万农协会员团结着近五十万的同情者，而城市里的职工会员、学生、教授、市民，都把美帝当作敌人。

缅甸仅去年8月的统计，游击队已解放了五万方英里的地区。

马来亚的情况，连伦敦的"观察家"和英驻东亚高级专员 M·麦克唐纳

均认为："马来亚局势益形'恶劣'。"

泰国人民正实践着泰共今年在泰文大众报上的新年献词，他们正为"排除黑暗，争取光明"而奋斗。

美帝在日本的露骨镇压民主运动，这正如北京《人民日报》社论中所指出的："这些丑行不是说明美日反动派力量的强大，相反地正说明了美日反动派的恐慌与不安。"

在印度，印度土邦——海德拉巴的德林干纳区已成了印度人民的解放区，这块自由地区的面积相等于一个丹麦的领土。印度民族解放斗争，正在日益扩展中。"朝东方看哟！恒河的黑人将要从根震撼你这暴政王国了。"诗人拜伦写于 1811 年的诗句，已逐渐成为今天的现实了。

美帝并没有从日本帝国主义可耻的结局中取得应有的教训，但亚洲人民却深刻了解，德意日帝国主义的被粉碎，是一切侵略者的必然的下场。全亚洲人民把反对美帝的侵略作为自己当前的任务。

伟大斯大林的英明领导、英勇苏军的日益强大、中苏新约的签订、全世界以苏为首的争取民主与持久和平力量的团结与发展，以美帝为首的侵略者必定要受到应有的惩办。

东方人民的胜利是有绝对保证的。战争的乌云一定会被和平的旗帜拨散，整个亚洲都必将和中国一样，永远是快乐和幸福的春天。

（原载 1950 年 9 月 3 日大连《实话报》）

欢呼胜利，加强学习

一

今年"七一"是光荣伟大的中国共产党诞生三十周年纪念日。三十年的历史：一面是中国人民灾难深重的历史，是帝国主义，尤其是美日帝国主义要灭亡中国的历史，北洋军阀及蒋介石政府卖国殃民反对革命的血腥统治史；一面是伟大领袖毛主席和中国共产党，领导全国人民进行了光荣的、艰苦卓绝的、复杂的革命斗争和获得伟大胜利的历史，是马克思列宁主义和毛泽东思想在中国的发展和胜利的历史。

到今天，我们已获得伟大的胜利。除台湾尚待解放，那小撮残匪尚待剿灭外，人民大革命基本上已完成了全国的解放，推翻了帝国主义、封建阶级、官僚资产阶级的统治；从前年10月1日中央人民政府成立那一个伟大的日子起，中国社会已进入新民主主义社会的时代。中华人民共和国已成为全世界最重要的军事的政治的强国，成了以苏联为首的世界和平民主阵营中的重要成员之一，成了东方和平的堡垒。

因此，中国人民的胜利，又是具有极重大的世界意义的伟大胜利，除伟大十月革命外，在人类历史上是无与伦比的。它已经并将要大大鼓舞和援助东方人民解放事业的胜利，大大鼓舞着全世界劳动人民的斗争。如果说帝国主义者曾把东方"看作他们自己幸福的基础"，"是世界帝国主义'取之不尽'的后备力量和'最可靠的'后方"（斯大林）；那么，地大、物博、人众的中国的革命胜利，乃是对帝国主义在东方的统治的一个严重打击。伟大的列宁关于"中国人民革命斗争的世界意义"，早就作了如次的天才论断："这个革命斗争将使亚洲获得解放，摧毁欧洲资产阶级的统治……"（《俄国社会民主工党普加拉代表会议决议》）所以我们都为这种伟大胜利而欢呼，而感到光荣。

中国革命伟大胜利的获得，首先是由于毛主席和中国共产党英明的坚强的领导；是全国人民百多年来斗争的结果，是与毛主席亲自教养出来的有高度政治觉悟和英勇善战的伟大人民武装人民解放军的功劳分不开的；是与伟大苏联及其他国际革命力量的援助分不开的。毛主席说过："在帝国主义存在的时代，任何国家的真正的人民革命，如果没有国际革命力量在各种不同方式上的援助，要取得自己的胜利是不可能的。胜利了，要巩固，也是不可能的。"（《论人民民主专政》）而毛主席和共产党之所以能领导革命达到胜利，乃是因为毛主席是马、恩、列、斯最杰出最优秀的学生，天才地把马克思列宁主义理论和中国革命实践统一起来而发展为毛泽东思想。苏联及其他国际革命力量之所以不断用各种各样的方式忠诚无私地来援助我们，也是因为苏联是实行马克思列宁主义的社会主义国家，完全贯彻着马克思列宁主义的国际主义精神的，正因为帝国主义时代的国际革命力量，无非为马克思列宁主义所指导。因此，我们之所以获得胜利，归根结底又是由于有了马克思列宁主义和毛泽东思想，它是我们所有信心、力量和胜利的源泉。历史证明，中国人还没找到马克思列宁主义以前，"多次奋斗……都失败了。""中国人找到了马克思列宁主义这个放之四海而皆准的普遍真理，中国的面目就起了变化了。"（《论人民民主专政》）历史又证明：只有马克思列宁主义理论与中国革命斗争之实践的统一的毛泽东思想，才保证了我们的胜利。

二

我们现在所获得的新民主主义革命的伟大胜利，还只是完成了新民主主义社会的伟大奠基工作；新民主主义社会的伟大建设事业，我们才有了一个良好的开端。而新民主主义还只是中国共产党的最低纲领，毛主席曾多次说过：

"谁人不知，作为社会制度或行动纲领，共产党是有现在纲领与将来纲领，或最低纲领与最高纲领之两部分的。在现在，新民主主义，在将来，社会主义，这是有机构成的两部分，而为整个共产主义思想体系所指导的。"（《新民主主义论》）另方面，我们新民主主义国家是工人阶级领导的，不容许实行民族自利主义，还要履行工人阶级国际主义的任务，列宁教导说："无产阶级国际主义的要求：第一，一国无产阶级斗争的利益服从全世界范围的这一斗争的利益；第二，实现了战胜资本主义的民族要能够而且要准备为推翻国际资本而作最大的民族的牺牲。"（《民族和殖民地问题提纲初稿》）因此我们的前路还远得很，任务多得很，现在和将来还有许多重大的任务，也还会有很多困难；自然，最艰苦的一段道路我们已经走过了，将来的困难也不会像过去一样。

为着胜利地担负起每个人在前进道路上应有的任务，发挥应有的或更多的作用，便不能不要求每个共产党员加强学习马克思列宁主义和毛泽东思想，提高自己的理论、思想和政治水平。所以党章规定党员的义务之一，是"努力提高自己的觉悟程度和领会马克思主义、毛泽东思想的基础"。

那些为人民国家服务的非共产党员干部，是否也要学习马克思列宁主义和毛泽东思想呢？马克思列宁主义是放之四海而皆准的普遍真理，毛泽东思想是这种普遍真理与中国革命之实践的统一的思想，是马克思列宁主义在中国的发展；有些人说得很对："它是工人阶级的科学"。那么，在学校、厂矿、企业，政权机关等等方面服务的技术人员、教师、职员等等，既然都作为工人阶级的一个部分，就应该学习工人阶级自己的科学，就应当改变各人过去的那种非工人阶级的思想意识和作风，就应当掌握马克思列宁主义和毛泽东思想，以便履行自己的任务。

既非共产党员又非属于工人阶级一个部分的那些为人民国家服务的干部，又是否也应该学习马克思列宁主义和毛泽东思想呢？既然我们的国家是新民主主义国家，是工人阶级领导的，"而为整个共产主义思想体系所指导的"，是"用共产主义的立场与方法去观察问题，研究学问，处理工作……"的（《新民主主义论》），你不学习掌握马克思列宁主义和毛泽东思想，就会对国家的方针政策格格不入。就会在工作上犯错误。既然新民主主义社会是"终结殖民地、半殖民地、半封建社会与建立社会主义社会之间的一个过渡阶段……"（《中国革命和中国共产党》），也正如列宁所说过的："在最先进国家的无产阶级帮助之下，落后国家可以避免资本主义的发展阶段，过渡到苏维埃制度，并经过一定的发展阶段过渡到共产主义。"（《民族解放运动与共产国际的战略和策略》）那么，你不学习掌握马克思列宁主义和毛泽东思想，就不能在工作上随同前进。

我们的新民主主义国家的文化是由无产阶级的文化思想领导的；帝国主义文化、半封建文化这类反动文化在我们的国家内，"……是应该被打倒的东西。不把这类东西打倒，什么新文化是建立不起来的。不破不立，不塞不流，不止不行，它们之间的斗争是生死斗争。"（《新民主主义论》）因此，不只与新文化相敌对的残存的帝国主义文化半封建文化都要彻底扫除；而残存于我们各阶级人民思想中的帝国主义文化半封建文化的东西，也应该自己负责，亲自努力，把它清除出去。用什么作武器呢？那就是马克思列宁主义和毛泽东思想。在人民大革命胜利以前，我们"……还没有来得及在自然科学领域占领阵地与进行战斗，一般的暂时还让自然科学为资产阶级的宇宙观所统治；但在社会科学领域，在这个殖民地半殖民地革命时代最重要的思想武器的领域，却引起了极大的革命。"（同前）现在我们已经胜利了，不论社会科学、自然科学都要为新民主主义国家的经济、政治服务；因此，不论在社会科学、自然科学的领域，都应该而且需要以无产阶级的宇宙观去代替资产阶级的宇宙观。今天我们一般技术人员和学校教师的科学思想，还有若干程度的甚至完整一套的为资产阶级的宇宙观所支配的思想。这对于他们自己，也是妨害前进的。而此将是一个艰巨而逐渐的改造过程，但却是必须的。

我们"这种新民主主义的革命是世界无产阶级社会主义革命的一部分，它是坚决反对帝国主义即国际资本主义的。"（《中国革命和中国共产党》）因此，在国际文化战线上，"它同一切别的民族的社会主义文化与新民主主义文化相联合，建立互相吸收与互相发展的关系，互相作为世界新文化的一部分。"所以不愿意向苏联学习，看不起某些新民主主义国家新生的东西之类的种种思想都是不对的；"……但是决不能与任何别的民族的帝国主义反动文化相联合……"（《新民主主义论》）所以各种各样的亲美、崇美、媚美以及不愿意与美英等帝国主义文化机关断绝个人组织联系的种种思想，都是不对的。

三

在我们东北，党政机关、民主党派、工矿、企业、学校等等方面的共产党员和非共产党员干部，都在进行马克思列宁主义和毛泽东思想的学习，而且已有了很大的成绩，这是很好的。

一般说来，学习又都是有领导的——问题只在于领导得够不够，好不好；在学习组织上，有一定的教材规定和进程，有小组学习、个人学习、个人阅读、会议讨论和听报告等等……问题只在于是否都搞得很好。

在学习的立场和态度方面，绝大多数同志是正确的，但也有些借口工作忙（或者也真忙），有些觉得自己够了，有的觉得自己有经验也能行，有的由于文化程度低害怕学不好，因而就不学习或不积极学习，这都是不对的。另外也有人这样说："不学习吃不开"，他们认为学习是为了个人吃得开而学习的；有的说"这个世道，不学习不行"、"上级规定的，不学习受批评"、"不学习人家会说落后"……，他们是为着敷衍场面而学习的，是为着让人看着自己是进步的而学习的。以上各种看法，当然也都有好的一面：即他们都肯学习了，只要学习就会慢慢进步。但是另一面却是还没有树立主人翁的思想，确定为人民服务的立场。马克思列宁主义和毛泽东思想就是和个人主义正相反对的集体主义，就是为着人民大众的。从不同的立场上去学习它，是学不好的，或者说："学不进去"，也不可能认真去学习的。也只有真正学得好，真正进步，人民才会看起你，不说你落后。

在学习的方法上，据我所知，曾经有以下的三种主要方法：

第一种方法：精读书本，把书本上的文句记得很熟。但是不知拿理论和社会具体情况具体革命斗争相结合去加以思考和理解，只是或满足于教条式的理解以至记诵，甚或完全脱离实践把自己拘限于所谓"纯理论"的研究。这是忽视了马克思列宁主义和毛泽东思想是战斗的学说，从实践中来到实践中去的，还有些人，学习后不拿理论去联系群众的具体情况和要求，去帮助群众，也不去虚心听取群众的意见和取得群众的帮助，闭门造车，自以为是，全凭主观的理解。这是忽视了马克思列宁主义和毛泽东思想是群众性的学说，从群众中来到群众中去的。因此他们食而不化，不能掌握马克思列宁主义和毛泽东思想的精神实质作为行动的指南，而变成教条；他们违反了一个众知的真理："马克思主义不是教条，而是行动的指南。"这种学习方法可说是教条主义或学院主义的方法。

与此类似的，某些同志读过了《社会发展史》、《政治经济学》、《辩证唯物论和历史唯物论》，也能多少谈一些；但不能应用到实际生活上，观察问题、研究学问、处理工作的办法还是老一套。自然理论与实际的结合是不容易的，是需要经过一个过程的。问题是在于这些人在学习中没有得到必要的帮助，没有恰当地帮助他们联系当前形势和任务、联系周围环境、联系工作任务以及眼前一些具体问题去进行理解，只是啃书本。因此，对于他们说来，理论书籍已学过好几本，而主人翁思想仍没有树立，还保有其雇佣观念或作客思想；旧社会官僚主义的作风还没有为民主作风所代替；科学方法上仍坚持其实验主义。在社会科学领域，有些人只是搬用一些历史唯物论的词句去说明其实验主义的内容，拒绝苏联和国内的先进成果；在自然科学领域，有些人原封不动的搬运美英资产阶级的东西，拒绝苏联的先进成果，拒绝和中国实际相结合，拒绝走群众路线。宇宙观的改变自然不是一朝一夕的，但拒绝或等待是应该批评的。

第二种方法：注重周围环境的具体情况和实践经验，也常同群众一道，取得群众帮助和帮助群众，常参加各种学习会议；但他们对理论书籍不细心研读，只是粗枝大叶的瞭览，不求甚解，或者只用耳听，口问，而不使用脑子，对马克思列宁主义和毛泽东思想的许多很重要的原则都很茫然。因此，他们不是应用马克思列宁主义的普遍真理结合具体的现实情况和实践经验去加以正确的分析和总结，即——把它消化，提到原则的高度，从而去掌握马克思列宁主义理论的精神实质；而只是以其对理论的皮毛认识或一知半解，牵强附会地去加以解释，以符合其主观的认识。这种方法可说是经验主义的学习方法。

与此相类似的，现在我们有些自然科学的教师和技术工作者，每每不是应用马克思列宁主义——毛泽东思想的某些原则去分析和总结其科学实验的经验，以纠正其实验主义观点；反每每根据这种经验，用实验主义观点来解释马克思列宁主义——毛泽东思想。某些社会科学的教师也有与此类似的情况。

第三种方法：一方面，精读书本，掌握其理论原则。一方面根据理论原则，联系"耳闻目见亲自动手"的各种实践经验（社会现象、自然现象、思维情况等方面的）加以周密的研究分析和思考，把理论原则消化成为自己的东西。一方面个人研读与集体学习相结合，虚心取得他人的帮助而又积极帮助他人。一方面不是把学习看作负担，而是看作自己的义务；不犯冷热病，而是有持久精神、"学而不厌"，不灰心失望，也不骄傲自满。这种学习法，就不只能结合自己的工作，不断把工作改进，而且能得到较快的进步，能掌握马克思列宁主义——毛泽东思想的精神实质。

此外也可能还有他种学习方法。就上述三种方法说来，我以为一二两种方法都是片面性的、不正确的，第三种方法是比较全面的正确的。

纪念伟大的中国共产党三十周年，进一步推进新民主主义的建设，我们要百倍努力的来加强学习马克思列宁主义和毛泽东思想！

（原载 1951 年 7 月 2 日《东北日报》）

教　育

编 印 说 明

　　本卷共收入著者在教育方面文稿、讲话等计 20 篇。时间为 1939 年至 1953 年。其中主要为 1949 年著者任大连大学校长、1950 年任东北人民政府文化教育委员会副主任、1951 年任东北人民大学校长期间的工作与教学总结、请示、报告及讲话。反映了著者自 1930 年以来长期从事教育工作的一个侧面。

　　全集编辑，以上述文稿为底本整理排校。除更正个别错讹外，内容与观点均保持原貌。

崔　岩

目　录

资汇学校校舍落成序①

1939 年 1 月

以汉初为主导之中国文明，启自黄河流域，随民迁徙，遂向南展，沿中原而东南而北粤。吾湘以南则重岭阻隔，北则洞庭横断，芈楚而后，开化独迟。迄南宋元季，中原东南烽烟弥漫，士夫避乱，众民景从，相率来迁，复开三湘文明之基绪。此非特由于文人学者之来，尤在于先进生产方法之移植。至清咸、同间，湖南在民族中世文化史上已灿然称盛矣。然亦未臻全湘之平衡发展，偏处湘南之吾武依然落后，武东其尤盛者，其间虽亦不少聪俊特出之士，而民智水准迄未免相形见绌。然吾乡人民之天赋，非唯无殊于先进之民，且多强悍厚重之特色。论地理则资江、夫夷交叉之区，山险峻而秀丽，水［淑］盈而清澈；物产则农林并茂，矿产丰富，加以启发，则地方文物之昌明，殊有不可限量者也。唯启迪民智，造育人材，兴学为先。

民国初元，邑之先达□□□□先生，期开通地方文化，合旧仁东、白仓、资汇三乡创武东［初级］中学［于塘田寺］，［实为振兴教］育之始秉。随由各乡分别设仁东小学于白仓，古峰小学于金市，资汇小学于塘渡口。资汇创始于民二年，为旧资汇乡之沿滩、大陂、蔡山、黄塘四团村公立。沿滩、蔡山即今双清乡；大陂、黄塘即今长乐乡也。初仅因陋就简，假古庙为校舍。民十二、十六，乡人士期发展校务，改进内容，乃会议新建校舍，由王泽南先生择定地基，先后推张荣甫、刘锦堂、张筠候、银松林四先生付以专责，两度皆以

---

① 编者注：选自《邵阳县志》（社会科学文献出版社 1993 年出版）。石碑今存邵阳县档案馆，已断成六块，字残缺。方括号内中文文字系原资汇学校教员唐钟声先生补入。

款绌而未成。民国二十，复由区董吕振玉、唐立德，款教委林骥骧、校长向孚心、校舍建筑员银煦元、张筠候、向德馨、陈懋绩及全乡士绅等共董其事，集资巨万，越时二载，始成此巍巍之学宫，今则成一乡文化之渊薮矣。

民廿七，[余]以创办塘田战时讲学院回乡，欣然于地方文化于露光茫，值向德馨、张筠候两先生为道资汇校舍创建之艰苦[经]过，并拟再事增建，扩大规模，羽甚[望]其计划之早实现也。抑自神圣抗战以来，民族文化内移，已拓其平衡发展根基，守此时会，开[吾]乡文物岂特一乡福利，实亦[民族]急要与夫百年大计。而倡导创造，亦殊有赖[先哲、后继俊秀共襄厥成]，利在地方，功在国家。他日人文蔚起，追先进区域而起过[之，山川日月相为辉映，则创盛业]之贡献尤不可磨灭矣。创建其校舍之出资者，一一留名碑阴以励来兹。

邑人　吕振羽撰

王伊川书

中华民国二十八年己卯岁吉月吉日立

塘田战时讲学院全体学生
告别武岗人士书[①]

1939 年 4 月 22 日

武岗全县父老兄弟诸姑姊妹公鉴：

日寇侵华，民族文化备受摧残，多数青年失学，流亡载道，生等怵目惊心，颇认识战时文化特殊之需要，故无意于名山之恋，唯冀获短期训练，俾想学一技之长，献身祖国，然此类学校为数不多，且以资格限人，宫墙难越，生等仿徨四顾，莫知所之，幸赖塘田战时讲学院于去秋成立，其创办人为党国名流，为文化界之硕彦；其招生苟具备相当之基本知识，而有志求学者，并无学历资格之限制；收费较普通中学尚低；其课程亦深合乎战时需要。复得湖南第六区保安司令与行政督察专员出示提倡，生等以为此乃天与之求学机会，不可交臂失之，因是先后来院就学焉。

生等入院以来，见院内师长一言一动不稍苟，其艰苦奋斗，初非驱于名利之念，所授课程除英文、数学、自然科学等基本学科外，其他如中山学说，社会科学等，均系根据三民主义之最高原则，参考国民党抗战期间之文献，以说明科学上之一般理论，平时纪念集合亦无不谆谆以忠诚团结举行最高领袖抗战言论告诫生等，以是默察由院举办人之旨趣，实为忠实恪行三民主义与抗战建国纲领，盖已充分认识对我国民族之责任，故不得不为战时文化尽其所能耳。

生等读书之余，师古人经义治事并行之遗意，并遵照领袖之所昭示，学生

---

① 编者注：原件存湖南省博物馆。

在抗战期间，应有一技之长，为国服务，颇致力于抗战宣传工作，如戏剧、壁报、访问及民众学校等，所用材料总根据领袖言论、政府法令，工作时且取得当地教育委员会或保甲长之指导，生等皆纯洁之热血青年，凡此诸端，无非辅助政府推行法令，且为当地民众服务，我武冈父老审迹本院，于此等情形，谅能洞悉无遗，毋使生等之喋喋也。

不幸本年四月二十一日，时在本院开办七个月之后，第六区保安司令员及行政督察专员，以及武冈县政府突奉省令查封本院，其理由为根据密报，本院既未呈准主管机关立案，擅自招收学生讲学，其所讲授之课程，又多不利抗战之反动思想，显系别有作用云云。生等闻悉之余，不胜惶悚，问之本院当局。本院固未尝不准备立案也，徒以资金缺乏，又于战时，暂时只能系书院制之过渡方式，最近学院当局正拟进行筹募基金，准备立案，改办平时学院，且开办之初，曾获党国元老之领导，地方当局之提倡与获（按：此处疑有脱落）亦有半立案之性质。抗战之后各地当局以及热心人士，倡办战时短期学校或青年训练班等，有如雨后春笋，因均实际有利于抗战前途，或能获得政府及社会人士之赞助，亦未尝有加以取缔或命令停办者也。因本院招生讲学，绝无私擅之嫌，至于讲授课程，前已申述，不但于抗战毫无不利，且处处与最高领袖及最近全国教育会议所昭示之抗战教育原则相吻合，今未受奖而反获罪，宁非无不至奇之事。

由此以定，密报所云，如非恶意诽谤，即系轻信捕风捉影之流言，而非根据目击之事然，盖以本院同学日有增加，成绩蒸蒸日上，必不免招致少数不明大义者之嫉视，由事空穴来风，构成莫须有之罪，案非无故矣。

本院师生以精诚团结为抗战建国之前提，深信此次事件，实由于政府一时误令，诚恐奸人挑衅毁损本院办学之初衷，沾污生等向学之纯洁，故力持镇静，按下内心悲恸，接受政府命令，立即整装挥泪离院，以示朝野上下一德一心之精神，至于获罪之处，本院师生反躬自问，无愧于心。"墨写说谎终掩不住血写事实"，深信一时之误令，终不难渔水冰释，生等二百余人，暂时虽有失学之痛，如抗战方针不变，抗战终有发展之机会，民族解放之日，前途幸福，无属无望，失之东隅者固可以收之桑榆也。

本院青年承地方父老之爱护与指导，一切进行俱称便利，使生等得以安心学习，实不胜感激，而生等对当地民众文化工作心有余而力不足，贡献过微，有负父老诸公之期许，今当敌寇犯湘已紧，湖南民众极待动员之际，不得不与诸公别矣，既怀依恋之情，复多惭忽之感，望垂察焉。

（原载《都梁文钞今编》，湖南出版社 1992 年出版）

连大一周年

一、我们的方针

  中国共产党领导人民民主革命的目的，是在建设新民主主义社会，并过渡到将来的社会主义社会以至共产主义社会。所以毛主席早在《论联合政府》的著作中就指示过我们："在新民主主义的政治条件获得之后，中国人民及其政府必须采取切实的步骤，在若干年内，逐步地建立轻重工业，使中国由农业国地位升到工业国地位上去。"建设就不能不需要大批的各种各样的人材，所以他又说过："为着建立新民主主义的独立、自由、民主、统一与富强的中国，需要大批的人民教育家、教师、人民科学家、工程师、技师、医生、新闻工作者、著作家、文学家、艺术家与普通文化工作者，以'为人民服务'、'和人民打成一片'的精神，从事艰巨的工作。""为人民服务""和人民打成一片"，就是人民的专门人材与地主资产阶级专门人材的基本区别所在。为着培养人民的专门人材，就需要开办人民的各种高等学校。因此在东北一开始转入和平建设环境后，中共中央东北局就明确指出："没有大批的有现代科学知识与掌握现代技术的专门人材，东北经济建设任务的胜利完成是不可能的。"所以一面便配备相当的人力、物力、财力，开办人民的各种高等学校，一面在团结改造的方针下，又从各方面去延揽各种专门人材。连大也和其他人民的高等学校一样，是在这种方针和要求下开办的。

  因此，在创校之初，在中共中央、毛主席和东北局的方针下，中共旅大区党委就明确规定："人民的正规大学""大连大学的开办，便是为了培养一批人民的新型的工、医技术人材。"其"教学方针、课程内容、学校制度等任何方面与过去地主资产阶级所办的大学均有原则上的区别。它首先要遵循'科学与政治结合''为人民服务''和人民打成一片'的精神（人民日报：《大连大学开学献词》）；教学方针是："教与学统一"，"学与用统一"，"教的教好，学的学好"（旅大区党委书记欧阳钦同志在创校典礼会上讲话）。这就是区党委对连大的具体领导方针，也就是连大具体执行的基本方针。这种方针，表现连大一开始就与过去训练班式的人民的大学不同，就是向着"人民的正规大学"方向前进的；一开始就与地主资产阶级的大学本质不同，是以"担负起培养具有革命思想与掌握现代专门科学技术知识的高等专门人材的任务"的。

一年来，我们虽然还有很多不够，但基本上是遵循这个方针前进的。特别在去年 8 月中共中央东北局、东北人民政府《关于整顿高等教育的决议》发下后，我们执行的结果，如在建立各种暂行制度、制订教育计划、课程标准和学制、聘请大批有专门技术知识的教授、讲师、助教，和进行思想改造，以及图书、仪器的设备等等方面，使连大已初步具备了人民的正规大学的规模——自然还不够，所以中共旅大区党委在 1950 年初又提出"进一步正规化"的方针。

二、一年工作的几点总结

连大在中国共产党、人民政府的领导和苏方同志的多种帮助下，从 1948 年 10 月开始筹备，1949 年 3 月 1 日开始上课，4 月 15 日举行创校典礼，今日恰值创校一周年。在上述的方针指导下，我们在这一周年中的工作主要有以下三个方面：

（一）关于政治教育和思想改造方面。这一面在提高党内干部的水准，克服思想上的毛病，一面在改造和提高党外干部、特别是教育干部的思想认识，逐步确立其为人民服务的立场、观点和方法。教育干部是学校工作上基本不可缺少的；学校以教学为经常的中心任务，没有他们，教学便无法进行，他们的观点方法不与人民一致，也不能最终地符合人民教育的要求。因此，我们特别注重这部分干部的政治学习，在一贯的团结改造的方针下，帮助他们前进，帮助他们追求真理，逐步"和人民结合"，确立"为人民服务"的人生观；同时我们肯定"真理必须是马列主义的辩证唯物主义与历史唯物主义的"。因此，"大连大学的科学思想，应该是马列主义的、辩证、历史唯物主义的"。这也不仅对我们这批教育干部如此，而思想改造的过程，是谁也要经过的。

连大的教育干部，主要是京津宁沪一带解放前后来到的。他们大都有一种专门技术知识，并不少有声名的专家，这是人民国家的宝贵财产，他们一般都有相当的事业精神和工作热情，这也是可贵的。在思想作风等方面，有的原先就是革命的、进步的、具有"为人民服务"的人生观；有的是自觉不自觉的、多多少少的接近于人民的；但也有的由于过去的生活环境等关系，又没有和马列主义、毛泽东思想及人民革命事业接触过，便自觉不自觉的、多多少少的带来其旧的思想、作风和经验，并以之来衡量和要求共产党、人民政府、人民大学以至苏联。因此，政治学习和思想改造都是必要的，而且是有条件有希望的。

在上述的方针原则下，一方面，在进行十二本《干部必读》的政治学习中，对这种教育干部的学习组织，最初都与老干部同样编组，后来根据经验和个别同事的要求，便以自愿为原则；但大多都自愿与老干部一同编组，一部自由结合的，进度也并不慢。在学习过程中，为着追求真理、展开对问题的研究和讨论，我们校内曾表现了一种相当充分的自由思想、自由研究的气氛；同时，在学习过程中，结合时事问题和旅大及大学的具体情况（并印发现行政策的文件，如结合旅大土调印发土改文件，结合向苏学习印发中苏条约的文件等），常举行定期和不定期的小组讨论会、大组座谈会、报告会、参加适当的干部会以至党和团的会议等，大家都表现积极研究和认真发言。一方面结合政治学习，提出人民正规大学的性质、方针和任务问题，使全校逐步达到一个共同的认识。一方面在"民主集中制基础上的'大家办学'"的方针下，不只吸收较多的人参加校务会议，大家共同来讨论和处理较重大的校务问题，而且在党的代表会和座谈会上，虚心的倾听大家的意见和建议，一一加以研究，来改进我们的工作和作风，能作的就一一去作，不能作的则加以说明。这对于我们工作的改进和工作效率的提高上是起了适当作用的，对大家的工作情绪和相互提高上，也是起了适当作用的。一方面，更重要的还在于我们工作的改进和工作效率的逐步提高，以改变大家的观感，使大家对学校的前途有了信心。另方面，对学习组织和推动，在学委会的领导下，大学工会是具有而且是起过作用的；节日和娱乐晚会以及同学们的尊师爱生运动，对同事间、师生间政治情感的交流上都起了促进作用，都是对我们的政治学习有帮助的。

到现在，我们的教育干部，虽还在学习政治经济学的进程中，但学习成绩是显著的，进步是不小的。一般都已认识或承认：作为人民国家的干部，学习马列主义、毛泽东思想是必要的；学习不只是为了人民国家，而且也是为了各个人自己；并已有不少人对马列主义、毛泽东思想有了初步的认识。这种进步情况还表现在工作态度上，在生活要求上，在对共产党、人民政府和苏联的看法上，在对经费要求方面的整体思想上，特别表现在对中苏同盟条约的协定的欢欣鼓舞的情况，在踊跃热烈认募建设公债的情况。因此说，我们教育干部的政治质量，一般已初步地得到改造和提高了——自然还很不够，他们一般也还不能用马列主义的观点、方法去研究、分析问题和编制教材，还须长期不断努力。

但我们对帮助教育干部进行政治学习的计划性，还是很不够的，在对学习计划中的具体贯彻上，更不够经常，具体深入帮助尤其不够。有些具体性的问题和思想上的疑难，每每没能予以及时的适当的解决与解答，常影响到学习的进度，以至使个别同事常对其自己不能正确解答的问题，发表异论。每每因具体问题或生活小事，没予以及时的适当的处理，而引起个别同事的情绪不快。也有个别同事，因家庭生活负担等方面的系累，常引起情绪不正常；由于我们对这方面的了解相当差，仍没能予以适当的、有效的帮助。

（二）关于教育制度和教学方法等方面，根据东北人民政府所颁暂行章则规定的原则和"理论与实际一致"的方针，我们规定工科本科修业年限四年，医科本科修业年限五年，（俄专一年半至二年）；根据修业年限制订教育计划，一面注重基础课程与逐年课程的重点配置，一面工科生在前三年修毕课堂学业，并结合各系必要的校内实习，第四年为校外场厂实习；医科生在前四年修毕课堂习业，并经过各科临床实习，第五年为临床专科实习。但由于新经验不多，这种教育计划的制订，虽经再四研究和改变，仍可能不完全合乎实际。其次，为使本科生的入学程度能适合这种计划的要求，规定新生入学一律须按照一定标准经过考试；由于老生中程度参差不齐，在去秋按照"整顿高等教育决议"进行甄别，对大部分程度不够的学生进行补习，使在较短期内达到高中毕业程度的标准。现本校本科生的程度一般都是合于标准的了。

各课教材，除政治、俄文及少数基本课程采用现成教本外，都是根据课程纲要，由负责教师重新编整，一律用本国文，并要求在原则上，逐渐作到结合本国建设的具体情况和要求，采用本国现实材料，吸收苏联经验及科学成果。但是：①各课程纲要是根据各系教育计划制订的，不只由于教育计划可能不全合实际，课程纲要的本身，由于研究不够，更可能不恰当，因此教材内容的重点和分量配置等方法，更可能不恰当；②教材编制的参考材料方面，也感觉相当困难。

在教与学的方法上，"教学统一"的民主教学方法与"课堂外自学为主与小组研究相结合"的学习方法，是我们在教与学方法上，与地主、资产阶级大学的基本区别之一。为着使"教的教好"贯彻民主教学的方针，课堂授课除尽可能采用图表、模型等现实表演方法外，试行了一种"班教学会"（现又改为系教学会）、民主讨论教学方法，由各班（现为各系）教师及班长、小组长等参加。有些班教学会已初步收到民主教学的效果；但在试行过程中，由于思想酝酿与解释不够，个别班也曾发生过偏差；如有的产生学生不发言，仅由教师说一套的现象，有的形成对民主误解，学生提出不合理要求的现象。现又试行了一种"教学研究会"，以教师为主，吸收学生参加，广泛的讨论教学方法、课程内容与教材编制等方面的问题；试行效果虽不坏，但经验还很少。

为着使"学的学好"和贯彻"课堂外自学为主与小组研究相结合"的方针，在学生中的党团与教育行政相配合的推动下，在"课堂外自学为主"方面，一般都积极钻研，学习情绪相当高。在"与小组研究相结合"方面，有的小组每周进行一至二次的小组研究，效果相当好；有的小组，自己又实行一种"轮试"办法，即每晨利用五至十分钟的时间，就前日受课内容，由课代表提出问题任指一人解答，以相互检查温习和了解程度。但在试行的过程中，不只由于思想酝酿、解释和具体布置不够，还由于我们负责干部思想认识上的不一致，加之各种旧的学习方法的影响，也曾产生过偏差；如有的偏于"小组研究"和少数懒学生依赖互助的现象，有的则只要自学，只是个人钻研，不要小组研究的现象。这都是把"自学为主"与"小组研究"对立起来，都没能掌握其统一性。

（三）关于本校组织机构和行政制度的建立方面。连大是一个新创的人民正规大学，没有旧式大学制度的束缚，这是好的一面。但另方面，由于原先没有一套制度和办法，一切都须从头摸索创造；来自新解放地区的教师和学生，又多少存在一些旧式大学的传统影响；老区的干部和学生，其中也有人多少存在着训练班式大学的传统影响；连大又原是从几个部分合并组成的，这又不免多少存在着各自为政、各搞一套的情况；加之在创校初期，没有而且不可能马上就把各种制度——都建立起来。因此关于行政领导、分工和工作制度、校院关系、校产管理及支配、经费预算和财政开支等等方面，曾表现着相当不统一与思想混乱的情况，并表现着工作效率的不高。

因此在去年6月，我们根据东北人民政府颁布的暂行章则条例，制订《连大暂行章则》及其他条例，建立制度，情况才开始转变；但由于那种章则条例是在创校不久、经验很少、问题也还不够明显的情况下制订的，随着学校往前发展与情况变化，它就不相适应了。因此，在适应现实情况的要求下，一面结合政治学习，针对现实问题，如统一全校财政的开支和制度问题，校院间各部门间的相互关系问题、分工与工作制度问题等等，进行思想酝酿。一面提出学校行政、党、团、工会经常共同的中心任务，在贯彻教学行政计划的完成，及彼此在完成中心任务上的统一领导与配合作用。一面特别强调整体观念，不只在技术设备的利用与经费要求等方面都要从全校的整体出发，而且事事都要照顾到全国、全东北、全旅大，部分要服从全部，次要要服从主要，下级的要求要服从上级的要求；并实行校产的统一登记、管理、支配，统一全校财政开支，统一预算、决算，限制各部分不合现实的经费要求。另方面，根据东北人民政府所颁章程条例的原则精神，以本校《暂行章则》条例为基础。结合新的经验和现实情况，参考苏联高等学校的章则条例，重新拟制临时校章及各种条例草案，提交校务会议及各部门反复研究、讨论和修改，然后送请东北文教委员会审核，使全校在制度上、工作上有所遵循。同时根据组织规程和分工原则，拟制院处系科等部门的工作细则，以明确职权和工作专责。自然这都是临时性的，只是在中央颁布统一的章程、条例、细则以前，作为本校暂时施行的东西。

　　为着保证行政制度的实行和提高工作效率、改进工作作风、减少浪费，又推行责任制，规定每人根据分工职责订立工作计划，并结合讲求和提高业务知识。首先实行的校务处系统与附属医院的各科护士们，工作同志大都提出了自己的工作计划和保证，展开了相互间的竞赛，并已步步在推进。从初步的效果看来，不只工作情绪和效率都相当提高、作风都有转变、浪费大为减少；而且提高了业务的钻研精神和保证了制度的实行。但也有个别部分，由于思想酝酿不够成熟，推行不够认真，就不免有点流于形式。

　　这仅是我们学校一年工作中的几个主要方面，其他方面及附属科研、医院、实习工场和护士学校的工作，一年来也都有相当进步和成绩，我在这里都不说了。

　　因此，一年来，我们在共产党和人民政府的正确方针下，工作成绩是有些的，而且成绩是主要的；但还很不够，缺点还很多。没有任何可以自傲自满的地方。除上面所提及的缺点外，最主要的，不只事务主义的方式仍没完全改变过来，如我自己就是这样。而我们领导上的官僚主义作风，也还没克服过来，甚至还相当严重；如对工作检查不够深入，有时只凭报告，甚至对有些器材仓库的情况，我们所知很少；对中心每每抓得不紧，分散工作力量，致我们虽然都是无间歇的在忙，工作效率却不高。而这种事务主义和官僚主义，却都是阻碍我们工作科学化、正规化的死敌。为着使我们今后的工作能大步前进，便须和这种思想作风进行坚决斗争。

三、今后任务

　　一周年过去了，今后的任务怎样呢？那就是在东北人民政府《关于目前高等教育工作的决定》的基础上，把我们的教学行政计划提高一步，把学校进一步正规化，也就是说，在贯彻这个决定。

　　去冬在各总支党员大会以后所布置和进行的各项工作，即我2月4日在干部会上的报告《连大当前几个问题和任务》中所提出的，有些已基本完成任务，有些则还在进行中，我们认为它不只与《关于目前高等教育工作的决定》

的基本精神不矛盾，而且正成了我们贯彻决定的物质基础和条件。因此，那些正在进行中的工作，仍当继续去完成它。

如何贯彻这个"决定"呢？根据连大现有的基础和条件，把"决定"的全部精神与个别具体规定，贯彻到我们的各种制度和教学行政计划中去，一一具体化，并以坚决的行动去保证其一一具体实现。因此，我们经过传达研究后，在两次校务会议中进行了讨论，并作出初步决议。

提高教育质量的中心一环在于提高师资，"提高师资的关键在组织学习"。连大的教育干部，在思想作风方面，经过一年来的政治学习和思想改造过程，一般已打下了良好的基础，准备了大大提高一步的条件。因此我们决定，一面在依赖大多数去帮助那些学习成绩较差的前进；一面逐步引导其实际运用马列主义、毛泽东思想的观点、方法，贯彻到教学内容、教材编制、教学方法上去，到研究和分析问题上去。因此：①把原来的座谈会经常开起来（半月至一月一次），并提高一步，同时与必要的讲演会相结合，为着提高集体学习的效率，择要印发座谈记录；②推广讲求教学方法的系教学会，选择重点进一步取得经验，推之全面，贯彻群众路线的教学方法，并达到"教学相长"的目的；③确定教学研究会，以讨论教学内容与教材编制的观点方法及重要的技术理论问题为主要内容，每月一次，并与专题学术报告相结合；④有些教员学习小组，在讨论问题时，已能引用马列主义的原则并结合眼前实际和自己工作中的问题，进行辩论，有计划的把这种方法推行到每个学习小组去；⑤以上各种会，每次都要事先有酝酿、有准备、有问题的重点、有中心发言人，时间不得过长。在专门技术知识方面，本校教育干部是有相当水准的，阵容不算弱，为着与现实紧密的结合并提高一步：①把附属科研和医院的现有设备，有计划的充分利用起来，与教师研究、教学及教材编制进一步结合；②与各场厂、企业、医院、研究机关建立具体联系，以本校教师的技术去帮助它们，以它们的设备与经验创造的成果来帮助我们的研究、教学和教材编制，使两者相互结合；同时有计划有系统的去搜集现实资料，供教师及学生参考，工、医两学院并可计划分别设立资料室；④附属医院每周对临床经验举行一次报告讨论等办法，可以提高一步，并可与教学研究会直接结合，附属科研也可采用这种办法。

对教材的编制，各院系重新审查各课课程纲要，并从而去审查我们新编教材内容的分量配置比重与进度，这是一方面；进一步确定编制计划，送文教委员会核定后，按计划完成任务；尽可能向国内外采购必要的新书杂志、俄文杂志，重要的科学论文设法翻译油印，供教师学生参考。

学生的学习方法进一步去贯彻"课堂外自学为主与小组研究结合"的方针，各院系科在党团工作的配合下，要深入的去进行具体领导，布置与事先解释和思想酝酿；在理论与实际相结合的指导原则下，一面要进一步提高学生在校内实习的效果，一面尽量利用假日与适当时间，组织学生校外工场、医院的场地参观，并由教师现场指导。

为贯彻培养工农干部的方针，一方面要贯彻暂行校章规定尽可能吸收工农青年入学的精神；一方面工学院为实习工厂工友讲技术课的"特设班"，可提进为一种固定的组织形式（工人技术夜校或技术讲习班），并吸收校外工人参加；根据医学院教授建议，医学院可计划开办假期卫生常识训练班或夜校，吸收工农青年参加。

《关于目前高等教育工作的决定》中的各项具体规定，如学制及学生学习时间的规定等等，原则上我们都要无条件的执行。

我们当前的任务，是光荣而艰巨的，但我相信，在连大现有条件和成绩的基础上，只要不骄不傲，开展批评和自我批评，克服缺点，发扬优点，在中国共产党和人民政府的领导下，全校团结一致，克勤克俭，学习和发扬为人民服务的艰苦创业精神，一定能胜利完成任务。

全校教职员工及全体同学们，为完成我们建设正规的工科、医科、俄语学习的高等学府而努力啊！

（《大连大学校刊·校庆周年特刊》（1949—1950）

第 1 期，1950 年 4 月 15 日出版。）

研究科学、交流经验、
提高人民科学技术水准

（代创刊词）

　　伟大的人民大革命，在中国共产党和毛泽东主席的英明领导下，基本上已经胜利了；西藏、台湾、及其他几个海岛也行将就要解放，即将在全国范围内完全推翻帝国主义、官僚资本主义、封建主义的统治，完全结束内战，即将在全国范围进入和平建设的阶段——从推翻旧社会为主要斗争任务的阶段进到建设新社会的新任务阶段。

　　毛泽东主席早在其著名的著作《论联合政府》中就说过"中国工人阶级的任务不但是为着中国的独立、自由、民主与统一而斗争，而且是为着中国的工业化与农业近代化而斗争。""中国的新民主主义的独立、自由、民主与统一，如无巩固的经济作它们的基础，如无进步的比较现时发达得多几倍的农业，如无大规模的在全国经济比重上占极大优势的工业以及与此相适应的交通、贸易、金融等事业作它们的基础，所谓新民主主义的独立、自由、民主与统一是不能巩固的。"这正如斯大林大元帅对苏联过去所说过的原则一样："当时的任务是要把这个国家由中世纪的黑暗和无知的轨道上，转移到现代工业和机器化农业的轨道上去……当时的问题是这样提着：或者是我们在最短期间就把这个任务解决成功，于是在我国把社会主义巩固起来，或者是我们解决不了这个任务，那时我们这个技术落后文化落后的国家，就会丧失独立的地位，而变成帝国主义列强的玩具。"

　　但是我们的国家，过去是遭受帝国主义，封建主义、官僚资本主义长期掠夺与压榨的殖民地半殖民地半封建的国家，而又在长期战争中受到严重破坏，它遗留给我们的，主要是穷困和落后，在这种基础上来完成我们国家的工业化与农业现代化的巨大任务，不可避免要遇到不少严重的但又可以克服的困难。

由于穷困的遗留，一方面，使我们进行建设事业的资本受到严重的限制。一方面，广大人民，尤其是农民，在解放以前，过着全世界所少有的、特殊穷困的、饥寒交迫的生活；解放以后，特别是较早解放的地区，情况是普遍地迅速地在好转，但由于反动派过去长期对水利事业的不断破坏与毫无建设，致使全国不少地区在解放以后又受到严重的水灾和旱灾，人民政府还要使用一笔很大数量的物资和力量去进行救灾，但是人民的这种生活情况，已只能是暂时的现象了；将随着生产的恢复和发展，随着土地改革与农业生产的恢复和发展，就会一步步地富裕起来，是完全有保证的。建设的资本怎样解决呢？毛泽东主席也早已指示过我们；"为着发展工业，需要大批资本。从什么地方来呢？不外两方面……主要依靠中国人民自己积累资本，同时借助于外援。在服从中国法令，有益中国经济的条件之下，外国投资是我们所欢迎的。"不仅如此，我们还可从苏联方面去取得"真正的友谊的援助"，三亿美金的低利贷款，以及由中苏经济合作在新疆创办石油公司与有色金属公司（这都是中国本身暂时无法创办的），就是这种援助的具体例子：

由于落后的遗留：一方面，全国人民尤其是农民及各少数民族人民，过去长期被束缚于中世纪的、古代的以至原始的黑暗与蒙昧无知的状态中，存在着百分之八十以上的文盲，连半文盲在内比例还要大；广大农村与少数民族地区的文化生活及医药卫生情况，都异常低劣。一方面，生产上，农业生产过去长期被阻止在中世纪的技术条件下，使用现代技术（工具与科学肥料等）的，只是偶然的现象；工业生产，除南满、沿海及内地个别城市外，在全国范围内的绝大部分地区，好像是茫茫海洋中的孤岛，甚至在有些省份和地区连这种孤岛也没有；有些少数民族地区，曾是被阻滞在奴隶制度的生产状态中，甚至还有被阻滞在原始的牧畜乃至渔猎状态的情况。一方面，是科学和技术的落后，这不只表现为人民科学技术常识水准的低下和缺乏，而且表现科学技术干部的极端缺少和水准不高，有相当成就的科学技术专家，尤为缺乏。

从这种基础上来开展我们的经济建设和相随而来的文化建设事业，使我们将成为一个具有高度文化的民族出现于世界；这首先就需要创制各种技术设备、机器，就"需要大批人民教育家、教师、人民科学家、工程师、技师、医生、新闻工作者、著作家、艺术家与普通文化工作者。"（毛主席语）这正如斯大林所说过的："技术决定一切，""干部决定一切。"在技术设备方面，我们一面可从伟大盟邦苏联那里取得相当援助；一面我们现有的技术设备，只要能把它最高限度地使用起来，就可成为我们创制各种技术设备的基础，能为我们制造各种机器和其他技术设备出来。后一方面，由于有具有充分经验的苏联专家的帮助，也是可以一步步地最高限度地使用起来的。但是我们利用不断增多的机器和其他各种技术设备，有计划地在全国范围内去逐步进行建设，就不断需要大批能驾驭技术以及与之相适应的各种干部，这都是不能而且不应该去依赖苏联的；同时，也就会不断需要成千成万的能操纵机器的工人，而在现在全国人民中文盲占支配地位的情况下，是会大大地受到限制的。

那末，我们怎样来解决这个问题呢？

（一）关于干部问题，毛泽东主席曾教导我们说："中国的人民解放斗争迫切地需要知识分子，因而知识分子问题就特别显着重要。……今后政府应有计划地从广大人民中培养各种知识分子干部，并注重团结与教育现有一切有用的知识分子。"这是说，一方面要从人民群众中去大批大批地培养新型知识分子，即具有革命思想而又掌握现代专门科学知识的新知识分子，如"……海员、飞机师、铁路员工、炮手、坦克手、锉匠、镟匠、各种工程师、建筑家、艺术家、教师、医生、记者、政权工作者、财经专家、政治工作人员、群众运动的优秀领导者等，去为伟大的中国人民服务，彻底地完成毛泽东的事业。"（1950年"五四"北京《人民日报》社论）一方面，"现有一切有用的知识分子"，要"把他们看作国家与社会的宝贵财产"，必须"注重团结"或"争取"他们来"为人民服务"，这是肯定不移的方针的主要一面；但又必须帮助他们从马列主义、毛泽东思想的基础上，逐渐把立场、观点、方法改变过来，才能"和人民打成一片"，也才能使他们在政治和专门知识上不断进步和提高，所以"教育、改造"也是肯定不移的方针的一面。

因此，我以为"教育、改造"是包含着改造和提高两方面的作用的。从人生观方面说，不只把旧的人生观改造为新的人生观，是一种必要也是一种进步和提高；即使原来就接近或倾向人民，对马列主义、毛泽东思想有过多少的理解或接触，也需要不断的进步和提高，需要不断的改造—知识分子参加革命。思想意识的改造是需要一个长期的艰苦过程的，从专门知识方面说，我们国家"现有一切有用的知识分子",不仅一般需要大大的提高,去适合人民国家的要求,担负人民交付的任务;少数有较高成就的专家,也需要不断地提高,符合人民国家的期望和要求。我们需要大量能胜任工作的专家干部,还需要巴甫洛夫、米秋林一流的专家。提高,自然需要对专门知识的不断钻研和积累经验并把它消化;但是只有掌握了真正科学的即马列主义的辩证唯物论和唯物辩证法的观点方法,才能大步前进,才能使自己的专门知识成为真正的科学知识。因此,思想改造又是与提高和改造业务知识直接关联的。因此,我们对自己业务或所习专门科学,必须继续不断的研究,继续不断的提高;也就必须结合不断的政治学习,必须逐渐使自己能运用马列主义的观点、方法去进行研究和工作,才能大步前进。

我们的研究和工作,不只是为着人民群众,"为全民族百分之九十以上的工农劳苦群众服务",而且要依靠人民群众"须知民众就是革命文化的无限丰富的源泉。"(《新民主主义论》,一切文化科学知识,都是从群众中来的,都是经由千百万群众千百万次劳动经验的积累和证明所得出的规律,而又须依靠千百万群众去实践,并依靠这种实践去求得证实和改进;研究与实践相结合,与广大群众的实践相结合,"主张实事求是,主张客观真理,主张理论与实践一致",才能是科学的,才能不断的大步前进和提高。因此,不只必须依靠群众和群众结合向群众学习,去进行研究和求得进步;而且必须是为着群众去进行研究和求得进步,又不断去提高群众。因此,又必须肯定自己为人民事业去进行研究和求得提高,不是为着个人的利益,个人利益必须服从人民事业的整体利益,也只有从这个整体利益中才能有个人的前途。这也就是马列主义的观点和方法。

个人主义的研究,每每把自己的研究作为私产一样保守起来,去图取个人的利益和使自己出人头地。封建时代,人们对于其秘传技术经验的保守,正是封建财产的继承和保守观念的反映;资本主义时代,人们对于其科学知识作为私产看待,正是个人主义商品竞争的一种意识形态的反映。这正是封建社会、资本主义社会本身矛盾的反映,这与社会主义、新民主主义集体主义的精神正相违背,也只有在这种集体主义的基础上才能解决这种矛盾。封建时代的那种个人保守,恰恰阻止了科学知识的产生;资本主义时代那种个人主义的保守和个人主义的研究,不只拘限了科学的发展,而又固步自封地阻碍了个人的进步。在马列主义的集体主义的原则下，集体是由各个具体个人构成的，集体教养个人，个人为着集体；个人离开集体是什么也搞不好的。"三个臭皮匠，当个诸葛亮。"我们需要"集思广益"，需要相互提高。但这不是否认或降低个人钻研的作用；相反的，科学知识必须通过个别具体个人去研究和掌握，所以在集体主义的基础上，个人的钻研仍是起决定作用的一面。

（三）关于人民大众的文化教育问题。毛泽东主席也教导我们："占全人口百分之九十以上的人民，是工人、农民、兵士与小资产阶级。所以我们的文艺，第一是为工人的，这是领导革命的阶级。第二是为农民的，他们是革命中最广大最坚决的同盟军。第三是为武装起来了的工农即八路军、新四军及其他人民武装队伍的，这是战争的主力。第四是为小资产阶级的，他们也是革命的同盟者，他们是能够长期地和我们合作的。"（《在延安文艺座谈会上的讲话》）因此说："新民主主义文化是大众的，因而即是民主的。它应为全民族中百分之九十以上的工农劳苦民众服务，并逐渐成为他们的文化。"（《新民主主义论》）因此说："从百分之八十的人口中扫除文盲，是建立新中国的必要条件。"（《论联合政府》）"各种干部、部队的战士、工厂的工人、农村的农民，他们识字了，就要看书、看报……"（《在延安文艺座谈会上的讲话》）因此，在今天将在全国范围进入和平建设阶段以后：对于工人，"我们不只要把老年工人的技术经验掌握到手，而且要从我们这一代青年工人开始，走进科学的大门，使我们逐渐成为既能用手又能用脑的具有科学知识的新的技术劳动者。"（前揭社论）对于农民，"要在现有的基础上提高农业生产技术"，"普遍展开改良农业技术的运动"。（1948 年 7 月 25 日新华社社论）提高农村小学的质量、开展冬学及其他农村文化运动，逐步提高农民的文化水准。同时，中学以上的学校为"工农开门"，并"在各种大企业及城市中为工农开设技术学校。"

这就是说：必须逐步提高劳动人民的文化水准，根绝蒙昧和落后的现象，使他们逐步地能掌握科学技术，否则，就会一步也不能前进。这是关系新民主主义国家建设成败的关键。每一个愿意为劳动人民服务的知识分子，都应该对这个问题关心和致力。

（三）我们还可以而且必须去吸收外国进步的文化来帮助自己前进。毛泽东主席也曾经教导过我们："中国应该大量吸收外国的进步文化，作为自己文化食粮的原料，这种工作过去还作得不够，这不但是当前的社会主义文化与新民主主义文化,还有外国的古代文化,例如各资本主义国家启蒙时代的文化,凡属我们今天用得着的东西,都应该吸收。但是一切外国的东西,如同我们对于食物一样,必须经过自己的口腔咀嚼与胃肠运动,送进唾液胃液肠液,把它分解为精华与糟粕两部分,然后排泄其糟粕,吸收其精华,才能作为自己的营养分,决不能生吞活剥的毫无批判的吸收。"同时又教导我们说:我们的新民主主义文化"同一切别的民族的社会主义文化与新民主主义文化相联合,建立互相吸收与互相发展的关系,互相作为世界新文化的一部分"。(《新民主主义论》)毛主席教我们"走俄国人的路","向苏联学习"。这就是说:我们今天用得着的资本主义各国早期的进步文化和科学技术等东西,都不应该拒绝,但必须批判地去吸收,批判其阶级立场和不科学的观点、方法及一切非科学、假科学的成份。我们可以"向敌人学习",但不容与敌人在文化上联合。我们要向苏联及其他新民主主义国家学习,吸收其文化成果、一切科学技术上的创造和经验,拿来和我国的具体情况、我国建设事业的具体实践相结合,这不仅能帮助我们解决当前的许多迫切问题,而且能提高我们科学技术的研究和文化水准。因此,我们要虚心、虚心、再虚心地向苏联学习,要尽可能地去学习,要尽量介绍苏联的创造经验和研究成果。

为着我们人民国家的建设,就需要各种专门人材,需要提高人民文化水平,需要"精通业务,掌握科学技术"。总而言之,需要拿现代科学来武装我们。正如斯大林大元帅所说过的一样:"我们前面有一个堡垒,这个堡垒叫作科学,它有许多许多的知识部门。这个堡垒我们不管怎样要把它拿下来"(1928 年 5 月 16 日《在苏联列宁共产主义青年第八次代表大会上的演讲》)。

"掌握科学,锻炼出一切知识部门的布尔塞维克专家"(斯大林语),我们今天也正是需要一切知识部门的"为人民服务""和人民打成一片"的专家了,而不是需要"什么都会讲一点儿的"而又什么"都一知半解和自以为是"的干部了。正如伟大导师列宁在老早就说过的一样:"要把握马克思主义的正确路线,那你们就应当成为自己工作部门中很高明的专家。"

怎样去"拿下""这个堡垒"?"锻炼出一切知识部门"的"专家"呢?那只有像伟大导师斯大林所说的一样去作:"学习、学习、最顽强地学习!"

连大季刊的创刊,是根据上述的认识出发,并向着这个目标前进的。因此,它在一方面,是作为校内同事间、师生间相互研究的一种东西;一方面借以交流研究经验"抛砖引玉",以期相互提高;一方面希望它逐步地能直接、间接对人民群众起一点传播科学技术知识乃至常识的一点作用——至少期望能间接起一点这样的作用。至于我们的认识是否正确,我们诚恳地期望能得到各方面的批评和指正。对本刊的内容,我们也付以同样的期望。

这个季刊,主要内容,只包括关于工科和医科的两个部分;以后我们还打算分作两个部分出版。

1950. 5. 8 连大本部

(《大连大学季刊》第 1 卷第 1 期,1950 年 5 月出版)

关于科学的阶级性问题

(1950 年 5 月 31 日对大连大学全体教职员同学的报告)

同志们、同学们：

今天我报告的题目是："关于科学的阶级性问题"，而主要是讲自然科学的阶级性问题。在座有很多自然科学的专家，同学们也大都是学自然科学的，我来讲关涉自然科学的问题，可说是"班门弄斧"；但中国也还有一句俗语，叫作"抛砖引玉"，我是本着这个精神和目的来作报告的，下面分五个部分来讲。

一　关于科学的阶级性问题的提出

关于科学的阶级性，在过去国民党反动统治时代是不容许提出这个问题的；因为他们和历史上其他反动统治阶级一样，实行阶级压迫的残酷统治，因而就讳言阶级。只有无产阶级才公开把阶级问题提出来，科学的把阶级社会的一切问题进行阶级的分析，公开承认自己是一个阶级及自己革命科学即马列主义的阶级性。因而也只有在工人阶级领导或其专政的国家才能公开来讨论这个问题。

在去年长江流域和珠江流域相继解放后，在全国各地特别在专门学校和大学里，在政治学习与思想改造的过程中，在学术界，特别在自然科学者中间，就提出了关于科学的阶级性问题。在最初一个时期辩论的结果，一般认为社会科学是有阶级性的，自然科学则没有阶级性；稍后随着同学学习和认识的前进，便认为自然科学也有阶级性，但主要只表现在为谁服务方面，而自然科学本身是没有阶级性的；到最近，认识较前进的自然科学家，确认所谓自然科学本身也有阶级性，但还有不同程度的若干保留。这表现了思想改造的前进过程的一面。我们大连的情况也大体如此。一般说来，一年中的进步是相当快的；但还要不断前进，才能升堂入室。

科学是什么呢？我以为客观世界即自然、社会和人类思维的产生、发展、转变或死灭的过程，是有着其客观的规律、法则的，这就是唯物辩证法；而其各个侧面，即各种事物在这总的规律或法则下面，都有其具体的特殊的规律或法则，人类掌握这种规律或法则并把它提到理论原则的高度，就是科学。但无产阶级以前的科学并不全是这样，所以它包含着假科学以至反科学的成份。因此，毛主席说："从古到今，世界上的知识只有两个部门，一门叫作生产斗争知识，一门叫作阶级斗争知识，民族斗争也包括在里面……自然科学和社会科学就是这两门知识的结晶。哲学是自然科学和社会科学的概括的总结。此外再没有什么知识了。"（《整顿学风党风文风》）因此，科学不是根源于人类头脑中产生的东西，而是根源于无数人的无数次斗争经验的基础上总结出来的原则，又以之运用到实际的斗争上去的东西。

但客观世界是如此之广大繁复，人类所进行的具体斗争，不论生产斗争或阶级斗争，那是以客观世界的一个侧面为范围，如种植、纺纱、造纸、采矿、制工具、经济生活、政治生活等等。因而就不能不有各种部门的科学，而且是越来越多越专门的；自然科学方面是这样，社会科学方面也是这样。有些人通常只称自然科学为科学，那是不对的。

但科学是从阶级社会里产生的，在人类史的低级阶段，即在原始公社制时代，由于历史条件的限制还没有产生科学的可能。产生在阶级社会时代的科学，便不能不表现其阶级性，从观点、方法和立场或为谁服务等方面表现其阶级性；各阶级各有作为其自己的生产斗争或社会斗争的知识的结晶——自然科学和社会科学。

社会科学既然是阶级斗争的知识的结晶，那么没有怀疑余地，各个阶级都根据其斗争的经验、知识以至这种知识的结晶去进行斗争，为着自己阶级及其所代表的利益去进行斗争；这显然都要表现其敌对的立场、观点和方法等方面的阶级性。自然，资产阶级是从来就不肯承认这一点的，尤其在资本主义垂死的年月。无产阶级就恰恰相反，从来就毫不掩饰它的阶级性即党派性，马列主义公开的宣布是无产阶级革命的科学，公开的站在无产阶级和人民大众的立场，以如何到达推翻统治阶级以解放人民大众和自己阶级为目的。在我们抗战时期，日本帝国主义则根据其"皇道主义"即法西斯主义的"三月亡华论"的反科学的论据来指导其侵略战争；中国人民则根据毛泽东主席的《新民主主义论》、《论持久战》、《论新阶段》等经典著作即马列主义的科学去进行抗日战争。在日寇投降以后，美国帝国主义及其走狗蒋介石匪帮，则根据其法西斯主义的"六个月消灭共产党"的反科学的论据来进行反革命战争；中国人民则根据毛泽东思想即与中国具体情况相结合的马列主义的革命科学去进行斗争，由于它的百分之百的科学性，所以我们能胜利的推翻帝国主义、封建主义和官僚资本主义在中国的统治。由于无产阶级的科学乃是客观真理，是真正的科学，所以有胜利的保证，他们无论如何总要胜利；资产阶级的社会科学则恰恰相反。在资本主义初期，虽不是自觉的从客观规律的追求出发，但还反映了广大群众的革命要求和实践斗争的经济，其社会科学虽然不能反映社会的客观规律，却还有点科学的内容。如卢梭的《民约论》、法国《人权宣言》、美国《独立宣言》等。到今日由于帝国主义国家的资产阶级已成为反革命的临于死亡的阶段，其社会科学无非表现其对垂死统治的挣扎，对无产阶级、劳动人民、殖民地半殖民地人民的欺骗，对社会主义新民主主义国家及革命政党革命人民的诬蔑、漫骂与反对，已完全成为反科学的东西。所以社会科学在帝国主义那里叫作"不讲道理"。帝国主义根据其违反社会客观规律的所谓社会科学来进行斗争，行动上就不能不犯错误，就不能不加速其死亡。蒋介石匪帮也是如此；历史规定他一定要死亡，同时也不能不在其行动上不断犯错误。

至于无产阶级领导人民斗争也有失败的时候，如中国北伐革命战争时期，陈独秀机会主义的领导曾把革命引到失败。而此正由于他并没真正掌握无产阶级的社会科学，实质上是非无产阶级的思想在起作用。毛主席领导中国革命到达胜利，是因为毛泽东思想是马列主义普遍真理与中国革命的具体实践相结合的无产阶级的革命科学。

社会科学是阶级斗争的科学；将来在全世界范围阶级消灭以后，国家消灭以后，社会科学的各个部门，便有些将要失去作用，有些将要变质。

自然科学是人类对自然斗争的武器。在过去没有阶级的原始公社制时代几十万年的岁月中，人类要生活，要吃饭、穿衣等等，就要从自然界方面去获取生活资料，就要和自然作斗争。无数人无数次的劳动经验，渐渐积累着知识，渐渐发明牧畜、种植等生产知识。但人类大众劳动经验积累的知识也是为人类大众服务的。而由于历史条件的限制，他们还不能把经验提到理论原则的高度，还不能使之成为科学。到将来，人类都进到社会主义、共产主义的时代即没有阶级的社会里，人类对自然的占有程度将不断提高，人类的生活将一定会不断地过得更好更合理，又真又美又善。其时，生产斗争将成为社会前进的原动力。因此，自然科学的发展前途是无限远大的，它比社会科学的前途大得多。

但将来自然科学，不只将不断有新的部门出现，而现有的各科学部门，也会不断地分得更细，譬如细菌学，可能把每一相类的几种或一种细菌各分为一科；眼科、牙科、妇科、产科、化学、物理、电气等等也都将细分为许多科目。今天自然科学的部门已经不少，如细菌学、昆虫学、生理学，药理学、内科学、外科学、妇科学、物理学、化学、磁电学、机械工程学、冶金学、建筑学等等、将来还会不断地更加增多。

今天的科学知识，不论那一部门，却还是相对真理——除资产阶级社会科学及其自然科学的假科学与反科学成份外——只是一步步接近于绝对真理。已有的科学定律，可能不断为新的定律所推翻。我们在以前一个时期只知有分子，后又知分子为原子所构成，后来又发现原子为电子、质子、中子所构成。电子的核是否还可以分开呢？我想是可能的。如有朝一日把电子的核再分开，那就会发生科学上的大革命。又如医学，我以为主要是研究关于人体的全部规律及与违反这种规律的敌人作斗争的规律。每个人从出生到死亡，如不受外界损害而又有恰当的生活条件，就能正确地发展，则健康与寿命的情况就会比现在不同。但细菌一侵入人体，就会破坏这种正确的规律，或者由于社会与自然的原因而引起某个部分或几部分的组织机能不正常，而不能随着正确的规律活动、发展，使之恢复到按正确的规律前进，就是健康，就符合于生理的要求；否则就是不健康，就是走向死亡的象征。医学者的任务就在研究这些问题，掌握情况，从维护健康的立场上，去与细菌作斗争，与不正常的组织机能作斗争，去解决矛盾。但矛盾的解决，主要是依靠人身内在的正常的机能即积极前进的一面，去与细菌或不正常的组织机能即反动的一面作斗争；医药以及物理疗法等治疗，只是在增强好的、积极的一面，在增加外援，去打击或削弱敌对的反动的一面。医学者便在发现与掌握这种规律中，提出正确的解决矛盾的办法，去施行治疗，使之恢复正常的健康状态，恢复到前进的发展的轨道上去。但是今天医学的水准，有许多病症还没有研究出来，特别对许多病症还没有科学的治疗办法，还在摸索，这也是历史条件的限制。但我们应不断的去冲破这种限制，不断地前进。因此，今日对有些可治之病治不好，由于还没发现其规律或解决矛盾的办法，也有由于医学者犯了错误，药不对症和［治］法不对头，反而帮助了反动方面，即助长了敌人。这在今日许多场合，也是很难避免的。又如人类现在所能占有的资源，就作为动力的燃料来说，目前还只能利用木材、石油、煤炭、水力和风力等，而此都是有限的，将来总有一天会感受不够的。从人类长远的前途看，我们将来还可能从海水中、从海底、从空中采取燃料和电力，也还可能去直接利用太阳的热力和原子能；如果作到利用太阳的热力与原子能，就冲破了自然的局限性了。我想自然科学家将会解决这些问题的。自然，在今天、我们不能好高骛远，我们应实事求是地从现实出发，热动力和电力的发展前途，在当前还是无限广阔的。

自然科学的相对真理的程度，随同阶级性的不同而有区别的。资产阶级的自然科学，较之奴隶主、封建主的自然科学是较接近于绝对真理的；而无产阶级的自然科学就比资产阶级的自然科学更接近于绝对真理。自然科学的前途，也随同阶级性的不同而有所区别；资产阶级的自然科学，不只仅占有资本主义社会的短促的历史时代，而且到资本主义末期就再也无法前进了；反之，无产阶级的自然科学就有着无限广阔与长远的发展前途。这都是历史条件所规定的。

二　从历史过程上来看自然科学的阶级性

科学是从奴隶制度时代才开始产生，到封建社会末期便出现了资产阶级的科学，到资本主义的时代，资产阶级的自然科学曾有适当的发展；到资本主义末期便出现了无产阶级的自然科学，它在社会主义的苏联已获得了迅速蓬勃的发展，在各新民主主义国家也将获得迅速蓬勃的发展，将来在全世界范围的社会主义共产主义时代，更将以空前的无比的速度与规模发展着。

在奴隶制度时代，由于人类在原始公社制时代的自然斗争经验的遗留，由于其时广大奴隶群众千百万次劳动经验的积累，而获得了气候、季节、阴阳、晴雨以及行星的周期运动的素朴体会，奴隶主贵族们——主要是僧侣——便在这种经验的基础上而发明天文历数学以及其他一些科学知识。如中国的殷朝，他们发现以太阳绕地球一轮为一年，将年分划为十二个月，为调剂年分十二月之太阴历与年分四月的太阳历之参差，又设有一年十三个月的闰年；适应农业季节气候的变化，把每年又分为春、夏、秋、冬四季；又根据月球与地球相对运行而反照的月球形象的变化，应用三分制把每月分为三旬，复从其参差上而创为大小月建。这种尚在萌芽状态中的科学，对于当时的农业生产是有很大贡献的。而农业生产的提高，其果实是全属于奴隶主，奴隶是毫无所得的。不论发明这种东西的人，当时主观的想法怎样，客观上是为着奴隶主的利益而发明，并为奴隶主占有和为奴隶主服务的。然而这种天文历数学等。虽还只是一种萌芽状态中的东西，却是奴隶社会遗留给人类的文化成果。

到封建时代，奴隶制时代遗留下来的科学成果，便为封建主们占有。但在其自给自足的农业生产的基础上，只有与农业生产直接相关的天文历数学才有些发展，其他都无发展。所以在欧洲的封建时代，历史上曾称之为"中世黑暗时期"。天文历数学的相当发展不只利益归了封建主，而且正是为着封建主的，如农业生产率的提高，农民始终得不到好处，封建主在原初实行劳役地租，后来农民在分有地上的收获增多些，封建主便马上把它改为实物地租——并应用多重形式。他们是不允许农民多得一点的。

由此可见：古代和中世纪科学的阶级性是很明显的了。

到了封建末期，由于生产力的发展，由于农业和手工业的生产技术进步，以及大众劳动经验的积累，最主要的还由于资本主义生产方法的萌芽，资产阶级提出改进生产技术和扩大生产的要求；在这种历史情况下，就准备了科学产生的条件，因而在欧洲便出现所谓"文艺复兴运动"。纺织机、蒸汽机等都相继发明了，地圆说等科学学说也相继出现了。这都是适应资产阶级的要求而产生的。如哥白尼的地圆说是以当时资本家向外寻找市场、掠夺财富、绕地球航行及其意识形态为条件而产生并又为其服务的；蒸汽机的发明，不论瓦特是否设想为资产阶级改革生产力，但客观上是为着资产阶级的；纺织机是劳动者直接发明的，但它却为资产阶级所占有。

在资本主义世界与社会主义、新民主主义世界并存的今天，自然科学的阶级性更表现得明显了。如我们研究细菌，是为了治病，为了人类的福利；日本帝国主义却根据细菌学原理去制作战争武器，来屠杀中国人民。汽车、飞机等本来是进步的交通工具；而帝国主义却以之作为战争工具。苏联和各人民民主国家的枪炮、飞机、坦克等是自卫和保卫和平的工具；而在帝国主义国家那里却以之去进行侵略或准备战争。居里研究原子能是为了改进生产力，在苏联已把用来作为生产服务；美帝国主义却把它用作战争武器。苏联和人民民主国家的科学技术都是生产斗争的武器，为人民所占有；而美英等帝国主义国家，却完全为资产阶级所独占，并以之来奴役人民。

在历史上的奴隶制、封建制、资本主义时代，自然科学虽然为统治阶级所占有，而它的娘家却是劳动人民。自然科学（社会科学也是一样）并不是根据科学家的头脑凭空创造出来的，都不是偶然产生的；而是千百万人千百万次斗争经验的积累，科学家不过在这种经验知识的基础上进行研究，把它提到理论原则上去。譬如现在流行的医治气喘病的麻黄和治疟疾病的常山，在中国很早就知道用来处理这两种病。又如冶铜术，是由古代人们把石块拿到火中去烧，矿质流出来，就是冶炼技术的萌芽。其他科学无不是这样。不仅如此，科学家研究的结果，无一不依靠劳动人民从实践中去考验，否则，不只不能提高，而且不能证明其科学性究竟如何？所以科学家的靠山是劳动人民的经验，依此去进行研究，又把他们研究的结果去提高劳动人民，并依靠劳动人民去考验其研究的结果。所以自然科学的娘家也是劳动人民，自然科学为群众服务，可说是科学还家。因此，脑力劳动和体力劳动结合，以致这种界限的消灭，自然科学的发展就不会像今天这样龟步式的爬行状态了。

三　从立场、观点、方法等方面
来看自然科学的阶级性

我们有很多人，承认自然科学在为谁服务这一点上是有阶级性的，但谓自然科学的本身仍没有阶级性。实际上，为谁服务就是立场的具体表现，一定的立场就要决定其一定的观点和方法；在马列主义者看来，立场、观点、方法是一致的。

自然科学家自觉地为谁服务，就是自觉地站在谁的立场上。湖南有一个学矿的叫作李国钦的，他研究锑铅和钨的结果，是把它开采出来而加以粗炼去卖给美国，并得出结论说：这些原料在农业的中国没有用途，而工业发展的美国则正需要它。这就叫做买办阶级的科学。又有一个科学家去云南研究气象学，他看到有一个少数民族被汉族的军阀、地主、富农挤到高山上；因而得出结论说：汉人适宜于居住平川气候的地带，那一个少数民族则适宜于居住高山。这就叫做大地主大资产阶级的法西斯大民族主义的科学。过去国民党反动派，一方面为着"剿共"而建筑了许多公路和碉堡；一方面为着外国商品的输入和原料的输出而建筑东西横贯的铁路。这就表现了土木工程学在蒋介石匪帮那里的卖国和反人民的性质。日本帝国主义也是一样，在我们抗战时期，日本的许多土木工程学专家，设计建筑公路、碉堡和封锁沟，来封锁、分割和便于"扫荡"我们。各帝国主义国家以及其各个托拉斯，无不设立各种研究机关，雇用各种专家，为其准备侵略战争，为其资本家的利益从事研究，如所谓原子弹、氢气弹的研究，毒气的研究，提高资本家利益的技术研究等等。这有没有阶级性呢？据传希特勒匪帮还曾经集中了一些科学家要他们研究一种药品叫作政治防疫剂，一面要使劳动者不会思想，一面却还要能够劳动。这当然是滑稽到了极端无知的程度的想法。

其次从科学的观点来说，资产阶级的特定的观点是机械唯物论或唯心论，无产阶级则是辩证唯物论，这是原则上的基本区别。机械唯物论说明物质运动的原动力，归结于外在的矛盾诸关系，如机械的运动一样。那末如果没有外在矛盾诸关系，物质又如何运动呢？那在他们不是不可想像，便是只有归之于"神妙"，便只有归结于运动的停止。资产阶级在社会问题上正要求运动的停止。自电子发明以后，有些唯心论的自然科学家，便大呼"物质灭绝了"，认为电子不是物质，那么它是什么呢？就只能说是所谓精神或观念着的东西了。从而便很自然地可以归结为：世界不是客观地存在着的，而只是精神的总体，那就非求援于上帝一切都不能得到解释的。据说湖大有一位女化学者，她的化学学得还不太差，而她却虔诚地相信佛学。这样的例子实际是很不少的，自然科学家相信宗教在上帝面前磕头的，并不算少数。辩证唯物论的科学家便完全相反，他们确信世界是客观地真实地存在着的，不是精神决定存在，而是存在决定人们的意识，一切都从客观的规律上去求得解释，客观世界一切运动的原动力，都是以其内在的矛盾为基础的。

最显然的莫如对于人的本身的认识。古代奴隶主曾公然从神学上说"人"是上帝创造的。封建主则说贫富贵贱等级的存在，是由于上帝的意志所决定的，我们的孔夫子先生也说"死生有命，富贵在天"。近代资产阶级的科学，则认为人是精子和胚卵的结合，中国"戊戌维新"的健者谭嗣同也早就这样宣扬过，他并说从皇帝到乞丐都无例外，这当然是合于科学事实的；但一追究到精子和胚卵何以能结合呢？又如何就能生出孩子来？机械论和唯心论在究极上是不能得到解答的，仍只有归之于"造化之妙"或求援于上帝。辩证唯物论者则认为是可以得到科学的究极解释的，虽然我们现在还没有达到这个究极的认识。又如炼钢，从开矿、碎矿、选矿、炼铁、以至于最后炼成钢，轧成钢条，在全部过程中，除借助于水力，如在选矿时，利用水力将矿砂冲洗出来外，主要是借助于热力以至白热化的高热。从机械论看来，主要的作用全由于外在的热力；但在辩证唯物论看来，外在的热力不过在促使其内部分子以至原子、电子的内在运动的尖锐化、剧烈化，促其各种元素内在的斗争以达到化学反应。

总之，从辩证唯物论的观点看来，"任何关于物质构造及其特性的科学命题底近似的、相对的性质，坚持自然中间没有绝对的界限，坚持运动着的物质之一种状态将转化为另一种……""坚持着人的日益进步的科学在认识自然上的这一里程碑底暂时的、相对的、近似的性质。电子像原子一样是不可穷尽的，自然是无限的，可是它无限地存在着。"（列宁《唯物论与经验批判论》）从机械论的观点看来，一切自然现象的运动都是由于外在的矛盾即力的表现；即"相信自然的纯粹力学的说明，他们认为物理学无非是更加复杂的力学，即分子力学"。（同上引文）在它的内部是不会有什么运动和变化，只要外在矛盾的停止，运动就会停止的（这在他们正是意味着资本主义制度的永恒化的说教）。因而它必然归结为客观世界是不可测量、不可彻底认识、不可穷尽的。从唯心论观点看来，认为物理世界不过是一些感性知觉的集团，认为电子不是物质、运动的力是不能看见的、不可说明的本质。从而不仅认为客观世界不可穷尽和彻底认识，而且认为它并非客观地存在着的。

其次从自然科学所应用的方法来说。资产阶级特有的科学方法是形式逻辑或实验主义；无产阶级是唯物辩证法。这也是原则上的基本区别。资产阶级从其特定的哲学的现象罗列与形式主义出发，而创制了形式逻辑这种方法。应该承认，他从无方法到有方法是一个进步；还应该承认，资产阶级应用形式逻辑去研究自然科学，也曾经获得一些成绩；形式逻辑的本身虽然不是客观世界自己的法则，而是主观主义地创造出来的方法，却不是完全没有包含积极的因素。但在马克思发现了唯物辩证法即无产阶级的科学方法——这个方法是客观世界自己的法则——以后，形式逻辑便变成落后的、反动的东西了，被扬弃了。至于形式逻辑的一些积极因素，便为唯物辩证法所批判地吸收，而成为唯物辩证法的构成的因素了。

按照形式逻辑或实证主义的几条定律：是——是，非——非，甲即是甲（同一律）；甲不是非甲（矛盾律）；甲不是乙，或甲是非乙（排中律），是无法深入到物理的全部本质的。在没有发明电子以前，对物理的运动和变化的认识，就停留或凝固在原子上面，就不能去设想原子还有其内在的运动及其变化；从而对于电子的发明，并不带着认识上的自觉性，而是由于在实践中的偶然的遭遇。在发现电子以后，又同样把一切都停留凝固在电子上面，再也不能去设想电子也必然有其内在的运动及变化。氢不是非氢，或不是氧……在我们看来，氢氧都是从电子、质子、中子构成的，乃是质量变化法则的因果；同样电子、质子、中子也可以设想不是凝固不变的东西。氢和氧的构成的基础都是电子、质子、中子在相互矛盾的关系中，有着其对立性和统一性，$H_2+O=$水。水在经常状态中又不断分解出氢和氧来，一旦到了突变的形势，便全部变为氢和氧。生理学上的细胞乃是生命的原始的基础。构成细胞的所谓胞核和胞质，相互矛盾与统一，乃是细胞生存的基础。所谓胞核和胞质的内在的构成因索，还应该是可以理解的，而且是可以无限地深入地追究下去的。这样就可以理解旧细胞的不断死亡，与新细胞的不断产生。另方面，以细胞为基础构成各种生物的个体，在这个体内的所谓"运动生理""营养生理""调协生理""生殖生理"等等，乃是其各种机能和属性的表现形态；我想，以细胞为基础的内在运动乃是个体的全部生存的基础。在这个基础上，便有新个体的产生和老个体的死灭。

我想，上述的三个方面，是可以说明所谓自然科学本身的阶级性了。

四　从教育研究等方面的情况来看自然科学的阶级性

再从教育、研究等方面的情况来分析一下吧。

首先，在资本主义社会虽也设立着培养自然科学人材的学校和研究机关，但是没有而且不能有计划，也是不负责任的。资产阶级把从事研究和学习自然科学的人都作为商品看待（对其他也都是如此）；从事研究和学习自然科学的人，不论其本事与主观意愿如何，也都不能不把自己的知识作为商品去出卖。雇用与否并完全要决定于资产阶级的国家机关及资本家的意愿。这便给予资本主义社会的一般自然科学者及其专门知识以个人主义的特性。反之，在社会主义和新民主主义的社会，对从事研究和学习自然科学的人（对其他也是如此），是有计划地作为国家的干部去培养和使用的，只要他站在无产阶级的或人民的立场，国家是完全对他们负责的，他们也是以为人民服务的目的而得以专心地研究和学习。这就给予自然科学者及其知识以集体主义的特性。

其次从研究的对象来说。自然科学研究的对象，作为自然物来看，它本身是没有阶级性的。但是所谓自然物既能用来作为研究对象，就不能是单纯的自然物，就不能不是为谁所占有，即发生它属于谁的关系，从而就不能不给予它以社会的属性。在过去原始公社制时代和社会主义共产主义社会时代，一切自然界的东西，当然没有阶级性，而只有为人类全体所占有的社会属性。但在阶级社会时代，它就不能不属于一定阶级所占有，也就是为统治阶级所占有，而规定其阶级性。因此，科学者去进行研究，就不能不受到占有者的支配，否则就要受到迫害。

中国过去在国民党反动派统治下的社会科学和自然科学家，谁不是受其支配或迫害呢？譬如大学的教师名单每年都要检查，思想进步和革命的就遭解聘、逮捕以至暗杀；在各种机关或企业中服务的，也经常受到特务的监视与思想检查，情况和对待大学的教师差不多。因此，自然科学家的出路是怎样呢？（一）为他服务，这在有些人是自觉的，也有些人是不自觉的——因为自然科学者一般对政治的认识是敏感差些的——也有的只是为的生活，思想并没屈服，只搞技术、埋头于技术，不谈政治，以隐蔽自己；（二）作官；（三）自己搞企业和医院；（四）失业；（五）走向革命，这在过去国统区会有人这样说："此地不养爷，自有养爷处；你处不养爷，老子投八路。"因此，在过去国民党反动派反动统治的年月，知识分子所受的灾难也特别深重。科学和文化事业受到严重的摧残，比土匪还不如的国民党军队的摧残更无微不至。就我自己老家所遭受过的一些事实来说：在日寇侵入湖南的时际，蒋贼嫡系王匪耀武的"抗日"军队，见敌人一枪不放；到处去围搜村庄，我们的村子也被围搜，没有搜出什么贵重东西，就把我兄弟留在家中的千多册关于兵器学方面的书籍，全部撕毁；在当地解放前，张匪云卿到那里去"围剿"起义武装，见学生就逮捕，见书就烧。我想：这不过是他们在各地暴行的一个缩影——实际许多地方还要加倍地厉害、严重的。

其次，从教育、研究的计划和组织的情况来说。在资本主义制度之下，决不能实行计划经济，因而也就决不能有计划化的教育、研究。由于资本主义社会生产的社会化和私人占有的主要矛盾，便规定其生产的无政府状态和盲目性。资产阶级的各个部门以至各个资本家间都是唯利是图，只照顾自己的利益，只看什么能赚钱他们就作什么，不赚钱的买卖谁也不会去干，赚钱的则争着干；至于全社会的福利和需要却不是他们所关心的问题。虽然他们的生产也是从市场的需要出发去进行的，但是究竟社会消费某种商品需要多少，他们是无法进行计算的，尤其在生产上不可能适合需要去规定生产计划——因为不可能根据社会需要多少去规定个别资本家的生产量，相反地大家都只是盲目地去进行。个别部门个别资本家不可能有联系有计划地去进行和分工，因此便引起资本主义经济之繁荣、萧条、恐慌的周期性的现象。在科学研究上也是跟着这种情况和规律去进行的，即科学研究是服从于资产阶级的利益及个别部门个别资本家间的利益矛盾去进行的，不可能适应于社会全体的福利和要求去进行。所以有些科学上的新发明和资本家跟前的利益相矛盾，如对其旧的技术设备相矛盾时，资本家便宁愿把这种科学发明的专利权收买起来而束之高阁。同时，在一定时间内，各种生产文化部门各需要各级干部多少，他们是不去计算也是不能计算的。

只有在社会主义国家，由于生产社会化和社会占有的情况下才能实行计划经济，从而才可能进行计划化的研究和干部的培养。在新民主主义的社会下由于国家企业居于领导地位，即生产社会化和社会占有的经济成份占领导地位，也就能实行计划经济，从而便能进行计划化的研究和干部的培养。所以在这次大战以前的美国以及希特勒德国也都提出计划经济的口号，但实质上都不是讲划经济，只是统制经济。只有社会主义的苏联真正实行了计划经济，而且实行计划经济的结果，使苏联完成了社会主义的建设而进向共产主义。

在我们的新民主主义经济体系内，由于国营企业的领导地位、半社会主义的合作经济的外围作用、国家资本主义经济的同盟作用等，是能保证计划经济的实现，而且必须实行计划化。

过去旧社会留给我们的遗产，工业基础非常微弱，农村破烂不堪，整个国民经济受外国资本主义的支配。全国解放以后，经济建设的首要任务，首先在使国民经济摆脱对外国资本主义的依赖，在运用一切可能的现实的条件，快速的完成国家的工业化以至农业现代化的过程。从这个要求的基础上，首先又不能不把重点放在发展重工业上。譬如各种机器的制造以及全国铁道交通等各方面建设，首先非发展钢铁业和机器制造业不可。需要发展多少及可能发展多少，这便要从实际需要和可能情况出发去进行精确的计算。从摆脱外国资本主义的支配来说，如穿衣问题，全国人民每年需要多少布？需要多少锭子和织布机才能纺织出来？需要多少棉花？现在有多少锭子？每年能产多少棉花？不够多少？如何解决？都需要从具体情况出发去计算，去提出解决的办法，订出生产计划。这是需要全国劳动人民——工人、农民、知识分子等大家都以国家主人翁的地位和态度，提供自己的力量和智能；在计划制订以前尽力帮助国家去完成计划的制订，在计划订出以后，就各从自己的岗位上为完成并超过计划而斗争。

科学研究和干部培养的计划，是为国家的经济计划服务的，就是说从国家经济计划的基础上，科学者都应该以负责的精神从科学技术等方面去克服困难解决技术方面所需要解决的问题，以及技术干部的培养问题（所需的数量多少？费量如何？）等等……我们政府对科学的研究和干部的培养，逐年都将有一个全盘的计划，每个科学工作者，也都可以从自己的岗位上去提出意见。在这种条件下，才可能进行科学研究的计划化，而且需要计划化。

因此，只有社会主义、新民主主义的社会，科学工作者和研究者，便不是以僱佣的地位，而是以国家主人翁的地位去进行工作和研究。我们研究上所需要的条件，将不是需要我们去提出要求，国家将根据具体情况斟酌缓急轻重，逐步来解决来满足我们的要求。我们不是以向主子获得工资为目的，而是为了人民自己的祖国的生产建设事业和祖国辉煌的发展前途工作着。因此科学的研究就会迅速地顺利地发展和进步，我们的祖国将会产生大群大群的各种各样的科学家。

因此科学家的生活是否有保障？是否会饿肚子？那就不成问题了；除非那些不从人民立场出发，不对人民国家的事业采取负责的精神和主人翁的态度，国家是会对他们负责的。

科学研究怎样与工农结合的问题，这在苏联已有丰富的经验，给了我们辉煌的榜样。在我们新民主主义国家内，工人、农民、科学家都是以国家主人翁的地位，为人民国家服务，我们的国家是以工人阶级为领导以工联盟为基础的，因此，科学家自然不再比工人、农民高出一等，彼此只有职务和工作岗位上的不同；科学家不仅应该尽心从技术上去帮助工农提高技术文化，更应该虚心向工人、农民学习，把他们生产中的经验提到科学原则上，再拿到实际中去考验，使科学技术不断普及不断提高。科学家应使自己的脑力劳动和工农的体力劳动直接结合，逐渐缩小以至消除脑力劳动和体力劳动的距离。科学家如果脱离直接从事生产的工农，就等于婴孩脱离了母亲，那是一定没有好结果的。各个科学部门的研究也要相互配合，才能使研究的效率提高，共同前进。科学者的研究不应该保守自己研究所得，随时都应该提供给大家，并借以取得大家的帮助，由个人主义的研究转变为集体主义的研究。过去的那种宗派或门户之见，是由半殖民地半封建的社会基础上产生的；现在那种基础已不存在，再没有那种货色的市场了。因此我们都要以身作则去消灭宗派与门户之见。

其次，所谓"叙述科学"或"描写科学"是否有阶级性呢？譬如说："狗仔四支脚一双眼睛，在阶级社会是这样描写，无阶级社会也是这样描写的"；又如说"拿破仑死在某年某月某日某时"，"人民解放军某年某月某日某时解放南京"。这种客观事实的叙述是到什么时候也不会改变的，这是一方面。但在另一方面，即是所谓科学就应该从事物的整体去考察，如关于拿破仑死的时日或人民解放军解放南京的时日，各种阶级的历史家，都会一样叙述；然关于全部问题的认识和理解，就会显示不同阶级的不同立场、观点、方法和结论，这是很明白的。狗是四只脚一双眼睛。这在不同阶级的生物学家都会这样描写：但从观念论者看来：不只从古到今，而且从一只狗的出生到老死，其四支脚一双眼睛都是一样的；从辩证唯物论者看来：不只从古到今天而且从一只狗的出生到老死，其四支脚一双眼睛，都在辩证的不断变化的过程中。又如说：$1+1=2$ 是没有阶级性的。$1+1=2$ 作为一个抽的数字来看，对于各个阶级的数学家都是一样的；但是任何一个数字都不是抽象的，都应该有具体的内容，从具体的内容去分析，就不能不产生不同的结论。譬如说：一个地主和一个农民或一个资本家和一个工人，对于资产阶级学者的公式：是一个人加一个人等于两个人；在无产阶级学者的公式：作为自然人来看，是 1 人$+1$ 人$=2$ 人，但人都是社会的人，抽象的自然的人是不存在的，因此，1 资本家$+1$ 工人$=1$ 资本家 1 工人。因此，所谓"叙述科学"也是有阶极性的。

五 是否根本解决了为谁服务的问题？

有些人认为：在人民国家的机关、企业、学校、团体中工作，就是为人民服务了，其所学习的科学知识也就属于人民科学的性质了。我以为：就为谁服务的问题本身看，也还不能完全这样说。自然，来到人民国家的机关、企业、学校、团体中工作，这是很好的，客观上是起了为人民服务的作用的，是可以确立为人民服务的立场的起点；但不能说，这就表现了人民服务的立场。要区别是否已树立为人民服务的立场，首先便在于其主观的意愿上以至客观的表现上，是否与人民一条心，"和人民打成一片"。过去在国民党反动政府的机关、企业、学校、团体中工作的进步的革命的科学家，并不是心向反动派而是心向人民，也并不和反动派打成一片，这就不能说他是反动派立场。同样，今天在人民国家的机关、企业、学校、团体中工作的，也可能有个别的还没有心向人民，甚至还可能有心向反动派的，这就不能说他已树立了为人民服务的立场；在主观意愿上是来为人民服务的，但有些是甘心愿意以至坚决不动摇的，也有些则是有条件的，有若干程度的保留的，这就不能不有着其不同程度的坚定性和动摇性。其次，最重要的，是否确立了人民服务的立场以至于坚定不移，是要从立场、观点、方法上全部来看的，为人民服务的立场、观点、方法的一致，才能真正"和人民打成一片"，才能说到立场坚定的问题。自然，这不是一下子就能作到的。从旧社会转到新社会，首先只要有为人民服务的主观意愿就是可贵的，我们目前也只应这样要求，立场的确定和观点方法的改进，不是一朝一夕就能达到的；所以我们一方面不赞成等待和不求进步，一方面也反对要求过急。自然，有些人在立场、观点、方法上都符合于或不同程度地接近于人民的自然科学家（其他也是一样），那是更可贵或比较可贵的。

在我们学校，经过一年来学习和工作的结果，一般都有了为人民服务的主观意愿，并愿意去学习马列主义、毛泽东思想，而且初步认识了它的重要性。这是很好的，我们应十分珍重这个进步。不仅如此，我们有不少人已经开始（或曾经就是）能应用马列主义、毛泽东思想的观点、方法去研究问题、处理工作，并且有办好人民的大学的积极性和负责精神，而又对产党、人民政府的方针政策和学校所执行的方针计划充分信任。他们在客观上已开始成为我们学校的骨干。

同志们，同学们，我的意见可能有错误，尤其关于自然科学方面一些常识的引述，请不吝批评和指正。

在东北商业专科学校干部座谈会上的发言①

1950 年 11 月 23 日

今天我来参加座谈会，事先没有准备发言，目的在于听取诸位意见，吸取各位先生经验，也就是以聆教和学习的精神来参加座谈。现在我发表一些个人初步而极不成熟的意见，以供商专领导与诸位同志们参考，尚请指教批评。

商专开办不久，有许多困难，存在一些问题是不可避免的。第一个方面，人民的商业专门学校没有经验可循，一切都要从头摸索。过去旧的商业教育经验，基本上已不合用，有部分可用的东西可以批判地吸收；苏联的高等商业教育经验，也不能全套的硬搬，而要以之与我们具体情况相结合。关内更缺少这样新型的商业学校，也不像其他学校新的经验多。第二个方面，据我们了解，商专成立不久，搬来搬去，不似过去我们在敌后搬家简单，也增加部分困难。第三个方面，人民政府派来商专的负责同志对这种事业过去没有经验，与其他许多事业一样需要摸索。第四个方面，由于目前国家财政情况，加之美帝侵朝战争的威胁，致我们的教育经费不能不受到相当限制。困难在将来也许还会遇到。但困难是可以克服的，只要大家共同努力，商专一定可以办好，我们对此抱有很大的信心和期望。

商专任务重大，而且有其艰难。国内战争尚未完全结束，西藏解放战争伊始，台湾尚待解放，朝鲜战事也在持续。我想这种情势不会保持很久，如果美帝不扩大侵略的话，以后对外贸易与国内商业必会空前的发展。当全国进入和平建设以后，我们不但对新民主主义国家与社会主义国家贸易会大大地发展，即

---

① 编者注：该发言系记录稿。

对各资本主义国家的贸易也会适当地发展起来（我想资本主义国家会要求与我们作生意的）；国内贸易根据生产的发展也会突飞猛进，因而对商业干部的需要会与年俱增。另外，对统计、审计的干部的需要也会大大增加。今天培养这类干部的学校，在关内有些尚未经改造。培养东北商业、会计、统计部门财经干部的任务，主要将由商专担负起来，而且将总结经验提供关内学校参考。因此，我认为商专的任务很大、很光荣，对行政、教学人员及学生都是如此。听说很多学生不曾认识到这一光荣而重要的任务，学习不安心，有六七十人逃走了。希望在座诸同志多多向学生反复说明这个任务的重要性。过去商专由贸易部创办，在业务方面受其领导，教育部对商专情况了解得较少，文教委员会对商专也关心得不够。今后，我们希望经常了解商专情况，也希望商专经常向文教委员会报告情况，提出问题。因为文教委员会所辖范围较广，有些问题难于周到，不能不要求商专多多主动地提出来。

下面我谈谈对于几个方面的意见：

一、关于学校统一领导和制度。学校是人民的学校，在校工作者是对国家、人民负责的，大家都是主人翁，好坏都要负责。因此，我们是大家办学，群策群力，一面民主，一面集中。这里我想分几个方面。

1. 校务会议要充分发挥作用，运用职权，学校重大计划与问题由校务会议议决，经校长批准执行。有些重大问题，校长不能作主，即请示上级批准，然后执行。

2. 不参加校务会议的教学人员、工作人员，凡有意见都可正面、积极提出。领导方面应经常采取有效步骤，征求教师与工作人员的意见。每学期可举行一、二次座谈会，让大家发表意见，作到知无不言，言无不尽，充分发挥主人翁的作用。行政上对可以立即实行的意见，立即采纳实行；其暂不能实行者，加以解释；不正确的意见，予以正面说明。只要是积极的、正面的意见，都要听取。如此也有集中，也有广泛的民主，可以把全校的意见集中、力量集中。

3. 学校工作计划部署应由行政方面集中意见，根据具体情况提出。计划应有中心环节，其他工作都围绕着这个中心。由此环节牵涉到下一环节，步步计划，步步施行。

4. 党、团、工会、学生会以教学行政的任务作为中心任务，保证教学任务的完成，跟着学校行政方面提出的计划任务，制订个别工作具体计划，配合任务，各方协助。党、团的业务工作也围绕中心环节，而且每期可作一总结。总结会上可吸收适当的自愿的党外人士参加，使大家知道学校的党、团究竟作些什么。如此党、团员与群众的关系也可愈加密切。

5. 行政方面各部门的工作，应科学地分工。我建议三位校长在机动领导的原则下也具体分工，希望你们具体研究一下。各部门订出自己的具体计划，围绕中心，相互配合实行。

6. 已建立的制度应立即公布施行，未建立者马上建立。制度是原则的具体化，也就是方针。从上至下，都按制度办事，俾免无原则的纠纷。学校应有章程，各部门应有办事条例、工作细则。如有不遵守制度者，请他考虑制度破坏的后果。这样就不会有人提出非份要求了。制度之要全校实行者，可由校方先拟大纲，分发各部门广征意见，收回整理。制订计划，再给大家修正，最后由行政方面批准。这种由群众中来到群众中去的制度一定行得通，否则不免有分歧意见。

二、关于教学和提高教学质量

1. 商专应培养何种水准的干部，须与贸易部研究，明确规定。

2. 按照所需干部标准，研究、讨论、制订我们的教育计划，把学生所需要的知识按主要、次要分别作出规定，同时规定每门功课的份量，指出重点。

3. 按由浅入深、由低级到高级的原则，规定各学期学年的课程重点。这希望大家用脑筋，不断根据经验研究改进。一面制订教育计划，同时照顾到学生在三年中是否消化得了，这要实事求是的考虑。

4. 按照教育计划，制订各门课程纲要，规定教学时间，这对教师是一项繁重的工作。课程内容要有重点、有计划，使学生能接受，同时要在规定时间内完成计划。更重要的是使学生具有基本知识，不仅能担任工作任务，而且有不断提高自己的基础。

5. 课程纲要规定以后，教材问题就好办了。目前教材有困难，旧本子要经过批判才能使用，新材料没有系统。关于资料问题，文教委员会拟把东北各学校、各文化机关中能担任俄文翻译的力量统计、组织起来，有计划地进行翻译工作。但这需要相当时间，不能救急，而且文教委员会的计划尚未实行。我建议你们的资料室可以统一起来。商专可找贸易部同志设法帮忙，除保密资料外，尽可能供给实际材料，此外可向旅大工业厅要材料。

6. 同志们提到原来对马列主义、毛泽东思想不够熟悉，对这方面我们要求一步一步地接近，不能立就。当然，带政治性的课程则必须从马列主义、毛泽东思想出发，尽可能找一些蓝本，按照蓝本教课并充实材料。

三、关于教学组织。各系有教研组，而且有些已相互听课、讨论教材内容。这是很重要的，很好。我想还有一点即教学方法在目前很重要。教学有一个原则，要掌握学生程度与负担能力。改进教学方法，可根据学生反映情况与同志们相互意见，交流经验，不断改进。

过去学生学习方式有两种，旧式大学完全是个人主义的学习，而我们的训练班则全是互助方式。今天看来，二者都有偏差。新型正规大学的学习以自学为主，自学须有必要的适当的小组互助。小组可以采取自由组合，以 5 至 7 人为限，还要规定：a. 何人必须参加一小组。b. 自由结合，只限 5 人，余额不能拒绝他人参加。这样人数不多，能解决问题而不浪费时间。在自由组合的原则下，又可避免各组成绩过于悬殊的偏向。小组会每周不要超过二次，讨论时有中心发言人，而且规定每人必须发言。组织学习小组要防止两种偏向，即不顾他人只要自学与完全依赖互助的现象。

学生负担过重，则质量不会提高。教学计划要不断进行研究，授课时要考虑学生的学习时间和文化水准。

四、关于政治学习与团结问题。同志们对政治学习提出迫切要求，很宝贵，也很正当。这是每个忠心为人民服务的人应该提出的。政协纲领规定以马列主义、毛泽东思想为建国纲领。要参加建国工作，当然应提出这种要求。以专门知识、专门技术来为人民服务的人是脑力劳动者，团结脑力劳动者为人民服务是坚定不移的政策。脑力劳动者属于工人阶级，其与产业工人有所区别。我们过去所学的科学方法（形式逻辑）是资产阶级的，同时我们的思想意识和作风也因受过去生活、社会环境关系的影响而与工人阶级地不符，这是毫不足怪的。正因为我们有这些不合于工人阶级与人民利益的东西，故毛主席提出要改造知识分子，老共产党员也要不断改造。这种改造，就靠学习。中央规定 12 本干部必读书籍，党员、非党员干部都要读，行政领导上有一定的责任来帮助大家学习。有的人已经学过社会发展史与政治经济学，可多看些参考书，或多帮助别人学习，或自己深入研究。学习主要靠自己教育自己、改造自己，互相帮助，老党员也在内。学委会应拟订学习计划，按步推行。工会的主要任务为团结与教育，应该把组织学习与推动学习的责任适当地担负起来。干部编组，系主任与助教之间不要分开，讨论记录可由工会检查，搜集各组问题，一、二月开大组座谈会一次（斟酌情况，不必全校在一起）。校长也可以参加座谈会。

工会所作的福利与文娱工作，也是团结的条件，起一定的教育作用。另一方面，学校可结合时事问题、学校工作及问题，一、二月组织报告一次；必要时可请校外人作报告。

以上是我所提出的一些很不成熟的意见，仅供同志们参考。

在东北商业专科学校
老干部座谈会上的发言^①

1950 年 11 月 24 日

商专工作有着客观困难的一面，这我在昨日的教育行政干部座谈会上已经讲过；但也有一些成绩，如学校已搭起架子，聘来不少教师，招来很多学生，还编印了好多种教义等等。

现在谈谈商专现存的问题和缺点。但只是个人的意见，仅供参考。

我看每个同志都有把学校办好的思想，这是好的。现在学校所存在的问题，我认为主要是党内团结问题。三位校长间，特别是苏校长和温副校长间存在不少意见。根据我所了解的不够全面的情况分析，学校虽存在着一些关系原则性的问题，但彼此所争执的并不是什么了不起的原则分歧，主要是由于思想作风问题。在思想作风问题上，却是相当严重的，并已形成彼此间的成见，再不加以解决，就会形成严重的无原则纠纷。个别同志已感觉到这点，这是很好的。

商专的任务是相当重大的。教师和学生的情况，又比较复杂，特别是目前较混乱的思想状况。而同志们呢，一面是经验不够，业务水准不高，缺乏办正规高等学校的经验；一面是政策水准也不高，对党和人民政府有关文教方面的方针政策研究不够，甚至相当忽视。因此，就更加需要发挥集体领导的作用，提高个人对方针政策和业务的钻研精神。只要大家都发扬为党为人民来办好学校的精神，诚恳虚心，相互信任，就能由团结产生力量；掌握方针，掌握情

① 编者注：该发言系抄稿。

况，才能把学校领导起来，才能把工作作好。没有紧密的党内团结和明确的政策思想，是不能有坚强的领导的，从而也就不可能完成任务。

现在党外人士也有这样反映：你们每人都觉得自己有一套，并都以为自己那一套能解决问题，而又相互怀疑，闹感情，抱成见，一点小问题也记在心里。你对我那样，我便对你不耐烦，彼此都认为不怀好意。这就是无原则纠纷。今天大家都作了自我批评和批评，这是很好的。这是从思想上解决问题的起点。为着具体地发挥集体力量，树立正派作风，今后苏校长对问题应多与温、袁副校长商量，自己要更加虚心，对问题要考虑、再考虑，作风要更加沉着和民主；温、袁副校长遇事要多多主动找苏校长谈。总之，大点的事情，三位校长事先商量好再办，没达到一致意见的事情不轻率拿出去。

你们间所争执的问题，首先对教师的照顾问题。对教师要团结教育，这个根本原则是谁也不否认的。意见的分歧在于：一方面认为应注意物质方面的照顾，我认为在一定的制度和可能的条件下，尽量帮助教员解决困难，使他们能安心教学研究工作，这是应该的；一方面则强调了条件的限制，虽也没说不该照顾，而最重要的在于加强对他们的政治教育和思想领导。其次，关于开设合作系的问题，上级并没有确定是否开办的原则，你们的争执也不是原则问题。如果有条件办，或你们认为应该或不应该办，都可以请示贸易部解决。问题是由于你们缺乏共同商量问题的精神，而又研究不够；党内彼此意见有出入，有意无意的向党外透露，这是很不好的。在公开的会议上，闹感情，吵嘴，也是很不好的。事实上，这已经使工作受到影响，并给了教师和学生以不好的印象。另方面，在公开的场合，不顾其他同志的威信和影响，只顾自己讲一套，也是很不好的。对党外，无论如何要照顾彼此的威信和影响，因为那都是直接关系着党的威信和影响的。因此，今后若再有这类事情发生，就要负责任。对党外干部和群众，检讨我们自己的缺点和错误，那是可以的，而且是必要的。但必须事先在党内负责同志间经过研究和达到意见一致，然后有组织、有计划地去进行。关于个别部门或个别负责同志的缺点或错误，如果有向群众公开检讨的必要，也最好经过党内研究后，由各该负责同志自己作自我检讨，这样能保障党的影响，也能照顾到各该同志的工作威信。

因此，为解决当前问题和改进今后工作，我以为可归结为以下的四句话：改进作风，加强团结，统一步调，办好商专。其次，关于三位校长的分工问题。学校行政领导自然是校长制，副校长是校长的助手，在具体的职务上是应该分工的。在分工范围内的工作，根据一定的原则和计划，可按个别负责的原则去进行工作、处理问题。但有关方针、政策、全校性的计划以及临时性的重要问题，必须共同商决；没有商量好或还没决定的，就不要拿出去或一意孤行。我想在民主集中制的基础上，问题是没有不能解决的。自然，在校长制的原则下，校长的结论是有决定作用的。但校长不要轻易下结论，要很好的去考虑大家的意见和深思熟虑，而校长如果作了结论或其他决定，就都要按照校长的结论或决定去执行。如果有原则上的不同意见，则可以一面提请上级解决，一面也仍须执行。校长对副校长及其他负责同志的工作，一面可以随时检查和指导，但不要代替或妨害其职权的行使。

根据你们学校目前情况，是否可以商请市委，设立党组，请你们研究一下。如你们认为有必要，就可提请市委考虑。

其次，关于专责制和工作计划问题。从校长到科系逐步实行专责制，这是工作效率的好办法。但首先必须有明确的分工，否则是无法实行的。而分工又必须根据工作计划，方能有具体内容。因此，必须根据情况，抓住中心，制订全面工作计划，由处到科系以至个人则据以拟定自己的工作计划。同时，你们可以根据上级规定，参考各校制度条例，逐步制订章程、条例以至各科系的工作细则，并尽可能适用民主方式。

再次，对教师的团结改造和安定学生情绪问题。这在商专，目前的情况不好，有些麻烦问题，特别是已走了不少学生。目前最重要的，要安定学生和教师情绪。这首先要提高他们对商专前途、任务和人民贸易工作的认识，确立其信心；并采取适当步骤，再三解释。目前由于你们自己不一致，反大大影响了他们的信心。其次，要经常注意教师的困难和学生的健康，使之感到学校的温暖；同时有计划、有步骤地去进行政治教育，要作到他们一个也不走。（一）可依靠学生会去团结学生，发挥团在学生会中的骨干和核心作用。（二）改进政治教育方式，要耐心指导，要掌稳教育方针，并采取依靠群众自己教育自己的办法；对可疑分子也不要轻易下结论，更不要神经过敏与打草惊蛇。那种〔关〕押人与过左的口号，都是不对的。停课来进行时事教育，也同样不对。这都助长了学生的不安情绪。

对教师的团结和教育改造，可通过工会去作些组织、检查和督促工作；在学习小组中布置和培养积极分子，推动组内展开辩论。但学委会必须掌握领导和规定计划。要使领导深入，又必须采取稳重步骤，去掌握其思想动态，分别进步、中间和落后，坏分子也可能有；巩固和提高进步的，去推动中间的，影响落后的，缩小个别可疑分子的影响。同时使他们在工作上有职有权，给以主人翁的感觉，不是有职无权，也不是滥用职权。

我们的方针，团结是主要的一面，坚决团结他们以其专门技术知识来为人民服务，但不放弃教育改造。我们可以公开讲清楚，组织他们来学习马列主义、毛泽东思想，不但是为着人民国家，也是为着他们每一个人的进步和工作需要。所以团结不是无原则的，在团结的基础上又有教育改造。而教育改造却不要过急。对某些错误思想，可以根据情况进行适当的批评；但批评要态度诚恳而又真讲道理，要能得到大多数的同情，要适可而止。他们中的成份是较复杂的，其历史一时还无法搞清楚，目前还只能从工作中去逐步了解。

以上和我昨日所谈，是否有当，请同志们指教。

在长春东北师范大学干部座谈会上的发言^①

1950 年 12 月 1 日下午

　　这次我们到师范大学来学到了很多东西。我们来的任务是了解情况，研究典型，了解师范大学在发展前进的基础上有哪些问题和困难及发现好的经验向其他学校介绍，也充实一下我们教育部和文化教育委员会的工作。到此地后，由于两位校长、诸教务长、诸位教员和学生们的帮助，我们的工作进行得很顺利，学到了很多东西，超过了原来搞两星期的计划，共搞了三星期。我把这些天来我们所了解的情况和交换的意见谈一下，这只是初步的、不成熟的，大部分是我个人的意见。可能有不合乎事实和错误的地方。不对的地方，希望批评、指正。我们主要了解了四个系。根据我们对师大情况的了解，对师大的成绩有了一个初步的认识。

　　师大的成绩：东北师范大学是中国共产党和东北人民政府亲手办起来的一个正规大学，而且是规模最大的学校。中国共产党和人民政府对师大的发展壮大是很关心的。特别是正规后的两年来，在党和政府的正确方针指导下及在张如心校长为首的领导下，作出了很多成绩，具备了完整的正规师范大学，不仅给师大奠定了发展基础，也给全国今后办高等学校打下了基础。这些成绩包括了很多内容及艰苦的工作，并已培养出很多干部，已在东北各地起到了相当作用，改造教育了大批技术干部为人民服务，也给其他高等学校培养了一些师资。学生的政治思想教育的成绩是很明显的，并也创造了一些突出的重要的经验。发现这些经验是容易的，创造这些经验是很困难和艰苦的。这些成绩主要

是因为师大在党的领导和关心下，特别是派了一些坚强有力的干部来从事这一工作，但是现在也还面临着一些困难。

（一）没有一套办正规师范大学的经验。新的师范大学和旧中国的师范大学是不同的，虽然可以批判吸收其积极好的一面，但其本质是不同的。过去短期训练班的经验可以起一定作用，但对办正规大学是不能硬搬的。苏联虽有一套师范大学的经验，这是我们的努力方向，但一定要和我们具体情况相结合来吸收，今天什么都是重新摸索。

（二）曾接收了三个旧大学，这是必要的，并有它好的一面，但也给师大的工作增加了困难。

（三）人民政府给师范大学突击任务很多，例如大搬家，招政治训练班等，对师大的全盘教学计划有一定的影响，增加了不少困难。

（四）和其他学校一样，经费由于国家财政收支的原因不得不受到一些限制，使执行计划遭到一些困难。

上述的是一些主要的困难。我想今后还会有一些困难。如果克服了这些困难，师大的发展将会是飞速的，并能创造出很多经验来，我们希望师大不断为国家输送干部，不断为我们提供宝贵经验。

关于教学方面的意见：若讲好，师大比其他学校好。但讲问题是从发展的基础上，更进一步提出的意见。首先我们觉得张校长提出以"提高教学质量"为中心环节是正确的，但据我们了解，在贯彻执行上还有些不够，目前是否重新提一下，并且根据这一中心环节，各处、系、科、党、团、工会和学生会等各方面订出自己的计划来配合这一中心环节，同时还要根据情况考虑出下一个中心环节。在贯彻执行这一中心环节中，同时也准备了向下一个中心环节推进的条件，现在还要把目前的战争形势结合进去。据学生们反映：他们在学习上很积极热心，政治质量也很高；绝大多数教员很积极认真，有些教员教得很好，但有些教员的教学方法及内容是值得研究考虑的。学生们的学习，有些负担过重，有"消化不良"的现象，并且一部分同学的身体也受到了一些影响。例如有的一个班50人中有12人有病。估计有下述原因：

㊀有些教师所讲的课程，学生们不能理解；有些教师所讲的课交待不清楚或讲的范围太宽，抓不住中心。

㊁参考书指的太宽，有些指的不恰当，这样便浪费了学生们的时间；在自

然科学方面，一些参考材料和讲义印的不及时。

㈢复习、预习、听讲、授课和实习的配合不够密切。

㈣学生们反映没有时间复习，相反星期六、日比平时还忙。有些同学说：喘不过气。

㈤教课的计划性不够，起先讲的很慢，以后为了赶进度又念讲义，学生们跟不上。

㈥课程纲要和课程进度表还不完备，只有授课的时间而缺少课程教授的重点。希望师大带头把课程纲要搞得更完备些。

㈦课程纲要还是初步的，没有按照师大培养学生的标准来规定有关内容和进度。

如何解决上述存在问题？我也提一点初步意见。主要是行政领导上可根据教学需要制订出包含具体步骤的计划，各系等根据这一计划具体加以贯彻执行，另方面依靠党、团、学生会、工会分别制订各自的计划，配合学校计划的执行。计划制订时还要考虑学生的文化程度和培养要求。根据计划规定的课程份量来制订课程纲要，并按照课程纲要来编写教材。关于教师方面，教师之间提倡互相听课，交流经验，互相帮助。要从同学们的受教程度和具体要求来改进我们的教学方法，教研组对此要予以很好地总结。这样会使学生们容易消化知识，能清楚每个单元的重点。另方面还要按照教务处规定的蓝本去讲授不同的学术见解，可组织学生们课外自由讨论。教研组会议在会前要作好准备，讨论的内容、方法也要作总结，以便以后对执行情况进行检查。教务处的负责同志应抽出时间下来指导检查，并发现典型，予以介绍、推广。各系可根据学校的工作计划来制订自己系的计划，从系主任到助教都按照这一计划实行责任制，助教可有一周的工作计划。教务处负责同志可分别召集学生座谈会、助教座谈会和未参加校务会议的教师座谈会来了解教学情况和解决存在问题。学生的学习小组，人数5至7人，组织形式可自由结合，不负责行政方面事务，每星期可开一、二次，时间不要超过一小时，讨论的题目最好是一星期内学习中的重要问题。

对哈尔滨工业大学工作的
一些意见（代视察报告）^①

1950 年 12 月 18 日

    中国共产党和人民政府对哈工大的期望是很大的：一面要配合国家经济建设，不断培养大批工程师，这是主要的；一面要作为学习苏联高等教育的典型，同时还要培养高等学校教师。这是一个光荣而艰巨的任务。

    哈工大担负这个任务，一方面有较好条件（略），另方面也有不少困难（略）。好的条件可尽量利用，还可以不断创造，困难是可以克服的。

    哈工大过去几年来，如冯校长在五周年校庆大会所讲，已获得不少成绩，但也有不少问题，主要为：（一）人事纠纷与团结教育改造方面的一些问题；（二）制度分工等方面的一些问题；（三）关于教学方面的一些问题，这又是工大目前最严重、最中心的问题。

    首先关于人事纠纷与团结教育改造问题。哈工大的任务是重大的，情况是较复杂的，困难也是很多的，只有全党团结一致，集中力量，并把全校力量组织起来，才能胜利地完成党与人民付托的任务。根据各方面反映，哈工大在这方面还存在一些问题：一方面党内存在着人事上的不少纠纷；一方面学生对行政领导有"不满"情绪，部分干部与学生间的关系不够正常；一方面对教师的团结教育工作较差……。其中尤以党内人事纠纷问题较中心、较严重。

    加强团结、办好学校，是关系党与人民的最大利益，也是最高原则。如果

---

^① 编者注：该"意见"系著者在哈工大干部座谈会的发言（书面报告与原讲话稿有删节）。冯仲云校长、高铁副校长表示完全同意，并在会上宣布作为他们的整风总结。

人事纠纷继续下去是不能办好学校的。大家都是党员干部，都应以冷静的态度与高度原则性来面对这种问题，从原则上、思想上来解决这个问题。尤其是主要负责干部应该知道：把干部团结好，发挥每个同志的积极性，才能有坚强领导和作好工作。这问题在哈工大已闹了很久，中间虽经人事调动，仍没根本解决。其实，据我所得的情况分析，大家所纠缠的，并不是什么大的原则分歧，主要是思想作风与方式问题。譬如说："不了解情况，随便处决问题"，"自我检讨不够"，"使用干部不慎重"，"对个别干部照顾多"，"因人设事"，"听老婆的话，并影响对其他干部态度"，"终日忙不解决问题"，"说话不慎重"，"对干部求全责备"，"受了刺激就躺着不管事"，"工作无中心、无计划"，"责人苛责己宽"，"突出""冒失"，"二校长，什么都管"，"随便给戴小圈子帽子"，"在党的会议上吵得哭脸"，"粗心大意"，"推卸责任，工作不积极"，"几个人特别接近，说这个那个不对"，"小广播"，"狭隘，比高下"，"地位观念"，"闹个人生活"等等。这主要都是属于官僚主义作风和事务主义方式以及个人主义、自由主义思想作风方面的东西。问题的严重性，在于构成为党内人事纠纷，彼此间形成些不正常的情绪和相互抱成见。学校领导上没有及时的抓紧原则求得解决，加之在整风中没有掌稳东北局整风指示的精神，"整风没整好"，更引起"干部个人都有顾虑"，"党员对领导不满"，也"给了同学们以不好影响"，同时由于学校制度不够健全完备，工作没完全上轨道，尤其是教学工作，更使学生情绪波动，想"跳校"，"退学"，"干部情绪不安"，"感觉工作无望"，"消极不负责"，"暂时打算"，"要求调动"。因此，形成"工作推不动"与"思想混乱"的状态。很明显，这种人事纠纷，已使学校工作受到损失。

面对这种现象，就彼此抱成见或互相推诿埋怨，或抱消极态度，都是不对的，每个共产党员都应该全心全意，本着对党对人民负责的精神，苛责自己帮助他人，来解决问题，作好工作。但这不是说要彼此在原则上让步，也不是说大家在思想作风方式上的毛病就没有轻重程度的不同。但毛病必须改，每个同志都要自己负责去改，同时还要帮助他人，尤其是主要负责同志。人事纠纷不容再继续下去，要求每个同志都从工作要求、从思想认识和高度原则性出发，互助互信互谅，达成全党更亲密的团结，发挥组织力量和每个同志的积极性，把学校办好。主要负责同志要更多的掌握这种精神。同时，必须在民主集中制的基础上，建立上下级间、同级间的正确关系和工作制度，并实行明确分工。主要负责同志处理问题，要深思熟虑审慎从事，相互间多加酝酿和商量，求得意见一致，要更加虚心诚恳，多与下级商量，听取群众意见，要帮助下级发现问题、解决困难，对下级提出的问题和群众意见，要及时处理、解答，要及时布置和指示工作，并及时深入检查和总结。下级对上级要按照制度办事，实行请示报告，有意见必须正面提，帮助上级考虑问题，遇事都要照顾党和行政领导的威信。同级间要相互帮助，但不是代替或一把抓；相互照顾，但非互相掩饰；相互原谅，但非放弃原则。全党务必达到共同语言和步调一致，有不同意见可在党内讨论，原则上有分歧时，可按系统提请上级解决；在未得解答前，属于行政领导方面的问题必须执行校长决定，党务方面的问题执行党委决定。建立各种必要的会议制度，把党内生活经常起来，正确的展开批评和自我批评。

（上略）只要人事纠纷不再继续，党内达到紧密地团结，就能逐步解决其他问题，如学生的情绪波动问题，对教育技术干部的团结教育改造问题等。（下略）

其次关于制度、分工等方面的一些问题。哈工大目前的制度，还不够健全完备，分工不够明确，领导有些分散。一方面，从正规化的要求看：本科存在着旧式大学的不少残余，如所谓"本科老一套，几十年来一样"，"我们的学习不是苏联的一套，而是旧俄的一套"。预科则因袭训练班的办法，"偏于作群众工作，对教学工作较忽视"，"不从学习上而从工作上去要求党团员学生"。所以说"预科不正规"。一方面从工作制度和计划方面来看：由于制度不健全，便产生"独立自主"的想法和作法，以及"有事无人管"、"都管都不管"、"吃闲饭"、"安插人"等现象，特别是教学方面的严重情况；由于工作上的中心不明确和计划性不够，便产生仅凭"自己想着作"、"作多少算多少"以至"茫无头绪"的现象。一方面，行政、党、团、工会、学生会的工作，没有从制度和工作计划上实现统一领导与分工配合的原则。因此，不只影响了工作效率，即所谓"工作推不动"、"效率不高"，而且使一些旧制度、旧办法得以保存下来，阻碍学校改进，并使一些落后分子与落后思想有空子可钻。因此：

（一）必须健全和建立制度。在哈工大，可以按照苏联同性质高等学校的制度，结合我国具体情况，在中央和东北人民政府所订制度、指示的基本原则与规定下，制订暂行校章及各种条例（如教师服务、学生待遇、校产管理等条例），由校委会讨论通过校长同意、上级批准施行，同时为使分工明确与贯彻专责制，必须制订全校教育行政各部门的工作条例及其所属工作细则，由各工作干部根据一定的原则制订，校长批准施行。这样全校都有所遵循，一切都按照制度、条例办事；每个人在工作职务内，又都有明确的责任和权限，领导上便能按照制度、条例和细则去督促、检查，并可以逐步贯彻专责制。

（二）必须根据情况，掌握中心，制订年度和季度工作计划。学校经常的中心任务，在贯彻党和人民政府的教育方针政策，完成教学行政工作计划（行政工作计划又是为教学工作计划服务的）。在这经常的中心任务下面，学校行政领导上，必须根据情况，抓住逐年逐季中心的环节，围绕中心制订全面工作计划，逐季逐年的把问题不断解决，工作不断推进和提高。全校教育行政各部门，则从各自的角度去制订年度、季度以至月度的执行计划，并保证其完成，领导上则按照计划去进行重点检查与具体帮助，并及时进行总结与组织经验交流。

学校党及其领导下的团和群团，经常的中心任务，在保证教育方针政策的贯彻及教学行政计划的完成，其业务也必须围绕这个中心任务去进行。因此，也必须根据学校的年、季度工作计划，从各自的角度去制订具体工作计划，分工配合、步步前进。

学生（党团员学生在内）是经常以学习为主要任务的。因此，除"抗美援朝保家卫国"一类的勤务外，不应给他们以妨碍学习的工作任务。那种"忽视学习"、"从工作上要求学生"或给以妨碍学习的工作负担，都是不对的。学生中的党团员，首先要保证搞好学习，争取成绩优良和不落后，并在党团的领导下，以其在学习上的积极性和模范行动，去推动、带领和联系群众，在群众中起核心作用。工大非党团员学生说："他们（党团员学生）工作是行的，也会讲一套，但学习不行"。这种情况必须改变。（下略）

最后关于教学与提高教学质量问题。这在哈工大是相当严重的，是目前急需解决的中心问题。各科系班学生一致的意见是："课程负担繁重，占时间多，学习紧，所得不多"，"课程多内容少"，"费力大，收获少"（只研究班不太忙），这又影响了同学健康，如预料"神经衰弱的约 1/10，有几个班连同其他病症常达 1/3"；其中高级班"一个班 30 人中，到下午就支持不住的常有六、七人以至十几人"；中级班"一个组 28 人中只 12 人能劳动"；本科土四"12 人中 5 人肺浸润，除 2 人外常上医院"；"机电两系 9 人中有 5 人病"；"桥梁涵洞系 10 人有 5 人常病"。这虽然可能有夸大，健康问题还有解放前长期营养不良等原因，但可见问题是相当严重的。从学生学习的效果看：预科高一"学了一年半，俄文普遍没学好，基础课更差"，"本期成绩更下降，有次考试 2 分占大多，各班平时也常有一半 2 分"，"干部子弟基础课更差"。本科"有些课程死背定理，不懂所以然"，"降级情况严重，如本四进预科时 300 多人，现只剩 19 人；本三进本科时 70 多人，现只 14 人，主要由于降级"……如果这种情况属实，就不能达到我们培养干部的预期标准和效果。而学生情绪不高，"苦闷"、"想跳校"、"退学"、"后悔来工大"、"本期新同学已走 20 多人"，却大抵是事实。这种严重现象，应引起深切注意，必须采取步骤去解决教学问题。

形成这种现象主要的原因：一方面由于教师质量不高和旧制度的束缚，课程内容和教学方法都存在相当严重的问题。在教学内容上，他们还不能应用马列主义的观点方法，这是不能过急要求的；但他们如坚持其老的体系，拒绝剪裁，又拒绝和现实结合也不接受最新的科学成果，这就不对了。在教学组织和教学方法上，采取教研组的形式和群众路线的教学法，这是他们能够作并可以逐步作好的。但他们采取敷衍的态度，或忽视这种形式和方法，"虽有教学组不能解决问题"，仍是"老一套"，各教各的，"照本念书"（教师口念同学笔记），"下课就回家，根本不接近同学"，主观主义不顾学生程度与接受能力，又装腔作势自称"全是苏联一套"，其实"观点方法全是旧俄一套"，"对新鲜事物认识不够"。加之钟点制等旧制度的束缚以及只顾拿钱的雇佣观念，不少人每周授课 20—33 堂，更无时间准备课程与讲求教学法，至有"教得马虎"、"讲解错误"、"敷衍塞责"等现象。其中个别教师又由于水准太低，力不胜任，便"东拉西扯"，以至"画树叶"、"说烟斗"、"讲钢笔"、"磨时间"……一方面，由于缺乏切合实际的教学计划和课程纲要，在教育计划上，全部课程配置，不是按照一定计划和需要，有沿袭过去交大性质的课程与"因人设课"等情事，把一些不必要的课程堆积进去（如预科学算术，化学系学材料强弱等），形成"课程繁杂"的现象。致学生授课时间每周多自 36 至

40 堂以上，学习总时数一般自 60 至 70 小时，至有达到 77 时的，加之授课与自习时间配置不够恰当，致"一般都不能预习，复习也很差"，"开早车，开夜车……还是学不好"，"考试也只是背书"。在个别课程上，不是按照合理的纲要与计划性，而是带有若干盲目性，又缺乏重点配置的严密系统。因此，形成学生"对课程得不到系统了解"以及"先松后紧"、"开快车"、"飞跳"等现象（如"几何讲了一年多，只讲完 1/5"，"算术一年只讲了+-×÷和小数点"……）。一方面，由于预习、复习、授课、实习或作业，没有密切结合或脱节；一方面，由于教材缺乏合适的蓝本，又缺乏适应合理纲要的讲义或提纲，甚至根本没有，有的也不及时；一方面，学生课外负担过重与程度参差也有相当关系。学校教育行政领导上，过去对此注意不够，缺乏深入的检查研究和改进的具体步骤。

过去的旧式大学：个别科系的学程时间本来较长，其"必修"的"三民主义"等课程，事实上一般学生都是拒绝学习的，学生对一般课程不合兴趣的也只是随便敷衍，地主资产阶级的政府和学校又是对学生不负责任的，一般教师又都是雇佣关系。他们根本就不关心教学效果和教学问题的。最进步的苏联高等教育，学生学习的课程和授课时数都是多的，并能保证每门课程都学习得很好，这不只由于苏联青年体力较强，而且由于社会条件不同与科学常识水准高，其进步的中小学教育已给大学生打下了良好基础，加之经验丰富、制度完备，教师又质量很高，因此便不发生教学和学生学习的负担问题。我们今日，原则上和苏联一样，是为人民国家的建设事业，培养有专门知识专门技术的干部而开办高等学校的，所以要求学生对规定的每门业务课程都能学好，政治课也都是必要并为学生所迫切要求的，个别科系的学程时间又较短，而一般教师又是质量不高（数量也不够），业务水平须要提高，观点、方法、作风还没根本改变，因此便产生学生负担过重与教学方面的种种问题。问题怎样解决呢？我以为：

（甲）加强对教师的团结教育工作，提高教师质量，即逐步提高其业务水平，改变其旧的观点、方法和作风，去除雇佣观念，树立主人翁的观念和为人民服务的立场。同时建立一套新制度、新办法去代替其旧制度、旧办法，通过计划性、组织性去克服其自由散漫和不负责任的作风、态度，其中实在不胜任又不求进步、或不负责任经再三劝告仍不改进者，可采取适当步骤予以洗刷或不续聘。

（乙）一面根据苏联同性质、同科系的现行教学计划，一面根据我国的具体情况和具体要求，根据现有经验，加以详密研究，重新厘订切合实际的教学计划，不要不顾实际地硬搬，也不要迁就某些落后思想和要求。

（丙）一面根据自己的教学计划，一面参考苏联同性质的课程纲要，根据我国的具体情况和要求，制订切合实际的各课程纲要，并严格限定各课教师，须按照纲要编制提纲（或讲义）和进行教学；同时，要保证一般学生都能领会每课内容的精神实质，获得系统知识，而不是敷衍塞责。

（丁）一面根据苏联教学组织的制度和办法，一面根据中央和东府的规定及指示，结合工大具体条件，研究和规定教学组织的实施办法，有领导、有计划的严格进行；教学研究组必须定期开会，务使能真正起研讨教材内容与改进教学方法的作用，贯彻民主的或群众路线的教学原则；学生的学习组织，务使能起提高学习质量的作用；课外负担——除目前在不妨正课的原则下须抓紧时事学习，配合动员入军校负担些战勤外——必须减至不妨害学习的限度。

（戊）教材问题。（略）

（己）对研究生，根据苏联经验及我国具体情况和要求，必须制订切合实际的培养计划和教学研究计划，保证研究生在学期满后能充当教师，并创造培养教师的经验。（下略）（完）

对东北工学院工作检查给东北局的报告

1950 年 12 月 21 日

东北局、李部长:

我们这次检查东工工作的检查团,是由东组、文教委员会,工业部三个部分组成的,全团共 16 人,经过 19 天的深入检查,对东工情况达到较全面、具体的了解,并发现了问题。为着解决问题,使工作有所改进,又在我们参与下,由东工党组召开了党组扩大会,扩大会的基本精神是:"掌握原则、抓住关键、开展批评和自我批评、分清是非、提高认识、解决问题、达到党内思想一致、团结全院办好学校"。会议基本上是循着这种精神进行的,参加的同志一致认为是成功的。

首先我们认为,从沈工(及鞍山、抚顺两工专)成立起到现在一年零五个月的东工工作,是有一定成绩的:"从无到有",具备了今天这样规模,修补与新建校舍 95,700 平方米,购置值东币 9,631,204,997 元的 35,177 册新书(部分接收在内),接收和新购仪器机件共值 720 亿元,设备了各种实验室 19 个,实习工场 1 所及其他设备,编制和翻印了讲义 120 种(另购买 19 种),共聘来教师除已走者外共 426 人(外助理员 13 人);招收学生现共有 3125 人(外已毕业 6 人);开始了教育计划的制定及教研组的组织,学生的政治倾向一般都表现进步,还有其他一些成绩。

但从党和人民政府给予东工的条件与任务来衡量,我以为没有达到应有的成绩。另方面,却存在不少问题,其中并有些较严重的问题,较主要的是领导问题、教学问题与建校、迁校及财经方面的问题。在这三个问题中,我认为解决教学问题是东工目前工作的中心一环,解决领导问题是解决教学问题的前提；建校等问题，一面在党内外都形成一些分歧，一面关涉到财经政策制度，并影响了工作。这在东工，是有其客观困难原因的，如老干部缺乏经验，教师都是新聘的旧知识分子，学校成立不久又发展太快，加之基本建设任务重、迁校工作繁忙，也都引起不少困难等。但另方面，为着解决问题、改进工作，又不应强调客观困难。

下面就三个主要问题来讲：

一、关于领导问题

首先，由于东工党组没有发挥核心领导作用。汪□□及其他一些负责同志，在领导思想上存在一种糊涂观点，一面忽视党的政治领导和思想领导，一面又没有很好贯彻党外人士有职有权的原则，把党的领导与行政职权等量齐观，把自己对学校负责的地位与作用看成和党外人士一样。因此，（一）党组成立以前和以后，从没讨论党和人民政府有关高等教育的方针、政策及如何具体贯彻执行的问题（院政会议也是一样），党组每每只讨论些人事问题等；（二）误认行政分工就是连同政治领导在内的全部分工，"我（汪）管行政，张管教育，靳管全面"，就把"教学工作、教员政治工作都推给张"，而产生"我的领导思想便是无论如何要掌握经济"，"中心工作掌握在张，中心领导在张"（汪）的糊涂观点；（三）由这种糊涂观点出发，便提出"二人制或四人制"（汪）的主张；（四）不知在党的方针政策下与党外人士团结合作是共产党员的义务，反而以为"在我区何苦作统战工作，最好命令行之方便"，甚至"对张有成见"（汪），"几次提议调走张"（阎），"几个教务处长也对张有对立情绪"。有的同志甚至主张："干脆，顺水推舟，把张推出去"；另一方面又形成了一种不负责的消极情绪："把沈阳总院推给靳、张"（汪），"寒假回来不能解决就不干了"（阎）。其实，靳、张对汪□□同志为首的党组的政治领导，是不会不尊重的，靳说："咱三个只汪是个老党员"，"这个学校实际就是党领导的"。张说："汪□□同志来，大家都无疑问的认识到，他负有很大任务，贯彻党的文教政策，团结技术干部"。而是由于我们同志忽视了全面的政治领导，"很少拿出时间来考虑大政方针"（张），反而使靳、张感觉"摸不着底"（靳）。

另方面，东工的负责同志们，把自己对学校的负责地位，看作单纯的行政事务工作，如汪□□同志说："我作了工业部的基建处长"，"半年来都办的这个工作"。加之制度不健全、分工不明确、工作缺乏中心和全面计划，便每每与靳、张在行政职权上发生摩擦，如"张批了几个人去学习，汪把它押下"（阎）；靳"派人运回各系实验必须的图书仪器，汪不同意"（靳）；"靳决定图书采购编目归总院……汪要分作两下"（张），"汪到分院处理问题多不经过总院"（阎）；教务处没通过院长，批准学生休学、退学，张提出意见，"就把处长都闹翻了：好，就都你作吧"（汪）。他们批的条子，到下面有时也没有痛快的执行，还有时被折回。加之作风、方式不够好，如靳说："汪、张对问题少商量"，发生问题时又不免有些态度不好、"吵一顿"的情况。这便使靳、张感觉职权没受到适当的尊重，靳说："领导上团结就有问题"，"总、分院关系问题牵涉到很多人事关系，很复杂"，"工作很觉不顺，发生摩擦"，"本人行政能力不行"；张说："汪□□同志的工作方式、方法：一个是袭击、一个是包办、一个是内定"，"有些人想一揽子"，"摆出钦差大臣，以我为主"，"何必侵害人家职权"，"使得工作不敢作"，"希望事有专责，互相尊重职权"，靳、张并都有消极不干的表示。群众中也有不好的反映："汪院长来了，张院长成了可怜虫"，"靳院长是牌位"，"一国三公，头重脚轻……乱哄哄"。但在另一方面，有时又是尊重过分或迁就，如"谈问题，靳不讲话，就拖下去了"，"教学工作我们如插手就会影响张的积极性"（汪），就不去插手教学工作。

其次，对教师"团结、教育、改造"，东工也作过些工作，如主观上注意了对教师的物质待遇，进行了一个时期的"抗美援朝保家卫国"的教育等等，但极其不够，问题还较严重。现全校教师思想情况的分析，据阎□□同志估计，两头都约为10%—20%；检查团同志对电机系13个教师的具体调查分析，较进步的4人、中间的5人、落后的4人。实际除个别外，所谓落后的也只是爱说怪话，较进步主要是从其教学态度上说的。因此，一般都可以在团结的基础上去教育改造的。现在的情况是比较混乱的。一些落后的说怪话，发表反动言论，如说："我们跟耶稣当干儿子"，"贷款利息大，苏联专家待遇高"，

"东北比关内落后"，"不许听美国之音，是希特勒办法，不民主"，"西藏问题应与外蒙一样"，甚至国文讲义中宣传反动法西斯思想，业务课教材中夹入崇美思想（如说美国钢铁生产质量如何好，数量如何大，内燃机制造是世界第一），也没去检查。一部分较进步的"被孤立"，在会议中、学习讨论中不敢发言。一般对领导有意见感觉学校没前途，如说："我到东北是到政治空气浓厚的地方来，到此很失望"，"我们在没来以前，抱有很高理想"，"在南方还有些启发，我们许多人都想走"，"你口说是新的，实际是旧的，旧的你赶不上清华北大，看不出前途"，"学校是个训练班，没有正规制度"，"我们学校这样下去就完了"，"国家给这多钱，我们这样下去对得起国家吗"，"学术空气薄弱"、"觉得工学院无意思"；评级没评好，待遇有些不公平现象，很多人有意见；助教生活较苦工作较忙，感觉不能提高，不安心，想走，觉得"教师在学校无地位"，"提意见得不到答复"，没有参加学校行政会议。另方面，在教师相互间，搞"小圈子"、闹宗派，是各系普通现象；在教职间，"教员认为职员不行，工作效率低，职员觉得教员思想落后"。职工说："教员是爷，职员是爸，工人是孙"，"学校有两个阶级：教授是资级，职员是无级"，彼此在情绪上不调协，团群间关系中不够好。如："先生中几个团员自觉比群众高一等，老的先生也看不起他们"。对党有相当隔阂，如说："他们对党外很严，对党内要怎样就怎样"，"党员特殊"，有些党员也有轻易就说人家个人主义的，有个时期甚至过"左"的提出"反小资产阶级思想"（靳对此也有意见，说："我看倒不见得是个人主义"，"一般说，党员干部的工作，反不如教师积极"）。在这种混乱的思想情况下面，教员不安心的情绪是相当普遍的，特别在抗美援朝运动中，"一部分进步分子和团员也都想走"（阎）。因此，产生去年9至11月36个教师离职的严重现象。此外还有二、三十人打算乘寒假一去不来（这已经检查团帮助学校劝阻了）。

形成这种现象的主要原因，由于东工领导上对党的"团结、教育、改造"政策的精神认识和掌握不够，从行政分工上的"张管教育"就认为"教员政治工作"也应由张负责这种错误认识出发，就不注意去领导、掌握和研究教师中的政治工作和思想教育。因此，一方面，在上级号召下，作过一时期的时事学习后，到"爱国竞赛"，就把教师的学习交给工会作。我认为由工会去进行一些组织、督促和检查工作是可以的，但必须有领导、有计划。而在事实上，工会也没有作。那一时期的时事学习，也没有认真去领导，甚至没掌稳方向。因此，一方面便产生"进步的不敢发言，不进步的说怪话"，"或不发言，或讲些俏皮话把学习空气冲淡"的现象；一方面不但没有去展开正确和不正确思想的辩论，反而受到抑止的情况。如某助教批评一个教授的反动言论，反而批评他不该。所以不少教师说："领导差，临时搞"，有的并说："领导上应检讨，每礼拜4小时白费了"。一方面，自汪□□同志以下的东工负责同志，几乎异口同声的责难张"重教轻职"（但没能举出充分的事实）。把自己和教师疏远起来，不去接近教师，更没有有计划的去掌握教师思想动态和进行思想领导。一方面，也就没有从实际生活上给教师们以主人翁的感觉，启发其积极性，如善于用民主商讨的方式；在各种会议中，个别接谈中和他们讨论学校工作，诚恳虚心地去征求和听取他们的意见，并及时处理或解答。现在还没开过院务会议，行政会议没有吸收教学人员参加，也没有召开和他们讨论学校工作的其他会议，个人接谈也很少。因此，他们感觉"在学校没地位"，"领导上很少接近"。数学系主任李浩说："汪院长来此一年多了，连我们一些主要教授的名字都不知道"。一方面，在物质待遇上也还是有问题的。一面有些太过，一面对多数人的困难是照顾不够的（如老婆工作，子女上学及其他困难问题等）；其中一部分人由于生活不安定、困难不得解决，便影响了教学和研究工作。

不把教师团结住，就根本影响教学工作。在坚决团结的方针下，不去有计划、有步骤地进行教育改造，团结是不能巩固的。首先不给他们以主人翁感觉，树立为人民服务的人生观，教学工作是不易搞好的，不帮助他们逐步去掌握马列主义、毛泽东思想的观点、方法，就会限制其自己的进步，也不能符合学校前进的要求。东工的负责同志们对此是没有足够认识的。

其次，东工在作风上，存在着两种较严重的偏向。主要是领导上的官僚主义作风。一面表现为有些个人突出、"摆架子"、不够民主；党内"干部觉得不好与汪商量问题，他也和干部商量问题不多"（阎），"干部提意见不听"，"吸收下边意见少"；不接近群众，群众提意见常得不到答复，甚至"群众怕打击，不敢提意见"（学生党员），"领导上只是命令，不作动员说服工作"，"靠布告解决问题"（教师）。一面表现为对学校情况缺乏全面具体了解，如教师思想、图书、仪器等方面，只知道很乱，长春分院甚至有所谓"三不知"

的流言（即不知有多少人、多少钱，今日不知明日作什么）。一方面表现为工作无中心、无计划、忙乱，"有号召无布置，有布置无检查"。另方面，由于官僚主义作风的结果，特别是党内民主生活不够，思想教育很差，批评和自我批评不开展，便产生了严重的自由主义作风。这一方面表现为对工作消极放任等不负责的作风。一方面表现为不只在党内不按照组织原则，"有问题背面谈，不敢正面谈"，东拉西扯，评是论非，而且无组织、无纪律的把党内问题拿到党外谈。这两种作风，特别是官僚主义作风，已严重地影响了党内的正常关系，以至党内团结，也影响了干部的情绪（干部情绪普遍不安心，希望调动），并影响了党内外的团结与党群关系不够正常。

党内也有两种不正常的情绪：一是不安心工作的情绪，他们借口对学校工作无经验、或借口看不出学校前途，自己又不能提高；一是借口领导困难，形成一种消极情绪。这两种情绪的根源，都是个人主义的残余。

二、教学问题

这在东工是颇严重的问题，具体表现为：学生负担重、消化差，并严重地影响了健康。

关于学习负担，从学时说，根据东工副教务处长郝屏奋同志最近统计，每周学习时数（现无试验及俄文），除困难算题外：建二，平均75时；建三，57时；机三，58时；机四，69时；电三，52时；电四，60时；土三，55时；土四，54时；化二，68时；化三染料组，46时（学生说：实55时）；化四燃料组63时（学生说：实73时）；冶二，58时；有色，64时；钢铁，61时；冶三有色，51时。冶四有色，30时（学生说：冶二，64时；冶三，59时；冶四，49时）；采三，45时；礼拜日在内，其他活动在外，平均每天实达10时。助教说："学生每周学习平均要超过80时，还不能作预习和拉下习题"。学生说："学校规定的时间不够用，如土二规定为53时，很顺利时也要超过，每周只应用力学习题即须10时，不在规定内；最少如冶二为57.5时，建二多至76时"。又如定性分析"每周至少十题，半天只能作三四题"。

此外还有临时考试的负担。先生每预先告知要考，同学们便每每只去预备应付考试的课程，把其他课程拉下。

从学生对课程的消化程度说，根据每个学生报告的材料统计：机械系平均为72.4%，机四制造组最好的金属学平均为85%。较差的机械设计原理为74%，化三染料组最好的高等有机平均为82%，较差的工业分析为67%，染料组最好的理论化学平均为77%，较差的石油为59%；土三最好的钢筋混泥平均为80%左右，较差的工程数学和土壤均为60%……。土四一个对公路设计只能消化60%的学生说："设计不知如何着手"。而此所谓消化，也只是从学生在课堂大致能听懂几成而讲的，实际也正如他们自己所说："明白不明白，不是从理论上已否了解来说，有时课堂上听得还明白的，下来却不会算题，套公式还可以"。从考试成绩来看，徐浩教授说："大考如不加分，41人中便有十几人不能及格，按过去学生程度比较，便至少一半以上"；成绩最好的冶金系，有次小考平均分数为69.9，43人中有9人不及格。化工系助教说："化工计算第一次月考有显著进步，33人中只10人不及格了"。这次期考，如机二，86人中19人不及格；电二，94人中17人不及格；最好的冶二，107人中也有13人不及格……。而且考试是弊端很多的，例如吴宝鑫教授说："我教这门课不叫你们及格，那才是混蛋"。一位助教说："平时小考成绩很坏……大考先生出题就容易"。因此，成绩最好的冶四学生代表说："大家都很恐慌，学得很空，真对不起国家，将来没东西拿去服务"；又有学生说："业务没学好，身体搞垮了"。化工系主任聂恒锐说："将来学生出去达不到标准，只能是半成品"。

从学生的健康情况说，据医务所最近统计，病号占41.4%。据郝屏奋同志统计，病号占学生人数的百分比为：建筑系52%，化工系47%，机械系45.6%，土木系46.1%，采矿系41%，电机系37.7%，地质系33.3%，冶金系24.6%，总院学生共895人，其中病号160人。病的性质，最多为神经衰弱和失眠，次为胃肠，次为心脏病……。各系病号多寡，是与各该系学习负担程度成正比例的。这个统计还不是完全正确的。另据各系学生说："机械系在课紧时有80%—90%成失眠状态，平时也有40%—50%，只能睡6小时"；"冶二失眠的很多，一组11人6人常失眠，另一寝室8人常呈迟睡、早醒状态"；"化二43人中只1人睡眠正常，其他都迟睡、早醒或多梦"。这虽然可能有夸大，但可见学生健康情况的严重。

形成这种严重情况的最主要原因：由于中央和东北关于高等教育教学方面的各种规定，在东工的实际教学工作中没有具体贯彻，无论在课程配置、教材编制和内容、教学组织、教学方法等方面，除个别教师个别教研组外，大都在新的形式下面包含其旧的基本内容，甚至连形式也还是旧的（如教学进度）。

教学计划之所以重要，在于实现全部课程配置的科学性和计划性，保证学生进修程度逐期逐年所要达到的一定标准。东工虽初步制订了教学计划，但还没能把中央所规定的基本精神贯彻进去，一方面包含着不必要的（如契约、规范等）重复的课程（如把中央规定的物理冶金，分设为内容重复的金相学、金属材料、金属材料加工，采矿系的火药学与爆破学的基本内容也是重复的……）；一方面个别课程一章一节内容重复的也不少（如应用力学、普通物理、油脂有一章内容全同……）；一方面课程排列进程前后颠倒（如工业设计排到二年级上期，工业化学与工业设计算不衔接……），致学生不易学懂；一方面各种重点课齐头并进的太多（如土四同时有八门主课……）；一方面不同学系的相同课程，没有按照需要规定分量（如电工系学数学系一样的高等微积分……）；一方面也有应设而没设的课程（上述及括弧中举例均系助教和学生反映，是否有当，尚待专家研究）。

在教学大纲和教材上，教学大纲之所以重要，在于实施教学的计划性和保证教学计划的实现。因此原则上必须按照大纲去编制教材和掌握教学进度。在东工还没有制订教学大纲，只有和旧大学一样的进度表，有些连进度表也只是几个简单题目。因此，一方面便必然表现为教材选择和编制的盲目性，就不能按照各该课程所规定的学时，有重点而又能保持严密完整的科学体系去编制，无适当剪裁的翻译或选用英美课本，其中包括许多不必要的东西，而又每每没有把新的科学成果和结合本国实际的材料包括进去，部头却很大。一方面，便必然表现为教学进程的盲目性，而产生赶进度，先松后紧，念讲义，跳章节等等不合理现象（如每堂有念 8—10 页讲义的，又如"定性分析讲得飞快，一厚本四五堂讲了一半"）。

在教学组织上，我们的教研组是贯彻集体主义精神与民主教学的主要形式和方式，也是和旧式大学教学组织的实质区别所在。东工已开始有教研组的组织，并有个别组已获得些"零碎经验"。但绝大多数教师借口"教研组无用"、

"感觉麻烦"或"不理睬"、"怕学生提意见"、"不欢迎他人听课"、开会不发言……，致一般"教研组还是形式"，实际仍是"老一套"，即自由主义的精神和个人主义的方式与形式。因此，一方面便没能运用集体力量来讨论和解决教材问题，以至产生同一课程各讲一套等现象（如理论化学3人各讲一样以及单位制不同，术语各异……）；一方面也没有应用民主方式来讨论和改进教学方法，以至"不按学生程度"和教学效果出发，而只凭自己主观讲一套，甚至"敷敷衍衍、不负责任"……。至于"避重就轻"、"东拉西扯"、"大处忽略、小处渲染"、"避免讲重点"、"说废话"等等不良现象，有些是与某些教师的能力有关的。

这就是东工学生和助教所谓"新教育、旧内容"的实际情况。

但我们如按照标准去批评和要求东工过去的工作是不恰当的；只是说：东工的负责同志们对这种严重问题的存在而采取忽视的态度，是应该受到批评的。如果他们有较正确的认识，及早采取步骤进行工作，情况便可能不同，便一定不会这样严重。

东工负责的党员干部，没有清醒的认识到完成教学任务是学校经常的中心任务，也没有从具体情况出发，认识到解决教学问题早已成为东工当前工作的中心环节，而乃以建校、整风、迁校等全校工作的部分和临时任务为中心（如汪□□同志所说）。

东工党组的负责同志们，没有足够的认识到：掌握中央和东北关于教学方面的各种原则规定和具体办法，并保证在学校具体贯彻、实施，是自己的责任，因而便把它推给行政上分工教育的非党干部张□□，或者说"不好插手"就采取放任的态度。因此，便把自己的注意力局限于教务处与系的职权关系的争执上，而忽视了对教学的实际领导和实际工作。这种职权关系问题也是很简单的。根据苏联制度和中央规定的原则结合东北其他各高等学校的组织机构，加以研究，制定一个成文的章则条例，就可以完全解决的。靳、张说："教务处对系，不要死死的谈什么'指导'、'领导'，而是要我们实际去作，没有任何阻难教务处到系到教研组去"。劝我们在职权关系没解决前，须先去进行实际工作，这个意见是诚恳的。

三、关于建校、迁校及财经问题

关于建校，我认为工业部所决定的基本方针的精神是对的。即须有一个全面的计划和图案，但须根据国家财经情况和学校具体要求去逐年实现（大意如此）。但东工负责同志在执行这个方针上是有些偏差的，没有足够的掌握事实求是从实际情况出发的精神，夹入了自己一点主观愿望，急于求成而又把标准提得太高，以致引起南湖群众和关内学校的不好反映，也引起东工党内外的意见。同时，对建筑缺乏计划和经济计算，引起不小浪费。如设计尚未完成，事先就购来大批材料，后来用不着了，就堆着不管，损失很大。东工总务处长蔡贡亭同志说："材料浪费惊人，石炭、洋炭、油毡纸、草包、钢筋……现才归拢起来"。工程处韩秘书："到今为止，尚有 200 吨钢筋积压着……还有 500 吨水泥堆积在这里"。学校用不着了，又不提请工业部处理，以免国家财产浪费。因缺乏经济计算，一些可以节减而没节减所引起的无形浪费，也可能不少。如蔡贡亭同志说："所修的 15 幢教授宿舍，每幢 200 平方米，在沈阳算是甲等房子；稍稍计算一下，质量也可这样好，可以盖 50 幢"。但我们对这方面还缺乏深入的全面的检查。至于今后在长春或沈阳或两边同时建筑的问题，应由工业部速作决定。

在迁校问题上，工业部的决定是：即在形势紧张时决定速迁，形势比较稳定时，决定留沈阳上课，长春作迁移准备；情况完全稳定时，决定重点在沈阳，建筑在长春（大意如此）。问题在于形势较稳定以后，靳、张和党内个别同志主张逐步集中沈阳。汪□□同志主张逐步集中到长春。因此引起了一些分歧和纠纷，并使工作遭受些损失。

此外，一方面由于本位主义的思想，在客观上产生一些违反政策的现象（如贩卖青麻、开被服厂作生意。布置拔破旧房中锅炉等）。一方面，由于"手大"和在财经开支上对党、对人民的负责的精神不够，不只在日常开支和招聘等方面引起不小浪费。在图书、仪器等采购方面的无计划无管理，任令该部门的党外人士去处理，引起不小浪费。在图书、仪器等院产管理方面，由于机构、制度不健全，统一的登记和掌管不够而产生的混乱状态，引起的浪费更不小。

这并引起了不良的反映，蔡贡亭等同志说："外面老百姓和学校内部，都有人说'你们老财'、'共产党有钱'、'老财'、'你们钱有的是'。"据说长春市委也有意见，［东北］人民大学也提过意见。

上述这三个问题，在这次东工党组扩大会中，都进行了检讨，基本上已达到了党内思想认识的一致，并提出了解决问题的方向和方法。

为着改进东工的工作，我以为：（一）必须提高东工党员干部的政策思想水准，有计划的学习党和人民政府关于高等教育及其他有关文件；（二）发挥党组的核心领导作用；（三）发扬民主、改正作风，加强党内团结，同时加强团结靳、张；（四）根据具体情况，采取切合实际的办法和步骤，去进行对教师的"团结、教育、改造"工作，首先必须把他们团结好，给以主人翁的感觉，发扬其积极性和工作热情；（五）实行明确分工，逐步建立和健全院教学行政制度；（六）抓紧当前中心一环的教学工作，根据苏联先进经验，中央和东北有关教学的原则规定和办法及东北其他高等学校的经验，厘订教学计划、制订课程纲要、发挥教研组的应有作用，改进教材和教学方法；（七）加强党的支部工作和团的工作，发挥其保证教学任务之完成的作用；（八）严格会计制度；（九）加强计划性和组织性，特别要掌握中心，并围绕中心制定全面的年度和期度工作计划以及部门的期度、季度和月度工作计划，使全院各方面工作紧密配合；（十）上级领导机关，如工业部，在目前一定时期内，必须与以具体的帮助和督促。为着避免齐头并进，必须分别缓急先后，逐步实行。

是否有当，请予批示。附送我在东工党组大会总结会上的讲话，并请审查批示。

布礼！

吕振羽
［1950 年］12 月 21 日

振羽同志并告［车］向忱、［邹］鲁风、［董］纯才诸同志：

此报告反映了工学院许多重要情况。为了使这次的检查不致白费，我意文教委员会仍派振羽同志继续协同工业部帮助该院改进工作，期间一月至两月。方法：抓住该院目前的教育计划为中心审查这计划是否适当？研究如何完成计划，坚决克服在执行中的各种障碍物。如有难于解决的问题，可提到政府解决。

李卓然①

［1951 年］3 月 7 日

---

① 编者注：李卓然时任东北局宣传部长、东北人民政府文教委员会主任。

在东北工学院党组扩大会总结会上的发言

1951 年 2 月 20 日

同志们：

检查团这次来东工，在靳、汪、张院长和全校党内外同志们的合作与帮助下，得以顺利完成任务，较全面、较深入地收集了情况，研究了成绩，发现了问题。从成绩方面说，是有一定成绩的，但问题很多，而且较严重的。

党组扩大会经过三天的大会讨论，我们认为是完全成功的。是按照"掌握原则、抓住关键、开展批评和自我批评、分清是非、提高认识、解决问题、达到党内思想一致、团结全院办好学校"的基本精神进行的。大会和小组会都着重讨论了领导问题、教学问题、建校、迁校及财经方面问题等三个主要问题，基本上达到了一致的认识。并指出了解决问题的方向和方法，开始发扬了党内民主，检讨了各种缺点和错误，表明了我们敢于正视自己的缺点和错误，就能保证我们能克服缺点，改正错误。参加扩大会的同志们，绝大多数都表现了积极负责的精神。其中很多意见是诚恳的，但也有个别同志表现了不够负责的放任态度，为着今后作好工作，希望这种同志自己从思想上去检讨一下。

到今天止，这次党组扩大会基本结束了！当然还会有小组讨论。希望同志们根据扩大会议的基本精神及党组书记阎沛霖同志的总结发言，结合自己过去的思想和工作情况及当前工作任务进行自我检讨和讨论，掌握其基本精神及解决问题的方向、方法，并把它具体化，使这次党组扩大会议成为改进东工工作的转折点。

同志们，扩大会议是基本结束了，要达成扩大会议所规定"团结全院办好学校"的任务，是要你们用实际行动来完成了。这首先必须加强党内团结，发扬每个人的积极性和工作热情，提高党员干部的思想认识和政策水准；发挥党组的核心领导作用，注意研究党和人民政府有关高等教育的方针、政策、决定和指示，并把它正确的具体的贯彻执行。一面又必须改正那种脱离群众、脱离实际、个人突出的官僚主义作风，一面也必须改正那种无组织、无纪律或消极放任不负责的自由主义作风。消极和不安心的情绪，必须根本消除。那种借口学校不好领导或借口缺乏经验不适宜于学校工作的说法，都是错误的，其根源都是个人主义的残余。共产党员是特殊材料作成的，没有什么事情作不好，也没有什么事情学不好的，只要我们是全心全意为党为人民来办好学校。

加强党内团结，是团结全院党内党外干部群众的前提，也是办好学校的前提。坚决团结全院党外干部群众，在民主集中制的基础上共同来办好学校，必须发挥每个人的积极性和主人翁的责任感，还须帮助他们确立主人翁思想和为人民服务的人生观，还须有步骤地帮助他们逐步掌握马列主义和毛泽东思想的观点、方法。团结全院，抓紧目前工作的中心问题，即教学问题，根据中央和东北有关高等教育的文件，学习苏联经验及东北其他各高等学校的经验，采取具体步骤把教学问题解决，把教学工作作好。

同志们，我们人民的高等学校，从性质、方针、任务等方面，都与地主资产阶级的大学有着本质的区别。我们的高等学校是为人民祖国服务的，是为我们今天的新民主主义建设及将来社会主义建设培养新型的具有专门科学技术知识，而又具有马列主义思想的干部。所以我们的任务是十分光荣而巨大的。相信必能以这次扩大会议为转折点，全院团结一致，改进工作，胜利地完成党和人民托付的任务。

热爱人民自己的伟大祖国

在东北人民政府青年团的报告提纲（1951 年 4 月）

现在全国人民，每个人都觉得伟大祖国的可爱，对祖国的一切都特别感觉兴奋和喜悦；因为我们的国家，是人民自己当家的国家，一切都为人民所掌握——人民自己掌握了印把子、枪杆子、饭碗子和所有一切。在中国历史上，从来没有过这样的国家；在全世界，在俄国十月革命以前，不只没有像苏联那样社会主义国家，也没有过我们这样人民当家的国家。

过去的国家和现在的帝国主义国家等，那是剥削阶级或侵略者统治的国家，一切都只为剥削阶级或侵略者打算，绝大多数的人民都是被剥削被压迫的。譬如过去的满洲国，就是日本帝国主义宰割中国人民的国家，是为日本资产阶级办事的；中国人民都是被他们踩在脚跟下的奴隶和牛马，生命财产完全没有保证，行路和说话也不能自由；为满洲国服务的汉奸、特务、国警、狗腿子等，都是些地主、买办和无赖匪徒，都是日本帝国主义的走狗。今日的日本，是美国帝国主义宰割日本人民的国家，侵略亚洲人民的工具；日本资产阶级成了美国资产阶级的附属品，日本卖国政府是美帝国主义的玩具；日本人民没有半点权利和利益。今日的美国，是六十个大资本家家族为代表的的资产阶级的国家，美国的一切权利和利益，都掌握在六十个大家族的手中；它的政府、军队、法院和警察等等，那是为六十大家族的权利和利益服务的，是他们剥削和压迫美国人民的工具，侵略世界和奴役世界人民的工具。美国人民，不论是黑人、黄人或白人，到处都受到警察和暗藏特务的监视，如果言论行动违反六十大家族的权利和利益，就要受到干涉和处罚；人民是没有任何权利的。早先就住在美国的印第安民族，美国资本主义强盗完全没把他们看作人，现在快被消灭完了。英法等帝主义国家，也大致是一样的。过去国民党反动派统治的中国，除开人民政权管辖的苏区，抗日民主根据地和解放区外，是四大家族所代表的地主买办阶级的国家，是帝国主义统治中国人民的工具，在抗日战争胜利前后，便完全成了美帝国主义统治中国人民的工具；它把中国民族的生存权利：从领海、领空到陆地，从经济、政治、军事到文化，总而言之，把整个国家都出卖于美帝国主义。反动政府、军队、法院、警察、特务机关等等，都由美国帝国主义的代表从中指挥，一切都服从华尔街和白宫的命令，来剥削、镇压和屠杀中国人民，来扩大反苏、反共、反人民的内战，来阴谋破坏解放区……。在国匪统治的地区，人民不只没有半点权利和利益，而且都像热锅上的蚂蚁一样，没法活下去：人民赖以维持生命的一点点财产，都要遭受无情的抢夺，使得无数的人民挨冻、挨饿、流离、死亡；人民的一言一动，不论是工人、农民、和知识份子、小资产者、民族资本家，都要受到特务分子的监视，只要有一点不符合其卖国的利益，不符合其美国主子的利益，甚至只要那种狼心狗肺的特务分子看得不顺眼，就要遭到干涉、处罚、逮捕和屠杀。当时国匪统治的地区，遍地都是上饶集中营那样的监狱；人民完全没有学习政治和文化的权利，只准去服从它那种迷信，愚蠢和腐败无耻的宣传，有进步思想和看进步书籍的，都要犯罪。像这一类的国家，都是代表少数人统治绝大多数人的国家。帝国主义国家，为着资产阶级的利益，不只压迫剥削其本国人民，而又要求对外侵略，更加残暴无情的去压迫和剥削外国人民；殖民地半殖民国家，像过去的伪满和国匪统治的中国，买办地主阶级为着维持其阶级的利益，便卖身投靠，充当帝国主义侵略祖国的工具，来压迫、剥削和屠杀本国人民。所以这种少数人压迫多数人的国家，不只违悖本国人民的利益，而且是侵略的根源，是违反世界人民利益的。

苏联社会主义国家和我们人民民主国家，就根本和它们不同。像苏联社会主义国家，国内已没有阶级，没有人压迫人的现象；完全靠人民自己的劳动，创造日益美好的生活。因此，它没有对外侵略和压迫他国人民的要求，只有反对侵略的要求；它同情和赞助全世界各国人民的解放运动，希望都和他们一样过着日益美好的生活。所以说：苏联是世界和平的中心堡垒，是全人类的灯塔。像我们这样四阶级联合的人民民主国家，是工人阶级所领导，工农为主体的，对帝国主义、封建阶级、买办阶级专政的；工人阶级是天生的反压迫反剥削的阶级，是要领导人民进向社会主义和共产主义去的。所以我们的国家也完全靠人民自己的劳动，创造日益美好的生活，建设日益富强的国家；也没有对外侵略和压迫他国人民的要求，只有反侵略的要求，同情和赞助全世界各国人民的反侵略运动，希望人类都得到解放。所以说：人民中国是以苏联为中心的世界和平的重大堡垒，是亚洲和平的保障。中央人民政府成立才一年半，我们伟大祖国在军事和政治上，就成了全世界最重要的强国；如果美帝不发动侵略，不来捣乱，以我们优秀勤劳的人民、无限丰富的资源，加上毛主席和共产党的英明领导，我们祖国的经济、政治、国防、文化等方面的建设，就还要来得快，对世界和平的贡献就更要伟大。所以人民中国的诞生，不只获得我们人民自己的热爱和拥护，而且获得苏联和各新民主国家人民的喜悦，帝国主义及其附属国的人民也都大声叫好。

但是从中国人民头上打落下去了的帝国主义、封建阶级、买办阶级，却反对我们，怀恨我们。资产阶级到了帝国主义时代，就快要死亡了；他们本来把地大、物博、人众的中国，作为逃避死亡的大后方，续命汤。偌大中国的解放，不只使帝国主义失去了逃命的大后方，而且成了反帝国主义侵略的强大堡垒，空前无比的加强了世界民主和平的力量，更要加快帝国主义的死亡。它那肯甘心呢？一向骑在人民头上的封建阶级、买办阶级，现在倒在人民的脚下，再不能那样无法无天，再不能靠剥削人民过活，又哪肯甘心呢？因此，美帝国主义强盗和逃命到台湾的残匪，都千方百计，妄想破坏我们伟大的人民祖国、恢复其对中国人民的血腥统治。因此，狂妄无耻的美帝，竟敢于对我们伟大的人民国家，要进行封锁、包围和侵略——侵略越南、侵略朝鲜、侵略我国的领土台湾、武装日本等等强暴行动，目的都是为着侵略我们祖国的大陆和亚洲；台湾那一小撮匪残，也不肯放下武器，妄想苟延残喘，甚至想依靠其主子来反攻大陆；暗藏的美蒋特务匪徒，则企图钻入我们人民祖国的各个角落，去进行各种卑鄙险毒的阴谋破坏和策动；特务匪徒、惯匪、恶霸、反动会门头子等等肮脏东西结成的土匪，企图在我们祖国的大地上，保持其反革命的武装活动，对人民肆行毫无人性的抢掠和烧杀；不知改悔的地主分子，在老区、配合美帝侵略，阴谋进行反把，在新区、采取各种手段，阴谋反抗土改……但这一切都是徒劳的，让美帝和残匪去作梦吧！伟大的中国人民，既已有能力推翻美帝、蒋匪的统治，帮助朝鲜人民把美帝及其帮凶的侵略军打得落花流水，把数十万

565

美蒋土匪武装消灭、把美帝的纸老虎戳穿；就更有把握打垮美帝的侵略和消灭残匪。

为着巩固和发展人民的胜利果实，为着保卫和建设人民自己的国家，我们伟大中国人民从各自岗位的实际行动上，已经发挥了高度的爱国主义精神，创造出各种各样的无数英勇事迹，表现出无比的智慧。为着彻底打垮美帝侵略、消灭残匪，为着巩固人民民主政权，为着祖国的经济和国防建设：就必须把正在高涨的抗美援朝运动，深入到祖国的每个角落，把五万万人民无遗漏地都卷入到运动中来；就必须把每个人的爱国主义情绪，从各自的实际行动中再提高一步——也只有实际行动才能具体表现出爱国主义精神来；就必须每个人都提高警惕，都像天津姚大娘一样，协助政府肃清特务，镇压反革命分子；就必须拥护土改，把封建阶级的基础、也就是帝国主义侵略的社会基础，根本铲除；就必须制止美帝武装日本，保卫亚洲和世界的和平。同时，每个人都要从自己的具体岗位上，发挥更大的作用，实现人民政协全国委员会"为庆祝一九五一年五一劳动节的号召"（略）。

我们国家的领土，除苏联外，比世界任何国家都广大；我们国家的人口，相当于美国三倍、英法十倍以上，占全世界人口四分之一，没有一个国家能和我们相比；我们国家的地理气候，温暖很适宜，山河湖海的形势都很壮丽，矿藏、农业、牧畜、森林、海产等等资源都很丰富，把这些条件加起来，世界各国也很少能比得上；我们中国人民悠久绵延的历史、丰富的斗争传统和文化遗产，是全世界首屈一指的，在百几十年以前的长远年代中，一直站在人类文化的最前列；特别值得我们骄傲而感到光荣的，领导我们国家的中国共产党，是全世界第二个布尔塞维克的大党，我们的伟大领袖毛主席，是马恩列斯的最出色最优秀的门徒。在毛泽东旗帜下站立起来了的五亿中国人民，毛泽东旗帜的光辉照耀着的中华人民共和国，是没有任何力量可以战胜的，再不能容许帝国主义猪嘴钻进我们人民的花园，也再不能容许肮脏的匪徒来沾污人民祖国的锦绣河山。

加强教研室工作，进一步提高教学质量

——在 1951 年东北人民大学下学期开学典礼
大会上的报告（1951 年 9 月 12 日）

来宾同志们、教师同志们、行政工作同志们、全体同学们：

今天是我们东北人民大学的开学典礼。我来校才十多天，还没来得及和许多同志们、同学们见面，就今天这个机会彼此见面，希望以后随便来往和交换意见，并经常取得大家对我的帮助。

我们东北人民大学，过去的历史是很光荣的，大家知道：它是共产党和人民政府新创办的，东北人民政府林枫副主席和教育部车向忱部长都曾是这个学校的创始人。人大过去的工作，由于王校长、刘副校长的具体领导，全校同志们、同学们的努力，以及吉林省委省府、长春市委市府的帮助，人民的爱护，更重要的还由于中国共产党和人民政府的正确领导，使我们学校在过去得到了很大的成绩。这种成绩的具体表现，就是东北人民大学基本上已经成为正规的人民高等学府，而且在某些方面还有些突出的成绩和经验，如个别教研室的工作，某些课程的辅导工作，经验都比较突出。由于过去的成绩，为我们学校今后的继续发展与提高打下了坚实的基础，准备了很好的条件。

中国共产党和人民政府给东北人民大学的任务很重大，期望也是很大的。前任王校长因民政部工作繁忙，政府命我来兼任校长，我深深的感到这个任务的光荣，我将全心全意同刘副校长及全校同志、同学们一道，完成党、政府和人民交给我们的任务。

借这个机会，我首先就东北人民大学的性质、方针、任务，简单地报告一下。

东北人民大学的性质很简单：基本上是和中国人民大学一样的。

在方针上：我们也按照中国人民大学的方向，以苏联高等学校的经验与中国情况相结合，及中国人民政协共同纲领所规定的"理论与实际一致"为教育的基本方针。就目前的情况说，中国人民大学在某些方面比我校有着突出的好条件，如中国人大有很多苏联专家直接帮助工作与实地参加工作，我校今天没有这个条件。我们要把中国人民大学的经验成果拿来，通过我们教师同志，行政工作同志自己的脑子，结合我校的具体条件来实现它。虽然这对我们来说是有困难的，但也有好处，这曾使我们加速度地开动思想机器，使我们更快地更恰当的学好苏联的经验，并与我们实际情况相结合。过去我们是这样做了，今后也还要这样做，并且还要逐步加强逐步提高。

中国人民大学的基本任务之一是培养建国骨干，这也是我校的基本任务；中国人大的其他基本任务，我们也要积极创造条件、准备条件，跟随中国人大前进，以期能担负起同样的任务。

我想，我们东北人民大学的基本性质、方针、任务就是这样。

大家知道：我们要在全国展开国防建设、经济建设以及随同而来的文化建设，在我们东北正如高岗主席所号召的"发展经济，巩固国防"。而国防建设与经济建设的中心是工业建设，就是要使国家工业化。当然，这不是说只要工业建设而不要其他；我们的建设是全面的，需要各种各样的千千万万的干部。由于工业建设的重要，工业部门所需要的干部数量最大。所以这二年以来，全国高等学校招生投考学生的比例，以投考工业学校的为最多，这是很好的现象。但有些学生也因此而产生了一种错误的思想，好像学工的比学别的高一等，工业技术干部比其他部门的干部高一等似的，说"只有学工吃得开"，好像学别的就吃不开似的。实际为人民国家各种部门服务的干部，从不同业务性质上说，谁也不比谁高，只要有本事，只要全心全意为人民服务，都是吃得开的，否则谁也不一定吃得开。我们国家的建设是不能不要政权工作等部门的干部的。在我们礼堂里有一幅标语，那是刘少奇同志说的话："新民主主义的经济建设必须有新民主主义的政权来领导和保障。没有新民主主义的政治就不能有新民主主义的经济。"所以经济是离不开政治的，所以必须培养政治、法律以及贸易、合作、财经等部门的干部；而且要求这些部门的干部必须要能掌握马克思列宁主义——毛泽东思想的思想武器，要能正确地认识与掌握国家的方针政策，还必须具备一种理论与实际相结合的专门科学知识，在国家建设事业中，成为指导性的人才。我们东北人民大学就要培养这样的人才。所以我们学校的每个系都是很重要的，是适应我人民国家建设的要求而开办的。就政权工作来说，列宁说过："一切革命的根本问题，就是国家政权问题。"因此我们的同学，都应该认识这种重要性。人民掌握了政权，如果没有大量的、优秀的、坚强的政权工作干部把政权工作搞好，把人民民主专政巩固起来，国家的经济建设及一切建设事业都是很难顺利前进的。从而就可以理解行政，司法等项工作的重要性。又如：统计和会计，我们人民民主国家和社会主义国家都是实行计划经济的，统计不仅为计划服务，而且是计划部门很基本的东西，计划部门就是国家实行计划经济的参谋本部。会计在资本主义国家，是为资本家计算营利和利息的，我们的会计则是为国家计划和人民利益服务的，是国家计划经济和人民财政组成中的枢要部门。论到合作事业，只就其对农民的作用来说，土地改革在全国绝大部分地区已经完成，其他地区也将要跟着完成的，生产关系已完全改变或将要完全改变，在土改后的个体农民面前能有两条道路：一条是让它自由发展，那就是会产生资本主义，而这是不符合人民利益的，不合时宜的，走不通的，我们新民主主义革命是非资本主义的前途，是要过渡到社会主义、共产主义社会去的。另一条道路，就是把个体农民一步步地引向集体化的道路，走向社会主义。把四万万农民引向社会主义，这是一个多么严重的任务啊！我们国家的合作事业，就是要起这个作用的。我们国家的贸易，不只是人民经济的重要构成部门，要负起"四面八方"的严重任务……而且在政治上要负起巩固工农联盟的光荣任务，在世界经济战线上，与苏联及各人民民主国家一道与帝国主义进行严重的斗争……我们的工厂管理系也是一样，假如工厂里只有工人、技师，而没有行政管理人才去领导、管理，机器开动起来，也是要出毛病的。所以我们的行政、司法、会计、统计、合作、贸易、银行、工管等等部门，按其性质，任务和作用来说，在社会主义和我们人民民主国家都有其特殊的重要性和严重意义。正因为这样，所以中央才付出那么大的力量去办中国人大，苏联也派那么多的专家来帮助，东北局和东北人民政府才如此的关心我们东北人民大学。但这也不是说，我们学校又比别的学校高一等，我校培养的各种干部又将比其他部门的干部高一等。如果这样想，也是不对的。作为人民国家的干部，在业务性质上的区别，并没有大小高矮之分。我校目前培养这些部门的干部，并在将来一步步地准备条件，再添设其他系。此外，东北人民政府还给我们一个任务，要帮助东北各高等学校培养一部分理论教员。东北目前还没有马列学院，我校就不能不在这方面担负一部分任务。

我们的学生来源，一部分是招收高中毕业生，一部分是东北各省市保送经过我们考试的工农干部。——这是有重大政治意义的。对工农干部适当地提高其文化，而又给与一门建国的专门知识，他们就可以直接成为建国的骨干。工农速成中学生毕业后也将有相当一部分要到东北人大来，我们要准备条件，接受这批学生。

因此，我们来到东北人大，不管担任行政工作，教学工作或学习，任务都是重大的、光荣的；我们一定要完成或超过这个任务才好，否则就对不起党、政府和人民。

我们目前是存在一些困难的，一个是学校经费不能不受到国家财政状况和财政计划的一些限制；一个是教学干部人数不够，质量一般也不够高，不能满足我们提高和发展的要求。而此却是全国高等学校共同的情况，是贫困、落后的旧中国给我们遗留下来的困难。这些困难是不是可以克服呢？可以克服，而且一定要克服。怎样克服呢？那就是加强计划性和组织性，把效能提高，把力量充分发挥起来。在经费方面，就要把有限的经费和设备，有计划的合理地使用，充分发挥它的作用。我校过去曾是这样做了，这是很好的。但我们在这一方面，没有足够地向全校说个清楚明白，在决定财务计划时，也没有足够地和大家商量，吸收大家的意见。我们要克服困难，要更有计划地合理地使用有限的经费和设备，就只有全校一致更加发扬克服困难的精神和加强整体观念。工厂的工人在抗美援朝爱国竞赛中，充分利用现有的设备能力，大家动脑动手，提高生产的质量，为国家增加财富，而又不超出现实的情况去要求提高生活水准。我们学校中的教学行政工作者，也都是国家的主人翁，并且除个别的以外都是工会会员。我们过去曾经是今后更加要充分利用现有条件和力量，大家动脑动手，进一步提高我们教学与行政工作的质量和效率，为国家培养真正适用的人材，在物质设备和待遇上依旧要暂时将就些。

至于教学干部不足的问题怎样解决呢？一方面就要把现有的力量更加有组织有计划地发挥起来，把工作搞好；同时结合每个人的工作任务，加强业务钻研和马克思列宁主义、毛泽东思想的学习，提高政治和业务水平。提高现有人员的政治业务水平应包括：不够高的设法加快地提高，较高的继续提高，够上国内当前高的水准的，也要继续提高——学问是没有止境的。在这方面，学校将采取一些步骤来辅助，但主要不能不依靠于每个同志的自觉性和积极性。一方面，要有计划地培养新的师资，这是我们解决师资问题的根本办法。而此也不能不要求教师同志们多多动脑动手。如果我们不解决这个问题，就不能适应学校发展与提高的要求，适应国家的要求。

学校里人员的构成不外三部分：即教学工作干部，行政工作人员和学生，这是缺一不可的。就教学和行政工作人员来说，工作职务上有区别，并没有什么谁轻谁重之分；以同志的精神彼此配合，互助互谅，办好学校，培养适用的建设人才，并努力提高自己，这一总的任务是一致的，都要对人民负责的。从另方面说，有共产党员和非共产党员，青年团员和非团员。对共产党员说来，斯大林同志，毛泽东同志都再三教导过我们要善于和非党群众团结合作，斯大林同志说："布尔什维克所以有力量，共产党员所以有力量，就是因为他们善于把千百万非党员积极分子团结在我们党周围。我们布尔什维克如果没能使千百万非党员工农群众来信任我们党，便不会有现在这样的胜利。可是要怎样才能做到这一步呢？要做到这一步，就要党员不与非党员隔绝，不要闭户幽居，不要以自己的党员资格自傲，而要倾听非党员的意见，不仅是要教导非党员，而且要向非党员学习"。毛泽东同志说："一部分共产党员，还不善于同党外人士实行民主合作，还保存一种狭隘的关门主义或宗派主义的错误思想，他们还不明白共产党员有义务与党外人士合作，无权利排斥党外人士的原则"。又说："共产党员必须倾听党外人士的意见，给别人以说话的机会。别人说得对的，我们应该欢迎，应该跟别人学习。别人说得不对，也应该让别人说完，然后慢慢加以解释。""除了敌人汉奸以及破坏抗战与团结的人们没有说话的资格以外，其他任何人，都有说话的自由。即便说错了也不要紧的，国事是国家的公事，不是一党一派的私事，因此共产党员只有对党外人士实行民主合作的义务，而无排斥别人垄断一切的权利"。共产党员舍己为公，除去全心全意办好党和人民的事业外，是没有而且不应该有其他任何个人打算的，那么还有什么个人利益不可牺牲的呢？有些同志认为自己什么都可以牺牲，就是不肯牺牲所谓个人兴趣和对人关系上的私人感情。而这种所谓个人兴趣与私人感情，还是小资产阶级的东西，而不是无产阶级的东西。甚至有些同志认为当教师吃得开而不安心行政工作，这就是赶浪头，就是个人打算。不想想，行政工作是否也还要人来作呢？而且你既然有了这种错误误思想，你即当上教师，那时又会认为行政工作吃得开。"行行出状元"，革命工作是没有那一行不重要不光荣的。我们的国家是工人阶级（通过共产党）领导的以工农为主体的；那么如果事情办不好，共产党员便首先要对党、政府和人民负责。作为领导党的党员，办事一定要有原则而又不脱离群众；一定要和非党干部群众搞好团结，遇事诚恳虚心地去帮助他们并取得他们的帮助，不容许关门主义也不容许无原则迁就——自然这种情况在我们学校并不存在。但我们每个党员都应该更好地认清自己的职责，在政治上、工作上、学习上发挥自己应有的先锋队员的模范作用；运用批评与自我批评的武器，克服缺点，加强学习，努力从政治上，业务上，文化上提高自己，发挥更高的工作效能。那种忽视政治或政治情绪松懈、选择工作强调个人兴趣和困难、发牢骚或自由主义的乱说一气等等不良倾向，必须克服。团是党的助手，团员都是青年的先进分子。非党干部群众基本上都是工会会员，学生则是未来的干部。学校工会会员虽然大多数人由于出身和过去生活历史环境及所受教育等关系，在思想意识和作风上与产业工人还有着若干区别，但基本上是工人阶级的组成部分，也就是说，基本上是属于国家领导阶级的一个部分。因此我们的这种非党干部和群众同志们也都要正确地认识自己的光荣地位，发挥自己对国家事业的应有作用，努力学习工人阶级革命的科学——马克思列宁主义、毛泽东思想，来提高自己的政治和业务水平，提高自己的觉悟程度；要紧紧围绕在自己先锋队的周围，关心先锋队的领导和每个党员同志，不断地来监督和帮助领导改进工作，帮助每个党员同志克服缺点和改正错误。因为这都是和党，阶级及全体劳动人民的利益密切关联着的。我校非党干部和群众，过去在这方面基本上都是好的，今后要更加提高，加强每个人的主人翁的责任感和发挥积极性；要进一步发挥集体主义的作用，加强组织性和计划性，以提高工作效率，并在原则制度的基础上各负专责，有职有权，把力量充分发挥出来。另方面，学生以学习为中心任务，是否学得好是要对国家对人民负责的。学校的一切工作，都是为的把学生培养成为国家建设的适用人才，并要求能成为知、德、健、美齐备的人材。教学工作和行政工作人员，都是为着这个目的而辛勤地工作的，都是为着学生，爱护学生的。因此，学生对教师和行政工作人员都要尊重和敬爱。对行政工作可以适当提出改进的意见，同时也要予以应有的体谅和帮助，尤其要体谅行政事务工作的繁杂。对教师在尊师的基础上，可以恰当地提出改进教学研究工作的建议，以帮助老师不断地改进教学研究工作，提高教学研究效率，并虚心地接受老师的教育和善于体谅老师。天地间并没有万能博士，在政治上、业务知识上，每每有学生知道而教师不知道的事情，所以还应该从各方面去帮助老师，以补老师之不足。但切不要以为自己知道一些东西，就自以为是，骄傲起来，甚至以为"师教弟子强"了。自然，年轻的一辈的发展前途是无限的，将来应比我们这一辈强，而且会要强得多。这也正是社会发展的规律。老师以全心全意教好学生，一切都为的使学生能学好为中心任务，不只要关心学生的科学知识的学习，而又要关心学生的政治思想和健康。如果不能达到一定的教学效果，也是要对国家和人民负责的。也正因为谁也不是万能博士，知识是无穷无尽的，要补足我们知识有限的缺点，就只有走群众路线；不论对教学或研究，不论在教好学生和提高自己，都不只要在同事间发挥集体主义的作用，而且要在师生间听取学生群众的意见，作群众的老师而又向群众学习，以补自己之不足。我们要以尊师爱生与教学相长相结合。过去我们这样做了，今后应做得更好，胜利地完成任务。达到基本要求。

我认为这是我们克服困难，把学校继续提高和扩大的基本要求。

下面提到一九五一年下学期至一九五二年上学期全校工作计划的中心环节。为了把我们的工作从现有的基础上再往前推进一步，我们规定本学年度工作计划的中心环节为"加强教研室工作，进一步提高教学质量"，并为下一中心环节"使理论进一步和实际恰当结合，提高学术水平"准备条件，为学校进一步提高与扩大准备条件。因此，要求已往搞得比较好的教研室，要进一步提高，改进缺点，便达到更高的更健全的应有标准；较差的教研室，要研究较好的教研室的经验与成绩，结合自己的情况赶上去，达到现在好的教研室的标准；还没有建立的应当准备条件，逐步建立起来，基本上也要赶上现有较好的教研室的标准，以期达到教的更好，学的更好，又能增进健康的应有目的。围绕这个中心环节，达到这样的目的，对教研室本身应包括以下几点要求：

一、加强校、系对教研室的领导、帮助、督促与检查。

二、各个教研室本身在工作上要进一步发挥集体性，加强计划性、组织性。坚持计划并要讲求教学效果（否则有些教研室提拔了一些研究生做教员后，由于教学工作负担重和研究生减少，就不只不易加强而且会削弱的。这个矛盾必须设法克服。）。

三、要使每一课程的内容和教法都贯串马克思列宁主义、毛泽东思想的观点方法，尽可能贯注和加强课程的思想性与政治性。有些课程，如马列主义基础，政治经济学，中国近代革命史等，本来就是政治课；其他业务课也应尽可能的要求运用正确的观点方法，适当的贯注爱国主义思想，以增强政治性，但不要牵强附会。对帝国主义、封建主义、官僚资本主义的思想，一定要采取恰当的步骤把它肃清，一定不允许它存在。这三者在我们人民民主国家内都是反革命的敌人的思想，是非法的。小资产阶级和中等资产阶级的错误思想——不符合我人民国家的利益和要求的，也要采取恰当的步骤予以改造。有些同志过去长期没有接触过马列主义、毛泽东思想，经过几年的学习和摸索，也还不能掌握这个武器，现在要应用这个武器来进行教学和研究，来观察和处理问题，客观上是有些困难的，也是不足为怪的。怎样办呢？只有加强马列主义、毛泽东思想的学习。我想有一定文化程度的同志们，只要诚恳虚心，学习是不难的。我们学校决定办一个马列主义夜大学，全校行政、教学干部有适当文化理论水准的都要参加学习。最好结合这种学习以教研室为一个政治学习小组。因此我向工会建议：工会小组也最好按教研室来编。我们学校的基本要求是要学生学好马列主义，能掌握国家的方针政策，而又具备一门业务科学知识。所以我们对这方面的要求，要比工、农、医等高等学校高一些；尤其我们要培养理论教员，所以要求更高。

四、各教研室应该和业务结合，进行科学研究，使科学研究对教学工作能适当地起帮助作用。我们一定要把科学研究和教学工作结合起来，来提高学术性。我们要在我们学校树立实事求是的强烈浓厚的学术风气，不断提高学术水准。

与此相关联的，我们要求加强教研室的资料工作，每一个教研室都要根据条件逐步的附设一个资料室。要提高学术水平。提高教学质量，资料室的工作是很重要的。

五、要进一步推进和推广"习明纳尔"（编者注：俄文，意即课堂讨论）。我们过去已实行了"习明纳尔"，而且作得还不错；现在还该尽量去找找毛病和缺点，把它改正克服。有些可以实行"习明纳尔"还没实行的课程也应该实行；有些不是一般的理论课但又带有理论性的课程，可以研究一下，是否也可以实行。非理论性的课程过去曾积累一些好的教学方法，一面应把它推广，一面也应当尽量找找毛病和缺点，把教学方法再改进一步提高一步；有些教学方法还不够好，就要研究情况开动脑筋，加以研究改进，同时吸收先进的经验。对学生的学习方法，也要进一步加以研究，并推广好的学习方法，进一步提高学习质量。

六、讲课要有重点并要保持完整的科学体系。只有重点而无完整性的科学体系，或只有体系而无重点，都是片面的。既要有重点而又要保持完整的科学体系，并且要使学生容易接受和消化（内容要丰富，讲法要深入浅出，使程度高的学生听来不厌倦，程度差的也能接受消化）。但这是不容易的，希望大家研究些办法出来。

七、要把教员负责制和学生自觉性结合起来。

八、点面结合，交流经验。校部和系部要深入到教研室去，并可以抓住一两个教研室进行具体帮助，创造典型经验，以之推广到面，并不断吸收面的好经验来丰富典型。教研室本身都应该吸收其他教研室好的经验，充实自己，自己有好的经验，也要介绍出去。

九、我们有少数教师水准不低，但是数量不够，适应我校发展和提高的要求，就越来越将感到数量和质量都不够。根据目前情况，主要只有靠本校自己培养新的和提高现有的。但现在各教研室一般都缺乏研究生，没有培养的对象。请大家都想想办法，对现有的如何能更快地、更有效地提高，培养新的如何办，如何设法在不违反政府规定的原则下找一些合条件的大学毕业生来做研究生。此外，应尽可能增加些合条件的教师和资料员。教研室所需要的书籍和资料，也要尽可能增购与搜集。

十、过去我们和有些有关业务部门已联系的较好，今后不只要更加强和这些部门的联系，还要设法增进与其他有关业务部门的联系，并取得他们帮助，使理论和实际能更恰当地结合起来。

十一、关于文化班，教学办法、组织基本上可和其他教研室一样，但有很大的特殊性，应根据过去的经验，研究出一套更恰当的办法来。东北局和东北人民政府对这部分同志的学习和培养都很重视，我们学校也十分重视，深切地认识了这是本校一个光荣的政治任务。我们文化班的同志们一般都是工农出身，过去都为党和人民作过相当工作的，政治上有保证的；只要提高文化水平，学好一门专门科学知识，就能成为建国的骨干。这种同志在中国共产党内是数量很大的，从文化上、科学技术上以至政治上把他们提高，是关系我们国家建设的重大关键。因此，学校对文化班的工作应予以充分的重视；文化班的学员同志们，也要下定决心，提高学习的自觉性，努力完成党和人民所给予你们的学习任务——并把他看成是一个严重的政治任务，不要辜负党和人民对你们的期望。我预祝你们胜利地完成学习任务。

十二、对于研究班，在校学习时间大概不会超过两年，因为各校等着要理论教员。为着能在较短的时期内完成学习任务，除去要求研究班的同学充分发挥学习积极性和自觉性，教师予以更多的指导和帮助外，我想是否可以一面上课一面参加到各有关研究室去？请教育长、教务处、研究处和各有关系室好好地研究一下。

为着完成全校的年度计划，充分发挥工作效能，避免工作的不协调与相互抵触，各处、系（班）、室，都要围绕学校总的计划和中心环节，根据自己的具体任务和条件，制定年度或期度计划，明确规定自己全面工作任务的中心、重点、步骤和进度。党及党领导下的团、工会、学生会，我以为也都要从各自的角度和任务，围绕学校年度的工作计划和中心环节，订出自己的年度或期度计划。党按照自己的工作计划，以自己的政治工作、组织工作来保证学校计划的完成或超过；团、工会、学生会各自按照自己的计划动员所有团员或会员，并带动非团员、非会员群众以实际行动来完成学校的计划。

其次，要贯彻计划，首先就要有一套健全的制度。过去我们是建立了制度的，并已拟定了好几种成文条例，不过没有公布。现在很快就要把草案印发（还没拟定的也将一一拟定、印发），以便吸收全校各方面的意见，然后加以修改和批准、公布，以便一一都按照明文规定的制度办事。根据制度结合计划，把分工更加明确一步，使每个人在自己职责范围内的职权更明确具体，就更能发挥主人翁的作用，打下责任制的基础。我认为成文制度就是原则的条文化，按制度办事，就是在遵照一定的原则轨道上前进，这也就是正规化。在这个基础上，我们便要恢复和推行责任制——逐级负责的责任制、相互配合和保证的联系责任、个人负责制。过去行政处曾实行过责任制，听说还做得有成绩，现在必须恢复起来，并把它推进一步，作为其他部门的示范。其他部门过去虽未用责任制这个名称，实际也作了一些，今后也要逐步推行。不论逐级负责的责任制、相互配合和保证的联系责任制，以及各有专责的个人责任制，都是提高工作效能和业务水平的先进的工作方法和制度，是克服官僚主义事务主义的好办法，也是发挥组织性和贯彻计划性的重要保证。但责任制的本身又必须建立在制度、分工和计划的基础上，否则不只不能发挥应有的作用，而且是不能真正贯彻的。

其次，全校各部门须自上而下地及时地进行工作总结、检查和帮助；自下而上地及时地请示报告和自上而下地及时给予解答和批示。

以上我简略地提出我校年度工作计划的中心环节和几个基本要点，希望大家讨论研究并把它具体贯彻。

最后，我认为我们应建立优良的校风。过去我校已有了勤劳、朴素、艰苦、勤学等等优良作风；现在我们要把这些优良作风集中起来，发扬下去，使之成为风气。政协共同纲领规定："爱祖国、爱人民、爱劳动、爱科学、爱护公共财物为中华人民共和国全体国民的公德。"我们是高等学府，应该起倡导和模范作用，为社会树立典范。在我们学校里，应该把"爱科学"的公德发扬起来，树立强烈而浓厚的学术风气，树立"实事求是"的学风。把"爱祖国"的公德发扬起来，树立与国际主义相结合的高度的爱国主义的风气，勇敢、坚强、智慧，不惜为人民祖国牺牲自己的一切的集体主义精神；以身作则遵守国家的纪律制度，坚持并贯彻高度的民主和高度的集中的原则。把"爱人民"的公德发扬起来，树立对工人阶级和劳动人民友爱、互助、团结和对敌人仇视的风气。发扬"爱劳动"的公德，树立重视劳动和尊重劳动人民，向劳动人民学的风气；树立克服困难、艰苦踏实的工作作风和勤劳、朴素、严肃、不怕吃苦的生活作风。发扬"爱护公共财物"的公德，树立克己奉公、一切为着人民国家和人民的风气；把公共财物看成自己的牙齿一样，随时随地爱惜和保护公共财物，反对和仇视一切损伤国家财物的行为、如贪污和铺张浪费等等；警惕反革命分子的破坏活动并与之进行坚决的斗争。

今天我提出这些意见，和全校同志们、同学们共同勉励，并希望长春市的各机关、学校、团体不时的帮助我们。

（《东北人大生活》第 14 期，1951 年 10 月 3 日）

关于解决学生和教职人员兼职与
会议过多等问题向中央宣传部等请示报告

1952 年 5 月 9 日

中央宣传部并中央文委党组、高教部党组、东北局宣传部、东北文委党组、长春市委：

　　兹将学生和教职人员兼职与会议过多问题的解决经过，报请审核。

　　这问题在东北人大也是相当严重的。平时一般学生参加社团活动等课外负担所占时间，大都超过每周三小时，积极分子超过六小时；在有校内外临时任务时，情况就更加严重，以临时任务最多的本学期第四周为例。如法律系学生：听系主任报告、学习周总理政治报告及婚姻法、加上社团活动共占九小时半。党团员外加党团活动时间、担负社团和行政职务的党团员和非党团员学生另外还须费时一小时以上，兼职的则须费三小时左右。这不只影响了学生的学习和健康，并形成党团员和积极分子的负担过重。教职人员中的党团员，除本职外，大都兼两职以上，个别有多至七职的。兼职多，参加的会议也就多。这不只在工作上表现忙乱、被动，且影响工作质量。

　　形成这种情况的原因，有以下几个。（一）社团在保证完成教学计划的任务上，在没实行全校工作计划化即科学化以前，既无分工也不配合，各搞一套，甚至"不知如何保证"。事实上常限于业务活动的圈子里。在实行全校工作计划化的初期，由于不少部门、单位的计划不够实际、具体，逐季、逐月、逐周的工作重点也不够明确，甚至是形式主义的。围绕这种计划制订的社团的工作计划，仍不能实现有效的分工。加之社团干部在思想作风与工作能力上的一些关系，便常产生不相配合的脱节现象，并把保证教学的工作与业务活动相对立。加之训练班工作方式和作风的残余影响以及不善于运用分工合作的集体主义的工作方式与贯彻责任制，一面就表现为组织重叠、职务多、会议多；一面又表现为工作上的"一把抓"或"推着干"等现象，这是最主要的原因。（二）由于不少党团员对如何"保证党的领导"的错误认识，不认为从政策上而认为要从人员的多数上去保证，而形成"一把抓"的保守思想。非党团内部的工作，也都往党团员及积极分子身上堆，不大胆也不放心吸收群众来参加工作。（三）由于临时任务特别是来自校外的临时任务。不只事先难于估计，且常影响教学、行政、社团工作计划。（四）由于学校包括有大学本科（文、史、法、经、理等科）各系、工农速中、工农干部班等建制，工作布置大都需要几套；加之干部配备不全，如语文系和马列主义教研室均无专职主任，由教务长龚依群同志暂兼，历史系在佟冬同志来校前由我照顾……

过去由于条件不够，问题始终没得到彻底解决；在实行全校工作计划化以后，才逐步准备了条件摸得经验。从上学期最后一次教务委员会议讨论了这个问题后，至今除个别干部兼职过多问题事实上尚不能得到适当解决外，已基本得到解决。根据校务委员会议讨论的精神，在寒假期中召集的一次全校教师座谈会上（社团干部、行政科长以上干部参加），进行了思想动员，汇报了兼职与会议过多的情况并展开讨论。随即在主要负责同志的亲自领导和布置下，以党委办公室为主，由团委、工会、学生会、民主党派及校部秘书室分工负责，深入搜集全面情况，逐项研究解决办法。本学期开学后，即以点面结合的方式布置全校试行。试行的结果，便产生两种情况：（一）若干单位由于按照逐月逐周工作进度实现了分工合作。每个社团组织的工作负担都较前减少，而全部工作的内容却没有减少，质量还有所提高。（二）若干单位或没有贯彻执行，或执行了就使社团工作受到影响。其原因主要仍由于其工作计划不够实际、具体，特别是缺乏重点明确的进度。因而仍不能贯彻分工合作，不是自搞一套便是取消工作。根据这种情况，便结合工作检查与修订计划，以具体解决分工合作问题为中心。同时，改变某些工作多面重复、某些工作无人过问的情况；精简不必要的组织机构与会议。规定一切会议的次数和日期、时限，提高会议质量；帮助干部改变工作方式，解决如何结合经常的中心任务去进行业务活动等问题，限制各系、室、社团任意召集学生开会或谈话；大胆吸收群众参加社团工作和活动；打通干部思想；批评脱离中心、自搞一套的无组无纪律行为……。由于上述一系列工作的结果，条件已基本成熟，便于 3 月 31 日发布"关于解决学生兼职与会议过多问题的决定"（附件）。

一个多月来，在全校学生的支持下，自下而上的执行与自上而下的督促、检查、帮助相结合，除个别角落外，问题已得到解决。基本上贯彻了政务院规定的精神。尚待继续解决和改进的：（一）个别干部尚未完全改变"一把抓"的思想，借口"兼也是我作、不兼也还要我去作"，"非党、团员、积极分子搞不了，群众觉悟低、能力差"，因此尚不肯放弃自己的兼职，也不愿由群众去接替一些党团员学生的兼职；（二）社团干部大多还不善于运用新的工作方式、方法去进行工作，也不善于合理支配时间，有时还认为"三小时"、"六小时"的规定不够用；（三）执行决定的结果，一方面个别干部特别是学生已发生不愿开会的偏向的萌芽，现正加以纠正；另方面个别会议仍是事先无准备，不按时开会闭会，形成会议时间过长，也正在纠正中；（四）一些行政干部兼职多的问题，由于缺乏一定业务与政治质量的干部，尚不能解决；（五）来自校外的一些临时任务，须请中央全盘考虑。

以上处理是否妥当，请指示。

布礼

吕振羽

1952 年 5 月 9 日

附件：关于解决学生兼职
与会议过多问题的决定

1952 年 3 月 31 日

甲、兼职与会议过多的情况：

我校过去一贯重视学生负担问题，但由于条件及思想酝酿还不够成熟，以至未得到较完满的解决。各系学生的兼职与会议过多的现象仍然存在，特别是一部分学生参加会议过多的现象仍很严重。平时一般学生参加社团活动等课外负担所占时间，大都每周超过三小时，积极分子超过六小时；在有校外临时任务时，就更加严重。以临时任务最多的本学期第四周为例，如法律系学生：听系主任报告、学习周总理政治报告及婚姻法，加上社团活动共占九小时半，党团员外加组织生活时间，担负社团和行政职务的党团员和非党团员学生还须费时一小时以上，兼职的则更多些。这就不能不严重的影响学生的健康与正课学习，并形成了党团员和积极份子的负担过重。

乙、产生兼职与会议过多的原因有以下几个：

（一）社团在保证完成教学计划的任务上，在没实行全校工作计划化以前，既无分工也不配合，各搞一套，甚至"不知如何保证"，事实上常陷于业务活动的圈子里。在实行全校工作计划的初期，由于不少部门、单位的计划不够实际、具体，逐季、逐月、逐周的工作进度也不够明确，围绕这种计划制订的社团工作计划，仍不能实现有效的分工，曾产生不相配合及业务工作与学校中心工作脱节的现象。加之训练班工作方式、方法的残余影响，不论大小事均习惯用开会去解决，以及不善于运用分工合作的集体主义的工作方式与贯彻责任制，一面就表现为组织重叠、会议多、职务多，一面又表现为工作上的

"一把抓"或"推着干"等现象。这是最主要的原因。

（二）干部中相当普遍的保守思想，把工作和活动都往党团员及一些积极分子身上堆而不依靠群众来一道工作，这就形成党团员及积极分子的兼职过多。兼职多，参加会议自然也就多。

（三）由于临时任务特别是校外的临时任务，不只事先难于估计，且常影响教学、行政、社团工作计划。

（四）学校有大学本科及工农速中、工农干部班等建制，布置工作需要几套。干部不足也是一个原因。

此外还有若干次要原因。

丙、这种现象不容再继续下去，经过两个多月的检查、研究及思想酝酿与具体处理，特别是本学期进一步进行了全面计划化，各部门基本都按计划执行，这就给解决学生兼职与会议过多问题创造了良好条件。为了保证学生学习计划的完成、减轻学生负担、保证学生健康，特作如下决定：

一、坚决贯彻政务院规定：一般学生每个社团活动不得超过三小时，积极分子不得超过六小时（所谓社团活动系指党团学生会等工作范围内的活动，至于全校性的工作报告及全校或全系的科学报告等不算在社团活动之内）。

这必须从以下几个方面去着手解决：

（一）加强计划性，一切活动均在计划上规定，并用校历、系历控制时间。全校性的活动均统一在校历、月历上规定。各系的活动亦须根据校历、月历，由各系的行政、党及社团的负责人按政务院规定的"三小时"、"六小时"的原则，共同商定，将全系党、社团及行政的活动时间统一分配，具体规定在系历上，严加控制，贯彻执行。除事先估计不到的全国性、全校性重要临时任务，并经校长批准者外，一律不得再增加临时任务。

（二）经常性的卫生清扫，临行规定，不必每周都占用星期六整个下午时间，一般只占一部分自由活动及文体活动时间即可（大扫除除外）。

（三）学生上课与自习时间不得侵犯。除特殊事故外，不得在上课、自习时间召集学生作其他活动或谈话，但亦不得以非特殊事故借口为特殊事故。

（四）坚决去掉学生不必要的事务工作，如由学生负责分配洗澡时间，叫学生去采买、借东西等。但属于重要节日及其他全校性的重要庆祝活动不在此限。

（五）医务所须于四周内研究并施行有效办法（如试行预约制等），减少患病学生的候诊时间。

（六）各部门、各社团、各系围绕中心任务相互配合、分工负责、步调统一去布署工作，可以联合布置的即联合布置，以免重复。如三月初婚姻法的学习即系由行政、党及社团统一布置的，各种组织部不再重复布置。今后应尽可能采取此种方式。参加党课、团课者即作为一次组织生活。

（七）改进工作方法：可开可不开的会坚决不开；可以联合的即联合开；凡能用个别交谈、个别协商解决的事情，即不用开会解决。一般了解情况，收集意见，应采取个别了解方式，不得召集汇报会（必要的布置工作的三十分钟以内的会，或经校领导批准的会除外），亦不得叫学生写书面报告（学生自愿的除外）。个别谈话应事先将内容通知对方，双方均有准备，每谈话一次，一般不得超过十五分至三十分钟。严格防止清谈。全校性的会议尽量少开，有的可根据性质分别召开。必要召集的会议，应事先准备好，按时开会，按时闭会。一般大会不超过二小时，最多亦不得超过三小时。减少会议的次数，提高会的质量，作到精炼，解决问题，有些工作布置与传达尽量利用板报，不召开会议。

（八）为避免开学初期忙乱，团的组织改选改在学期末（考试后放假前）进行。今后不再召开学生代表大会，而由分会选举行时选出一名代表，由这些代表组成校学生会。

二、坚决贯彻一人一职的原则。每个学生除经常的学习任务之外，原则上每人至多再担任一种职务，不得再兼有经常性的具体工作内容的职务。但名义上同时担负两种职务，而内容相近兼起方便而又不增加负担者即不算兼职。解决兼职问题须从以下几方面着手：

（一）缩小组织机构、减少层次。原则上取消班学生会，由团委会帮助学生总会研究试行，成熟后即予取消（务于四月底前实现），以系学生会为基层组织。课代表制由教务部门立即采取措施，进行研究是否有存在必要，如无必要即可取消，有存在必要亦尽可能不采取联席会议汇报的形式。

（二）克服干部中的保守思想，除党的工作、团的工作、盟的工作必须由党员、团员、盟员去担任外，其他均可由非党团员来担任。只由党员及积极分子来作，不只不易发挥大家的积极性，同时亦使党团员及积极分子负担过重形成忙乱、减低效率。不只必须大胆培养、提高新的积极分子来担负工作，而又必须放手吸引广大群众来担任非党团内职务的社团工作，参加社会活动。

（三）目前兼职问题大部已获解决，尚未解决的由各系党支部书记商同系行政领导召集同级社团负责人按照联席会议决定协商解决（必须严格贯彻）。并须于四月十五日以前将结果报党委和校长。

丁、上述措施业经本月 22 日校党委、行政、社团及民主党派的负责人共同讨论决定，望全校各部门、各系、各社团、民主党派切实研究执行。估计在执行这个决定的进程中，会感到一些不便，遇到一些事实上的困难和思想上的障碍，务必采取步骤，克服困难，打破障碍，贯彻执行，并在执行过程中获取经验，以便进一步改进解决办法。执行当中如有意见和问题，亦望及时报告我们。

校　长　吕振羽

副校长　刘　靖

1952 年 3 月 31 日

教师思想改造及其巩固与提高问题

一

对知识分子的团结教育改造或教育改造使用，是我党一贯的政策。教师思想改造运动，正是这个伟大政策的具体表现。

知识分子对革命事业的重要性和我党对知识分子的政策，毛泽东同志曾经多次地教导过。在抗日战争时期的 1939 年，他在《大量吸收知识分子》的著作中教导说：要懂得知识分子对于革命事业的重要性，懂得殖民地半殖民地国家的知识分子和资本主义国家的知识分子的区别，懂得为地主资产阶级服务的知识分子和为工农阶级服务的知识分子的区别。"只要是愿意抗日的比较忠实的比较能吃苦耐劳的知识分子，都应该多方吸收，加以教育，使他们在战争中在工作中去磨炼，使他们为军队、为政府、为群众服务……"在人民大革命胜利的前夜，他在著名著作《论联合政府》中又说过："为着扫除民族压迫与封建压迫，为着建立新民主主义的独立、自由、民主、统一与富强的中国，需要大批的人民的教育家、教师、人民的科学家、工程师、技师、医生、新闻工作者、著作家、文学家、艺术家与普通文化工作者，以'为人民服务''和人民打成一片'的精神，从事艰巨的工作。一切这些知识分子，只要是在为人民服务中著有成绩的，应受到政府与社会的尊重，把他们看作国家与社会的宝贵财富。中国是一个被民族压迫与封建压迫所造成的文化落后的国家，中国的人民解放斗争迫切地需要知识分子，因而知识分子问题就特别显得重要。而在过去半世纪的人民解放斗争，特别是五四运动以来的斗争中，在八年抗日中，广大革命知识分子对于中国人民解放事业所起的作用，是很伟大的，在今后的斗争中，他们将起更大的作用。因此，今后政府应有计划地从广大人民中培养各类知识分子干部，并注意团结与教育现有一切有用的知识分子"（《毛泽东选集》1948 年东北书店版）。

多年来，特别是人民大革命胜利以来，我们党和人民政府遵照毛泽东同志的指示，在全国范围内，一面大规模地"从广大人民中培养各类知识分子干部"，一面对"现有一切有用的知识分子"进行了空前规模的而又极有效的团结和教育改造工作。

"从广大人民中培养各类知识分子干部"，必须是具有马克思列宁主义、毛泽东思想的宇宙观而又掌握一门现代科学知识的新型知识分子干部。这在社会主义苏联，正如伟大导师斯大林所教导，为"一切知识部门的布尔什维克专家"，在新民主主义中国，则为一切部门的"为人民服务""和人民打成一片"的专家和各类干部。"而无产阶级自己知识分子的造成，也决不能离开利用原有知识分子的帮助。"（《大量吸收知识分子》）而原有知识分子中，除去其中原来就是或已经成为革命的知识分子外，其主导思想和政治态度所表现的阶级性，都是属于非无产阶级各阶级的，其学术思想一般是属于资产阶级思想的体系。他们原有的立场、观点、方法如不改造，就不可能或不完全可能为人民祖国负起培养新型知识分子的教育任务，就不可能"全心全意为人民服务"。因此，毛泽东同志又教导说："对于旧文化工作者、旧教育工作者及旧医生们的态度，是采取适当的方法，教育他们，使他们获得新观点、新方法，为中国人民服务。"（《论联合政府》）这就是说，必须在团结的基础上，采取适当方法去教育他们，改造他们的旧思想，树立马克思列宁主义、毛泽东思想的宇宙观，确立工人阶级思想在文化教育工作中的领导地位。

根据毛泽东思想和毛泽东同志的伟大号召，在中央人民政府的方针下，"在文化教育战线和各种知识分子中……广泛地开展了一个自我教育和自我改造运动。"这个运动，是"以批评和自我批评方法进行自我教育和自我改造"。这个运动的伟大意义，正如毛泽东同志所教导："思想改造，首先是各种知识分子的思想改造，是我国在各方面彻底实现民主改革和逐步实行工业化的重要条件之一。"（《中国人民政治协商会议第一届全国委员会第三次会议开会词》）

这个自我教育和自我改造运动，通过了抗美援朝、土地改革、镇压反革命三大运动的推动和具体深刻的教育。周恩来同志说道："大多数知识分子的面貌，有了相当显著的改变。他们在思想意识上正在清洗那些自觉的或不自觉的帝国主义影响，正在扫除封建主义的残馀，正在继续改变着旧民主主义亦即资产阶级民主主义的错误观念；有许多人在思想上以至在实践上正在开始接受马克思列宁主义理论及其在中国的具体化的毛泽东思想的指导。"（在中国人民政治协商会议第一届全国委员会第三次会议的《政治报告》）

而在经济上、政治上、思想上都具有两面性的民族资产阶级，由于其消极一面作用的发作，从中央人民政府成立三年以来，不只在经济和政治上，而且从思想上向工人阶级和人民实行了猖狂的进攻。这在三反五反运动中都有了足够的暴露。它也说明了在大专学校的教职人员中，特别在教学人员中所存在的资产阶级思想，一般都是较普遍严重的。资产阶级思想在人民学校中传播，极大的毒害了学生群众，腐蚀了若干干部，模糊了工人阶级和资产阶级的思想界限，侵夺了工人阶级思想在教学中的领导权；也极大地阻碍了人民学校的新型正规化的教学工作的改进，阻碍院系的合理调整。总的说，它阻碍了人民教育事业任务的完成。而这群资产阶级思想的传播者，或者是有意地尽可能使人民的学校符合于资产阶级的脾胃，或者是无意地起了这种作用。这对于人民国家建设事业的危害性，对于广大青年学生的危害性，那是极其严重的。而此又正是资产阶级思想向工人阶级思想争夺领导权的具体表现。这又正如周恩来同志所指出："在新民主主义的中国，其领导思想只能是马克思列宁主义，只能是马克思列宁主义与中国革命的实践相结合的毛泽东思想，而资产阶级思想不能不受到批评和改造。"（《在人民政协全国委员会常务委员会会议上的报告摘要》）因而中国共产党中央和中央人民政府，就及时地发出了伟大的号召：在全国范围内，开展一个严肃的自觉的批评与自我批评的群众性的教师思想改造运动。用工人阶级思想，即马克思列宁主义、毛泽东思想的立场、观点、方法，给资产阶级思想以深入地批评和检查，从两种思想的体系上严格划清工人阶级和资产阶级思想的界限，确立工人阶级思想的领导权，使人民教育事业得到应有的改革和提高。

二

东北人民大学的教师思想改造运动，基本上正确的执行了毛泽东同志的指示、党中央和中央人民政府的方针政策；运动进行得比较健康、正常、迅速，也搞得较细致、深透，获得了一定的成绩，解决了若干问题。但在运动的过程中也曾经产生一些小的偏差和缺点——虽然都得到了及时的纠正和克服——目前也还存在着一些尚待解决的问题。

运动共经历了两个阶段，即准备酝酿阶段和教师进行思想检查阶段。

人大对教师思想改造运动所具备的条件，有较好的一面，也有较困难的一面。较好的一面：①过去几年中，教师的政治理论学习或思想教育有了一定基础；②经过了抗美援朝、土地改革、镇压反革命三大运动的教育以后，全校师生又均直接参加了三反五反运动；③在教师人数中占相当比重的青年教师，绝大部分系本校学生出身，他们的思想大都比较进步，对其他教师思想有较多的了解，与学生有较多的联系；④研究班、俄文班学生都是选派来的，政治质量较高，工农干部班的学生，除个别外均系党员干部，且大都为八一五前的老干部。较困难的一方面：（甲）原先对大部分教师思想情况，了解极不全面、具体；（乙）课程大都采用苏联专家所编提纲或选用蓝本，讲稿均系集体编制，在课堂讲授前又均进行了试讲，因此教师的错误思想不易在课堂暴露，而是较隐蔽的；（丙）本科二、三年级学生为着国家的需要，在三反运动中已全部离校，留校的一年极学生与业务课教师很少在课堂接触过；（丁）教师大都是从全国各地陆续来校的。

针对这种情况，在思想改造运动开始前的三反运动后期，便配置一些干部，调查、汇集和整理关于教师思想情况的材料。

在教师思想改造运动开始后的第一阶段，着重解决了下列几个问题。（一）利用一切可能条件，对教师思想情况继续进行调查研究，初步的分析每个教师的主导思想、其错误思想的主要、次要各方面及其程度。（二）帮助教师体会政策精神，提高认识能力，解除思想上的障碍。在运动开始时，教师思想中存在着以下的障碍，也有着主观能力上的困难。一方面由于对政策不摸底和对自己认识不清，因而形成一部分人怕追历史、怕洗刷、怕降职、降薪，一部分人怕在群众面前丧失面子和威信，一部分人认为自己思想无问题，没有什么可"改"的。其关键在于对个人利益与人民祖国利益的关系问题认识不清，对个人的利害认识错误，看不清前途，因而就缺乏自我检讨的勇气和信心，也缺乏批评的勇气和信心。一方面由于认识水准的限制，许多人缺乏对自己思想的分析能力与辨别各种思想特征的阶级属性，因而感觉迷惘，缺乏信心。我们自始便估计到这种情况，因此，一面结合学习文件和报告，采取大会动员、小会讨论与个别帮助相结合的方式，反复交代政策与开展民主讨论，并着重从个人与人民祖国利益一致的原则基础上去加以启发，使之认清前途和提高自觉性；一面发扬民主，充分发挥领导帮助群众、多数帮助少数、先进帮助落后、学生帮助教师的作用。（三）帮助教师中党、团员和积极分子掌握政策，熟悉工作方式、方法，提高认识和工作能力，发扬积极性，充分发挥他们的骨干与先进作用。这是保证运动正常而健康发展的一个重要环节。但此决不是几次报告和一般工作布置所能解决问题。因此，一方面必须结合各部分具体情况，进行反复交代和解释，定时听取汇报与及时解决问题，而又深入下去及时检查和帮助他们布置工作，同时根据运动发展情况及时进行总结和布置；一方面要及时防止与纠正偏差，克服缺点，又要鼓舞情绪，提高信心，不泼冷水；一方面帮助和启发他们认识其残留的非工人阶级思想作风，作好思想检讨；一方面与他们密切配合研究其他教师的思想情况，以提高其思想批判能力并使心中有数。（四）大力发动学生群众，充分发挥其主力作用。这是保证运动胜利开展的主要依靠。一方面为使学生体会政策精神，认识运动的伟大意义，结合大会报告、小会讨论及学生中党团员的骨干与先进作用，密切联系其学习任务，反复酝酿，并着重帮助落后分子；一方面使他们在青年教师的帮助下，对教师思想情况进行调查研究，提高其思想批判能力，从而又提高和巩固其对运动的热情与信心。

在上述条件成熟的基础上，便进入教师思想检查阶段。在这一阶段，我们着重解决了以下几个方面的问题。

（一）领导和群众对每个教师的思想情况，必须达到客观认识上的一致或基本一致，而又必须合乎实际。这要通过一系列艰苦细致的工作才能解决问题，但又是掌握方向和作好思想批判的基本关键。为着解决这个问题，领导方面与群众方面，都根据我们在准备阶段对每个教师思想的初步研究和认识，结合新的情况和教师的自我检讨，继续深入研究，分别进行而又互相结合，以达进一步的、比较合乎每个教师思想实际情况的认识；领导与群众大都是而且必须是在这种认识的基础上达到基本一致。这在一方面，每每由于群众的正确认识，纠正了我们认识上的某些错误和补充了我们认识上的不足，群众也由此而得到迅速的进步和提高。一方面，在客观认识的基本一致的基础上，便保证了领导与群众在行动上的基本一致。所以我们在这方面，既没产生过命令主义与尾巴主义，也没产生过足以妨害运动正常发展的矛盾；群众方面，既发扬了民主，全面深入地进行了思想批判，而又能掌握分寸，基本上没有迷失方向与混乱步骤。另方面，又保证了：既不致产生对教师自我检讨过高要求与无的放矢的批评，也不致心中无数、敷衍了事。因而每个教师必须实事求是的认真检讨，才能在群众面前通过。这样，就保证了运动的严肃性，也就使每个教师能得到应有的改造和提高。

（二）掌握思想批判的分寸，及时防止和纠正"过"与"不及"的偏向。这是正确开展批评与自我批评的重要关键，又是对教师思想改造的巩固和提高有着直接影响的。我们一方面从进入教师思想检查阶段以前，就强调要防止"过"与"不及"的偏向和严肃对待事实；一方面，依靠领导和群众对每个教师的思想情况，进行慎重的研究和达到比较合乎实际的认识，来保证批评与自我批评分寸的"恰当"。但此并不是就能完全防止"过"与"不及"的偏差的产生和不合事实的扯谈。问题在于偏向产生后，要能得到及时的恰当的纠正。偏向一面产生于群众对教师自我检讨的批评意见，这在学生全由于认识能力的限制，在教师不是由于认识能力的限制就是由于个人情绪与个人关系的夹杂；一面产生于教师的自我检讨，这或者由于认识能力的限制和思想方法的片面性，或者由于想"避重就轻"来掩盖一面夸大一面，或者在于用"过甚其词"的手法来掩盖真实内容。因此对批评方面的偏差，必须虚心帮助群众端正认识，自觉地公开纠正——在我们这里，常由于群众自觉地更正；对教师自我检讨中的"过"与"不及"的地方，一般都能在检讨会上得到群众的帮助和启发，同时领导上也必须于其通过后，及时地给予指出，帮助其端正和提高认识；对每个教师每次检讨的结论必须认真负责和掌稳批评与自我批评的严肃性，又能及时起巩固提高的作用与使人心悦诚服。

（三）发挥教师中党团员与积极分子的示范作用。由他们首先进行检讨：系统地分析自己的错误思想及其形成的根源，并提出对症下药的改正办法（检查结果，他们的主导思想一般都是工人阶级的）。一般都作到了全面深刻或比较全面深刻；个别检讨得不好或不够的，领导和群众都要求他们重作全面检讨或补充检讨。因此，一方面便直接影响和推动了其他教师，他们从这种实际范例中得到启发，和认识了运动的伟大意义及其严肃性，也就打破了所谓"党团员要例外"或"主要在整党团员"的种种谣言；一方面，其他教师和学生又从这种实际范例中，提高了思想批判和认识能力。所以对于党团员的检讨，教师们都表示"满意"或"无话可说"，很多人并说："令人钦佩"、"我五体投地佩服"、"启发很大"、"共产党真不含糊"……并纷纷向党团员借阅检讨提纲，请求帮助分析自己思想。

（四）切实发挥党团员、积极分子和学生对教师的帮助作用，教师相互间的帮助作用，并使其相互配合。教师中的党团员和积极分子，在运动中一般都有一定的具体任务，进行了一系列的艰苦细致的工作。根据每个教师的思想动态，分工负责，及时地予以适当帮助，也是他们的任务。这在他们，真作到了细心、耐烦和及时。学生中的党团员和积极分子，一面与同学一道进行了各种工作，一面又在同学中起了组织、推动与核心作用，有的还在学委领导机关参加了具体工作。学生们一面对每个教师的思想情况和检讨报告，真正作到了深入的调查、研究和讨论，对每个教师的检讨报告的检讨，都认真地组织了代表性的中心发言，一般又都积极地准备了个人的自由发言；一面又根据个别教师的具体情况和思想动态，进行了及时的访问和适当帮助。他们的积极和热情，使很多教师都受到感动。他们对每个教师思想的批评，综合起来都是较全面的、深刻的、正确的，而且愈到后来愈表现全面、深刻、正确和分寸恰当。这使很多教师"真正认识了群众力量的伟大。"在教师们相互间，特别是先进的对于落后的、先通过的对于未通过的，在大会和小组的民主讨论的基础上，发挥了相互帮助的作用，也在个别交谈与实地帮助上起了一定作用。由于这几方面的相互配合，就促起教师们的自觉程度不断提高，增加了批评和自我批评的勇气，并不断提高其对自己及他人错误思想的认识与批判能力。

（五）开好思想检查会。这是思想改造运动过程中的中心环节。思想检查会的方式为：教师在以分学委为范围的大会作自我检讨—→小组讨论—→大会讨论—→主席团宣布结论。开好这种思想检查会：一面依靠进行自我检讨的教师，自觉的对自己错误思想敢作大胆的暴露和深刻的自我批评；一面依靠群众的积极性，在民主讨论的方式下，展开全面的深刻的而又是实事求是的批评；一面依靠领导上心中有数。因而只要教师的自我检讨，能对自己的错误思想作到全面深刻的、比较全面深刻的或一定程度上的暴露和自我批评，也就是与领导及群众的认识达到一致、基本一致或一定程度上的一致，就能获得通过或基本通过；否则就不能获得同意。在这个基础上，使自觉与严肃相结合，自我批评与批评相结合，以提高教师对自己错误思想的认识和巩固其正确认识的成果。

（六）掌握运动发展情况、抓住关键、防止偏差、克服缺点。在运动进入思想检查阶段后，由于情况的变化较快，特别是教师思想动态的变化较快和较复杂，一般干部和群众便每每掌握不住，尤其在运动发展的转变关键上，常容易错失方向，搞乱步骤，产生偏差。因此，我们自始就足够地注意对全面情况的了解和掌握，在运动发展过程中由一个环节到另一个环节的关键上，便根据情况的分析和运动发展趋势，进行一次工作总结和布置，具体明确地规定工作计划和步骤，克服和纠正已有的缺点与偏向，指出与防止那些正在萌芽和可能产生的左右偏向，如左的急躁情绪与右的草率了事的情绪等。同时校学委主要负责干部均分工对各分学委进行具体领导。

因此我们在运动过程中，虽产生过如次的一些偏差，便都得到了及时的纠正。①关于思想批判的分寸不恰当的偏差。这主要产生在教师检查阶段初期：如一位党员说自己"今后要建立共产主义人生观"；一位伴随革命多年的教师批评自己"完全没作过革命工作"；而另一位教师则批抨自己的汉奸思想为"改良主义"，又一位则说自己作了多年汉奸，思想还是"革命的"；一位三敌思想严重的教师说自己主导思想是小资产阶级的，一位教师批评另一位教师"你在课堂上竟举些不合事实的例子来联系实际是低级下流"；一位教师检讨自己单纯学术观点，说"今后一定要联系政治，为人民祖国而钻研学术"；一个学生却批评他"老师单纯技术观点还认识不足"……②关于群众认错对象的偏差，这也产生在教师思想检查阶段初期。如有一位教师思想基本上是进步的，工作也是积极的；但由于其思想上有些严重毛病与平日人缘不够好，在运动开始时又表现自以为是，便引起群众的一种偏激情绪，忽视其主要的一面，夸大其毛病和缺点的一面，认为其思想是系统的严重错误，因而便在小组会上集中力量去进行讨论和批评。③一个分学委会把几个思想毛病较小的教师摆在一边，即以过多的力量去帮助几个思想毛病较严重的教师；另一分学委在思想检查初期，则把几个思想毛病较严重的教师放在一边，很少去帮助。④在思想检查的试点中，由于一些党团员作风较突出，在小组讨论会争先发言，客观上并表现了彼此意见的一致；因而便形成其他教师不发言或看党团员的颜色发言，影响了民主讨论的开展。此外也还有其他一些小的偏差和缺点，但也都得到了及时的纠正和克服。因此干部和群众的情绪，从全部运动的过程说，始终是正常的、饱满的。

三

人大教师思想检查的收获，主要表现在以下几个方面：

（一）初步的而又较明确的划清了工人阶级和资产阶级思想界限。这在运动开始的准备阶段，许多教师和学生都希望给划出一个标准：说明关于小资产阶级思想、资产阶级思想、三敌思想各自的一系列的特征。我们便认为这正是要在思想改造运动中来解决的问题。经验证明：要事先划出一套关于各阶级思想特征的网罗无遗的图式，那不只是困难的，而且是危险的；它只会助长公式主义的检查，阻碍人们对其真实思想的暴露和检讨。我们的办法：如前所述，是在马克思列宁主义、毛泽东思想的武器的基础上，研究每个教师的具体思想情况，究明其主导思想、其错误思想的主要、次要各方面及其程度；学生和教师群众对每个教师的思想，也这样去进行研究、认识和批评；每个教师也都是这样去反省、认识和检讨自己的思想。这就从每个教师思想的具体情况和思想批判上，具体的说明了非工人阶级思想的各种类型及其特征，从而也就具体地划清了工人阶级思想与资产阶级思想的界限，对党团员说，并划清了工人阶级思想与非工人阶级思想的界限。根据人大教师思想检查的结果，教师们在思想改造运动以前的思想情况是：主导思想属于工人阶级的占 43.1%，属于小资

产阶级思想各种类型的占 24.9%，属于民族资产阶级思想各种类型的占
20.4%，三敌思想颇严重的占 1.6%。这个统计数字，反映了属于各阶级思想
各种类型的具体情况。

因此，共产党员和青年团员以及其主导思想属于工人阶级的积极分子，不
只认识了夹杂在自己思想中的何种东西是属于非工人阶级的，对自己说来是非
法的，非改不可；而又认识了与工人阶级思想矛盾的各种非工人阶级思想的类
型及其若干特征，明确了思想斗争的重要性与思想改造的原则精神。一般非党
团员教师，认识了自己及他人的主导思想是属于资产阶级思想的一定类型，也
就认识了那对于人民教师和工会会员来说，都是要不得的，非改不可，或
"愿意从头学起"；从而也就体会了思想改造的伟大意义及其方针。所以有的
教师说："这次思想改造对自己是一个革命；现在知道自己主导思想是资产阶
级思想大吃一惊"。认识了自己三敌思想严重的人们，自己也认识了：那种思
想在人民国家内，不只于公于私都是极其有害，而且是违法的，非肃清不可；
并从而"体会到党的政策正确伟大"，"党是我再生的父母"，"今后要发挥最
大的力量来回答党"。从今以后，在学生群众面前：不只三敌思想将无所容
身；资产阶级思想在他们面前出现，也将不可能混淆视听，并将受到指责和批
判。因而便大大巩固和提高了工人阶级思想，即马克思列宁主义和马克思列宁
主义与中国革命实践相结合的毛泽东思想的领导地位。

（二）大大提高了党的威信，也提高了团的威信，密切了党群间、团与非
团群众间的关系。这具体表现在以下几方面：①由于学校党在上级党的正确指
示与具体帮助下，正确的贯彻了党对于思想改造运动的方针政策，对教师们进
行了若干细心耐烦的工作和及时的适当的帮助，也就是教师们所谓"搞得又
稳又细致"。许多教师在党和群众的帮助下，认识了自己的错误思想，在通过
以后很感激的说："如果没有党的帮助，我怎能认识自己多年来的错误思想"，
"我认识了政策的伟大，打消了顾虑"；一位曾经参加过国民党的教师说："我
一定决心改造自己，到临死前的一天能争取入党也是光荣的。"并不自禁的流
下泪来……。教师们在思想检查通过后，原来在运动中参加具体工作的都表现
更加积极，并细心考虑和体会领导意图；在原先没参加工作的都主动要求参加
工作，甚至认为"捞不到工作是可耻的"，干到半夜三更也不叫苦。②由于党
团员教师的干部在运动中发挥了骨干与先进作用，表现了诚恳、老实、认真、

负责的工作态度，艰苦、细致、踏实的工作作风。"感动"了教师们，引起他们的同情和称赞；很多人对党团员所给予的帮助"表示由衷感激"。因此教师们大都愿意和党团员接近，在其通过以前主动找党团员帮助；通过以后，有问题就主动找党团员谈，表示亲切和信任。有些原先看不起党团员或害怕党团员"反映"的人，也改变了态度和看法。在学生中，原先不靠近团以至看不起团的，现在都改变了看法，靠近党、团。如会统系一个学生，过去曾说："我不入这个团"；在这次运动中他检讨了对团的错误看法，要求党团员帮助，积极参加运动，要争取入团入党。

因而便有许多人在运动中提出入党入团的要求，除表示要准备条件争取入党入团的以外：学生中要求入党的有 99 名，教师中有 37 名，学生中要求入团的有 126 名，教师中有 8 名，要求入党入团的学生共 225 人，占本科、俄文班、研究班学生总数近 1/2（工农干部班及干部补习班 1300 名学生在外），要求入党入团的教师共 45 人，占本国籍教师总数近 1/3，这是一个很大的比例。这个比例数字，说明了教师和学生在思想改造运动中觉悟提高的程度，也说明了党及团的威信的提高，为建党和建团准备了良好的条件。

（三）大大提高了党团员、教师和学生的政治水准、思想水准。学生、工作干部、特别是教师中的党团员，由于在三反、五反尤其在思想改造运动中的锻炼，观察问题，处理问题的原则立场都比较明确比较坚定了，斗争性提高了，组织观念也比较增强了——虽然进步的程度不一样；原来比较严重的自由主义作风和忽视政治的倾向，基本上克服了。工作能力和认识能力也大都提高了一步：原来不能独立进行工作，在复杂情况和困难问题面前感觉束手无策，或动辄就出岔子的，现在就能独立完成一定工作任务，处理复杂情况，解决困难问题了。其中尤其是一些老干部和那些原先作风较正派思想纯洁的年轻党团员，进步更大；原来原则性差——不能辨明是非、坚持原则、随波逐流——和作风不够好的一些党团员的进步，则表现较显著。这对学校今后工作的改进、特别对学校今后的发展上，将起着重大作用。

教师们（其中党团员在内）的提高，大致可归结为如次的情况：初步解决了思想问题，并定出恰当努力方向的，占教师总数 56.2%；基本解决问题，也定出恰当努力方向的，占 28.5%；思想上解决大部份问题，在他人帮助下定出切实努力方向的，占 7.3%；思想上解决问题不多的，占 0.7%；此外到目前尚未通过的占 7.3% 。在努力方向一项中，几乎所有已通过的教师大体一致的提出：决心改正错误思想，站稳工人阶级立场或转变原来立场靠拢工人阶级；加强或认真学习马克思列宁主义、毛泽东思想；以后要积极参加党所领导的各种政治活动，从实际生活中锻炼自己。教师们的提高，也表现为如次的情况：如一位曾参加革命工作而半途退却的教师表示："过去对不起革命，今后决不动摇，坚决服从组织分配"；三位较年老的教师都表示自己的决心："愿将余年献给革命"；一位教师"放下二十年进步包袱"，"认识自己过去是个民主主义者，今后要争取作个社会主义者"；一位教师批判了自己过去在银行服务的腐化生活与错误思想后，表示决心说："我要建立革命的人生观，不但要从思想上转变，而今后从行动上生活上也转变"；一个新从美国回来的教师说："要达到坚决改造我的错误思想的目的"；一位教师在经过思想检查后对其父的贪污问题坚决要求退赃，并写信批评其叔的错误思想；一位教师对其一向崇信的父亲的资产阶级思想作了批评，并表示决心与之划清界限；有些教师在通过后，就去购买政治理论书籍阅读……由于教师们在不同程度上认识了自己的错误思想，作了不同程度的暴露和检讨，并提出了改正错误思想的办法，对自己思想问题获得不同程度的解决，表现了他们在政治和思想水平上的不同程度的提高。因而他们便更加（或者是开始）体会党的伟大，马克思列宁主义、毛泽东思想的伟大：在人民祖国内，只有而且必须真忱接受和服从光荣的、伟大的、正确的中国共产党的领导，站稳或站到工人阶级的立场，或靠近工人阶级和人民，虚心学习马克思列宁主义、毛泽东思想，才是光荣的，才能成为名符其实的人民教师和工会会员。因而又改进了校内领导与被领导间、师生间及教师相互间的关系：如许多教师都批评自己过去不接近领导和对领导的错误看法，开始对学校领导表示接近和信任；工农干部班教师过去下课就走，现在主动到学生中去进行辅导；研究班学生纠正了认为"学校太迁就，有的教师应贴邮票邮回家去算啦！"的偏激情绪，说"教师能认真改造自己，就是进步"；各系学生对虚心诚恳检讨自己错误思想的教师，表示更尊重：政治经济学教研室检讨了室内各方面的不正常关系，初步改进了同事间师生间的关系；会统系检讨了两个互相摩擦的宗派小圈子，系内同事关系已开始有了转变……

原来在教师中所存在宗派圈子，其中较严重的一个，曾在学校内制造纠纷、颠倒是非、混淆黑白……给学校造成了严重损失。由于教师觉悟程度的提高，在领导与群众的帮助下，他们初步认识了宗派主义的危害性，曾是这个宗派圈子的中心人物的一位教师也说："现在不仅认识了宗派主义的危害性，给国家造成很大的损失，而且也知道了它是反工人阶级领导的。"因而其中有关教师，除个别外都作了不同程度的检讨，基本解除了宗派关系。这将有利于校内团结以及人事关系和学校工作的改进，也有利于他们自己的进步。

学生们在运动中充分发挥了主力的作用，自己也获得了惊人的进步。由于他们在青年教师的直接帮助下，调查、研究了每个教师思想情况，分析、认识和批判了非工人阶级的、资产阶级的思想的各种类型，因而便急速地提高了自己的政治和思想水准。这种提高，不只具体表现在他们对教师进行思想批判的发言中，而又表现在他们对个别教师的访问和具体帮助。因此教师们反映："现在认识到启发自觉与群众帮助相结合的意义的伟大"；"群众力量是伟大的，智慧是无限的"；"同学的意见几乎全是对的"；"没有群众帮助，就不可能清除几十年在旧社会所沾染的肮脏东西"；"同学们的帮助很使我感动"；"收获应归功于党与群众的力量"……并有不少教师主动找同学帮助。在运动开始时，学生对小资产阶级思想、资产阶级思想、三敌思想的认识，一般都是模糊的、浮泛的；后来就比较明确了、敏锐了，教师在检讨中所暴露的各种思想情况，大都能抓住本质进行批评。因此学生们异口同声地说："这是活的马列主义教育，比上课收获还大"，研究班学生并担心运动不搞完就复课。学生们的提高，也表现在如次的情况上。有的学生说："过去对落后老师，只知不满意，不知帮助他改造"；"现在才体会党对知识分子争取改造的政策"……他们对每个虚心检讨和认真改造自己的教师，实际上也真正表示尊重。过去有些比较落后的学生，在运动中都大有转变：有的大胆揭发、批评了平日和自己接近的落后教师的错误思想；有的改变了一向消沉的态度，积极参加了工作并在思想检查会上积极发言，如财信系的六个女生，现已有 2 人入团，4 人表现进步和倾向进步。工作情绪一般都很高；如有的为着写板报与研究教师思想材料，常至半夜三更；有的为工作而牺牲午睡。

由于学生觉悟程度的提高，便普遍要求对他们也作一次思想检查，有的并在教师思想捡查过程中就提出书面检讨。在学生思想检查中，不少学生都检讨得很好、很深刻，有的甚至胜过某些教师的检讨。大部分学生都检讨了：单纯技术观点、不正确的入学动机、其他个人主义思想与自由主义作风等等，并从阶级出身和个人历史上去挖掘思想形成的根源。有的并对自己的地主恶霸家庭、官僚家庭、参加国民党反动派的父兄或是资本家的父兄的剥削本质等等，作了大胆的揭露和批判；有的批判了自己过去所隐瞒的主动退团的问题，入党入团的动机不纯等等。他们的检讨，一般都是比较大胆的、真挚的。

（四）教师们找到或挖掘了自己错误思想的根源。在思想检查中，为着挖掘思想形成的根源，每个教师又都在不同程度上，主动地检讨了在自己历史过程中、特别在某些关键问题上的思想情况。由于觉悟程度的提高与革命工作人员忠诚老实的特点的发扬，也由于群众的启发，有些教师从自己历史真实情况的基础上出发，便深入的挖掘了自己思想的根源，从而达到了全面深刻的或比较全面深刻的检讨；有些教师从自己历史的一定程度的真实情况的基础上出发，就只能大概地找到自己思想的根源，从而也就只能对自己错误思想达到一定程度的暴露和检讨；有些教师，只从其自己所粉饰的歪曲过的历史的基础上出发，就只能接触到自己错误思想的一些根源所在，从而其思想的检讨，即使是长篇累牍、繁文缛词，也掩盖不了矛盾百出，处处漏洞。在这情况下，全校共有 29 位教师，为着较深入地批评自己错误思想和挖掘思想根源，都主动地对自己历史上的一些问题作了一定程度的批判；15 位教师对自己历史上的一些问题作了若干批判，并继续对自己历史过程中、特别在某些关键问题上的思想情况，提出补充书面检讨；还有 14 位教师主动要求交代自己的历史问题。这正是他们觉悟程度提高的表现，要求靠拢工人阶级的决心程度的表现。

（五）除上述四个方面外，也还解决了若干较次要的问题。

四

现在还留下的主要问题，是如何在思想检查与忠诚老实的成果的基础上，继续巩固与提高问题。

我们在思想改造运动的各阶段，如前所述，就结合进行了若干巩固与提高的工作。由于在思想批判中检讨得较全面，因而像那种因批评了单纯学术和技术观点，而产生只要政治、忽视专门学术和技术的现象，还没有产生。由于学生对政策体会得较好，对每个教师曾作过全面的了解及在运动实践中的深刻教育，因而像那种对待教师的不正常现象，如不信任、不尊重和轻视等情况，还没产生，学生中有无这种思想，也还没发现。由于对每个教师的思想鉴定（由他们自己起草），不只慎重总结其思想、工作、对运动态度的错误和缺点的一面，并认真肯定其优点、长处等积极的一面，因而像那种丧失信心和无原则迁就学生等情绪不正常现象，也还没有在教师中发现。另方面，还由于我们在运动过程中，曾经不断指出：要防止那种种不正常现象的产生。但此不等于说，这种种不正常现象将不会产生，只是说，即使还会产生，也不致发生偌大影响。同时，还要不断强调和采取步骤：巩固和提高现有的正确认识与正常关系，防止偏激情绪与不正常现象的产生。

尚待解决的问题，主要有两个：一是如何组织和帮助教师的理论学习，掌握马克思列宁主义、毛泽东思想武器或继续提高其政治和理论水准的问题；一是在思想改造运动后的新情况下，如何进行教学的问题。

教师们在批判了原来的立场、观点、方法以后，须要代之以新的立场、观点和方法；因此，他们都表示要靠拢党，靠拢工人阶级或转变到工人阶级的立场来，都要求学习马克思列宁主义、毛泽东思想。我们是必要而且应该去满足他们这种要求的。问题是在于学习什么，怎样学法和如何组织。根据人大情况，我们初步意见，仍拟继续原来计划。一部分人先学《联共（布）党史简明教程》，一部分人先学《政治经济学》，一部分人先学《社会发展史》，而以上三种课程，均须结合学习《毛泽东选集》。采取讲大课，小组讨论和个人自习相结合的学习方法，而以自习为主。用马克思列宁主义夜大学的组织形式，分班讲授，一律每周一次，每门课程均一年学完；《从社会发展史》学起者须逐步学完这三个课程；从《联共（布）党史》或《政治经济学》学起者须先后学完这两门课程；每学期举行一次期终考试；每人须提出一篇论文（平时由学习小组长定期检阅学习笔记）。《列宁斯大林论社会主义经济建设》结合中央关于经济建设文化建设等文件，为课外必读。同时一面结合各种专题报告和时事政策问题的报告，一面文法财经部门的教师，在业务工作和业务学习中，有计划地结合理论学习。有些学校如果不单独具备这种条件的，可数校合办或参加他校学习。

教师在思想改造运动后的新情况下如何进行教学？对于大部分教师正是其目前所用心考虑的一个问题，事实上也是一个较复杂的问题。由于教师原来那一套资产阶级的学术思想体系，不敢也不可能照旧去进行教学，学生们也将对教师有新的要求和自觉地拒绝资产阶级的东西。而一个现实的问题，则是教师们的旧的一套打破了，新的却还没建立起来。如何解决这个矛盾呢？根据人大情况，关于财经政法等系，我们初步意见，仍拟继续原有办法，尽可能加以改进。①尽可能采用苏联专家所编课程提纲或内容正确的蓝本；②在分工合作的原则下，实行集体编制讲稿，集体备课和实行试讲；③改进课代表汇报与课堂辅导的内容和办法，发挥学生帮助教师，即教学相长的作用；④拟组织一部分力量，试行有重点的抽查讲稿与试行重点检查和帮助；⑤拟尽可能组织校内翻译力量，从苏联及东欧各兄弟人民国家的杂志书籍中，翻译各种有关参考资料；⑥拟尽可能加强校内研究工作，结合重点课程进行专题研究和组织专题学术报告。只是④⑤⑥各项，我们目前还有些客观困难，特别是干部缺乏和人员配备的问题，其作用将是有限的。

关于将新设的自然科学各系：一切均须从头搞起，时间又极其急促；教师均将是从新来自国内各地，都没能参加本校思想改造运动（自然，他们也可能在他校参加过思想改造）；我们对这些系又比较缺乏经验。因此在各系教师将如何进行教学的问题上，也将有较多的困难。

在自然科学各门课程的内容上，是没有科学本身的阶级性问题的，因为自然科学本身并没有阶级性。而在其哲学基础及为谁服务的问题上，却是有阶级性的，这就是教师或科学者本身的阶级立场和所运用的观点、方法问题。而此都不是一下子就能解决的问题。解决教师们为谁服务的政治立场问题及其观点方法问题的根本办法，在于组织和帮助他们进行政治理论学习，即用马克思列宁主义、毛泽东思想去教育改造他们，使之转变立场和获得新观点新方法，以之和其科学知识相结合去否定其旧观点旧方法，来为人民服务。但此都将是一个逐渐的过程，而目前却又不能不要他们即时进行教学。这是一个极现实的问题。我们认为解决这个现实问题的办法：一方面是让他们边教边学、边学边改，即在教学的过程中，一面组织他们进行正规的政治、理论学习，一面尽可能准备一些条件，如有关出版物等，帮助他们在业务上学习苏联有关科学部门的先进成果，一面尽可能采用苏联教材作蓝本；另方面，加强对学生的政治思想教育，使他们在接受教师科学知识的基础上，尽可能不受或少受其非工人阶级的立场、观点、方法的影响，并从而去推动和帮助教师。同时我们希望中央文教领导部门：尽可能组织更大的力量，有系统的翻译苏联各个课程的教材及参考资料，尽速解决各种课程的教材或蓝本问题和研究资料问题。

（《东北人大》第 22 期，1952 年 8 月 25 日）

全校团结一致，迎接新的任务

在 1952 年 11 月 20 日东北人民大学
开学典礼大会上的报告

同志们、同学们：

我们的开学典礼本应在学期开始时举行，但由于若干问题，特别是学校性质任务的改变、建系、订教学计划等问题，致迟到今天才举行。我这个报告系根据第二届第一次校委会议总结的精神并经学校行政及社团各负责同志讨论过，题目是："全校团结一致，迎接新的任务"。

根据中央指示和东北人民政府的决定，我校从这学期起改为综合性大学。这是很大的改变，是关于学校性质和任务的改变。这是适应我们伟大祖国即将在全国范围进行大规模建设的总的任务和要求而来的，因而是完全必要的、正确的。毛主席早就指出过："随着经济建设高潮的到来，不可避免地将要出现一个文化建设的高潮。"实行全国规模的计划化的建设，就不断的需要极大量的各种部门的各级干部。因而也就要按照国家建设的需要来实行有计划的培养，要按照逐年的需要培养出一定数量和门类的干部来。在大量地培养干部的总的任务中，综合性大学必须担负起一定的重要任务，这是不待说明的。

东北是工业建设的基地，今后在一定时期内我以为仍将发挥其较大的作用。但在这以前，东北地区还没有综合性大学。需要在东北地区设立一个综合性大学，并把它办得像个样子，能担负起中国共产党和人民政府所给予的任务。这也是无须说明的。因此，这次改变，就带来了更加巨大更加光荣的任务。这是一方面。

但是，在另一方面，人大过去是培养财经、政法干部的学校。这次改变，又使原来的基础在某些方面打乱了。现在的数学系、物理系、化学系、中文系、历史系、俄文系等六个系都是新建的，过去没有基础，特别是数、理、化三系毫无基础；法律系是原有的，经济系是由原来的财政信贷系、会计统计系、贸易系合并成立起来的，但由于学校性质和任务的改变，也随同有很大改变：原来的合作系，根据中央关于高等学校院系调整的计划，已归并到其他学校。因此，便不可避免地在我们面前要摆着一些困难，今后也还将不断要产生一些困难的。也就是说，我们的任务又是艰难的。但这种困难是我们事业前进中的困难，是和全国规模的伟大建设事业相适应的，那是可以克服的，而且一定要克服。毛主席早就在中国人民政治协商会议第一届全体会议上的开幕词中教导过我们："全国规模的经济建设业已摆在我们面前。我们的极好的条件是四万万七千五百万的人口和九百五十九万七千平方公里的国土。中国人民已经具有战胜困难的极其丰富的经验。如果我们的先人和我们自已能够渡过长期的极端艰难的岁月，战胜了强大的内外反动派，为什么不能在胜利以后建设一个繁荣昌盛的国家呢？只要我们仍然保持艰苦奋斗的作风，只要我们团结一致，只要我们坚持人民民主专政和团结国际友人，我们就能在经济战线上迅速地获得胜利。"毛主席这段话，是适用于全国范围的，从任何方面去看都是千真万确的真理。因此，从我们一个学校来说，只要全校团结一致，保持艰苦奋斗的作风，努力向苏联学习，就一定能克服困难，办好学校，完成艰巨而光荣的任务。

我们都是革命干部、革命工作人员、革命青年，都是国家的主人翁，都应该发挥主人翁的作用和负责精神来创造革命事业。革命力量之所以不可战胜，我们的一切事业之所以都能办好，首先在于团结。我们学校从开办以来，在团结的问题上是有良好基础的，为着迎接新的任务和适应新的情况，克服前进道路上的困难，那就需要在原有团结的良好基础上，根据陈伯达同志在中国科学院会议上讲话的精神，来进一步加强我们的团结。必须在全校员工学生间、在师生间、在教学与行政干部间、在教学干部或行政干部相互间、同学们相互间，即所有全校人员都要进一步发扬互助互谅、和衷共济、团结友爱的精神。同时，学校工作的各个部门和各个方面，都是有机地配合的，都是以完成或保证完成教学任务为经常的中心任务的，我校各处、系（班）社团工作的计划性的相互配合与彼此互助，也是有些经验的；为适应新的任务的要求，便须进一步提高相互配合、相互保证的计划性，发扬彼此互助的精神，把集体力量发挥到应有程度，从而就一定能克服各种困难。革命工作原来就是艰苦的工作，革命事业都是从艰难困苦中创造出来的，并没有什么便宜的现成的事情。我们中国有句古话叫做："艰难创业"。只有革命者，只有劳动人民才能发挥这种优良的传统。我们学校是在中国共产党和人民政府的直接领导下创办和发展起来的，因此，它保持了艰苦奋斗的作风和照顾全局的精神。为着克服当前的困难和将来还可能产生的新困难，便需要进一步发扬这种作风和精神。即将在全国范围进行大规模的建设的岁月，需要的人力、物力、财力是很大的。而各种伟大建设事业的中心一环，则是工业建设。因此，不仅人力、物力、财力，首先便应该而且一定要用到这方面去。我们一定要照顾国家的全部情况和要求，根据"艰难创业"的精神，把学校现有的和可能有的人力、物力、财力，加以合理的利用，使之发挥更大的作用。同时在学校行政工作人员中要在"三反"的胜利基础上发扬廉洁奉公的精神，培养新的道德品质，树立新的作风。

下面分几个问题来讲：

一、关于学校的性质、任务和计划化的问题

我们学校是新民主主义的综合性大学，是为以工人阶级为领导的、工农联盟为主体的国家服务的，是为新民主主义的经济和政治服务的，也是为新民主主义文化服务的：它和地主资产阶级的综合性大学有着本质的区别。我们新民主主义的综合性大学是以苏联的综合性大学做为学习的榜样和努力的目标的。大家常讲："苏联的今天就是中国的明天。"我们现在的新民主主义社会，是要过渡到社会主义、共产主义社会去的。苏联三十五年来所经历的光辉灿烂的道路，就是我们所要遵循前进的道路；苏联高等学校经验，也是毫无例外地适合我们高等学校的需要。因此，我们就必须学习苏联综合性大学的经验，并以之来和我们的具体情况相结合。

中央根据新民主主义综合性大学的性质，规定它的具体任务是：培养研究人材和高等中等学校的师资。因而我们综合性大学所应培养的人材，一方面必

须具备比较高级的专门科学理论水平，一方面又必须具备专门业务的实际知识和技能，同时还必须是全心全意为人民服务的、为马列主义所武装起来的干部；既能在国家建设事业的有关部门中担负起理论研究或其他实际工作的任务，又能充当高等学校的教师，因而也自然能胜任中等学校有关课程的教师。所有各系和各个专业，一方面要不落后于当前国内的科学理论水平，或努力赶上这种水平；同时要接受苏联和各兄弟人民民主国家先进的科学和文化成果，并准备条件赶上世界先进的社会主义的科学理论水平。一方面我们不仅不能脱离实际而且必须和国家建设密切结合，及时研究以至帮助解决国家有关建设部门在实际工作过程中随时所提出的理论问题或专门题目，去为其服务。一方面又必须具备马克思列宁主义和马克思列宁主义与中国革命实践相结合的毛泽东思想这一门革命的科学知识，这是所有科学专家都必须具备的一门科学知识。这样才能培养出有一定科学理论水平的、理论与实际一致的又能全心全意为今天的新民主主义和明天的社会主义社会建设服务的人材。因而在综合性大学，科学研究工作便有极大的重要性。这种科学研究，一面必须和教学工作密切结合而为其服务，一面又必须与国家有关建设事业密切结合而为它服务，并以前者为主。

这种任务，应该根据学校的具体情况来具体化，校内各系（班）和各个专业，又应当根据其各自的性质和条件去进一步具体化。关于各系的任务，已由各系研究提出，并经学校领导上初步讨论，得出如次的意见，但须送请高等教育部审核批准后，才能生效。

（一）数学系：（1）培养数学方面的专门研究人材；（2）培养高等和中等学校的师资；（3）结合教学研究以至帮助解决国家有关部门在建设工作过程中和其实际要求上所提出的有关数学、力学等方面的理论问题或专门题目；（4）根据据需要与可能，配合进行或参与科学普及工作。

（二）物理系：（1）培养科学研究机关及有关部门和厂矿研究机构的各种物理研究人才；（2）培养有关学校关于物理方面的专门课程的师资；（3）结合教学，研究以至帮助解决有关部门在建设工作过程中和其实际要求上所提出的物理方面的理论和专门题目；（4）配合国家科学普及工作进行物理科学的普及工作。

（三）化学系：（1）培养掌握有机、无机、分析、物理等化学科学的专门研究人材；（2）培养中等以上学校的关于化学方面的专门课程的师资；（3）结合教学，研究以至帮助解决国家有关部门或厂矿研究机关在建设过程中和实际工作的要求上所提出的理论问题和专门题目；（4）根据国家需要，协同物理系配合进行化学科学的普及工作。

（四）中国语文系：（1）培养具有马克思列宁主义文艺观点及一定文艺理论与创作水平的文艺工作者；（2）培养中等以上学校语文课程的师资及新闻工作者；（3）结合教学进行中国语文方面的研究工作：在掌握马列主义文艺理论、文艺政策及学习苏联先进文学理论与创作方法的基础上，全系教师分工合作，研究与整理中国文学遗产及中国文学史、研究现代中国文学及民间文学；（4）积极参加当前的文艺运动：组织全系师生在学习马列主义文艺理论、文艺政策与写作技术的基础上，结合当前政治运动与文艺运动，深入体验实际生活进行文艺创作和文艺批评。

（五）历史系：（1）培养马克思主义的本国史、专门史、苏联史及人民民主国家史、亚洲史、资本主义各国及附属国史的分区分国的研究人材；（2）培养中等以上学校本国史、苏联史及人民民主国家史、世界史与专门史的师资；（3）研究国家建设过程中所提出的有关政治、经济、文化等方面的理论问题；（4）为着我们伟大祖国在今后长期建设过程中的向苏联学习的要求、巩固与发展中苏两大国的兄弟同盟，深入地展开对苏联史的研究；（5）在国际主义的立场上，研究有关亚洲各国，资本主义国家及附属国在当前形势下所提出的有关政治、经济、文化等问题；（6）研究民族文化遗产的批判继承问题，来丰富新文化的内容；（7）推进与国际主义相结合的爱国主义教育。

（六）经济系：（1）培养包括经济计划及财政业务部门的研究人材；（2）培养中等以上学校有关经济理论及财政业务课程的师资；（3）研究以至帮助解决国家有关部门在建设过程中和实际要求上所提出的理论问题。

（七）法律系：（1）培养马列主义法律科学的研究人材，培养为人民服务的政治法律干部；目前并以后者为主；（2）进行法律科学的研究工作，协助政府有关部门和机关研究有关政法工作上所提出的理论问题；（3）普及法律知识，在革命群众中进行有关法律知识的宣传，并对旧的法律观点进行批判。

（八）俄文系：（1）培养高级的精通俄罗斯语文的翻译工作者；（2）培养高等中等学校的俄文师资；（3）研究和介绍苏联文学及俄罗斯的古典文学；

（4）研究和介绍苏联语言学、文字学方面的先进成果；（5）推广俄文速成教学法并研究如何使之与一般俄文教学相结合，以改进现有的俄文教学法，有效地提高俄文教学效果。

因此，我们学校的任务是相当艰巨的。对完成这种艰巨的任务，从我校的具体情况来看，有较好的一面也有较困难的一面。总的讲来，我们国家的新民主主义制度较之资本主义制度具有极大的优越性，为我国的科学、艺术、文化教育事业的发展，开辟了很广阔的道路；我们有中国共产党和人民政府的正确领导，保证在方向上不至出错；同时我们有苏联的无私的帮助与先进经验的借鉴，使我们能够较迅速的前进，这是全国各高等学校共有的优越条件。单从我们学校来说，较好的方面：（一）我校是处在全国比较先进的工业基地的环境中；（二）我们学校是在中国共产党和人民政府的直接领导下创办和发展起来的，有较好的政治条件，保持了一些优良的传统作风；（三）我们的教师同志们一般说来大都有一定的觉悟程度和积极负责的工作精神；（四）我们学校一开始就吸收苏联的教学经验，在教学组织、教学计划以及教材的采用和工作计划化等方面，积累了一些经验，打下了一些基础。

较困难的一面：（一）也正由于我们学校是新办的，在设备上、特别在理科方面的设备上，原来没有基础，都需要从头搞起；（二）在教学干部方面数量极其不够，质量上其中虽有一部分人在学术上有一定成就或是闻名的专家，但大多数都比较年青，急需提高——自然在年青同志中，不只大都有培养前途，而且有些已有了一定的基础或成就；（三）按照我们学校的任务，几年以后学校的人数将会很多，工农干部班和工农速成中学在外，就能有好几千人，不只两千人、三千人，因此现有的校舍是大大不够的，从而又产生了校址的问题；这问题除请由上级决定外，连年都将有很大的建筑任务；（四）还有其他一些困难。

因此，必须全校一致，实事求是地采取切实有效的步骤和办法，充分发挥我们较好方面的作用，逐步克服困难。我们需要根据现有条件并估计到可能产生的困难，同时根据需要和可能的两方面，来拟制一个包括几个年度的计划。并根据这种计划来搞逐年实施计划；目前还必须先搞一个年度实施计划（一九五二年秋到一九五三年秋）。全校各部门各系（班）室、党及党所领导的各社团，都要搞这种计划，并在计划中把困难估计进去。我们的困难主要有两个：一个是设备缺乏，一个是教学干部缺乏。但此也不是我们学校独有的困难，而是我们在前进道路上所遇到的普遍性的问题，只有程度上的区别。因此，我们必须从全局观点考虑出发，从国家全部情况和要求出发，不容许只看到我们这个学校，只从自己学校的需要出发提出要求，而不去估计到全部情况是否可能。我们当前的困难是需要全国各方面以至每个人，都发扬高度的爱国主义精神和艰苦奋斗的作风来共同克服的。有些同志希望很快就把学校搞得像莫斯科大学一样好。这从主观愿望上说是好的，而且非常好；只是没有足够而恰当地照顾到全面，也没有看到：莫斯科大学或列宁格勒大学也不是在伟大十月社会主义革命胜利后的第二天就把一切都搞好了的，它也是在联共和苏维埃政府的正确领导下经过长期的艰难奋斗创建起来的。

那么，我们的困难怎样解决呢？解决教学干部缺乏和不够的问题，办法不外是：争取、提高、培养。教学人员的调配，国家有一定规定和计划；随便"争取"就要犯原则错误。而且如大家所知道，我们国家在革命胜利以前的旧中国的特点之一就是落后，国家的知识分子不仅一般讲来质量不高，而且数量也小，经过几年来人民政府对新知识分子的培养和对原有知识分子的教育提高，虽有了显著的成绩，但知识分子缺乏的问题还没有也不可能就得到解决。这是一方面。另方面，即将在全国范围进行的大规模建设，各个方面和部门都需要很大量的干部，而首先又必须去满足经济建设和国防建设部门的需要，这是肯定的，如不把经济建设、国防建设搞好，随同而来的文化建设就要落空。自然我们学校实在必须的师资而又是本身真正无法解决的，是可以提请高等教育部考虑与设法调给的。比较切实有效的办法，只有提高和培养。这也就是我们解决这个问题的基本方针。提高，就是使现有的教师同志很快的尽可能得到提高，使一般教师逐渐成熟以至于达到专家的水平；专家也要不断提高，因为我们的水平比起苏联来还是很低的，何况科学的造诣是没有止境的。提高的步骤，我认为要包括政治和业务知识两个方面。政治水平的提高方面，我校原来有一套制度和办法，现在可以在原有的基础上更有计划地来进行；同时，我们每一个人都必须根据自我教育自我改造的精神，在思想改造的基础上，按照自己所提出的努力方向继续努力前进，这是国家和人民对我们每个人的要求，也符合于我们每个人的利益和愿望的。业务水平的提高方面，一面要发挥我们学校早已实行的分工合作的集体主义的作用，并以之与个别帮助、个别指导、个别钻研相结合；一面在一定条件的基础上有计划的开展科学研究工作，与加强向苏联学习相结合。关于向苏联学习，是业务方面的，也是政治方面的。我校过去在这方面是有一些经验和基础的。关于掌握向苏联学习的工具的俄文学习，最近我们数、理、化三系的全体教学人员以二十一天的时间的速成已突击成功，数学、物理两系的三年级同学也已速成突击成功；其他各系的教学人员和同学，也可根据不同的条件，研究办法，准备到一定时期进行速成突击。向苏联学习，不只应认识关于政治学习和业务学习的统一性、一致性，并在于掌握其精神实质，而不在于形式。关于提高方面的步骤和办法，希望各系（班）室及有关部门都提出一个切实有效的实施计划来——并把它归并到包括几个年度的计划中去。培养，就是要按照逐年的要求与可能培养出一定数量的能教授各种课程的教学干部来。逐年所缺乏的各种课程的教师人数需要多少，逐年能培养出多少，还有那些课程的教师，本校目前没有条件培养的如何办（如送人去他校或研究机关学习，就是办法之一。）？均须研究和提出一个恰当办法来。就本校所能培养的方面来说，也还存在着问题的。这主要是缺乏研究生。本校现在只数学系、物理系有一、二、三年级学生，法律系、经济系有一、二年级学生，俄文班有二年级学生，此外都只有一年级学生。所以关于研究生和助教的来源，将来是可以提请上级领导部门将本校毕业生留下一部分的。但远水不能救近火，多数系要到四年以后，个别系到三年以后才有学生毕业；在目前一、二年内，除去提请上级领导部门考虑解决办法外，是没有其他法子可想的。但在最近几年内，全国大学毕业生的数量仍将是有限的，需要的部门又多得很，特别是经济建设部门。所以一定要实事求是，只能从最低的要求上提出请求。对现有的助教和研究生，必须很好的去加以培养：尽快地使每个助教同志都能担负起专门课程的教程工作，并要求能达到一定水平；使研究生能尽快地提高，胜任助教工作。这也需要各系（班）室以及有关部门——加以研究和订出一个切实可行的实施计划来。除坚决实行与贯彻提高与培养的方针外，就需要我们现有的教师同志们发挥革命的积极性与创造性，发挥更大的作用，每个人都担负和作好更多一点工作。此外，我们还可以同其他学校或研究机关交换一些教员或研究工作，这一方面可以解决我们的困难；另方面又能解决其他部门的困难，也是照顾全面的一个解决问题的办法。

关于设备缺乏的问题，也就是图书、资料、仪器以及其他附属设备缺乏的问题。这主要是数、理、化三系的问题，法律、历史、经济、中国语文、俄文等系在这方面的困难，是比较容易解决的。从我们的任务所提出的要求说，自然，仪器设备愈完备、充足、新式，对任务的完成会更便当和更有保证，也更便利于研究和实验的进行。这是一方面。另方面由于旧社会遗留给我们的特点之一是贫困，经过我们三年来的恢复和发展，才改变了原来的面貌，打下了全国大规模建设的基础。但今天所有的人力、物力、财力主要必须使用在经济建设方面，而且还必须长期地用增产节约等等办法来积累资金，不断扩大对经济建设方面的投资。在正向共产主义社会迈进的苏联，马林科夫同志在苏联共产党第十九次代表大会上的报告里不仅指出"实行严格的节约""是进一步提高国民经济的一个极重要的手段"而且指出"历行节约的问题，应当经常是我们的一切经济工作和党的工作的中心环节"。因此，我们只应该也只可能从最低的设备条件的要求出发，使我们的国家能以更大的财力和物力投放到国防建设和经济建设方面去，而国家也一定会这样做的。

那么，我们学校设备缺乏的困难怎样解决呢？主要依靠于我们高度的爱国主义精神和革命的智慧：一面提高我们工作的计划性；一面按照经济核算制的原则，精打细算，使一钱一物都要用得其所和发挥更多更好的作用，把最低限度的设备创造性地加以合理的充分的利用，使之发挥高度的效能；一面实事求是地计算出什么是今年必须的，什么可以推到明年去，按照最低需要来逐年增加，使活的资材不致滞压。这在若干厂矿的工人同志们已创造出若干模范的事例。我们是能够而且也必须要这样作的。在这里，我想我们学校也可试行一下合理化建议。这样，既照顾了国家的整体利益，也不致降低教学工作和科学研究的效果。

有个别的同学认为，好像国内某些大学的设备好些，要去比。我想不要比，我们的国家是要每个大学都能培养出一定数量和质量的干部来的，而对全国每个学校都会作全面的考虑和照顾。因而今后每个学校对任务完成的好不好，培养出的人材质量怎样，主要将取决于各校的具体领导和政治条件，取决于各校全体人员的革命积极性与创造性、在政治和业务上的进取精神和进步速度。

再次，大家最关心的校址问题，我们已将情况报告上级领导部门，提请考虑。但此必须要由政府来决定的。不过应提醒行政处的同志们注意，在今后数年中，学校建设任务将是繁重的，你们应在思想和其他方面有所准备。

全校各部门、各系（班）、室、党和党领导下的各社团，都须在上述的基础上，根据逐年增加的学生人数和毕业生的人数（这已有一个初步的数字）及各种条件，从各自工作任务的角度实事求是地拟制一个包括几个年度的计划。这种计划必须限期拟订出来。以便据以拟制全校计划，送请东北教育部并高等教育部审核批准。各系所开的专门化和专业，可根据条件，逐年增设，目前条件不够的不要勉强设，能设几个就设几个；但无妨提出逐年增设的计划，列入几个年度的计划之内。

1952 年秋到 1953 年秋的年度工作计划，也在上述基础上根据现有条件去制订。其中心在于能较好的完成或保证完成年度的教学任务，并为下一年度教学工作准备必要的条件。同时，必须在本年度之内完成建系工作。教学部门依此去制订年度教学计划，其他部门则依此去制订其为教学计划服务的计划，以期密切配合。为此，各部门、各系（班）、室、社团的计划，必须相互配合，才能在实际工作上取得密切配合和相互保证，以避免忙乱、克服不相协调或只顾自己方便的现象。为着争取计划的逐步实现，又必须扼要地定出逐月的进度和步骤，并实行周报制，同时又必须实行严格的分工负责的专责制，及时请示报告与及时帮助检查的制度。

二、关于完成教学工作方面的一些问题

教学任务是学校经常的中心任务。其他属于研究、行政、人事等部门的经常中心工作都是围绕着这一中心任务并为它服务的。学校的党和党领导下的各社团经常的中心任务在于从各自的角度来保证这一中心任务的完成并超过。如果中心任务不能完成，或者完成的不好，那么不论其他工作如何，也不能算是完成任务。

关于教学工作的本身，我校早已实行了苏联高等学校教学组织、教学计划、教材编选等一系列的办法；其中除去课堂讨论，不适于数、理、化各系那些技术性的课程外，原则上可以适用于全校各系（班）。因此必须在原来的办

法和经验的基础上，斟酌损益，进一步实行，把教学工作提高一步。关于不适用课堂讨论的数、理、化三系技术性课程的学习组织，希望团、学生会、学生科以及系、室有关负责方面，吸收其他高等学校的经验，研究和创造一些恰当的办法，以提高教、学两方面的效率。

教务部门，应根据本校关于教学工作与完成建系任务等方面的经验和条件，进一步贯彻苏联经验的精神实质，制定一个在现有条件下改进教学工作提高教学效果、同时准备下一年度的教学条件、完成建系任务为中心的全面计划；并在实施过程中随时加以督促检查和研究改进的办法。

研究处、行政处、人事处等部门，不只要从自己工作的职责范围内更好的完成任务，即必须按照进度完成任务；还该更多的尽可能的多想些办法，多解决些问题，为提高教学工作和完成教学任务创造些更便利的条件，争取超过计划。行政处在本年度的工作应以解决年度内及下年度必须的房舍及其设备，搞好预决算保证合理而必要的及时的收支，改进伙食和医务卫生工作、提高全校健康水平等为重点，此外如合作社的工作也必须改进，增产节约的方针也必须进一步贯彻。研究处本年度的工作重点应是根据现有条件和原有经验，把研究班和研究生的工作推进一步，保证学习任务的按期完成；根据各系情况，建立初步的科学研究组织，与校外有关机构建立经常的联系，搜集必要的资料和其所提出的理论问题或专题，为科学研究工作打下初步基础；在相互保证的基础上，保证教材及必要资料的印刷能及时供给并提高质量。人事处必须作好一定的日常工作外，本年度应着重作好：制定教学和行政工作干部、工人、学生在正课以外的政治学习的方案并保证经常进行与实行成绩考核；调整人事配置，切实研究年度的人事缺员及下年度人员的必要的补充，并提出解决办法，制定和实施培养与提高行政工作干部的方案。

学校党组织的应有的领导作用发挥的如何与工作的好坏，对学校全部工作都是有决定的中坚作用的。学校党组织主要是以组织工作和政治工作去保证其任务的完成，并通过党本身的组织和其领导下的社团的组织去进行。党的建设及对党员的教育等工作，也是要围绕全校经常的中心任务去进行的。因此，党委必须根据全校年度的工作计划和中心任务与市委指示的建党整党的任务，去计划和布置党的工作，进一步发挥党的组织力量和中坚作用；通过党的各级组织与社团组织及党员的具体的组织工作和政治工作，去组织、联系、推动、帮助社团和党外干部、群众发挥其组织作用，尤其是团的助手作用，以其实际行动来保证所在部门工作计划的完成与不断提高自己的政治和业务水平。每个党员必须发挥自己在工作、作风、生活、学习以及组织性、纪律性、原则性等方面的模范作用，去影响、推动、教育和帮助党外干部、群众，并和他们保持经常的密切的联系，虚心向他们学习和取得他们的帮助，一道前进，作好工作。党在我们学校的威信是很高的，在三反和思想改造运动中，党的组织发挥了极大的作用，党员的觉悟程度都大大提高了一步；因而又大大提高了党的威信，增强了党的领导。今后党的领导作用的发挥与党的工作的开展，便有了更多的保证。

工会、团、学生会在党的领导下，从各自的角度发挥其组织和教育作用，号召和组织会员、团员或同学从各自的岗位上以实际行动来响应党的号召和行政领导方面的工作部署，为完成并超过教学计划、或为教学计划服务的计划的实现而斗争。

工会经常的业务在于提高会员的阶级觉悟和业务水平、劳动纪律和劳动效率，并搞好福利事业。但此不只必须围绕全校经常的中心任务去进行，而且正以此去保证中心任务的完成或超过。工会为组织和动员全校各种工作岗位上的会员，以实际行动和集体的、个人的模范作用来保证全校中心任务和工作计划的完成并超过，便必须结合工会本身的业务、根据全校计划、党委的布置和上级工会的方针，制订一个切合实际的年度计划，具体规定基层及部门工会工作的主要内容、步骤和办法，并进行具体的布置和经常的督促、检查、帮助。在本年度，对会员的政治、业务、文化教育方面，应着重作好以下的工作：（一）对参加夜大学学习的会员，必须督促其认真学习和进行小组讨论，检查其学习笔记和讨论记录，帮助解答疑难；（二）对所有经过思想改造或思想检查的会员，经常了解其巩固与提高的情况与存在的问题，督促和帮助他们按照其自己所提出的努力方向去实践；（三）进一步把机关学校办好，根据文化、业务、政治水平及思想和工作情况，分别编班，政治课和结合思想、工作情况的政治报告应占一定比重，思想和工作作风的检查应与课程的成绩考查并重，一般职员与所有工友均须参加此种学习；（四）商同党与行政领导有关部门，结合时事政策、工作任务、会员的工作和思想情况，定期组织政治报告，并布置会员对此种报告及校内外其他政治报告、工作报告进行讨论。同时，应帮助会员制订爱国公约，以按周、按月、按季的保证工作计划的完成或超过，贯彻专责制，提高工作和学习的组织性、纪律性等作为重要内容并检查其执行情况，从而使爱国公约不致成为空文，而真正成为实际行动的公约；在现有的和可能有的条件下，采取切实而有效的步骤、办法，把托儿所搞好，不要好高骛远提出不切实际的要求；根据一般标准和经验，订立模范教师或模范工作者的条件，采取全面的号召、布置与培养典型相结合的方式；培养集体与个人模范作为影响和推动全面的榜样，但不要作为一个运动去进行而要经常化，也不要脱离广大群众孤立地去培养模范。

团是党的助手，必须在青年群众中发挥团组织的核心作用与每个团员的先进作用，去组织、推动、帮助、教育群众，并取得他们的帮助和虚心地向他们学习。为完成和超过作为学校经常中心任务的教学任务而斗争。团的业务也必须围绕这个中心任务去进行。因此，团必须根据全校计划、党委布置和上级团委的方针制订一个切合实际的年度计划，具体规定工作的主要内容、步骤和办法，通过团本身的组织和协助学生会去进行具体的布置和经常的督促、检查、帮助。本年度的工作，应配合党和行政领导的有关部门着重搞好同学的学习，并领导教学人员中的团员发挥在教学与建系工作中的先进作用与团结作用；行政人员中的团员发挥在保证教学与建系工作中的先进作用与团结作用；同时协助党进行整党建党工作。

学生会在党的领导下、团的帮助下，主要在于组织和动员全体同学以实际行动来响应学校号召，按照教学计划发挥爱国主义的学习精神，创造进步的学习方法，努力完成并超过国家和人民所给予每个同学的学习任务——学生经常的中心任务；发挥集体主义和团结友爱的精神，以提高同学自觉的组织性和纪律性，遵守法令、制度和纪律，培养新的道德，树立新的作风。其次，结合学习，恰当地开展体育文娱活动。学生中的党团员，应在同学中发挥模范的先进作用；但他们也是学生，也同样是以学习为中心任务的，因而就必须使自己成为学习的模范和先进分子，以自己的学习的模范作用与先进作用去影响、推动和帮助其他同学。因而又必须尽可能使他们不致较其他同学有过多的课外负担。

其次，有些同学对学习还不够安心，或强调个人兴趣，或说学文史政法妨害个人发展、学理科不如学机械、学化学不如学什么什么等等，这都是错误的，是不符合于国家分配的规定和要求的，也是新中国青年不应有的错误想法或情绪，因而必须遵照中央统一的分配和规定，不容随便转校转系或退学。国家是按照干部培养的计划而分配的，如果容许随便转校转系或退学又不只是违反中央规定，还要破坏国家的计划，影响国家的建设事业。有这些错误想法的同学，虽然现已只是个别的，但学生会必须配合团委，帮助这些同学从思想上解决问题，安定学习情绪。

其次，关于工农干部班，本校原有同学二百余人，东北局又决定要送一百几十名干部来工农干部班学习，另外，东北教育部已决定吉林、辽东两个工农速成中学拨归我校。合起来将有一千多人。这也是我校一个很光荣重要的任务。工农干部班除开极少数人外，大都是共产党员，其中大部份是九三胜利前参加革命的，曾经为革命流过血或流过汗，受过党的比较长时期的教育与培养；少数九三胜利后参加革命的也都曾经作过相当的工作。工农速成中学的学生都是从工农里面挑选出来的先进分子和有培养前途的青年，其中也有相当一部份党员、团员。提高这样一种干部和青年的文化并尽可能给予一种专门知识，是完全符合于革命的利益和要求的，是对于我们今天的新民主主义和将来社会主义的建设有极大的作用的。因而是完全必要的。工农干部班的同学则必须重视党与人民给予自己的学习任务，下定决心，来完成学习计划，同时在学习上、工作上、生活上坚持艰苦奋斗的传统作风，发挥应有的作用，克服缺点、改正思想上以及作风上的某些毛病。同时，我们也必须根据具体情况和条件，制订一个实际可行的计划；把文化课搞好，保证能按照计划的进度提高文化水平；同时规定政治理论的学习内容和进度，由学校各负责同志担任讲课和作报告，以提高他们的政治和思想水平。关于工农速成中学，将另行研究。但必须规定在几个年度的计划之内。

（《东北人大》第 24 期，1952 年 12 月 14 日）

1952 学年度第一学期
工作总结和第二学期的开端

在 1953 年 2 月 17 日东北人民大学
开学典礼大会上的报告

同志们、同学们：

1952 学年度的第一学期已经胜利地结束，第二学期已从今天开始。

本学年度第一学期的工作是在三反运动的基础上进行了思想改造、全校范围的忠诚老实运动、调整院系、建系、建党、整党、制订计划、迎接抗美援朝回国干部（包括原在东北局党校学习的老干部 72 名）152 名学员入校及筹划接收辽东、吉林两处工农速成中学的多项工作情况下进行的。由于学校性质的改变，时间仓促，物质条件较差，所以曾碰到下少困难。但由于上级党和政府有关领导部门的正确领导和具体帮助，全校员工学生发挥了工作和学习的积极性、创造性，克服了各种困难，使我们能正确地执行党与政府的方针政策和指示，胜利地完成了任务，获得显著成绩，并摸到不少经验。但我们的工作也还存在着若干问题和缺点。现就第一学期的工作做一初步总结，并从中得出经验和改进本学期工作的努力方向。

本学期的工作，根据年度工作计划大纲（即：全校团结一致，迎接新的任务）的精神，在第一学期工作的基础上，贯彻稳步前进的方针，继续推进学校工作全面计划化的试行，并以提高教研室（组）工作计划化为重点，进一步掌握苏联先进经验的精神实质，以提高教学质量为中心。

现从以下几个主要方面来初步总结第一学期的工作。

一，关于改进教学方法与提高教学质量方面

根据各系（室）学期工作总结、全校学生的学期成绩、党团员座谈会和教师座谈会反映的情况和讨论的结果，以及我们平日的检查和了解，教学工作在学习苏联先进经验上有一大步前进，并保证了一定的质量，也发现了若干问题和缺点。兹从以下几点来说明。

甲，关于各系（班）的任务。我们根据中央所规定的综合性大学的任务，结合各系（班）性质进行了反复研究，作了初步规定，送请上级领导部门核示。根据一个学期的工作经验证明，这种任务的规定完全是必要的，它使各系师生都有一个明确的目标和要求。

乙，关于制订教学计划。学校性质改变后，为制订各系（班）教学计划，在学期开始前即进行了准备，接到中央颁发综合性大学各专业教学计划后，各系（班）便根据中央新颁发的计划并结合本校本系的具体情况制订其教学计划草案，但因中央新颁发的计划，没有关于法律、经济两系的计划，只得迳自根据苏联综合性大学现行计划并参照中国人民大学同系所施行者制订，一并送请上级领导部门审核。因条件限制，全校八个系现仅能设十个专业；共开设课程 169 门：共修课 6 门，专业课 163 门（包括 25 门专业化课程）。

但由于本校目前教师不足、设备缺乏及他校调来的学生过去所学课程不同等情况，各系均不能完全按新订教学计划开课，因又根据前中央教育部指示，制订了各系各年级能切实可行的过渡教学计划：二、三年级在以前学过的课程基础上结合现有的教师条件制订，一年级则根据现有设备、教师、学生等条件制订；其基本精神与较经常性的"固定教学计划"仍无差别，只是在时间支配及个别课程上有所伸缩。

但我们对苏联综合性大学及中央所颁教学计划的实质体会不够，对各课特别是某些专业课的内容也了解不够。四年内按教学计划完成，是否能达到培养目的，尚须不断结合教学实际情况加以研究和提出改订意见，尤有待于上级领导部门的指示和具体帮助。

丙，关于采用苏联教材及学习苏联先进教学方法、教学制度方面。关于采用苏联教材、实行集体备课和试讲、课堂讨论和辅导等方面，是本校三年来所一贯实行并初步行之有效的，在本学年度第一学期又有了提高。

一，关于采用苏联教材：本学年度第一学期开的 39 门课中有 27 门采用苏联教材，占全部教材 69.3%；其他 12 门中除有 7 门属于中国史及语文等方面者外，只有 5 门因条件不具备尚未采用（约占全部教材 13% 弱）。这在我们是由全校统一掌握的，各系、室和主讲教师，则从蒐集有关资料方面去充分发挥主动。为着采用苏联教材，学习苏联先进经验和科学成果，我们采取了以下步骤。①在本学期开学前，响应前中教部号召，组织数、理、化三系教师进行了俄文速成学习。现该三系绝大多数教师已能直接阅读俄文书籍杂志，并已从事集体翻译。他系教师也将从本学期起准备条件，相继进行俄文速成学习。②从前年冬季起，我们就组织和布置教师阅读苏联杂志发表的科学论文，并指定有关系、室进行深入学习和讨论。这对改进课程内容，提高其政治性与思想性，使我们的教师不在被苏联抛弃的陈旧理论基础上绕圈子，是起了一定作用的。如经济地理教研室从前年冬起，特别在本学年度第一学期学习和讨论了苏联科学论文十余篇，对经济地理研究对象有了较明确的认识。该室在总结中提到："……虽然我们对'人地关系论''景观论'等错误观点进行了本质的批判，但对'统一地理学''综合地理学'的错误观点认识不够，因而混淆了经济地理与自然地理的研究对象，以为经济地理只是地理学的一个分支，而忽略了两者科学性质上的迥然不同"，经过学习后才解决了问题。"又如过去我们讲授经济地理过分重复部门统计，而对区域部份则缺乏足够的认识。经过学习后，认识部门统计与区域统计的二者不可偏废性，因而在中国经济地理课，结合祖国当前的方针政策，加强了各区分论。这样不仅使教材体系完整，而且在教学效果上也有一定程度的提高。"经济系和法律系也都有相同的情况。③我们曾明确提出：在我国四年制大学及目前设备条件、学生程度、体力和我国具体要求等具体情况下，采用苏联五年制的教材，不容许生吞硬搬，必须掌握其重点和保持其科学系统的完整性，必须注意与我国实际情况、实际要求相结合。因此，数、理、化三系某些课程，一开始就按照要有重点又要保持其科学体系完整的原则，将苏联教材加以精简；其他各系所采苏联教材，大都系中国人民大学苏联专家所编提纲。因而，分量过多与负担过重的现象尚不严重。这问题在我校虽尚未得到恰当解决，但根据初步经验，结合得较好的某些课程或其某些章节，教学效果便较好。至其如何与我国具体情况结合，我们认为自然科学与社会科学是有些区别的。在自然科学方面，目前还只能做到照顾设备条件、学生负担与消化能力，在份量上进行适当精简。但我们在这方面经验还很少（化学系对无机化学改变实验和讲课程序的经验，可以继续试行）。我校教师对采用苏联教材的信心和决心都很大，这是很好的；必须采取稳步前进的方针，已采用的，还要有计划有步骤的去不断发现问题和摸索经验，尚未采用的，则还要去准备和创造条件，应避免全面铺开和冒进，否则不只使教师在备课上会过于疲劳和负担不了，而且会影响教学效果，使学生也吃不消。

二、关于贯彻执行教师集体备课和试讲制度。这是发挥分工合作的集体主义教学方式的主要方法之一。它可以发挥无限丰富的潜在力量：如发挥集体作用，提高工作效率，减轻个人负担；对教学内容的思想性、科学性起一定程度的保证作用；成员相互间取长补短，互相帮助，不断改进教学方法……本校许多教研室，在这方面曾有一定经验，在本学年度第一学期更有了不少经验和创造，也暴露了我们在这方面的一些缺点和问题。现从以下的例子来说明。如中国史教研室，讲授通史隋唐至清朝一段的三位教师，除各自钻研全部课程外，为着更深入的专业研究而进行了分工：一人负责准备农民战争和文艺方面，一人负责经济方面，一人负责准备科学发明和宗教方面；在固定日期进行讨论，按分工准备中心发言，提出资料和提纲，然后统一讲稿。这样节省了很多时间，并把问题搞深入。还有其他一些教研室，采取了与此相同的类似的或其他方法，都收到了相当效果。特别是马列主义教研室，对教学和社团工作都实行了明确的分工，又实行了密切的联系和互利互助的合作，在工作上经常发挥了集体力量，所以，突破很多困难，完成教学计划，并在教学质量上有一定提高。但也有个别教研室，在教授同一或性质相近的课程的教师间，也正如他们自己所说：由于"存在小生产者的'单干'思想，对计划不重视的自由主义作风"，或"成员间互不服气的思想障碍"，"使分工合作不能开展"，"工作陷于……被动状态"或者借口"教研室人少课多，不能进行分工合作"；或者形式上分工合作，实际上有分工无合作。在教授不同课程的教师间，也可以恰当地进行分工合作。如中国史教研室又在不同课门间实行了分工联系：教师们各自根据自己的需要，在互利互助的基础上，与他人交换资料，如担任中国民族史的马玉良同志定期向担任通史的董玉英同志供给民族史的一定资料，董则定期向马供给封建王朝民族政策方面的一定资料。该室其他教师间也广泛实行了这种分工联系的办法。每人都节省了很多时间，又都能把问题搞得更深更专，在质量上也得到保证。然此不过是一个创造性的例子，其他类似的、常用的、特别是可创造的方法还很多。但也有些教师把分工合作的方式硬套或作为奉行故事，结果便成了"活受罪"。但这种情况还只是极少数；较多数人的思想是只愿"单干"。

因此，发挥分工合作的集体主义作用，是教学上科学的工作方式的一种极重要的内容。但在实施上，必须根据具体情况去采取恰当办法，并不断去加以研究、改进和创造。既要反对抱"抵抗情绪"的"单干"思想，也要防止硬套和避免形式主义及某些重复。如有的教授的课程和进度都完全相同，硬要各写一次讲稿后再来统一，我看是不必要的；有的讲稿曾经讨论过，以后也无大的修改，再照样讨论一次，我看也是有点浪费时间和增加负担；又如有些担任性质不同的课程的教师，就不必一块去进行试讲和讨论讲稿，只须相互讨论教学方法与交换资料，否则，便流于形式和成为负担。又如教师的具体情况不一，就不必要每人都对所讲课程的每一章节都轮番试讲，可采政治经济学教研室业已试行有效的办法，即有计划地由几个人按系统进行试讲，大家进行观摩。问题的中心，在于教师要了解分工合作的集体主义工作方式的精神实质，克服单干思想；但必须避免硬套和形式主义。

三、关于"课堂讨论"和辅导的教学方法。现马列主义基础、政治经济学、经济地理、苏维埃国家法等十一门课程均采用了这个方法。这在我校是积累了一些经验，并作得较好的；现已成为政治理论课与部份业务课教学过程中的一个重要环节。但其精神实质也还不是为所有教师所掌握，个别教师还不能灵活运用，还不善于通过课堂讨论启发学生去独立思考，讨论题每限于书本上的问题，今后还待提高。

课外辅导的教学方法，所开29门课程均已采用。经验证明：它确实是帮助学生消化课程的有效方式。根据物理、化学等系的经验又证明；必须进行重点辅导（以对课程接受程度较差的学生为主要对象，或抓住主要环节的主要问题，或着重在期终考试前一段时间等相结合）和个别辅导。两系的教师同志们，由于发挥了积极性、创造性和对学生负责的精神，从经验中改变了一般辅导的办法，而采用这种办法后，便获得了显著的成绩，具体表现为若干成绩差的、较差的或赶不上班的学生，经教师们分工和分别进行重点辅导后，都赶上了班，到期终考试时，大都达到了80分至90分以上的成绩。因而，一般的无区别无重点的进行辅导是不必要的。这对一部份学生甚至会形成负担。个别课程的辅导经验也证明："教师枯燥地呆在教室等同学来提问，而同学问题不多；既耽搁同学也耽搁教员的时间。"

四、"深入了解学生业务水平，是决定教学成败最基本的条件。"这是数理化三系和其他各系共同的经验。在"包教包懂"的要求下，不仅教材编制和课堂讲授必须适合学生的水平，也只有掌握了全班学生的程度才能去进行重点辅导和个别辅导。而了解学生程度，必须教师深入学生中去和学生打成一片，光是依靠课代表是不能解决问题的。

五、关于教学时间的调整。本学期我校根据政务院规定，参照苏联及其他高等学校采用"八一五〇"制的经验，试行了"八一五〇"制。试行的初步结果：虽还存在一些问题，有些教师和同学也还有些意见（主要是早饭和午饭时间距离较长，午前六节集中上课，过于疲劳紧张等）。但总的说来，证明了这种制度是优越的，可行的。问题和意见的存在，一面由于我们试行得不彻底，如每节上课时间因袭过去的 50 分钟；现决定从本学期起将每节上课时间改为 45 分钟，缩短午前 30 分钟的上课时间，也就缩短了早饭与午饭间相距的时间，又酌增了下午的自习时间；一面将进一步研究，使这一优越制度与我们的具体情况恰当结合。我们必须根据高等教育部的指示，坚决实行。

六、关于期终考试方法：我校前年曾参照苏联经验，规定了新的考试制度，并经前东北教育部批准试行；后因"三反"、思想改造等运动，未能准备条件实施，仍沿用百分制，并依旧采用集中考试的陈旧方法。在本学年度第一学期的期终考试，曾作了局部改变，即采用分期考试的方法（每两三天考一门课）；其优点是：学生每天都能集中复习一门课程，既不必乱抓又不致偏废，教师也可集中力量深入辅导，加强学生对课程的消化和巩固程度。从本学期起，必须准备条件，实行新的考试制度。

七、伟大人民领袖毛主席曾号召我们："健康第一"。而我校学生的健康情况，仍是不能令人满意的：全校学生尤其是本科一年级学生，除患病者外，不少学生常感到疲倦、头晕、课堂打瞌睡。而主要由于历史的原因外，课程负担还是过重，伙食的办理仍没达到应有要求，文体活动还很不够，清洁卫生还有问题。因此：（一）必须从各方面研究有效办法，减轻学生负担；（二）必须在现有条件下进一步改进伙食质量；（三）进一步展开体育文娱活动，报请增置必要的设备；（四）必须进一步开展清洁卫生运动，加强医务工作为全体学生员工服务的精神。

最后，在第一学期，我校在学习苏联高等教育的先进经验方面，虽还在个别部份存在着不同程度的形式主义成份；但从全校来说，已能进一步掌握了它的精神实质。这具体表现为试行了对全部教学工作的计划化，即科学化上面；为着计划化的实行，在全校各系（班）室（组）均初步掌握了以下的两个环节：（一）发挥分工合作的集体主义作用；（二）贯彻专责制。这已摸到一些经验。但也还存在着不少缺点和问题。这种先进的经验，并具体运用到工农干部班，使该班在本年度第一学期的工作有了显著进步；学员同志们发挥了革命积极性和传统作风，在政治和文化方面都有很大进步，并出现了新的气象。但也还存在不少缺点和问题。

二、为贯彻和保证教学计划的完成我们又采取了以下的步骤：

甲、贯彻了以革命精神办学的方针。

由于我们接到改变学校性质的通知较晚，一切均来不及按时准备妥当，特别是新设各系图书、仪器与理化实验室原先毫无基础，均得从头搞起，不只采购设置需要一定时日，而且需要申报情由请求增拨经费。如临时将一座学生宿舍改作实验室用房后，安装经费也未能及时批下；1952年度的设备预算也产生若干周折。新来教师因缺乏宿舍，长期寄居旅店。因而曾一度引起若干教师同志的不满。我们便根据国家建议的基本方针和我党艰苦奋斗的传统作风，以"革命精神办学"精神，进行反复动员，指明前途，提高信心，号召发挥创造性的潜力来克服困难。全校人员发挥了主人翁的责任感，一致响应了号召。如化学系教师在实验室未按装妥当前，为了不误课就用木板搭成实验台；没有煤气装备就临时用酒精点灯，在本市买不到酒精灯就以墨水瓶代替；当时实验经费未批下，系主任及其他教师便自己拿出钱来买药品。又如物理系普通实验室没有螺丝刀（小型精细的），就用铁钉打扁代替；有些实验没有仪器就到他处临时借用；实验室没有桌椅，学生就每次从自习室临时搬来。两系不只是这样完成了全学期的必要实验，并保证了一定的质量和效果；而且若干教师同志为便于学生理解和提高其学习质量，在利用图表和形象，教学以及问题和习题解答等方面，也有若干有益的创造和经验。又如数学系及一些共修课教研室，由于教师不够分配，尤其是助教缺少，便由每人多教并兼任辅导来克服困难。又如法律系，根据司法改革的要求，教师同志们便发挥了顽强的钻研精神，结合业务开展了历史唯物论的学习，来保证课程内容的政治性、思想性。他如教务、研究、行政、人事等部门，在物质条件缺乏或人员配备不全的艰难情况下，对人力、财力、物力等方面均实行了精打细算来克服困难。还该特别提到的：印刷厂和行政处若干工人同志们发挥了革命的积极性和创造性，为国家节省和增产了大量财富，并保证了教学；一部份同学以寒假中三天的时间，突击完成了三十万字的油印讲义，并保证了质量。

乙、为保证完成教学任务，在全校范围实施了计划化。

我校早在 1951 年冬季，即曾试行全校工作计划化，并曾初步摸出一些成功与失败的经验。本学年度第一学期，为适应国家大规模建设的要求，便在过去的基础上和稳步前进的方针下，在全校范围施行了全面计划化。并获得了以下几点初步经验和认识。

子、实行全面计划化，首先必须全校人员（特别是各级领导干部）有一定的思想准备，否则计划是不能贯彻的。当我们前年冬最初提出加强计划性时，并不是马上为干部和群众所接受，有的同志虽承认计划性的重要，但每习惯于手工业工作方式，或在实践上，感觉无办法和信心不足；有的同志虽也赞成计划化，但不认识其作用，甚至"认为计划是给领导上看的"；有的同志则抱着忽视的态度，甚至有"抵抗情绪"，认为施行计划是增加负担，或"为计划而计划"。但我们采取了坚决的态度和帮助各单位反复制订与修改计划，并经过反复解释，终于在全校范围试行起来。只是有的单位计划本身的制订不够具体和事实求是，特别"缺乏如何作的办法"，从而就"行不通"；但也有些单位搞得较好。这都为上学期实施计划化准备了一些条件。上学期实施计划化的结果，在我们的工作中，已在合理使用人力、物力、财力，发挥潜在力量，提高工作效率，减轻师生负担，改进教学和工作质量等方面，摸到一些经验；开始克服了一些忙乱现象，并为今后根本改变这种情况找到了门路。但其精神实质还没有为全校人员所掌握；在学过苏共十九次代表大会马林科夫同志报告的第二部份后，大家在认识上，虽有了一步提高，思想上却还存在着不少问题，尤其不能了解如何使计划去适合客观规律。

丑、制订和贯彻计划必须有明确的任务和要求（其中特别是关于员工的业务分类和逐年的定员定额标准及质量要求等），有明确的中心工作和逐周逐月逐季逐期的工作要点。而这种任务、要求、中心和要点，必须是根据条件和可能创造的条件与被发掘的潜力来规定，否则便要成为主观主义的无法执行的东西。我们在制订年度计划以前，根据上级领导部门所规定的任务和要求的原则精神，估计了全校现有的、可能创造与被给予的条件以及可能克服的困难与将被发掘的潜力，在开学典礼大会上作了初步估计和思想动员，明确的提出年度工作中心、要点和各部门各系（班）及社团的具体任务。全校各部门、系班及社团曾据此拟制其自己的年度工作计划，其各自所属室（组）科，则根据其被批准的计划去制订室、科计划；各科室所属每个成员，则根据被批准的科室计划去制订个人工作计划。部门、系班、社团、室科和个人，都根据其本身的工作任务和条件，把全校任务和要求具体化，围绕全校性的工作中心和要点具体规定本身的工作中心、要点和进度。由于各部门系室的计划没有关于逐周逐日的进度及工作定额与质量保证的明确规定，以至在室科及个人、除个别有其逐日逐周规定工作进度的室（科）历和个人工作进度表、能按期保证完成工作定额与质量要求外，大多数的工作计划，都不易按一定进度具体执行，也不易按计划去检查其工作。因此，便决定从本学期起改变办法，室科计划一律改为室（科）历、个人计划改为工作进度表。

寅、制订和贯彻计划必须走群众路线。大多数部门和单位的经验证明：发动群众共同动手、经过民主的反复讨论而制订出来的计划，才能为群众所掌握；也只有为群众所掌握的计划，才能变成推动工作的物质力量。在相反的情况下，它便有成为纸上空文的危险。所以个别部门、单位在执行其计划的过程中吃到苦头后，又回头走群众路线，结果也转好了；一直不肯回头的个别单位，便始终在忙乱中打滚。

卯、制订计划必须根据任务和要求结合自己实际力量作到切实可行。单凭热情和主观愿望而不把临时任务估计进去，结果就脱离客观实际、行不通；有的仅凭现成条件出发，不把可能发挥的潜在力量和可能创造的条件估计进去，结果就不能发挥计划的作用。这都不是自觉地使计划去适应客观的规律性。因此，既要反对单凭主观愿望，也要反对保守。

辰、制订和贯彻计划，必须全校各部门及社团一致为完成或保证完成学校经常中心任务的教学计划以及围绕全校的、部门的、单位的各个时期的中心工作和要点，统一领导，分工配合。第一学期全校各部门、单位、社团，都曾是这样制订了自己的年度计划并按照其执行的。但在制订计划中，有的由于对全校经常中心任务和学年中心工作及重点研究、掌握不够，曾产生过脱节的现象——但均得到了及时的纠正。在执行计划的过程中，由于没具体提出全校性的逐月逐季的工作要点，各系（班）、部门、单位的计划，缺乏逐周逐月的工作进度、定额和质量保证的规定，更没有关于逐周逐月地围绕工作中心的统一领导分工配合的规定，因而在若干方面，会产生了工作上的"互不配合""各搞一套"的脱节现象，反形成相互抵触和增加忙乱。因此，在全校，从今年二月起，除"校历"外，又制订了"月历"。各系（班）、部门、社团也都根据年度计划大纲、校历和各自的计划，制订各自的切实可行的工作历——尚未制订的，希望赶快拟订送审。

巳、贯彻计划必须严格实行责任制（明确分工的个人专责制、发挥各级各部门作用的逐级负责制、相互保证的联系责任制）。这是能否贯彻与完成计划的关键之一，与分工合作的集体主义工作方式同等重要。这在一方面，可使每件工作均有专人负责与限期完成工作定额与质量要求的保证；一方面既能保证集中领导又能发挥各级各部门的作用和提高责任感，并使全校由总的领导到每个成员构成一付灵活而健全的工作机构，使全部工作的定额和质量均有保证；一方面使个人相互间、各部门单位社团相互间、学校与校外有关方面相互间，不只可避免相互抵触和扯腿的现象，并能发挥相互保证、配合、帮助和提高等有机作用；一方面又是提高干部的业务水平和工作方法的最切实有效的办法。我校初步实行的结果，已获得一些成效和经验，但存在的问题和缺点也还很多，尤其在联系责任制的贯彻方面，希望本学期能摸出一套经验来。我们在校内各部门单位相互间与校外有关方面间所试行的合同制，我认为是可以继续实行和推广的。

这种合同的方式，我校已实行的有：全校及各系与校外有关业务部门间的合同；校内各单位相互间的合同；教师间试行的口头合同等。根据合同，如有一方不能按时履行任务，就要负责，就等于自己的计划没有完成。上下级之间的相互保证也同样重要，上级不按计划执行，就往往打乱下级的计划；下级不如期完成计划，就不只是放弃职责，并要影响整个工作。因此，必须对自己的工作计划和合同规定的责任严肃负责，必须把合同规定的任务订入自己计划之内，并及时进行检查。中国史教研室主任及各小组长将检查计划的日期及办法也规定在自己工作计划之内。这是对的。另方面，如果一方不能按时完成其相互保证的任务，便要影响其他有关部门或单位计划的完成。

这种责任制的贯彻，一方面依计划本身的科学性及其详细周密的程度如何；一面要依靠所有人员的政治觉悟所体现的革命积极性和创造性，如果缺乏这个条件，即使计划本身是科学的，责任的规定是合乎实际要求的，也将无法实现或要打折扣。

午、贯彻执行计划必须建立严格的检查制度、开展批评与自我批评。"计划就是法律"，一经制订必须严格执行与保证完成。因而所属上级要逐期以至逐日了解下级的计划执行情况，并须及时去帮助下级发现问题、解决困难（指示办法），使能保证任务的胜利完成。为此，实行严格的检查便有着头等的重要意义。我校在这方面：（一）自1951年末在各部门、系（班）、室开始施行了"周志"制度（内容包括本周工作计划执行情况、上周计划完成情况、本周工作与年度或学期工作计划结合情况、本周事故及请示事项等），上学期又继续实行。这对于及时了解各部门、单位的工作或计划执行情况，各部门、单位及时检查和计划算一下自己的工作，是起了一定作用的。现正将这种制度推行于社团及各科。（二）各级领导都随时深入下去，实行具体检查、帮助，也随时召集所属下级汇报情况和指示工作；但缺乏重点检查。（三）行政主要负责干部对全校各系（班）、党委委员对各总支和社团工作的具体领导，都实行了明确分工。其缺点是还有些贯彻不够。（四）在学期结束前，由校党委召开了一次党团员座谈会，由学校行政领导和校党委共同召开了一次教师座谈会。通过这两次会，初步检查了计划执行情况，交流了一些教学经验，也发现了各方面的若干缺点，给本学期继续加强计划、改进领导和提高教学质量，准备了一些条件。总的说来，上学期的检查工作是做得极不够的，决定从本学期三月起，组织一定力量实行重点检查。并以此作为改进工作和提高教学质量的一个重要环节。

检查必须结合自我批评与自下而上的批评。个别单位由于批评和自我批评有适当开展，不只产生了群众性的检查作用，常能使检查达到一定深度和广度，且不断获得推动工作计划前进的力量。另外有些单位，由于"缺少围绕教学和工作展开严肃的批评与自我批评"，就不只"单干思想、对计划不负责的自由主义作风"滋长，形成"计划制订后放在一边置之不理"的现象，且影响工作的检查或形成"缺乏督促检查"的现象。因此，若干部门、单位在学期工作总结中提到：由于批评和自我批评开展的不够，而影响了计划的贯彻。这完全是对的。

未、为了加强计划化，上学期曾制订了体现全校工作进度的"校历"，自二月份起并逐月制订"月历"。为使工作能逐月逐周地按计划具体实行和便于进行检查，各室（组）科以及部门、系（班）、社团均根据学校总的任务及该管部门系的工作计划，在寒假中制订了"科历""室历""系历""处历""团历"等。室（组）科将本科室的工作进度与要求，每件工作的执行者、工作的定额及质量的要求、学习及会议日期与可能的临时任务等等，均加以具体规定（以后不另作条文的工作计划）由所属领导方面逐周按历进行检查、督促、帮助。各室科的每个成员，则以同一内容去制订个人的工作进度表（以后不再订条文式的个人计划）；所属领导方面则逐周以至逐日去进行检查、督促、帮助。这些都还在摸索中，效果如何，还待今后从实施经验中去加以研究和改进。

申、实行计划化必须高度发挥党的中坚作用及党领导下的社团的应有的作用。党组织的领导和工作发挥的怎样，对学校尤其是对计划化的贯彻是有着中坚的决定作用的。在第一学期，我们学校党不只发挥了应有的思想领导作用，党又直接并通过党所领导的社团、民主党派进行了若干具体工作，特别在围绕全校人员来完成教学任务方面。为巩固思想改造的成果与提高全校人员的阶级觉悟，对员工学生进行了一系列的比较正规的经常性或临时性的政治理论教育、纪律教育、新道德教育。党员同志，一般都发挥了应有的作用，在教学工作、行政工作、群众工作等等方面，进行了若干具体工作。党保证了学期教学计划的胜利完成，是与党员的努力分不开的。关于党的若干工作都是通过和依靠党所领导的工会、团、学生会、友协与民主党派等组织及其成员的努力去完成的。经验证明：也只有这样才能高度地发挥党的作用与胜利完成任务。各社团、民主党派，特别是团和工会，在上学期的工作、不只完成了它应有的任务，领导和组织其成员以实际行动保证了教学计划的完成，并在其全部工作上有很大开展，比过去前进了一大步。但党组织及所有社团和民主党派的工作，也还是有缺点的。党的工作是有以下的主要缺点。①由于建党、整党等任务的繁重，只提出较原则的年度工作要点，没有及时提出较具体的书面的学年工作计划。②个别党团员在教学人员中未能发挥其应有的团结作用，学生中也有一部分团员和个别党员，有脱离群众的倾向，特别对所谓较落后的同学抱有一种

"看不起"或"讨厌"的心理，党没有及早发现去加以解决。他们不了解，党员和党的助手的成员的团员，有义务去团结其周围的群众，并和他们一道来作好工作；必须诚恳虚心的去教育、帮助群众，不断把群众提高；又必须诚恳而虚心的向群众学习和取得群众帮助，不断来提高自己。这在他们，口头上也是懂得的，一到实际生活中就糊涂起来了。③有一些担任教学行政工作的党团员干部，对党对青年一代的教育精神、教育政策体会的不够，在实际生活中，每每以简单的甚至粗暴的方式、以至惩戒的手段去教育学生；这和校党委过去对他们在这方面的教育不够，是有着相当关系的。但这种情况现已有了基本的改变。工会和团的主要缺点，在于对学校各级行政教学领导的工作计划和布置重视不够或抓的不紧，致在实际工作中每每没能发生应有的配合作用，而发生若干脱节现象。工会在学期初所提的福利工作的计划，有些太高，不合于国家当前的实际情况和要求；但不久也有了改变。

会议多与一部分人兼职多的现象，在我校还是存在的。必须在本学期由行政、党、民主党派、社团配合，求得适当解决。否则对计划的贯彻是要受到重大阻碍的。对此，将提出一个单独的实施方案来。

总的说来，在贯彻计划化方面，我校还存在以下一些主要缺点和问题。①单干思想和集体主义工作方式矛盾的问题；②本位主义和联系责任制的矛盾，及我们对相互保证的联系责任制方面缺乏经验的问题；③不时的校内外临时任务等对计划性矛盾的问题；④事务主义的忙乱或责任心不强和集中领导分工负责的矛盾问题；⑤"推着干"或自由主义和组织性、纪律性的矛盾问题；⑥由于我们经验缺乏，教学和行政干部在思想准备和认识程度方面还存在着一些问题，而又缺乏计划性的素养；⑦图书、仪器缺乏，干部配备不能适应当前工作需要，更不能适应发展的要求等等，都不能不使计划本身受到一些影响和工作陷于被动；⑧由于客观上的任务繁重和主观上事务主义方式残余，曾一度在工作上形成一定程度的繁忙甚至忙乱的现象，从而又影响了对教学工作的重点检查和帮助，这不能不使教学工作的改进受到一定影响；⑨一部分干部和学生的兼职与会议过多的现象，虽已采取了若干较有效的步骤，但还未得到最后解决；⑩此外还有其它一些目前不可避免或非局部所能改变的情况，也使计划化的实行受到了相当影响。以上凡学校本身所能解决的，全校人员必须按照一定计划和步骤，发扬革命的积极性和创造性，在本学期去求得初步解决或摸出经验，以便准备条件在下一学年度按照全面计划化的道路前进。

三、为巩固思想改造成果、提高干部推动工作，加强了政治思想教育工作方面。首先在思想改造的胜利基础上，学校正确的执行了上级党委及上级行政领导部门的指示，大力加强了学校的政治工作制度。

其次，加强了马列主义夜大学的领导，使之更加正规化；机关学校设了专职副校长，为照顾不能参加夜大学学习的干部和全体工友的政治学习，重新正式组织了政治班。

第三、为了提高党员干部的思想水平，配合建党、整党、建系等重要工作，党委实行了一月两次的定期党课制，并吸收了团员干部及部份积极分子参加。

第四、结合各项政治运动配合学校当前工作，组织了全校人员积极参加各项政治学习。

由于政治思想教育工作的加强，对巩固思想改造的成果，提高员工的政治思想水平和推动工作学习等方面，均有了一定的收获。

甲、提高了全校教师职工的理论和思想水平，并在教学上工作上发生了作用。若干教师都改变了过去的看法，认识了"理论是各项业务的基础"，并以之去联系自己的教学、思想和作风；一般的都知道或迫切要求"用马列主义的立场、观点、方法去认识和批判问题。"

乙、提高了干部和群众的政策思想水平，改正了作风，推动了当前工作。过去某些干部尤其是群众，对政策认识及若干现实的问题上，有不同程度的糊涂思想，原则空气不浓厚，批评与自我批评还未很好展开。在学习苏共十九次大会文件和几次党课中，均联系各种具体思想情况作了深刻的批判。许多干部在学习讨论中，检查了自己的名利思想，加强了组织性、纪律性，基本扭转了某些干部的组织纪律性不强和自由主义的作风。如有的干部说："过去对上级领导的指示研究不够，往往不能正确贯彻领导的指示，而发生错误"；许多干部认识了什么是原则问题，什么是作风及技术细节问题，及如何对待原则问题及技术细节和工作作风问题。但还不能说是彻底解决了问题，还有待于不断的提高。

丙、在职工中，由于政治学习的初步结果，已产生了一些工作模范及优秀的工作者和优秀的学习者。

丁、提高了学生的认识能力，端正了一部份学生的学习态度，安定了学习情绪。在开学之初，在一部份学生中由于对综合性大学认识不够，思想比较混乱，有些学生曾存在着"赶浪头"思想，及其他错误思想；希望"改行"，在学习时"思想溜号"，对学习"怠工"，"故意"不遵守纪律等等。经过各系所进行的"个人与革命事业的关系"的教育及其他政治时事学习，党和社团及各级行政领导的个别谈话，使学生的上述各种错误思想得以逐步澄清，并从而端正了学习态度。但此在个别学生中，还不是彻底解决了问题，今后还须不断地反复地耐心地进行教育。

在政治理论教育和学习上表现的一些缺点和错误思想，主要有以下几个方面。从领导方面说：一、对学校当前工作和思想情况结合不够全面、系统。为此决定从本学期起，除结合一般政治学习来推进工作外，并以结合学校工作、思想情况及时事政治问题等方面为内容，实行两月一次的政治报告。二、缺乏有计划的辅导和组织讨论及检查督促。从教学和行政工作方面的同志说：一、一部份人有急于求成和依赖思想，不了解掌握马列主义并使之与实际结合，是需要有较长时期的学习过程，也不了解要靠自己去努力钻研，想单凭听课或听报告，也就是想只靠耳朵去解决问题。二、把钻研业务与政治理论学习对立起来，加之不去改进工作方法和合理的分配时间，或挤出时间来学习，而表现为对政治理论学习不够重视，不知这是任何一门科学家必须掌握的一门科学，因而对各种会议也不愿参加，客观上表现为单纯学术观点。三、有些同志只想从学习的理论中去径行解决业务上的一些问题。从学习到的理论直接就拿去和业务结合，这不是不对，但如忽视其另一方面，即拿它去检查自己的工作、思想和作风，去提高自己的政治和思想水平，就不对了。四、有些人认为自己底子差，或年纪大了学不好。不知只要能抓着一个最基本的问题，是谁也能学得好的。那就是正确的认识个人与祖国、人民、党的关系，也就是能决心牺牲个人的利益，一切都以祖国、人民和党的利益为前提，个人利益无条件服从这种利益。否则，即使他读一万卷马列主义书籍，能用马列主义词句写出大篇大篇的文章或书册，逢人能夸夸其谈的大谈马列主义，也是不能掌握马列主义的精神实质的。在同学方面：一、有些同学或由于单纯业务观点或由于学习不安心或由于其业务课程紧不会挤时间，对政治课或政治报告不肯用心听、用心钻研，甚至在开会听报告时阅读其他书籍，或打瞌睡，或心不在焉。二、有些党团员学生有狭隘思想和优越感，对同学缺乏耐心的帮助和以同志的精神去团结同学来学习。

上述这种情况，从本学期起，一面必须从客观上解决一些可能解决的困难问题，一面必须从每个人的主观上来端正认识，使之有一个大的改变。

总之，我们第一学期的工作是有成绩的，并有很多创造；但也还存在不少缺点和问题。在本学期希望同志们、同学们更多更大地发挥革命的积极性、创造性，顺利地完成或比较顺利地完成本学期的工作任务。我相信在我们这样一个学校，在现有基础上，在全校人员现有的觉悟程度上，我们虽然会有不少的困难，也都是能够克服的。我们的学校是能够比较顺利地前进的。我相信：我们这一学期的任务一定能胜利完成。

（《东北人大》第 26 期，1953 年 3 月 5 日）

关于学生失表与有些干部违反党的
教育政策及处理情况给中宣部等请示报告

1953 年 2 月 19 日

中央宣传部并中央文教委员会党组、高等教育部党组、东北局宣传部、东北文化教育委员会党组、长春市委：

兹将因一个学生失表，引出一些党团员干部违反党对青年一代的教育精神和教育政策的行为，及我们处理的经过，扼要报告。并请准予作为我的一、二两月份的通信。

东北人民大学的教育行政工作的党团员干部，绝大多是九三后参加的。这部分同志一般都能积极工作，接受新事物较快，并在一定方面有一定工作能力。但出于我们过去对他们的教育抓得不够紧，组织生活也不够经常，其中不少人自高自大，优越感及由旧社会带来的某些积习，没有得到应有克服；对党的文教政策认识不够，动辄就想用惩戒手段去对待学生，脱离群众，特别是所谓落后学生和教师，组织性、纪律性、原则性的锻炼也较差。在上学期起根据党员八条结合上述情况及学校党内其他情况，每两周上一次党课，以后在整党中又针对各种情况和问题开展了批评和自我批评，结果很好。失表的事情正发生在整党过程中，又抓住进行了一教育。

事情的经过是这样的。去年 12 月 23 日，数学系学生李广坚向系秘书李树权同志（正式党员）等，申报在寝室失去其放在枕下的怀表一块。李树权等主观上是想负责把失表找出，但所采的方式是粗暴的，甚至有类似斗争会形式的逼供情况，共召开了该系该班第一组小组会三次，小组扩大会一次，要每个学生交代失表当日的活动情况，并翻箱倒柜寻找。由于可能看见李广坚放表的在场学生之一林波官，在第一次小组会上所说当日活动情况与事实矛盾，加之他平日有无故旷课情事，便认林有"最大嫌疑"，还以学生递条子的方式指林为"嫌疑犯"，由此就一次紧一次地以群众压力迫林"交代问题"、"承认错误"，李等并以同一精神找林作过多次个别谈话。这种违反政策的行为，不只引起林波官极大不满，使自己陷于被动，且在群众中造成了不良影响，同时李树权等始终没向校党委和行政领导请示汇报，只向所属代总支书和学生科长等谈了一下（他们也没同党委和行政领导请示汇报）。团委书记接到林波官给学生会的信后，也没引起应有的重视，只是叫学生会"了解一下"，也没向党委请示汇报，直至我们指出其错误以前李树权及其他有关同志都还认为是作得对的。这又暴露了我们平时对干部教育不够的严重缺点。

1月15日接到林波官致吕振羽的一封详述事情经过的长信以前，我们竟毫无所知，虽然当时正忙于整党及接收一批来校学习的志愿军回国干部和建校、建系等繁杂工作，也并不能掩盖我们的官僚主义作风。但我们在接到林波官信后，即引起足够的重视，一面立即找有关党团员干部和学生群众分别谈话，询明情况，一面即以团委书记为首组织一个小组深入调查研究。党委根据全部材料，进行了详细的研究、分析和讨论，认为李树权同志等对失表事情的处理，主观上是在负责找表，方式上是简单的、粗暴的。甚至有侵犯人权的成份，是和党对青年一代的教育精神、教育政策相抵触的，也是无组织无纪律的表现，其他有关同志则在不同程度上表现了政策思想的模糊与组织性纪律性不强。他们也都作了书面或口头的检讨。

为了教育干部群众与挽回影响，党委召开了全校党团员干部大会，作了报告和组织讨论。在报告中学校领导首先检讨了自己没能及早发现问题的官僚主义，和平日对干部教育不够的缺点，要替这次犯错误的同志分担部分责任，并着重检讨了我自己，同时由学校行政领导召开了数学系全系大会，作了内容基本相同的报告，系秘书和干事也都在大会上作了自我检讨。会后党团员干部普遍反映："这是一次最生动实际的教育，比过去每次党课的收效都大。"对提高干部政策思想和改正作风，起了一定作用。教师和学生群众普遍反映，"感到满意、也受到了很大教育"、"深切感到党对青年一代的关心和爱护，提高了对党的政策的认识"、"感到党对青年一代的培养是无时不在关心的"、"校长对我们是爱护备至的"、"党团员对待自己错误的态度是光明正大的"。物理系主任余瑞璜也说："这种精神真是伟大！我也要很好来体会一下"。林波官向其他同学说："在旧社会，我要向校长写信，不但不能解决问题，反而要找很多麻烦，校长能够这样认真处理问题，使我感到党对青年确是关心和爱护的"、"过去我对共产党和人民政府是无所谓的，对进步同学我根本看不起，现在我认识到这是不对的"、"校长在会上对我的批评都是对的，我还想找校长当面作检讨"、"今后要安心学习下去"……因此这两次会的结果都是好的。

以上处理是否妥当，请指示。

布礼

吕振羽

1953 年 2 月 19 日

批示

东北局宣传部转东北人民大学吕振羽同志：

2 月 19 日信收阅。你们对一学生失表情事所采取的措施是正确的。由此证明，在学校中，经常注意并加强对党、团员的政策思想的教育是很重要的，是维持良好的学习秩序的条件。欢迎你将学校工作的经验经常告诉我们。

中央宣传部

1953 年 3 月 12 日

在东北人民大学改进伙食工作会议上的发言

1953 年 4 月 7 日

本月 7 日上午十时吕校长召集团委会,供给科等单位负责同志,研究改进伙食工作问题,听取大家发言后,吕校长做了如下指示:

吕校长指示:伙食好坏是关乎全校学生及员工身体健康的重要问题,因此,必须将伙食工作再提高一步。要办好伙食,必须注意以下三个问题:第一,保证质量,第二,注意清洁卫生,第三,调剂口味。这三点是相互关联的,不能截然分开。

关于质量(据医务所检查:食品所含的热量尚够标准),吕校长说:必须在现有条件下再提高一步,保证足够的热量。不仅总热量够了就算合乎标准,必须各种成份都能够标准,同时又必须在现有基础上争取不断提高标准。一方面绝对防止浪费(如土豆皮削的太厚,淘米将米顺水流出等),发现后应当立即纠正。各灶司务长要切实掌握人数,反对夹生饭,反对剩饭。剩饭发酸变质,不许再给同学吃,因为吃下之后不只不能增加营养,反而有害健康。另一方面各司务长要经常了解市场的菜蔬种类和价格,买回物美价廉的东西供大家吃用,经常换样。新上市价高的菜蔬可暂不买,待大宗上市之后价钱稍贱时可再买,这样不浪费伙食费并可以保证质量。

关于清洁卫生的好坏,完全根据主观努力来决定。清洁不好,吃下去就要起副作用,反而降低质量,过去饭菜洗的不净,甚至有夹杂物影响同学健康,

---

① 编者注:该发言系通讯稿。

必须纠正，必须教育炊事员从思想上认识这一问题。

关于调剂口味这是和质量与清洁关联的，因为口味不合适，尽管质量好、卫生，大家不爱吃也是不行的。如何调好口味？吕校长学例说，如菜蔬经常换样（根据条件）将来多吃些有营养的青菜。有的菜蔬洗淨之后可不必炒的太烂，这样可以保证热量，但有的煮烂有益于消化与营养的就可以煮烂，又如煮粥可以放些豆子，又必须煮烂，这样可以引起大家食欲等等。

吕校长说：质量、清洁卫生、口味这三点作好了，伙食就能改进。至于各人的口味嗜好不同，应说服大家要服从统一的口味，反对只强调地方口味。

吕校长最后指出：要办好伙食工作，决定于以下几方面。

第一，在伙食工作中起决定作用的是供给科的管理员、司务长及炊事员，首先要帮助、教育他们，要把这种思想变成他们的思想，发扬与鼓励他们革命的积极性与热情，不要泼冷水，鼓励他们开动脑筋，主动想办法，并帮助他们想办法，使他们每个成就都得到鼓励和支持，不要使他们感到"费力不讨好"。其次结合教育要订好一套制度，按制度去检查，督促他们完成他们的职责，他们不会想办法，领导上就帮助他们出主意，并根据他们的工作进行考绩，作到奖惩分明。

第二，要靠同学与炊事员、司务长、管理员搞好团结友爱关系，并帮助他们学习，鼓励他们的工作热情，提高他们对工作的认识，特别是学生会生活部应将此项工作列为工作内容之一。现在同学对伙食工作提出不少意见，这是好的；但这些意见大多是消极一面的，如只是说，"伙食办的不好"等等，对如何改进及帮助想办法等积极意见提的不多。同学和炊事员、司务长、管理员间在感情上还不够融洽，还没达到阶级友爱的应有程度。全体同学要以同志态度对待炊事员、司务长、管理员。一面要他们提高积极性，办好伙食、不容马虎；一面也要体谅他们的辛苦。搞好团结，使感情融洽，这要从阶级感情上来认识这一问题。

第三，团要关心伙食工作，发挥伙食部门中团组织对办好伙食的核心作用，充分发动作伙食工作的团员起模范带头作用；并经常去检查他们的工作；保证把伙食办好；配合党委在伙食工作人员中注意建党与建团工作。

第四，工会一面要配合供给科加强对管理员、司务长、炊事员的教育，提高他们的阶级觉悟，加强劳动纪律的教育，提高工作效率和质量，要他们保证办好伙食的工作任务；一面要在现有条件下，尽可能照顾他们的福利，帮助他们解决些可能解决的实际困难，并要在精神上鼓励他们，这样去履行工会对伙食工作的保证。

吕校长发言之后，到会人员一致表示同意。吕校长最后再三叮嘱大家：各方面都来关心伙食工作，帮助解决困难，而不是在旁边指责。如果这样，伙食工作就一定可以改善。

（《东北人大》第 28 期，1953 年 4 月 20 日发表）

东北人民大学
1952—1953 学年度工作总结报告

一 基本情况和要求

本学年度是本校改为综合性大学的第一学年度，我们曾在较困难的条件和繁重的任务下进行工作。由于党和政府的正确领导与具体帮助，全校员工发挥了革命的积极性、创造性和艰苦奋斗的精神，初步贯彻了全校工作计划化，贯彻"以革命精神办学"的方针，克服了各种困难，胜利地完成任务，并获得显著成绩和若干有益经验，自然也还存在着若干问题和缺点。

本学年度的工作，是按照年度工作计划进行的。年度工作计划，是在"稳步前进"的方针下，根据上级领导部门所规定的任务和要求，在下述情况和要求的基础上制订的。当时本校的基本情况和要求是：

一方面学校性质改变，全校八系均系新建或改建，加之时间仓促、设备缺乏、师资和行政干部均配备不全，若干工作均须从头作起。如何完成建系工作和年度教学任务并为下学年度准备必要条件，便成了较突出的严重问题。一方面：①我校是在老解放区干部学校的基础上，根据新型正规化的要求，从新创办起来的，并有了一段向苏联学习的经验，没有旧式大学的包袱，但也缺乏其一些有益的经验和设备；②教学和行政干部的绝大多数或系本校和他校出身的进步青年，或经过较长期的教育改造，或原先就比较进步，并有不少党团员，政治质量较好，但其中多数教师在专门学术上还不够成熟，而逐年行将开设的若干专业课又不能不依靠他们去分别担任；③教学制度、组织和方法均已采取苏联经验，绝大部分课程也都已采取苏联教材（除不能采用的课程外，改校前为 82%，改校后第一学期为 75%，第二学期为 88.6%，但还存在若干问题和形式主义成份；④已有了一套组织机构和工作条例、工作制度，但各部门、单位、成员间仍不能发挥适当的配合作用与按步就班的进行工作，仍存在着劳逸不均、条绪繁多、负担过重的忙乱现象与分散现象。这一方面可以使我们不必再照样经历一个教学改革的过程，只须把它作为附次任务去进行；另一面改进，提高和从新建设却显得特别迫切。

因此，我们的年度计划便以"较好的完成或保证完成年度的教学任务，并为下年度教学工作准备必要的条件，同时必须完成建系工作"为中心；以保证教学质量、培养和提高师资，克服忙乱发掘潜力、发挥社团的保证与配合作用为重点；并以学习苏联先进科学成果和试行工作计划化，为贯穿全部计划的两个基本环节。由于第一学期工作的结果，创造出良好条件，使第二学期的工作有了提高一步的可能。因此我们在总结第一学期工作的基础上又布置了第二学期的工作，并确定："在第一学期工作的基础上，贯彻稳步前进的方针，继续推进学校工作全面计划化的试行，并以提高教研室（组）工作计划化为重点，进一步掌握苏联先进经验的精神实质，以提高教学质量为中心。"这对第二学期工作的提高是起了决定作用的。

年度工作计划大纲的主要缺点是：（一）没有估计到稳定和巩固学生学习情绪对我校当前情况下的重要性，因而没把它作为第一学期的一个工作重点；（二）对临时任务估计不够，以致第一学期的工作计划常受到临时任务的影响，特别是年底 150 名抗美援朝回国干部来校学习及接收辽吉两工农速中，曾引起一度忙乱，暴露了我们后备力量的缺乏；（三）缺乏逐月逐季逐期的工作重点和进度的安排及其格式的条文化，以致若干部门、单位、成员模仿这个格式所制订的计划，既不便于具体执行和检查；而产生在执行计划的具体工作中的一些无计划现象，也不便于社团如何按照"统一领导、分工配合"的原则来具体保证；（四）对会议和兼职过多的现象没有加以适当估计，也没有规定解决的步骤。虽然在第一学期的工作总结中，根据群众的经验和创造（如历史、地理、马列主义基础等教研室的计划采取室历格式，个人计划采取日历和工作进度表格式等等），克服了缺点、解决了问题，但已使工作受到一定的损失。

但我们这学年度的工作，基本上是按照计划进行和完成任务的。这证明了：在我们国家，学校工作的全面计划化，不只是可能的而且是适应客观规律的。

下面仅就几项主要工作的主要方面来初步总结。

二　关于工作计划化

我们试行工作计划化即科学化，是以分工合作的集体主义工作方式和责任制作为两个主要环节进行的。这不只由于消灭了社会化生产与私人占有矛盾的我们国营经济的集体主义性，实现了每个成员在生产中的主人翁地位和同志关系，而且由于我们的学校是国家事业的组成部分，其根本性质是集体主义的，教职员工是工人阶级的组成部分、是以主人翁的地位来参加工作的。因此，在工作过程中贯彻分工合作的集体主义精神和实行对共同事业负责的责任制，便不只有了可能，而且成了必然的要求。问题是在于与之相抵触的传统经验、习惯和残留的非工人阶级思想不易改变，也不容采取任何过急的步骤去解决。因此，实行计划化，是以成员的一定阶级觉悟程度为前提的，因而又必须采取恰当步骤去提高全体成员的认识和阶级觉悟。我校在这方面是有一定条件的。

我校在试行计划化以前，全校的组织机构都是按民主集中制的原则组织起来的，工作制度也是按照集中领导分工负责的原则建立起来的。但全校各部门、单位、成员为履行其各自的任务而进行工作的过程中，却多多少少地表现着不相配合的严重现象，在不同程度上等于各自在独立进行工作，好像没有联结起来的部门、车间和螺丝钉一样。这是和我们的机构及全校总任务的要求不相适应的，也是物力、人力、时间的浪费和忙乱的根源。试行计划化后，便初步解决了这个矛盾。计划化是把这副工作机器有机地联系起来的纽带，以全校性的计划为总轴，各个部门、单位以至每个成员，都依据其上一级的计划所规定的逐期、逐月、逐周的工作中心、重点、要目、定额、质量、进度和要求等等，从自己的任务和条件的基础上，依以制订自己的计划，并保证完成。在试行计划化以前，领导与被领导间、部门与部门间以至成员与成员间相互的工作关系和责任，在具体工作过程中是没有适当解决的。因此一方面便每每形成下级不请示报告自作主张、或遇事请示不敢放手工作，上级不敢大胆放手形成事务忙碌，或不加检查督促、放任自流等现象；一方面形成各部门间、单位间、成员间，尤其是教学部门和行政部门间、教学人员与行政人员在工作上常不能及时保证或过分要求，甚至相互埋怨；一方面形成绝大部分人员常应接不暇负担过重，一部分人则比较清闲或放任自由。因此，我们便以明确分工的个人专责制、发挥各级各部门应有作用的逐级负责制、相互保证的联系责任制作为解决这种矛盾的武器，各部门、单位、个人的工作职责都用计划固定起来，不只对自己的计划负责就保证了对上级、同级、下级应负的工作责任，而且按照自己的计划就可以大胆放手地进行工作。试行计划化以前，在不少场合每每只有分工没有合作，个人主义的"单干"方式占着支配地位，集体主义工作方式应用得很狭隘。表现在教学工作上，一方面，即使是担任同一课程而又同一进度的各教师，也都每人独自编写一套讲稿和搜集一遍资料，只是共同来讨论讲稿和参加试讲，由于这种集体主义方式下的"单干"形成了严重的浪费；一方面，担任性质相近的各种课程、或同一课程而进度悬殊的各个教师间，也有共同讨论提纲、讲稿和试讲的情事，而其实又作用极小，这是不切实际的集体主义方式的滥用，并增加若干教师的负担；一方面，担任课程性质不同的各教师间，对有关材料和问题解释也不互相利用和帮助，全都由自己去搜罗和死啃……在行政工作上也表现着相同的情况。因而形成每个人都负担很重，在日常工作的圈子里挣扎，重点工作便常常为日常工作所淹没，更没有时间去考虑问题、钻研业务、学习理论。其中绝大多数人对工作虽积极认真，却找不出减轻负担、提高效率的窍门，甚至丧失信心。这不只表现了个人主义的思想残余与集体主义思想的矛盾，也表现了日常工作和重点工作的矛盾，工作责任心及劳动强度和工作效果的矛盾。因此，我们便以分工合作的集体主义工作方式作为解决这种矛盾的武器。这不只把自己职责范围内的工作和活动明确地规定到计划里面，按照一定安排和进度进行工作、参加活动，并把自己对他人和他人对自己工作上的联系和保证部分也同样规定在计划之内，按时进行联系、接受和交付。因而不只减少了每个人工作的负担和避免乱抓，而又提高了质量和效率。在试行计划化以前，教学行政部门的布置与进行工作、社团为配合工作和布置各种活动、经常都有多种多样的会议，会议的时间也都没有限制，从而并引起社团活动时间的过多，而此对于全校各个部门、单位和成员，尤其是教学人员和学生，都是严重的负担，并大大影响了工作、学习和健康。我们对于这种矛盾是这样解决的：一方面由于各个部门到每个成员的工作都已用计划固定起来，因而就大大减少了布置工作的要求，按时按计划去进行检查不只不影响工作进行，而且能帮助改进工作、解决问题；一方面通过具体的工作计划，就保证了"统一领导、分工配合"的原则得以具体实行。因而我们便能在这个前提下解决了兼职与会议过多问题。

因此，本学年度、特别自克服了缺点提高了计划性程度的第二学期以后，我们试行工作计划化的结果，全校已出现了新气象，从全校各部门、单位到每个成员已初步形成为一个有机的工作机构，虽然在各部门或单位相互间的配合还没达到应有的密切程度，还须不断去加以改进，但彼此间的磨擦现象，除群众对个别单位（如医务所、托儿所）还有不少意见外，已基本消灭，特别是若干部门、单位已发挥出一副有机的工作机器的作用。因而基本上已消灭了忙乱现象及工作上的盲目性，并已发掘出潜力，大大提高了工作效率和质量，节约出大量时间去钻研业务和进行科学研究工作。全校人员不只从实践经验中已一致认识了计划化的优越性，而且某些自由主义作风和个人主义的"单干"已开始在实际工作中受到批判，集体主义的工作精神和对国家事业的负责精神已较普遍地受到初步的陶养。同时也提高了教学，行政干部的业务水平与政治水平，成员对工作的积极性和创造性已普遍得到提高。

从各个部门、单位说，计划性越强的收效就越大，教学部门的历史、经济、俄文、法律、中国语文、理化等系的某些室、组和地理、马列主义基础等教研室，可以体现这一方面的情况（见各该系、室的总结报告或专题报告）。以马列主义基础和历史教研室为例，前者因分头写一套讲稿，不只提高了质量，并使每人平均节省了224工时，相当于每人劳动时间的1/4强，精简会议也每人每周节省4时，读书效率较前提高了半倍，再加他方面时间的节省和效率的提高，在完成教学、科学专题研究、培养师资外，平均阅读了150万字左右的经典著作和20余篇党的领袖的著作；后者获得的效果更大，除完成教学和研究任务外，全室共作了卡片3173张、学习笔记150万字、图表106份、讲授提纲8万7千字左右、讲稿27万8千字左右……行政工作各部门均由原

来的干部担负了更多的工作并大大提高了质量，如行政处从原有干部中抽调
13 人参加基建工作，部门成员减少任务加多反比前提高了质量；研究处铅印
室调整了劳动组织，发挥了工人的积极性、创造性，因而发掘出潜力，提高生
产效率一倍等等。还没有收到计划性效果的或收效很小的，在全校已只是极个
别单位和极少数人员。他们或由于根本没有重视计划化的工作，或由于其成员
在思想上对计划化工作还有距离。因而不是其所制订的计划只是"具文"就
是一篇"流水账"或"会议历"。其他一些收效较小的单位，大都是由于对计
划化的精神实质掌握不够，因而其所需要依靠全体人员去实现的计划，却不是
通过群众来制订，而仅是领导上的"闭门造车"，或者由于其成员的某些保守
思想、怕对计划负责，而迁就群众降低计划的要求。前者不是切实可行的，后
者则失去了计划的作用。这都是带有主观主义的较多成份，没能在多多少少的
程度上，适应客观规律。各系、室计划性的程度如何，对学生的学习是直接关
联的。俄文系的经验可以说明计划性较好的一般系室的情况。该系的总结报告
说："为学生创造了有利的条件，不仅使得教师提高了教学内容、改进了教学
方法、更多地去指导学生学习"并使"学生可以遵循计划去有重点有步骤地"
进行预习、听课、复习，改正了"学习负担的不均衡现象"，"加多了师生接
触，密切了师生关系"。

依据若干部门、单位一年来摸索的经验。计划的内容必须包括全部工作和
活动：教学、行政、科学研究、培养师资、业务和理论学习、社团活动、联系
责任制，集体活动和会议、检查、临时任务的估计等等，分别主次、轻重、缓
急作适当安排，并突出中心、重点、目的和要求，单位计划并对每项工作的执
行人及完成日期、定额与质量要求作适当分配和规定，并依据精确计算，把全
部工时适当分配。计划的格式，从第二学期起，校、系（或部门）除校历、
月历、系历（或部门历）外另有大纲或条文式的计划，室（科）等单位均采
取室历、个人采取工作进度表和日历格式，下学年度并将根据群众经验把格式
统一起来。

单位计划的制订过程，在全体成员有一定的思想准备和认识的前提下，若
干部门、单位都根据上级的计划、布置，通过群众酝酿、讨论、制订，然后经
上级审核批准。各单位则经历着三个步骤。（一）根据校、系（或部门）总的
要求和各该单位的具体情况，每个成员的特点、条件，估计可能发掘的潜力和

可能创造的条件，布置每一成员全学期的工作任务。（二）根据校历、系历及本单位情况计算全部工作时间（按每日八小时精确计算），将假日、共同活动、校、系、室小组会议时间算出，并每月为临时任务算出一定机动时间，其余全部为工作与研究、学习时间。每个成员均根据其全部工作，研究和学习有重点的加以安排并分配全部工作时间。制订个人计划是一个很严肃的工作，要求每个成员都以实事求是的对革命无限忠忱的精神来制订，尽可能作到合乎客观现实的切实可行的程度，既不过低也不过高，经过紧张努力就能完成也必须经过紧张努力才能完成。（三）个人计划拟出后由小组会进行讨论，每人提出对他人的要求，并考虑他人对自己的要求，会后彼此协商取得同意后，便订入自己计划内，但这种要求不是以互换为条件而是以互助精神为基础的。每个成员的计划拟就后，便初步草拟单位计划，再依据单位计划，对个人计划加以修改，然后再集中全部成员的计划内容，订定单位计划。各级工作计划在执行过程中，如果发现问题或由于情况变化，经直接上级同意后，可作适当的修改。

单位计划制订以后，主要便依靠单位负责人的正确领导和每个成员的积极性和创造性去加以实现，单位的社团则必须加以保证。首先在专责制的基础上按照分工配合的原则对业务学习、理论学习、文体活动、纪律检查等等，依据各别社团的任务进行分工，配合本单位逐周、逐月工作的重点在党的统一领导下来进行工作，这同样要订入其各自的计划内。其次，依据订入在单位计划及个人计划之内的互相保证互相帮助，同业务间的重点分工写讲稿、找资料、集体讨论、不同业务间的交换资料（卡片、笔记等）等项目，除在具体工作过程中得加以增减外，均须按时完成和保证质量，否则便等于没完成计划任务。再次是督促检查制度，一面每个成员按计划要求对单位负责人负责。单位负责人按计划对每个成员进行督促和检查。检查的方式分一般检查和重点抽查（分一般重点深入检查和阶段重点检查）。一面依据集体主义的精神在成员间实行相互的督促和检查。

在制订和执行计划的全部过程中，党的组织领导和思想领导的堡垒作用是有着决定意义的。在本学年度过程中的经验证明：那些计划性较强与收效较大的地方，也正是党的领导较强的地方；那些计划性较差或很差的地方，也正是党的领导比较薄弱或还没有党的组织的空白环节。

现在还存在的问题和缺点。我们在这方面的经验也还是极初步的，并存在若干缺点和问题。除在一学年的过程中已加以克服和解决的外，主要还有以下尚待克服的缺点和解决的问题。（一）各部门、单位间的计划性不平衡。这一面由于个别部门和一些单位本身有些问题，一面也由于我们的检查和帮助不够，我们虽然也作过深入的检查加以帮助，但只是断续性的、没有继续贯彻到问题的彻底解决为止。（二）相互保证的联系责任制，还只是在各部门或单位内部获得一些经验，初步解决问题。在部门或单位相互间，在全校性计划的纽带作用的基础上，相互间的集体合同还只在个别单位间实行，没有全部实现，还待进一步加以研究和提出推行办法；一学年的经验证明，在某些有关单位间，如人事科、学生科与会计科，共同规定几条办法，把相互间的具体工作关系和程序固定起来，已有了必要和可能。总之，在这个问题的各个方面，都还须不断去想办法，摸经验。（三）在检查工作方面，我们已有了一套制度和办法，如周志、定期口头汇报加书面报告、定期重点检查和经常检查等等，并早已实行，本学年度 3 月开始与全面检查相结合的重点检查，对全校工作尤其是教学工作的推进，曾起了一定作用；群众创造的"临时抽查与群众相互督促检查相结合，一般重点（按即就个别人的全面工作情况）深入检查与阶段重点检查（按即在一个工作阶段结束前后抓住个别重点问题进行全面检查）相结合"的办法，我们也已在全校推广。但我们自己除对部门、系和直属单位的计划制订与执行情况进行审核和检查外，对其下面单位计划的制订情况却没有重点检查，个别单位重量不重质、或为完成计划而加班加点的情况，也发现和纠正得不够及时。（四）个别系、室仍有行政、教学会议过多的情况，我们没有及早发现去加以控制。这均将在下一年度——加以克服和解决。

三　关于教学工作

本学年度的教学工作，一般都按照年度计划大纲和第二学期工作方案所规定的任务和要求，胜利地完成了任务；在某些方面并获得了超过计划要求的成果，主要表现在：（一）学生业务学习的成果，如物理系"二年级学生对理论力学的理解程度，比旧式大学高得多；在分子运动学的实验中，学生所得出的等温和绝热尔比热的比率 γ 数值，均在 1.36—1.39 之间，距标准 1.40 只差 1—3%，旧大学最好的物理系三年级学生实验所得一般都在 1.20 左右；（二）对苏联经验和教材的精神实质的研究和掌握，均获到颇大的收获，特别表现在教学方法的改进和教学内容的政治性与思想性的提高方面。

一年来的教学工作的改进和质量的提高，是在工作计划化的前提（发掘了工作潜力、提高了工作效率，节约出大量时间……）下，以"进一步掌握苏联先进经验的精神实质"为中心的基础上进行的。由于工作计划化，各系室及每个成员都能按照各项工作的安排和时间分配的比例进行工作，就大大减轻了负担和时间浪费，提高了工作效率；由于分工合作的集体主义工作方式和责任制作用的发挥，就发掘了潜力的无限泉源，如把这方式运用到同一课程的各教师分工合编教材，一定教师负责一定篇章，他人分工保证一定资料，就不仅大大节约了时间丰富了内容，而又加深了对问题的钻研；运用到不同课程各教师间相互保证有关资料和问题的解释等方面，发生了相同的效果。在"进一步掌握苏联先进经验的精神实质"为中心的基础上，与科学研究工作相结合，"包教包懂"（"与培养学生独立思考能力"相结合）的号召下，教学工作都围绕着以下的几个环节去进行改进和提高：（一）根据苏联教材进行深入钻研。或结合苏联同类教材进行比较研究，或根据有关经典著作或苏联科学论文的基本论点，研究教材内容，作为备课工作的基本环节。（二）提高教学内容的政治性的思想性。（三）明确每门课程以至每一章节的目的性，并抓紧中心，突出重点。（四）与学生相结合，根据学生程度与学习情况进行教学，改变"只管教不管学"等不负责作风、"纠正不了解情况的主观主义教学方法"等。（五）帮助学生改进学习和思想方法，启发与培养其独立思考能力。（六）在分工合作的集体主义方式的基础上进行备课和教学工作。（七）及时向学生介绍科学上的新成就。

学年初，由于各系室（除个别教研室外）均系新建或改建，人少事多、设备缺乏不全，加之学生程度参差不齐、计划化工作才开始，及一些教师习惯于老一套的工作方法对计划化毫无经验，因此，若干课程或在教学方法上表现主观片面，或在教学内容上，不适合学生程度，缺乏政治性思想性或政治性思想性不高，或在教材编制上表现份量过多、精简不适当，若干有关课程表现为内容重复。因此不少学生对课程消化不了，某些课程不及格现象依然严重，并形成负担过重、影响健康。不少教师也形成负担过重，备课质量不高。对上述情况，一般教师都未有余力去加以改进。随着工作逐渐纳入计划化的轨道，若干教师同志在"包教包懂"的号召与"争取全班不掉队"的口号下，发挥了教学的积极性和创造性，在自己的计划中，对教学工作的各个环节，都予以一一的安排与时间分配。因此，便一面深入了解学生程度和学习情况、改进教学方法：如课堂讲授尽量就学生熟悉的事物进行深入浅出的讲解，亲自制造各种图表、模型，采用形象教学的辅助方法；一面采用重点辅导的办法、帮助成绩差的学生消化课程内容，用阶段辅导办法帮助一般学生巩固学习成果；一面用重点说明的方法减轻学生笔记负担；对某些不必要试讲的课程改用重点讨论、交谈或传阅讲稿的办法，对必须集体备课的课程也只限于课程有关人员参加。同时对有关教学内容相互提供资料（如历史教研室等单位并将此项工作订入个人计划内），对主要理论问题相互交换意见，以提高和丰富教学内容；担负实验教学的教师结合个人进修进行实验教学，创造性的克服各种困难，装备临时实验室进行实验教学。在"掌握课程重点与保持其科学系统的完整性"的原则下，开始对苏联教材进行精简。

由于教师同志们采取了以上的步骤，教学工作便得到初步的改进，对学生学习情绪的稳定与提高，也起了一定的作用。但除个别系室外，由于我们条文式计划本身的缺点，影响了执行的效果和妨碍潜力的发掘，致若干教师在改进上述各项教学工作上已表现负担过重。因此，对精简教材与删改教材内容重复等工作，均未能很好进行，若干课程仍未能在课堂上解决问题，加之增加学生负担的兼职与会议过多的问题尚未得到解决；不及格的现象并未能消灭，学生健康情况仍相当严重。某些重要课程的教学计划也未能全部完成，如无机化学只完成98%，科学研究更没能有计划地进行。

第二学期由于总结了第一学期的经验，特别由于计划性的提高、扩大了分工合作的集体主义工作方式应用的范围和效果，一般教师便都能"有条不紊地进行工作，"有了适当的时间去钻研业务、提高教学和科学研究的工作。因此：（一）一般均消灭了教学计划上的拉进度现象。（二）改进了一系列的教学工作，以物理、化学两系为例，物理系总结其学年教学工作的优点有下列诸项：（甲）、对教材进行了细心的钻研。进一步掌握了苏联教材的基本精神并进行了适当的修改，精简和补充（如难于理解的概念均加以补充）。因此学生反映："讲解清楚容易接受的部分就是教师钻研比较深入的部分"。（乙）、更深入地检查教学，了解学生学习情况。（丙）、教师按照一定时间作到认真负责进行个别辅导与解答问题，并注意了学生思想顾虑。（丁）、帮助学生改进学习方法和思想方法，如纠正单纯记公式、记定义的错误学习方法，用测验、习题等方法去启发学生思考，培养其独立思考能力，同时及时向学生介绍科学新成就和成果。（戊）、提高形象教学效果，发挥示范表演的作用。（己）、利用复习提纲帮助学生掌握教材内容。化学系也总结出以下诸项：①每门课程都有它的中心内容，应把中心内容作为线索，将课程中所有事实联系贯穿起来，成为有机体系。其中每个章篇也是如此。②表达的方式：（甲）、抓住问题的主要环节反复予以说明，使学生懂得清楚，问题便迎刃而解。（乙）、重要理论先作定性的描述再作定量的推演。（丙）、根据学生已有的知识，多用类比的方法。③尽量多用图表。④设身处地为学生解决疑难问题。该系有机化学备课工作在学习苏联先进经验的基础上获得了若干的经验（见附件）。因此，物理等系已基本消灭了不及格现象。其他各系也都减少了不及格人数。如第二学期不及格人数比第一学期减低2％强，在不及格人数中的绝大部分属于一门不及格。（三）、由于各系室的业务和科学研究的方针，都是依据经典著作的理论指导和按照苏联先进科学的创造和成果的轨道前进，因而都进行了对经典著作和苏联先进科学著作和论文的学习；全体教师均参加马列主义夜大学学习，并系统地学习了苏共第十九次党代表大会文件（组织了四次全校性报告），并对斯大林同志的伟大著作《苏联社会主义经济问题》组织了三次报告；法律、历史两系进行了历史唯物论的学习；经济系、马列主义基础教研室等单位学习了马恩列斯毛的有关经典著作并依据经典著作中的有关论点，特别是斯大林同志的新论点去改正原来的错误论点和代替旧论点。在专门业务的学习上：理科各系大都将苏联教材和资本主义教材作比较的研究，初步体会了苏联教材的精神实质；历史系结合科学研究，阅读了中国史有关各种见解的著作，广泛收集了资料、编写了多种讲授提纲和讲稿等。地理教研室研究了苏联有关地理学的论文并试图依据经典著作的原理去处理尚在争执中的问题。中国语文系学习了社会主义现实主义问题。这都是按照计划进行的，并大都超额完成任务。其他各系室一般也都按计划进行了学习，其中也有不少超额完成了阅读专业书籍和参考资料的任务。因此，教材质量大都有不同程度的提高，特别提高了教学内容上的政治性和思想性——大多提高了认识或开始有了较明确的认识——在理科若干课程的教学中也开始贯彻爱国主义和国际主义教育。全校绝大多数教师的政治和业务水平也都有了不同程度的提高。（四）、准备为下年度开课的教师一般都胜利地完成了备课工作。（五）、除个别课程外，基本上消灭了内容的重复现象，解决了习题过多的问题。（六）、教学中各个环节（备课、讲授、实验、辅导、课堂讨论等），一般都初步作到了有机地配合，各个环节均能围绕讲授内容以帮助学生巩固和消化课堂所学为基本目的，基本改变辅导、实验、课堂讨论、作业等环节与课堂讲授脱节或重复的现象。（七）、学生负担和健康问题，在社团活动的负担方面已基本得到解决，学习负担也已解决了若干问题，主要只留下精简教材等问题，还需今后进一步去解决。（八）、成功地采用了四级分制的考试制度。因此，学生的学习情绪和学习质量，除极个别外，都有了不同程度的提高，从而并密切了师生关系。

在教学工作的以下的几个重要问题上，个别系室获得了较成功的初步经验：（一）物理系第一普通物理实验室，在实验教学上创造出较完整的经验，他们从第一学期失败的经验中发挥了集体力量，"依靠群众""运用马列主义分析问题的方法"，按他们自己的话说，叫作"实验室的民主改革"，他们根据两次全体学生分组座谈会所提出的"五十九条尖锐意见"，结合学校领导的指示进行研究，认为作好实验教学，有三个基本环节：（甲）、改进起指导作用的讲义。（乙）、改革教学方式。（丙）、及时了解学生情况。因此，便否定了"手续单"式的旧式讲义，编写了具备下述特点的讲义：①目的性鲜明。②在关键问题上启发学生思考。③符合人类认识自然的过程。④根据实验内容不同，规定讲义形式。在教学方式上否定了"三步式"的旧的教学方法，分为五步：预习、五分钟测验、重点讲解、操作辅导、总结。了解学生全面学习情况，创造性的办法之一是卡片制度，即每个学生在实验室都保留 1 张卡片，记载：①操作评议，②5 分钟测验结果，③实验报告评议，④总结其实验考试，⑤总分。"他们这些经验的获得，由于①认识了群众的智慧，发挥了集体主义的创造精神；②用马列主义观点去分析问题及抓住困难的中心环节；③能正确掌握人类认识自然过程的规律，再根据这规律来设计教学新方式；④能抓住每个实验的特殊性而作特殊处理。"（物理系年度总结。附专题报告）。

（二）、俄文系普通俄语教研组，根据俄文速成教学的经验，结合本科各系学习俄文的目的和要求，研究了专业教学的方法，并编制了专业教材，在本校各系二年级试行。试行结果：学生学习情绪及效果都大为提高，半年间平均都能掌握5百左右的专业辞汇，从第五格讲起基本结束全部语法讲授，大部分学生已能初步阅读专业书籍，成绩好的每小时能阅读3页。并已编辑了教材五种，供各系采用。他校亦有委托代印的（附专题报告）。（三）、化学系无机化学教研室初步摸得了精简和编制教材的经验。他们"依据苏联'无机化学大纲'及其所提出的教学目的和要求，结合我们的具体情况，对无机化学的教材，作了从新安排，并有了初步的成就，表现在：①比较严密的科学系统性，②中心问题的突出，③教材质量能保持一定的水平，④照顾学生的实际情况。精简的原则：①保持教材的中心内容和重点及其体系的完整性和系统性，②不影响学生今后课程的学习（课程间的联系责任制），③根据教学时间，对比较次要的部分进行必要的精简，④精简与全部教材内容比较不密切或不占重要地位的部分及在其它课程中将要包括的部分。同时从以下的四个方面去提高教材的政治性思想性：①问题的提法要求合乎马列主义的原则，如每讲一条定律都指出其应用范围；讲一种理论都指出其物质基础或发展的历史条件；②以化学中的事实来说明辩证唯物论的原理，如结合物理变化和化学变化讲解运动的高级形态和低级形态等等；③批判资产阶级的哲学观点，如批判能和量的分离，伪科学本质等；④结合本国情况发扬爱国主义精神，如讲中国在化学史上的贡献等。他们还提出了在这次精简教材中所存在如批判能和量的分离，伪科学本质等；④结合本国情况发扬爱国主义精神，如讲中国在化学史上的贡献等。他们还提出了在这次精简教材中所存在的缺点和提高一步的意见，也提出了安排教材的意见：①讲授重要理论从实验事实出发，抽出这部分理论的核心，发展成为完整的体系再回头解释实验事实，使学生了解理论是不断发展和提高的，自然科学的客观规律是不变的；②讲授无机化学，应加强教材和中国国民经济发展情况以及工矿实际相结合的内容；③应充分运用图表和模型，以加强学生对问题的理解"（附专题报告）。

存在的问题和缺点：（一）精简教材，消灭某些课程内容重复现象，还没有最后解决。（二）在讲授上个别还有概念化、译文化和不够通俗突出的现象。（三）个别课程教学上的政治性、思想性还不高甚至还比较模糊。（四）个别课程以至个别单位教学工作上的分工合作的集体主义作用还没有得到应有的发挥,个人主义的"单干"方式和自由散漫的态度依然存在,因而个别课程集体备课作用不大,教学效果不高。(五)不及格的现象还没有消灭,甚至还没有减少到应有的程度;对成绩优良的学生虽开始组织了一些科学研究小组,但还没有发挥应有的作用,对他们的辅导也还没有摸到经验;组织学习经验的交流还不够经常与普遍,某些学生的学习方法还有问题,还没有完全从死记笔记的圈子里解脱出来。(六)教师的政治理论学习和业务结合的问题,大部还没有得到适当解决。(七)教学设备上的图书、仪器和资料不够的问题,还没有完全解决。(八)在下二年度即将开设的某些专业课程的师资问题,还没有得到解决,也缺乏培养的对象。(九)个别青年教师的自满情绪及其与其他个别教师间的不够融洽现象,还没有从思想上根本解决问题。

四 关于培养、提高师资和科学研究工作

科学研究与培养和提高师资的工作也是在计划化的前提下开展起来的,在此以前教师大多为日常教学任务所烦扰,既无余力钻研业务,更无时间去进行科学研究与指导他人进修,一般助教也经常忙于日常工作不能按一定计划去进修。

根据综合性大学的任务和要求及本校师资的具体情况,在年度计划大纲中规定了科学研究和培养、提高师资的任务。因此,一方面指出:"……科学研究一面必须和教学工作密切结合并为其服务;一面又必须与国家建设事业密切结合并为其服务,并以前者为主"。但根据学校当前的情况"……研究以至帮助解决国家有关建设部门在实际工作过程中随时所提出的理论问题或专门题目"的任务,暂时还不可能实现。一方面指出:对教师的"培养和提高"是我们解决师资缺乏或提高师资质量问题的"基本方针",并指出:提高要"包括政治和业务知识两个方面。""发挥我们学校早已实行的分工合作的集体主义的作用并以之与个别帮助、个别指导、个别钻研相结合"作为提高业务的方式;在"我校原有一套制度和办法……的基础上更有计划地来进行"政治理论学习,去提高政治理论的水平,使两者密切结合并以向苏联学习为枢纽。

培养的任务："就是要按照逐年的要求与可能培养出一定数量的能教授各种课程的干部来"。并规定各系、室及有关部门对培养和提高师资的工作，都制订"切实有效的实施计划包括在自己的计划之内"。并规定关于培养与提高师资的工作与"在一定条件的基础上有计划地开展科学研究工作"相结合，"……开展科学研究工作与加强向苏联学习相结合"。

本学年度各系、室都是这样去进行工作的，并获得一定成绩和经验。科学研究工作是与提高、培养师资及教学工作密切结合并包括在每个成员计划之内按计划进行的。各系、室在这个工作上，都是依据经典理论的指导，按照苏联先进的科学创造和成果的轨道前进的。理科的物理、化学等系一般教师都进行了对苏联教材的深入钻研，并结合学习了《马列主义基础》与《苏联社会主义经济问题》，同时举行了科学讨论会、科学资料报告会；文、法、政经等系室主要以围绕教学提高教学进行的，都按照计划的要求，比较严格的规定了个人研究的具体进度与集体讨论的次数和程序。经济系在第二学期较系统全面地学习了《苏联社会主义经济问题》，并分成六个专题结合个人业务进行研究，共开了四次科学报告会和三次讨论会。在每次科学报告前，每人都认真按所分配的题目进行研究，并印成发言提纲在教师中传阅。马列主义基础教研室每个教师都阅读了一定份量的经典著作，并抽出一些重大问题进行了专题研究，组织了五次科学报告会。中国语文系中国文学史教研室，在第二学期，结合科学研究，编写中国文学史的提纲、讲稿、选注教材、辑录资料等合计50余万字，并着重研究了文艺遗产与历史人物的处理问题。法律系结合业务进行了历史唯物论的学习，研究了国家与法权理论等课程的若干基本理论问题及其政治性、思想性。历史系结合专业，学习了历史唯物论和类比的研究了苏联历史教本，并开始了对中国历史问题的研究，还作出相当数量的卡片、图表和笔记等等为今后科学研究工作打下了基础。其他系、室也都有一定的收获。这同时也就完成了提高师资的任务。经济、法律、物理等系的较高年级成绩优良的学生，在本学年度又开始组织了科学研究小组。在年度初，我们就不仅提出科学研究工作必须与教学工作相结合的方针，并指出目前必须从课程内容中去提出重点问题作为研究题目；但个别系、室当时没予以足够的重视，以至在其科学研究工作中曾走了一段弯路。

关于培养师资，分两个方面。（一）对于较成熟的教师为准备开设新课而进行的培养的工作。也有两种情况：一种是某些教师以准备新的课程为当前主要工作的，如分配原先的中国通史教师马玉良准备中国民族史，马列主义基础教师孔经纬准备中国经济史，王惠岩准备国家与法权理论，原来的经济学教师池元吉准备世界经济史……他们都以准备新课为工作计划的中心，以按时保证开课为完成计划的主要任务。另一种是正在开课的一些教师，为准备行将开设的新课而进行的培养，他们以准备新课作为工作计划的第二个主要构成部分，但须保证能按时开课（这两种受培养的教师都可以由自己选择其他教师或本校行政工作干部充当顾问）。（二）对于助教和研究生的培养，这是培养工作的主要一面。各系、室都把这一工作，作为其年度工作计划的构成部分，在计划中规定目的与要求，方法与步骤，并指定专人负责指导或专责辅导；被派充当指导的教授或讲师，也必须把这一工作列入自己的工作计划。

这些助教和研究生是在各系、室的统一计划与具体领导下进行培养的，他们并都要制订自己的进修计划，作为其工作计划的主要一面。各系、室具体情况和要求是各不相同的，但根据物理、化学、历史三系的经验，大致经过了如下两个阶段。被培养的助教、研究生（研究生在此以前已经过基本理论学习的阶段），第一阶段在专人指导下按计划阅读一定的书籍、参考材料和听课，同时结合进修，担任对学生的教学辅导和实验室工作。这样既巩固了专业学习，又在听课与辅导中，体验了教学过程中的各个环节的基本精神。如准备定期开"无机化学"课的助教就辅导"无机化学"实验，开光学的辅导光学教学。另方面根据需要介绍至有关厂、矿、机关、企业实习，如物理系、经济系。第二阶段是结合编写讲稿深入培养的阶段：通过研究教学大纲编写和讨论讲稿，试讲等环节，要求精读有关的重要著作或经典箸作，深入研究每一章节的重点，弄清关键问题，把基本原理与基本观点明确起来，给将来开课打下稳固的基础。以革命史的研究生为例，在第二学期讨论讲稿 11 次、试讲 2 次，每人平均阅读了马恩列斯和毛泽东同志的经典著作 1400 页左右及其他参考书籍千余页。全校助教和研究生的培养工作，均按计划完成了任务。他们对问题的理解与编写讲稿的质量，一般都达到了计划的要求。预定在下一年度开课者，均能初步担任所开课程。为他校所培养的研究生均已毕业回校，在下一年度开课。但这是这两个阶段不是机械分开的，若干环节那是互相结合渗透的，是在本校过去经验的基础上进行的，该三系的经验只是描画出由掌握课程基本内容为中心到具体备课工作为中心的一个培养过程。这一经验，尚在初步摸索的过程中。

根据我们极初步、极不成熟的经验，认为培养与提高师资工作必须：（一）明确规定培养的标准、目的和要求，并依以决定学习的内容和方法，指定其正确的教本与参考材料，制订严密的、循序而进的培养计划。（二）任务要交代明确，目的和要求要交代的具体，每个被培养者都必须制订自己的逐期、逐季、逐月、逐周的进修计划。（三）系、室领导必须充分重视，指定专人负责进行具体指导与帮助，并经常检查其进修计划的完成程度，帮助其解决一些具体困难问题，避免多头领导或无人负责现象。（四）结合业务的进修贯彻马列主义的思想教育，树立其正确的学习态度、观点与方法。（五）结合其进修，根据情况分配适当与必需的教学工作，并注意培养其掌握教学方法。（六）必须深入了解其学习与思想情况，及时帮助其端正认识、纠正偏向，提高信心。如革命史个别研究生曾表现好高骛远不够踏实，认为："参考书多、经典著作多、写讲稿费时间，不如专搞理论，史料以后再补"，另一人则放松对经典著作的研究，企图速成而偏重阅读第二手材料；物理系一助教怕一年后不能开课，只钻业务不关心政治学习和教学工作，另一人则产生急燥情绪丧失信心。其他系、室也有类似情况，因而学习效果均不够高。室领导发现后，一面对计划采取坚决态度，一面帮助其打通思想提高信心。结果学习效率都大为提高，从而并按照进修计划完成了学习任务。（七）教师进修必须与不同程度和不同形式的科学研究相结合，指定专题和重点，在个人研究为主的方式下，发挥集体讨论与相互检查的作用，按时写出讲稿或论文，审查其进修质量避免自流。物理、法律、经济等系和马列主义基础教研室都进行了 2 次、3 次、5 次不等的小型科学报告会，这对研究生的帮助都颇大。（八）关于助教和研究生的培养，必须按照不同情况、业务，在专人指导下结合编写讲稿、研究与掌握苏联教材的精神实质及其章节要点。这既便于检查培养质量，也可养成其独立思考能力。这对培养师资是极其重要的。（九）培养与提高师资的工作，必须坚决贯彻理论与实际相结合的方针，如此方能使其将来的讲课不致枯燥贫乏，又能表现实践性与战斗性。为了这个目的，经济与物理两系曾组织了 3—5 次的教师实习，均收到较好效果。（十）培养与提高师资必须保证其有必要的进修时间。其关键在于工作的计划化，在工作的安排上分清轻重、缓急、有条不紊，才能给予切实保证（研究处副处长雷振武）。

五　学生政治思想教育工作

根据中央对高等学校的方针和综合性大学任务的规定，我们在年度计划大纲中提出："我们综合性大学所应培养的人才，一方面必须具备比较高级的专门科学理论水准，一方面又必须具备专门业务的实际知识和技能，同时还必须是全心全意为人民服务的、为马列主义所武装起来的干部；既能在国家建设事业的有关部门中担负起理论研究或其他实际工作的任务，又能充当高等学校的教师，因而也自然能胜任中等学校有关课程的教学"。因此，对学生的政治思想教育，便成了全部教学计划中不可分割的一个方面。

对学生进行政治思想教育的基本要求，在于达到上述的培养目的，这是最主要的方面；另方面在于树立正派的学习风气和学习态度、培养自觉纪律，来保证其完成祖国和人民所给予的学习任务。本校对学生的政治思想教育，是从几个方面配合进行的。（一）在正常的课程中设置一定比重的进行马克思列宁主义、毛泽东思想教育的课程，同时在各种业务课程中尽可能提高政治性和思想性。（二）在社团生活、社会活动中去配合进行教育。（三）由学校行政及其他方面所组织的必要的临时政治理论学习和关于思想政治教育的报告去进行。进行的方式是由党、政、社团在党的统一领导与布置下，从各自的角度去相互配合。一般说来，我校对这一工作是进行得较好和较正常的。过去出校学生的政治质量，一般也是较好的。

在本学年度初，一方面由于我校原有老生绝大部分或因"三反"调出工作或因院系调整调往他校，在校学生的绝大部分或系新生或系从他校调来，因此形成学生中作风不一，传统风气很难承续；一方面由于本校新改综合性大学，一时设备缺乏与师资配备不全，便有不少一部分学生，不满足于在本校学习；一方面由于国家开始进入大规模建设，若干青年学生，从个人兴趣与主观愿望出发，志愿学工；一方面一些少数民族出身的学生，由于汉语汉文程度较低，对学习缺乏信心。因此，便形成不少学生学习情绪不安，其中并有不少人借故要求休学、退学、转学、转系。适应这种情况，解决学生学习上的困难问题，安定和巩固学生学习情绪，便应成为第一学期政治思想教育工作的重要内容。根据各系经验，大致可分为两个阶段：在第一学期主要以稳定学习情绪为主，第二学期以巩固学习情绪为主。在"积极地正面地教育为主，结合学生具体思想情况适当的进行批判为辅"的方针下，进行以爱国主义和国际主义为中心的思想教育，采取多种多样的生动活泼的方式，由党、政、社团配合进行。但必须随时掌握学生思想情况及其发展规律结合进行，无的放矢或夸夸其谈的空洞道理是不能解决问题的。同时，各系必须结合各系性质和学生学习情况去进行，才能使学生感觉亲切，比较容易解决思想问题。

在第一阶段：首先必须作好迎新工作，使来自各方面的学生不感觉生疏而感觉到同志和同学关系的温暖，并通过电影等文娱活动与集体生活去启发和树立起为祖国而学习的思想。其次，结合学生思想和生活情况，自上而下地耐心地进行教育和自下而上地发动学生群众的相互帮助，培养自觉的纪律。第三、发扬传统的优良学风，树立正派的学习风气。第四、组织学生学习有关著作和有关学校生活、英雄模范事迹之类的文章（如《钢铁是怎样炼成的》等等）和组织报告（如请志愿军战斗英雄来校作报告等等）。第五、经常注意学生的团结。第六、在尊师爱生的基础上亲密师生关系。第七、采取个别谈话方式，进行细心耐烦的教育，严防损害学生的自尊心。在第二阶段：在绝大部分学生学习情绪安定以后，便进行巩固与提高。因此，（一）根据学生思想情况加以全面的研究分析，由上而下的进行教育，并适当的批判思想意识方面的毛病，由下而上的在学生中稳步而适当地进行帮助和批判，使学生在思想认识上逐步提高。（二）进一步加强纪律教育，并稳步地进行自上而下的纪律检查和自下而上的批判，但必须以细心耐烦教育为主，严格防止惩戒主义与斗争方式。（三）加强关于政治理论方面的正面教育，改造和提高学生的思想方法。（四）举行小型科学报告会，讲解本门科学在祖国建设事业中的作用，提高其学习兴趣与信心，树立长久从事于本门科学的事业心。（五）配合进行适当的文娱活动。但学生的实际利益和根本任务是学习，必须帮助学生解决学习上的困难问题，逐步而适当的满足其学习上的要求，才能解决问题。因此，一方面帮助学生改进学习方法、组织学习经验的交流、培养学生在学习上的独立思考能力和钻研问题的精神，同时尽量帮助他们解决一些可能解决的困难问题。一方面注意学生的负担和健康情况；一面必须减轻学生在社团活动等方面的负担，保证其一定的学习时间；一面必须尽可能减轻学生在学习上的负担，以提高其学习效率；一面必须尽可能改进伙食，保证一定程度的营养，注意清洁卫生与文体活动。一方面必须抓紧改进教学工作提高教学质量这一基本环节。事实证明：凡在这些方面能作得较好的系（班），学生学习情绪、纪律、态度就比较正常或容易转入正常，否则就较差。

根据中国语文、化学、法律、俄文、经济、数学等系的经验：（一）"积极的正面教育为主，结合学生思想情况适当的进行批评为辅"是贯彻党对青年一代的教育方针的适当方式。中国语文系根据这种方针结合该系业务，用文艺形象配合进行教育收到一定效果。（二）掌握学生各阶段的思想发展情况及其规律，有计划地稳步地进行细致而耐心的教育。在教育过程中，一面要照顾青年的自尊心，一面要防止其超现实的自高自大的优越感。各该系掌握了学生思想情况和发展规律，便抓住了每个时期思想教育的中心和重点。（三）思想教育必须采取多种多样的而又尽可能多采取生动活泼的方式方法，但既须防止脱离中心，又须防止流于庸俗。（四）思想教育的内容必须结合学校的、系的性质和学生学习的专业去进行。中国语文系曾组织小型的文艺报告会、座谈会、纪念伟大作家的图片展览会、作品朗诵会及其他的文艺活动，参加现实的文艺斗争等等，都获得了良好效果。俄文、经济、法律和理科的物理等系也都在这方面收到不同程度的成效。（五）适当改善学习条件，满足学习要求是稳定和巩固学生学习情绪的基本环节。（六）进行思想教育，必须有切合实际的计划与党、政、社团的密切配合。

我们的缺点主要是：（一）若干干部在工作中的急燥情绪，这在前一时期每每表现为批判过多甚至有损害学生自尊心的情况；干部一般对党对青年一代的教育精神，教育政策体会不够，个别干部在前一时期，甚至动辄就想采用惩戒手段。（二）第一学期在经济、法律、数学等系的学生中，曾产生不团结与少数党、团员学生脱离群众的现象。我们发现以后，虽已由党委办公室协同团委帮助各该系获得初步解决；但未能及早发现，使学生在学习上曾遭受了一定的影响和损失。

六 社团的保证和配合

党及其领导下的社团及民主党派，以保证学校教学计划的完成为其经常的中心任务，在本校，思想上是早已明确了的；围绕着中心任务，其各自应起的作用和工作范围即任务，也早已明确了的。

按照"统一领导、分工配合"的原则，在本学年度，各社团都根据年度计划大纲（党领导的社团并根据党的年度计划）制订了自己的计划，并在党的领导和行政的指导下进行工作。

工会根据自己的计划进行了以下的工作：①配合各单位的工作计划，帮助会员制订了爱国公约，本年3月又制订劳模条例代替了爱国公约，其基本精神都在于保证所属单位的逐周、逐月、逐季、逐期工作计划的完成或超过，贯彻专责制，提高工作和学习的组织性和纪律性等等为重要内容，并进行了督促和检查。②对参加夜大学学习的会员的学习进行了督促和检查，并组织了小组讨论。此外并组织了一些报告和配合组织了一些临时性的政治学习和活动。③在党的具体领导和行政的协助下主办了机关学校，组织会员正规的文化学习并开设政治班。以上各项工作，在原则的要求上都是配合学校各级行政、教学单位的工作中心和重点进行的。④在行政的支持下开办了托儿所。⑤对会员的文体活动与其他福利也都作了若干工作。

团根据自己的计划主要作了以下工作。①通过自己的组织和其在学生群众中的核心作用，一面帮助团员发挥学习上的先进和模范作用，争取成绩优良并借以帮助和带动群众。②组织了学生学习经验的交流。③在党的具体帮助下，配合学生会协助各系行政，初步解决了个别部分学生中的团结问题。④在党的统一布置下配合行政和通过学生会，对学生进行了政治思想教育和纪律教育。⑤协助行政和通过学生会，开展学生的文体活动。⑥与工会一道协助行政解决兼职与会议过多的问题。⑦组织和布置教师中的团员在党支部的统一领导下，协助各系、室制订和执行计划，并布置团员在各项工作中及作风上发挥先进作用与对教师的团结作用，配合行政解决个别单位中个别教师的团结问题。⑧与工会一道,协助党委进行整党和建党工作。⑨协助行政布置和组织了临时性的政治学习和活动。

本校的民盟区分部虽成立不久,但自成立以后,便在党的领导下,对盟员间的团结、思想教育、工作纪律和作用等方面,已作了不少工作。对保证教学计划的完成上也起了一定作用。

学生会在团的帮助下进行了下述一系列的具体工作。①团的若干工作大都是通过学生会具体进行的。②在组织和动员同学以实际行动响应学校号召,按照教学计划发挥爱国主义的学习精神,创造进步的学习方法完成学习任务方面,进行了若干组织和推动工作。③在团结同学培养同学的自觉纪律、树立正派的生活作风、学习作风等方面起了一定的作用。④在开展文体活动与改善伙食及清洁卫生运动等方面,进行了若干具体工作。

主要缺点和存在的问题。(一)"统一领导分工配合"的原则在具体工作的贯彻上还存在一些问题。在第一学期,团和工会各级组织,在工作上的一些脱节现象,不只由于计划本身的缺点,也由于团和工会的一些领导同志在思想上对学校以及各级教学、行政单位工作计划重视和研究不够。在第二学期,由于计划性的提高,因此,如历史教研室工会和团的组织,在党的统一领导下,如何分工配合保证该室工作计划的完成,已解决了问题和获得经验(见《东北人大》第 31 期孔经纬:《中国史教研室工会小组工作》)。例如政治经济学教研室等单位也都已基本上解决了问题。但在若干部门、单位社团的一些领导同志,在思想上还没有达到应有的认识或引起足够的重视。基层工会和团委的领道方面也没有采取积极而有效的步骤去解决问题,组织经验交流也作得不够。(二)个别社团的领导,对中心和重点工作抓得不够紧,如工会还没有把主要力量放在保证教学工作的基本环节上;在个别部门、单位(如工农速成中学和医务所),团和工会的组织没有发挥应有的作用,也没有引起团和工会领导的足够重视。(三)团和工会对少数劳动纪律、劳动态度不够好的团员或会员的教育抓得不够紧,也没有采取积极步骤去解决问题。(四)党和行政的领导对社团的工作布置、帮助和检查方面还是尽了一定职责的,但对其若干具体工作方面,缺乏系统的帮助和检查;个别单位及一些行政、教学干部,主动依靠社团作好工作,还认识不够,甚至还未有建立起这种思想。

最后,我们学校党在保证教学、行政工作计划的完成上发挥了巨大的作用，不仅在组织领导与思想领导上，起了中坚的堡垒作用，并在日常工作中解决了若干具体问题，学校若干工作上的成就是和学校党的具体工作分不开的。

以上就是本校本学年度工作的基本总结。关于下一学年度的工作计划在本学年度的基础上，已提出具备计划纲要内容的校历、统一印发了各项计划表格，并将在此基础上提出成文式的计划要点和说明。

（《东北人大》第 33、34 两期合刊，1953 年 10 月 3 日）

政务、札记

编 印 说 明

本卷在政务方面，共收入著者自 1949 年以来有关安东农村工作、党校工作、视察大连图书馆、博物馆、资源馆工作报告，在中国科学院哲学社会科学学部会议上发言，出席民主德国东方学会议、访问苏联科学院东方研究所的讲话，在第一届全国人民代表大会会议发言及提案、在第三届全国政协会议发言等。

在札记方面，收入著者为友人谭丕模、陈继周诗作撰写的序言，感恩父母碑文，纪念吴承仕先生悼文等。长期以来，著者夫妇节衣缩食，用工资及历年稿费收入，购买了三万余册古今图书，其中古籍碑帖线装书有二万余册，不乏珍善本。著者在著述同时，在大量图书上留下了批注、跋语。现只辑录了一小部分，从中可以看出著者对古籍文献价值与版本方面的认识与心得。

全集编辑，以原存著者文稿为底本，整理排校。除更正个别错讹字外，内容与观点均保持原貌。

吕　坚

目　录

（一）工作报告及总结

（二）会议发言、访谈、题字

五龙背区试点发扬民主改进工作经验和总结

（经安东省委审查批准，《安东日报》
1949 年 1 月 27 日增刊登载）

一、发扬民主，改进干群间、贫雇中农间关系 结合进行建党（1948 年 12 月 20 日在试点 村工作初步总结会上的发言）

1. 情况的主要特点和几个主要问题。

暴风雨般的土改运动，打垮了地主阶级，推翻了封建、半封建统治，平分了土地，贫雇中农等劳动人民，无论男女老少，每人都分得一份土地，确立了人民民主的坚实物质基础。这是劳动农民在共产党领导下，为人民解放事业所建立的空前伟大功劳。但是这是一次翻天覆地的大革命，不可能没有缺点和差失，更不可能一下子就把一切事情都办好；而况几千年被压迫、剥削的农民，尤其是贫雇农，经济、政治、文化上的各种权利，过去全被剥夺，长期在黑暗愚昧中过活，一旦翻过身来当权，加之缺乏民主传统，办事出些岔子是很难免的，毫不足怪的。

新康村（即今新建新康两村）目前的情况：

（1）一般地主、旧富农，也都分给了一份土地；只要勤劳生产，是都能维持生活的。但地富还没有死心，尤其是一向过着寄生生活的地主们，还时时想钻空子，来破坏劳动人民利益，破坏革命；在沈阳解放前，他们时时在希望国民党来，如五龙背的地主，平日口里说我们好，一闻沈阳解放，脸色变得惨白；又如近来老虎沟村发生谣言说："新康村在开坦白会，干部坦白多的扣留，不坦白的也扣留"。有些农民也不知不觉的替他传播。因此，农村当权的劳动人民，还须把耳目放聪明些；不放松对他们的管理和监视，强制其生产，对其阴谋破坏与一切反革命的言论行动，必须加以揭破；作恶大的，则由政权去加以镇压。

（2）中农也是劳动人民，是贫雇农的亲密朋友。新康村九十多户中农中，在土改时，有三十户被刮了一下；但在纠偏时，物质上都得到了补偿；其他一般中农，尤其是佃中〔农〕，还分得土地，有些还分得浮财。在日前中农大会中，出席中农都说："生活不比贫雇坏"，"牲口比贫雇多点"，"房子现在都够住"。他们在十七日"全村群众民主团结大会"中发言的，也没有一人提出物质补偿的要求。同时他们在经济上、政治上，解脱了封建、半封建的剥削和压迫，跟着贫雇农翻了身，也都认识到了（他们自己曾把伪满时、国民党时和现在作了比较）。至那些牲口已够用、房子已够住的中农，还有个别的要求补偿，如××说："我已纠回一牛一马，套一部车，要求再纠回一个小驴，就更好了"。根据几次会上和个别访问的反映看，大多数中农也不同情他的要求。在中农会以前，他们一般曾对纠偏发生严重错觉，纷纷提出要求，甚至开列要东西的单子。据区书李杰同志的解释：由于我们"只宣传'纠偏'，又没交底"；但经过"纠偏"交底和日来的宣传解释后，也大都觉得我们的办法合理，不便再提补偿要求——只要求开会不把他们关在门外（我们不只开了中农会，并召集他们和贫雇农一同上党课）。他们一般的反映是："早先贫雇开会把咱关在门外，嘀咕些什么也不知道"。经过今春纠偏以后，他们和贫雇农还不够调协的关键就在此。正由于土改以来，贫雇农当家的农村政权还是一种过渡形态；中农没有享受适当的民主权利，对党的政策和贫雇农动态都不摸底。因此顾虑很多，觉得自己的人权、财权没保障（如中农老宁头说："今后可更要好好生产了；过去我不大安心，不知那天还斗"）。要使他们紧紧去依靠贫雇农，实现巩固中农的任务，这问题在目前便必须予以适当解决。

（3）贫雇农是处在今天农村的统治地位，分得的土地，质量上都比较好。

他们现在经济上的问题，主要是牲口不够使用，这须用自愿互助的的插犋、换工等办法去解决。其次，是由于我们宣传"纠偏"又不交底，引起顾虑。"牲口是不是还纠给中农？""用了的浮财怎么办？""你们领导中农来斗咱吧！"甚至想出卖牲口，对自己分得的牲口也不好好喂了。并因此而产生另一偏差，认为："团结中农可不能，他不同咱一条心，只想纠。"现经明确交底和再三解释后，此种顾虑基本上已解消了，偏差也端正过来了。其次是个别贫雇农相互间土地质量和数量相差颇大，收获量有相差二倍的。这种肥瘦太远现象，又影响其相互间的团结。特别是有些人隐瞒土地（如村干王××隐瞒四亩多），更引起贫雇农内部多数群众和干部不满。前者可通过群众，用两头抽补的办法去调剂，后者在原则上必须拉出来，才能使大家心里平，达到贫雇农内部更好的团结。但此都须以大多数群众真实意志为转移。其次，是干部对果实或公有财务的贪污或手续不清，引起大家不满，满肚子意见。这尤其是普遍现象。加之某些掺杂个人关系的分子（以至原始宗派关系的掺杂），从中推波助浪、呼风唤雨，以至无中生有，群众（中农在内）意见就更加多起来。这在客观上是剥削大家去肥己，自然是很不好的，不只影响干部在群众中的威信，影响贫雇农内部团结和巩固团结中农，并害了干部自己；但大家都是农民出身，好计较和爱点小利的特性，一下子也很难除去，加之今夏饥荒特别严重，我们领导上又没有很多的去教育过，那种顺手牵羊，尤其手续不清的事情，也是难免的。对于过去的这些事情，只要肯自我检讨出来，而又肯决心改正者，群众是会予以适当解决和原谅的；重要的在于改造和教育干部，防止未来。为着贫雇农内部的团结，巩固团结中农，挽救和提高干部，及恢复其在群众中的威信，必须把这些事情说清楚，搞明白。消除群众意见，解除干部包袱，算账是很好的办法。现已由村干在大会提出号召，各闾也都已举出代表在进行算账；我们必须认真去加以领导。这一连贯问题之所以发生和积留下来，原因自然很多，最主要的则在于群众民主没有适当发扬，村干办事不够民主。如果群众民主有适当发扬，干部遇事和群众合计或开会讨论，便不只可防止许多事情的发生，发生后也可随时经由民主方式解决。

政治上，土改以来新民主主义的农村政权制度，还没健全的建立起来，实际起政权作用的是农会。但干部和群众都没有民主的传统习惯和修养，加之没有建立起村级的党组织，去起核心领导作用；相当频繁急迫的任务，全靠他们去完成，他们就只知用政权的由上而下的方式去作。因此，便渐次形成一种强迫命令的作风，产生干部脱离群众的现象；由最初的群众说了算，渐次成为干部说了算，以至少数干部说了算，群众以至多数干部都没能运用其民主权利。因此，一方面，不只是干部脱离群众，群众不满干部，甚至群众对农会也日渐冷淡起来，各人只注意自身眼前利益的散漫现象，对开会也当作一种公事去应付，一方面又形成干部间不团结不民主的现象。其次由于所谓"搬石头"搬掉的干部，过去大都是立过功的，好的也不少；搬得不对，心中有些牢骚，看到眼前当权的干部，也并不都是怎样好，心中便有些不平，也是很自然的。其次在职干部，由于半封建农民残余思想意识的作怪，对自己的亲戚、家族、朋友，常不免照顾多些，这反映到群众眼中，自然也会引起不满。在亲戚、家族、朋友、近邻等关系的基础上，再加相互照顾以至袒护、包庇、拉拢，又不免形成一种原始性的宗派关系，大大的妨害干群间、干干间的正常关系。而在职干部，大都是过去土改中的有功之人，对完成上级任务与领导群众生产、度荒等方面，也大都是有些功劳的。所以说他们有错误又有功劳。同时，他们不脱离生产，为大家为国家办事，对自己的生产和家务私事都不免要耽误些。这在他们，可说是自我牺牲。但他们又常常"三面受气"即"上级批评、群众反映、老婆埋怨"，自己觉得屈，也是很难怪的。因此，情绪上，渐渐和那些"抱意见"的人对立起来，至少也感觉不快；品质坏点的，甚至给那些"抱意见"的人"穿小鞋"、戴帽子（如说他是"坏人"），和大家更步步疏远起来。贫雇农内部思想的混乱情况，干群关系、干干关系不够正常的情况，便是这样产生和形成的。因此，新康村目前的主要问题，一是干部脱离群众与群众不够信任干部的问题，一是贫雇农与中农间不够团结的问题；其次是干干相互间不够团结的问题；贯穿这三个问题的中心问题，则是民主不够或民主没得到适当发扬的问题。所谓"纠偏"问题，本来不是怎样麻烦的，其所以引起群众严重的思想混乱，曾一时成为很麻烦的问题，主要是我们自己的步骤零乱所惹起的。

根据上面的认识，我们要能较好的完成新康村、新建村各项冬季工作任务，及使以后更多更大的任务能较顺利的完成，把新康村搞得很好（给他村比较好的经验），基本上靠发挥贫雇农群众的力量；其次，靠干部能起领导作用；又次，须要把中农团结拢来，为共同事业去发挥其作用。但上述的几个主要问题不予以适当解决，贫雇农的力量便不易及时发挥出来，干部也不易得到及时的改造和进步，威信更无从恢复，更难于把群众领导起来；巩固团结中农的任务也会受到阻碍，中农的力量便不能正当的发挥作用。总之，便会大大减低我们依靠群众来完成冬季工作任务的作用。

我们几个月来（我主要只能从12月10日区委会议以后讲起）的工作，就是根据这种情况和要求，定出计划、步骤和布置的。根据具体情况和群众要求，又归结为改进干群（及干干）关系、贫雇中农关系与端正政策三个问题；并定出解释政策与解决问题的具体内容和办法，明确地向群众交底。

我们认为只要这几个问题能适当解决，民主达到相当发扬，便能从群众中生出无限丰富、无限巨大的力量，就能依靠群众来完成各项冬季工作任务，并能对新康、新建两村以后的工作，安下较巩固的基础。

2. 对过去工作的估计——完成了丈评和查划。

从省府工作队来区工作已两个多月，试点工作也有了一个月零四日——大致可分为两个时期，从11月16日试点考试到12月6日"新康村翻身贫雇评功民主大会"为一时期，12月10日的区委会议以后为一时期。三十多天工作的结果，试点村农民内部的各种主要问题，已基本上解决，群众已发动起来，估计未完的冬工任务，今后都能顺利完成。

为着认识工作的全部过程，首先对评功大会以前的工作，应予以适当估计。

工作队下乡工作与地方领导机关亲密配合，并在其方针下进行工作，是很重要的。省府工作队到区后，潘、金等四同志临时参加区委，原区委和机关同志都加入工作队，构成统一的领导和三十余人的大力量。我以为这种组织形式是合适的，大家在基本上也是团结的；但这个扩大的区委本身，很好的运用民主集中制的原则去充分发挥领导作用，还有点不够。

在扩大区委领导下，评功大会前五十天的工作，首先应肯定是有成绩的。照我的不够全面的了解，主要有下面几点成绩：

（一）丈评了全区土地，只复查没全部结束；全区的标准都是一致的。据说，自己对评级还有意见，或旁人对之还有意见的，只是个别户，绝大多数群众对自己与他人土地的丈量面积和评级，都没有意见了。

（二）试点村全面重划了一次阶级，即所谓定成份。群众对重新所定的成份，据说一般都没有意见；除个别特殊情况的住户外，自己还有意见或对他人成份有意见的，也只是个别户。

（三）对村干进行过不少教育。据金肇野、李杰两同志说："由于阶级划完后，群众还没有起来，感觉没有真正积极分子，成为大家一个包袱（即所谓"积极不分子，分子不积极，半积极分子"现象）。后来发现积极分子，便发现在职村干与过去村干间的问题。所谓积极分子却有百分之七十——八十为这两种干部（金：过去村干部有现在还没有户口与痛哭流涕的）"。在职村干也表示不愿当积极分子，说："上边批评，下边反映，耽误生产，老婆骂，干部谁干"；"前边走，后边骂，出力不讨好，谁愿当干部"。因此，除进行了一些个别的教育外，为着发扬干部民主，并布置和召开了一次干部积极分子会。这个会的本身，虽还有些问题，但是有其收获的。由此而转到八九两日的全村干部自我检讨会，形式便较合适，内容也较深入了，对干部思想的打通与改进干部关系上，是有相当作用的。

（四）工作队同志的工作能力，有相当提高。他们大都很年轻，过去没作过多少工作。据他们自己说："出来时什么也不懂，现在对群众工作也得到点知识，能摸边了。"

（五）了解了一些情况，并发现了一些问题。

同时，还应该肯定，从领导方面到工作队全体同志，都有足够的工作热情，对工作很积极，忍受寒冷、不辞劳苦、夜以继日的工作，这些成绩，都是给以后的工作铺下了基础，准备了条件。

但是也有着不少缺点的。照我的不全面了解，且不一定正确的看法，主要有以下几个缺点：

（甲）没有从全面情况的掌握与分析出发，去发现问题，握住中心环节，规定工作计划和步骤。这在一方面便使工作走了一些弯路，延长了试点工作的时日；一方面又引起自己对工作步骤上的意见不一致。据说有的同志认为改进干干关系是重要环节，有的则认为发动群众是重要环节。又如对"纠偏"问题，有的同志认为对被斗中农，一律应予补偿，有的同志认为只须个别纠正。

（乙）对试点工作缺乏全盘明确的计划和切合实际的步骤，并有些零乱。这在一方面表现为下面工作同志，天天喊着要计划。一方面是没有底的宣传"纠偏"，及引起群众思想混乱。其次，对发扬民主，事先没有适当酝酿、准备，临时召开评功民主大会，结果民主没有发扬，且使干部相互间隔阂更大，在群众方面也没引起好影响（大会情况，农会会长轻描淡写的检讨一下后，只一两个贫雇农讲了几句话，便尽是过去村干与在职村干间的相互攻击，夸大事实与污蔑的事情都有，外表看来很热闹……在职村干开会前情绪就不好，说："带两个麻袋装意见去"，开会后背了包袱回去，一路发牢骚……。一间间长傅盛则威胁群众说："快讲，你们不是有意见吗，现在不讲，以后就不算了。"群众则反映说，"对也罢，不对也罢，反正咱们不知道，提出来才知道。狗咬狗。"个别品质较坏的过去村干则得意洋洋，以为又会搬石头）。

（丙）把查划作为重划执行，是费了较多时间和力气的。

（丁）试点村的工作，是孤立式的进行；对下一步由点到面的波开，及何时完成全区冬工任务，没有足够的计划和准备。

（戊）对工作队的教育不够实际，领导抓得不够紧。一方面没有经常具体明确的交代任务，适当的使用和发挥其力量，上下联系也不够密切；一方面对工作队的教育，没有紧密的和当前具体工作、具体问题结合起来，使工作计划和政策的具体内容为他们所掌握。

因此说，有成绩也有缺点；但我们应把成绩放到主要地位。

3. 发扬民主，团结和发动全体农民，结合进行建党工作。

评功民主大会以后，12 月 20 日的区委会议，根据当前具体情况，决定：以发扬民主，改进干群关系、贫雇中农关系及干干关系，团结全体农民，作为试点工作的中心环节。决议的具体内容是：

（A）对"纠偏"问题。肯定贫雇农的骨干作用与巩固团结中农，及"纠左必须防右"的方针；团结中农，是坚决不移的政治目的和要求。新康已经过春季纠偏，今天团结的方法，主要靠政治，中农目前的迫切要求也是民主权利。因此，经济上，现在中农手中或贫雇农手中的牲口，都一概不动了；被刮中农如有个别牲口不够用的，可从山岚村产及负担等方面予以适当辅助或照顾。贫雇中农等劳动人民，土地产量相差在百分之二十左右的（按省委根据全面情况，现已决定为百分之三十以内，以后应按照这个原则去处理）一概不动。但对百分之二十的原则要灵活运用，不要机械地看待；两头相差在标准以外的，依照省委指示的原则精神，予以适当调剂；中农自己原有土地，虽超过标准也坚决不抽。对地富不能这样办，但须使其能维持生活（对小地主、富农又应与一般地主有区别）；其高出平均产量的，则应抽出。房屋方面，原则上谁住归谁（公房除外），一概不动；个别被刮中农，房子不够住或破烂的，由村出点材粮，贫雇农出点力，给以补修，使之够住；离耕地太远的，由群众民主协商予以适当调剂。政治上给中农以民主权利，对其个别恶霸坏蛋，须把政治和经济、本人与家庭区别开。对这些问题的具体处理，须不断去了解与掌握情况，作为根据。对"纠偏"不要再强调，实际就是调剂；立即采取步骤向群众交底，端正群干中相当严重的偏差，解除顾虑，安定人心，以免妨害与影响今后工作。

（B）对今后工作，根据具体情况和群众要求，应以发扬民主为中心，正确的改进干群关系、贫雇中农关系、干干关系。在贫雇中农团结的基础上，又须防止把中农与贫雇农成份混淆。村干虽都有多多少少的错误和缺点，但绝大多数基本上都是好的，应坚决采取教育改造的方针；为安定干部情绪，提高其积极性，增加其改正错误的信心和思想准备，把我们处理这个问题的方针和办法，具体明确的向干部和群众交底。围绕这个问题，去具体布置工作，从各方面采取各种方式，进行深入的教育和酝酿，争取在一星期左右开全村群众大会。

（C）结合上述工作，进行公开建党工作。在上述工作过程中，利用会议形式和个别谈话，对群干全面进行党史、党纲、党章教育，宣布入党条件（要具体、明确、通俗），针对可能发生的各种顾虑，进行宣传解决，使群干中有相当的准备和酝酿。自报在大会、小会或找个别党员均可；公议以闾为单位，但公议不是要群众通过；批准是支部大会通过，区委批准。举行入党仪式，可号召非党干部、积极分子和群众自愿参加。在号召自报前，要注意去发现与培养对象，以免领导上对报名人毫无了解。发展限度，以主观的消化力与客观条件为基础去决定。批准新党员入党后，即把小组和临时支部建立起来，依靠它作为今后全村工作的领导核心；在调剂、确定地权和建政中，不断提高党员、巩固组织，巩固了再结合具体工作去发展，发展了再结合其他具体工作去巩固。

（D）培养干部问题。一方面为着使试点村工作在年前全部完成，同时为由点到面的铺开准备条件，使全区冬工任务至少在春耕前全部完成。因此：（1）对工作队各组布置工作，交代任务，必须具体明确，不厌其详，随时给以指导和解决问题；工作每告一段落，便帮其总结；区委讨论和布置工作的会议，尽可能扩大，让他们参加。（2）试点村干与积极分子，经过教育改造与试点工作的锻炼后，可用滚雪球的方式，号召他们随工作队去帮助他村工作，供给其吃饭。对他村干部和积极分子，可号召他们来参加试点村大会和一些会议，使他们取得经验，并使试点村的经验不断波入各村。从各村都选择几个干部来开办训练班，一面派至各闾参加工作，一面给他们上课和组织讨论。待试点工作达到相当程度，即开始铺出去。这不只是较好完成全区冬工任务的必要步骤，并同时又培养了干部。一方面适应形势发展的要求，与冬工结合培养干部，还可采用设副职带徒弟、培养替手等方式；在各村建立起党以后，还可办短期党员训练班或党员积极分子混合训练班。

区委有了这个决定以后，但没有及时布置下去；工作队各小组，仍在各闾进行其未完成的定成份工作。12 月各负责同志会议，又规定从 12 日到 16 日的每日具体工作步骤和活动方式，以至解释政策和宣传教育的具体内容。同时各主要负责同志，分别到各闾去掌握，以免发生偏差。为着防止可能发生的偏向，又：

（1）强调贫雇农的骨干地位和作用，反对把贫雇中农成份混淆不分；（2）强调对一般村干的改造教育方针，防止在群众中形成另一种错觉，以为过失大的一时无法改造的个别干部也可不洗刷；（3）对发扬民主，强调我们的民主是有组织、有领导的民主集中制的民主，在启发群众认识党的政策和敢于说出心里话，反对把群众当留声机的作法或包办方式；（4）对建党工作，强调深入的教育酝酿，启发群众的自觉自愿。从 12 日到 17 日"全村群众民主团结大会"六日间的工作，基本上是按照这种方针、步骤进行的。一方面分别开了各闾贫雇农座谈会、全村中农会、全村干部积极分子会，将团结中农政策处理干群关系的方针和办法，全部交底，并结合进行建党教育，引导他们自由发言，展开讨论；一方面，工作队则夜以继日的利用一切空隙和机会，不断搜集反映，进行个别的解释教育或鼓励，使群众和干部的思想酝酿步步深入，同时不断考察原有积极分子，发现和培养新的积极分子。为着拿事实去告诉中农，政治上并不歧视他们；同时拿事实教育贫雇农，中农可以和他们一块开会；便又把八个闾分作三处，召集贫雇农和中农一块上党课。原先拟定 16 日开大会，15 日区委根据全部情况研究的结果，大部分群众和村干对党的政策"摸底了",敢说话了,并涌现不少能了解政策精神的积极分子;一般的情绪都安定了,原来的错觉消除了;中农一般都表示满意,有些每晚都到闾长那里去问:"明天开会吧?先来问一声,恐怕明天通知我不在。"但另方面,贫雇农中仍有一小部分(牲口很少的一个闾的大部分)坚持一种平均主义思想,要求把全村贫雇农手中的牲口,全部拿出来平分。对于干部,除去大多数的意见是正确的以外(他们说:"干部有好处也有毛病,把他们拉下来谁去干呢?不如去掉毛病,仍让他干";"孙会长有两个功:春耕没荒地,优待军属好;也有两个缺点:包办和抱粗腿"),仍有一小部分人认为:"他们还能当干部?"意思是要搬掉。尤其是原来对干部发言很激烈,被当作积极分子看的一些过去村干,或者一句话也不说,或者说:"我有意见不敢提,提出来他官报私仇。"也有一小部分人有另一极端的思想,如说:"我看有些人对孙会长提意见,是没有根[据]的,听到风就是雨,是不实在的。"在职干部对我们处理干群关系的方针,是"摸底了",信心比较高,对自己错误和缺点也肯真心去检讨了;但其中一部分又发生另种顾虑,即不认识自己错误是否严重,群众对自己意见那么多,不知能不能得到原谅?心中还是有负担。其中也有些或认为上级是会要他的,"群众提提意见,也不过那么回事";或抱消极态度:"要我就干,不要更好。"尤其对团结中农问题,大部分是有比较正确的认识了(其中一种正确的见解是:"咱该团结中农,人多势众好办事");但另方面少数贫雇农仍有一种左的思想残余,如说:"中农现在关到门内他还要上炕啊!""中农现在不老实了,只有地富老实"。"地富老实"的思想又是右的。另方面,由于个别工作同志在东×闾错误布置与动员的结果,发生贫雇农向中农认错,自动提出献东西去照顾中农;他们甚至放弃原来的一些积极分子,找了一些中农补上来。因此,区委会议认为酝酿还不够成熟,一部分群众和村干的思想还相当混乱;便决定把大会延期一日,抓紧15、16两日的时间,针对上述情况和偏向,进行深入的宣传教育和酝酿。到16日晚区委会议研究的结果,便认为条件相当成熟了。

同时,由于前一段把干干关系作为重要环节去处理的结果,老虎沟村坏蛋便乘机造谣,孙家铺子和五龙背村干则都召集群众开评功会,强迫群众提意见。为防止他村干群思想的混乱和错觉,正确的把试点村经验和影响波出去,又于13日召集他村干部开了一次会,同时向他们交底。

17日的大会，到会群众约四五百人，情绪颇高。开会前，工作队仔细、通俗的按标语逐条讲解了三次，群众都以愉悦的表情和插话去接受。大会首先由村干报告工作和自我检讨，请求群众提意见，帮助改正错误，并号召各间选派代表清算帐目。群众发言提意见的，最初不够踊跃，表现断断续续；领导上便改变方式去掌握群众情绪，逐渐引入高潮，形成争先恐后起立发言的热闹场面。前后发言提意见的有几十人，因时间关系，主席团宣布停止发言后，仍有六个人讲了话，最后转入公开建党，有二十五人报名要求入党，并自动报告其历史出身和入党动机。

根据大会情况及会后各方面的反映，大会基本上是成功的，农民内部相互间的关系，基本上改进了。首先是民主开始发扬了，群众觉得现在有什么话都可以说了，事实上也敢于说话了。尤其是大会以后，各间都自己选出代表清算帐目，代表发言都比较公平，方式是民主的，精神是团结的；干部也觉得把账目结算，就轻松了。十六间群众自己民主讨论，合理的解决了牲口问题；各间都以村干积极分子，特别是报名要求入党的人作中心，开会讨论选举调地委员，进行调剂土地，确定地权等工作。在干群关系上，群众对个别干部的认识有了区别，认为大多数干部可以改正错误，继续为大家服务；还残留一种搬石头思想的，只是个别。在职干部本身，各种顾虑都解消了；只是少数干部对那些不合事实的意见，还有反感，对那些还残存搬石头思想的人，情绪上有些对立。口头承认错误，并无决心改正的，也只是个别。在团结中农问题上，中农都满口"大哥"，贫雇农则满口"兄弟"。在各间调剂土地等群众会议中，一般都没有什么冲突和争执，中农的主张一般是追随贫雇农的。贫雇农对团结中农，还有对抗情绪的，也只是个别。其次对土地、牲口、房屋的调剂，贫雇中农都完全赞成我们的方针和办法，并已由他们自己在讨论实行了。在建党方面，大会当场报名的二十五人之外，在各间都不断有报名的。

这段工作，虽有以上的成绩和优点，但仍不免有缺点甚至错误，大会本身也不是十分圆满的。已初步发扬的民主和团结关系也须从今后的具体工作和解决具体问题中去不断巩固和提高，就主要的缺点甚至错误说，有下面几个：

首先在团结中农问题上，领导方面虽不断强调提出贫雇农的骨干地位和作用，防止偏向产生，但终于在一个间产生了右的偏向；领导上发觉以后，虽立即去加以纠正，然直至17日的大会中，该间群众仍有这种偏向的残余表现。

这在领导上的布置不够具体明确，也是有关系的。

其次，17日大会本身的一个主要缺点，没有按照布置的计划去掌握，使大会环绕着重点进行；表现着发言有些零乱，没能把每个问题都展开讨论。

其次，妇女在反封建斗争及今后生产、建政中的地位与作用，我们虽强调提出了，并特别强调发展女党员，但在试点中对这些方面缺乏具体布置。实际上，在试点过程中，对各种问题尤其是地权，妇女也是很关心的。

其次，民主集中制的运用还不够，区委讨论问题，事先没有适当酝酿，会议中又没有展开足够的讨论；问题决定以后，严格遵守和执行决议的精神，也不十分够。

其次，对工作队布置工作，仍多是传达以后，就让他们下去做；没有帮助他们组织讨论，使之有具体明确的认识，掌握精神实质。因之在具体工作过程中，便不免发生漏洞。对村干偏重于教育方面，没有有计划的去充分发挥其作用。

其次，大会以后，对调整土地等工作，完全通过群众自己的手和脑，让他们自己处理，这是很好的；但个别间，由于具体深入的领导和帮助不够，也不免出些岔子，如×间调委在抽补中，没有按照群众公议的标准去抽和补，致拖延了问题的解决。对建党的公议，有些间是议得好的；但由于领导上太性急，对公议没有足够的教育和酝酿，以致有些粗糙。

最后，一个最大的缺点，对"发家致富""支援前线"的方针，我们虽把冬工任务是结合在这个方针下去做的，并这样去教育了群众；群众自己对调剂牲口、确定地权等等事情的积极关心，也正是要求安下"发家致富"的基础；但我们提得不够明确，生产中不少男女个人与集体的英勇模范事迹，也没有予以适当的表扬，抓紧去教育群众。

4. 紧接在民主团结大会后的工作布置。

（1）算账是群众所普遍关心的事，也是村干自动提出的号召；须抓紧去领导，以团结的方针和民主的方式，把账目弄清楚，为群众解开疑团，为干部卸掉包袱。同时对以后的村财政，可确立按月公布的制度。

（2）根据群众意见，赶速对村干予以分别处理：少数为群众所拥护的，除大会已加表扬外，再找其谈话，加以适当鼓励。大多数在自我检讨以后，已得到群众批准，并认为可以改正错误的，分别找其谈话，鼓励其勇气，提高其认识，并指导其克服缺点错误的方向和方法。对个别错误较大，口是心非，多数群众不肯信任的，应批准群众要求，并分别加以教育，指导其改正错误的方向和方法，将来仍可"为国家服务"。对个别可疑的分子，应采用适当方式，从多方面去了解情况，研究处理办法。

（3）对群众所迫切要求解决的问题，如个别户自己或他人对所定成份和评级，提出不同意见的问题，土地、房产、牲口的调剂以至坛坛罐罐的问题……即布置各闾群众以村干、积极分子为骨干，由其自己民主解决，但必须加以适当的帮助和领导。

（4）真心肯改正错误的村干，都提高了一步，他们在群众中的威信，也正在恢复；在试点过程中涌现的大群积极分子（报名入党者在内），大多在群众中有相当威信。不只要依靠他们作骨干，在工作队的配合下，加紧完成试点村的冬工任务；并可动员他们临时参加工作队，去帮助他村工作；务须争取试点村冬工任务在年前完成，全区在春耕前完成。

（5）结合上述各项工作，立即布置工作队，从正面、侧面进一步了解报名入党者的情况，并予以适当教育；同时继续去发现与培养新对象，对群众反复进行公议教育和酝酿，然后抓紧时间，进行公议；公议后，因还没有支部，由区委逐一慎重讨论，符合条件者予以批准，建立临时支部，作为此后村的领导核心，依靠它去推进全村工作；对这种新党员和临支的工作，须加倍抓紧去领导帮助，区委要随时深入到支部和小组中去，去提高新党员和巩固组织，根据巩固情况再去发展。

（6）须抓紧时间，立即按照原订计划，布置由点到面的准备工作。首先是立即开办村干（他村）训练班，依试点村确定地权工作告一段落后，即向面铺出去，并可将情况复杂的边沿村留到后面——估计至迟一月底或二月初即可集中力量去作。

（7）发动群众研究和组织副业生产，提倡自愿互利的换工互助，为明年春耕大生产准备好条件。

（8）结合上述工作，发动群众组织冬学，并使冬学等各项工作起配合作用。

（9）注意去培养群众领袖等地方党的领袖。

二、确定地权公开建党及对建政和全面铺开的布置（1月3日在工作队会议上的发言）

群众民主团结大会以后，各项重要工作，都能依靠广大群众自己，较顺利迅速的完成任务，群众情绪普遍高涨，政治觉悟提高了一大步，表现出一种新气象。证明发扬民主改善作风，以解决干群、贫雇中、干干间的关系问题，是推动冬季工作的中心环节。而解决这几个问题，又必须把调剂土地、房屋、牲口的正确方针和办法联同交底，以安定人心。因此，我认为新康、新建试点工作已获得初步成绩和经验。

1. 调剂土地、山岚、牲口、房屋，确定地权发地照

以民主团结大会为标志，由于群众对各项政策的摸底（如"纠偏"方针，干部政策，巩固团结中农政策等）、农民内部相互间各种问题的正确解决，民主初步发扬；群众的集体力量又得以发挥出来，一般干部的威信逐渐恢复，又得以发挥领导作用，尤其在试点过程中涌现了大群积极分子，特别是报名参加党的先进分子，成了群众中的骨干。领导上依靠这种先进分子和村干作核心，由各间群众自己动脑动手，民主讨论，解决群众自己所迫切要求的各项问题；这——都获得了较顺利、迅速而又较公平合理的结果——自然至今也还残留着一些问题，如结束算账和冬学等。现就几个较重要的问题来估计一下。

（1）关于确定地权，发地照，结束土改。这是全村男女老少一致最关心最迫切要求解决的问题，而且是开展春季大生产的首要前提。

全村各间，自平分土地以后，根据丈评与去年秋收的结果，贫雇农每人产量（地平粮不平），新建四间在六、七、八百斤之间的三十一户，六百斤以下者十五户，八百斤以上的三户；三间六、七、八百斤之间的三十四户，八百斤以上的七户，六百斤以下的二十一户；二间六、七、八百斤之间的十九户，六百斤以下的十九户（地富六户除外），九三二斤的一户；一间六、七、八百斤之间的二十二户，六百斤以下的五户，八百斤以上的六户。新康二间大多数在

六、七、八百斤之间，三间贫雇农大多为六百斤左右，中农为四百斤左右，地富亦四百斤左右；一、四两间均尚无正式回报材料。除村公地外，各间均还有些公地。新建一间、新康二间，由群众自己反复讨论的结果，是六、七、八百斤之内的不动；抽多补少，一间八百斤以上之四户（抽至八百斤），合间公地补足不到六百斤之五户，及另补发了四户原先没有分到土地的人口；六间把冒出八百斤之数户抽到七百斤，补给不满六百斤之数户。他们以六百斤为起码点的理由，是六百斤为每人够一年吃的产量。这便是使每个贫雇农中够吃为起点，以不容占产量过多的坐食者存在为顶点，同时他们最反对把地割得太零碎。我以为这是较公平合理的。同时以七百斤为标准，差上差下均为百分之十四。

另外也有三个间，我们的工作同志，先把全间人口、产量都加起来，两者相除求得其平均数标准产量，然后再连同上下相差百分之二十的原则交群众讨论。结果群众只得同意共出百分之十以上的原则上都抽出来，给相差在百分之十以下的补足。由于先给予一个框子，群众的真实意见便没能发挥出来，而不得不执行我们所给予的原则；同时这不只波动面过大，而且会把土地割得零细。因此，我以为前一办法较好，后一办法并不妥善。

这个工作，现新康、新建两村各间，均已全部完成，而且绝大多数群众都感觉满意；还没了的，只是埋界、填照及一些零碎技术问题。

（2）关于山岚，新康、新建两村合计，现在贫雇农手中的山岚、蚕场，共五把半剪子；没收地富的共五十七把半剪子，中农户大都有几分山岚或蚕场，其中有两户多的，一户七把（原先说是六把），一户二把。

区委会议决定：没收地富的山岚、蚕场，均按产量估计，按户平分于贫雇农（已有的补足）；为照顾分地产量较低之户，仅产量较低之户由下而上的先挑；蚕场在保证不荒场、以一把剪子为单位不分散于每年放的原则下，由蚕户先挑；同时适当照顾土地产量不高而又没有或很少山岚、蚕场的中农户；对生活水平太低的地主，可再适当补给。其次，由于新康山岚、蚕场很多，新建特少，便决定以老新康全村为单位来调剂；但由于新康土地产量较低，群众讨论结果，由其尽先挑留四十把剪子，所余十把调给新建。如何分得合理，均由群众自己讨论；在保证要放蚕不分碎的原则下，讨论分蚕场时，新建一间群众讨论结果，得出互助合作的方法，当场自愿结合，成立五户、四户、三户合作的三个互助小组。这是一个很好的办法,值得很好的去领导帮助,不断把它提高和推广出去。

关于中农的山岚、蚕场,区委会议决定是一概不动(原先反映的材料,谓其多在自中农手中,佃中农没有)。在我回省那两月,同志们谓发现佃中农手中有不少山岚蚕场的情况,又改变决定,谓系按照任弼时同志在过去土改中所指的一个原则即"只有少数富裕中农要拿出一点土地"了解为:"佃中如愿保有山岚,须退还分地;如保有分地,须把山岚交出平分"去布置。结果有两把剪子的一户佃中农,在闾群众会议中表示愿"献"出一把,另一户有七把剪子的,则说"要回家合计"。同时发生贫雇农要分中农山岚,中农匿名写信向区府告状的现象。经区书李杰同志亲自调查的结果,八个闾只有两户中农山岚、蚕场较多,其他都相当少。因此,我们认为即使将这两户的山岚、蚕场全部拿出平分,贫雇农所得的经济利益也很小,而且已有五十多把剪子供调剂,而在政治上很可能并已经引起不好反响受到更多的损失。所以区委会议仍决定:中农的山岚原则上不动。这样布置下去以后,临支及新党员都坚决执行这个决定,群众也没有意见了。但我们个别工作同志,仍在按照其原来的布置做。这是违反决定的,并引起有七把剪子的中农表示:可将十五亩分地全部退还。由于我们的新同志一致表示:"你要退可往村里退,我们坚决不收"。因此,他说"侍弄不来",愿退出十亩地。对这种中农,其原有山岚应坚决不动;其产量如超过当地群众调地标准以上,可由其自愿调剂出一部分分进的土地。

(3)关于牲口和房屋。这在各闾都是个别的问题,大都已由各闾群众民主协商,获得较公平合理的解决。

因此,这几项较烦难的工作,基本上不只已由群众自己把任务完成,而且大都做得相当好。这给春季大生产运动布下了坚固基础,给农民的发家致富与支前布下了坚固基础,群众从前的顾虑便根本打消了。

在完成这几项工作的过程中,千百群众无论男女老少,都予以最大的关心,积极参加讨论,尤其对确定地权,都毫不放松,把发照看得无比重要。这在一方面,表现群众对胜利的坚定信心,一方面表现其发家致富的长远打算。

2. 公开建党

土地改革以后,打垮了封建势力,并涌现大群积极分子,加之革命形成胜利发展，便布下了公开建党的基础和条件。在新康，随着农民内部当前几种矛盾关系的解决和民主发扬的过程，便创造出结合公开建党的更顺利的条件。从去年十二月十日区委会议决定结合公开建党，至二十七日区委会议批准十八人入党，二十八日举行入党仪式，正式建立新康临支和新建临支两个支部。建党工作，基本上是胜利了。

首先从成份来看，自报的四十六人中，雇农一六人，佃贫一二人，自贫二人，工人（产业手工）八人，佃中一人，自中二人，另贫雇三人，成份不清者二人；其中妇女十人，在职村干一二人，劳动模范六人，投过敌者二人，任过伪排长者三人，新涌现的积极分子十人。群众公议同意其入党的三十五人中，雇农十六人，佃贫十一人，工人七人，佃中一人。其中村干九人，妇女七人，劳动模范四人，公议中撤销自报者二人。党批准的十八人中，雇农七人，佃贫八人，工人三人。其中村干六人，妇女三人，劳模二人，新涌现的先进分子五人（二十八日以后在外）。这一面可看出贫雇、工人的骨干作用和领导地位，一面也可看出干群贫雇中、干干关系的改进情况与民主发扬的程度，一面又可看出群众一般的政治觉悟是提高了。

在这次公开建党的过程中，自报前，不只由于教育酝酿与发扬民主相结合，能较易深入与较快成熟，且随同民主日趋发扬，农民内部关系日趋正常，才有包括贫雇中农工人共近五十人的自报，而且为公议铺平了道路，准备了条件。

报名人在自报以后，大多数很积极；他们成了各间群众会议中最活跃的分子或中心人物，并常自动找工作队谈问题与反映情况；有些过去犯过错误的，则尽力表白自己。但有少数群众，以为自报后就算作党员了，称自报人为"×党员"。这由于我们的教育酝酿还不够全面深入。

有部分自报者，是原先培养的对象，领导上对他们情况有相当了解，但对另一部分人在其自报后却没有达到从正面和侧面去了解其情况的要求；对原先培养的对象，也没有从各方面去达到更进一步的了解。在他们自报以后，进行个别谈话与教育也很不够。

又由于各间的工作同志，有一种比赛倾向，常自觉不自觉的违反自愿原则去动员人家自报。

公议。区委会议曾决定在公议前，要向各间群众进行公议教育和酝酿，并进行有计划的布置。但事实上，这都做得很不够，甚至没有做适当教育与布置，就急忙在群众会上号召公议。因此，只教育酝酿较好的。新建三间、新康一间，群众对公议比较认真，均有到会四分之三的群众热烈发言，反复评议，他们最注意被议者的立场。其他有些间教育酝酿较差的，群众多不够积极，只有半数群众发言，便议得较粗，有个别间甚至只有少数群众发言，议得更马虎；但群众对被议者的立场，一般还是注意的，大多数是因立场不稳被议掉。其次，便是做过坏事或不比一般群众进步的分子。这说明群众对党的关心和敌友分明，也说明了群众的政治觉悟是提高了。

批准。区委会按入党条件作标准，批准十八个人入党，一般地说，还是严格的。缺点是：①由于在批准前对有些自报者的情况不了解，不得不把他们暂时摆下；②最重要的在入党条件中对党的认识或政治觉悟一条，由于在公议前后，有些同志在进行教育时把遵守党章服从党纲和决议等重要内容遗丢了，以致在讨论批准时，对许多公议上的人，都不知其对这方面的态度如何。

入党仪式。结合布置发地照，举行新党员入党仪式，因此有数百群众到会。仪式严肃隆重，不只对新党员是一次重要的教育，对群众也是一次重要教育，特别使他们对党发生一种严肃的感觉，根本打消了所谓"扩党"的错觉。所以有些积极分子，原先犹豫没有自报的，当场便受到刺激，口中念念："悔之晚矣！"深悔自己没有报。对没公议上、没批准的，教育也是很重要的。一面使他们不致灰心丧气，一面又知道缺点错误所在和努力改正的方向。所以他们在回去以后，大都表示："一定要努力干"，"决心改正"，"将来再报，报不准还要报"。个别还没讨论的（如×××），也特别感觉苦恼——这对于他也是一种磨练。而此，对新党员和群众，也都有很大的教育意义。

两个临支建立以后，新党员情绪都很高，对各方面都更加积极了。群众也认为他们"比以前大不相同"；特别对王兴斗，群众说："共产党真怪！王兴斗报了党，说话也不期期了"。他的神气和容光，也焕然一新。他们对上级的指示，都执行得很坚决，表现了工人、贫雇农先进分子的优良品质。他们已自动的开始了组织生活，如新康的一个小组，数日内开了两次会，新建也两组联合开一次会。估计这两个支部，只须区委在最近一两个月，亲自去出席其小组会和支部会，给以各种帮助，尤其是"党员须知"和组织常识，便能得到适当的巩固与提高。只是新建临支党员仅六人，在巩固过程中，尤当注意再发展几个。还没有党员的几个闾，也须注意去培养对象，但同时要反对平衡发展的倾向。

以后到各村，可利用这回的建党经验，克服其缺点，便能把建党工作做得更好。但新康和新建是区委所在的中心村，初次多发展了几个，也能消化；以后到他村，便当慎重考虑主客观条件，作为建党的依据。

3. 对建政和全面铺开的布置

（1）试点工作，还留下建政和选模没完成；选模可结合建政去搞，结束土改的未了事情，也可结合建政把它了结。建政在现有条件下按照上级原则，把实行步骤决定后，可以支部作核心，依靠群众自己去做，但领导上除原则的领导外，还须予以具体的帮助和指导，这不只可使初步发扬了的民主提高与巩固一步，同时又可把新建立的党支部提高与巩固一步。

农村建政的基本原则，是建立以贫雇（在新康、新建为贫雇、工人）为骨干，联合中农及其他民主分子，即以工农联盟为主体的由共产党领导的人民民主政权，实行对反动地富及一切反革命分子的专政。因此，党要成为建政的领导者，贫雇工人要成为建政中的骨干，中农是建政中的亲密同盟者。因此，对中农应根据其人口比例选出代表参加政权；对地富，除去一些真正勤劳老实，不反对共产党，服从民主政府法令的小地主和旧富农，经群众民主讨论，决定可恢复其公民权者外，一概没有公民权；一切反革命分子，没有彻底改正，经正式恢复公民权者外，一概无公民权；经民主政府剥夺了公民权或判罪未满期者，不得享受公民权；患精神病者，暂不给予公民权。这一切，均按照东北行政委员会所规定的原则办理。

步骤上，可先在支部及村闾干、积极分子中进行布置，同时在群众中进行广泛深入的宣传教育，具体明确的交底；在宣传教育的过程中，最防地富及其他反革命分子的造谣破坏；同时了解情况，为登记公民与确定公民权准备条件。第二步即由各闾和组正式进行公民登记，实行深入的民主讨论，逐一审查：谁有公民权，谁无公民权，谁可恢复公民权，谁不能恢复，一榜、二榜或三榜定案。第三步由公民自愿联合公民小组，由各组公民民主讨论推选两至三倍的公民代表候选人；造成竞选热潮，由闾或组选举公民代表，领导上须予以适合布置，并须照顾妇女与朝鲜居民，使其有适当数额的代表（党要领导与保证选举，同时要反对包办）。第四步，由公民代表成立人民代表会议，并选举人民代表会议主席及村政委员，正式成立村政委员会。

建政工作一开始，便须加倍注意去布置，动员妇女及鲜人，积极参加建政工作，并注意发现与培养其积极分子，以便被选到村政权中去；尤其对妇女，须使其在公民代表名额中占适当比例。

我们这里对建政还缺乏经验，这是第一次的摸索。

（2）全区十六个村的冬季工作必须在春耕前完成，这是有时间限制的。根据现有条件计算是可能完成的。主要条件有下面几个：（甲）我们在试点村已获得一套相当完整的经验，掌握了规律，基本上可灵活运用于他村，可能不再走弯路。（乙）他村群众和干部，多多少少都受到试点村的一些影响。（丙）工作队同志的工作能力，都大大提高了一步，能运用经验到他村去。（丁）试点村的新党员、村干及积极分子，可以动员一部分（二十至三十人），临时随同工作队去帮助他村工作。（戊）集中他村干部受训的村干训练班，成绩不坏，他们回村后，对基本村工作可成为一种推动力。

根据这些条件和力量估计，可把其他十四个村分两期去做；第一期可先选条件较好，便于彼此联系，主要负责同志又便于巡回往返的六七个村，第二期七八个村。根据试点村经验，估计第一期的六七个村，可于二十天至二十五天内完成任务。第二期集中全部力量（现有及第一期六七个村新加进去的力量）于七八个村，估计三十天内可完成任务。在第一期工作中，必须注意群众旧历年关的习惯，在旧历十二月二十三日以前，必须把工作告一段落。

年假后，即可将工作队全部从试点抽出。试点村的新党员、村干、积极分子，在不妨碍基本村建政、选模的条件下，可即抽出一部，配合他村受训村干，布置到六七个村去。金、李及其他区委同志，分村去领导、掌握，并随时交换经验，定期会议汇报。

第一期的工作，可分两个段落，以发扬民主，改进干群、干干、贫雇与中农间的关系，结合建党，再把查划结合进去为一段落。这段工作，在试点村，只经过五日的时间完成的。不过在试点村，（一）查划是原先做了的，（二）对村干已作过不少教育，（三）区领导和工作队的力量集中，这是新村所没有的条件。但试点村当时也有不好的条件，即：（一）因不交底的"纠偏"宣传，而引起群众思想的混乱情况，（二）因作法和步骤有些乱，而引起村、间干部的顾虑与群众的搬石头思想情况，我们曾费了不少力气去端正，这在新村便不会有这样大的麻烦。因此，我以为这一段落的工作，可于十天至十二天完成任务，能提早完成而又不致粗糙就更好。

第二段落进行调剂土地、牲口、房子、山岚，解决个别具体问题及各特殊问题，结合建党，条件够时，再把建政与劳模选举结合进去。在试点村，这段工作，主要便由群众自己在搞了，区委和工作队实际是处在指导和帮助地位；最主要的调剂土地、牲口、房子，及建党公议，只在四五个晚上的间群众会议中，基本解决了问题，余下的只是埋界、填照等技术问题；山岚问题因我们事先没有调查计算好，致没有连同解决，把它耽误了一下。因此，估计十天至十三天可完成任务——能争取提早完成而又不致粗糙就更好。

由于派至各村的人数较少（大约每村可有六七人），在工作的方式上，一方面在不妨害生产、不致使群众疲劳的条件下，尽可能采取集中合并的方式，如对干部和群众的交底、上党课等，邻村的干部会可合并开，中农会可合并开，对邻间的群众交底和党课合并举行。一方面为着使各村各间的重要会议，各主要负责同志能亲自去参加、主持，可不采齐头并进的方式，改采轮流交叉的方式。如这间上党课，他间座谈政策；这间交底，他间座谈；这间讨论建政，他间审查成份……总之，要善于运用力量和时间，根据情况，为有步骤有计划的精密配置。

把查划结合于第一段工作，条件够时建政；选模结合于第二段工作，在试点村还没这种经验，对我们还是新课题；究竟如何才能结合得好，还要重新去取得经验，重要的则在于根据具体情况和群众要求去做。

在这一期工作过程中，为第二期工作准备条件，可指定和号召其他七八个村的干部和积极分子来参加一些会议，以至参加工作。

第一段工作结束后及第二段工作开始前，可总结一次经验。

第二段的七八个村，将都是边远的，领导上的掌握将比较困难；其次，那种较边远的村，有些是过去工作较差，封建残余势力还较大，这是较困难的条件。但另一方面：①第一期工作完成后，那七八个村子的群众和干部，将受到更多更深的影响；②第一段工作完成后，我们将获得更多更完整的经验；③参加第一段工作的干部，能力更将提高一步；④可用滚雪球的方式，将第一段六七个村的新党员、干部、积极分子，动员一部分去临时帮助工作，力量就更加大了。同时在力量的配置上，可配置较大的力量于那些较落后的村子。因此，估计至多三十天内可完成全部任务。

如果能按照这种计划实现，便可以不妨害春耕大生产。

三、建政和选模

1. 新康村建政工作。

从元月 2 日开始，到 7 日完成村选，产生新的村政权。村选由各公民小组，直接选出公民代表共二十三名，其中雇农七人，贫农九人，工人三人，中农四人——内妇女四人（中农一人），党员八人。代表会由代表选出正副主席各一人（党员，正为雇农，副为木工）；村行政委员九人，其中佃贫七人，工人一人，佃中一人——内党员四人，妇女二人。新的村政府把全村编为七个行政组，组长由公民代表担任。

新建村建政工作也从元月 2 日开始，到九日完成村选，产生新的村政权。村选由各公民小组直接选出公民代表二十八人，其中中农四人，贫雇、工人二十四人——内党员六人，妇女五人，鲜人一人；代表会选出正副主席各一人。村行政委员十一人——正副主席均雇农，为前村农会正副会长（副为党员），行政委员中佃中占二人，妇女占二人，行政组亦已编制完成。

从当选人的成份看，两村的选举结果，贫雇、工人占绝对多数，可保证其骨干作用；党员均占有适当比例，也可以保证党的领导。按原来编制的每个间，都有一个中农当选，都是与中农所占的人口比例相当的；妇女公民代表，均占公民代表总数六分之一以上。新建的鲜人编成一个公民小组，由他们自己选出一个公民代表。

2. 工作进行的步骤和经过：

两村均于二日开支部大会布置，接着于三日召开全村群众大会，说明为什么要建政，选什么人，怎样选举，公民资格及登记审查等。当即由大会选出村选委员，成立村选委员会（新康选出七人，均为贫雇工人，内党员占四人；新建选出十一人，内中农一人，党员三人；均有妇女在内），在党的领导下主持建政工作。

第二步即由选委配合积极分子，分别召集各闾群众开会，进行公民登记和审查，新建采取宣布名单，由群众评议的方式；新康采取按各自报公议的方式。

但由于交底交得不够明确，也没有密切的从群众切身利害出发；特别没有经过群众自己的讨论和酝酿，使群众自己的思想中有底；加之，经过建党以后，群众便把建政看作建党，把公议公民资格当作建党公议一样（如新康有群众说："这就是党"），同时也把建政当作农会看。因此，原先对建党公议做得较粗糙的几个闾，对公民资格的审查也较粗糙，原先议得较仔细的几个闾便很严格；但都不合于审查公民资格的原则。在审查中所表现的一般的倾向是左的，但也有个别右的现象。

左的倾向：在新康，如对过去为地主富农藏过东西的，有亲戚为地富或被斗的，过去任过伪牌长的、小偷、花拉子以至作风态度不好的，认为都没有公民权。在新建，一闾顾××说："我女婿被斗，我能有公民权么？"选委认为一闾"田××，当过敌伪牌长，抓过劳工，又说过怕八路军，不能有公民权"；二闾中农吴××说："我隐藏大肚皮亲戚在家住过，不能有公民权，我该退出选委"；三闾群众说劳模姜××母子："过去为富农藏东西，不够公民权"……。另方面，个别右的现象：如新建一闾，对地富，另从其一些表面现象看，便认为"够上了"。同时也产生个别群众对公民权无所谓的现象，如新康有群众说："会议上公议不上，有什么关系，省得误工。新建有一老头为自己女儿瞒年龄，不愿她当公民。新康群众会议上的大都欢喜，但也有恼的。"

因此，只得又重新从各闾群众中去进行教育，反复解释。在新康，特别从群众的切身利害关系上，说明政权的阶级性和重要性、公民权的意义，及一般人民在什么条件下才可以剥夺或停止其公民权，地主、旧富农在何种条件下才可恢复其公民权与恢复其公民权的作用。经过群众自己的讨论和酝酿后，有些原先被公议掉的，便纷纷提出意见，如说："我为什么没有公民权？""我怎么不够？"甚至如何献廷向大家磕头，保证以后不再说谣言，要求给他公民权。群众把原先公议的偏向，也端正过来了，不少本应有公民权而原先被议掉的人，又重新议上了——只有对一个有小偷行为的，群众一致坚持不改正不给予公民权；同时在老实勤劳生产、服从民主政府法令的条件下，恢复了一个地主的公民权，绝大多数的男女老少，都认为要"掌住印把子"，翻身才有保证。

在新建，原先已决定在 7 日进行村选，在七日晨的支部会上，临时决定推延两日，把关于政权性质、公民权条件及人民怎样管理政权等问题，联系群众的土地、房屋、牲口等和发家致富的要求，以及从阶级构成与各阶级力量对比的现实情况，用比较和启发的方式一面分别向党员和宣委，反复说明并由他们讨论到其领会为止；一面由负责同志分别到各间指导，由各间群众结合对公民资格的重新审查，连日进行反复讨论和酝酿。结果，不只群众的政治认识普遍提高了一步，并对建政表现了高度的积极性。如一间到处有三三两两的人，随时在谈论公民权和谁可当代表等问题；他们说"政权就是咱的一把大刀"，"没有公民权，就是活死人"；"以后的事好办，大家民主"；"再贪污办不到了"；"干部再不能官僚派"。经鼓励动员后，妇女也渐渐积极起来，有原先每次只十来人到会的情况，成为连日都有二三十人到会；她们的觉悟也提高了。如说："过去靠爷们吃饭，现在咱也靠自己一分土地和劳动"，"男女平等，谁也不兴压迫谁"（大家都说："这能更和气"），"咱也选人到村里办事，给咱妇女说话"，"选的人不好，就换她呗！"对公民资格审查的结果，大家认为："田××（中农）敌伪时没作过大坏事，解放后很好，还肯帮助人，该够上公民权"。由于选委有相反意见，大家同田本人都同意田这次没有被选权；对一个才嫁到工人家的地主女儿，并没什么好表现，便取消恢复其公民权；对一个军属的小地主，表现也不坏，恢复公民权。二、三、四间情况稍稍次一点。

第三步，接着在公民权确定后，由各间公民自愿结成公民小组，进行选举公民代表的酝酿；党员、非党干部积极分子，在领导上的号召布置与党员活动竞选的直接的推动下，便形成一种竞选热潮——中农最活跃。对选举的布置，一面在群众里面再三解释，要照顾贫雇、工人、中农等的人口比例及各自在斗争中、生产中的地位和作用，去选出其代表名额，同时从妇女的地位和要求上，要选出适当数量的妇女代表；从国际主义的立场上，根据朝鲜人的公民人数，选出其公民代表。一面再三解释，公民代表和自己的利害关系，要选怎样的人作代表才合适；一面由选委布置两倍于代表名额的候选人，让他们自己到群众中去进行竞选（新康并布置儿童到群众中造成选谁选谁的舆论），党员则分别予以保证——同时反对包办。每个公民小组群众自己所推选的候选人，与选委布置的差不多。选举的方式，事先为每个候选人准备一个饭碗，把碗口封好，上面写明该组公民人数与候选人姓名；投票室只准监选人在内（多数间在群众监视下按组选），按组进行选举。选举时，候选人的碗布置于其背后，临时将封口割开，由该组选举人轮流入室投票（经验证明，于选举人入室前给一铜子，比其自带豆子好）。投票完毕后，全间公民集于一室，又公推点票、记票与监票人开票，然后由监票人宣布每个候选人所得票数与当选人名单。最后，当选人推代表向群众讲话。如新康一间当选人代表讲话的王××说："大伙把咱这七块料选出来了，咱们要尽力为大伙办事；要光靠咱这七块料是不行的，还得大伙帮助，常常考察（立即监督）"。落选人则表现一种是失意的神气（如新建一间妇女王××、前间长傅×）。在选举过程中，群众一般是认真的，情绪特别紧张，经过和结果都相当圆满。只是除较少数间外，妇女参加的都较少。

各间大都在完成公民代表选举手续后，结合选模，新康、新建各选出四名。但群众到选模时，情绪都比较松懈了，所以很多人到事后又有意见。

第四步，新康于7日、新建于7日仍由选委召集全村公民集会（新康到男女四百余人，新建到二百八十余人）。首先由区委讲话，然后由公民代表宣誓；接着各公民代表集合，开公民代表会议，在全体公民的监视下，投票选举正副主席及村政委员（选举办法均同上，按新康曾用香火戳名字的办法失败后，又改用上述办法）。然后正副主席和村政委员当场宣布就职，主席代表村政权向大家讲话，公民自由讲话，最后通过村民公约，新康并当场编制行政组。村选至此便完成了，新政权建立起来了。在新康选举正副主席时，人群中不断发出"郑大个"、"郑连贵"（支书）的呼声；选举委员时，则从妇女中发出"选妇女"、"干啥不投妇女"的呼声；同时又对候选人发出呼声："不要回头看"，对投票人则说："不要投得响"……

因此，可以说新康、新建的建政工作，基本上都是胜利的完成任务了。

3. 确定村人民政府冬季的中心工作。

为准备春耕大生产（如推动群众自愿两利的插犋互助，组织送粪，准备农具，添置牲口，准备柴火与冬学结合座谈耕作法，并强迫地富生产等），其次为动员和组织群众利用冬闲时间搞副业（如作鞋底、织草包、套野鸡等），组织冬学（如座谈生产知识、讲报、识字等），进行冬防布置（如防偷、防狼吃牲口、防坏人破坏等），优待军属（如确定帮耕办法——群众说去年代耕已失败，今年可用包耕法；春节送灯送礼，向前方战士写慰劳信，并动员军属向前方的丈夫或子弟写信等），评模（如着重于劳模今后努力的方向和条件，强调其须推动自愿两利的互助合作和带头作用，推动大家向劳模看齐，及如何改造花拉子等），整理村财政（结清过去帐目，规定今后财政公开的办法等），赶紧作完发地照、分山岚的工作，结束土改。这已由村政府布置到各闾，由各公民代表召集自己小组的公民讨论，收集意见；新建定 14 日开公民代表会议，将讨论结果交村人民政府执行。这个工作，现正在进行中。

4. 几点体会和缺点：

事实证明，区委原先规定的交底内容，与在工作中第一步须有足够的教育酝酿，使群众从思想上打通，是很重要的。但我们开始在实际工作中，却不免粗糙，致群众大都不明白政权的作用，特别在公民权问题上形成偏差，后来又再三向群众解释政权的阶级性和重要性，公民权及剥削，停止或恢复公民权的条件与作用，如何管理政权等问题，并经过他们自己的讨论和酝酿，起了转折的作用。

妇女几千年来没抬过头、当过家，最初多不愿参加会议，参加会议也不肯轻易开口，须从其切身要求上，不断去鼓动到会的妇女，经过她们去影响和推动其他妇女，使其自动参加会议；在会议中，不要逼促她们讲话，要善于用启发和比较的方式，去诱导和鼓励她们——不论是一句话一个字的表示。尤其不要烦恶她们开小会，因为在她们的习惯上，只惯于三三两两的交谈，这种交谈，就是其初步表示意见的方式。只要她们参加会议的次数多，听得多看得多，就敢在会上发言了。

建政中，主要要防止那种足以分裂劳动群众自己队伍的思想与作法，如对公民资格审查的左的偏差，贫雇农常不自觉的把中农当外人，同时也要防止群众对地富的右的看法。

粗糙、急性病都要不得，如马马虎虎只从形式上把村政权建起来，结果便可能与原来的村公所一样。

四、全面铺开的初步结果

五龙区于新康（现分为新康、新建两村）试点工作基本结束后，便于一月四日开始向其他七个村铺开，即南面的双林子、碾子岗、黑沟、炮守营四个村，北面的英台子、荒湾子、孙家铺子三个村，原工作队干部每村配置二至三人。

从新康、新建各动员了十个村干和积极分子，分别配置于南四村及北三村，区委四人则二人负责南四村，二人负责北三村。

南四村，根据其各自的具体情况，灵活的运用了试点工作的经验结合查划。从一月四日到十三日十日的期间，各村便都把农民内部的各种矛盾关系达到解决，民主达到初步发扬，又把群众重新发动起来了（且涌现大群积极分子）；并由各间群众民主讨论，顺利的完成查划，又由各村干号召其各间选派代表算账，把一年来的账目也结算清楚了；群众（贫雇中农等）对党课的讨论，也相当认真；对副业，原先一双鞋底也不肯拉，现在一次就领去六百双，还觉得不够。

四村都在13日开了全村群众民主团结大会，双林子到三百数十人，妇女五十余人；碾子岗到二百五十余人，妇女三十一人；炮守营到三百余人，妇女四十余人；黑沟到二百余人，妇女三十余人。大会都首先由村干报告工作和自我检讨，并要求大伙提意见，帮助自己"洗脸"；贫雇中农大胆提意见的都相当多，并当场提出要求洗刷个别干部，如双林子要洗刷公安委员，炮守营要洗刷武装队长和文书，黑沟要洗刷霸占人妻的闾长刘××。接着又转到贫雇农与中农相互提意见，中农说："不看我大哥把我刮着了，现在我家过得还不错"，"头年的粪我也拉够了，大哥用着（大车）时就用吧"；他们又喊了口号，如："贫雇中农一家人"，"共产党领导咱翻了身"，"今后咱要好团结，发家致富有保证"，"不怪大哥来刮咱，怨咱和大哥不同心"，"贫雇中农话说完，今后谁也不记仇"。贫雇农说话的也不少，但有说自己错了的；他们也喊了口号，如："贫雇中农拉起手，兄弟相好同伴走"，"咱们发家致了富，永远跟着共产党走"，"贫雇中农一家人，咱们团结一条心"，"咱们发家致了富，拔下穷根安富根"。贫雇农讲话的人数比中农多得多，但中农都比较能说会道。接着便宣布算账结果，由大会批准。最后公开党员名单，党员干部作自我检讨并请求群众批评。号召自报的结果，黑沟自报了二十二名（内工人二、雇农二、自贫三、佃贫十二、佃中二、自中一；其中干部十二，妇女□）；炮守营十九名（内雇十四，佃贫三、佃中二；其中干部七，妇女二）；碾子岗五十六名（内工人十三、雇二十四、佃贫十、自贫四、佃中一、自中四；其中干部十二，妇女二）；双林子二十二名（内雇九、佃贫四、自贫四、贫民一、佃中三、自中一；其中干部五，妇女二）。

大会以后，各村各闾的群众，便都以村闾干部积极分子和自报要求入党的人为骨干，通过他们自己的手和脑，在进行调剂土地、房屋、牲口、山岚等工作，预期阴历年底可把地权全部确定，发完地照，结束土改；并结合建党的公议等工作。区委和工作队则居于帮助和指导的地位，只有建党公议由党员干部主持。

北三村，由于干部都不是在当地工作过的，对情况比较隔膜，加之个别村的特殊性较多些（英台中农人口特多，据说有百十户；孙家铺子村干自己早已召开过"评功大会"；荒湾子有一闾情况复杂）。尤其是工作一开始又实际把重点放在重划阶级和解决干干关系上——并叫干部"诉苦报功"，对政策交底也有不够明确的地方。同时，一开始就把村干"编组参加工作"。因此，经过五六日的工作后，群众还是不易动起来。后来研究的结果，又把试点村的经验，结合三村具体情况，向工作队重新交一次底，并交到各闾群众去讨论、酝酿。据区委张志永同志在十四日区委会议上的汇报："这几日群众发言较积极热烈，并敢露骨提问题"；"在职干部在前几天，觉得——自己是例外，特殊"；现在"便表现有信心了"；"对大家所提意见，都表示接受"；并作自我检讨。如英台子武装委员张家声，检讨自己"包办代替，官僚主义"，"贪污吃私"，"落后不积极，立场不稳"，并说出各种事实；英台子"村长检讨得很好"。中农对"让其参加会场发表意见，大都表示非常满意"，对调剂土地、房屋、牲口、山岚等办法"亦表示满意"；"发言的多，大部分对头"；"贫雇农前几天不敢提意见，这两天敢提了，提得还不错，对丈评意见特别多……对一个铁匠炉提出要算账……对干部，大家都反对张德一作风不好，还提了其他干部的意见……对团结中农问题，前两天说："中农还能团结？"这两日则说："团结就是团结"。荒湾子又特别提出要算账"。上党课"也都愿意来上了"……这说明北三村的工作，也重新走上轨道了。

因此，我认为新康、新建的试点经验，是比较成功的，宝贵的，可以介绍给各县作参考。

区村领导问题

1949 年 3 月 19 日在安东省委党校报告

党校同志大都是乡村工作干部，因此我下面所讲的不涉及城市区级党的领导问题。

一、区委的领导任务

（1）一般说区委的主要任务首先在把党的方针政策、上级的指示决定，根据本区具体情况，定期执行的计划和步骤，依靠群众——去实现，在领导群众与反动阶级及一切反革命分子作斗争并通过政权及农会，去管理和强制地富生产（绝大多数的地主、旧富农，还没有死心，还是口是心非，在群众中发生一种和平共居的麻痹思想是要不得的），经常以建设和发展巩固党为重要任务。

今年全东北的中心任务，是展开大生产运动，支援前线。我们安东自然不能例外。为什么要展开大生产运动？第一，在农村因为农民的家底还薄，还受不起天灾人祸等偶然的灾难，需要不断的把家底搞厚实，也就是要发家致富；要不断的把技术提高，生产方式改进，不容长此使用牛犁耕种和屎尿作肥料；也不容长期陷于个体小生产的状态，要步步准备条件，进到使用机器和化学肥料，要步步向着集体化的互助合作前进。第二，我人民解放大军已打到长江边上，国民党反动统治不出今年就要死亡。但还要打仗才能使革命在全国彻底胜利，我们绝不容受反动派的假和平欺骗，一定要遵照毛主席指示，把革命进行到底。因此支援前线还是我们后方严重的任务。毛主席说，军队向前进，生产长一寸。后方生产越好，支前就越有力量，前方就越能打胜仗，国民党反动派就死得更快。第三，我们不是把帝国主义、封建阶级、官僚资产阶级打倒就完事，更重要的还要建设新民主主义社会，并过渡到未来的社会主义社会。但我们原先是半殖民地半封建社会，生产是很落后的，要创造新社会，主要靠发展生产，使落后变成先进。要完成这种光荣伟大的任务，自然要靠上级出主意，但直接领导广大群众去实际做的，在农村就靠区委和支部，区委要能把任务完成得好，就要把党建设好，所以要结合各种具体工作，在没有支部的村子，去建立支部并把它巩固起来，再去发展；已经有支部的，便要把它巩固，巩固了要发展。

（2）区委除去要按期向上级送工作报告外，对各种情况及临时发生的事故，均须随时报告县委，区委亦不能自作主张决定任何带原则性的问题。凡带原则性的问题，自己不能解决或者自己所怀疑的问题，均须随时请示县委。县委根据什么来领导区的工作呢？是要根据各区的具体情况来领导的。否则就搞不好。只要县委能经常掌握区里情况，就能随时给予较正确的指导，使区的工作效率提高，少犯错误。区向县请示的问题，县不能解决的，再请示省委，省委还可请示东北局，东北局上面还有中央。这是使我们能正确掌握原则，不犯错误或少犯错误的保险办法，所以请示和报告是一种必须执行的制度，也是区委的一个重要任务（县委、省委和东北局也是一样）。同时区委本身要经常研究和掌握全区情况，随时给各村以具体深入的领导和帮助，尤其是支部工作。

（3）区委要把工作做好，完成任务，必须把全区的非党干部很好的团结起来，共同为革命服务；团结他们，必须用民主的方式，同志的态度，遇事虚心诚恳的同他们商量，对他们的错误和不对的地方，则以同志的态度给以批评和说服。区的工作任务，不只要依靠全区群众去完成，而且那就是全区群众自己的事情，所以区委必须把全区群众很好的组织起来，团结在党的周围。否则，什么事都搞不成的。因此团结全区群众和非党干部，又是区委的一个严重任务。

（4）区委的又一个重要任务，是培养干部和领导学习。干部是革命的骨干，一切事情都需要干部领着做。所以斯大林同志说"一切决定于干部"。要有适当数量和质量的干部，事情才能办得了，又办得好。干部是从群众中培养出来的，干部能力、党性和在群众中的威信也是锻炼培养出来的。培养的方法，主要靠从工作中、斗争中去提拔、培养和锻炼，其次靠学习和教育。所以区委必须在各项具体工作的过程中，有计划地去培养和提拔干部，同时必须有计划地去领导和组织干部（连区委自身在内）的学习，并建立经常的学习制度，有计划地去组织和领导对群众的宣传教育，其次还可以采用带徒弟，设副职，培养替手等办法去培养干部。

二、区委怎样去领导同级政权和群众 团体（实现民主集中制）？

（1）首先在区委本身，必须把党委制度建立起来，这是实现民主集中制的中心一环。而民主集中制，正是党的最高组织原则，不论哪一个党委，只要是把民主集中制健全的建立起来的，党内就一定团结好，领导效能高。否则，只讲集中，不讲民主，下面就必然有不少无原则的自由主义、小广播；只讲民主，不讲集中，就必然形成群龙无首的现象，无组织、无纪律、无政府状态的现象，这样党内就必然形成不团结的现象。领导的效能也自然不会高。

区委怎么样去健全党委制度呢？即在领导和党的委员会，不在任何个人，一切带原则性的问题，都须经过党委会议的决定才能实行；上级的指示和决定，必须由党委根据本区具体情况，进行详细讨论，订出实行的计划和步骤，并作成至少是多数同意的决议。在每次开会以前，最好要把讨论的问题，提交各委员，并提供必要的材料，以便有充分的准备和酝酿。决议成立以后，自书记、委员以下至任何人都须执行。若有不同意的，可声明保留自己意见，但也必须执行。这叫做集体领导。现在有些区委遇事不开会讨论，形成书记说了算；或者区委会议的决定，个别委员或干部可以不执行，自行其是。这种坏现象，都必须改变。另方面，区委内部又须有一定的分工，如书记、组织、宣传、妇女等。在区委的集体领导下属于各部门的工作，分由各部门负责去执行。这叫做分工负责。现在有些区委，还是实行一揽子的办法，并不实行分工。这不仅是一种手工业方式，而且必然形成遇事大家都管又都不管，互相推诿的现象。因此，集体领导和分工负责，是党委必须遵守和执行的一种制度。

这里附带讲到工作队。有些区或省县工作队下去工作，好像钦差大人一样，觉得自己是从上边去的，又自以为有一套，比下面的干部强，因此遇事都不通过区村党，超出于区村党的领导之上，实行包办代替，这是顶不好的。工作队下去工作，从工作本身的效果上讲，即使你的办法对头，能力大，能把工作做好，但不通过区村干部自己的脑和手，不把他们提高，每每是工作队一离开，工作就慢慢地垮了。从组织原则上讲，工作队必须在当地区村党的领导下去进行工作。事实上出于工作队的包办代替，在不少地方，曾形成工作队和当地党的不协调情况，客观上使党的工作受到损失。

（2）区委对同级政权的领导。现在有些区委，对同级政权的工作，不是包办代替，就是放任不管，他们不是误认包办代替就是具体领导，便误认具体领导就是包办代替，或为着省事和偷懒，不知具体深入的政策原则的领导，一面不是包办代替，一面也不是放任不管。

区委怎样去领导同级政权呢？凡是上级党委、政府和群众团体的指示、决定或通知等，有关政权执行的部分，区委必须认真地详细地讨论，订出计划和步骤，或对政府提出的计划步骤加以详细讨论，然后交给政府党组去讨论实行的办法。政府党组在政府会议以前，必须以同志的态度、民主的方式与政权中负责的非党干部协商，取得其同意，以便能顺利的贯彻执行。如果参加政府会议的负责干部都是党员，就可直接提到政府会议去讨论实行，区委则同时布置支部和动员全体党员从各方面去保证，如带头推动群众，向群众进行宣传和解释，支部则发挥其领导核心的作用等。另方面，区委必须随时去掌握和检查其执行的情况，如果在执行中发生偏差或错误，便须立即采取适当的办法通过政权中的党员去纠正。至于政府的日常行政事务和业务活动，则系政权本身的日常生活，区委不得去代替。

区委对同级群众团体的领导，原则和办法也同对政权的领导一样。对群众团体的行政管理权，是属于政权的，但群众团体的内部生活，有其一定的独立性，区委和政府都无权去干涉（如团体的内部所办的事业，不违犯政府法令原则下的对其会员的处理和待遇，团体内部的活动等等）。

党组是由区委指定参加政府或群众团体中负责的党员组成的，并指定其中一至二人为书记，余为组员。它必须服从区委的领导。其职责在把党的政策和决议，保证通过政权去实行，并无权改变区委的决议，也不得自作主张作任何决议。同时它没有发展和处分党员的权力。

政权和群众团体中的党员和党组，都要无条件的服从区委领导，并须保证政权和群众团体，不得离开党的方针政策，也不得离开区委的工作方针和计划，自己搞一套。总之，不得向区委闹独立性，否则便是丧失职责，如党员有这种行为，便是违犯党的纪律。

区委对政权和群众团体，应随时予以适当的帮助和指导，并采用适当的方式，随时去了解其情况，检查其工作。政权和群众团体的党组则须按时向区委汇报工作和随时请示。

（3）如果条件够时（如全区的党都已建立和巩固起来了），可在县委的决定和直接领导下召开全区党代表大会。

三、区委对村的领导和村支部的领导问题

（1）全区党员和支部，都要无条件的服从区委领导，区委则一面不应代替下级组织，一面不得剥夺或限制党员的民主权利，并应采取适当步骤去发扬党内民主。只要是党内民主有适当发扬的区村组织，党内就很团结，生活很正常，干部的威信也比较高。否则，党内必然闹不团结，生活也不正常，干部的威信一般也较差。

（2）支部是村的领导核心，又是党联系群众的桥梁，所以支部工作，要作为区委经常的主要工作。在目前的情况下，区委尤应特别重视支部工作。

目前安东各县，我们可以肯定的说，建党工作，尤其是去年冬季工作以来，有很大的成绩，全省已有万几千党员。但在冬季工作以前或冬季工作中，所建立的支部已经巩固起来，或正在巩固过程中的自然不少，然由于大多数支部建立不久，加已有些在建党中有些粗糙或偏差，建立起来后又忙于其他任务，没去进行巩固工作，所以不健全的支部也不少。具体的说，表现在党群关系上的，主要有以下三种情况：

（A）不平常的所谓党员带头。一种情况是群众对什么事，都往党员身上推，说：你们是党员带头呗。党员也觉得入党后，什么也只是带头，不过跑一跑，并有点厌烦群众，觉得群众落后。另一种情况，临江一个支部，群众有病找党员，牛害病也找党员处理，自己的钱要党员给保管，什么事都要党员给解决困难。

（B）强迫和命令群众。党员入党以后，便以为自己要比群众特殊，遇事强迫群众去做，甚至派群众的工给自己劳动，为自己压地级，包庇关系人，强迫人家和自己结婚，向群众耍态度，遇事都不找群众商量……

（C）不起作用。党员入党后同入党前一样，没有多大改变，支部不开会，不起什么作用。群众觉得，"党不党都是那么回事"，"有党无党还是一样"。

这都是脱离群众的，并在群众中引起对党的不好影响。另一方面，对村政权和群众团体，一般有以下两种情况：

（甲）包办代替。支部和党员说了算，什么事都由支部开会决定，不找非党村干部和群众开会商量，一切都由支部代替做，非党的村政干部或农会干部"只是跑跑腿"。因此，非党的干部遇事都往党员干部身上推，或遇到难事就往党员干部身上推，对工作消极，群众则对党员有意见，说讽刺话，甚至反而去信仰非党干部，这不仅缩小支部的指导核心作用，且造成党群关系与干干关系的不够正常。

（乙）支部不起领导作用。支部建立以后，同以前仍是一样，支干担任村政和农会工作的，同以前一样，只做农会和村政工作；不参加村政和农会工作的，就觉得没有事做。这不仅使群众，连党员自己也觉得党是"可有可无"的。

但是这些支部的党员，大都是成份很好，而且是在斗争中经过考验的，其所以形成这种情况，主要由领导上没有或没有及时去予以具体深入地领导帮助或教育。

整理和巩固这种支部，便成了区委当前的重要任务。整理和巩固的方法，根据这种支部本身所存在的问题和各地经验，是不能一样的。但有一个最基本的共同的东西就是群众路线，即领导与群众密切结合起来的方法。区委必须首先了解当时建党的情况，目前党内的情况，党群关系、干干关系如何，存在些什么问题？结合其他具体工作，用发扬民主的方式，把群众发动起来，把问题解决。同时具体深入地去指导和帮助支部，如何布置和进行工作，如何去领导和团结群众，并给党员进行党的基本教育，使支部真正成为村的领导核心，党员都能成为群众中有威信的联系群众的人物。

现在我们许多临时支部和新党员，不只不会工作，而且不知如何开党的会议，过组织生活。因此，区委除去对党员教育及由县委开办支干训练班外，还要深入到村里去，带领他们工作，从具体工作中去教育和提高党员，巩固组织，而且要现身说法地、细心耐烦地去教导他们如何开会，如何过组织生活，如何正确的开展批评和自我批评，帮助他们建立会议制度、汇报制度（各个党员即在小组会汇报）、学习制度，特别是如何实现集体领导及怎样分工（书记、组织、宣传、锄保等各部门的职责是什么及如何工作），不断给每个党员分配些什么工作，并教导其活动方式。特别重要的要教导每个党员怎样去联系群众，以之作为其经常的工作任务。通过每个党员与群众的具体联系，把全村群众都团结到党的周围。把支部巩固以后，再教导他们如何去发展党。

在还没有支部的村子，区委则同样从群众路线即领导与群众密切结合的基本方针出发，去进行建党，并须把建党与其他具体工作相结合。公开建党和个别发展的办法，我这里就不讲了。但根据经验，凡在群众发动得好的基础上建立起来的党，建立以后，领导上又及时给以具体深入地领导和帮助的，情况就很好，就容易巩固；否则情形就比较不好，而且给其后的巩固工作留下不少麻烦，这几乎成了一种规律。

（3）支部对政权和群众团体的领导。一方面不容许包办代替，另一方面也不容许放任不管或不起作用。目前这种存在的偏向，必须由区委亲自去帮助他们改正，并建立支部对村政权利、群众团体的正常领导关系，这对于今后贯彻党对乡村的政策，完成党的任务是有决定作用的。因此，区委必须给每个支部以具体深入地领导和帮助（如情况许可，最好由区委分工，各负责几个支部，并选择重点以取得经验），帮助他们对执行上级（党、政权、群众团体）给予的指示和任务，对村政和群众工作做出具体计划和布置，并如何运用民主方式，使之为非党干部所接受，为群众所赞成。同时具体教导党员，如何以自己的模范行动去带头和推动群众，保证计划实现，任务完成。

（4）区委又必须亲自去帮助支部怎样了解情况、分析情况、掌握情况、检查工作、总结工作，这是很重要的。不只是支部工作本身所必须，而且对提高党员、巩固组织有很大作用。但一般村支部和新党员，对此还不知怎样去做。在方法上，他们还不会有系统的搜集和分析情况，也不会全面的有系统的去检查和总结工作，只习惯于"就事论事"。如果你只是笼统的问："地主、富农、中农、贫雇农的动态怎样"、"这个月的工作怎样？"他或者也只能给你以很笼统的答复，或者只是两眼望着你。但当你只按一家一家具体的人去问他，或只从一件具体的事去问他（如地主、富农中有何反映，中农及贫雇农中有何反映）时，他便能给予很具体的答复。同样，只按某个工作区问他，他就会说得具体；对一个具体工作的总结和分析，也会容易了解。所以对他们，必须要具体，同时不要把问题扯得太宽，要采取一件一件事的去调查分析，一个工作一个工作的去检查、总结的方法，逐步的去提进的方法。

（5）点面结合及中心工作与一般工作结合的问题。

关于点面的结合问题，现在有些地方把这个问题，只看做单纯的取得经验和工作方式的问题，实际它还是一个组织力量和思想方法的问题。我们许多试点或重点工作成功的经验说明，一个最基本的问题是发动群众，即从该地所存在的党群间、干群间、干干间、群众相互间等方面的问题，及群众所最迫切要求解决的问题出发，和其他具体工作相结合，在群众中分别进行教育酝酿和布置，并发动群众自己讨论。酝酿成熟时，即可采取群众民主团结大会的方式，解决内部的关系问题，达到发动和团结全体农民的目的。然后由各闾（或组）群众自己民主讨论，动脑动手，并以取得群众信任的干部党员和新发现培养出来的积极分子作骨干，在领导上的帮助和指导下，解决具体工作任务（如冬季工作中的丈评、调地或建政等）。由于把群众及作为骨干的干部积极分子的力量组织了起来，这是一个很丰富、很巨大的力量，依靠这个力量，不只能较快、较好的完成具体工作任务，而且领导上所难于掌握和解决的问题，都能较轻松的获得合理解决，这并且又给以后的工作打下坚实的基础。同时在点的全部工作过程中，又不断培养和提高了干部，涌现和考验大批积极分子，不仅可依靠他们去坚持和巩固点的工作，而且是面的铺开的一种新力量。

另方面，在点的工作过程中，可调集他村的一些干部来参加，并可号召他村群众及其他干部自愿的来参加一些大会，通过他们不断把点的经验和影响波出去，给他村干群以思想的准备和酝酿，并使其取得经验。在点的工作达到相当程度后，即可组织力量（连同点的一部分干部积极分子）作面的铺开，灵活的运用点的经验与他村具体情况相结合（反对硬搬硬套）。

因此说，点面结合的基本问题，是一个组织群众力量和掌握群众路线的思想方法问题。

一般工作与中心工作的结合问题。有些同志，把这个问题只看作一个方式问题，是完全不对的，实质上也是一个思想方法问题。完成中心工作的关键，如结束土改，在发动群众、依靠群众自己的力量，要能很好的完成一般工作任务的关键也在这里。所以结合的关键，在发动群众和依靠群众力量。提到思想方法上来说，便是群众路线。只要把这个关键掌握住，把关键问题解决了，结合的方式就完全可以灵活自如了。否则无论方式怎样合适，都不免是机械式的硬凑。根据各地经验，不论是自觉不自觉掌握这个关键的中心工作和一般工作，便都能结合得好，结果也较好。否则便只是在结合的方式上绕圈子，结果也不佳的。这个报告印出来，供同志们参考。（刘稚心、吴岩记录）

视察大连旅大图书馆东北资源馆旅顺东方文化历史博物馆给东北人民政府请示报告

1951 年 8 月 25 日

高主席、林副主席：

根据你的指示，我对大连旅大图书馆、东北资源馆及旅顺东方文化博物馆进行了一次检查，并就近取得李卓然部长的指示，处理了一些问题，兹特向你报告。

这三个馆在八·一五前均附属于日寇南满铁道株式会社，皆为其侵略机构的组成部分，皆有数十年的历史，收集文物、图籍、资料、标本、模型等等都相当丰富。八·一五后，苏军军事管制当局改伪中央试验所为科学研究所，派耶郭罗夫（原当地白俄）为管理官，廖华同志为副管理官，这三个馆均归科学研究所管理。一九五一年初由旅大市府接管，图书馆、资源馆由大连文化宫管理，博物馆由旅顺市府管理。

图书馆有藏书库十二大间及一个地下室，书籍陈列零乱，没有整理登记。现约有书籍三十一万六千册（外加罗振玉藏书，共约四十五万册），包括各方面，其中最大部分为历史书籍，次为关于满蒙朝鲜及有关亚洲问题的书籍和资料（均分十类），此外对我们目前经济建设还有些现实价值的发明报告两套（约共四千册）及一些科学试验报告。

资源馆：本馆及分馆（工业馆）共有陈列室四十个。据一九四一年统计，本馆关于矿产、农林、水产、牧畜、地质等方面的标本及图表照片等共一六，二六一件，现共陈列未陈列者合计仅存一二，二四六件。外资料室有关于地质资源图书约四千余册，未发表之调查报告四柜。搜罗的范围很广，但主要均是属于东北方面的。分馆所列有多种机械火车建筑等实物与模型图表，而以抚顺、鞍山及大连各主要工厂的地下矿源及厂房等设备的模型为最有价值。

博物馆，有展览室十九个，现共存历代古物及标本等，陈列八〇五七件，库存二〇，五一六件，内八·一五后新增的一，九三七件。其中（一）辽、金遗物及东北出土的新旧石器时代遗物颇多，（二）有新疆高昌出土的汉人木乃伊十具（一具已腐坏）。

损失情况，损坏与散失是相当严重的。损坏方面，因管理不善，动植物等标本已损坏或开始损坏的不少。损失方面，究竟损失多少及损失些什么东西，现已无法查知。据各该馆及文教部门负责人说：（一）八·一五前后，由于日人的焚烧（如八·一五当时，满铁调查部长内海、图书馆长北川将满铁调查月报、调查资料一部及重要照片集等焚毁）及偷窃，损失最大；（二）耶郭罗夫等偷窃了一部分；（三）波波夫为首的苏联调查团运走一部分（共三十箱，内有《永乐大典》五十五册），但询之《实话报》同志则云不知波波夫其人；（四）我们的有些同志也私自拉走了一些；（五）其他零碎散失与被窃。而日人焚毁与被拉走、偷窃的，大都是较贵重及有现实价值的资料、珍本书籍、地图（如甘井子海港图及其他地图等）、稀有古物、金银元宝等。

图书馆原先收集我党革命史料很多，由各种传单、标语到会议记录。据该馆负责人说中宣部和东宣部各拉走一部分，现地下［室］还可能存有一些（但该室极其零乱，一时无法检查）。

博物馆和资源馆从苏军接管以至旅大市府接管以后，都是开放的，图书馆则于本年八月十五［日］部分开放。事先事后均未请示报告，但自始就缺乏明确的方针和计划。因此，（一）日寇的侵略宣传、协和语以至侮辱中国人民的东西都没有彻底地清除出去；（二）如资源馆和他馆风俗陈列部分，没有把解放后我们各种伟大建设事业的成就以及人民生活的改善等方面的东西，有系统的增加进去，不只不能启发观众的爱国主义思想，反而会给以中国落后与崇日等错觉；（三）一些对我当前经济建设有现实价值的东西没有计划去加以适当的处理和利用。

这三个馆的管理人员，连勤杂人员在内，资源馆共十三人，馆长耶郭洛（罗）夫极不可靠，说明员杨龙友重大政治嫌疑，李淑芬政治上不清白，分馆工友李老头有重大偷窃嫌疑，其他都水准很低。图书馆现共有二十人，一般都水准较低，并有些是政治面目不清的。博物馆编制三十人，现共二十九人，馆长西蒙诺夫同志（苏联史学家）及其妻西蒙诺瓦同志（动物园主任）即将离职回国，其他都水准低，不懂博物馆工作。

根据以上情况，我商请李部长对市委宣传部及文教局提出以下处理意见：（一）该三馆暂归旅大负责管理，对东北文化部负责，所有文物、图书、资料等须负绝对保管责任，不得再有损失和毁坏，任何方面前去调拨，均须经东北文教委员会批准或同意；（二）立即将发明公报、调查资料、资源馆所有陈列未陈列品等等对我目前建设有现实价值的东西以及革命史料等，加以清理登记，负责保存，并于两月内分别报告东宣部和文教委员会；（三）已失散之图籍文物等，尽可能查明失散的经过情况、品类及去处，并尽可能收还，查明中宣部及东宣部所取革命史料的经过情况（因李部长不知此事）；（四）立即清查三馆人事，有政治嫌疑而有专长者送文化部处理、有政治问题而无特长者商同公安局清洗；（五）以对群众进行爱国主义及一般政治、文化、技术教育并尽可能结合现实，启发观众的爱国主义思想，提高其政治、文化、技术水平为三馆的共同方针，凡属日寇侮辱中国人民的东西不得再行陈列，图书馆供一般读者阅览的书籍，须经过清查，不得掺入反动的、有毒素的东西；供干部、教师及技术人员等专门参考研究的书籍，亦须经过审查；（六）防止木乃伊及标本的损坏，并由大连科研、卫研在技术方面予以协助；（七）尽可能找一二政治上可靠的专家前去负责此项工作（田汉介绍黄芝同，已商请人事部陈部长去信中央人事部），由旅大配置其他干部。

此外，我认为：（一）发明公报、资源调查等材料及资源馆，应分别拨交经济计划与科学研究机关管理利用；（二）旅顺"东方文化历史博物馆"应改名为"旅顺历史博物馆"。

是否妥当，请予批示。

吕振羽

［1951 年］8 月 25 日

批示

振羽同志:

　　你关于旅大图书馆、资源馆、博物馆的报告已收到,你的意见是正确的。关于发明公报、资源调查等材料可由工业部派人研究利用。三馆所存文物,任何部门调用除报文教委员会同意外,并应报告东北人民政府。待政府批准后,方能调出。

此致

敬礼

高　岗
[1951 年] 8 月 27 日

在东北第五次卫生行政会议上发言[①]

1951 年 1 月 15 日

同志们：

我是没有准备的，因有一个会必须主任去主持，所以我来代表出席。关于东北的卫生工作，由王部长来代表文教委员主持，因他是文教委员会的副主任。

东北卫生工作在去年一年中是有很大成绩的，无论在医务设备、组织和医学卫生教育上都是获得了一些成绩。这个成绩的带来，是由上级机关，特别是中央卫生部在方针政策上领导的正确，其外是由王部长、在座的诸位同志和全体东北医务人员共同努力。特别值得感谢的是苏联的专家们，在各方面都起到了很大作用。

听了白部长的［一九］五〇年工作总结报告，他总结了五〇年工作的优点，并一般的指出了五〇年的缺点，制定了［一九］五一年的工作计划，这是非常重要的。以过去的成绩、优点和好的经验给东北奠定了很好的基础。在座各位是来自各地，总结一下我们的缺点，来克服它，把现在的条件充分利用起来，使我们今年的工作更进一步提高。

刚才听到苏部长对我们的指示，这指示是很清楚、实际的，可以作为我们医务工作的方向来看。苏部长指示我们东北要成为全国的基地，这一任务是很

---

① 编者注：该发言系记录稿。

光荣，而又是很艰巨的工作，东北的卫生工作在王部长的领导下及全体医务人员的努力下虽有些困难，是可以担负起来的。作为基地，则是东北给全国各地供给干部、技术、经验，例如干部来讲，还不是今天就叫干部进关，这是明天、后天的事情，今天还需要关内向东北输送干部，东北的医务干部还很少，任务又这样大，各学校的教师质量也不够高，数量上也少，各医院里也感觉医师缺乏。今天苏部长是叫我们大量培养干部，以备进关。在技术上，东北有好的技术就要输送到各地去，现已送去了一些，例如大连卫生研究所制的各种血清已输入到其他区域。苏部长指示了很多经验，我想东北在王部长领导下，大家的共同帮助努力之下，在干部培养、医疗设备上能不断的把各方面成熟的经验提供给关内各地参考，我想在座的各位同志定能很高兴接受这个光荣任务。是有很多条件不够和存在一些困难，条件在我们工作步步前进中是没有够的，但我觉得我们能把现有的力量通过计划性充分地、合理地运用起来，困难是可以克服的。根据目前来说条件还是够的。我对苏部长的指示完全赞成和表示欢迎。

医务是人民的，医学要为人民服务，人民中的主要对象是工农兵，根据今天的情况必须配合国家的国防建设、经济建设和文化建设。在卫生行政工作的组织上，要深入到群众中去，所以今年要深入到基础政权中去，去年已打下了基础，今年要很好进行这个工作。东北的人口这样多，干部有些缺乏，我们的干部有两种：（1）重新培养出的干部；（2）老的医务干部，他们的数量不大，质量上其中有不少一部分在观点、方法上还需要改造，过去曾做过这工作，但还很不够。我们要坚决地把这批人团结起来，注意他们在政治上、业务上的提高，这就是毛主席所讲的"团结改造"。个别的地方，这教育改造的工作流于形式，我觉得今年这工作要继续加强。还附加一句，在老的医生中存在着派别，所谓"德日派"、"英美派"。我曾告诉他们，我们是"人民派"，其他派都是很丑恶的。其次关于中医问题，我觉得西医这名词不大恰当，是否可以取消另换，这意见请卫生部参考。西医对中医意见很深，认为中医缺乏科学，即没有学过人体解剖、药品又没有经过化验。但现在人口这样多，医生又这样少，现在要利用他们好的经验取消非科学的成份，所以要使中西医能合作，来为人民服务，把教育改造的范围扩大，这仅是我个人的意见，不对就取消它。

关于今年干部培养问题，中国的人口现据说有五万万，平均一千人一名医生，这需要五十万医生。过去在培养中级干部上不够，是否把各地现在服务的医务人员利用起来并逐步去提高他们。

向苏联学习问题，在东北有着很好的有利条件，有苏联专家亲自帮助，要充分利用这个有利条件。其外还有一个具体问题，就是教材问题，若不能在三年内把苏联教材翻译过来，我们的医学教育要受到极大限制。虽然负责同志认识了这问题，希望在座的同志采取步骤去帮助所有医务干部了解这一问题，组织他们来接受苏联的最进步的科学成果、工作成就，这样能节省时间，少走弯路。困难是在把苏联的先进经验怎样和中国的具体情况相结合，这问题在理论上好懂，但实际做是很困难的。希望大家讨论出具体结合的方法，这是我个人的意见，不对请给予批评。

最后预祝东北卫生工作获得伟大成就。

在中国科学院哲学社会
科学学部哲学历史组会上发言

1955 年 6 月 4 日

先生们、同志们都发表了很多意见，其中很多意见我是同意的，就不重复了。但是我觉得关于郭院长、张副院长所提出的科学院工作的方针、任务和工作计划讨论不够，只有几位提到。我认为这是很重要的。因此，我现在还是首先在这方面来谈一点：

郭沫若院长和张稼夫副院长这两个报告基本上我都同意。郭院长的报告中对科学院过去的工作成绩作了一定的肯定，也指出一些的缺点。根据国家在过渡时期总路线、总任务，提出了科学院工作今后的方针和任务，并提出了完成这一任务的工作要点。我认为这都是正确的。张稼夫同志在科学院工作的计划纲要中根据郭院长所提出的科学院工作任务，在国家过渡时期总路线、总任务的基础上，提出了科学院今后工作的三年计划。我认为基本精神都是对的。当然这两个文件都还有一定的缺点，有些方面也还需要作一定的充实。文字上也尚须作些修改，尤其是相同的问题在几个文件中提得不一致，在修改时应把它搞得一致。又如关于历史研究工作方面的，我认为胡绳同志的意见很对。一方面应把党史、革命史、工人运动史规定进去，作为研究的重点；一方面我们规定得具体固然好，但我认为还应该原则一些。在一定原则规定的范围内，具体的著作名称、具体的步骤是可以在具体工作过程中去规定的。在计划中是不可能完全规定进去的。又如计划中把民族研究机构的建立规定在一九五七年以后，搞得太晚了。刚才有几位先生已提到这个问题。据我所知，不仅民族语言文字等问题，目前需要迫切解决；而其他的一些问题，如某些部落究竟是不是一个少数民族，怎样才算是一个少数民族，在当前实际工作中也迫切要求我们去解决。所以民委曾经提出这样的要求，此外也还有其他一些问题。因此，我建议将这两个文件作一定的充实和修改。在我们这次大会把它通过，作为正式的文件。如果说科学院的工作在过去方针任务不够明确和计划性不够的话，那么从现在起我们就有了明确的方针、任务和计划了。这对于科学院今后工作的大步前进是有着重要的作用的。它是我们今后遵循的方向和实际行动的计划。因此，我们必须把它搞透，彻底搞明白。在这次会议中恐怕没有时间再来讨论。因此我建议我们每个人都仔细去把它揣摩一下，掌握其精神实质。另外，还有几点意见：

第一，我认为科学院今后的工作，需有计划地去掌握全面情况。掌握情况包括多方面的。一方面如胡绳同志所说，应该去摸清每一个科学家的成就究竟如何、有些什么创造性的贡献等等；一方面如向达先生所说，对全国各种部门、各种不同程度的各类科学工作者应该普遍调查和登记，这就是所谓实行卡片制度。不过我想还应加上他们在学术上的活动情况以及其有什么困难和问题等等；一方面对全国的各种科学资料须有统一的调查、了解、搜集和整理。这一方面包括"死"的资料，如朱士嘉先生所讲的，现在各图书馆堆积着未能整理出来供研究利用的图书、档案等。又如北京西什库和上海徐家汇天主教书库所藏的书籍资料等。只要有计划地把有关科学工作的人力、物力等方面的情况具体掌握，不仅目前的许多困难可以解决，使我们的计划更有根据，才能符合客观实际，而且更能提高计划本身的计划性和科学性。这样就能为科学研究工作打下坚实的基础。在一个六万万多的人口的大国，会有不少有科学知识的人才和很多可供科学研究的东西为我们今天还不知道的。如果不设法去加以利用，确是一个莫大的浪费。自然，在我们这么大的国家，去掌握这种全面情况是极不容易的，也不是短时期能作到的。但只要有计划有步骤地去进行，是完全可以作到的。

第二个意见，从开展批判资产阶级唯心主义宣传马克思主义唯物论运动以来，我有一种感觉，感到批评与自我批评对我们学术界的重要。正确的开展批评与自我批评，才能逐步提高我们的认识，才能使我们的认识逐步达到一致。而且只有这样，才能发扬健康的学术风气和正派作风。我们的国家是从殖民地、半殖民地、半封建的国家基础上转化过来的。在知识分子中存在着像文件中所提到的个人主义、本位主义、宗派主义。这在某些方面甚至是相当严重的。这些东西都是妨碍科学的发展和社会主义建设的。也只有正确地开展批评与自我批评才能逐步地加以克服，才能使全国的科学工作者扫除传统的文人相轻、门户宗派的成见等等，才能使大家都在一个为人民为真理为社会主义事业的共同目标下更加融洽、更加团结。

第三个意见，科学院的内部工作情况，我了解不多。但是我认为科学院不同于一般的行政工作部门。因此，能不能要求科学院的行政工作适合于科学研究工作的要求？大家对这次会议某方面的具体工作有不少意见，这都是由于缺乏经验。在这次会议结束以后，我希望把经验加以总结。将来就有经验了，下次会就会搞得更好了。

（根据笔记整理）

在民主德国召开的
东方学会议开幕式上的贺词

1955 年 10 月 3 日

　　亲爱的同志们、朋友们，请允许我以中华人民共和国参加东亚学术会议代表团的名义，向大会致以热烈的祝贺。我预祝这次会议将促进我们全体与会者之间的团结和友谊，将使我们对于东亚学术文化的研究上获得更大的成就。

　　我们新中国的科学工作者能够有机会到德国，这个马克思主义的创始人马克思、恩格斯的故乡来参加这样一次旨在讨论东方学术文化研究工作的会议，感到无限的兴奋。

　　一百多年来，中国人民对外国侵略势力和国内的反动势力进行着不屈不挠的革命斗争。但是，只有当我们找到了马克思列宁主义，在中国共产党和毛泽东主席的领导下，把马克思列宁主义的普遍真理与中国革命的具体实践相结合之后，才使我们革命的面貌焕然一新，并且获得了彻底的胜利。今天，我们国家正在进行伟大的社会主义建设事业，马克思列宁主义已经成为我们各项工作的指针。我们新中国的学术工作者也正是由于认真地学习了马克思列宁主义，才能使我们在短短的六年来，在对于祖国的学术文化的研究上获得了前所未有的成绩。因此，我们来到产生像马克思、恩格斯这样人类历史上最伟大的人物的国家，感到特别亲切。我们谨向德国人民致以崇高的敬礼！

　　德国人民具有优秀的文化传统。中国是非常尊重和爱好世界上一切优秀和进步的文化的，我们对于德国人民在文化上的成就一向给以很高的评价。德国人民在哲学、自然科学、文学艺术等方面都出现了许多不朽的天才，他们在人类文化史上永远放出灿烂的光辉。中国人民珍视德国的文化遗产，更重视德国文化的未来发展。中国人民对于德国人民有着深厚的友谊，在巩固和发展中德人民的友谊中，我们两国的学术文化交流占着重要的地位。几年来，在中华人民共和国和德意志民主共和国之间的学术文化交流已经有着飞跃的发展。一九五四年七月二十五日柏林胡包特大学授予我国周恩来总理名誉法学博士学位，是中德两国人民友谊日益加强的表现，也是中德两国学术文化交往中的一件大事。随着我们两国之间的牢不可破的兄弟般的友谊的增强，我们两国之间的学术文化交流也一定会得到进一步的巩固和发展。

正如德国人民一样，中国人民也是具有自己的优秀的文化传统。几千年来，勤劳、勇敢的中国人民曾经在自己的土地上创造着光辉灿烂的文化，在对人类文化的发展上作出了巨大的贡献。现在，我们正在做着我们前人从来没有做过的极其光荣伟大的事业，我们要把我们的国家建设成为一个伟大的社会主义的国家。毫无疑问，我国优秀的文化传统，将得到史无前例的发扬和光大。

中国人民所从事的革命斗争和社会主义建设事业，得到了世界各国人民的同情。随着中华人民共和国的日益繁荣和富强，随着我国社会主义建设事业的蓬勃开展，随着我国和平外交政策的不断胜利，我们在全世界的朋友一天天增多。他们正日甚一日地希望更多地了解我们的国家、了解我们的人民和了解我国的学术文化。有越来越多的学者在对我国的学术交化进行多方面的研究。今天参加这个会议的许多朋友都是中国文化学术的热心的研究者。这对我们新中国的学术工作者是一种鼓舞。各国从事东亚学研究的学者们，对于中国学术文化的研究，有不少的学者，由于他们忠实于学术事业，爱好中国文化，对汉学研究作出了贡献。过去各国的东方学者和中国进步的学术工作者之间的学术交流，是受到阻碍的。现在我们已经具备了在学术研究工作上文化交流和进行合作的各种条件。今天出席这个会议的有来自亚洲、欧洲许多不同国家的东方学和汉学研究者。这件事本身就有很重要的意义。它除了说明出席会议的人有着促进国际学术事业发展的热望，还正说明了客观的条件对于加强我们的学术研究的友谊合作是有影响的。中国的学术工作者以极大的热情来盼望我们之间的友谊和学术研究上的交流将一天比一天的开展和加强。

亲爱的同志们和朋友们，让我再一次向您们，并通过您们向各国所有正义的东亚学者表示我们深挚的友谊。让我们在真理的面前携起手来，为科学的繁荣、为文化交流的开展以及为世界持久和平而贡献出我们的力量。

谨祝我们的科学事业繁荣昌盛!

中德两国人民的兄弟般的友谊万岁!

世界和平万岁!

代表中国科学院向德国
科学院赠送礼物仪式上讲话

1955 年 10 月 4 日

各位女士、各位先生：

首先请允许我代表中国科学院向德国科学院赠送礼物，借着这份礼物，来祝贺德国科学院希腊罗马研究所的成立，来表达中国科学工作者对德国人民文化、科学传统的尊重，对德国科学家的尊重。

这份礼物包括：中国马克思主义历史学家关于中国通史、中国思想史、断代史以及各种专题研究的一些著作，关于中国古代和现代史的珍贵资料汇编、考古学报告、文字学研究的著作；此外尚有一些古代中国雕刻和壁画、拓片的图录，以及历史学、哲学和考古学方面的一些刊物等。

中国有一句俗语：礼轻情义重。请德国科学院接受这份"礼轻情义重"的礼物，并期望以此来表示中德两大兄弟国家和人民间的深厚的友谊。

访问苏联科学院东方研究所谈话纪要[①]

1955 年 11 月 18 日

主席：吕振羽教授是中国有名的历史学家，特别是在思想史方面有深刻的研究，最近参加莱比锡会议回来，让我们热烈地欢迎他，并借这个机会向他请教，请他给我们介绍一些中国史学研究的情况。

吕振羽（以下简称吕）：我感谢大家的盛意。我是来学习的，苏联是一座宝山，到过苏联的同志一定要带东西回去。因此我提出三个问题来请教：

一、俄国史有没有过奴隶时代？

二、世界史的近代史和现代史的分期问题已经很清楚了。但是应用到各民族的分期，如美国，是不是也由十月革命后作现代史的开始算？

三、希望介绍一些东方研究所研究中国的情况。

主席：关于第一、二个问题，是专门的问题，需要由历史研究所来负责答复。我们可以介绍并组织他们来答复。今天我们只就我们研究所对中国问题的研究作一些简短的介绍。现在请研究所中国经济历史组组长别里泰耶夫（以下简称别）同志介绍。

别：东方研究所中国经济历史组成立已经五年了。在这五年里，主要是研究中国现代历史和经济，这是很自然的。因为新中国成立以来，科学蓬勃的发展，所以也就特别把重点放在现代部分里。虽然很新，但是也研究了一些问题。

①百科全书的中国部分就是研究所研究的成果，并准备配合历史研究所发

---

① 编者注：该纪要系记录稿，有关访谈内容还可见同年 11 月 19 日著者致江明信。

行《世界通史》四卷，研究所负责中国部分。

②中华人民共和国在东北的经济建设（论文）。

③中东铁路专题研究。

④第二次世界大战后帝国主义对西藏的侵略。

⑤中国现代史，自 1919 年开始，准备出版四十大印刷页。

⑥新中国的经济制度，出版三十五大印刷页。现在研究中古史的比较少，古代史刚开始研究。我认为这是工作上的缺点，以后要改进的。我们考虑到中国通史如果没有专题的著作，则不容易完成整个的中国通史的编写工作。因此，我们正在进行下列一些专题研究。

古代史：秦代和周代的土地关系。

中古史：①研究封建时代的中国。

②城市和农村的发展。

③中世纪农民运动。

④中世纪土地关系。

⑤十七、十八世纪中俄关系。

近代史：①十九世纪上半世纪的土地关系。

②中国资本主义的萌芽。

③中国十九世纪反对外国侵略者的历史。

④十九、二十世纪民族自主的问题。

⑤太平天国革命运动、义和团运动、辛亥革命。

⑥十九世纪末、二十世纪初中俄关系。

中国现代史的问题：

研究中华人民共和国成立以来的问题

民族问题和民族解放运动

中国苏维埃政权

第一次国内革命在广东

第二次国内革命战争

中国的解放区

经济问题：

1. 过渡时期的国民经济

2. 中国社会主义经济建设问题

3. 中国与东南亚国家经济关系

4. 国民党统治时代中国经济问题

研究所的五年计划较大，可能具体去作时，还要缩小一些。在研究问题时，希望与中国科学家和中国科学机构取得联系，希望能取得中国科学家的帮助，并且讨论我们之间的分工、合作问题。

阿山宁教授：

中国文学和语文组。这两个组织，可以说是新的，组织才两个月，目前有两个题目：

1. 汉俄大辞典。

2. 汉语现代语法。

曾和中国同志提过，中国同志也很满意。因为组织成立两个月，而工作还没有什么进展，所以我的介绍很简单。

吕：在中国科学院我还没有正式参加工作，与科学院只是学部委员的关系，大部分是在做行政工作。据我所知，科学院在中华人民共和国成立以后，一直到去年才成立专门的组，而到今年才有：历史第一所、第二所、第三所。第一所，由语言问题到秦朝。第二所，秦到鸦片战争。第三所，鸦片战争到现在。

在出国前，国内有一个计划，第一所与考古所合并。因此第一所和第二所还得有点是分工。只有第三所有计划。第三所的研究工作，每一个阶段都整理有资料，配合作用，特别是党史。为了帮助教学部门，应该编写教科书。但是现在教科书还得（没）编写出来，原因有几个：

1. 中国奴隶制度和封建制度的分期问题还没有解决，大体讲中国在解放以前，马克思主义史学家有两个分歧的意见。苏联学者的意见介绍来以后，引起了我们对这个问题深入的研究，不同的意见也更多了。

2. 中国近代史分期的问题。有人认为应该以阶级斗争史为中心，另有人认为应以帝国主义侵略的情况来分期。鸦片战争到 1949 年、经济改革、经济建设的变化及思想斗争的发展来分期。

3. 中国各民族分期的问题。过去编写的历史都是汉民族的历史，没有照顾到兄弟民族的历史。兄弟民族和我们的关系问题，如反对帝国主义的运动和兄弟民族的起源。

例如：中国京剧里的岳飞，形象很威武，士兵也很英武，但金兵却演得很难看，使少数民族看了很难堪。

又如：蒙古民族读到中国通史，反侵略和侵略的问题，搞不清楚。

4. 帝国主义侵略中国的问题，中国资本主义萌芽的问题。已发表几十篇论文。

5. 中国民族形成问题。

①中国民族由纪元前三世纪形成，但是这个民族不是按斯大林关于民族的定义。

②中国资本主义由什么时候开始。

③由于这不同的意见，所以对于中国民族的形成也就有不同的结论。

6. 现在中国的经济，那一种经济起巨大的作用？经济所正进行着这方面的讨论。

以上是主要的问题。还有一些其他的问题。这些问题没有东方研究所这么全面，比较零星，但这些问题不解决，则教科书没有办法编写。

殷、周、秦汉后到三国、到隋，有没有阶级？如有，是哪一种？是奴隶制度，还是封建制度。我也属于这个机构，决定教科书还是要出，告诉青年们没有封建〔制度〕，还是农奴制度，就称天子、大臣、士、大夫、农夫、农民、百姓。同志们提出来要我谈研究计划，我就谈这些，因为我没有参加科学院工作。如有错误，由我自己负责。语言、文学问题，在莱比锡会议已经谈过，这里就不谈了。

历史的研究问题：主要是马克思主义的理论水平和史料占有问题。但我国目前马克思主义理论水平还是比较低的，而史料方面的掌握还不够。中国三十多年以来，对马克思主义的研究，有一些系统的著作，可以作为参考资料。毛主席及陈伯达同志访问苏联以后，陈伯达同志曾告诉我说，苏联准备全部翻译中国历史方面的著作。陈伯达同志说，中国史学家准备还要修改他们的著作，翻译的问题希望能等一等。现在好些著作，作者已经修改过了。苏联的著作，我们也读了一些，但是好些著作我们还没有及时的翻译。这是我们急待要解决的问题。

今天我很感谢大家的盛意，对我说来是给我上了很好的一课。

主席：如果大家没有其他的问题，我们将再一次对吕振羽教授表示热烈的感谢。吕振羽教授谈的问题，将是我们与中国专家们分工合作的一个很好的开始。我要特别强调，如果没有中国同志的帮助，我们研究工作中的很多困难是很难得到解决的。

散会。

给苏联科学院中国研究所赠书留言

1957 年 1 月 23 日

　　在中国马克思主义史学运动初期，在马克思主义史学阵线内部，对中国史的分期和其全部发展过程的系统理解，主要存在着两种不同的意见和结论：其一是郭沫若先生的《中国古代社会研究》为代表；另一便是拙著《史前期中国社会研究》和《殷周时代的中国社会》、《中国政治思想史》、《中国社会史的诸问题》所表现的意见和结论。我 1955 至 1956 年在莫斯科疗病时，苏联科学院的同志谓只看到拙著后两书，而不能得到前二书。现特将本书和《殷周时代的中国社会》各一册，赠给苏联科学院中国研究所，作为研究中国马克思主义史学史的参考材料。这种早期的著作，理论上是极不成熟的，甚至有错误；在用《中国社会史纲》的书名出版时，已作了一些修改；近人民出版社又一再提出重行出版，但因我年来患病未能进行修改，未果。希望得到中国研究所同志们的指教。

　　　　　　　　　　　　　　　　　　　　　　　　　　吕振羽
　　　　　　　　　　　　　　　　　　　　　　　1957 年 1 月 23 日

在第一届全国人民
代表大会第五次会议上发言

1958 年 2 月

　　这次大会上，我们听了人大常委会和国务院的各项报告，我感到很兴奋、很满意，也受到极大的鼓舞。彭真副委员长的报告，表明了人大常委会的工作，忠实地完成了人民和大会的付托，获得巨大成绩。吴玉章主任的报告，说明了汉字改革的必要和不可避免，国务院对现行汉字的简化和制订汉语拼音方案所采取的正确方针和慎重、周到的步骤，也说明了这个方案的任务和作用。现今使用汉语汉文的六亿多人口中，包括汉人及与汉人使用同一语文的满、回等兄弟民族人民。这个方案的正式通过和推行，对统一读音、推广普通话、扫除文盲、普及和提高劳动人民的科学文化水平，以及对国内若干兄弟民族创制和改革文字等等方面，均将产生巨大的作用和影响，对我国社会主义建设和共产主义事业将产生深远影响。李先念、薄一波两位副总理的报告，是相互适应的，具体表现了我国财政、经济计划的一个完密体系；忠实地反映了我国1957 年度国家预算与国民经济计划的执行和完成的良好情况，为 1958 年度国家预算与国民经济计划打下了良好基础。1958 年度的国家预算与国民经济计划，都实事求是地贯彻党关于社会主义建设的正确原则，充分反映出社会主义生产大跃进的形势；生产投资的大量增加和国防、行政费支出的大量减少，表明了我国的和平建设方针和在国际事务中的伟大和平政策，也反映出国际形势的发展有利于我们方面，是东风压倒西风；还反映了我们勤俭建国的精神和行政效率的提高，归结为社会主义制度对于资本主义制度的无比优越性。这将大大鼓舞全国人民的革命干劲。因此，我建议大会通过上述四个报告，并作出相应的决议。

从 1957 年冬季以来，在全国范围涌现的农业社会主义新高潮和日益扩大、深入的社会主义生产大跃进的形势，是在社会主义革命的伟大胜利的基础上，必然到来的革命形势。毛泽东主席在《中国农村的社会主义高潮》的《序言》中，已指出这种形势将要到来。由于革命的胜利而建立起来的新的生产关系，适合于生产力发展的要求。所以在人类历史上的奴隶制度革命、封建主义革命、资本主义革命，在其获得胜利后，也都到来了生产跃进的形势，使社会生产获得发展。但由于那些革命都只是剥削阶级的胜利，都不能解决生产和生产资料的奴主、封主或资本家所有制间的矛盾，其所能引起的生产跃进的形势和其开展的规模，都是有一定局限的，而且随着其生产的发展，又必然带来其本身无法克服的矛盾。只有社会主义革命的胜利，根本解决了社会生产和生产资料所有制间的矛盾，即由生产资料的公有制代替了私有制，并从而给予其上层建筑方面的那些带根本性质的矛盾以适当的安排和解决，才能出现像我国目前这样汹涌澎湃、波澜壮阔的、日益扩大、深入的生产大跃进的形势。马克思和恩格斯在《共产党宣言》中说过："无产者却只有消灭自己现时的占有方式，亦即消灭迄今存在的全部占有方式，才能夺得社会生产力。无产者自己没有什么必须保护的东西，他们必须打破迄今所有一切保护和保障过私有财产权的东西。"同时，也只有在社会主义制度的基础上，人们才能自觉地、有目的地去认识、掌握、依据客观法则，以自觉的活动去代替自发过程，使生产关系适合于生产力的增长，使社会生产不断增长与不断完善，来保证最大限度地满足整个社会经常增长的物质和文化的需要。

我国在人民大革命胜利后，到 1957 年的整风运动和反资产阶级右派的斗争以前，共经历了五大运动和三大改造。由人民大革命转入到社会主义革命，是采取了史无前例的和平转变方式，是按党中央和毛泽东主席所提出的总路线进行的。生产资料所有制问题，主要是通过私营工商业的社会主义改造、农业社会主义改造、手工业的社会主义改造这三大改造去解决的。这种和平改造的方式，既大有利于工人阶级和劳动人民，对资产阶级也是很便当的。

社会主义革命，是消灭资本主义及历史上的其他生产关系和建立社会主义生产关系，无产阶级专政和推翻资产阶级……。三反五反运动的胜利，只解决了资本主义经济必须接受社会主义经济领导的问题，只是给了资产阶级的五毒行为以沉重打击，还不是解决生产资料所有制的问题。私营工商业的社会主义改造的胜利，才基本上解决了生产资料所有制的问题，即资本家除拿定息外，把其所有的生产资料变成全民所有。知识分子的自我教育和自我改造的思想改造运动，也只是基本上肃清帝国主义、封建主义和官僚资本主义等反革命思想，划清工人阶级思想和资产阶级思想的界限，又经过其后数年间的政治学习和实际生活的锻炼，广大知识分子在政治和思想上有了很大进步，但资产阶级知识分子大都还没有转变成为工人阶级的知识分子。我国社会主义革命的和平转变，虽然对资产阶级和资产阶级知识分子也只是要改造成为劳动者和工人阶级知识分子；但是一个剥削阶级的灭亡，总不会那样风平波静，都肯那样心平气服，所以虽然是"大势所趋"，仍不免有人怅恨于不能把长江大桥搬到他家里去。所以从社会的某些角落，甚至从共产党内，出现了反党反人民反社会主义，妄图使资本主义复辟的资产阶级右派分子，他们里应外合，并形成为有组织有计划的阴谋活动和猖狂进攻。通过大鸣、大放、大争、大字报等全民大辩论的形式，从 1957 年展开的整风运动和反右派斗争，是在思想战线上和政治战线上所进行的伟大社会主义革命。这到目前，也赢得了胜利。

另方面，我们在人民大革命胜利后所进行并彻底完成了的土地改革运动，只是将封建地主阶级的土地占有改变为农民所有。把农民从封建束缚的基础上解放出来，还不是属于社会主义革命的范畴，它并没有解决社会主义或资本主义两条道路之间的问题。经过农业的社会主义改造和 1956 年的农业社会主义高潮，把个体小生产者的生产资料所有制改变成为高级农业合作社的集体所有制，才基本上解决了生产资料所有制的问题。但群众在思想认识上还没有完全解决问题，社会主义对于他们也还没成为习惯；同时，又不可避免地有着一些自发的资本主义倾向和萌芽。残余反革命分子和资产阶级右派，便妄图利用这种空子来反对社会主义合作化。手工业的社会主义改造和它的胜利，情况基本上也是这样。在广大群众中进行的空前规模的社会主义教育和整社工作，不只大大提高了群众的社会主义觉悟，对社会主义合作化的坚强信心，也提高了领导、改进了工作；而且结合整改和鸣放，就在群众中掀起了热火朝天的积肥和兴修水利的高潮，汇成为去冬以来全国范围的农业社会主义新高潮。农业社会主义改造和手工业社会主义改造能够在较短时期内取得胜利，由于我国广大的劳苦农民和手工业者群众需要社会主义，由于他们和中国工人阶级有着长时期的同盟关系，由于他们长期在党的领导下进行斗争和获得解放等等。

目前已经到来，并行将更全面更深入地展开的社会主义生产大跃进形势，是在继生产资料所有制问题解决后，又在政治战线上和思想战线上所进行的社会主义革命获得伟大胜利的基础上形成的，是在群众的社会主义觉悟和建设热忱大大提高的基础上形成的，是完全合乎历史发展的客观规律的。我们能够信心百倍地，于十五年内，在炼钢等主要工业产品的产量方面赶上或超过英国。历史的客观规律、依据客观规律的党的正确领导和全国人民的革命干劲，就是极强有力的保证。

以上意见是否妥当，请各位代表指正。

（《第一届全国人民代表大会第五次会议汇刊》1958 年。
《人民日报》1958 年 2 月 18 日转载）

提案一：尊重"五四"以来马克思主义哲学社会科学的传统和其首创性的研究成果,培养严肃正派的学风

　　我国马克思主义哲学社会科学各学科,自"五四"到解放前的数十年间,在中国共产党领导下,根据党在每个时期的斗争任务,进行了在文化思想和理论战线上的极其艰巨的斗争;在国民党反动派的文化围剿、白色恐怖极严重的情况下,在条件极坏的情况下,出生入死,涉艰履危,完成了光荣的斗争任务;同时在学术上,斩荆披棘,写著和翻译了很多系统的著作和经典文献,其中包含着不少中国马克思主义学者的首创性的研究成果,奠定了马克思主义哲社会科学各学科在中国发展的基础,为解放以后各个学科的发展开辟了道路。这是可以作为对青年一代教育材料的。

　　解放以来,由于我国社会制度的巨大优越性,由于党和人民政府的巨大关怀,我国科学文化便进入了无比广阔的发展道路,并获得了巨大成绩。但它是而且应该是在解放以前我国马克思主义哲学社会科学传统的基础上前进的,以批判地继承伟大祖国的文化优良传统为条件的,以批判地吸收鸦片战争以后百多年间我国资产阶级哲学社会科学中有用的东西为条件的,以学习苏联及其他兄弟国家的社会主义文化成果以之为中国实际相结合为条件的……规模巨大的哲学社会科学研究工作,是在马克思主义的领导和"百花齐放、百家争鸣"的正确方针下开展起来的。

　　而在另方面,却也有个别旧社会科学者,每每有意无意地对中国马克思主义哲学社会科学的光荣传统和首创性的研究成果一笔抹杀;甚或把马克思主义学者早已论述过的问题和获得的结论作为新论说提出,反而攻击我们在社会科

学领域中所进行的"阶级分析"和寻求"阶级本质"等等是"教条主义"，是"简单化"。今春以来，一些右派分子利用"放"、"鸣"的机会，便公然反对我们对资产阶级哲学社会科学的批判的方针，要恢复资产阶级哲学社会科学在新中国文化教育学术领域中的地位，要我们回头"补十二年课"，甚至说马克思主义也只是"一家之言"……而不少高等学校和学术机关的一些青年也接受了这种不良影响，滋生一种不正常的学风的倾向。右派分子的这种抹杀马克思主义哲学社会科学的光荣传统，反对马克思主义领导，要继承资产阶级哲学社会科学的传统和恢复其在文化教育学术领域中的领导地位，正是他们反对共产党领导，反对社会主义，反对人民民主专政的野心和阴谋的一部分。这是我们完全不能容忍和忽视的。

（根据提案稿整理）

提案二：进一步贯彻派往外国留学生的正确方针并提高计划性

为着使我国主要各学科在十二年内赶上世界先进水平，促速祖国社会主义建设事业的进程，派遣适当数量的德才兼优的青年赴外国学习是完全必要的。

①苏德等兄弟国家的一些负责人，一致赞扬我国留学生聪明、勤学、守纪律、成绩好，只是清洁卫生和体育活动较差。

②民主德国高教总署负责人表示：他们在医药、光学、精密机械制造等学科方面帮助我们培养干部的效力可能大一些；又谓成套的派遣比单个的派遣效力可能大些。而我们在1955年前所派留德学生（1956年后是否有改变，我不清楚），学文法的颇不少，在德列斯特等城市学工的也并不成套，也就是没有如周恩来总理所指示的成组的派遣。

③我派在苏联神经外科学院学习的前后只有两人学神经外科的研究生。而苏联及其他国家，神经外科学院和医院，都是六个科（与外科密切配合的内科、眼科、耳鼻喉科、X光科、电汽检查疗治科）紧密配合，单独一科是不能进行研究和医疗的。据当时其他工医等科的留学生说，苏联的那些工医学科情况也大致如此；我们派遣的留学生则是单个的而不是成组的。

④高中毕业生甚至在大学读过一、二年级的学生，派到国外后，学习效果一般都不大好，他们的身体健康和思想情绪也每每因此而受到一些影响。

办法：

①切实了解各兄弟国家各学科发展的情况和水平；择其最先进最擅长的学科"成组的"派遣留学生。

②不派高中毕业生出国留学；以选派大学毕业后又工作过一、二年而才德

俱优者去做研究生为主,必要的某些学科可选派具备一定才德条件的教授、讲师、工程师等人员。

③据不少研究生说:为作副博士论文和答辩等,耗去不少时间和精力;这不仅不能使专业得到相应的提高,反而常影响对专业的实际钻研。因此,有关领导部门可以切实了解和研究一下,果真如此,就可以考虑:是否可以不要出国留学生作副博士学位的论文答辩等,也就是不以是否取得副博士学位作为毕业的标准。

(根据提案稿整理)

提案三：请中央各部委、国务院务部委及地方各级党政领导人,深入基层（工厂、矿山、农业合作社、机关、学校等等）检查和帮助工作

①年来因患病，接触的情况较少，据接触所及，认为要正确贯彻毛泽东主席正确处理人民内部矛盾的指示，是需要经过一个长期而细微复杂的工作过程的，其中重要的一个环节：一方面必须各级领导干部深入下去，帮助和提高基层干部，做好工作，及时解决可能解决的问题；加强与工人、农民、教师、技术人员等呼吸相通的密切关系，提高其对祖国社会主义建设和社会主义思想的认识及时了解其情况和问题；一方面各级领导干部必须从深入下层的实际和广大群众中来帮助有效地克服可能存在的三大主义，来充实自己，提高领导水平。

②我们国家各种事业中的基层干部，除极个别的少数人外，一般都具有对社会主义建设事业和为人民服务的忠心与热忱；但大都对这种崭新的事业缺乏经验和能力不够（特别在大变化的形势下），也还不善于处理人民内部矛盾，而在解放以来的和平环境中，有些人也不免滋生一些不良的思想作风。他们极需要各级领导人去给予实际有效的帮助。我所接触到的工人、农民、学生等群众，极希望各级领导人亲自去到他们的工厂、农业生产合作社或学校……去，依靠群众，实际帮助工作，解决问题。我们的各级领导人，我认为也只有从实际帮助基层做好工作的过程中，才能掌握基层单位的真实情况和问题的关键。

③有些人下去视察，每每自觉不自觉地只爱看缺点或者只爱看成绩。也有些下去检查工作的人，或者只是走马观花；或者只爱听好的不爱听坏的；或者

偏重找岔子；话只听一面，特别不喜欢听那些原则性强的老干部和骨干分子的话。这不仅不能看出真实情况和问题所在，反每每颠倒是非，混淆黑白，于改进工作害多利少。如各级领导人经常下去，而又各方面相互配合和交叉进行，就可能克服这种缺点和弊端。

（根据提案稿整理）

在第三届全国政协第二次会议上发言

——与丁声树、王学文、陈岱孙、吴半农、吴德峰、金岳霖、季羡林、范文澜、陶孟和、冯定、傅懋勣、韩寿萱委员的联合发言

主席、各位委员：

李富春副总理《关于1960年国民经济计划草案的报告》和李先念副总理《关于1959年国家决算和1960年国家预算草案的报告》，总结了过去的成绩，指出了今后的方向，把一幅宏伟壮丽的图景展现在我们眼前。这是毛泽东思想的胜利，党的领导的胜利。我们听了以后，欢欣鼓舞，无比兴奋；我们热烈地拥护这两个报告。我们也同意陈叔通副主席的工作报告。

我们每个人都深切地感觉到，李富春副总理和李先念副总理的两个报告具体生动地反映了我们社会主义革命和社会主义建设的客观规律，说明了党的领导和广大劳动人民的实践对于认识客观规律和改造客观世界的重大意义，自始至终都贯彻着毛泽东思想。通过这两个报告的学习，我们又进一步体会到毛泽东思想的伟大与正确。

我们大家都知道，在过去几十年的革命过程中，从民族民主革命一直到社会主义革命，毛主席把马克思列宁主义与中国革命实践结合起来，找到了殖民地半殖民地民族解放斗争的规律，找到了在民主革命胜利的基础上向社会主义改造即社会主义革命发展的规律，从而大大地创造性地发展了马克思列宁主义。毛泽东思想不但把中国人民从一个胜利带向另一个胜利，而且对所有殖民地半殖民地国家的人民具有异常重大的指导意义。毛泽东思想就是当代的马列主义，对世界共产主义运动来说，它是一个极大的贡献。

到了目前，当中国人民已经基本上取得了社会主义革命的胜利、在社会主义建设中也已取得了极大的成绩的时候，我们更进一步体会到，毛主席又把马列主义大大地向前发展了。李富春副总理和李先念副总理的报告就具体生动地说明了这一点。

要想说明毛主席在哪些方面发展了马列主义，是十分不容易的。因为，第一，在政治、经济、法律、历史、文学、艺术、语言、哲学以至军事、外交等等方面，毛主席都对马列主义有全面系统的创造性的发展；第二，毛泽东思想是十分博大精深，我们天天学习，反复地学习，越学越感到它的丰富和正确。现在我们仅就以下几点，谈一下我们的一些体会。

生产力与生产关系、经济基础与上层建筑的问题，是历史唯物主义中的关键问题。毛主席在这方面做出了有创造性的重大的贡献。他指出：两者的关系永远是对立统一的关系，永远是社会发展的动力。到了社会主义社会和共产主义社会，虽然矛盾的性质有所改变，但矛盾关系仍然存在着。李富春副总理在报告中说："根据生产力迅速发展的要求，对生产关系和上层建筑进行不断的改革，就为生产力的不断发展开辟了广阔的道路。而生产力的不断发展，又迫使生产关系和上层建筑不能不进行不断的改革。"李先念副总理的报告中也着重谈到这一点。这就是不断革命论与革命发展阶段论的理论基础。

至于生产力与生产关系之间，经济基础与上层建筑之间，究竟哪一个起主要的决定的作用，毛主席对这个问题做了明确而深刻的阐明。他说："诚然，生产力、实践、经济基础，一般地表现为主要的决定的作用，谁不承认这一点，谁就不是唯物论者。然而，生产关系、理论、上层建筑这些方面，在一定条件之下，又转过来表现其为主要的决定的作用，这也是必须承认的。"（《矛盾论》）中国几十年来的、特别是最近十年来的革命实践充分地证明了这一点。

毛主席十分强调党的领导和彻底的群众路线，两者结合起来，人们的主观能动性就能极大地发挥出来。但我国过去有一些人对生产做了片面的机械的解释，他们见物不见人，没有看到劳动人民的共产主义觉悟和道德品质的重要作用，从而没有充分估计人的主观能动性。毛主席从革命实践中充分认识了群众的力量，他相信群众，善于从中发现新生事物，在任何时候、任何地方，都注意发挥人民群众的潜力。他号召大家解放思想、破除迷信；目的就在于发挥人民的无比巨大的潜力。毛泽东思想真好像是一把钥匙，它开放了中国人民长期以来被封锁起来的潜力。

现在在全国范围内展开的轰轰烈烈的技术革新和技术革命的运动，也足以说明群众路线威力之大，人民潜力蕴藏之富。全国人民响应了党和毛主席的号召，解放思想、破除迷信。不管是在工农战线上、交通运输战线上，还是在文教卫生的战线上，天天都出现无数的奇迹。工人农民高唱：

技术革新并不难，思想解放是关键。

干劲是泰山，困难是鸡蛋；

鸡蛋碰泰山，一碰就完蛋。

群众的干劲是多么大呀！它就像是一股奔腾澎湃的洪流，它将冲决一切障碍，创造出更多的奇迹，通过社会主义，一直冲向人类最伟大最光辉灿烂的理想世界——共产主义。

不平衡发展规律也是毛主席多少年来就着重阐发的一个问题。对任何事物运动来说，不平衡都是绝对的，而平衡只是相对的。由不平衡到平衡再到不平衡就是一切事物发展的规律。这不但有重大的理论意义，也有重大的实践意义。李富春副总理在报告中说："国民经济总是经历不平衡到平衡再到不平衡的发展过程，而每一次反复，也就把生产水平提高一步，国民经济就在这样的波浪式的运动中不断地向前发展。"这是对不平衡发展规律一个最好的说明。

以上几点只是我们的一些粗浅的体会。体会错误的地方，希望各位委员指正。至于具体体现毛泽东思想的三大法宝：总路线、大跃进和人民公社，不但是照耀我国人民前进的灯塔和令我们欢欣鼓舞的重大成就，而且在国际上也起了重大而深远的影响。因为范围很广，我们在这里就不再细谈。

我们是哲学、社会科学工作者，学习毛泽东思想是我们的首要任务。毛泽东思想是一切工作的指南针，有了它，就有了正确的方向，工作就有成绩；离开它，就会迷失方向，工作就失败。几十年来的革命实践充分证明了这一点。我们想在这里提出三方面的任务，作为我们学习毛泽东思想的途径：

第一、在党的领导下，通过学习毛泽东思想，继续改造我们的思想。在这一天等于二十年的伟大时代里，客观世界的变化一日千里。我们必须随时改造我们的主观世界，以与客观世界的发展相适应。因此，知识分子的思想改造是长期的；在过渡时期我们什么时候也不能说：我们已经改造得十全十美了。

改造的方式是多种多样的，但是，据我们看，其中最重要的关键，就是用理论联系实际、刻苦钻研的精神学习毛泽东思想，这样才能逐步提高我们的理论水平。

第二、学习毛泽东思想必须在群众运动中、在战斗中进行。毛泽东思想是在战斗中发展起来的，也只有我们自己亲身投入群众运动中投入战斗中才能学习。对我们来说，当前最危险的敌人就是现代修正主义，它与帝国主义相呼应，在国际上混淆视听，企图把我们搞垮，为资本主义复辟开辟道路。我们必须学习掌握毛泽东思想这个武器，坚决站起来，批判现代修正主义，把它彻底揭穿、打垮。此外，资产阶级的学术思想，当然也必须加以批判。

第三、在学习毛泽东思想和战斗的同时，我们还必须一面向广大的劳动人民学习，一面做好普及毛泽东思想的工作。我们都知道马克思的那一句名言："理论只要一掌握群众，就立刻成为物质的力量。"中国过去几十年的革命历史充分地证明了这一句话的正确性。这也就是为什么目前中国广大的人民群众如饿如渴地学习毛泽东思想的原因。我们哲学社会科学工作者有一个光荣的任务，就是在广大人民群众中普及毛泽东思想，使这种光辉灿烂的思想家喻户晓，深入人心。我们相信，普及工作做得愈好，人民群众的干劲也就愈大，潜力发挥得也就愈多，社会主义共产主义实现得也就愈早。

以上三点是我们应负的任务；但是，我们相信，它们对全国的哲学社会科学工作者会有参考价值。我们热诚地希望全国的哲学社会科学工作者共同努力，高举毛泽东思想的红旗，把哲学社会科学的研究工作与宣传工作推向一个新的高峰！

（《中国人民政治协商会议第三届全国委员会第二次会议汇刊》1960 年）

国务院公布《汉语拼音方案草案》笔谈

　　国务院公布的《汉语拼音方案草案》，我认为是一个切实可行的科学的方案；虽然它还不可能就是尽善尽美的，必须"在实践过程中继续求得完善化"。关于它的作用和任务，国务院的决议也作了极明确的规定，半点也不容误解。它的正式公布和推行，对近六亿人使用的汉语语音的统一、推广普通话、扫除文盲等方面，将发挥重大作用，对我国社会主义建设，对共产主义事业将产生深远影响。

（原载《文字改革》1958 年 1 月号）

汉字改革是历史的必然

在人类史上，任何一个民族所使用的文字，都没有一成不变或不须改革的，这是历史的规律；对人类文化的创造和传播起过极其重要和巨大作用的汉字，也不能例外。到今天为止，在汉字的历史过程中，也曾经历了多次的改革：甲骨文和大篆（或籀文）、小篆和隶书、草书和楷书（真书或正书）、简体字。但这只是在汉字原有基础上的改变。

汉字是优美的，在人类历史上起过难以比拟的巨大作用；但也不能否认，它在学习和书写上，比起拼音文字来有着一定的困难和缺点。在我们的近邻，有些原先使用汉字系统的文字的兄弟国家，已从根本上改革为拼音文字。从他们的经验证明，不只现行汉字改革为拼音文字完全是可能的，而且效果是好的。另方面，共产主义一定将在全世界实现，是历史的必然趋势；人类的语言文字也终必趋于大同。从这方面说，将现行汉字改革成为拼音文字，也是不可避免的必然步骤。

因此，我认为问题不在于汉字是否需要改革和是否可以改为拼音文字；而在于它是一种具有几千年的长期历史、又为六亿多人口所使用着的现行文字，必须采取恰当的方针步骤，丝毫不容急躁，不容脱离实际和在群众的文化生活中引起混乱，自然也不容迁就保守，必须逐步准备条件和逐步推进。因此，文字改革委员会所提出的方针和原则，即笔谈约稿的（2）（3）两条所述，是完全正确的。

在解放以前二十多年革命战争过程中，群众从实际生活中不断地创造了相当数量的简体字，并普遍使用于油印报、黑板报以及日常生活工作等方面。目前使用的简化汉字，主要是以此为基础而制订出来的；以之应用于报刊，很适合群众要求，那些应用旧体汉字已久的人也会慢慢地感到方便和成为习惯的。相信在社会主义建设过程中，工人、农民和知识分子还将从实际生活中不断创造出新的简体字出来，提供文字工作者以研究的活材料。

目前说汉语的六亿多人口中，由于过去封建分割和交通不便等关系，形成多种不同的地方音；但汉语的语法和词汇，表现在各种方言中都是一致的（这并不排除个别带地方性的词汇存在）。今后在社会主义经济的基础上，在行将获得高度发展的交通联结的基础上，通过我们有计划地推广普通话的工作，是可以较快地达到基本上统一语言的目的。应该尽可能利用广播、录音、电影和曲艺、话剧等巡回演出，同时还应在各种会议和学校教学（特别在师范学校）等方面，尽可能应用普通话。

拼音方案确定后，首先可以在小学课本和扫盲课本及农村黑板报的现行简体汉字之下，逐字逐词附注拼音，其他一切可能的而又不违反实际的各方面也应设法推广，为将来拼音文字代替现行汉字逐步准备条件。

（原载《文字改革笔谈》第二辑，文字改革出版社
1958 年 6 月第一版）

与江明谈马克思《政治经济学批判序言》①

　　这是历史唯物论的基本原则，认识论和方法论的精髓，这也是在人类历史上第一次由马克思揭发出来的。在此以前是没有历史唯物论的，只有过朴素的辩证唯物论，如中国商末的八卦哲学、古希腊的德谟克拉特学派。除"在诡辩论体系中丝毫也找不到辩证法的因素"（列宁语）以外（因为它是否认真理的，同时用狡辩来反对真理和客观真理的论据），在其他哲学家的思想体系里面，不能不由于其生活上的实际联系而反映着关于自然、社会和人类思维客观法则的辩证唯物论的一些辩证法因素，有些哲学家并有着较系统的辩证法观点。在中国，早如老子哲学，宋朝之周敦颐哲学等，周敦颐哲学有较深刻的辩证法因素。在欧洲到马克思以前的黑格尔并揭发了辩证法的较完整的体系，但他是以之与唯心论相合，是首尾倒置的。中国历史上的唯物论哲学有墨子、王充、王艮、王船山、黄梨洲、戴东原、颜习斋、魏源、龚自珍等。在世界其他部分历史同样有着不少的唯物论者，最著名的在欧洲有机械唯物论哲学，那是资产阶级在革命时期的哲学。

　　唯物论必须与其固有的辩证法相结合才能成为彻底的唯物论，辩证法也必须与唯物论相结合才能真实的反映出客观世界的规律性。所以只有无产阶级的科学的哲学辩证唯物论才是最彻底的唯物论，而这从马克思才第一次把它揭发出来。在此以前是没有辩证唯物论从而也没有历史唯物论的。

　　在全部哲学史上贯穿着唯物论和唯心论两条阵线的斗争，唯物论和唯心论

---

① 编者注：原件未注时间，系江明记录，但文件背面写有政协文史组座谈蔡文姬发言提纲，估计谈话时间应在 1959 年。

的对立斗争是绝对的，他们之间的统一是相对的，唯物论经常是为劳动阶级或革命阶级服务的，而唯心论则经常是为统治阶级或保守阶级服务的。

在赠向阳《中国政治思想史》书留言

　　这是我在第二次国内革命战争时期与伪马克思主义各流派及其他资产阶级流派作斗争的旧著，只能供同志们研究中国哲学史作初步参考。

　　研究中国思想史，最根本的，要以马克思列宁主义、毛泽东思想为指导，要掌握辩证唯物主义与历史唯物主义的精神实质，要占有思想史的有关的全部和可靠的资料，贯彻史论统一的原则。同时，须适当摸清社会发展史、各个历史时期的社会发展形势、生产情况、阶级构成和阶级关系及各别阶级、阶层的特性和其在各个不同时期的各种具体要求。等等。在此基础上对各个有关思想家进行严谨的阶级分析和排队。其次，要注重已有的研究成果，尤其是马克思主义者的研究成果，不要无视前人的辛勤钻研和其创造性的成就，也不要重复前人已解决的问题而徒自浪费气力，对前人的创造性成果批判地继承，不仅将加速科学研究的进程，也是马克思主义的严肃学风所要求的。

　　向阳同志嘱题。

吕振羽

一九六二年十二月二十九日。长沙

谭丕模《新兴文学概论》序言[①]

（一）

一切意识形态的东西，都是社会的上层建筑物；社会的下层基础——经济结构——摇动、转变，建筑在其上层的一切意识形态的东西，也必随之而摇动、转变。这已成为一般共知的社会变革的法则——除非坐在象牙之塔里的人们，始终还不肯丢弃他们那幅虚伪的面纱，才肯加以否认。

文学是社会的意识形态之一——是人类的现实的日常生活之反映——自然与其时代的社会的经济构造相适应。

（二）

在有阶级的社会里，由于不可免的阶级的生活的境遇的悬殊，社会的意识，也就成为各种各样的阶级的意识。因此，文学也就不能不成为阶级的

---

① 编者注：谭著《新兴文学概论》于 1932 年 8 月由北平文化学社出版。

文学。

在现代资本主义统治的世界，它自己把人类裂成两个最庞大的对立的阶级——一方面是支配者的布尔乔亚汜（派），他方面是被支配者的普罗列塔利亚特。阶级间意识之矛盾，犹之阶级间利益之不一致；因之各自的阶级的文学，也不免是两个对立的意识形态之表见。自然，在资本主义临没的今日，阶级间的一切，都到了短兵相接的对立阵势。

在这个对立的阵势里，单从文学的范畴来说：在布尔乔亚的队伍中，是他们自身和其豢养的代言人大学教授和学者……在普罗列塔利亚的队伍中，则只是其阶级的前进分子。

中国是构成世界资本主义之一环，所以这情势在中国，当然也不能例外。

（三）

不过中国究竟还是个半殖民地的国家，经济也是半殖民地式的经济，并不像先进资本主义国家的经济那样正规地发展。

所以中国社会经济的结构，事实上，虽是资本主义经济也有了部分的发展；——自然是半殖民地式的——然而社会上层的建筑物，到目前还是封建社会的意识形态占优势。这并不是我们的理论和事实不符，倒是事实符合了我们的理论之辩证法的发展。因为下层的基础转变了，上层的建筑物自然也要随之转变。正因为是这样，我们便不能把辩证法机械式的去应用。所以我们不能机械式的因为看见下层的结构有资本主义的经济成分，便认上层的建筑物也同时就是资本主义的；更不能机械式的因为看见上层的建筑是封建的，便认下层的结构也纯是封建的。可是这并不是我们在这里所必须说的；我们在这里的必须，是要拿辩证法来解析社会上层建筑的意识形态。

因此，在目前中国社会上层建筑的意识形态，有三个主要不同的阶级因素存在。所以表见在文学上的，由于各个不同阶级的日常不同生活的反映；一方面有吟风弄月的风流才子的文学，一方面有迷惑大众的资产阶级的文学，一方面有新兴阶级的普罗自己的文学。但是风流才子的贵族文学，它已完全失去其存在的社会基础了，那不过是一点暗淡的残辉。资本主义的文学，生长于资本主义临没的今日，那是在中国或不免要夭亡的。

（四）

在中国，由于封建势力和民族资产阶级之相互结合——他们的本身是矛盾的——因此也形成他们的一种混淆不清的文学、艺术……

尤其在国产的影片上，大抵都是表见这种自为矛盾的作品——一方面是代表封建社会的，同时在他方面又是代表资本社会的。

此外的所谓名流学者像章行严、梁漱溟先生之流，他们的作品，也充分表见这样混淆的色彩：一面在欣赏资本社会的"秩序"和"技术"，一面又憧憬于封建社会的所谓"先王之道"。

在另一方面，像时"赤"时"慈"的蒋光慈们，时而追寻着左翼作家的"尾巴"，时而又谭其所谓民族的文学。这完全在表见其小资产阶级的动摇性。

自然，在这个畸形的社会里，不仅在文艺方面是如此，即如在哲学方面，像陶希圣们，何常（尝）不是把历史的唯物主义和马赫主义混淆；在经济学方面，把社会主义和民粹主义混淆。

（五）

新兴文学在资产阶级文学的课程中之被否认，那是当然的。因为囚在工厂里的劳动大众的生活意识，并不是大学的教授学者们所能意识得到的；他们所能意识的，只是住在高楼大厦的他们那班主人们的骄奢淫逸的生活。

在另一方面，无论支配者怎样去煽惑，把他们自己的课程排入劳动大众的教育课程中，也是不能影响的。因为劳动大众只能了解他们自己日常的现实生活和自身的利益，资产阶级的文化，对他们是无缘的。

因之，无论"为艺术而艺术"的口号叫的怎样响？然而他们的阴谋，"只有'天晓得'"。

（六）

谭先生这本著品——唯物论的文学论——始终都不失一个觉悟的严正的态度。本书的第二个精神，是在把文学和科学同哲学的关系，都成立了一个基本的联系。

不过本书主要在献给于时代的新兴阶级的；对有闲阶级或资产阶级的青年，那或者不免是无缘。

我个人是研究社会科学的，对文学素乏兴趣。因为很同情谭先生的勇敢和努力，才敢来替本书写这篇序言。

吕振羽

1932，2，4，北平

留念亭碑文

1936 年 11 月

　　一九三六年寅历七月望六日，为吾母陈太夫人耳顺寿辰；三月念一日，为吾父梦求先生五十八寿辰。振羽、持平仰奉慈意，停开觞庆，建此亭以为纪念，并便行旅。复于亭近置地某口斗口升，土一块，茶山一块，招致居停，备迷途之问训，供客以茶汤，义非同于生祠，意实符于大众。亭名留念，盖有二义：一为纪念两亲寿诞，一为纪念先祖鸿章公、祖母陈太夫人劳苦一生。然亦非敢为特殊夸张，诚以终生刻制生活于其时物质水平下，更强支出其劳动，由辛勤而自耕、而富农、而小土地所有者之先祖父母一生，足表征其时吾乡农村生活之一面。而吾祖父天资之高迈，个性之坚强，助弱锄强、援贫屈富之行事，尤足见其特征，此殆与参与太平天国叛逆之先曾祖纪公一生有其直接影响欤？吾父三十二岁后，吾乡适入军阀统治下，筹饷派捐，年数十至，地方豪强复相为狼狈，悉嫁其重荷于小康。吾父乃弃其半耕半读生活，专事家务劳动以应官家需索。精神物资同被剥削，致屡萌弃家远徙之念，以足征其时农村小所有者生活之一般。而吾父个性尤类先祖，力疾豪强，同情愚弱，常为羽兄弟道农村黑暗，至明白而易晓，于羽兄弟之生活意识殊有至大影响。此殆由其困厄生活中所得之体念欤？吾母亦农家女，自青年来归吾家后，于生育外，全家之炊爨、针织、纺纫、园艺诸劳动主要由吾母一力担任，以足征其时农村妇女过渡劳动之一般。吾母生羽兄弟八人，率皆强慧而夭亡者五，此足征封建农村卫生与生命之绝无保障。农家固多憾意事，吾于吾母从未闻嚣声，未见愠色，此殆所谓淑媛之典型。以视过渡时代妇女既乏此美德又无新觉者，于过渡家庭生活之利弊为何如耶？振羽、持平缪负时誉，略有悟解，身同贫民，志切大众，岂敢张封建之余咏，聊以记吾身之自来，兼以俾后之论我者知我如是之家庭背景而已。亭成，并鸠砌道路，爰勒石如右。

　　　　　　一九三六年寅十月孟冬吉旦吕振羽、吕持平①撰

　　　　　　　　　　　石匠：萧育镒

附石柱刻有对联两副：

　　留是有年常怀亲恩耿耿　念非一日勉孟子道殷殷

　　歇地获安闲勿谓此地非佳境　凉亭解渴热能许当途是休徵

---

① 编者注：吕持平（1902—1983），振羽弟，字建齐。曾在湖南公立工业专门学校、北洋大学学习，1930 年后留学瑞士、德国、美国。先后赴匈牙利、荷兰、捷克、奥地利、英国、法国兵工厂考察，是弹道工程专家。1935 年回国，服务于南京兵工署、国防最高委员会技工训练处。1948 年后，在中原临时人民政府工业部、中央技术管理局国防工业处工作。历任第二机械工业部四所（弹道研究所）副处长、处长，国防工业高级工程师、中央科技情报所高级工程师。
　　留念亭在邵阳县金称市溪田村油炸铺大路上，国民政府主席林森题写亭名，文化大革命中被毁。石碑已搬移至吕振羽故居。

概论我国诗歌的发展

——陈干侯陈继周《双璧诗集》序①

一

诗歌之起，原于原始公社制时期，人类在现实生活之集体性、集体劳动之协同性的基础上，表现对自然斗争的伟大协力，通过一种共同情感，集中表现一种共同的协声呐喊，渐次便形成为原始的叶韵歌唱。那种原始歌词，虽系素朴形态的东西，却是原始人类对其现实生活与具体斗争的真美善内容，通过共同的高度情感和思想，应用高度精炼的语言之集中的形象化的表现，并曾是其克服自然的一种斗争武器。

进入阶级社会以后，诗歌也由人类共同的东西转成阶级斗争的武器。在阶级社会的历史诸阶段，各阶级都有自己的诗歌，反映其现实生活，表现其情感、思想以及作风、气派，为其阶级所享受，充任其与敌对阶级作斗争的一种重要武器——并常延长为民族斗争的一种重要武器。但人类史上的诸民族，在历史规律共同性的基础上，又各有其民族独自的特殊性。因而表现在诗歌小说等文艺作品上，又有着民族作风与民族气派。所以同一民族内部诸阶级的诗

---

① 编者注：陈继周又名廖华，福建莆田人。1925 年入共产党，抗战时期在延安与著者相识。1948年 10 月任大连地委文物委员会主任，1954 年起任国务院参事。陈干侯为陈继周之兄，1949 年被国民党反动派活埋牺牲。

歌，本质上自然是阶级的，而在作风、气派上，却有着共同的特点。

其次，随着原始公社制、奴隶制、封建制、资本主义制、社会主义制诸阶段的前进，作为意识形态之一种的诗歌，也不断在前进、变化和发展，不只在内容上，并表现在形式的作风、气派等方面。另方面，各民族的文化，在其历史诸阶段相互交替与继起的过程中，诗歌也并不能越出其传统性的规律，后一阶段的诗歌，并不能对前行阶段诗歌的内容与形式，无所承袭，而是在其基础上，扬弃其落后、倒退、无生命力的一切消极东西，批判地吸收其进步的、革命的、有活力的一切积极因素，来创造新的形式，表现新的内容。

二

中国封建时代的诗歌词赋，曾有着长期发展，在世界文艺史上放过异彩。其中属于封建统治阶级的东西，本质上虽是过时的；但不容否认，仍有不少积极的因素，值得我们去批判地继承，尤其是若干艺术上的重大成果。其中属于人民的东西，或反映人民的生活和要求的优秀文艺作品，表现了伟大中国人民的伟大文艺天才和创造能力，尤值得我们去批判地继承和发扬光大。

中国诗歌词赋，由于有着长期的发展、变化，内容与形式也都具备了多样性，特别在不同阶级阶层的作品而表现若干歧义。

殷商奴隶所有者时代的诗歌，只在易卦辞爻辞中有些遗留，其体裁格调，为二言、三言、四言长短句韵文诗；其内容多系颂扬武士的英勇，贵族的恋爱以及其豪奢生活……那在本质上是代表奴隶主的作品；但也有一些作品反映了奴隶们的残酷生活和贵族的残暴。

到封建制初期的西周，在殷朝诗歌的基础上，改变了体裁和格调，创造出诗经的四言韵文体。这种四言韵文诗，经春秋、战国、秦、汉、六朝迄唐，一面直接发展为五言、七言的古风、乐府、绝句、律诗；一面又变格变调，经过沧浪歌、孺子歌、成相篇、楚辞等形式，发展为以后的赋和词。词到宋朝获得高度发展。到元朝，演化出元曲（北曲），到清朝伴同民间杂剧又演化出京剧。而这种变化与发展，犹系仅举大要。应附带提到的，四声规律之创立，又与印度声律传入有关。诗歌词赋的各种形式，最初都是劳动人民创造的。不过地主阶级和为其服务的文艺家，常吸取民间的形式，割弃或改变人民文艺的丰富而健康的内容；人民的或有进步倾向的文艺家，则以之和自己的天才结合，予以或多或少的发展。举几种伟大作品为例：早期的伟大作品《诗经》。其中，《国风》主要都是民间的歌谣：而与它内容矛盾的《雅》、《颂》，便是这种歌谣形式的初期封建主的作品（其中也有反映农民生活和要求的作品）。《离骚》、《楚辞》系采自楚人的讴歌形式；讴歌形式与屈原、宋玉等人的天才结合，便产生了《离骚》、《楚辞》那样伟大的作品。唐诗也是一面采取先存在于民间的形式，一面是伴随民间形式的西汉以来的诗的格律的发展。民间形成的格律和声调，都是较自然的、生动活泼的、气派雄伟的。在这种血液的贯注下，产生了杜甫、白居易、李白等那样大诗人和伟大作品。其中愈多地反映人民生活和要求的杜甫、白居易的作品，愈表现了他们在艺术上的高度成就。中国封建文化灿烂成果之一的二簧（京剧），基本上也采自民间的《乐歌》、《讴唱》、《说话》，《讲史》、《杂剧》、《地方腔》、《俗剧》（由唐到清）等形式，同时也是伴随这些民间形式而来的《梨园戏》、《弹词》、《元曲》、《传奇》等的发展。

在作品的内容上，基于诸阶级阶层情况的变化，也不断引起变化。但由于长期封建制阶段中，基本的阶级构成没有变化，诗歌词赋的本质，便主要表现为代表封建统治阶级和人民的两大流派；在两大流派之间，又常有中间诸流派。举例来说，代表初期封建主作品的《雅》、《颂》，其中又有着大封建主、中小封建主、没落封建主的各种意识形态的反映。代表人民的《国风》，主要是人民自己的歌谣，也有反映人民生活和要求的作品；其中经过所谓"孔子删诗"后，可能被删去不少，内容与形式也可能有删改。在隋唐的众多诗人中，一面有代表大地主的杨广、韩愈、李商隐等和其作品；一面也有人民自己的若干无名作家及其作品（歌谣）；杜甫、白居易、罗隐、聂夷中等一类大诗人，都在不同程度上反映了人民的现实生活和要求，也暴露了封建统治阶级的黑暗和腐化；像李白，他虽然常有一些宫廷诗人的气氛，但也暴露了封建统治阶级的一些黑暗和腐化情况；柳宗元为首的一派则反映了中间的立场。在宋朝，一面像欧阳修、苏轼等，代表封建统治阶级的，但他们大都出身于中间阶层，其作品又常有浓厚的中间阶层知识分子的气氛；特别像苏轼又由于在封建统治阶级内部的派别斗争中遭受过打击和排挤，其若干作品都反映了这种矛盾，也表现他若干作品的高度艺术成就。另一面，有许多下层人民的无名词曲作家和其作品。还有大群反映人民要求，反对辽、金、元残暴落后的统治与种族压迫的进步诗人，亦即所谓爱国诗人，如陆游、辛弃疾、王安石等则代表着改良主义流派。在清初，一面有"身仕两朝"的贵族诗人钱谦益、吴伟业以至后来的王渔洋等人；一面又有与下层群众结合的所谓遗老戴名世、陈子龙、吕留良等反对满清种族压迫的进步诗人。稍后的王昙、郑燮等，可说是中间流派。

从东晋以后，每当种族矛盾扩大将近二千年间，社会生产遭受严重摧残，人民身家生命受到严重危害，以至在实行野蛮落后与种族压迫的残暴统治时期，代表各兄弟民族上层统治集团的大地主大商人或贵族的诗人流派，只顾其少数眼前的狭小利益，为残暴落后的实行种族压迫统治者歌功颂德的，就汉族来说，并不止钱吴，从王肃→赵秉文→赵孟頫→纪晓岚……是有其一贯传统的；其中所谓"能洁身自好"者，也多悲观消极，麻痹人民斗争情绪。另方面，代表被统治阶级以至有民族气节之各阶层的诗人，则无不为反抗种族压迫，反对野蛮落后的反动统治，悲歌呼号，慷慨行吟，以其作品充任人民和种族斗争武器。这也不止戴、陈、吕等人，从木兰词作者→辛稼轩、陆游→文天祥、谢翱→史可法→夏完淳……也是有一贯传统的。他们的作品与反封建的农民派诗人作品以及农民自己的歌谣，同表现了中国诗学的优良传统。可惜表现这种优良传统的作品，或自始没见于记载，或被历朝统治者所毁灭，没有保存下来；被保存下来的部分，也可能被历朝统治者删改过。不过那种具有丰富内容与无限生命力的民间作品，又不断为历朝统治阶级的诗人所盗窃。他们不只窃取民间的形式，并常以偷天换日的手段，盗窃了民间东西的某些内容，去营养其衰老的生命，但又割弃其最积极的、革命的东西。

三

在鸦片战争后的半殖民地半封建这个过渡时期，由于阶级关系的复杂，诗歌的流派也比较复杂了。

继承大地主大商人传统的大地主大资产阶级流派，其旧体诗歌词赋作品，从内容到形式，都表现着一种回光返照的日暮气氛，没有若何新鲜的活力；其贫乏的内容，不过在对其专制主义的封建统治，作垂死的挣扎与回忆，这在王闿运、邓辅纶、程子大以至陈三立、林琴南等人的作品中都有所表现；甚至从曾国藩、李鸿章到郑孝胥、汪精卫和国民党反动派某些人的作品，又同时在表示其奴颜婢膝、卑躬逢迎，歌颂其外国主子美英等帝国主义者——自然，反动派的某些作品，还同时在歌颂中式法西斯的独裁。其表现的形式，也率多是腐朽不堪的一派陈腔滥调。寺院派太虚、唐大圆等人的作品，只不过表现其对反动派的帮腔作用，也表现了寺院派的穷途末路。作为大地主大资产阶级的白话诗，始终没有什么象样的代表人物，偶见自他们机关刊物上的一些作品，则不外以其自己枯燥的语言与舶来的法西斯主义帝国主义滥调，颂扬其封建买办法西斯主义的统治，颂扬过去的封建统治和封建文化，颂扬其外国主子美英帝国主义者，也颂扬过希特勒和墨索里尼，并表示其对人民和革命的仇恨。

"五·四"前后出现的代表自由主义的白话诗流派，他们反对过封建传统，反对过旧诗，反对过风花雪月的题材与"无病呻吟"的调儿，这表现了他们当时的一点革命性。但他们一面对旧诗采取了绝对态度，没有从文化继承性的规律上，批判地去吸取其积极因素；一面又贩运了外国市民的一些形式乃至内容，因之不只其"言之有物"的作品而"物"并不丰富，且不够符合民族脾胃。

代表民族资产阶级的一些旧诗作者，精神并不一贯，有时表现其悲歌慷慨的爱国豪情，有时又表现着满怀凄楚与失望。这在同盟会一部分人的前后作品以至后来某些人的作品中，都有这种冷热无常的表现。代表初期官私资本的谭嗣同的作品，曾始终贯穿着一种悲壮的爱国豪情，只是禅气很重，封建性很多。

进步诗人郭沫若、田汉等人的作品，体现了广大新知识分子的情绪，贯注着爱国的精神；体裁和格调，也表现出一种革新倾向。他们对旧诗和新诗都有湛深修养，所以其语体作品，曾吸收了旧诗的一些因素；文言诗作品，也采取了新诗的一些形式，没有完全为旧形式所束缚。特别对郭沫若的好些作品，我曾这样认识。

代表农民的太平天国的诗词，特别是李秀成等人的作品，不只充满了反满反封建的内容，慷慨激昂的斗争情绪；在格调技巧等方面，也都在当时曾、李等人以上。义和团那些诗词歌谣式的传单，曾由于被满清统治者所强奸，没有明显的表示反满，但贯穿了群众素朴的反帝要求和激烈的斗争情绪；形式上虽较素朴，但却有一种新鲜活泼的力量和丰富的语汇。辛亥革命时期，亦应有代表革命农民的作品，只是我还不曾见到。自无产阶级登入中国政治舞台以后，追随无产阶级的中国农民，便没有其独自的流派了。

五·四以后，随着现代无产阶级登上中国政治舞台，在诗歌方面出现的无产阶级流派，也以雷霆万钧之力，纵横于中国文化舞台。他们的作品，包含着无限丰富的簇新内容，不只在反映无产阶级以至农民兵士的现实生活和斗争情况，而又在反映民族的环境和斗争；由于其代表的是革命各阶级阶层的中国人民的利益，所以表现其作品内容的形式，便是多样的，有旧瓶新酒的旧形式，新瓶新酒的新形式，又有其自己创造的各种簇新形式。萧三、艾青和田间等人的诗，特别是萧三和艾青在［19］45年发表的有些作品，都是从新诗的体裁格调上，吸收了旧新的一些因素，和过去语体诗的体裁格调有些不同。那或者可作为由旧形式到将来新形式的一种过渡形式。陕北农民诗人孙万福等，他们应用了近似旧诗体裁格调的歌谣形式，表现出全新的内容，具体反映出解放区人民的愉悦生活、斗争情况与对人民领袖的热爱情绪。他们的作品，曾为解放区广大人民所乐于接受。我以为孙万福的形式虽较素朴，却值得面向工农兵的诗歌作家去研究。革命领袖及许多革命老战士利用旧形式的诗词作品，不只继承了中国革命诗词的优良传统，且有着无限丰富的全新内容，不过都没有正式发表过，我不便妄加论述。但我们可以说，伟大领袖毛泽东，又是中国有史以来最伟大的诗人。现已支配全国的新歌曲：系出自无产阶级大歌曲家聂耳的创造，冼星海、吕骥、贺绿汀也都是新歌曲的代表作家。从民间秧歌形式改造起来的新秧歌剧，不仅为新旧解放区的广大人民所喜闻乐见，且曾为反动派封锁中的重庆等处人民所接受。它所以受到广大人民的欢迎和欣赏，由于其反映了广大人民的现实生活和要求，应用了人民自己的言语、动作和艺术……来表现的。人民戏剧家王大化的兄妹开荒，以至鲁艺集体创作的白毛女和马红志，特别是《白毛女》等剧本，都成了广大人民心目中最好的名剧，白毛女主角成了人民心目中的新梅兰芳，并不是偶然的。这种新的歌曲和新的秧歌剧，不仅为广大人民所乐于欣赏和接受，并由他们亲身参加了创造。它表现了新时代艺术的倾向，是有着无限发展前途的。在改造平剧方面，延安文化界集体创作的《逼上梁山》和平剧院集体创作的《三打祝家庄》等，在剧本和表演方面，都有相当成就，使观众得以看到人民自己的历史。

四

陈继周同志以其亲历伟大民族抗战经过写成的诗词，名曰《抗战诗集》。他对国学有湛深修养，尤其诗歌词赋，曾博览诸家，敲究源流。所以他在体裁格调以及技巧等方面，都有着相当高度的熟练和成就。这在读他作品的人将都能体会到，不须我这个对诗学无多修养的人来介绍。

但他不是一个简单的诗人，而是一个为民族为人民解放作过长期斗争的老战士，经历了不少艰苦，饱尝了牢狱生活，在伟大民族抗日战争中，又亲自参加前线，与敌伪顽作了数年艰苦残酷的斗争。所以他的这部分作品，表现了悲壮、慷慨、激昂与气壮山河的情调，贯注了共产党人忠心于民族解放、人民解放事业的斗争精神；对顽固派之不事抗敌而勇于摩擦与残害忠良，又表示无限愤懑。同时，他这部作品，又可以说是写实的，描写了人民军队与敌伪残酷斗争的英勇事迹（虽则只是片段的），壮士们为国捐躯的一些可歌可泣的场面；也描写了敌寇肆行屠杀、奸淫、焚掠的野兽暴行，惨遭敌寇摧毁的农村凄凉情况与人民的流离；也描写了顽固派的可憎面目。只是他所描写的仅是抗战初期的一些情况，还不是千百万群众与人民军队一起在极其残酷的斗争环境中坚持斗争的后来情况，顽固派只一面观战一面专门配合敌伪袭击人民抗日军队的后来情况。因此他这部分作品，是可以作为民族抗战第一阶段的史诗来读的。

最后，我认为这部分作品，有些地方表现多感，也有些地方表现太尖刻，但从其全部精神看，却表现了革命者的仁厚和坚强性。

吕振羽

1947 年 2 月 2 日　大连

悼吴检斋先生^①

从友人的通讯中，惊悉检斋先生已为民族解放事业而牺牲——在天津为万恶残暴的民族敌人日寇所杀害。

检斋先生是章（太炎）黄（季刚）死后唯一的国学大师，是一位坚强的民族战士，是我们最敬爱的前辈友人。而检斋先生的伟大，却并不在于他是一位国学大师，正在于他是一位民族战士，对民族解放事业的忠诚和积极。

在"五·四"时代，他是曾经被人骂为"思想顽固"的"保守分子"。当时他从非公羊学派的国学观点上，反对过康、梁，也反对胡适、钱玄同等人的"五·四运动"的思想。

但到"九·一八"后，他的思想，便跃入了一个伟大的转变的过程；再不以其业师章太炎的衣钵为满足，可是也依旧不满于"五·四运动"的思想，转而醉心于新兴社会科学和哲学，他认为"太炎先生的成就，对语言文字学方面有重大贡献"，但只是从封建意识形态上结出的果实；"五·四"时代思想的主流"太美国化了"，应用到中国社会改造事业上，有其"不实际""不彻底"的缺点，但也不容否认其对"民主"与"科学"的劳绩……他自己在国学方面的知识，不过是一些"证实新的哲学和求学原理的材料"，帮助他"对数千年中国社会之具体性了解"。这是在我与他的过从中，他常常说及的一些话，从这里我们可以看出这位将近六十岁的老人，在自我清算的勇气上，在追求真理的精神上，在对于真理的执持上，是如何地刚大与坚强！他两眼只看见"民族"和"人类"这个"大我"，真可说没有一切"小我"的成见与

---

① 编者注：吴检斋即吴承仕，曾任中国大学国学系主任。

756

利害的夹杂物。这才佩说把握了中国学术思想之优良传统的精神。在这里，他不仅给予我们青年以模范，且给了那班"食古不化"的人士一个反省的对照。

可是他并不肯止于对真理的认识，而且曾把他联结到"力行"。在"长城战争"后，他同其他优秀的中国人一样，就开始拿"力行"去迎接这一民族解放斗争的伟大时代。

为着把中国民族文化的优良传统，把世界学术思想的优良成果继承下来，与中国的现实及民族要求打成血肉相连的一片，在他的主持下，我们出版了《文史》杂志。那可说充任了"新启蒙运动"的一个前哨。《文史》虽然获得大多数青年的爱护，然对于从来的国学"道统"自亦不免有所"冒犯"。这却招致检斋先生的旧同道对他个人的攻击和谩骂。他因此被推出北大和师大的国学"王座"；据说其业师太炎先生也不免慨叹于"检斋的退步"。

划期的"一二·九"华北学生救亡运动，他是一个积极的同情者，对此后华北文化界救亡工作的各方面，他都积极地参加着。华北学生对这位"白发青年"也表示信仰和爱戴。但因此却引起社会某部分人士对他的不满，而流行着一种诬蔑性的谣言。本来，在我们这个过渡的时代，谁要是受到青年的爱戴，就要招来无谓的猜忌。然而在"五·四"时代，青年们不也信仰过胡适博士与疑古玄同先生吧！

自"七·七"事变到北平快要成为"死城"的时候，善于"明哲保身"的教授们，有些早已全家"飞"回京沪。检斋先生却随同那班"后生小子"，继续在北平干着救亡工作，直至北平沦陷的前夜。在北平沦陷十日后，我们和检斋先生，在日寇指名的稽拿下，逃到天津。

在天津我们劝他南来，因为他平日的地位太引人注意。然而他终于独自留住天津。大概在前年，某报有一次把他的名字列入汉奸题名录，并说他出长师大。可是正因为他始终都不肯学罗振玉、周作人、陶希圣一样作，才终于遭受日寇的毒手。

现在他终于为民族而殉节了！

他的死不只是东亚文化的损失，而且是民族解放事业的重大损失。

他的死，与罗振玉、周作人、陶希圣之流的生，两相对比，不特是"荣辱殊途"，且和杨秀林、张郁光一样替文人吐了气。

他的死，对我们民族的气节，该有所激励！

他已为民族而牺牲了！他的未了的志愿，便移到我们后死者的肩上。我们要完成他的未了志愿，要为他报仇，只有坚持团结，坚持抗战到底，彻底消灭日寇，彻底消灭出卖民族和民族文化的汉奸。

（原载重庆《新蜀报》1940 年 1 月 20 日第 4 版）

白石翁遗作画展

1958 年 2 月

2 月 20、23 日，偕时真及孩子们参观齐白石翁附已故画家黄宾虹、徐悲鸿画展。白石翁遗作，画、诗、书法可称三绝，在吾湘可谓空前一人。翁最大特点，为充满正义感与炽热感，不向任何横暴与恶势力低头；终生孜孜劳作，具有高度的人民性与爱国思想，洵近代以来最伟大之匠师也。参观中偶成：

一代匠师国之宝，画诗书石光岩疆。

孳孳劳作意无限，留得丹青楮墨香。

大画家徐悲鸿遗作，气派雄伟、磅礴，贯穿了高度的爱国主义，对劳动人民有无限同情。惜去逝太早，如天假以年，其成就真不可限量也。

白石翁及黄、徐三人作品之共同特点，均继承并发扬了伟大祖国的艺术传统，具有高度的思想性与艺术性，提供了不少首创成果，为祖国艺术宝库增加大量财富。

审阅《达赖喇嘛传》书稿意见[①]

1959 年 10 月 4 日

牙含章同志的这部稿子（《达赖喇嘛传》共 208 页），我已仔细看过，个人认为这类稿子很重要，公开印行又必须慎重，特别在以下几个方面，我认为须进一步加以考虑和进行必要的修改或加工：（一）在厚今薄古的方针下，恰当地处理西藏和祖国在历史上的关系问题；（二）根据党的政策，正确处理对待达赖和喇嘛教的基本态度问题；（三）应把近百多年间反对外来的帝国主义侵略和历史上西藏与国内其他部族（如准噶尔）上层间的战争从本质上加以区别，对抵抗帝国主义和外国侵略的斗争，应从严谨的阶级立场上通过具体史实，去分析各阶级的动态和其所起的作用问题；（四）对维护祖国统一和领土完整的事业上通过具体史实，在爱国主义的原则下，如何恰当地评价历代中央朝廷和西藏地方政府及其上层人物的问题；（五）对材料出处的注脚太笼统，有些地方也表现论证薄弱一些，我认为可加详注和补充些材料进去，加强说服力；（六）不少措词或用语都值得斟酌，也有些问题缺乏必要的分析。总之，我觉得含章同志这部著作，对贯彻厚今薄古方针与爱国主义精神，似乎不够，还可能给帝国主义者与外国反动派之流钻空子。但这只是我个人的意见，不一定全对，甚至可能有错误，仅仅提供给含章同志与编审同志作参考。

吕振羽

1959 年 10 月 4 日

[①] 编者注：这是著者受中央民委党组及杨静仁同志委托审阅《达赖喇嘛传》书稿意见。

审阅《严复哲学思想试探》意见①

1961 年［2］月

粗读之后，觉得①对产生严复思想的必然性，似还可进一步从社会经济构成，阶级构成的关系上，作更具体、深入地阐明一下；②对严幾道早期的唯物主义思想，似乎还可以说得更确切些；③文字上、说明上希望更明确些，用词希一致。

---

① 编者注：著者系《历史研究》编委。1961 年 1 月 28 日该刊编辑部寄来侯外庐撰《严复哲学思想试探》一文，希望于 2 月 5 日前将审查意见寄还。

《朱文公校昌黎先生集》

（《四部丛刊》本）

　　题记：昌黎思想主要表现于杂著，诗则非其所长。从思想史角度说，在唐代，韩、李与吕才正为对立面，柳宗元则有二元论倾向而偏于后者。

振羽

一九四九年春

《增广注释音辩唐柳先生集》

(《四部丛刊》本)

跋：此本所依以影印之本，乃柳文现存最早之本；《四部备要》本所依之底本 [为] 较晚出者。

振羽志

一九四九年春

《三吴旧语》

(清顾苓美撰，民国影印风雨楼秘笈留真本)

跋语：云美此本虽仅系文实启蒙之作，史论诗义不高。但云美为反清民族志士，不只在藉此书暨金陵野抄诸著以述志，并欲以之友人。非特志可佳，用心亦良苦也。我一九五四年夏养疴西湖，与时真偶至旧肆购得此拓本，并于病中读竟。

振羽

一九五四年七月十八日

《东方书选》

（日本，井上恒一辑。昭和八年东京晚翠轩影印本）

    题记：华日同文，日人习中国书法、诗文由来有自。是册可谓集日人书法之精华者。偶与江明得自小市。

振羽

一九五四年十月

一九五四年秋与时真于疗病中购自北京。

振羽

《事物纪原集类》

（宋高承辑，明阎敬校正，明成化刻本）

题记：孙星衍《廉石居藏书记》谓《事物纪原》十卷有正统时南昌阎敬序，称逸作者姓氏，又称书录解题云系开封高承撰。并谓遗原双溪赵彬序。似即是本（是本与孙氏所述卷数亦同）。惟孙谓"明胡文焕刊之"，是本阎敬序谓系其本人奉父命而锓梓流传。是本之成化八年平阳通判成安李果序，谓正统试京闱时所见《事物纪原》一书系江右颐安胡先生所传正统时南平赵弼先生所删订，李又于景泰时得颐安所传阎敬所校正之旧本全集，较赵删本事倍而详，对赵删本亦多所指摘，且多得当。因是渠参照两本加以批点刊行，即此本也。

星衍同书又谓有《事物纪原》二十卷，明正统时赵弼序，云"明祭酒南昌胡俨撰"；又称本人曾加以删削增益。是即李果所称之赵删本。

星衍谓"此书所载事物琐碎，亦未能溯原"，予以此未免对前人苛责太过，对是书之全部精神亦未能完全透彻。

振羽

一九五七年八月记

《西域水道记》

(清道光刻本，徐松著)

批注：著者为此书，不只旁搜载记，广证传闻：尤在于依实地之经历与视察，纠正前人故作神奇之传说者不少，因而增加了可信的成分。为研究新疆的一部较好之书。自仍有其不少缺点与传统错误成见，要在我们能以马列主义观点去加以应用。

振羽

一九五八年二月二十四日

《水心先生文集》

(四部丛刊本)

题记：永嘉学起于程门别派周浮沚，而成于叶水心。水心在当时乃与道佛及所谓曾子、子思、孟轲而后之儒学相对立之唯物论派，虽然是不彻底的唯物论者。

振羽

一九五九年冬

奏议 法度总论

批注：法古与变通

法度的演变，是随时势而异的；去敌害，是古今共同的。

《止斋先生文集》

(宋陈傅良撰，明版)

    题记：此册即明正德元年莆田林长繁温州刊本。《四部丛刊》本乃依此本影印者。

振羽志

一九五九年十一月

《华延年室题跋》

（清宣统本　傅以礼节子撰）

《钦定四库全书考证》

批注：四库未收之书，同书异名，张冠李戴之类。

《钦定四库全书总目》

批注：总目的浙、粤本之由来及粤本之误。

浙鲍氏、皖胡氏刊之简明目录及存目。

《勅撰天禄琳琅后编》

批注：前后编之由来。

《钦颁式英殿聚珍版书浙刻本》

批注：武英殿聚珍版及浙、闽两椠之由来。

如何识别初、二、三单。

浙、闽两椠之优劣。

《钦颁武英殿聚珍版书闽刻本》

批注：这不能掩盖其削改、销毁古籍之罪过。

他们并正以此为削改、销毁古籍之手段。

聚珍版之由来。

江、浙、闽诸椠及其情况。

续修闽刊本经过。

光绪间重修之闽刊聚珍版，依傅以礼此文，实较乾隆原刊及江、浙、闽初刊为佳且多。傅等于此重刊，亦实具有功绩。

《尚书注》

批注：金履祥是积极主张抵抗元蒙南下的爱国志士，是朱子学派的理学家，又是宋末元初的爱国史家。史学著作有《通鉴前编》等。

《毛诗要义》

批注：此书乃未收入四库之珍本。

嘉靖本《仪礼郑注》

批注：四库所收本系从长沙叶氏观古堂藏明徐氏仿宋本影印共十七卷。卷末均夹注经几字、注几字……士昏礼壻绥绥至礼也十四字亦未漏脱。惟弟称其兄句弟下亦衍则字。然亦足证其为钱竹汀《十驾斋养新录》所谓黄荛圃所藏《仪礼注》小字宋体为蓝本者。又是书为每页十六行，行十七字，注双行，行字同。但板心上端右无淳熙四年刊五篆字。一卷并十七卷尾亦无松雪斋赵孟頫印。此又与莫友芝所云之本不合。或系涵芬楼影印所遗漏，或小字傅崧卿夏小正戴氏传共四卷十二篇。崧卿有宋宣和辛丑九月一日序，弁首纳兰通志堂本，每页有通志堂字，书尾有后学成德校订六字。

《春秋左传类编》

批注：《四部丛刊》经部东莱吕太史《春秋左传类编》系从常熟瞿氏铁琴铜剑楼藏旧抄本影印，共三册，不分卷，余均合。

　　东莱先生为有宋一代深究春秋左传之专家。如东莱时议之类，立论虽有不够精深之处，而致力却颇辛勤。

《钟鼎款识》

批注：是知今薛氏款识乃阮元旧抄重刻。

新会陈氏重刊《二十四史》

批注：毛子晋汲古阁本大都成书于明崇祯及清初顺治间，合十二经，名为十七史十二经。

《历代通鉴纂要》

批注：广州谭刊为能较易觅得之佳本。

　　《通鉴辑览》共一六〇卷，附《唐桂二王本末》四卷，系依乾隆认为纂要"采录尚未精审"，即为对后者加以削改而编辑者。编辑"发凡□例"均经乾隆裁定，奉命编纂者傅恒等。卷首有乾隆丁亥秋御笔序，有傅恒进表。光绪己卯有重加校刊本。

《明鉴易知录》（载有乾隆时奉诏销毁事）

批注：乾隆销毁真史伪造历史之又一罪过。

在这里吴楚材与傅氏兄弟对保存明代史实是有贡献的。

《所知录》

批注：即所谓以编年体记唐桂二王事迹之作。《粤游见闻》、明《闻见录》即此书之分槩。作者钱秉镫非只为明末一代学人，且为有民族气节之志士。孤忠亮节与其著作一同不朽。《所知录》为究晚明史至不可少之史料。

《鲁春秋》

批注：南明重要史料。

明季查周戴三种《鲁春秋》。

周芸皋亦可谓尚有人心者。

《国榷》

批注：明季重要史料。

《临安旬制记》

批注：泉唐丁氏重刊本卷首有署名雪烦道人咸丰五年自序本文前并附《考异》，卷末有仁和罗椮臣《临安旬制记》、《附录》，盖其任校刊时所附编者。鄂中所刊巾箱细字本，今未易见。

《明史纪事本末》

批注：广雅书局重刊谷应泰《明史纪事本末目录》止于卷八十甲申殉难。谷应泰顺治戊戌自序未言及卷数及补遗。武英殿大学生傅以渐同年序亦仅云"得八十篇复各列为论断"云云。

《平滇始末》

批注：有关吴三桂反清的重要史料。

《南渡录》

批注：应细辨真赝。

《续绥寇纪略》

批注：南明永历及川楚滇黔事之重要史料。

《宏光实录抄》

批注：南明重要史料。

《永历实录》

批注：此卷实具南明永历史之内容。傅以礼谓是书对楚粤军事最赅悉。余有因夫之先生未亲与而致失实处。大致可信。

《国史唯疑》

批注：作者于南明危难之际弃官而去，成书又在明亡以后，只能充明史之次要材料。

《因国遗编》

批注：明史料。

《先朝遗事》

批注：著者为背明降清之臣，所述明事仅可供参考而已。

《国变录》

批注：有关李自成农民军史料。

《粤行纪事》

批注：南明史料。

《东南纪闻》

批注：宋史料。

《野老漫录》

批注：有关明季及李自成农军史料。

左不屈膝是不可非议的。如果为李自成农军丞相，正亦不可非议。

《燕都日记》

批注：与明他种记载不同之处。

《东塘日札》

批注：署"都城琉璃厂留云居士排字"本之《明季裨史》因系禁书，不录出版年月。《烈皇小识》序文作者亦仅书竹坞遗民文秉……其中《嘉定屠城纪略》且无序跋。

《江上遗闻》

批注：节子于此不免为清朝掩盖而歪曲史实。

《安龙纪事》

批注：南明王重要之史料。

《戴重事录》

批注：明季重要史料。

通城王乃群奉为反清之旗帜者。

《过墟志》

批注：明清史料。

《辛丑纪闻》

批注：朱国治不只为汉族奸邪，亦系民贼。

明代优遇士子，士子于清入关后亦颇励气节。

明清及三桂史实。

《金坛狱案》

批注：清廷压制汉人反抗之重要史料。

《行在春秋》

批注：坊本是书无撰著者姓名。

《嘉定屠城纪略》

批注：坊本是书卷末无总论共三十页。

《幸存录》

批注：琉璃厂坊本卷首无题识。

《求野录》

批注：编入《明季裨史》者共十八页，署客溪樵隐编，起永历十二年，讫十六年四月二十五日三桂杀。永历《也是录》共十一页。署自非逸史编，起永历十二年十二月十五日，讫十六年四月十八日。

《也是录》

批注：节子是编真好文章。

桂王此着不坏。

《江南闻见录》

批注：《裨史汇编》中是编共十页，起乙酉五月初十日，讫二十九日，清军入江宁明臣迎降之逐日情况。

《赐姓始末》

批注：坊本裨史不署撰者。

《东明闻见录》

批注：《明季裨史汇编》所收是编共六十四页……全谢山题跋谓是编即瞿共美《天南逸史》，可信。

《劫灰录》

批注：是编为究永历史必不可少之资料。

《豫变纪略》残本

批注：明史资料。

《三垣笔记》

批注：以节子校补本为可珍，宜觅取。

《野史无文》残本

批注：《甲申传信录》是好书。

《研堂见闻杂记》

批注：孙之獬在明为逆臣，在清为降臣。

《庭闻录》

批注：有关吴三桂与明末降清诸臣资料。

《虎口余生记》

批注：边大绶乃万恶民贼，又系汉族败类。

《老父云游始末》

批注：有关庄廷垅史案，应与汪谢成《南浔志》参阅。

范文白可耻之尤。

《平吴录》

批注：明吴宽所撰《平吴录》，收在《纪录汇编》第二十九卷，系记张士诚始末，与是［书］名同而事异。

《逸识》

批注：明末清初史事。

《夷氛闻见》

批注：梁廷枏撰，为研究鸦片战争之珍贵史料，应觅取其所著《籣花馆十种》全部。

《重辑碧血案》

批注：崇祯时著作，关于天启中杨涟等八人党祸之重要史料。

《明末忠烈纪实》

批注：罕觏之笈。

《甲申以后亡臣表》

批注：是编应与彭孙贻所著《平寇志》参证。

《吴三桂纪略》

批注：关于三桂欲归顺农军，旋又降清乞师之史事尤足供参考。

《吴逆取亡录》

批注：有他史不载之南明及三桂史料。

《保越录》

批注：元末明初重要资料。

《四明图经》

批注：书盖同于《宁波府志》。

《水道提纲》

批注：是编乃天台齐召南撰，共二十八卷。卷首有阮学濬、王杰乾隆丙申序及齐氏乾隆辛巳自序。卷末有乾隆丙申戴殿海、殿泗跋。依南刊、重刊之天津徐士銮题识七行，置齐自序前。其时为光绪戊寅。其所据以重刊之南刊，则署为霞城精舍藏板徐，并仿原北刊，载《四库全书提要》于简首。

《便录》

（民国书信稿本）

跋：这本书信便录，是由吴世寅家的购书中夹来的。从不少信稿的内容中，说明那是属于西北军系统、后来是韩复榘部的一个县长的信稿，反映了国民党统治时代的一些情况，可以作为其时的补助史料。

总指挥麾下：

批注：据此禀确定写信人为韩复榘时之定陶县长，乃由马鸿逵即少云所荐者。

致马委员长贺新年禧

批注：委员长、副委员长均国民党时期之官职。

致马总指挥贺新年

批注：似为马鸿逵。

贺年函　　主席鋈鉴

批注：主席亦系从国民党统治时才开始有此官职。

范文澜著《中国通史简编·绪言》

（1959 年人民出版社版）

题记：有许多很好很精辟的见解。

这是一篇较全面的绪言，可看出范老这几年来对马克思主义体会的进境之大。自然，绪言中有精辟的见解，也还有待商酌的地方①。

---

① 编者注：文中眉批处很多，但不易辑录，故未收入。

《云岗石窟》画册

题记：一九六一年八月与文澜、伯赞同志等游大同时，大同地、市委所赠，更形珍贵。

振羽志